中国学术名著提要

（合订本）

第二卷　隋唐五代编

中国学术名著提要编委会　编

复旦大学出版社

目录

隋唐五代编

哲学、政治类

中说	〔隋〕王 通 2	天说	〔唐〕柳宗元 38
五经正义	〔唐〕孔颖达 5	天对	〔唐〕柳宗元 40
贞观政要	〔唐〕吴 兢 7	封建论	〔唐〕柳宗元 42
帝范	〔唐〕李世民 10	韩昌黎集	〔唐〕韩 愈 45
魏郑公集	〔唐〕魏 徵 14	原道	〔唐〕韩 愈 48
唐律疏议	〔唐〕长孙无忌等 16	复性书	〔唐〕李 翱 51
臣轨	〔唐〕武则天 19	白氏长庆集	〔唐〕白居易 54
唐六典	〔唐〕李林甫等 23	刘禹锡集	〔唐〕刘禹锡 57
龙筋凤髓判	〔唐〕张 鷟 25	伸蒙子	〔唐〕林慎思 59
女论语	〔唐〕宋若莘、宋若昭 27	皮子文薮	〔唐〕皮日休 61
翰苑集	〔唐〕陆 贽 30	无能子	〔唐〕佚 名 64
吕衡州集	〔唐〕吕 温 33	两同书	〔唐〕罗 隐 68
柳宗元集	〔唐〕柳宗元 35	化书	〔五代〕谭 峭 70

历史类

周书	〔唐〕令狐德棻等 74	南史	〔唐〕李延寿 93
北齐书	〔唐〕李百药 76	北史	〔唐〕李延寿 95
梁书	〔唐〕姚思廉 78	史通	〔唐〕刘知幾 97
陈书	〔唐〕姚思廉 81	通典	〔唐〕杜 佑 100
大唐西域记	〔唐〕玄 奘 84	元和郡县志	〔唐〕李吉甫 103
晋书	〔唐〕房玄龄等 87	蛮书	〔唐〕樊 绰 106
隋书	〔唐〕魏 徵等 90	旧唐书	〔五代〕刘 昫等 108

语言、文学类

语言 ·················· 112
切韵 ············〔隋〕陆法言 112
经典释文 ········〔唐〕陆德明 116
一切经音义 ······〔唐〕玄　应 119
干禄字书 ········〔唐〕颜元孙 122
五经文字 ········〔唐〕张　参 124
一切经音义 ······〔唐〕慧　琳 126
九经字样 ········〔唐〕唐玄度 129
韵镜 ············〔五代〕佚　名 131
文学 ·················· 135
毛诗正义 ······〔唐〕孔颖达等 135
文选李善注 ······〔唐〕李　善 138
文选五臣注 ····〔唐〕吕延济等 142
河岳英灵集 ······〔唐〕殷　璠 146
中兴间气集 ······〔唐〕高仲武 149
花间集 ··········〔后蜀〕赵崇祚 152
诗式 ············〔唐〕皎　然 155
本事诗 ··········〔唐〕孟　棨 158
二十四诗品 ······〔唐〕司空图 161

艺术类

音乐 ·················· 166
乐书要录 ······〔唐〕元万顷等 166
乐府解题 ········〔唐〕吴　兢 168
教坊记 ··········〔唐〕崔令钦 170
通典·乐典 ······〔唐〕杜　佑 172
羯鼓录 ··········〔唐〕南　卓 175
乐府杂录 ········〔唐〕段安节 177
敦煌乐谱 ········〔五代〕佚　名 179
敦煌舞谱 ········〔五代〕佚　名 181
书法 ·················· 185
八诀 ············〔唐〕欧阳询 185
用笔论 ··········〔唐〕欧阳询 186
书法 ············〔唐〕欧阳询 188
笔髓论 ··········〔唐〕虞世南 190
书旨述 ··········〔唐〕虞世南 191
书后品 ··········〔唐〕李嗣真 192
书谱 ············〔唐〕孙过庭 194
书议 ············〔唐〕张怀瓘 198
书断 ············〔唐〕张怀瓘 200
评书药石论 ······〔唐〕张怀瓘 204
文字论 ··········〔唐〕张怀瓘 206
六体书论 ········〔唐〕张怀瓘 207
玉堂禁经 ········〔唐〕张怀瓘 208
法书论 ··········〔唐〕蔡希综 210
述张长史笔法十二意 〔唐〕颜真卿 212
述书赋并注 ····〔唐〕窦臮、窦蒙 214
论书 ············〔唐〕徐　浩 217
授笔要说 ········〔唐〕韩方明 219
法书要录 ········〔唐〕张彦远 220
墨薮 ············〔唐〕韦　续 222
绘画 ·················· 225
唐朝名画录 ······〔唐〕朱景玄 225
历代名画记 ······〔唐〕张彦远 227
园林 ·················· 231
草堂记 ··········〔唐〕白居易 231
寺塔记 ··········〔唐〕段成式 232
宅经 ············〔唐〕佚　名 234

经济类

晋书·食货志 ····〔唐〕令狐德棻等 238
隋书·食货志 ····〔唐〕魏　徵等 241
均节赋税恤百姓六条 ···〔唐〕陆　贽 244
通典·食货 ······〔唐〕杜　佑 247

| 策林 ……〔唐〕白居易 250
| 平赋书 ……〔唐〕李 翱 253
| 四时纂要 ……〔唐〕韩 鄂 255
| 旧唐书·食货志 ……〔五代〕刘 昫等 257

科技类

太清石壁记 ……〔隋〕苏元朗 262
诸病源候论 ……〔隋〕巢元方等 265
夏侯阳算经 …… 268
缉古算经 ……〔唐〕王孝通 270
晋书·天文志 ……〔唐〕李淳风 272
乙巳占 ……〔唐〕李淳风 274
敦煌星图 …… 276
步天歌 ……〔唐〕佚 名 278
备急千金要方 ……〔唐〕孙思邈 280
新修本草 ……〔唐〕苏 敬等 285
食疗本草 ……〔唐〕孟 诜 287
黄帝九鼎神丹经诀 …… 289
开元占经 ……〔唐〕瞿昙悉达 293
大衍历 ……〔唐〕一 行 296
大洞炼真宝经修伏灵砂妙诀 ……〔唐〕陈少微 300

龙虎还丹诀 ……〔唐〕金陵子 302
丹房镜源 ……〔唐〕佚 名 305
外台秘要 ……〔唐〕王 焘 306
海涛志 ……〔唐〕窦叔蒙 308
茶经 ……〔唐〕陆 羽 310
四部医典 ……〔唐〕宇陀·元丹贡布 312
石药尔雅 ……〔唐〕梅 彪 314
太上圣祖金丹秘诀 ……〔唐〕清虚子 316
耒耜经 ……〔唐〕陆龟蒙 317
仙授理伤续断秘方 ……〔唐〕蔺道人 319
禽经 …… 321
阴真君金石五相类并序 ……〔唐〕佚 名 322
丹方鉴源 ……〔五代〕独孤滔 324
金石簿五九数诀 ……〔五代〕佚 名 325

宗教类

佛教 …… 328
大乘义章 ……〔隋〕慧远 328
法华经文句 ……〔隋〕智 颛 331
法华经玄义 ……〔隋〕智 颛 334
金光明经文句 ……〔隋〕智 颛 338
金光明经玄义 ……〔隋〕智 颛 340
摩诃止观 ……〔隋〕智 颛 342
三阶佛法 ……〔隋〕信 行 349
历代三宝纪 ……〔隋〕费长房 352
国清百录 ……〔隋〕灌 顶 355
三论玄义 ……〔隋〕吉 藏 357
中论疏 ……〔隋〕吉 藏 360
法华玄论 ……〔隋〕吉 藏 362
大乘玄论 ……〔隋〕吉 藏 364
四分律疏 ……〔唐〕法 砺 366
辩正论 ……〔唐〕法 琳 368

安乐集 ……〔唐〕道 绰 371
净土论 ……〔唐〕迦 才 374
成唯识论 ……〔唐〕玄 奘 375
因明入正理论疏 ……〔唐〕窥 基 379
异部宗轮论述记 ……〔唐〕窥 基 382
成唯识论述记 ……〔唐〕窥 基 384
成唯识论掌中枢要 ……〔唐〕窥 基 386
大乘法苑义林章 ……〔唐〕窥 基 388
集沙门不应拜俗等事 ……〔唐〕彦 悰 390
大唐大慈恩寺三藏法师传
  ……〔唐〕慧 立、彦 悰 393
集古今佛道论衡 ……〔唐〕道 宣 398
广弘明集 ……〔唐〕道 宣 400
四分律删繁补阙行事钞 ……〔唐〕道 宣 403
四分律含注戒本 ……〔唐〕道 宣 405
四分律删补随机羯磨疏 ……〔唐〕道 宣 406

书名	作者	页码
释迦方志	〔唐〕道宣	407
释迦氏谱	〔唐〕道宣	409
大唐内典录	〔唐〕道宣	411
续高僧传	〔唐〕道宣	415
古今译经图纪	〔唐〕靖迈	421
俱舍论记	〔唐〕普光	424
俱舍论疏	〔唐〕法宝	426
因明正理门论述记	〔唐〕神泰	428
因明入正理论疏	〔唐〕文轨	430
华严经内章门等杂孔目章	〔唐〕智俨	433
法苑珠林	〔唐〕道世	435
古清凉传	〔唐〕慧祥	441
观无量寿佛经疏	〔唐〕善导	444
四分律开宗记	〔唐〕怀素	446
大唐西域求法高僧传	〔唐〕义净	447
南海寄归内法传	〔唐〕义净	451
华严经金师子章	〔唐〕法藏	454
华严一乘教义分齐章	〔唐〕法藏	457
大乘起信论义记	〔唐〕法藏	460
华严经探玄记	〔唐〕法藏	462
华严经传记	〔唐〕法藏	465
坛经	〔唐〕慧能	467
禅宗永嘉集	〔唐〕玄觉	470
成唯识论了义灯	〔唐〕慧沼	473
成唯识论演秘	〔唐〕智周	475
大日经疏	〔唐〕善无畏、一行	476
开元释教录	〔唐〕智升	479
金刚錍论	〔唐〕湛然	485
北山录	〔唐〕神清	487
华严经疏钞	〔唐〕澄观	490
原人论	〔唐〕宗密	495
禅源诸诠集都序	〔唐〕宗密	498
两部大法相承师资付法记	〔唐〕海云	504
传心法要	〔唐〕希运	507
祖堂集	〔五代〕静、筠	509
释氏六帖	〔五代〕义楚	515
宗镜录	〔五代〕延寿	519

道教 ············ 521

书名	作者	页码
金镇流珠引	〔唐〕李淳风	521
道教义枢	〔唐〕孟安排	526
三洞珠囊	〔唐〕王悬河	528
宗玄先生玄纲论	〔唐〕吴筠	530
元阳子五假论	〔唐〕元阳子	532
金碧五相类参同契		534
枕中记	〔唐〕孙思邈	536
玄珠录	〔唐〕王玄览	538
坐忘论	〔唐〕司马承祯	541
服气精义论	〔唐〕司马承祯	543
天隐子	〔唐〕司马承祯	545
洞灵真经	〔唐〕王士元	547
黄帝阴符经疏	〔唐〕李筌	550
钟吕传道集	〔唐〕施肩吾	554
太上老君说常清静妙经	〔唐〕佚名	559
太平经钞	〔唐〕闾丘方远	560
太平经圣君秘旨		563
四气摄生图	〔唐〕佚名	565
道体论		568
洞天福地岳渎名山记	〔五代〕杜光庭	570
道德真经广圣义	〔五代〕杜光庭	572
历代崇道记	〔五代〕杜光庭	574

隋唐五代编

哲学、政治类

中说 〔隋〕王 通

《中说》，又名《文中子》，十卷。隋王通撰。实际是王通和门人的问答笔记，由薛收、姚义编缀而成，后由其子王福畤编定为十卷行世。《中说》在北宋时，有阮逸刊印注释本和龚鼎臣刊印注释本，前者流传至今。另有1936年中华书局《四部备要》本等。

王通(584—617)，字仲淹。绛州龙门(今山西河津)人。隋朝思想家。出生于儒学世家，隋秀才高第。十八岁时，"有四方之志"，到处游历问学，"不解衣者六岁，其精志如此"(《文中子序》)。仁寿三年(603)，西游长安，见隋文帝，上《太平策》，尊王道，推霸略，文帝大悦。下其议于公卿，公卿皆不悦，未能见用。不久，在偏僻的蜀郡为司户书佐、蜀王侍读。大业初年，从蜀郡回乡，路过长安，拜访了一些朝廷官吏，见已无再仕的希望，心情愤闷，赋诗："时异事变兮，志乖愿违。吁嗟道之不行兮，垂翅东归。"(《东征之歌》)于是退居乡里，从事著述和讲学。朝廷屡征召出仕，均被拒绝。王通死后，门人私谥之曰文中子。王通曾著《六经》，已佚。因其事迹不彰，自宋以来，学者对王通其人、《中说》其书之有无，均曾提出疑问。近人余嘉锡在《四库提要辨证》中辨之甚析，谓"隋时实有王通其人，唐时实有《中说》其书"，引司马光《文中子补传》，谓《中说》乃出其门人弟子所记，"并依附时事而附益之也"。王通在讲学期间，门人程元、仇璋、董常、薛收等都有记录。后来，薛收和姚义汇集所记，并写了卷首和序言。王凝曾比较客观地说："夫子得程、仇、董、薛而《六经》益明。对问之作，四生之力也。董、仇早殁，而程、薛继殂，文中子之教未作矣。呜呼，以俟来哲"(《关朗》)。所谓"对问之作"，就是指《中说》。《中说》中王通的言论，主要是根据他们四人的记录整理而成。

《中说》的篇名是《王道》、《天地》、《事君》、《周公》、《问易》、《礼乐》、《述史》、《魏相》、《立命》、《关朗》。它的主要思想如下。

一、三教归一。隋代儒、佛、道并存，但如何调和三教，使之各有一定的地位，共同为封建统治服务，是一个亟待解决的问题。适应这一政治需要，《中说》提出了三教归一的主张。认为"政恶多门久矣"(《问易》),三教长期互相攻讦、争斗,对国家不利。但也不能废除佛、道二教,有弟子问:"废之(指佛、道二教)何如?"王通说:"非尔所及也。真君、建德之事,适足推波助澜,从风止燎耳。"(同上)说的是北魏太武帝、北周武帝都曾以行政手段毁灭佛教,但他们死后,继起的君主又变本加厉地推崇佛教,无异于"推波助澜,纵风止燎"。三教各有其用,要通权达变,不可固执一方。"安得圆机之士,与之共言九流哉!安得皇极之主,与之共叙九畴哉!"(《周公》)必须使各家互相通融,互相吸收,取长补短。在三教共融的基础上,提出了三教归一的思想。《问易》篇载:"子读《洪范谠义》,曰:'三教于是乎可一矣。'程元、魏徵进曰:'何谓也?'子曰:'使民不倦。'"但三教归一该有个主次,《中说》主张以儒家为主,因为治国安邦的"先王之道"就在儒家《六经》之中:《书》以辩事,《诗》以正性,《礼》以制行,《乐》以和德,《春秋元经》以举往,《易》以知来,先王之蕴尽矣。"(《魏相》)

二、复王道。《中说》尊崇王道,以儒家礼乐仁义为贵,"卓哉,周孔之道!其神之所为乎!顺之则吉,逆之则凶"(《王道》)。希望统治者实行王道政治,建立一个长治久安的理想社会。但现实社会中像尚书令杨素那样"作福、作威、玉食"(《事君》)的人,比比皆是,"悠悠素餐者,天下皆是,王道从何而兴乎?"(同上)于是用古今对比的方法描绘了王道和暴政不同的情景,"古之为政者先德而后刑,故其人悦以恕,今之为政者任刑而弃德,故其人怨以诈"(《事君》);"古之从仕者养人,今之从仕者养己"(同上);"古之仕也以行其道,今之仕也以逞其欲"(同上)。显然,前者是对王道的构想,后者是对暴政的鞭挞。王道固然难行,但认为王道政治总有一天会实现。"贾琼问:'太平可致乎?'子曰:'五帝之典,三王之诰,两汉之制,粲然可观矣。'"(《问易》)所以仍对前途充满信心,并要为之奋斗不已,"得时则行,失时则蟠,此先王之道所以续而不坠也。古者谓之继时。《诗》不云乎,'纵我不往,子宁不嗣音',如之何以不行而废也"(《立命》)。

三、法宽刑简。《中说》认为,为政必须以"中道"为原则,与其过猛,毋宁失之于宽;行法与其过急,毋宁失之于缓;刑狱与其过繁,毋宁失之于简。指出:"政猛宁若恩,法速宁若缓,狱繁宁若简……执其中者,惟圣人乎?"(《关朗》)只有"圣人"才能实行这样的"中道"。并憧憬两汉"七制之主"时役简刑清的局面。"二帝三王吾不得而见也,舍两汉将安之乎?大哉!七制之主,其以仁义公恕统天下乎。其役简,其刑清。君子乐其道,小人怀其生。四百年间,天下无二志,其有以结人心乎?"(《天地》)这种观点虽不尽符合历史事实,但其要求役简刑清的思想溢于言表。

四、轻徭薄赋。《中说》继承了儒家的民本思想,认为圣明的君主应是"得天下之道,成天下之务,民不知其由也"(《问易》)。即不声不响地实行符合民意的治国之道,办好一切民间的事。因此,它主张实行有利于民的轻徭薄赋政策:"多敛之国,其财必削"(《王道》)。多敛的结果,是民不堪命,反过来又会影响国家赋税的来源。"叔恬曰:'舜一岁而巡五岳,国不费而民不劳,何也?'子曰：'无他道也，兵卫少而征求寡也。'"(同上)同时，也主张少征徭役。《礼乐》篇载绛郡通守陈叔达请王通劝说官吏息役之事："子在绛，出于野，遇陈守。曰：'夫子何之乎？'子曰：'将之夏。'陈守令劝吏息役。董常闻之，曰：'吾知夫子之行国矣，未尝虚行也。'"(《礼乐》)既然请王通劝吏息役，必然知道他是主张息役的。对于隋炀帝大修运河之役也非常反感："御河之役，子闻之，曰：'人力尽矣。'"(《魏相》)

《中说》以复兴儒学的统治地位为己任，法古非今，"欲以周公之礼乐，治当时之天下……舍孔子无足法者，然则使通而在，犹不能致治平也，况其徒乎！"(李贽《藏书·王通》)然而其政治法律思想，恰恰反映了安于守成、维护封建大一统的政治要求，自中唐以后逐渐发生影响，王通也被誉为一代儒宗。对唐代儒学的复兴和宋代理学的形成，均起过一定的启迪作用。

有关"文中子"及《中说》的研究，可参看尹协理、魏明《王通论》(中国社会科学出版社，1984年)，骆建人《文中子研究》(台湾商务印书馆，1990年)，李小成《文中子考论》(上海古籍出版社，2008年)等。

(杨鹤皋)

五经正义 〔唐〕孔颖达

《五经正义》,一百八十卷。唐孔颖达等撰。唐太宗贞观十六年(642)奉敕编成,后经马嘉运校定,长孙无忌、于志宁等增损,于唐高宗永徽四年(653)颁行。收入《十三经注疏》。通行本有:清阮元校刻《十三经注疏》(中华书局,1980年)本;北京大学出版社、上海古籍出版社先后出版了今人的校点本。

孔颖达(574—648),字冲远,冀州衡水(今属河北)人,生于北朝,少时曾向隋代经学家刘焯问学。隋炀帝大业(605—616)初,举明经及第,授河内郡博士,到唐代,历任国子博士、国子司业、国子祭酒诸职,并奉命与颜师古等编撰《五经正义》。孔氏根据南朝经学约简、以玄学治经和北朝经学深芜、引用谶纬的特点,融合南北经学家的见解,形成唐代的义疏派。

《五经正义》是孔颖达奉敕编定的经学义疏,包括《周易正义》、《尚书正义》、《毛诗正义》、《礼记正义》、《春秋左传正义》。《易》主王弼、韩康伯注,《书》主伪孔安国传,《毛诗》主毛公传、郑玄笺,《礼记》主郑玄注,《左传》主杜预解。自唐高宗颁行以后,成为士人必须诵习的经科读本。

《五经正义》中含有哲学、政治思想的著作是以《周易正义》和《礼记正义》为代表。《周易正义》在其作者的自序中说:"唯魏世王辅嗣(弼)之注独冠古今,所以江左诸儒并传其学,河北学者罕能及之,其江南义疏十有余家,皆辞尚虚玄,义多浮诞。"于是奉命对《周易》的各家注本"删定考察,其事必以仲尼为宗。义理可诠,先以辅嗣(王弼)为本,去其华而取其实,欲使信而有征,其文简,其理约,寡而制众,变而能通"。孔颖达在王弼注的基础上对《周易》的义理颇多发挥。他认为"夫易者变化之总名"。在道和器的关系上,他主张"道是无体之名,形是有质之称,凡有从无而生,形由道而立,是先道而后形,是道在形之上,形在道之下,故自形外已上者谓之道也,自形内而下者谓之器"(《周易正义》卷七),即"先道而后形"。对于《易》中说的"天行健君子以自强不息",他的解释是:"行者运动之称,健者强壮之名……天行健者谓天体之行,昼夜不息,周而复始,无时亏退,故云天行健,此谓天之自然之象。君子以自强不息,此以人事法天所行。"(同书卷一)认为自然界的运动发展"天行健"和人事社会的"自强不息"精神是一致的。这里所谓"人事法天所行"虽是先秦时代以来的"天人合一"思想的沿袭,然而强调"运动"是自然界和人类的共同的特点,却是富有哲学意义的。

《礼记正义》在一开头就对"礼"进行了解释:"夫礼者,经天地,理人伦,本其所起,在天地未分之前。故《礼运》云:'夫礼,必本于大一。'是天地未分之前已有礼也。礼者理也,其用以治则与天地俱兴。"视"礼"为天地之先的根本原则,它不仅"经天纬地",而且是治理人事社会的大本。因为"礼者理也","礼"的本身就是天"道"或天"理"。"礼"的作用是"所以辨尊卑、别等级,使上不逼下,下不僭上,礼不逾越节度也"(《礼记正义》卷一)。又说:"凡为礼之法,皆以忠信仁义为本,礼以文饰。行修者忠信之行修,言道者言合于仁义之道。质,本也,则可与礼为本。"(同上)突出儒家重礼的观念,提倡尊卑贵贱的等级差别,主张言行要以仁义忠信为本。

在《毛诗正义》里,作者叙述了对《诗经》的社会作用的看法:"夫诗者论功颂德之歌,止僻防邪之训,虽无为而自发,乃有益于生灵……若政遇醇和,则欢娱被于朝野,时当惨黩,亦怨刺形于咏歌。"(《毛诗正义序》)

在《春秋左传正义》里,作者认为,前汉、后汉经学家,注释《春秋左传》往往"杂取公羊、穀梁以释左氏",因而不免有"方凿圆枘"之弊,故以为"今校先儒优劣,杜(杜预)为甲矣",因为杜预"专取丘明之传以释孔氏之经"(《春秋左传正义序》)。

至于《尚书正义》,作者采用孔安国的传释。其理由是孔氏所得《古文尚书》可靠:"古文经虽然早出,晚始得行,其辞富而备,其义弘而雅,故复而不厌,久而愈亮,江左学者咸悉祖焉。"而后来的经故派注释家们有"好改张前义,义更太略,辞又过华"的毛病,所以他撰《尚书正义》,欲做到"竭所闻见,览古人之传记,质近代之异同,存其是而去其非,削其烦而增其简"(《尚书正义序》)。

孔颖达的《五经正义》融合南北经学家的见解,为古代经学发展史上的重要环节。

相关研究著作,有张宝三的《五经正义研究》(华东师大出版社,2010年)等。

(潘富恩)

贞观政要 〔唐〕吴 兢

《贞观政要》,十卷。唐吴兢编撰。通行本为元戈直采柳芳等二十二家注释,于元至顺间整理编注的"集论"本。另有明洪武初南雍刊本、清初朱载震刊大字本、1919年上海扫叶山房《百子全书》本等。日人原田种成有《贞观政要定本》,包括正篇二百五十章,附篇二百五十章,补篇十五章,搜罗较备。2004年中华书局出版谢保成《贞观政要集校》。

吴兢(670—749),汴州浚仪(今河南开封)人。唐史学家。自幼励志勤学,博通经史。武周时,入史馆,编修国史,直书不讳,被誉为"当今董狐"。武则天以朋党为是非界线,史录多不实,他别撰《唐史》、《唐春秋》,立志留信史于后人。唐中宗时任右补阙、起居郎、水部郎中,曾与当时著名史学家刘知幾等人先后参与编撰《则天实录》、《睿宗实录》二十卷、重修《则天实录》三十卷、《中宗实录》二十卷。唐玄宗时任卫尉少卿,兼修文馆学士,累迁太子左庶子。《旧唐书》卷一〇二、《新唐书》卷三二有传。

《贞观政要》约成于唐玄宗开元八年(720)。它分类编撰贞观年间(627—649)唐太宗和魏徵、房玄龄、杜如晦、王珪诸大臣的策问、诤谏、议论与奏疏,内容广泛,较全面地反映了贞观之治的光辉业绩。吴兢值"开元盛世",他透过繁荣昌盛的景象,看到初露端倪的社会政治危机,深感要继承和发扬贞观之治,必须引起唐玄宗统治集团的警觉,使认识到创业维艰,守成亦不易。因此,他用编撰《贞观政要》,"缀集所闻,参详旧史,撮其指要,举其宏纲"(《贞观政要序》),以为史谏,进呈唐玄宗,"望纡天鉴,择善而行,引而伸之,触类而长",庶使"贞观巍巍之化,可得而致矣!"(《上〈贞观政要〉表》)

《贞观政要》实际上是对唐太宗君臣治国政治经验的总结。全书十卷四十篇,二百五十八章,共八万字左右。具体篇目为:君道第一,政体第二,任贤第三,求谏第四,纳谏第五,君臣鉴戒第六,择官第七,封建第八,太子诸王第九,尊敬师傅第十,教戒太子诸王第十一,规谏太子第十二,仁义第十三,忠义第十四,孝友第十五,公平第十六,诚信第十七,俭约第十八,谦让第十九,仁恻第二十,慎所好第二十一,慎言语第二十二,杜谗邪第二十三。悔过第二十四,奢纵第二十五,贪鄙第二十六,崇儒第二十七,文史第二十八,礼乐第二十九,务农第三十,刑法第三十一,赦令第三十二,贡赋第三十三,辨兴亡第三十四,征伐第三十五,安边第三十六,行幸第三十七,畋猎第三十八,灾祥第三十九,慎终第四十。在总结"贞观之治"的历史经验时,对唐太宗的政绩及其晚年的衰退腐化,均直书不讳,尤为难能可贵。

《贞观政要》一书以《君道》篇开首,而终以《慎终》篇。如此安排,体现了作者的用心良苦和深远见地。《君道》篇开宗明义指出"为君之道,必须先存百姓","若安天下,必须先正其身",并以这两句话为总纲贯穿全文。如"天子者,有道则人推而为主,无道则人弃而不用"(《政体》),"舟所以比人君,水所以比黎庶,水能载舟,亦能覆舟"(《教戒太子诸王》)。它的主要政治思想如下。

一、安人宁国。唐太宗及其统治集团吸取隋朝骤亡的教训,"动静必思隋代,以为殷鉴"(《刑法》)。他们从各方面指出隋炀帝残酷地剥削人民,"徭役无时,干戈不戢。外示严重,内多险忌,谗邪者必受其福,忠正者莫保其生。上下相蒙,君臣道隔,民不堪命,率土分崩"(《君道》)。最终激起人民的强烈反抗,推翻了隋王朝。为了李唐王朝的长治久安,缓和同人民的矛盾,唐太宗君臣总是紧紧围绕"安人宁国"这个总题目施政行法。这在《贞观政要》中有较详记载。"贞观二年,太宗谓侍臣曰:'凡事皆须务本。国以人为本,人以衣食为本。凡营衣食,以不失时为本。夫不失时者,在人君简静乃可致耳。若兵戈屡动,土木不息,而欲不夺时,其可得乎?'"(《务农》)谏议大夫王珪十分赞同太宗的看法,并点出其关键在于"安人",希望太宗"慎终如始,以尽其美"(同上)。太宗认为他说得很对,并加以总结说:"公言是也,夫安人宁国,惟在于君。君无为则人乐,君多欲则人苦。朕所以抑情损欲,克己自励耳。"(同上)

二、明正赏罚。唐太宗君臣十分重视赏罚对治理国家的重要作用。"国家大事,惟赏与罚。赏当其劳,无功者自退;罚当其罪,为恶者咸惧。则知赏罚不可轻行也。"(《封建》)魏徵也指出,赏用以劝善,罚用以惩恶。所以,赏罚之得失,关系国家的安危。必须做到赏不遗疏远,罚不阿亲贵,"不以贵贱亲疏而轻重者也"(《刑法》)。如果"所爱虽有罪,不及于刑,所恶虽无辜,不免于罚,此所谓爱之欲其生,恶之欲其死者也。……若赏不遗疏远,罚不阿亲贵,以公平为规矩,以仁义为准绳,考事以成其名,循名以求其实,则邪正莫隐,善恶自分"(《择官》)。此外,《贞观政要》记述唐太宗君臣关于执法不畏权贵的言论和事例也较多,如贞观二年(628)太宗和中书令房玄龄等讨论公平执法问题时,赞扬诸葛亮"尽忠益时者,虽雠必赏;犯法怠慢者,虽亲必罚"(《公平》)。他还要求执法官吏"按举不法,震肃权豪"(《贪鄙》),不畏权贵,公平执法。

三、求谏纳谏。唐太宗从谏如流,这在封建帝王中是首屈一指的。在他"恐人不言,导之使谏"的思想影响下,许多臣僚都能犯颜直谏,面折廷诤。太宗深知治国必须有忠良辅佐,并使他们敢于犯颜直谏,以匡正自己的过失。"人欲自照,必须明镜;主欲知过,必借忠臣。"(《求谏》)在唐初大臣中,以魏徵的犯颜直谏最为突出。他所陈谏多达二百余事,多为太宗所采纳。对匡正太宗的失误,大有裨益。魏徵病故后,太宗悲痛地说:"夫以铜为镜,可以正衣冠;以古为镜,可以知兴替;以人为镜,可以明得失。朕常得此三镜,以防己过。今魏徵殂逝,遂亡一镜矣!"(《任贤》)他并发布诏令,号召群臣以魏徵为榜样,做到直言无隐。太宗懂得自己的才智有限,统治天下,事务繁多,必须"百司商量,宰相筹画,于事稳便,方可奏行"(《政体》)。必须群策群力,发挥臣下的才智,"岂如广任贤良,高居深视,法令严肃,谁敢为非?"(同上)贞观十一年(637),他还下诏,要求臣下各尽其言,共同治理好国家。"夫为人臣,当进思尽忠,退思补过,将顺其美,匡救过恶,所以共为治也"(《君道》)。封建帝王能有这样的认识,难能可贵。

四、宽简恤刑。《贞观政要》记录了大量有关法律方面的君臣议论,总的观点是立法应公平宽简,执法应审慎恤刑。唐太宗君臣强调立法公平,法律应成为衡量人们行为的统一标准。魏徵说:"且法,国之权衡也,时之准绳也。权衡所以定轻重,准绳所以正曲直。"(《公平》)切不可舍法不用,徇私枉法,任凭喜怒。太宗在即位之初就宣称,要"以天下为公,无私于物"。并赞扬诸葛亮立法公平:"昔诸葛孔明,小国之相,犹曰'吾心如称(秤),不可为人作轻重',况今我理大国乎?"(同上)必须做到公平立法,不以私乱法。同时立法务求宽简。太宗即位后,贞观元年(627)就下达了"死者不可复生,用法务在宽简"(《刑法》)的诏令;贞观十年(636)则更全面而具体地谈到立法宽简的问题:"国家法令,惟须简约,不可一罪作数种条。格式既多,官人不能尽记,更生奸诈,若欲出罪即引轻条,若欲入罪即引重条。"(《赦令》)并强调立法应稳定,"诏令格式,若不常定,则人心多惑,奸诈益生。……且汉祖日不暇给,萧何起于小吏,制法之后,犹称画一。今宜详思此议,不可轻出诏令,必须审定,以为永式"(《刑法》)。唐太宗君臣更总结隋炀帝"生杀任情"的历史教训,要求执法"务在宽平"(《刑法》)。建立死罪案件应经九卿审议,并经"五覆奏"方可执行的制度。

《贞观政要》的有关记事远较《唐书》、《资治通鉴》为详,为研究唐太宗和初唐政治的重要参考资料。所用专题记事、分类排纂的史书编纂方法,亦有独创的特色。本书宋元间已有二十余家注本,近现代也有不少校本和译注本。

(杨鹤皋 朱顺龙)

帝范 〔唐〕李世民

《帝范》，二卷，一作四卷。唐太宗李世民撰。成于贞观二十三年(649)，一说成于贞观二十二年(648)。后世常以武则天《臣轨》与之合刊。《旧唐书》、《新唐书》皆有著录，至宋时已佚其半，元吴莱征云南僰夷时，始得完书。后编入《永乐大典》，清乾隆间四库馆臣复从中辑出。清时又有日本宽文本传入。主要版本有日本宽文年间(约当清嘉庆间)刊本，清咸丰间伍氏《粤雅堂丛书》据日本传本刻本，1924年东方学会铅印罗振玉据日本宽文本校刊本；清武英殿聚珍版丛书本；乾隆至道光间长塘鲍氏《知不足斋丛书》校刊本及民国十年上海古书流通处影印本；商务印书馆《丛书集成初编》本。

李世民(599—649)，祖籍陇西成纪(今甘肃秦安)。唐王朝建立者李渊次子，626—649年在位。隋大业十三年(619)，策动其父起兵反隋。建唐后，封秦王，屡统兵出征，扫平群雄，逐次统一全国。置文学馆，集十八学士，以供咨询。武德九年(626)，发动玄武门之变，获帝位，次年改年号贞观。适时变更，确定"偃武修文"国策。任用房玄龄、杜如晦为相，强化中央集权，修订律令，简政裁员，严行考核，发展科举制度，注意吸取庶族士人参政，扩大统治基础。注重发展经济，推行均田制和租庸调法。对外防止侵扰，促进四邻间经济文化交流。对内加强各民族间联系。重文教，行崇儒兴学政策，以儒学为治国指导思想，以道德、学问为选官标准，重用儒生。大力发展学校，贞观年间国子监规模宏大，常住生员达三千余，并可容八千人讲学，是7世纪中叶最高学府和教育中心，并建立完整的教育体系和完备的教学制度。注重文化建设，亲自过问修史和整理经书古籍。性好求知，通经明史，能诗善赋，长于书法。其在位期间政绩卓著，以"贞观之治"著称于世。晚年纳谏之心有懈，决策亦有重大失误。一生所著诗文诏令汇为《唐太宗集》。生平资料见《旧唐书》与《新唐书》之《太宗本纪》，及唐吴兢所撰《贞观政要》。

《帝范》专为太子李治而著，为诫子论政之作，实为帝王"家训"，其序云："汝(指李治)以年幼，偏钟慈爱，义方多阙，庭训有乖，擢自维城之居，属以少阳之任，未辨君臣之礼节，不知稼穑之艰难。余每此为忧,未尝不废寝忘食。自轩昊已降,运至周隋,经天纬地之君,纂业承基之主,兴亡治乱,其道涣焉。所以披镜前踪,博采史籍,聚其要言,以为近诫云尔。"言辞恳切,深以继位者为忧,其意已远远超出一般家训。文体骈散兼用,语句典雅优美。原有唐贾行注和韦公肃注,今本注无姓名,疑为元人因旧注而补作。

本书之首有《序》。先述帝王之位乃皇天眷命,"非可以智竞,不可以力争",全凭王者"克明克哲,允文允武"得之。次写自己创业之艰难:以弱冠之年,"躬擐甲胄,亲当矢石,夕对鱼丽之陈,朝临鹤翼之围,敌无大而不摧,兵何坚而不碎,剪长鲸而清四海,扫欃枪而廓八纮"。再表撰著之目的:希望太子以史为鉴,持身治国,"战战兢兢,若临深而御朽",以保唐朝长治久安。

正文分为十二篇。

一、《君体》。阐述帝王治理天下时应遵循的基本原则。要求"人主之体,如山岳焉,高峻而不动;如日月焉,贞明而普照。……宽大其志,足以兼苞;平正其心,足以制断"。威德致远,慈厚怀民,仁抚九族,礼接大臣,"奉先思孝,处后思恭,倾己勤劳,以行德义"。

二、《建亲》。论述分封亲族对稳固帝位的重要性,列举历史上周、秦、汉、魏各代实行封建与否的得失,强调"封建亲戚,以为藩卫"。认为实行分封须注意防止两种偏差:一是"封之太强,则为噬脐之患",导致诸侯反叛朝廷;二是"致之太弱,则无固本之隆",会使帝王孤立无援。如欲既分封置屏,又不致为害,"莫若众建宗亲而少力"。

三、《求贤》。说明求贤任贤对创业治国的重要作用:"夫国之匡辅,必待忠良,任使得其人,天下自治。"这是因为,"舟航之绝海也,必假桡楫之功;鸿鹄之凌云也,必因羽翮之用;帝王之治国也,必藉匡弼之资。故求之斯劳,任之则逸"。强调要看重人才的价值:"虽照车十二,黄金累千,岂如多士之隆,一贤之重?"要求认识人才的特点,注意搜访求索:"士之居世,贤之立身,莫不敛翼隐鳞,候风云之运;怀奇蕴异,思会遇之秋。是以明君旁求俊乂,博访英才,搜扬仄陋,不以卑而不用,不以辱而不尊。"

四、《审官》。论述如何审察、选择、任用官吏,以为治国安邦之要。以巧匠制木为喻,先说明"良匠无弃材,明君无弃士"。因材而用:"智者取其谋,愚者取其力,勇者取其威,怯者取其慎,无智〔愚〕勇怯,兼而用之。"再指出:"有轻才者,不可委以重任;有劣智者,不可责以大功。"同时,"函牛之鼎,不可处以烹鸡"。小才不可大用,大才也不可小用,量才授官,方能于国于民有益。

五、《纳谏》。阐述国之兴衰,其要在于君主能否听取谏劝。认为"王者高居深视,亏聪阻明,恐有过而不闻,惧有阙而莫补"。因此必须"倾耳虚心,仵忠正之说"。只要其议可观,其理可用,就不必在意其方式方法,不必在乎其身份贵贱。由此造成"忠者沥其心,智者尽其策",君臣之间无"隔情"的朝风。

六、《去谗》。描绘谗佞之徒的嘴脸，指出其危害，告诫后代帝王远谗臣，杜谗言。指出谗佞之臣的若干特征："争荣华于旦夕，竟势利于市朝"；巧言令色，阿谀奉承，取悦君上；朋党比周，迫害忠良。并分析了谗臣难绝的客观原因："良由逆耳之辞难受，顺心之说易从。彼难受者，药石之苦喉也；此易从者，鸩毒之甘口也。"因此君主应懂得"病就苦而能消"，"命因甘而致殒"的道理。

七、《诫盈》。主旨在于反对奢侈，着重说明帝王如奢侈无度，将会招致"倾危"之患。指出，如君主高台深池，声色犬马，骄奢淫逸，必致徭役烦，人力竭，赋敛重，民财匮，农商之业废，人民糟糠不足，"佚乐未终，而倾危已至"。要求帝王"俭以养性，静以修身，俭则民不劳，静则下不扰"。

八、《崇俭》。说明节俭对于治国理民的意义。提倡效法古时贤君，"茅茨不剪，采椽不斫，舟车不饰，衣服无文，土阶不崇，大羹不和"。进而要求节制情欲，紧闭耳、目、口、鼻、身五关，"五关近闭，则令德远盈"。荣辱、安危，全系于崇俭与否。

九、《赏罚》。阐述赏罚得当于治理国家十分重要。由天有寒暑论及国须有赏罚。认为治国既要讲仁爱行赏，又须立教令施罚。"显罚以威之，明赏又化之"，有不可替代的作用。罚之诫民不犯法，赏之劝民安其业。

十、《务农》。认为农业是富国、富家之本，表达重农抑商的经济思想。沿袭"仓库实则知礼节，衣食乏则忘廉耻"的思想，强调"食为人天，农为政本"。主张禁绝伎巧，劝课耕织，"使民还其本，欲反其真"，以养仁义之心，绝贪欲之念。

十一、《阅武》。指出好战与忘战皆不可取，并说明战备和用兵的目的与原则。认为"好战则民雕"，"忘战则民殆"；兵甲"不可以全除，不可以常用"。原则是"农隙以讲武，习威仪也；三年治兵，辨等列也"。并赞同孔子"以不教民战，是谓弃之"的告诫，以为用兵目的在于"利天下"。

十二、《崇文》。着重阐明文治在战争结束后的必要和重要。认为天下平定后，治国方针应适时变更："夫功成设乐，治定制礼，礼乐之兴，以儒为本。弘风导俗，莫尚于文；敷教训人，莫善于学。"因此主张"建明堂，立辟雍，博览百家，研精六艺"。表明唐前期文教政策的基本精神。并自觉认识到军事行动和文化建设具有不同作用，故须因时而用，有所侧重："文武二途，舍一不可；与时优劣，各有其宜，武士儒人，焉可废也？"

本书之末有《后序》。强调十二篇乃帝王施政纲领，坚持之，国将兴；背弃之，国必亡。"安危兴废，皆在兹乎！"进而指出："非知之难，唯行不易；行之可勉，唯终实难。"知道纲领不难，将其付诸行动却难，坚持实行到底更难。最后总结即位以来的过失，告诫太子以之为戒。并提醒"汝无纤毫之功"，尤应崇善广德。"且成迟败速者，国之基也；失易得难者，天之位也。可不惜哉！可不慎哉！"

《帝范》十二篇每两篇成一组，其意或相对，或相近，或相辅，叙述某一方面为君之道，情感饱含,期待殷切,几如耳提面命,宜知宜戒,于常人亦有启发。日本刊本《帝范》《臣轨》有柳谷散人垫子苞父宽文八章跋云:"本朝博士读之尤尊之。至若镰仓将军家皆读之,有助治道久,何啻中华而已哉!"

有关本书的研究有吴云、冀宇编辑校注《唐太宗集》(陕西人民出版社,1986年),后修订为《唐太宗全集校注》(天津古籍出版社,2003年)。

(杜成宪)

魏郑公集 〔唐〕魏 徵

《魏郑公集》,四卷。唐魏徵撰。通行本有清光绪间王灏辑《畿辅丛书》本、1937年上海商务印书馆《丛书集成初编》本。

魏徵(580—643),字玄成,巨鹿(今属河北)人,后迁居至相州内黄。唐初政治家。幼年丧父,生活贫苦,但学习刻苦,博览群书。隋末农民大起义爆发,他持观望态度,暂时当了道士。后参加瓦岗起义军,任参军掌记室。李密败,降唐。又被窦建德所获,任起居舍人。建德失败,入唐任太子洗马,为李建成心腹。建成被杀后,太宗重其才干,擢任谏议大夫,历官秘书监、侍中等职。曾主持梁、陈、齐、周、隋诸史的编撰,封郑国公。在职期间,先后向太宗陈谏二百余事,多被采纳,对太宗的政策措施发生极有益的影响。其政治法律言论见于《贞观政要》。另撰有《隋书》序论及《梁书》、《陈书》、《齐书》总论,主编《群书治要》。《旧唐书》卷七一、《新唐书》卷九七有传。

《魏郑公集》,记载了魏徵向太宗谏诤的内容。涉及政治、经济、文化、法制和礼仪等各个方面,大体上构成了贞观时期的主要施政蓝图。《魏郑公集》的主要思想如下。

一、居安思危。唐太宗晚年,由于国家经济情况好转,对隋末战乱的印象逐渐淡薄,开始傲慢奢侈,魏徵乃上疏谏诤,希望他"居安思危","戒奢以俭",善始善终:"诚能见可欲,则思知足以自戒;将有作,则思知止以安人;念高危,则思谦冲而自牧;惧满盈,则思江海下百川;乐盘游,则思三驱以为度;忧懈怠,则思慎始而敬终;虑壅蔽,则思虚心以纳下;惧谗邪,则思正身以黜恶;恩所加,则思无因喜以谬赏;罚所及,则思无以怒而滥刑。总此十思,宏兹九得。"(《十思疏》)从十个方面指出"居安思危"的问题,可说切中时弊。

二、仁义为本,刑罚为末。认为仁义和刑罚,都是治理国家的手段,但重要性并不相同,仁义为治道之本,刑罚为治道之末。"故圣哲君临,移风易俗,不资严刑峻法,在仁义而已。故非仁无以广施,非义无以正身,惠下以仁,正身以义,则其政不严而理,其教不肃而成矣。然则仁义理之本也,刑罚理之末也。为理之有刑罚,犹执御之有鞭策也。人皆从化,而刑罚无所施;马尽其力,则有鞭策无所用。由此言之,刑罚不可致理,亦已明矣"(《理狱听谏疏》)。君主要移风易俗,致天下于治,不能依靠严刑峻法,而在于行仁由义。"古来帝王以杀戮肆威者,实非久安之策。"(《对人君所务宽厚》)

三、法是"国之权衡"。《理狱听谏疏》指出,法是"国之权衡",是衡量人们行为的统一标准。"且法,国之权衡也,时之准绳也。权衡所以定轻重,准绳所以正曲直。今作法贵其宽简。罪人欲其严酷,喜怒肆志,高下在心,是则舍准绳而正曲直,弃权衡而定轻重也,不亦惑哉?"法律要像度量衡那样公平,像准绳那样平直。要"惟奉三尺之律,以绳四海之人"。这种法律观无疑是可贵的。

四、慎刑狱。吸取了隋代刑讯逼供,以致许多无辜者含冤而死的教训,一再反对主观臆断,出入人罪,强调禁止严讯,注重事实。"凡理狱之情,必本所犯之事以为主,不严讯,不旁求,不贵多端,以见聪明。故律正举劾之法,参伍其辞,所以求实也,非所以饰实也。"(《理狱听谏疏》)理狱断罪必须以事实为主要根据,凡与案情无关的不能任意牵连,不旁求罪证,不要以为线索发展得越多越好。这样,案件才能正确处理。这种反对严讯,主张"求实"的司法原则,是非常值得注意的。

(杨鹤皋)

唐律疏议 〔唐〕长孙无忌等

《唐律疏议》，二十卷。唐长孙无忌等奉敕撰。原名《律疏》，后人以其所疏为唐律，文中又冠以"议曰"二字，故名之曰《唐律疏议》。其版本分为三系：一是滂喜斋本系，《四部丛刊》本为通行；二为元至正本系，以《岱南阁丛书》顾广圻校本、沈家本重校江苏书局本为佳；三为日本文化本系，《国学基本丛书》本等属之。上海古籍出版社刊有影印北京图书馆藏宋刻本。

唐律撰定之后，为了统一解决律文在执行过程中的解释问题，并使科举考试的明法科有所"凭准"，唐高宗命长孙无忌等十九人对唐律逐条逐句进行疏释。次年十月撰成奏上，诏令颁行天下。律疏附于律文之下，与律文具有同等法律效力。

长孙无忌(？—659)，字辅机，河南洛阳人。唐初政治家。出身于北魏皇族。太宗长孙皇后的长兄。自幼好学，通文史兼具武略。少年时与李世民相友善。数从李世民征讨有功。武德九年(626)，参与谋划并发动"玄武门之变"，诛杀建成、元吉。李世民即位后，以贵戚、元勋和大将军出任吏部尚书，继任司空、司徒等职，被封为赵国公。曾奉命与房玄龄等修定唐律。贞观二十三年(649)，与褚遂良受命辅立高宗，以太尉同中书门下三品，执掌政事。又奉命与律学之士对唐律逐条解释，成《唐律疏议》三十卷。后因反对册立武则天为皇后，结怨于武。武则天既立，诬以谋反罪，流于黔州，后迫令自杀。《旧唐书》卷六五、《新唐书》卷一〇五有传。

《唐律疏议》是我国现存最早最完整的封建法律著作。在疏释律义的同时，还着重根据儒家经典及战国以来历代政治法律思想理论，加以发挥，以补充其未周未备。篇目是《名例》、《卫禁》、《职制》、《户婚》、《厩库》、《擅兴》、《贼盗》、《斗讼》、《诈伪》、《杂律》、《捕亡》、《断狱》；律文五百零二条，律下附以疏文，具有同样法律效力。基本属于刑法典，也有民法、诉讼法、行政法、经济法等方面的内容。《唐律疏议》的主要思想如下。

一、德礼为本，政教为用。唐以前，不少思想家、政治家对德礼和法律的作用，在一定程度上有对立或割裂的倾向。唐代统治者才在认识上把德礼和法律的作用，在儒家思想原则上统一起来,形成完整的德主刑辅、礼法结合的思想体系。其中尤以《唐律疏议》的阐述最精辟。"德礼为政教之本,刑罚为政教之用,犹昏晓阳秋相须而成者也"(《名例律疏》),说明德礼是行政教化的根本,刑罚是行政教化的表现,礼义道德的作用和法律的功效"相须而成",有机地结合起来。统观《唐律疏议》,礼的精神完全融化在律文之中,不仅礼之所许,律亦不禁,礼之所禁,律亦不容;而且"尊卑贵贱,等数不同;刑名轻重,粲然有别"(《贼盗律疏》)。可见礼法结合在此书中已趋完备,标志着中国古代礼治的法律化已接近完成。

二、封建纲常的法律化。儒家所倡导的"君为臣纲,父为子纲,夫为妻纲",是历来维护封建专制制度的精神支柱和制订封建法律的根本原则。"一准乎礼"的唐律全面而具体地体现了"三纲"的原则,触犯"三纲",均列为"十恶"大罪,是刑罚打击的重点。

(一)"君为臣纲"及其在唐律中的反映。"君为臣纲"被置于封建"三纲"的首位,凡违反"君为臣纲"的犯罪,均属罪大恶极,处以最严厉的刑罚。这些犯罪,主要有谋反、谋大逆、谋叛、大不敬等四条,均列入"十恶"。"诸谋反及大逆者,皆斩;父子年十六以上皆绞,十五以下及母女、妻妾、祖孙、兄弟、姊妹若部曲、资财、田宅并没官,男夫年八十及笃疾、妇人年六十及废疾者并免;伯叔父、兄弟之子皆流三千里,不限籍之同异"(《贼盗律》)。谋反是指"谋危社稷"。《疏议》释曰:"案《公平传》云:'君亲无将,将而必诛。'谋将有逆心,而害于君父者,则必诛之。"(同上)谋大逆是指"谋毁宗庙、山陵及宫阙"。《疏议》释曰:"此条之人,干纪犯顺,违道悖德,逆莫大焉,故曰'大逆'。"(同上)唐律对"背国从为"的谋叛罪也规定了严厉的处罚。另外,臣下对于皇帝,若稍有差错而可能危及安全者,就要受到法律制裁,如为皇帝制药有误,制作食物误犯食禁,制造车船误不牢固,擅自入宫门、殿门,等等(见《职制律》、《卫禁律》),都属这一类。唐律对于惩处大不敬罪的法律规定相当完备。如大祀不合规定,上书触讳,攻击皇帝,不执行皇帝命令,等等(见《职制律》),都是大不敬的犯罪行为,要受严厉惩处。

(二)"父为子纲"及其在唐律中的反映。"父为子纲"是"三纲"的基础,实际上是利用族权来维护封建政权。唐律"一准乎礼","父为子纲"在法律上有全面具体的反映,凡属违犯"善事父母"者,均构成不孝罪。如父母在而子孙别籍、异财,违犯教令,闻父母丧而不举哀,等等(见《户婚律》、《斗讼律》、《职制律》),要分别处以刑罚。

(三)"夫为妻纲"及其在唐律中的反映。在婚姻家庭方面,封建法律确认夫权的统治地位,男尊女卑,妻子被认为是从属的,始终处于无权地位。"夫为妻纲"也是唐代立法根本原则之一,唐律就有不少规定。如妻妾擅自离去,妻殴詈夫,闻夫丧不举哀,居夫丧而嫁,以及"七出"条规,等等(见《户婚律》、《斗讼律》),都有极力维护夫权的法律规定。

三、贵族、官员享有特权。贵族、官员是唐律优容的对象。他们可以根据自己的官品分别享有免受刑罚、免纳赋税、免服徭役以及世袭爵位、荫及亲属等特权。唐律议、请、减、赎、官当等等即是优容贵族官员犯罪时减免刑罚的规定。所谓"议",即"八议"。凡属"八议"范围,法律予以减免刑罚的特权,"诸八议者犯死罪,皆条所坐及应议之状,先奏请议,议定奏裁,流罪以下减一等,其犯十恶者不用此律"(《名例》)。"请"适用于皇太子妃大功以上亲、应"议"者期以上亲及孙和五品以上官爵,犯流罪以下可减一等,死罪则须上请皇帝裁定。"减"适用于七品以上官,以及应"请"者的一定亲属,犯流罪以下可减一等。"赎"适用于应"议"、"请"、"减"范围和九品以上官,七品以上官的祖父母、父母、妻、子、孙犯流罪以下也允许赎罪。"官当"适用于九品以上官,他们可以官品抵罪,其规定甚为详细。在这样一套完整的议、请、减、赎、官当制度的庇护下,贵族和官员犯罪,大多能轻易地避免刑罚,可以说是有罪无刑。

四、良贱异法。唐律规定,良人和贱民(分为杂户、官户和部曲、奴婢三等)在政治、经济、诉讼、社会生活等方面的地位,都不平等,如贱民不能应考做官,奴婢没有受田资格,官户杂户虽可受田,但有严格限制,等等。贱民中最低等的奴婢被"视同牛马",唐律点明"奴婢贱人,律比畜产"(《名例律》疏),"奴婢有价"(《诈伪律》疏)。他们没有户籍,没有独立的人格,任凭主人处置,"奴婢视同资财,即合由主处分"(《名例》)。在婚姻方面,禁止良贱通婚:"人各有耦(偶),色类须同。良贱既殊,何宜配合。"(《户婚律》疏)唐律规定贱民不得娶良人女为妻,违者处以杖一百或一年半徒刑,以奴婢冒充良人为夫妻者,加重,徒二年。在刑罚方面,同罪异罚者甚多。如以杀伤罪为例:主人谋杀奴婢,至多处徒刑一年,而奴婢谋杀主人,不论为首为从一律处斩刑。主人过失杀奴婢不论罪,而奴婢过失杀主人,则处绞刑(见《斗讼律》)。在诉讼方面,唐律规定不许部曲和奴婢告发主人,否则处以绞刑;至于主人告发奴婢、部曲,即使是诬告,也"即同诬告子孙之例,并不在坐限"(同上),即无罪。可见,唐律是一部维护封建特权的法典。

礼法结合的《唐律疏议》吸收了历代封建王朝的统治经验和重要法律原则,为封建统治者提供了一部治国安邦的法典,因而成为宋、元、明、清各代法律的蓝本。正如《四库全书总目》所云:"论者谓唐律一准乎礼,得古今之平,故宋世多采用之,元时断狱每引为据。明洪武初命儒臣,同刑官进讲唐律,后命刘惟谦等详定明律,其篇目一准于唐。"《唐律疏议》广引唐代令、格、式文,保存了大量唐代政治、经济史料,有裨于对唐代阶级和等级关系、官制、兵制、田制、赋役的研究。这部中国现存最早的完整法律典籍,是世界五大法系之一"中华法系"的代表作。对古代日本、朝鲜、越南法律亦有较大影响。1983年中华书局出版刘俊文《唐律疏议》点校本,1996年中华书局又出版刘俊文《唐律疏议笺解》,2007年南京师大出版社出版钱大群《唐律疏义新注》,可供阅读参考。另有徐永康等著《法典之王:〈唐律疏议〉与中国文化》(河南大学出版社,2005年)是研究本书的专著。

(杨鹤皋)

臣轨 〔唐〕武则天

《臣轨》，一名《臣范》，二卷。唐武则天撰。一说由其近幸之臣奉敕撰。成于唐高宗晚年，或云成于垂拱元年(685)、长寿二年(693)。与唐太宗李世民所著《帝范》相对，并行于世。南宋时已散失，《宋史·艺文志》未见著录，明《永乐大典》、清《四库全书》均未收入。清阮公达始得日本活字本编入《四库未收书目》中。主要版本有：一、日本林衡辑《佚存丛书》本，有日本宽文年间(约当清嘉庆间)刊本、光绪木活字本、上海涵芬楼影日本本；二、清咸丰间伍氏《粤雅堂丛书》据日本传本刻本；三、罗振玉据日本宽文本校以日本弘安十年即元至元二十四年(1287)古写卷子本民国十三年东方学会铅印本；四、商务印书馆《丛书集成初编》本。

武则天(624—705)，名曌，并州文水(今山西文水东)人。唐高宗后，武周皇帝，690—705年在位。十四岁时选入宫中为才人，太宗死后为尼。高宗时复召为昭仪，永徽六年(655)立为后，参预政事，后号"天后"，与高宗并称"二圣"。弘道元年(683)中宗即位，临朝称制。载初元年(690)废睿宗，自称圣神皇帝，改国号为周，改元天授，史称武周。是中国历史上唯一的女皇帝。在位时政局尚稳，经济有所发展。为显示气象更新，改东都洛阳为神都，政府机构与百官均改名易称，并屡更年号。为巩固统治，贬斥李氏旧臣，任用酷吏，屡兴大狱，严厉镇压反对派，常祸及无辜；对效忠者则委以重任，并放手招官，鼓励官民自荐。提倡佛教，压制儒学，鄙视纲常名教，轻贱六艺经传，以国子祭酒授诸王驸马，学校《诗》、《书》、礼、乐之授，几同虚设。考试倡文辞，文士受重用，经生受冷落，然始行殿试之制，首开武举，常有新创。晚年豪奢专断，颇多弊政。神龙元年(705)中宗复位，尊为则天大圣皇帝，是年冬死。一生写有颇多诗文诏令，有文集一百二十卷，已佚。《文苑英华》、《唐大诏令集》、《全唐文》、《全唐诗》等书辑有其诗文。《旧唐书》卷六、《新唐书》卷七六有传。

《臣轨》仿《帝范》之意，为诫臣论政之作。其序云："比者，太子及王，已撰修身之训；群公列辟，未敷忠告之规。"故游心策府，用写虚襟，特著此书。"想周朝之十乱，爰著十章；思殷室之两臣,分为两卷,所以发挥言行,镕范身心,为事上之轨模,作臣下之绳准。"以求君臣唱和相依,同功共体。书中有注,或为唐贾行作。

本书之首有《序》。亟言君臣同体,休戚是均。强调"眇鉴前修,莫不元首居尊,股肱宣力。资栋梁而成大厦,凭舟楫而济巨川"。认为君臣之道是父子之义的延伸,奉国奉家之理唯一,事君事父之途无二,"君亲既立,忠孝形焉"。并告诫:"家将国而共安,下与上而俱泰,察微之士,所宜三思!"最后表示:以此所撰,普赐下僚。"正言斯重,玄珠比而尚轻;异语为珍,苍璧喻而非宝。是知赠人以财者,唯申即目之欢;赠人以言者,能致终身之福。……自然荣随岁积,庆与时新。"

正文分为上下卷,各五章。

一、《同体》。以四肢之于首、耳目之于心,喻臣与君之关系。首先宣扬君臣同体:"相须而后成体,相得而后成用。……臣以君为心,君以臣为体。心安则体安,君泰则臣泰。"既而强调君臣间的主从关系:"夫人臣之于君也,犹四支之载元首,耳目之为心使也。""主之任臣,既如身之信手;臣之事主,亦如手之系身。"最后说明君臣各有分职:"君位尊高,九重奥绝,万方之事,不可独临。故置群官,以备爪牙耳目,各尽其能,则天下自化。故冕旒垂拱,无为于上者,人君之任也;忧国恤人,竭力于下者,人臣之职也。"上下协心,以理国事。

二、《至忠》。认为"夫事君者,以忠正为基"。要求臣下事君,"尽心焉,尽力焉,称材居位,称能受禄。不面誉以求亲,不愉悦以苟合。公家之利,知无不为"。甚至"竭力尽劳,而不望其报,程功积事,而不求其赏"。又指出,忠君尤其须表现为爱民:"忠正者,以慈惠为本。故为臣不能慈惠于百姓,而曰忠正于其君者,斯非至忠也。所以大臣必怀养人之德,而有恤下之心。"最后要求,在忠、孝两者之间,应首择忠。"欲尊其亲,必先尊于君,欲安其家,必先安于国。故古之忠臣,先其君而后其亲,先其国而后其家。何则?君者,亲之本也,亲非君而不存;国者,家之基也,家非国而不立。"

三、《守道》。引《老子》、《庄子》、《管子》、《文子》、《淮南子》、《说苑》诸书论"道"言论,强调以道治身,持道治国。其所谓道,有自然之道、人伦之道、立身处世之道、治国用兵之道等多种含义。引《老子》曰:"道常无为而无不为。""以道佐人主者,不以兵强于天下。"引《庄子》曰:"夫体道者,无天怨,无人非,无物累,无鬼责,一心定而万物得。"引《文子》曰:"夫道者无为无形。内以修身,外以理人,故君臣有道即忠惠,父子有道即慈孝,士庶有道即相亲。"

四、《公正》。由天地、日月、四时无私,推论出人臣应以公心行事。何谓公正?"忍所私而行大义,可谓公矣。"能否做到公,是选择臣下的重要标准:"智而用私,不若愚而用公。"要求人臣在朝,一切以公为转移:"理官事则不营私家,在公门则不言货利,当公法则不阿亲戚,奉公举贤则不避仇雠。"认为秉公是执政之圭臬:"理人之道万端,所以行之在一。一者何?公而已矣。唯公心可以奉国,唯公心可以理家。公道行,则神明不劳而邪自息;私道行,则刑罚繁而邪不禁。"如何做到公?在"先正其心"。

五、《匡谏》。提倡臣下进谏于君,"夫谏者,所以匡君于正也"。认为人臣之所以应謩为难,而力谏其君,并非为自身,而是为"除君之过,矫君之失也"。能否匡谏君主之过失,是衡量是否忠臣的标准。并广征历史上臣下谏君主的事例,设问:"子从父命,孝乎?臣从君命,忠乎?"说明"国之将兴,贵在谏臣;家之将兴,贵在谏子"的道理。

六、《诚信》。从"凡人之情,莫不爱于诚信"的认识出发,提倡君臣、君民"上下通诚"。认为"非诚信无以取爱于其君,非诚信无以取亲于百姓,故上下通诚,则暗相信而不疑;其诚不通者,则近怀疑而不信"。并以天地、四时信行不忒的事例,要求君臣、父子、兄弟、朋友皆须以信相交,诚信乃仁智之本。如能做到诚信,"臣以信忠其君,则君臣之道逾睦;子以信孝其父,则父子之情益隆"。

七、《慎密》。认为:"夫修身正行,不可以不慎;谋虑机权,不可以不密。忧患生于所忽,祸害兴于细微。人臣不慎密者,多有终身之悔。"要求臣下言语谨慎,谋虑周密,"言易泄者,召祸之媒也;事不慎者,取败之道也"。又以慎言为要,"夫口者,关也;舌者,机也。出言不当,驷马不能追也。口者,关也;舌者,兵也。出言不当,反自伤也"。因此,口舌之间,荣辱自来。强调:朝省政事,即使亲如兄弟妻子,亦无与言。慎言之要,又在"慎其独","在独犹慎,况于事君乎!况于处众乎!""故大慎者闭心,次慎者闭口,下慎者闭门。"慎言而至慎独,就能"终身无过,享其荣禄"。

八、《廉洁》。历举先秦鲁相季文子妾不衣帛、公休仪拒受赠鱼、晋韩宣子贵而能守清廉的事例,说明:"君子虽富贵,不以养伤身,虽贫贱,不以利毁廉。"要求臣下为官,奉法以利人,切勿枉法以侵人;管理、领导下级做到公平,面对钱财做到清廉,"廉平之德,吏之宝也"。并劝诫臣下:不为非其事,不求非其有,即能"远害而名彰";"故君子行廉以全其真,守清以保其身。富财不如义多,高位不如德尊"。从精神境界与切身利益两方面予以提醒、引导。

九、《良将》。专论为将之道。先述君、将、兵的相依关系:"夫将者,君之所恃也;兵者,将之所恃也。故君欲立功者,必推心于将;将之求胜者,先致爱于兵。"次述爱兵之道:"务逸乐之,务丰厚之。不役力以为己,不贪财以殉私。内守廉平,外存忧恤。"并举窦婴散金、吴起吮脓的事例,要求倾心爱兵。又述将须以身作则:"暑不张盖,寒不被裘;军井未达,将不言渴;军幕未办,将不言倦;当其奋战,必立矢石之间。"与士兵齐劳逸,共安危,情同父子、兄弟。"以爱率下,而不得其死力乎?"再述用兵之道。要求熟习《孙子兵法》、吴起等用兵典范,善于避实就虚、因敌制胜,涉及领兵、布阵、攻守、地形、粮饷诸方面军事问题。

十、《利人》。指出爱民是天道,君主遵天意以理民,又以臣下佐之。"夫臣者,受君之重位,牧天之甚爱,焉可不安而利之,养而济之哉?"认为,国恃人民,而人民以衣食为本;人民衣食无保,就难以劝教。作为忠臣,"先利于人"。主张劝农功,禁工贾,省徭轻赋,不夺农时,足民衣食。在此基础上实现国足、君足。"家给人足,则国自定焉。"

本书之末有《论》。再次强调君臣一体。

《臣轨》宣扬:"君臣之道,上下相资,喻涉水之舟航,比翔空之羽翼。"然主旨则是:"知家与国而不异,君与亲而一归,显己扬名,惟忠惟孝。"(《论》)字里行间,或劝勉,或告诫,或引诱,或威逼,其意或隐或现。武则天菲薄儒学,鄙视儒生,《臣轨》也杂取道、法、兵诸家思想,而其主要思想倾向则是儒家道德政治学说,倡导忠孝、正身、贞谏、诚信、慎密、清廉、惠民等规范,表现出对儒家学说取舍褒贬实出于现实政治需要。而其中所阐述为官、为人之道,确也颇多可取之处。

有关《臣轨》的研究有胡戟《武则天本传》,吴枫、常万生《女皇武则天》,郁贤皓、方义兵《女皇武则天》,雷家骥《武则天传》等。罗元贞点校《武则天集》(山西人民出版社,1987年)收入现存的武氏文字。

(杜成宪)

唐六典 〔唐〕李林甫等

《唐六典》，原名《大唐六典》，三十卷。原题唐玄宗御撰，李林甫奉敕注。实际上乃唐玄宗命群臣编撰，开元二十六年(738)由李林甫奏上。最早刻本是北宋元丰三年(1080)本，今佚。现存最早的是南宋绍兴四年(1134)温州州学刊本，仅残存十五卷，现有中华书局1984年影印本。另有明正德二年(1515)刻本，传刻本有明嘉靖二十三年(1544)浙江刻本、清嘉庆五年(1800)扫叶山房本、清光绪二十一年(1895)广雅书局本。日人近卫家熙以正德本为底本详加考订，于享保九年(1724)刻行，世称近卫本。1973年，日广池学园刊出广池千九郎训点、内田智雄补订的"广池本"，系以近卫本为底本加以详校而成。1988年，中华书局出版的陈仲夫点校本，是为最流行的版本。1997年甘肃人民出版社出版了袁文兴等的《唐六典今译》。

李林甫(？—752)，小字哥奴。唐宗室，开元二十三年(735)任礼部尚书、同中书门下三品，参与决策执政，执掌相权至病死达十七年之久。封晋国公。深得唐玄宗信任。为人阴险狡诈，时人称之为"口有蜜，腹有剑"。然在其权势威慑下，唐朝政治尚称稳定。《旧唐书》卷一○六、《新唐书》卷二二三有传。

《唐六典》是我国现存最早的记述唐朝政治制度的政书。唐玄宗开元十年(722)开始编撰，历时十余载，至开元二十六年(738)方告完成。关于其编撰经过，《直斋书录解题》引韦述《集贤记》注云："开元十年，起居舍人陆坚被旨修是书，帝手写白麻纸六条曰理、教、礼、政、刑、事，令以类相从，撰录以进。张说以其事委徐坚，思之经岁莫能定，又委毋煚、徐钦、韦述，始以令司入六司，其沿革并入注中。后张九龄又委苑咸，二十六年奏草上。"由此可见，依照唐玄宗的意图，此书本应按《周官》分为理典、教典、礼典、政典、刑典、事典六个部分，故书名《唐六典》。但唐代官制与周官大相径庭，《唐六典》实际上是按照唐代国家机关体系进行编纂。其内容至为广泛，包括唐代中央行政、财政、军事、司法、监察、教育、礼宾、农林、水利和地方行政的管理体制以及职官的选拔、任用、权责、考课等等。正文列其职司、官佐、叙其品秩、职掌；注文叙其沿革，自周秦以迄隋唐，历代演变均扼要叙明。其内容主要有两大方面。

一是记叙唐代国家行政组织制度,具体陈述了唐朝各部门的机构设置、官员编制、职掌权限及政府各部门之间的相互关系。其中央机构主要有:三师、三公为中央最高顾问。中书省、门下省、尚书省及政事堂为中央国家权力机构。中书省决策,门下省复核,尚书省执行,军政大事由政事堂会议拟定。尚书省下设吏、户、礼、兵、刑、工六部,为国家行政管理机关。《唐六典》称:"吏部尚书、侍郎之职,掌天下官吏选授、勋、封、考课之政令。凡职官铨综之典,封爵策勋之制,权衡殿最之法,悉以咨之"(《唐六典》卷二);"户部尚书、侍郎之职,掌天下户口、井田之政令。凡徭赋职贡之方,经费周给之算,藏货赢储之准,悉以咨之"(《唐六典》卷三);"礼部尚书、侍郎之职,掌天下礼仪、祠祭、燕飨、贡举之政令"(《唐六典》卷四);"兵部尚书、侍郎之职,掌天下军卫武官选授之政令。凡军师卒戍之籍,山川要害之图,厩牧甲仗之数,悉以咨之"(《唐六典》卷五);"刑部尚书、侍郎之职,掌天下刑法,及徒隶、句复、关禁之政令"(《唐六典》卷六);"工部尚书、侍郎之职,掌天下百工、屯田、山泽之政令"(《唐六典》卷七)。每部之下设四司,共二十四司。九寺五监为中央政府办事机关,即太常寺、光禄寺、卫尉寺、宗正寺、太仆寺、大理寺、鸿胪寺、司农寺、太府寺;国子监、少府监、军器监、将作监、都水监。设十二卫,统领禁军。御史台为中央监察机关。地方机构,以道为地方监察区,下分府(州)县二级行政区。此外,对中央和地方机构官员设置等,也作了相应的陈述。

二是记叙唐代国家官吏管理制度,具体陈述了政府各级官吏的选拔、任用、品阶、俸禄、奖惩以及退休制度等。各级官员主要通过科举进行选拔。官吏的权责等级通过品、阶、职明确划分。阶以示身份,别等秩;品以明尊卑,定俸禄;职以定职掌,明权责。官品分九品。各级官吏定期进行考核。官吏的俸禄按品发给。官员年满七十退休。

有关《唐六典》的研究有陈寅恪《隋唐制度渊源略论稿》第三章《职官》,备述此书成书经过和它在唐制中的作用;傅增湘《藏园群书题记》中有对于此书版本、诸本校勘的研究。日人玉井是博《南宋大唐六典校勘记》对此书考订颇精。此书研究论文较重要的有严耕望《略论唐六典的性质与施行问题》(载《历史语言研究所集刊》1953年24卷)、余欣《〈唐六典〉修纂考》(载《张广达先生八十华诞祝寿论文集》,新文丰出版股份有限公司,2010年)等。

(杨鹤皋 程 郁)

龙筋凤髓判 〔唐〕张　鷟

《龙筋凤髓判》，四卷，一百篇。唐张鷟撰。有明弘治十七年(504)沈津刊本、清乾隆三十年(1765)《四库全书》本等。别有明刘允鹏注、清陈春补正的注补本四卷。

张鷟(约660—约740)，字文成，自号浮休子。深州陆泽(今河北深县)人。唐文学家。聪颖绝伦，博览群书。高宗调露年间进士。中书侍郎薛元超特授其襄乐尉。不久调岐王府参军。再授长安尉，迁鸿胪丞。凡四参选，判策尤工，为全府之最。为人傥荡无检，性浮躁，开元宰臣姚崇等甚薄之。御史李全交劾其多口语诽谤时政，将其流放岭南，刑部尚书李日知讼所斥过重，乃追敕移于近处。开元中，入为司门员外郎，卒。鷟下笔敏速，著述尤多，虽浮艳芜杂，但言语诙谐，通俗流畅，当时颇为流行。日本、新罗使者常以重金购求其文。作品流传后世者，除《龙筋凤髓判》外，尚有《朝野佥载》和《游仙窟》等。

《龙筋凤髓判》选唐代中央及地方各级官司关于行政、司法、军事、教育诸种措施事迹，并引经据典，判其是非曲直。按各官署分为五十门，附左右卫将军及军器监二门，每门下列数条事例，以短文简述，后以骈文作判。

《新唐书·选举志》载："凡择人之法有四：一曰身，体貌丰伟；二曰言，言辞辩正；三曰书，楷法遒美；四曰判，文理优长。"可见断案拟判的能力是唐代取得官职的重要条件之一。所以唐判并非实判，即不是法吏断案时所作的判决书，而是为参加铨选考试所作的拟判。张鷟根据事实、案件创作的《龙筋凤髓判》，原告、被告名姓皆属假托，判词则是张鷟的拟作。例如"御史严宣前任洪洞县尉日，被长史田顺鞭之。宣为御史，弹顺受赃二百贯，勘当是实。顺诉宣挟私弹事。勘问，宣挟私有实，顺受赃不虚"，"令史王隆每受路州文书，皆纳贿钱，被御史弹付法，计赃十五匹。断绞，不伏"，"洛阳人祁元泰贿司勋令徐整，作伪勋插入甲奏。大理断泰为首，整为从，泰不伏"，"内侍元淹，心狠貌恭，善柔成性。两京来往，威福甚高。金帛祇承，则妄于延誉，迎侯先行，辄加鞭挞"等篇，是其典型的例判。张鷟并非审理那些案件的法吏，所以判词多不具体引用律条正文。同时,判词一般不具体记述犯罪过程和事实情节,而是用主要篇幅分析犯罪性质,强调其危害,或评判曲直,论证事理。此外,判词皆为骈文,文辞华丽,语句典雅,多用典故,在唐代颇负盛名。

有关本书的研究有田涛、郭成伟《龙筋凤髓判校注》(中国政法大学出版社,1996年),钱大群《唐律与唐代法制考辨》(社会科学文献出版社,2009年)相关章节等。

(杨鹤皋)

女论语 〔唐〕宋若莘、宋若昭

《女论语》，十二章。唐宋若莘撰，宋若昭申释。最迟在唐贞元初(785)前后撰成。有《女四书》李光明庄本和江左书林本、《说郛》宛委山堂本、西京清麓丛书本(外编)、光绪十四年(1888)共赏书局刊本等。

宋若莘(？—820)、宋若昭(？—825)，贝州清阳(今河北清河)人。唐代女学士。世以儒学著闻，至宋庭芬，能词章，生五女，皆聪慧，长曰若莘，次曰若昭、若伦、若宪、若荀。宋庭芬亲授以经艺，课以诗赋，年未及笄，皆善文词。若莘、若昭尤高，且性素洁，不尚靓妆华饰，不愿归人，欲以学名家。若莘教诲诸妹，有如严师。贞元四年(788)经人表荐，并召入宫，试诗赋兼问经史大义，唐德宗嘉其才华出众，志操不群，不以宫妾待之，称为"学士先生"，擢其父为饶州司马。自贞元七年(791)起，宫中秘禁图籍，由若莘总领。元和末，若莘卒，以若昭通晓历练，令继其职，官尚宫，六宫嫔妃、诸王、公主、驸马皆尊之为师，宪、穆、敬三帝皆呼为先生。卒后进封梁国夫人，而以若宪继其职。《旧唐书》卷五二、《新唐书》卷七七有传。

《女论语》是宋若莘为教诲诸妹而作。仿《论语》体例，以前秦太常韦逞之母宣文君宋氏代孔子，以曹大家等代颜回、冉有，通过问答形式，讲明妇道所宜。宋若昭为之传注，以申释之。然今存《女论语》，假曹大家训女口气，分十二章，均为四言韵语，亦非问答体，不像宋若莘原著。是宋若昭传注如此，或是后人所著假曹大家言而托名宋氏撰，已难详考。明清间，与汉班昭《女诫》、明成祖后徐氏《内训》、儒者王相母刘氏《女范捷录》，合编为《闺阁女四书》，王相为之注，成为一套传授妇道的妇女教育教材。后世还被收入多种女教读物汇编中，流传甚广。日本自明历二年(1656)起流传有数种《女四书》，所收篇目不同，但均有《女论语》。

本书之首有前言。假曹大家之口，说明写作意图："九烈可嘉，三贞可慕。深惜后人，不能追步。乃撰一书，名为《论语》，敬戒相承，教训女子。若依斯言，是为贤妇，罔俾前人，传美千古。"

正文分为十二章。

一、《立身章》。指出"凡为女子,先学立身;立身之法,惟务清贞;清则贞洁,贞则身荣"。要求言语行止都须中规中矩:"行莫回头,语莫露齿,坐莫动膝,立莫摇裙,喜莫大笑,怒莫高声。"注意守身如玉:"内外各处,男女异群。莫窥外壁,莫出外庭。窥必掩面,出必藏形。男非眷属,莫与通名。"只有"立身端正,方可为人"。

二、《学作章》。认为"凡为女子,须学女工"。女工包括细麻缉苎、养蚕煮茧、纺纱织布、做鞋补袜、引线绣绒等方面,要求"补联纫缀,百事皆通"。如此,不仅衣不愁破,家不愁穷,更可以不致"针线粗率,为人所攻,嫁为人妇,耻辱门风。衣裳破损,牵西遮东,遭人指点,耻笑乡中"。

三、《学礼章》。讲明女子待人接物之道。一是待客。要让坐办茶,言行轻缓,称叙得体,问答殷勤。切勿做客,有相欺侮。二是作客。要注意礼数,相见叙事,不宜久驻。主人留饭,酒略沾唇,食既止箸。切莫"呼汤呷醋,醉后颠狂","身未回家,已遭点污"。三是遇人。如是生人,应"低头看顾";如是邻里,莫"说三道四"。以免招致恶名,"辱贱门风,连累父母,损破自身,供他笑具。如此之人,有如犬鼠"。

四、《早起章》。要求女子"五更鸡唱,起着衣裳,盥漱已了,随意梳妆"。然后"拾柴烧火,早下厨房,磨锅洗镬,煮水煮汤"。及时安排全家一日三餐饭食菜蔬。一定"莫学懒妇,不解思量,黄昏一觉,直到天光"。或者"容颜龌龊,手脚慌忙";或者"馂馎争尝",佳肴偷藏,都是"丑呈乡里,辱及爹娘"的事。

五、《事父母章》。要求"女子在堂,敬重爹娘。每朝早起,先问安康。寒则烘火,热则扇凉,饥则进食,渴则进汤"。进一步,"父母言语,莫作寻常,遵依教训,不可强良"。"父母有疾,身不离床,衣不解带,汤药亲尝,求神烧香,祈求安康。父母故去,认真居丧,设祭礼拜,超上天堂。"

六、《事舅姑章》。认为侍奉公婆,一如父母。"敬事阿翁,形容不睹,不敢随行,不敢对语。如有使令,听其嘱咐。姑坐则立,使令便去。……换水堂前,洗濯巾布,齿药肥皂,温凉得所。"对老人,"饭则软蒸,肉则熟煮"。如此"日日一般,朝朝相似。传教庭帏,人称贤妇"。切莫学悍妇,"咆哮尊长,说辛道苦。呼唤不来,饥寒不顾"。

七、《事夫章》。强调"女子出嫁,夫主为亲。前生缘分,今世婚姻。将夫比天,其义匪轻"。要求夫妇恩爱,相敬如宾。"夫有言语,侧耳详听;夫有恶事,劝谏谆谆。"日常生活,不可自专。夫如有病,终日劳心;夫如发怒,忍气吞声;莫教饥渴,莫使受冻。尤其应做到"同甘同苦,同富同贫,死同棺椁,生共衣衾"。如此和乐瑟琴,百口传闻。

八、《训男女章》。认为子女长成,应教之有序。"训诲之权,实专于母。"对男孩,应为之延请师傅,读诗学礼,尊敬师儒。对女孩,使处闺门,少令出户,"唤来便来,教去便去"。勤学女工,训他礼数。无论男女,皆应知书,又须达礼,光彩门户,荣耀先祖。

九、《营家章》。说明勤俭持家之道。"营家之女,惟俭惟勤。勤则家起,懒则家倾,俭则家富,奢则家贫。"洒扫门庭,耕种田亩,炊厨茶饭,蓄牲养畜,莫不须勤;钱银五谷,油盐酱醋,家用器物,收拾经营,无不须俭。做到"酒浆食馔,各有余剩。夫妇享福,欢笑欣欣"。

十、《待客章》。专讲宾主之礼。客来则点茶递水,然后通立堂前,听夫言语;留客则杀鸡为黍,菜肴丰盛,有光门户;留居则点灯擎烛,安排卧具,温凉得趣;客去则置办别酒,十分殷勤。切忌客来无备,慌忙无措;夫留客人,妻怀嗔怒;在客面前,打儿骂女。

十一、《和柔章》。强调女子处家,"以和为贵,孝顺为先"。公婆有责,闻如不闻。上房下户,和善相处,是非长短,休去争执。家丑不传,邻里和睦,有来有往,须讲礼数。

十二、《守节章》。要求女子"第一守节,第二清贞"。不随意出闺阁,不暗中出门户,以免引起是非,招惹不清,"一行有失,百行无成"。"夫妻结发,义重千金。"丈夫如遇不幸,则三年重服,坚守心志,保持家业,整顿坟茔,"有生有死,一命相同"。

最后总结道:"此篇《论语》,谈尽题容。后人依此,日月相逢。切须记取,不可朦胧。若依斯言,享福无穷。"

《女论语》是自东汉《女诫》以来无数女教读物中最具代表性的一种,对古代妇女应知、应务以四言韵语形式分类编撰,既周备详致,又简易明了,且朗朗上口,易诵易记。既提倡敬老爱幼、夫妻和睦、亲邻友善、勤劳俭朴、斯文礼貌等美俗,也宣扬男尊女卑、柔弱驯顺、克己禁欲等陋规。

(杜成宪)

翰苑集 〔唐〕陆 贽

《翰苑集》(或称《陆宣公奏议》),十卷。唐陆贽撰,唐权德舆编。有清雍正元年(1723)年羹尧刻本、1919年上海商务印书馆《四部丛刊》本、1936年上海中华书局《四部备要》本和《全唐文》本等。

陆贽(754—805),字敬舆,苏州嘉兴(今浙江嘉兴市)人。唐朝大臣、政论家。大历进士,中博学宏辞科,授华州邓县尉。德宗李适为太子时便知陆贽才德出众,即位后不久,召贽充任翰林学士,参与机谋。建中四年(783),朱泚叛,他随德宗奔奉天,转为考功郎中,时朝廷文件诏令,多由他起草。李怀光叛,德宗被迫逃往梁州,陆贽扈从,转谏议大夫。德宗还京后,转为中书舍人。贞元七年(791),拜兵部侍郎,知贡举,余职皆解。次年,拜中书侍郎、同平章事。不意两年之后,便为户部侍郎裴延龄所谗,罢相,贬为忠州别驾。十年后,顺宗李诵即位,欲诏还,诏未至即卒。追赠兵部尚书,谥号宣。《旧唐书》卷一三九、《新唐书》卷一五七有传。陆贽有著述多种,除权德舆《序》称"制诰奏议"而外,曾有《诗文赋集》等。《新唐书·艺文志》著录"议论表疏十二卷"、"备举文言二十卷"、"遣使录一卷"、"集验方十五卷"。

《翰苑集》所收制诰属贞元中叶以前的诏诰文书,涉及当时诸多政治事件,对研究这一时期政治、经济、军事以至民族关系,颇有价值,奏草与中书奏议均属陆氏个人奏疏。因陆氏出入禁闱,掌握巨柄,所条陈之事,亦涉及当时政治生活重心,为研究唐史的珍贵资料。《新唐书》例不录排偶之作,独录贽文十余篇。司马光作《资治通鉴》,尤重贽之议论,采奏疏三十九篇,"有足为万世龟鉴者,故历代宝重焉"。

《翰苑集》主要内容着重是关于时政方面,被称为"经世有用之言","昭昭然与金石不朽者",流传甚广,古今评论甚多,如《新唐书》称:"论谏数十百篇,讥陈时病,皆本仁义,可为后世法。"(《新唐书·陆贽传》)本书的政治法律思想主要如下。

一、先德后刑。《翰苑集》是唐中期一部儒家代表作。特别是表现在德与刑的关系问题上,完全承袭了儒家德刑兼用、先德后刑的思想。认为人君治国,根本问题在于掌握权柄;而掌握权柄的关键,则在于"明其德威"和"审其轻重":"夫人君之柄,在明其德威;立国之权,在审其轻重。德与威不可偏废也,轻与重不可倒持也。蓄威以昭德,偏废则危;居重以驭轻,倒持则悖。恃威则德丧于身,取败之道也;失重则威轻于己,启祸之门也。"(《论关中事宜状》)德和威二者虽不可偏废,但并非齐头并进,不分主次。认为德教优于刑罚,所以主张先德后刑。"政理之体,先德后刑。礼义兴行,故人知耻格;教令明当,则俗致和平。然后奸慝不萌,暴乱不作。古先哲后,莫不由斯。"(《平朱泚后车驾还京大赦制》)这是本书对于封建治国之道的总结。

二、约法省禁。《奉天论赦书事条状》篇指出:"刑谪太峻,禁防伤严,上下不亲;情志多壅。"其结果必然是社会危机的加深。于是奸人乘机起事,皇帝也不得不远迁奉天。朱泚叛乱平定后,由皇帝出面,承认过去所设繁法严刑的举措失当:"夫人情不常,系于时化;天道既隐,乱狱滋丰。朕既不能宏德导人,又不能一法齐众,苟设密网,以罗非辜,为之父母,实增愧悼。"(《奉天改元大赦制》)于是决定必须约法省禁,削除苛法:"朕既不德,致寇兴祸,使生灵无告,受制凶威,苟全性命,急何能择?或亏废名节,或贪冒货利,陷于法网。事匪一端,究其所由,自我而致。不能抚之以道,乃欲绳之以刑,岂所谓恤人罪己之诚,含垢布和之义?涤清污俗,咸与更新,可大赦天下。"并且规定:"自兴元元年七月二十三日昧爽已前,大辟罪已下,已发觉、未发觉,已结正、未结正,见系囚徒,常赦所不原者,咸赦除之。"(《平朱泚后车驾还京大赦制》)这虽然只是就朱泚叛乱事件中附逆的那些人而说的,但反映出当时刑事政策的变化,即由严刑峻法到除苛省禁。

三、严明赏罚。唐德宗怀疑心重、刚愎自用,常以意代法,赏罚任情。"人君运意出于法外",以致天下之吏"奉朝廷之意而不奉其法",法律成为具文,国法军令不能贯彻。"今将之号令不能行之军,国之典刑不能施之将;上下遵奉,以苟岁时",甚至"欲褒一有功,虑无功者怨,嫌疑而不赏;欲责一有罪,畏同恶者辣,隐忍而不诛"(《新唐书·陆贽传》)。长此以往,势必国将不国。《翰苑集》认为赏罚是人君之二柄,凡欲治天下,必因人情,人情有好恶,莫不恶诛罚而喜庆赏。因此,圣明的君主应据民之所欲,以求其功,故为爵禄以劝之;据民之所恶,以禁其奸,故为刑罚以威之。人君只有出以公心,信赏必罚,方能治理天下:"信赏必罚,霸王之资;轻爵亵刑,衰乱之渐。信赏在功无不报,必罚在罪无不惩。非功而获爵则爵轻,非罪而肆刑则刑亵。爵赏刑罚,国之大纲,一纲或紊,万目皆弛,虽有善理,末如之何。"(《又论进瓜果人拟官状》)所以说,一定要明正赏罚,严肃地维护赏和罚这种国家的纲纪。

四、轻徭薄赋。在治国理民方面,《翰苑集》强调民为邦本,"立国之本,在乎得众"(《奉天论前所答奏未施行状》)。所以重视人民生计,主张轻徭薄赋。然而,当时土地兼并日益严重,统治者骄奢淫逸,地主豪强"厚敛促征,皆甚公赋"。官税每亩收五升,地主豪强却私收租税"殆有至一担者",二十倍于官税,极不合理。因为"土地王者之所有,耕稼农夫之所为,而兼并之徒,居然受利。官取其一,私取其十,稽人安得足食,公廪安得广储,风俗安得不贪?财货安得不壅?"(《均节赋税恤百姓第六条》)在《优恤畿内百姓并除十县令诏》、《请遣使臣宣抚诸道遭水州县状》等篇中,反复申述轻徭薄赋的主张。特别是在"四赋"中,强调提出"阅稼以奠税,度产以衰征,料丁壮以计佣,估商贾以均利",即根据年成丰歉、收入多寡和劳力强弱等,来确定赋税徭役轻重,不难看出对国计民生的关心。

《翰苑集》提出的许多政见,当时虽未能施行,但对后世的影响甚大。如《四库全书总目》卷一五〇评曰:"其文多出于一特匡救规切之语,而于古今政治得失之故,无不深切著明,有足为万世龟鉴者,故历代宝重焉。"这个评论是较为中肯的。清人张佩芳有《陆宣公翰苑集注》,附年谱一卷。今人则有刘泽民校点《陆宣公集》(浙江古籍出版社,1988年)、王素整理《陆贽文集》(中华书局,2006年)等。

(杨鹤皋)

吕衡州集 〔唐〕吕 温

《吕衡州集》,一名《吕和叔文集》,十卷。唐吕温撰。宋本与《骆宾王集》十卷、《李元宾集》六卷,合而为《唐人三家集》;另有上海商务印书馆《四部丛刊》影印述古堂精钞本、上海古籍出版社1993年版标点本等。

吕温(722—811),字和叔,一字化光,河中(今山西永济)人。唐代思想家。从陆贽治《春秋》、梁肃为文章。唐德宗贞元末擢进士第。历任左拾遗、侍御史、户部员外郎等职。与韦执谊厚,因善永贞革新集团主要人物王叔文,永贞革新败,王叔文等坐贬,吕温因随张荐出使吐蕃未还,得以免受牵连。宪宗时因与宰相李吉甫有隙,举发不实,贬为均州刺史,久之,徙衡州,治有善状,世以吕衡州称之。《旧唐书》卷一三七、《新唐书》卷一六〇有传。

《吕衡州集》的政治法律思想主要如下。

一、宽猛相济。《吕衡州集》继承了儒家德主刑辅的思想,在德刑关系问题上,认为必须坚持"导之以德",以期使人"迁善远罪"。至于刑罚的宽和猛问题,要求做到相互为用,"宽则人慢,纠之以猛;猛则人残,施之以宽",务期达到"宽以济猛,猛以济宽"的要求(见《人文成化论》)。

二、反对法律特权。唐代法律,和历代封建王朝一样,是等级特权法,同一犯罪,因身份贵贱而刑罚有轻重之别;犯罪者如在"八议"之列,则享有更优的法律特权。《吕衡州集》倡法律平等之说,反对政治上的特殊等级得享法律宽恕。对当时"功臣恕死",即对有功勋的大臣预先免除死罪的法律规定,提出了尖锐的批评:"人生有欲,不可以不制;天讨有罪,不可以不刑。盖刑者,圣王所以佐道德而齐天下者也。功济乎物,不可以不赏,赏劝乎功,不可以不信。盖信圣王所以一号令而惇天下者也。然则恕死之典,弃信而废刑,何以言之?……若乃猾如狗盗,庸如黥徒,未有罪而先恕之死,是不许其慕生廉耻,自周名节,非所以导之以德,而劝小人之善也。"(《功臣恕死议》)圣明的君主,对有功之臣,应"安之以爵禄,护之以纪律,明之以好恶,耸之以祸福",以使其"迁善远罪,保勋全名"。恕死的规定,"挠权乱法,以罪宠人,堕信赏必罚之典,亏昭德塞违之道"(同上),实为圣明君主所不取。

三、反对纳粟除罪拜爵。认为赏罚乃国之大本,应严肃对待。喜必待功而赏不僭行,怒苟得罪而罚无轻赦。今许纳粟除罪、拜爵,乃废法以罚人,废功以赏人,使忘其本业,沮劳而惠奸。"何以言之?惟名与器,不可假人,而班爵于并兼之家,析圭于滞积之室,使屠沽贱隶凌驾英豪,苟有怀于廉耻之心,岂复致患难之死?虽月要天地,日誓山河,而赏不足以劝矣。天讨有罪,刑兹无赦,而挠权于残贼之徒,屈法于奸宄之党,使凶人酷吏言暴无伤,苟开必免之门,孰惩罔极之恶?虽临以斧钺,驱于鼎镬,而刑不足以威矣。"(《复汉以粟为赏罚议》)造成赏不足以劝、刑不足以威的局面,是由于纳粟除罪、拜爵的实行,致使刑赏二柄被弃置于无用之地。另一方面,国家的爵位和刑罚,如果可以用粟米换取和免除,则贪生爱利之徒,有谁不愿"空陇亩而贷圭组,竭仓廪而救死亡"?这必然导致农业荒废的恶果:"拜爵者坐等封君,遂忘其本业;免罪者如释悬磬,曷保其生聚,虽使三公九卿躬执耒耜,而啬不可以务矣。"(同上)所以,这种纳粟除罪拜爵办法的实行,是"习近古之失策,采庸臣之诡论",不利于国家,亟应废除。

(杨鹤皋)

柳宗元集 〔唐〕柳宗元

《柳宗元集》，又名《唐柳先生集》、《唐柳河东集》、《河东先生集》、《柳河东集》，四十五卷（另有外集二卷、补遗一卷）。唐柳宗元著。通行本有：一、南宋庆元六年(1200)以前刻《新刊增广百家详补注唐柳先生集》；二、南宋世彩堂刻《河东先生集》；三、南宋原刻、清《四库全书》抄本《五百家注音辩柳先生文集》；四、明正统十三年(1448)刻《增广注音辩唐柳先生集》；五、明嘉靖(1522—1566)年间刻《唐柳先生集》；六、明崇祯六年(1633)刻《韩柳全集》本；七、上海人民出版社1973年版《柳河东集》；八、中华书局1979年版《柳宗元集》。

柳宗元(773—819)，字子厚，河东解县（今山西运城县解州镇）人。世称柳河东。贞元九年(793)进士。历任校书郎、蓝田尉、监察御史里行。永贞元年(805)起与刘禹锡等参加王叔文集团，进行政治革新运动，任礼部员外郎。失败后被贬为邵州刺史，又贬永州（今湖南零陵县）司马。撰写《贞符》、《非国语》等。后迁柳州（今广西壮族自治区）刺史，故又称"柳柳州"。在柳州撰写了《天说》、《天对》、《答刘禹锡天论书》、《封建论》等哲学著作。在政治上，主张巩固皇权，抑制藩镇割据；打击宦官，罢禁宫市；明赏罚，任人唯贤；废止苛捐杂税，免除积欠课税租赋。在哲学上，主张世界万物由"元气"产生的"元气"说；批判天命鬼神，坚持天人"各不相予"说，强调"功者自功，祸者自祸"；提出"合焉者三，一以统同"的宇宙运动规律；认为历史发展由"生人之意"乃由此产生的"势"所决定；主张儒、佛、道三教调和。在文学和美学上，提出"文以明道"、"因人而彰"和"奇味"等思想。与韩愈同为古文运动的倡导者，列为"唐宋八大家"之一。其思想对后人影响较大。事迹见柳宗元《与杨诲之第二书》、韩愈《柳子厚墓志铭》、《旧唐书》卷一六〇、《新唐书》卷一六八、宋文安礼《柳先生年谱》等。

《柳宗元集》为柳宗元作品的总集。有《文集》四十五卷。卷一为雅诗歌曲，卷二为古赋，卷三为论，卷四为议辩，卷五至卷六为碑，卷七为碑铭，卷八为行状，卷九为表铭碣诔，卷十为志，卷十一为志碣诔，卷十二为表志，卷十三为志，卷十四为对，卷十五为问答，卷十六为说，卷十七为传，卷十八为骚,卷十九为吊赞箴戒,卷二十为铭杂题,卷二十一为题序,卷二十二为序,卷二十三为序别,卷二十四至卷二十五为序,卷二十六至卷二十九为记,卷三十至卷三十四为书,卷三十五至卷三十六为启,卷三十七至卷三十八为表,卷三十九为奏状,卷四十至卷四十一为祭文,卷四十二至卷四十三为古今诗,卷四十四至卷四十五为《非国语》。《外集》二卷。卷上为赋文志,卷下为表启;《外集补遗》一卷包括志、启、状、表、诗、颂、注等。《附录》收录自唐至清的学者有关柳宗元的传、年谱、纪、墓志铭、祭文、庙碑、序、题、叙、跋、书志、解题等,另有辨伪杂录。

在《天对》中,以回答战国屈原的《天问》的形式,明确提出唯物主义的元气论,认为元气是宇宙万物的本源:"本始之茫,诞者传焉。鸿灵幽纷,曷可言焉?冥黑晣眇,往来屯屯;庞昧革化,惟元气存,而何为焉?"这就是说,宇宙是悠远渺茫的,那些关于天地宇宙起源的传说是不可信的。昼夜的交替、万物的发生和发展,都是元气运动的表现。惟有元气是唯一的存在。

在《天说》中进一步认为元气和天、地、阴阳一样都是物质:"彼上而玄者,世谓之天;下而黄者,世谓之地。浑然而中处者,世谓之元气。"天地、元气、阴阳虽大,本质上"无异果蓏痈痔草木也"。这就肯定了元气是一种客观存在的物质,并无神秘的地方;天地、阴阳均由元气统率,万物统一于元气。

有了作为宇宙万物的本源的元气,那元气又是怎样产生万物和使万物运动变化呢?《天对》指出:"合焉者三,一以统同,吁炎吹冷,交错而功。"原来元气中的阴、阳,加上天,三者结合,由元气统帅,元气缓慢地吹动,造成炎热的夏天,疾速地吹动,造成寒冷的冬天,炎热和寒冷即阴阳互相作用,使万物的产生和运动变化。

在《非国语》中,柳宗元进一步对元气运动的规律作了探讨:"山川者,特天地之物也。阴与阳者,气而游乎其间者也。自动自休,自峙自流,是恶乎与我谋?自斗自竭,自崩自缺,是恶乎为我设?……以澒洞轇轕乎其中。或会或离,或吸或吹,如轮如机,其孰能知之?"同时《非国语》认为天地是无限的:"天地之无倪,阴阳之无穷。"《天对》也认为:"无极之极,漭弥非垠,或形之加,孰取大焉?""东西南北,其极无方,夫何鸿洞,而课校修长。"具有世界在时空上无限的思想。

在《贞符》中,对"受命之符"的神学说教作了批判:"董仲舒对三代受命之符……非也!何独仲舒尔,自司马相如、刘向、扬雄、班彪、彪子固,皆沿袭嗫嚅,推古瑞物以配受命,其言类淫巫瞽史,诳乱后代,不足以知圣人立极之本。""后之妖淫嚚昏好怪之徒,乃始陈大电、大虹、玄鸟、巨迹、白狼、白鱼、流火之鸟以为符。斯为诡谲阔诞,其可羞也,而莫知本于厥贞。"在对神学思想批判之同时,《非国语》还用人来打击"神":"力足者取乎人,力不足者取乎神。"认为"受命不于天,于其人;休符不于祥,于其仁",所谓"受命",就是"受命于生人之意"(《贞符》)。因为"人"、"神"是两回事,所以"天"、"人"也不相预,人事的功、祸都是人们自己造成的:"功者自功,祸者自祸,欲望其赏罚者大谬;呼而怨,欲望其哀且仁者,愈大谬矣"(《天说》)。

在《封建论》里,认为社会制度的形成是客观形势造成的:"彼封建者,更古圣王尧、舜、禹、汤、文、武而莫能去之,盖非不欲去之也,势不可也。"并认为部落、国家均是人类实际生活的需要:"近者聚而为群,群之分,其争必大,大而后有兵有德。又有大者,众群之长又就而听命焉,以安其属,于是有诸侯之列。""自天子至于里胥,其德在人者,死必求其嗣而奉之。故封建非圣人意也,势也。"由这种"重势"的观点出发,《封建论》认为"封建制"的产生也是形势所决定,不是以汤武的意志为转移的;同样,历史的进一步发展,也必然是"私其力"的"封建制"被"公之大者"的"郡邑制"所代替。

有关《柳宗元集》的研究有南宋《新刊增广百家详补注唐柳先生文集》,其注本中保存了前人沈晦、任渊、孙汝听、刘崧、韩醇、童宗说、张敦颐、文谠、陈颢等人对柳文的训诂、考证,其中所列的注释者还有李石、冯时行、李焘、洪迈、张孝祥、吕祖谦等人;南宋《王荆石先生批评柳文》;南宋王应麟《困学纪闻》卷十七《柳州文可疑诸篇》;清陈景云《柳河东集点勘》;清吴汝纶《柳州集点勘》;清何焯《义门读书记》;近人章士钊《柳文指要》等。

(于鹏彬)

天说 〔唐〕柳宗元

《天说》，一篇。唐柳宗元撰。成于唐顺宗永贞元年(805)贬居永州之后。载于《柳河东集》。通行本及作者生平参看"柳宗元集"条。

《天说》是柳宗元用元气说来解释"天"的论文。分两大部分。第一部分是韩愈"言天之说"。韩愈认为天是有意志的，"人之坏元气阴阳也亦滋甚"，"悴然使天地万物不得其情"，得罪了上天，因而遭到惩罚。如果能制止人类对自然界的侵害，"是则有功于天地者也"，那就要得到上天的奖赏。韩愈所宣扬的是天人感应的神学思想。

第二部分是柳宗元对韩愈"言天之说"的驳斥。柳宗元说："彼玄而上者，世谓之天；下而黄者，世谓之地。浑然而中处者，世谓之元气。寒而暑者，世谓之阴阳。"这些东西虽然很大，但与果蓏、痈痔、草木并没有什么不同。天地，就是大果蓏；元气，就是大痈痔；阴阳，就是大草木。它们怎么能赏功罚祸呢？"功者自功，祸者自祸，欲望其罚赏者大谬；呼而怨，欲望其哀且仁者，愈大谬矣！"又何必把生死得失归之于果蓏、痈痔、草木呢？柳宗元这段话明确了以下两点。

一、天地、元气、阴阳都是物质。天并不是存在自然物之上的人格神，天并无"赏功罚祸"的意志。坚持了元气一元论的自然观。

二、明确提出"功者自功，祸者自祸"的"天人不相预"的思想。这与他《答刘禹锡天论书》中说的"生植与灾荒，皆天也；法制与悖乱，皆人也。二之而已。其事各行不相预，而凶丰理乱出焉"一样，肯定自然的生长与社会的治乱，互不相预，所以天人之间并无感应关系。

刘禹锡读了《天说》之后，认为柳子言有未尽，乃撰写了《天论》三篇。柳宗元则认为："凡子之论，乃吾《天说》传疏耳，无异道焉。"(《答刘禹锡天论书》)只不过刘禹锡《天论》对柳宗元《天说》注疏得更为详尽。他们都对天能"赏功罚祸"的唯心主义天命论进行了有力的驳斥。但是柳宗元的《天说》还只是停留在直观的感性经验上，笼统地把功与过说成是人们自已造成的,并未深入说明天人之间的相互作用和影响,忽视了人类认识和掌握自然规律的能动作用。

有关《天说》的研究有章士钊《柳文指要》、范阳等《柳宗元哲学著作注译》等。

(洪　波)

天对 〔唐〕柳宗元

《天对》,一篇。唐柳宗元撰。成于唐永贞元年(805)以后。载于《柳河东集》。通行本及作者生平参看"柳宗元集"条。

《天对》是就屈原《天问》提出的一百七十多个问题所作的对答。

屈原在《天问》中,对宇宙和历史的传统观念提出了怀疑和质问。正如鲁迅所说:"怀疑自遂古之初,直至百物之琐末,放言无惮,为前人所不敢言。"(《摩罗诗力说》)如《天问》一开篇就提出:远古开头的情景,是谁给传道的?当时天地未分,怎样进行考察?昼夜一片模糊,谁能穷根究底?只有大气浮动,如何分辨得清?日夜不断交替,那是什么原因?有关宇宙有没有造始者?宇宙的一切变化如何去考察?有无谁在那里主宰?等一系列问题。柳宗元在《天对》中一一作了回答。说:"本始之茫,诞者传焉。鸿灵幽纷,曷可言焉!曶黑晣眇,往来屯屯,厖昧革化,惟元气存,而何为焉?"柳宗元认为,天地未成形之前,那种种恍惚渺茫的情况,都是荒诞的人传说下来的。巨神开天辟地的混乱传说,那有什么可说的!日月昼夜交替运行,永不停息。宇宙从厖昧混沌的状态变化发展产生万物,只是由于元气存在的缘故,哪有谁来造成呢!也就是说,根本不存在有意志的上帝。

柳宗元肯定"厖昧革化,惟元气存"。联系柳宗元在回答刘禹锡《天论》时,特别指出"独所谓无形为无常形者,甚善"(《答刘禹锡天论书》)来看,可断定柳宗元所说的"元气",是一种没有任何神秘色彩的、客观存在的、运动着的物质。不仅如此,他还进一步提出了"合焉者三,一以统同"的命题。"一"指元气。"三"指阴、阳、天。就是说,阴、阳、天的结合,是受元气支配的。世界万物的运动变化,是元气自身阴阳二气"吁炎吹冷,交错而功"的结果。阴阳的对立和统一,是宇宙万物运动发展的源泉,它"恶乎与我谋"、"恶乎为我设"?不以人们的意志为转移的。他还认为宇宙没有边际、没有中心、没有角落,也就是说宇宙是无限的。联系《天说》中他所说的"浑然而中处者,世谓之元气"的思想来考察,就知道柳宗元所说的"元气"是个统一的实体,也是一个最高的物质范畴。柳宗元用"元气"来说明世界的物质性和统一性。

柳宗元在回答"天命反侧,何罚何祐"这一问题时,明确指出:天人远隔,人不可能遵行什么天道,更无法诘问怎样才算违背天道。这与《天说》中所讲的天怎么能赏功罚祸的思想是一致的。又如在回答"延年不死,寿何所止"时,明确回答:人的寿命"短长不齐,咸各有止",为什么要瞎说什么仙人不死?

在回答社会历史问题时,表现了柳宗元主张选贤任能、实行仁政的思想。如在回答"登立为帝,谁道尚之"这一问题时,明确回答"惟德登帝,师(众人)以首之"。只有有德的人才可以登上帝位,被众人推举为君主。但由于受时代的限制,《天对》对某些问题的回答,往往借助于古代的传说,缺乏科学的根据。近乎朱熹论的"而夸多衒巧之意,犹杂乎其间"(《楚辞集注·天问序注》)。

柳宗元的《天对》和《天说》一样,是作者朴素唯物主义和无神论思想的重要表述。如果以《天说》为未究(《答刘禹锡天论书》)的话,那么《天对》则确是"深弘杰异,析理精博"(宋黄伯思《校定楚辞序》)的宏文。

有关《天对》的研究有王运熙等《天问天对注》(上海人民出版社,1973年)等。

(洪 波)

封建论 〔唐〕柳宗元

《封建论》,一篇。唐柳宗元撰。载于《柳河东集》。通行本及作者生平参看"柳宗元集"条。

《封建论》是一篇阐发郡县制的优越性、抨击恢复"封建"制思潮的文章。这里的"封建",是指周代以来"封国土,建诸侯"的分封制,而不是现在说的封建社会制度。文中,柳宗元既把"势"与"神"对立起来,又把"势"与"圣人"对立起来,认为社会历史的发展,既不受命于神,也不是由圣人的主观意志决定的,而是由"生人之意"造成的客观趋势决定的。

《封建论》运用具体的历史事实,说明了"封建非圣人意也,势也"的道理。指出:"生人之初……与万物皆生,草木榛榛,鹿豕狉狉,人不能搏噬,而且无毛羽,莫克自奉自卫。荀卿有言:'必将假物以为用者也。'夫假物者必争,争而不已,必就其能断曲直者而听命焉。……由是,君长刑政生焉。故近者聚而为群。群之分,其争必大。大而后有兵有德。又有大者,众群之长又就而听命焉,以安其属,于是有诸侯之列;则其争又有大者焉,德又大者,诸侯之列又就而听命焉,以安其封,于是有方伯连帅之类,则其争又有大者焉,德又大者,方伯连帅之类又就而听命焉,以安其人;然后天下会于一。是故有里胥而后有县大夫,有县大夫而后有诸侯,有诸侯而后有方伯连帅,有方伯连帅而后有天子。自天子至于里胥,其德在人者,死必求其嗣而奉之。故封建非圣人意也,势也。"这就是说,在人类的早期,有一个与野兽相近的原始阶段;在这个阶段上,人们为了觅取生活资料,"近者聚而为群"以假物(获取物品),但"假物者必争",且"争而不已"。于是有"能断曲直者"出,产生了最早的领袖人物,进而产生了国家、刑法、政令,形成了"自天子至于里胥"的分封制。可见,"封建非圣人意也,势也"。这个"势",是指历史发展的必然趋势。柳宗元说:"彼封建者,更古圣王尧、舜、禹、汤、文、武而莫能去之。盖非不欲去之也,势不可也。"这种由社会发展必然趋势决定的分封制的产生和存在,都是不以人们的主观意志为转移的,即使圣人也"莫能去之",说明它是客观的。这种客观必然性,在历史发展的不同阶段上有不同的具体表现。如果说,由"生人之初"发展到"封建"制是"势"之必然;那么,周朝的"失之在制"的历史事实,说明分封制被郡县制所代替,同样是"势"之必然。

分封制与郡县制孰优孰劣?柳宗元从周、秦、汉、唐的历史分析中,阐明了两种制度的得失:周初的分封制,适应了当时社会发展的趋势,起过积极的作用;但是,随着社会的发展,分封制暴露出"尾大不掉"的弊病,致使西周东迁、东周灭亡,"周之败端,其在乎此"。有鉴于此,秦朝"裂都会而为之郡邑,废侯卫而为之守宰",即废除分封制而实行郡县制,收到了"摄制四海,运于掌握之内"的奇效,这是秦制"所以为得也"。那么,秦朝又何以会二世而亡呢?柳宗元认为,原因在于秦"亟役万人,暴其威刑,竭其货贿",迫使百姓揭竿而起,但却只"有叛人而无叛吏"。可见,秦亡的真正原因是"咎在人怨,非郡邑之制失也"。汉朝统一全国后,纠正秦朝废除分封制的错误,重行周朝的分封制,"立宗子,封功臣";但是,仍然"郡邑居半"。在分封制与郡县制各占其半的汉朝,后来出现了"有叛国而无叛郡"的情况。"秦制之得,亦以明矣。"

柳宗元在用史实说明了周朝"失在于制"和"秦制之得"的道理以后,又驳斥了那种为分封制辩护甚或为恢复分封制造舆论的观点。

一是分封的王侯必能"私其土,子其人",而郡县的守宰只"思迁其秩"。对此,柳宗元驳斥道,周朝分封的王侯能"私土子人者,百不有一",周"失在于制,不在于政"。秦朝实行郡县制,但又不把权力交给郡县;有治理百姓的大臣,又不让守令擅权,这些都是对的。但是,秦朝刑法残酷,劳役繁重,使万人仇视。可见,秦朝是"失在于政,不在于制"。汉朝是分封、郡县各占其半,天子政令只能行于郡县,不能行于封国。对封国内的王侯的胡作非为,朝廷无能为力;而在实行郡县制的地方,则能做到"有罪得以黜,有能得以赏。朝拜而不道,夕斥之矣;夕受而不法,朝斥之矣"。从而使社会得到治理,获得安定。后来,汉朝出现叛乱时,只是"有叛国而无叛郡"。唐朝吸取汉朝的教训,"尽制郡邑,连置守宰",完全实行了郡县制。柳宗元根据历史的经验断言:"其不可变也固矣。"

二是夏、商、周、汉实行分封制政权延续时间很长,秦朝实行郡县制统治时间短促。对此,柳宗元反驳道:这是无知妄说。事实是:魏晋实行分封制都很快灭亡了;而唐朝"矫而变之",实行郡县制,"垂二百祀,大业弥固",这与分封制又有何相干?

三是殷周两朝都是圣王,并未改变分封制。对此,柳宗元反驳道:殷周两代借分封制安定国家已成习俗,不革其制"是不得已"。而这个"不得已,非公之大者也,私其力于己也,私其卫于子孙也"。"秦之所以革之者,其为制,公之大者也;其情,私也,私其一己之威也,私其尽臣畜于我也。"秦废分封制而行郡县制,从制度本身讲,是大公无私的;当然,其动机是出于私心,想巩固个人的权威,想使天下人臣服自己。但无论如何,"公天下之端自秦始"。只有在"公之大者"的郡县制下,才能"使贤者居上,不肖者居下",改变分封制时"圣贤生于其时,亦无以立于天下"的不合理状况。

《封建论》作为一篇出色的政治哲学论文,在中国哲学史上有着重要地位。北宋苏轼说:"昔之论封建者,曹元首、陆机、刘颂,及唐太宗时魏徵、李百药、颜师古,其后有刘秩、杜佑、柳宗元。宗元之论出,而诸子之论废矣。虽圣人复起,不能易也。……柳宗元之论,当为万世法也。"(《东坡外集·秦不封建论》)这是有一定道理的。

(陈增辉)

韩昌黎集 〔唐〕韩 愈

《韩昌黎集》,又名《昌黎先生集》、《韩文》、《唐韩昌黎集》等。唐韩愈著。现存的主要版本如下。一、《朱文公校昌黎先生集》四十卷,《外集》十卷,《遗文》一卷,宋朱熹考异,宋王伯大音释重编。为现存最早校本。有元刻闽麻纱坊本、上海商务印书馆影印的《四部丛刊》本(流传最广)。二、《五百家注音辨昌黎先生文集》四十卷。宋魏仲举辑注。书前列举评论诂训音释者三百六十家,为一种较全的集注本。有清乾隆《四库全书》抄本。三、《昌黎先生集》四十卷,《外集》十卷,《遗文》一卷。宋廖莹中辑注。有宋廖氏世彩堂刻本、上海中华书局排印的缩印《四部备要》本(流传较广)。四、《韩文》四十卷,《外集》十卷,《集传》一卷,《遗集》一卷。明游局敬辑注。有明嘉靖南平游氏刻《韩柳文》本。五、《唐韩昌黎集》四十卷,《外集》十卷,《遗文》一卷。《附录》一卷。有明蒋之翘辑注、明崇祯安国谟刻《韩柳全集》本。六、《韩昌黎文集校注》,《文集》八卷,《文外集》二卷,《遗文》一卷,《附录集外文》三篇,《集传》一卷,近人马通伯著,有1957年古典文学出版社及1986年上海古籍出版社排印本。七、《韩昌黎诗系年集释》,今人钱仲联著,有1957年古典文学出版社排印本及1984年上海古籍出版社修订本。八、《韩愈全集校注》,今人屈守元等著,有1996年四川大学出版社排印本。九、《韩愈文集汇校笺注》,今人刘真伦、岳珍著,有2010年中华书局排印本。

韩愈(768—824),字退之,河南河阳(今河南孟州西)人。唐代著名文学家、哲学家。其先世曾居昌黎,故自称郡望昌黎,世称韩昌黎。三岁父母双亡,依寡嫂成人。少习六经,博览百家之书。贞元八年(792)进士。曾任观察推官。贞元十八年任监察御史,与柳宗元、刘禹锡结友,想实行儒家治国平天下主张。以直言贬为连州阳山(今属广东)县令。永贞元年(805)赦还,迁江陵掾曹,赴任途中在湖南彬县撰写了被称为"五原"的论文(即《原道》、《原性》、《原毁》、《原人》、《原鬼》),以尊孔孟排异端相号召,主张复兴儒学、扶树名教。后曾任国子博士、中书舍人、刑部侍郎等。元和十四年(819)上《论佛骨表》,谏阻宪宗从凤翔法门寺迎佛骨入宫供奉,被贬为潮州刺史,又移为袁州刺史。后曾任国子祭酒、兵部侍郎、吏部侍郎。谥号文,世称韩文公。在政治上,反对藩镇割据,提倡忠君,主张除弊抑暴、礼法兼治、维护成法,反对当时王叔文集团的政治改革。在哲学上,尊儒反佛、道,构造儒家的"道统"说,阐扬《大学》的"修齐治平";提出"性情三品"说和"一视同仁"说;信天命和鬼神,主张祭天祀祖;强调历史由"圣人"安排造就。在教育和学习上,提倡勤奋和独创,重视师道。在文学和美学上,提出"文以明道"说和"不平则鸣"说等。反对六朝以来骈俪文风,提倡直言散体,与柳宗元同为古文运动的倡导者,列为"唐宋八大家"之首。其思想对宋儒及后人影响极大。事迹见载于《旧唐书》卷一六〇、《新唐书》卷一七六、宋吕大防《韩吏部文公集年谱》等。

《韩昌黎集》为韩愈作品的总集。有《文集》四十卷,卷一至卷七为赋、古诗,卷八为联句,卷九至卷十为律诗,卷十一至卷十四为杂著,卷十五有书启,卷十六至卷十八为书,卷十九为书序,卷二十至卷二十一为序,卷二十二至卷二十三为哀辞、祭文,卷二十四至卷三十五为碑志,卷三十六为杂文,卷三十七为状,卷三十八至卷四十为表状。《外集》十卷,包括赋、歌、议、书、序、对、记、祭文、牒、实录、传、碑、联句、诗等。《遗文》一卷,包括联句、诗、记、书、墓志、启、状、疏、题名等。

《原道》、《论佛骨表》、《读荀》、《处州孔子庙碑》、《与孟尚书书》、《省试颜子不贰过论》等,主要反映了其道统说和历史观。反对佛、老,构造儒家的"道统"以对抗佛教的"祖统",强调儒家思想在时间上早于佛、老,为华夏正统。提出儒学的宗旨即"道",有一个代代相传授的系统,最早从尧开始,"尧以是传之舜,舜以是传之禹,禹以是传之汤,汤以是传之文武周公,文武周公传之孔子,孔子传之孟轲,轲之死不得其传焉"(《原道》)。神化孔子,认为"生人以来未有如孔子者,其贤过于尧舜远者"(《处州孔子庙碑》)。推崇孟子,认为孟子的儒学思想纯粹无疵,"醇乎醇者也"(《读荀》)。强调有志于传儒家之道:"韩愈之贤不及孟子……使其道由愈而粗传,虽灭死万万无恨。"(《与孟尚书书》)阐扬《大学》修身、齐家、治国、平天下的思想,指斥佛、老弃仁义、尚虚无、不要天下国家、毁灭伦理纲常。提出"圣人"安排造就了历史,古时"圣人立而教之以相生养之道,为之君,为之师"(《原道》),驱除禽兽,发明衣、食、房、器、药,制订礼乐刑政,断言"如古之无圣人,人之类灭久矣"(同上)。

《原性》主要反映了其"性情三品"的人性论。认为"与生俱生"的人性分为上中下三品。"上焉者,善焉而已矣;中焉者,可导而上下也;下焉者,恶焉而已矣。"人性即仁义礼智信,它们在三品中的比重各不相同。"上焉者之于五也,主于一而行于四;中焉者之于五也,一不少有焉,则少反焉,其于四也混;下焉者之于五也,反于一而悖于四。"认为"接于物而生"的七情(喜、怒、哀、惧、爱、恶、欲)与性相对应,亦分上中下三品。上品之情,是七情"动而处其中";中品之情,是七情之动"有所甚有所亡,然而求合其中";下品之情,是七情之动"亡与甚直情而行"。

《原人》《送浮屠文畅师序》等主要反映了其"一视同仁"的道德谕。将博爱与亲亲结合起来，提出"圣人一视同仁，笃近而举远"（《原人》），认为儒家"道统"即仁义道德的传统思想，仁与义要施于中国，及于"夷狄禽兽"，但仁与义的施与要"亲亲而尊尊"（《送浮屠文畅师序》），由亲及疏。

《原鬼》《与卫中行书》《八月十五夜赠张功曹》《答陈生书》《海南神庙碑》《感二鸟赋》等，主要反映了其天命论和鬼神说。信天命，认为"贵与贱、祸与福存乎天"（《与卫中行书》），"人生由命非由他"（《八月十五夜赠张功曹》），"所谓顺乎在天者，贵贱穷通之来，平吾心而随顺之"（《答陈生书》）。但也有"未知夫天竟如何，命竟如何，由乎人哉，不由乎人哉"（《上考功崔虞部书》）的疑问。肯定鬼神的存在，认为"无声与形者，物有之矣，鬼神是也"（《原鬼》）。鬼神有赏罚能力，出现违天逆伦之事时，则"鬼有形（一作托）于形"，有凭于声以应之，而下殃祸（同上）。主张祭天、祀祖，提出"治人以明，事鬼以诚"（《南海神庙碑》）。

《杂说》《师说》《进学解》《答刘正夫书》等，主要反映了其学习和教育思想。提出要善于识别和培养人才。"世有伯乐，然后有千里马；千里马常有，而伯乐不常有。"（《杂说》）重视师道，认为"古之学者必有师，师者所以传道、授业、解惑也。人非生而知之者，孰能无惑？"（《师说》）又主张学无常师，认为"圣人无常师"，"闻道有先后，术业有专攻"，"弟子不必不如师，师不必贤于弟子"（同上）。提倡勤奋和独创，指出"业精于勤，荒于嬉；行成于思，毁于随"（《进学解》）。强调以古人为师不必拘泥章句，要"师其意不师其辞"（《答刘正夫书》）。

《上襄阳于相公书》《答刘正夫书》《答刘秀才论史》《答李翊书》《答尉迟生书》《送孟东野序》《荆潭唱和诗序》《题哀辞后》《送陈秀才彤序》等，主要反映了其文学和美学思想。提出"文以明道"说，认为文章要反映事理，"文所以为理耳"（《送陈秀才彤序》），"文章言语，与事相侔"（《上襄阳于相公书》）。主张吸取前人成果又创新自立。要求"能自树立不因循"（《答刘正夫书》）。反对因袭模拟，强调"唯陈言之务去"（《答李翊书》）。提出"不平则鸣"说，认为"欢愉之辞难工，而穷苦之言易好"（《荆潭唱和诗序》）。提倡"搜奇抉怪"，表现出尚怪的审美情趣。

《韩昌黎集》对儒学的发展有很大影响。其诗文在政治、哲学、伦理道德、教育、文学和美学等方面，为后世留下了丰富的资料。

有关《韩昌黎集》的研究，主要有宋朱熹撰《原本韩文考异》十卷，宋方崧卿撰《韩集举正》十卷，清陈景云撰《韩集点勘》四卷，清沈钦韩撰、清胡承珙订《韩集补注》一卷，今人童第德《韩集校诠》（人民文学出版社，1996年），陈克明《韩愈年谱及诗文系年》（巴蜀书社，1999年），刘真伦《韩愈集宋元传本研究》（中国社会科学出版社，2004年）等。

（于鹏彬）

原道 〔唐〕韩 愈

《原道》,一篇。唐韩愈撰。旧注谓此文写于唐德宗贞元二十一年(805)以前。这一年,韩愈三十八岁,他在《上兵部李侍郎(巽)书》中说:"谨献旧文一卷,扶树教道,有所明白。"既称旧文,则应写作于三十八岁以前。近人童第德提出异议,但谓"确年不可考",载于《韩愈集》中。通行本及作者生平参看"韩昌黎集"条。

《原道》是一篇论述儒家道统说的文章。篇名中的"原道",是探求道的意思,而这个道乃是儒家的"仁义"之道。这是韩愈为了与佛教、道教的"祖统"(又称"法统")说相抗衡,而特地提出来的论题。

《原道》指出:"博爱之谓仁,行而宜之之谓义,由是而之焉之谓道,足乎己无待于外之谓德。仁与义为定名,道与德为虚位。……凡吾所谓道德云者,合仁与义言之也。"道就是仁义,是抽象化了的封建伦理道德,它表现在人伦日用多个方面:"其文《诗》、《书》、《易》、《春秋》,其法礼乐刑政,其民士农工贾,其位君臣、父子、师友、宾主、昆弟、夫妇,其服麻丝,其居宫室,其食粟米、果蔬、鱼肉。"前四条规定了封建统治的思想、内容、阶级关系、等级制度;后三条讲吃、穿、住,使人对儒学产生亲切感,并与佛老出世哲学相对立。韩愈又把道称为"天常"即天伦,就是君臣父子等伦常关系。他说:"君者,出令者也;臣者,行君之令而致之民者也;民者,出粟米麻丝,作器皿,通货财,以事其上者也。君不出令,则失其所以为君;臣不行君之令而致之民,则失其所以为臣;民不出粟米麻丝、作器皿、通货财以事其上,则诛。"这些说明,韩愈的道就是仁义,就是封建社会的纲常名教,也就是儒家之道。

韩愈认为,儒家之道与道家、佛教之道存在根本区别。他说:"吾所谓道也,非向所谓老与佛之道也。"区别在哪? 韩愈认为:"老子之所谓道德云者,去仁与义言之也。"韩愈把道说成"合仁与义",老子把道说成"去仁与义",这就是区别所在。至于佛教,则主张"弃而君臣,去而父子,禁而相生养之道,以求其所谓清净寂灭",这从根本上违反了仁与义。儒家之道与道家、佛教之道根本区别的具体表现,在于前者主张有为,后者主张无为。韩愈引用《大学》"古之欲明明德于天下者,先治其国;欲治其国者,先齐其家;欲齐其家者,先修其身;欲修其身者,先正其心;欲正其心者,先诚其意"后,马上指出:"古之所谓正心而诚意者,将以有为也。"相反,道家与佛教都主张"外天下国家"而"治其心",这种"灭其天常"之举,就是无为。老子说"圣人处无为之事,行不言之教";庄子说"圣人不死,大盗不止;剖斗折衡,而民不争"。佛教追求"清净寂灭"的世界,在这个世界中,"子焉而不父其父,臣焉而不君其君,民焉而不事其事"。可见,道家、佛教之道都是无为的,与儒家之道"将以有为"当然是根本对立的。

其次,《原道》提出了一个"先王之道"的"道统",这是它的主要内容,它在中国哲学史上的影响也在此。韩愈认为:"周道衰,孔子没,火于秦,黄老于汉,佛于晋、魏、梁、隋之间,其言道德仁义者,不入于杨,则入于墨;不入于老,则入于佛。入于彼,必出于此。入者主之,出者奴之;入者附之,出者污之。"信奉杨墨、佛老的人,必然以之为主而附之,以儒家为奴而诋毁之。一些佛老之徒甚至胡诌:"孔子,吾师之弟子也!"对此,韩愈当然是绝对不能忍受的。于是,他仿照佛教传法世系"祖统",虚构了一儒家"道统",用以对抗佛老。他说:"尧以是传之舜,舜以是传之禹,禹以是传之汤,汤以是传之文、武、周公,文、武、周公传之孔子,孔子传之孟轲。轲之死,不得其传焉。荀与扬也,择焉而不精,语焉而不详。"这个道统,就是儒家仁义道德思想的传递系统,它由尧开其端,在时间上大大早于佛老,为华夏正统思想,比佛老具有更高的权威性,只是传到孟轲中断了。荀况、扬雄虽然卫护这个道统、批评老庄,却都择焉不精、语焉不详,没能击中老庄要害、卫护儒家的真谛。但是,这并不是说儒家道统后继无人了。韩愈认为,这个后继者就是他自己。他说:"天不欲使兹人有知乎,则吾之命不可期;如使兹人有知乎,非我其谁哉!其行'道',其为书,其化今,其传后,必有在矣。"(《重答张籍书》)"使其道由愈而粗传,虽灭死万万无恨。"(《与孟尚书书》)

以儒家道统继传者自居的韩愈,给自己规定的任务是消灭由于佛老泛滥所造成的社会"穷且盗"现象。他说:"古之为民者四,今之为民者六。古之教者处其一,今之教者处其三。农之家一,而食粟之家六;工之家一,而用器之家六;贾之家一,而资焉之家六;奈之何民不穷且盗也!"鉴此,他主张彻底排除老佛,特别把矛头指向佛教。在《谏迎佛骨表》中,他指出:"佛本夷狄之人,与中国言语不通,衣服殊制。口不道先王之法言,身不服先王之法服,不知君臣之义、父子之情。"他举例说,从黄帝到汉明帝前,中国没有佛教而"天下太平,百姓安乐寿考",而汉明帝后,"事佛渐谨,年代尤促",特别是三度舍身于佛的梁武帝"饿死台城,国亦寻灭",这说明"佛不足信"。主张对佛教采取"人其人,火其书,庐其居"的极端政策,以此达到"明先王之道以道之",重新树立儒学权威。

第三,《原道》提出并论证了"圣人"史观。韩愈认为,历史是由圣人创造的,没有圣人就没有人类,当然也就没有人类历史。他说:"古之时,人之害多矣。有圣人者立,然后教之以相生养之道。为之君,为之师,驱其虫蛇禽兽而处之中土;寒,然后为之衣;饥,然后为之食;木处而颠,土处而病也,然后为之宫室;为之工以赡其器用,为之贾以通其有无;为之医药以济其夭死,为之葬埋祭祀以长其恩爱;为之礼以次其先后,为之乐以宣其壹郁;为之政以率其怠倦,为之刑以锄其强梗。……如古之无圣人,人之类灭久矣。"

《新唐书·韩愈传》说"《原道》……数十篇,皆奥衍闳深,与孟轲、扬雄相表里,而佐六经云","自愈没,其言大行,学者仰之,如泰山北斗云"。北宋理学家石介说:"孔子之《易》、《春秋》,自圣人以来未有也;吏部《原道》……自诸子以来未有也。"(《原道》题注引)二程说:"《原道》之言,虽不能无病,然自孟子以来,能知此者,独愈而已。"(《朱子校昌黎先生集传》注引)当然,不同评价也是有的,如苏轼在肯定韩愈"文起八代之衰,而道济天下之溺"(《潮州韩文公庙碑》)的同时,又批评说:"韩愈之于圣人之道,盖亦知好其名矣,而未能乐其实。"(《经进东坡文集事略·韩愈论》)

(陈增辉 洪 波)

复性书 〔唐〕李 翱

《复性书》,三篇。唐李翱撰。成于贞元十六年(800)。载于《李文公集》卷二。通行本有明海虞毛氏汲古阁刻《三唐人文集》本、明成化十一年(1475)刻本、清乾隆三十年(1765)《四库全书》抄本、1936年商务印书馆《四部丛刊》本等。

李翱(772—841),字习之,陇西成纪(今甘肃秦安东)人。贞元进士,授校书郎。官至山南东道节度使、检校户部尚书。为韩愈侄婿,从韩愈学古文,是唐代古文运动的积极参加者。政治上敢于抨击弊政,触犯权贵,直言不讳。追随韩愈,以捍卫孔孟之道为己任。认为佛教徒"不蚕而衣裳具,弗耨而饮食充","以夷狄之风变乎诸夏,祸之大者也"(《去佛斋》,《李文公文集》卷四)。但哲学上深受佛学影响,糅合儒、佛思想。认为《中庸》中的"性命"内容是孔孟思想的精华,俨然以《中庸》道统的继承者自居。他说:"道之极于剥也必复,吾岂复之时耶!"他认为佛教有一套成"佛"的理论,儒家也应有一套成"圣人"的理论,于是"以佛理证心"(《与本使杨尚书请停修寺观钱状》,《李文公文集》卷十)以佛教的心性理论充实儒家的心性学说,从而形成一套"复性"学说。著作有《李文公集》。《旧唐书》卷一六〇、《新唐书》卷一七七有传。

《复性书》是一部论述有关复性学说的著作。分上中下三篇。其主要内容如下。

一、上篇:主要论述性与情的联系和区别,以及为什么要写作《复性书》的缘由。

(一)开篇就说:"人之所以为圣人者,性也;人之所以惑其性者,情也。喜怒哀惧爱恶欲七者,皆情之所为也。情既昏,性斯匿矣。"就如同水浑浊,其流就不清;火生烟,其光就不明;情太显露,性就不充实。说明圣人与凡人之所以不同,就在于圣人之性未为情所惑,而凡人之性则为情所惑。

(二)说明"性与情不相无",即互为依托的关系。"情由性而生,情不自情,因性而情;性不自性,由情以明。"性藏于内,情形于外,二者既有差别,又是相互关联的。

(三)说明为什么要灭情复性。"性者,天之命也,圣人得之而不惑者也。情者,性之动也,百姓溺之而不能和其中者也。"这是说,性善是天赋的,圣人得到了它,所以聪明。情是性的变动,老百姓之所以不能认识自己的本性,就因为他们沉溺在经常变动的感情欲望之中。性是纯粹至善的,情是惑性害性的,因此要灭情复性。

(四) 要复什么样的性呢? 就是要复"圣人之性"。因为圣人之性是"至诚"的,正如《中庸》所说"唯天下至诚为能尽其性"。由于"能尽其性",就能尽人之性,尽物之性。达到这种境界的人,不仅可以治国平天下,而且可以参赞天地,化育万物,"与天地合其德"。

(五) 为什么能复性呢? 因为"人之性皆善,可以循之不息而至于圣也"。所以只要制礼作乐,使人的"视听言行,循礼而动",就能做到"教人忘嗜欲而归性命之道也"。所谓性命之道又是什么呢? "道者,至诚也。"子思得其祖孔子之道,述《中庸》四十七篇以传于孟轲。轲曰"我四十不动心"。遭秦火后,《中庸》仅留存一篇,而后世教授《中庸》的人,却只知师承节行、文章、章句、威仪、击剑之术,而不注意其中的性命之学。学者由于不明性命之学,所以皆入于庄、列、老、释。"剥也必复",李翱自谓得儒家性命之道的真传,因此要写《复性书》"以理其心,以传乎其人"。

中篇:就人们对如何复性的九个问题,逐一作了回答。中心是如何排解情欲,恢复善的本性,并提出了怎样成为圣人的修养方法:第一步要做到"弗虑弗思",内心去掉思虑进入虚静的"斋戒"状态;第二步进而认识到"本无有思",内心进入"动静皆离,寂然不动"的"至诚"状态,通过"不动心"的修养方法就能"复性"成为"圣人"。

下篇:说人的生命短暂,应努力进行道德修养。"终同志于道法,犹惧未及",这是人之异于禽兽虫鱼的根本区别,人"所以异于禽兽虫鱼者,岂非道德之性乎哉?"以进一步说明道德修养的必要性。

《复性书》的基本观点认为:人有性和情两方面,"人之性皆善",性是善的;而"情者,妄也,邪也",情是恶的。普通人的性为七情所掩,若能灭情复性,就能成为圣人。《复性书》以孟子的性善说和《中庸》的"诚"为理论依据,认为做到"至诚",就达到了圣人的精神境界。"性者,天之命也",人性是天赋的。就这点来说,李翱与韩愈是相同的。但李翱就韩愈的思想作了进一步的发挥。韩愈主张"性三品",而李翱则认为"人之性皆善"。韩愈没有以情为恶之说,而李翱则以情为恶,"人之所以惑其性者,情也"。韩愈认为七情合乎中道即为"圣人",而李翱则认为要彻底摆脱情欲的束缚,才能成为"圣人"。韩愈追求的是仁义本性,而李翱则把"清净"本性看作仁义道德的基础。可见李翱的《复性书》是吸取了佛教的理论,特别是禅宗"见性成佛"的观点来建立自己的人性理论的。佛教教人如何超凡成佛,《复性书》则教人如何超凡成圣。禅宗认为人人皆有佛性,人人都可成佛;李翱则认为人人皆有善性,人人皆可成圣。禅宗认为无明之惑掩盖了人的佛性,成佛之途只在于恢复本性;李翱认为性为情掩,成圣之途只在灭情复性。佛教要求人们断绝一切情欲,提倡禁欲苦行;李翱把情欲看成邪恶,也提倡灭情去欲。佛教反对理性,宣扬神秘的直觉;李翱也反对视听等正常的认识过程,宣扬"昭昭然"的"不极之明"。佛教把佛性描绘成完美无缺、无所不包的真理;李翱则把圣人之性吹嘘成能烛照天地、赞化万物的最高道德。李翱吸取了佛教神学的思想,来完善儒家的心性学说,企图加强儒家学说的正统地位,以对抗佛教信仰的威权。

《复性书》宏扬《中庸》的性命之学,开启了宋代理学家大讲"义理之性"与"气质之性"、"性是未发"与"善是已发",以及"心统性情"等命题。因此可谓是宋明理学的先声,受到理学家们的高度重视。

（洪　波）

白氏长庆集 〔唐〕白居易

《白氏长庆集》,七十一卷。唐白居易撰。编于穆宗长庆年间(821—824),故名。原七十五卷,至宋亡佚四卷。作者自分其诗为讽谕、闲适、感伤、杂律四类,共三十七卷。文三十四卷。有宋绍兴本,明正德八年(1513)蓝雪堂活字本,万历三十四年(1606)马调元刻本,清乾隆三十年(1765)《四库全书》本,1919年上海商务印书馆《四部丛刊》本等。1955年文学古籍刊行社据宋本影印,另把法人伯希和劫去的敦煌卷子和北京图书馆摄的胶卷一并印出。1979年中华书局出版顾学颉校点《白居易集》。今人注本有1988年上海古籍出版社出版的朱金城《白居易集笺校》、2006年中华书局出版的谢思炜《白居易诗集校注》、2011年中华书局出版的谢思炜《白居易文集校注》等。

白居易(772—846),字乐天。祖籍太原,后迁居下邽(今陕西渭南)。生于新郑(今河南新郑)。唐代思想家、文学家。白居易自幼敏悟过人,学习勤奋。精通儒学,对道、法诸家思想也颇有研究,尤以诗作著称于世。年轻时家境贫困,对社会生活和人民疾苦,有较多接触和了解。唐德宗贞元十六年(800)举进士,授秘书省校书郎。宪宗元和年间任翰林学士、左拾遗,后因上表请求严缉刺死宰相武元衡的凶手,得罪权贵,被贬为江州司马。穆宗即位,召回长安。白居易目击宦官擅政,朋党倾轧,政治混乱,自请外出,历任杭州、苏州刺史。文宗时,曾官太子少傅。武宗初以刑部尚书致仕。晚年退居洛阳香山,自号香山居士,以诗酒咏佛为事。《旧唐书》卷一六六、《新唐书》卷二九有传。

会昌五年(845)白居易自撰《白氏集后记》,云:"白氏前著《长庆集》五十卷,元微之为序;后集二十卷,自为序;今又续后集五卷,自为记。前后七十五卷,诗笔大小凡三千八百四十首。"后虽经兵乱,诗文有些散失亡佚,但绝大部分完整保存下来,并以《白氏长庆集》等名传世。

《白氏长庆集》的政治法律思想,较集中地反映在七十五道《策林》中,这是居易为参加"才识兼茂明于体用"制举而写的。其主要内容如下。

一、以民为本。本书继承和发扬了儒家的民本思想,要求当政者关心人民疾苦、照顾人民要求,"酌人言、察人情而后行为政"(《策林》六十九)。主张顺从民欲、善政善教:"三皇之为君也,无常心,以天下心为心。五帝之为君也,无常欲,以百姓欲为欲。顺其心以出令,则不严而理;因其欲以设教,则不劳而成。故风号无文(闻)而人从,刑赏不施而人服"(《策林》七)。但后代的君主以己心为心,以己欲为欲,驱使天下百姓以奉他一人之心,满足他一人之欲。因此,"出令而吏或犯,设教而人敢违;刑虽明而寡惩,赏虽厚而鲜劝"(同上)。显然,这是针对以皇帝为首的官僚显贵一意孤行,残酷压榨人民而发的。为了改善人民的生存条件,提出了重农桑、息游惰、节财用、减赋税(见《策林》十九)等主张,反映其关怀国计民生的思想。

二、刑、礼、道交相为用。本书总结自汉以来统治者以儒为主、杂取各家学说以维护统治的经验,提出了刑、礼、道交相为用说。认为法家以法治国,儒家礼乐仁政,道家清静无为,各有不同作用,对于维护封建统治,都不可或缺。"夫刑者,可以禁人之恶,不能防人之情;礼者,可以防人之情,不能率人之性;道者,可以率人之性,不能禁人之恶。"(《策林》五十四)只有刑、礼、道"循环表里,迭相为用"(同上),才能使"王者之化"成功。但在解决现实社会问题时则表现出崇儒尚法、援法附儒的倾向:"是故刑行德立,近悦远安,恩信推于中,惠化流于外","若法坏政荒,亲离贤弃,王泽竭于上,人心叛于下。"(《策林》五十一)这种德刑并举、礼法兼用,并援法附儒的主张,正是长期以来儒法合流、礼法结合总趋势的反映。

三、法令贵一。本书揭露了唐代司法中的种种弊端,特别指出,由于法令不统一,司法官吏定罪量刑"重轻加减,随其喜怒;出入比附,由乎爱憎"(《策林》五十六),以致形成司法混乱的局面。并详细地分析了法令不统一的原因及其危害性。"然则令既出,而俗犹未齐者,由令不一也,非独朝出夕改,晨行暮止也。盖谨于始,慢于终,则不一也;张于近,弛于远,则不一也;急于贱,宽于贵,则不一也;行于疏,废于亲,则不一也。且人之心,犹不可以不一而理,况君之令,其可二三而行者乎?"(《策林》十三)统一法令,必须保持法令的相对稳定性,不能朝令夕改,晨行暮止;同时在执法中必须做到不分贵贱,不别亲疏,一断于律。

四、理大罪,赦小过。针对唐代司法状况,认为要人民有"悦服之心",必须实行理大罪、赦小过的原则。"圣人在上,使天下畏而爱之,悦而服之者:由乎理大罪、赦小过也。……宥其小者,仁也。仁以容之,则天下之心,爱而悦之矣。刑其大者,义也。义以纠之,则天下之心畏而服之矣。"(《策林》五十七)所谓"理大罪",主要是针对藩镇和长吏,他们权大势重,横行不法,谁也不敢触动。所谓"赦小过",主要是针对小官吏,他们权轻位卑,即使只有小过小错,却要受到惩罚或诛杀。当时用法状况是"纠察之政,急于朝官,而宽于外官;惩戒之刑,加于小吏,而纵于长吏。是则权轻而过小者,或反绳之;寄(托付)重而罪大者,或反舍之"(《策林》四)。因此,力主对藩镇、长吏的大罪必须绳之以法,而对于小吏的小错小过可以赦而不问。这才是真正的开明仁义之政,才能使天下人"畏爱悦服之化,暗然而日彰于天下矣"(同上)。

五、预防犯罪。本书继承并发挥了前人"富而后教"和"仓廪实而知礼节"的思想,认为人们衣食丰裕,而后礼教能奏效,礼行教立,而后刑罚可措而不用。奸宄并兴,刑狱增多,"虽则暴君淫刑,奸吏弄法之所致也,然亦由天下之人,贫困思邪而多罪也。由是观之,刑之繁省,系于罪之众寡也;教之废兴,系于人之贫富也。圣王不患刑之繁,而患罪之众;不患教之废,而患人之贫。故人苟富,则教斯兴矣;罪苟寡,则刑斯省矣"(《策林》五十三)。说明一个朝代刑罚繁省,取决于犯罪多少;犯罪多少,又取决于人民生活的贫富。贫穷是犯罪的根源。还指出"盖人疲于税重,税重由乎军兴,军兴由乎寇生,寇生由乎政阙"(《才识兼茂明于体用科策》),"人之困穷由君之奢欲"(《策林》二十一),这种分析是颇为大胆而深刻的。至于如何消除犯罪,止狱措刑,所提办法是:"富其人,崇其教,开其廉耻之路,塞其冤滥之门,使人内乐其生,外畏其罪。"(《策林》五十五)虽然这只能是一种设想,但其进步意义应予肯定。

通观《白氏长庆集》,充满匡时济世的精神。其政治法律主张,颇能切中时弊,使"权豪贵近者相目变色"、"握军要者切齿",产生了良好的社会效果。

(杨鹤皋)

刘禹锡集 〔唐〕刘禹锡

《刘禹锡集》，又名《刘梦得文集》、《刘宾客文集》，四十卷。其中正集三十卷，外集十卷。唐刘禹锡撰。通行本有清乾隆三十年(1765)《四库全书》抄本、清光绪三十一年(1905)仁和朱氏据宋本影印《结一庐朱氏剩余丛书》本、《畿辅丛书》本、1918年吴兴刘氏序刻《嘉业堂丛书》本、上海古籍出版社1989年版瞿蜕园《刘禹锡集笺证》、岳麓书社2003年版陶敏等《刘禹锡全集编年校注》等。

刘禹锡(772—842)，字梦得，洛阳(今属河南)人，又自言系出中山(今河北定州)。唐贞元间连登进士、宏辞二科，授监察御史，参加王叔文集团，反对宦官和藩镇割据势力。失败后，贬朗州司马，迁连州刺史，后经裴度力荐，迁太子宾客，与柳宗元交谊甚深，人称"刘柳"。《旧唐书》卷一六〇、《新唐书》卷一六八有传。

《刘禹锡集》为刘禹锡的文集。卷一为赋；卷二至卷四为碑文；卷五至卷七为论；卷八至卷九为记；卷十至卷十六为书札；卷十七至卷十九为状、启、集纪；卷二十为杂著；卷二十一至卷四十为诗、词、乐府等。其中哲学思想方面的代表作，是为柳宗元《天说》作进一步的补充说明的《天论》上、中、下三篇。他说："余之友人河东解人柳子厚作《天说》以折韩退之之言，文信美矣。盖有激而云，非所以尽天人之际，故余作《天论》以极其辩。"其目的在于彻底辨明天人关系问题。

《天论》首先提出在天人问题上的两种看法的对立："世之言天者二道焉。"一种是"阴骘之说"，相信"天与人实影响，祸必以罪临，福必以善来……如有物的然以宰者"，坚持天是有意志的，能暗中决定人事；另一种是"自然之说"，认为"天与人实剌异，霆震于畜木，未尝在罪，春滋乎堇荼，未尝择善……是茫乎无有宰者"，坚持天是没有意志的。刘禹锡是持"自然之说"的，同时又进一步提出了"万物之所以无穷者，交相胜而已矣，还相用而已矣"的重要命题。指出："大凡入形器者，皆有能、有不能。天，有形之大者也；人，动物之尤者也。天之能，人固不能也；人之能，天亦有所不能也，故余曰：天与人交相胜耳。"天是形体中最大的，人是动物中最有智慧的，然而，人与天，即社会与自然的职能是不同的。如"天之道在生植,其用在强弱;人之道在法制,其用在是非",故"天之能"与"人之能"既是有区别,又是有联系的。人为"倮虫之长,为智最大,能执人理,与天交胜,用天之利,立人之纪"。在天与人之间交相胜、还相用的过程中,又存在着作为客观规律的"数"、"势"。"以理揆(度量)之,万物一贯也",如"水与舟二物也,夫物之合并,必有数存乎其间焉。数存然后势形乎其间焉","数存而势生"。"数"表明事物运动的规律,"势"表明事物运动的必然趋势,任何事物都不能"逃乎数而越乎势"。

《天论》里还批评了佛教和玄学以"空"、"无"为世界本源的论点。指出"古所谓无形,盖无常形耳,必因物而见耳",绝对的"空"是不存在的,所谓"空者"其实是"形之希微者也"。认为天地万物有一个生长的过程,不是从"空"、"无"而生,乃"乘气而生,群分汇从"。因此,"无形"只是"无常形",乃是万物在"乘气而生"过程中的一种物质表现形态。

《天论》对天命论思想的产生原因,是从社会原因和认识论根源上进行分析的。认为政治腐败、法制破坏,"是非易位",会使人失去"胜天"的信心,"法大弛,则是非易位,赏恒在佞,而罚恒在直,义不足以制其强,刑不足以胜其非,人之能胜天之实尽丧矣"。此外,又以操舟为例,说明人们是否相信天命,在于"理明"和"理昧",即是否认识客观规律。

《刘禹锡集》中除《天论》外,还有《问大钧赋》颇有辩证法思想。赋中提出"以不息为体,以日新为道",认为"物壮则老,乃唯其常,否终为倾,亦不可长"。另外,书中的诗歌部分,题材广阔,善用比兴手法寄托政治内容,如《插田歌》、《竹枝词》、《柳枝词》等。尤其是《插田歌》以俚歌民谣的形式,通过田夫和计吏的对话,揭露了重大的社会问题。刘禹锡的诗,富有民间特色,为唐诗中别开生面之作。

(潘富恩)

伸蒙子 〔唐〕林慎思

《伸蒙子》,三卷。唐林慎思撰。据作者自序,成于唐咸通六年(865)二月。通行本有《四库全书》本、《子书百家》本、《知不足斋》本等。

林慎思(？—880),字虔中,长乐(今属福建)人。咸通十年(869)进士,第二年又中弘词拔萃魁。授秘书省校书郎、兴平尉,寻除尚书水部郎中、守万年县令。黄巢起义军攻入长安时被杀。著作尚有《儒范》《续孟子》等,现存有《续孟子》及本书。

本书自序称其钻研儒术,研精覃思,某日斋沐祷告,夜得一异梦,"明日召蓍视之,得蒙☷之观☷,曰:伸蒙入观,通明之象也"。后即自号伸蒙子,并以此名著作,表示通明、发扬儒学之意。作者自谓:"予所学周公、仲尼之道,所言尧舜禹汤文武之行事也。如有用我者,吾言其施,吾学其行乎?"

本书共三卷,作者自序:"上卷槐里辩三篇,象三才,叙天、地、人之事;中卷泽国纪三篇,象三辰,叙君、臣、民之事;下卷时谕二篇,象二教,叙文武之事。"三卷共八篇,篇下分章。上卷三篇十四章,中卷三篇十章,下卷三篇十六章。皆以伸蒙子与友人、学生的问答对话体裁发挥其思想观点。

《伸蒙子》反对妖祥、天变决定世间治乱的说法。认为"王道兴衰"的原因"非天也,人也"。并举乡里的里胥良暴会导致乡里的治乱为例,断言"兴衰系乎君人,犹良暴系乎里吏",强调统治者的表率作用对社会状况的影响(《彰变》)。并认为治理大国比治理小国容易,"治大以智,治小以力,智役众人,力穷一身"(《辩治》)。统治者应了解民间疾苦。卷下《时喻》中指出"负樵渔者"终日劳苦而不叹息,因为苦而无告、亦已习惯,而"乘麒骥者"偶一行走就叫苦不迭,统治者所听到的只是这些人的叹息而已。"处上位者不见下民之艰,一有不快其心则吁闻天下矣。噫!岂知下民终日劳苦而无告于上乎?"

教化民众是儒家一贯的政治理想。然而后世儒者常说"今民性诈、难以教化"。本书反对这种今不如昔的说法,提出"今民易化"。其理由是"古民性朴,今民性诈",而"朴,止也;诈,流也。止犹土也,流犹水也,水可决之使东西乎？土可决之使东西乎？"性诈正是容易教化的理由(《辩治》)。而且"古民婴然,未有知也,今民丱然,已有知也",教化有知之民更易成功(《喻民》)。人的善恶可以随教化的变化而变化,"善不在柔,恶不在刚也,……人之善恶随化而迁也,必能反善为恶、反恶为善矣"(《明化》)。然而本书又认为有些恶人是无法教化的,如"桀纣不肖,犹猛虎也",忠臣义士无法驯伏其性(《迁善》)。又如"叛民盗吏瞽聩天下,岂恩信刑法能化乎？"(《运化》)

根据上述教化理论,本书对于治国方针强调刑罚的作用。认为"治民之用恩、刑",而恩、刑之利"以刑为最","恩施于民,民既民矣;刑施于民,民不民矣。且民既民,恩不加民,自化也;民不民,刑不加民,谁御哉？譬如处家而治群下焉,下之良者,虽恩赏不立,且未失于良矣;下之恶者,苟刑责不及,孰可制其恶哉！是知治民用刑为最"(《利用》)。并且强调"有道之君"的刑罚可以"峻于无道之君",指出"水火不暴于虎狼也,然水火之为峻也,必能滔涌天地、焚燎山川,而人不蹈也。虎狼之为峻也,止于呀风吼雾,噬兽啗人矣,岂及水火之大欤？所以水火仁于人而人赖之,不见其峻也,虎狼害于人而人畏之,故见其峻也。有道之君犹水火然,无道之君犹虎狼然,狼虎不及水火之大,岂不明乎？"(《辩刑》)

《伸蒙子》一书以发扬儒学为宗旨,在君与民、君与臣、教化与刑罚等这些中国传统的政治问题上,表示出了相当独特观点,对于中唐以后儒学的复兴有一定作用,一定程度上影响了以后儒学及传统政治学术的发展。本书文字洗练,设喻精巧,具有相当强的说服力,其理论的内部逻辑联系亦较紧密,在中国政治法律思想史上有一定的地位。

（郭　建）

皮子文薮 〔唐〕皮日休

《皮子文薮》，原名《文薮》，十卷。唐皮日休著。咸通七年(866)编成。通行本有明公文纸本、许自昌校刊本、清《四库全书》本、卢氏据明仿宋本、光绪八年(1882)郯城于氏影宋本、光绪二十一年(1895)合肥李氏重刊宋本、商务印书馆《四部丛刊》本、日本享和二年(1802)刊本、上海古籍出版社1980年版萧涤非校点本等。

皮日休(约834—约883)，先字逸少，后改袭美，襄阳(今湖北襄樊市)人。早年隐居鹿门山，自号鹿门子、闲气布衣、醉吟先生等。与陆龟蒙友善，以"皮陆"齐名。一说以姓氏稀僻，于咸通八年进士科"榜末及第"。曾官太常博士。黄巢起义军入长安，任为翰林学士。旧史称因受命作谶而为黄巢所害，又云巢兵败后为李唐统治者所诛，或谓巢起义后流落江南病死。出身寒门，少年时参加过生产劳动，后周游江汉京师间，行程"二万里"，广泛接触社会，其相当部分诗文针砭时弊，暴露统治腐朽，同情人民疾苦。其文师韩愈，大都借古讽今，直抒胸臆，锋芒毕露。除代表作《文薮》外，尚有《鹿门隐书》六十卷，大都散佚。生平事迹亦散见于《文薮序》、《皮子世录》、《唐才子传》卷八、《旧唐书·僖宗纪》、《新唐书·黄巢传》等。

《文薮》成书与命名，据作者《文薮序》云：咸通七年，"日休射策不上第，退归州东别墅，编次其文，复将贡于有司。发箧丛萃，繁如薮泽，因名其书曰《文薮》焉"。然是书绝非简单的行卷、温卷之作，而是揭露时弊、有感而发之书，意在"上剥远非，下补近失"。书中各篇多有缘起："伤前王太佚，作《忧赋》；虑民道难济，作《河桥赋》；念下情不达，作《霍山赋》；悯寒士道壅，作《桃花赋》……"其余碑、铭、赞、颂、论、议、书、序，均"非空言也。较其道，可在古人之后矣!"(《文薮序》)全书卷目：卷一赋，卷二讽、悼，卷三文，卷四碑、铭、赞，卷五文论、颂、序，卷六箴，卷七、八杂著，卷九书，卷十诗。书前有自序，书后为《皮子世录》。有明许自昌、袁表，清爱新觉罗弘历、李松寿等人序跋。书中《原化》、《文中子碑》、《请韩文公配飨太学书》、《请孟子为学科书》、《移成均博士书》等篇较多反映其振兴儒道的教育观点。

《文中子碑》推崇隋代大儒王通光大儒学的业绩："大道不明,天地沦精。俟物圣教,乃出先生。百氏黜迹,六艺腾英。道符真宰,用失阿衡。先生门人,为唐之桢。差肩明哲,接武名卿。未逾一纪,致我太平。先生之功,莫之与京。"以为孔子删《诗》《书》、定《礼》《乐》、赞《周易》、修《春秋》,王通则撰《礼论》、《续诗》、《元经》、《易赞》,重新发扬六艺;孟子培养高足公孙丑、万章,王通则有薛收、李靖、魏徵、李勣、杜如晦、房玄龄,为贞观之治造就人才。如其"生于孔圣之世,余恐不在游夏之亚";"苟唐得而用之,贞观之治不在于房、杜、褚、魏矣!"据此论之,"较其道与孔孟,岂徒然哉?"

《请韩文公配飨太学书》赞颂韩愈振兴儒道的历史贡献。指出,自孟子、荀卿翼传孔道以至于文中子(王通),王通之后,"旷百祀而得室授者,唯昌黎文公焉"。韩愈其文"蹴杨、墨于不毛之地,糅释、老于无人之境,故得孔道巍然而自正"。韩愈其人,"身行圣人之道,口吐圣人之言,行如颜闵,文若游夏","吾唐以来,一人而已"。认为"仲尼之道,否于周秦,而昏于汉、魏,息于晋、宋,而郁于陈、隋。遇于吾唐,万世之愤,一朝而释",全赖韩愈。故亟应配飨孔子之侧,以尊扬孔道,垂范学者,"则自兹以后,天下以文化,未必不由夫是也"。

《请孟子为学科书》批评当时科举考试设道举,试以《庄子》、《列子》,以为"夫庄、列之文,荒唐之文。读之可以为方外之士,习之可以为鸿荒之民",丝毫无益于"救时补教"。反观《孟子》,其文"继乎六艺,光乎百氏,真圣人之微旨也"。指出:圣人之道,不过乎经;经之降者,不过乎史;史之降者,不过乎子;子不异乎道者,《孟子》也。"《孟子》之文,粲若经传",然而却湮没无闻。因此建议"去《庄》、《列》之书,以《孟子》为主。有能精通其义者,其科选,视明经"。以期导学者,行儒道,补圣化。

《原化》为作者"十原"之一,感叹自东汉佛教东来,至唐其势如日中天,民众亦趋之若鹜,"举族生敬,尽财施济,子去其父,夫亡其妻"。相形之下,出于三皇、成于五帝、定于周孔,以仁义道德为质,以《诗》、《书》、《礼》、《乐》为文的"圣人之化",几乎湮没无闻,偶有言者,则受人嗤笑。古时杨、墨塞路,有孟子廓清路途;今日虽有昌黎先生"露臂瞋视",却受诟骂于众人。如此"一尧民之善,岂能化天下桀民之恶哉?"作者痛惜士人不能自觉坚持"圣人之化"以化天下,而欲以抵御"西域之教","不曰难哉!不曰难哉!"

《移成均博士书》首先强调学校的作用:"上自天子,下自子男,必立庠以化之,设序以教之。""此圣人之至治也。"而学校的作用又取决于学校教师与管理人员的尽责,如果"夫居位而愧道者,上则荒其业,下则偷其言。业而可荒,文弊也;言而可偷,训薄也"。接着指出当时中央官学存在的问题:"今国家立成均之业,其礼盛于周,其品广于汉,其谄礼越爵,又甚于前世,而未免乎愧道者,何哉?"认为问题的症结在于国学教师缺乏使命感与责任心,疏于学业,怠于讲习。相比之下,

"西域氏之教其徒,日以讲习决释其法为事。视吾之太学,又足为西域氏之羞矣!"因此对太学教师提出忠告与期望:作为学生的楷模、后世的先行者,"得不思居其位者不愧其道,处于职者不堕其业乎?"必当"日诫其属,月励其徒,年持六籍,日决百氏,俾诸生于圣典也,洞知大晓。就驾车者必知康庄,操舟者必知河海。既若是矣,执其业者,精者进而堕者退,公者得而私者失。非惟大发于儒风,抑亦不苟于禄位。足下之道,被于太学也,其利可知矣!"指出发扬儒道,国子监诸学教师尽责勉力,实是重要一环。

皮日休是振兴儒学的积极倡导者,《文薮》诸篇或描绘道统,或力倡《孟子》,或褒扬王通、韩愈,或提倡德教,或诋斥释道,或寄望儒师,成为唐末崇儒代表。《文薮》初编定,即享有很高声誉。陆龟蒙有和皮日休诗云:"近者韩文公,首为开辟锄。夫子又继起,阴霾终廓如。搜得万古遗,裁成十编书。"清《四库全书总目》认为,皮文"亦多能原本经术,其《请孟子为学科》、《请韩愈配飨太学》二书,在唐人尤为卓识,不得谨以词章目之"。鲁迅评说《文薮》"并没有忘记天下,正是一塌糊涂的泥塘里的光彩和锋芒"(《小品文的危机》)。

(杜成宪)

无能子 〔唐〕佚 名

《无能子》,三卷,三十四篇。晚唐无名氏撰。约成于光启三年(887)前后。《新唐书·艺文志》道家类著录《无能子》三卷,注云:"不著人名氏,光启中隐民间。"现存版本以明正统中刻万历中续刻《道藏》本为最古,后出版有多种。旧多以今本《无能子》篇目有阙佚,所阙佚数说法不一。熊国桢《〈无能子〉篇数小考》(《书品》1996年第3期,收入熊著《文化的积累与追求》,首都师大出版社,2009年)证明诸说乃出误解,今本并无散佚。通行本有王明《无能子校注》(中华书局,1981年)。

《无能子》上卷论理,凡十篇,从宇宙本体论及个人修炼,由大至小;中卷论史,凡十篇,从西周论及魏晋,由远而近;下卷前十篇,皆问答、见闻与寓言,后四篇与前体例不合,内容重复,文字拙劣,显系后来增纂,但其思想论点尚与全书基本一致。

《四库全书总目》论及无能子时说:"序称光启三年,天子在襃,则唐僖宗时人也","《唐书·艺文志》以为光启间隐民,考序中有不述姓名游宦语,则亦尝登仕籍,非隐民也。其书多窃庄、列之旨,又杂以释氏之说。"但说得最全面的还是《无能子序》,录之于后:"无能子,余忘形友也。少博学寡欲,长于穷理尽性,以致于命。黄巢乱,避地流转,不常所处,冻馁淡如也。光启三年,天子在襃,四方犹兵,无能子寓于左辅景氏民舍,自晦也。民舍之陋,杂处其间,循循如也。昼好卧不寐,卧则笔札一二纸,兴则怀之,而不余示。自仲春壬申至季春己亥,盈数十纸,卷而囊之,似有所著者,余窃得之,多记所传所见,或尝与昆弟朋友问答之言。其旨归于明自然之理,极性命之端。自然无作,性命无欲,是以略礼教而外世务焉。知之者不待喻而信,不知之者能无罪乎!余因析为品目,凡三十四篇,编上中下三卷。自与知之者共之尔。余盖具审无能子行止中藏,故不述其姓名游宦焉。"可见,无能子曾仕官,或不得志,加以遭逢农民大起义,避乱流转,隐居民间,当了隐士。他家境贫寒,但傲视富贵,澹泊名利。他是当时农民起义的一个冷静的思考者,在理论方面做了一些既有积极意义(主要的)又有消极意义的反映。《无能子》可说是唐末农民大起义在思想上一个侧面的曲折反映。

现存《无能子》分上、中、下三卷,共三十四篇。书前有序,介绍成书经过和主题思想。

上卷为《圣过》第一、《明本》第二、《析惑》第三、《无忧》第四、《质妄》第五(二篇)、《真修》第七(四篇),第六、第八、第九、第十为缺文。本卷侧重于理论探讨。如《圣过》篇中,认为人与禽兽相同。"人者,裸虫也",都是"阴阳炁交"而成。自从设置君长以后,"乃设刑法与兵以制之,小则刑之,大则兵之。于是缧绁桎梏鞭笞流窜之罪充于国;戈挺、弓矢之伐充于天下,覆家亡国之祸绵绵不绝,生民贫困夭折之苦漫漫不止。自然而虫之,不自然而虫之",这一切都是"圣人者之过也"。是君主及其伦理制度设立的结果。所以主张"无为之为心","自然之和",认为"任自然者久,得其常者济",宣扬道教明自然之理。

中卷为《文王说》第一、《首阳子说》第二、《老君说》第三、《孔子说》第四(二篇)、《范蠡说》第六、《宋玉说》第七、《商隐说》第八、《严陵说》第九、《孙登说》第十,第五为缺文。本卷侧重于叙述历史,借用文王请姜尚、范蠡功成身退、商山四皓辅佐刘盈、汉光武访严子陵等历史故事,表达了蔑视富贵、美名,不受高官厚禄引诱的情操,抨击了圣人所宣扬的追逐名利思想,宣扬了道家自然无为的理想追求。如在《文王说》中说:"天地无为也,日月星辰运于昼夜,雨露霜雪零于秋冬,江河流而不息,草木生而不止。故无为则能无滞,若滞于有为,则不能无为矣!"如在《老君说》中说:"自昔圣人创物立事,诱动人情,人情失去自然,而夭其性命者,纷然矣。"如在《严陵说》中说:"自我则有富贵之家,不自我则富贵何有哉!"并抨击汉光武说:"更始之有天下,与子之有天下何异哉?……今子战争杀戮不知纪极,尽人之性命,得己之所欲,仁者不忍言也。"

下卷为《答通问》第一、《答华阳子问》第二、《答愚中子问》第三、《鱼说》第四、《鸠说》第五、《答鲁问》第六(二篇)、《纪见》第八、《固本》第十一(四篇),第七、第九、第十、第十二为缺文。本卷侧重于记载答问、寓言、见闻。通过答问、寓言故事、见闻的记述,表达了道家自然无为的主旨,反对物欲的追求。如《答华阳子问》中说:"至实合乎知常,至公近乎无为,以其本无欲而无私也。"务实利民才符合自然的常态,至公无私才接近于无为,在这里《无能子》对道家自然无为观点作了新的解释,赋予现实意义。如在《答鲁问》中说:"文出于行,行出于心,心出于自然。不自然,则心生,心生则行薄,行薄则文缛,文缛则伪,伪则乱,乱则圣人所以不能救也。"强调清静无为,正心寡欲。如在《固本》中说:"无为在我也,嗜欲在我也;无为则静,嗜欲则作,静则乐、作则忧,常人惑而终不可使之达者,所习症之也,明者背习焉。"指出了无为的好处,嗜欲的坏处,以及世人做不到的原因。

《无能子》的主旨"归于明自然之理,极性命之端",主要是道家思想。其中,《圣过》、《质妄》、《严陵说》、《固本》、《文王说》、《纪见》、《答华阳子问》、《真修》、《老君说》诸篇,较多地反映了其政治法律思想。其主要内容如下。

一、无尊无卑，自由平等。《无能子》所追求的是一种自然和谐的平等社会。这是其政治法律思想的基本点。认为太古时是人类理想的社会，人与万物杂处，人与万物之间没有争夺，人与人之间"无尊无卑"，处于纯自然状态。"太古时，裸虫（人亦属于裸虫）与鳞毛羽甲杂处，雌雄牝牡，自然相合，无男女夫妇之别，父子兄弟之序。夏巢冬穴，无宫室之制。茹毛饮血，无百谷之食。生自驰，死自仆，无夺害之心，无瘗藏之事。任其自然，遂其天真，无所司牧，濛濛淳淳，其理（治）也居且久矣。"（《圣过》）后来出现了圣人，制定各种制度，从而产生了尊卑有节、贵贱有等、贫富有差的不平等关系，破坏了人与自然的和谐。那些"繁其智虑者，又于其中择一以统众，名一为君，名众为臣。一可役众，众不得凌一。于是有君臣之分，尊卑之节，尊者隆，众者同。降及后世，又设爵禄以升降其众，于是有贵贱之等用其物，贫贱之差得其欲，乃谓繁智虑者为圣人"（同上）。"物"就是财富。《无能子》进一步阐明财富是人们生产的，人们自己生产的财富，反而被不从事生产的人占有和享受。于是"足物者"为富贵，"无物者"为贫贱，有何平等和合理可言！"夫物者，人之所能为者也；自为之，反为不为者感之。乃以足物者为富贵，无物者为贫贱。于是乐富贵，耻贫贱，不得其乐者，无所不至。自古及今，醒而不悟。壮哉物之力也！"（《质妄》）这里论及财富是产生富贵贫贱的社会根源问题，其分析是颇为深刻的。

二、圣人之罪。《无能子》指出，上古社会以后，圣人"强分贵贱尊卑以激其争，强为仁义礼乐以倾其真，强行刑法征伐以残其生"（《圣过》），处处存在不平等不合理的现象。作者把这些归咎于圣人，归咎于帝王，并一一加以批判。其一，圣人开启了人的贪欲和争心。在圣人所设名利爵禄的引诱下，人们产生贪欲并不断扩张，激烈地争夺财富，"既而贱慕贵，贪慕富，而人之争心生焉"，"争则夺，夺则乱"（同上）。其二，圣人进行仁义道德说教。为了抑制人们的贪欲和争心，圣人"于是立仁义忠信之教、礼乐之章以拘之"（同上），企图用以调节人际关系。其三，圣人采取刑法和军队镇压。人们的贪欲愈益扩张，争夺愈益激烈，于是背弃仁义忠信礼乐，"谓之圣人者悔之，不得已乃设刑法与兵以制之，小则刑之，大则兵之。于是缧绁桎梏鞭笞流窜之罪充于国，戈铤弓矢之伐充于天下，覆家亡国之祸，绵绵不绝，生民困贫夭折之苦，漫漫不止"（同上）。圣人之罪莫大焉！

三、抨击君权。《无能子》反对君主至尊至贵的传统观念，抨击"君为臣纲"，认为帝王和普通百姓一样，老死以后，肌体委于蝼蚁，腐骨沦于土壤，没有尊卑贵贱之分。《严陵说》篇云："光武曰：'吾与子（指严陵）交也，今吾贵为天子，而子犹渔，吾为子耻之。'"严陵笑着答："始吾交子之日，而子修志意，乐贫贱，似有可取者。今乃夸吒眩惑，妄人也。……（天子）择土木以广宫室，集缯帛珍宝以繁车服，杀牛羊种百谷以美饮食，列姝丽、敲金石以悦视听而已。嗜欲未餍，老至而死,丰肌委于蝼蚁,腐骨沦于土壤,匹夫匹妇一也,天子之贵何有哉?"《无能子》冒天下之大不韪,直指天子和普通百姓无殊。同时,对于封建伦常也大加鞭挞。认为强调人们的血缘关系,区别亲疏,厚此薄彼,违反了人之常情。"古今之人谓其所亲者血属,于是情有所专焉。聚财相欢,离别相思,病则相忧,死则相哭。夫天下之人与我所亲:手足腹背,耳目口鼻,头颈眉发,一也。何以分别乎彼我哉?"(《质妄》)显然,这里指责的是封建父子、兄弟的人伦关系。

四、无为而治。《无能子》承袭了道家任自然的思想,主张无为而治。在自然界,"天地无为也,日月星辰,运于昼夜,雨露霜雪,零于秋冬,江河流而不息,草木生而不止,故无为则能无滞。若滞于有为,则不有无为矣"(《文王说》)。自然界的一切都是无为的,自然而然,各有其运行或生长的规律,所以长久不衰。人类也应当效法自然,顺应自然的理势行事,不要人为地制造许多礼乐典章来束缚人性,也不要以奖惩办法或制造奇巧来诱动人情:"夫无为者无所不为也,有为者有所不为也。故至实合乎知常,至公近乎无为,以其本无欲而无私也。"(《答华阳子问》)"自昔圣人创物立事,诱动人情,人情失于自然,而夭其性命者纷然矣。"(《老君说》)这是道家老子主张无为、反对有为说的翻版。《无能子》企图借用老子的思想主张,批判封建专制统治的现实。

《无能子》作为唐末道家的代表作,继承了道家批判现实社会不合理的统治制度和抨击礼教的传统,批判封建纲常伦理,倡导社会平等等主张,虽不切现实,却含有中国古代民主平等思想的闪光点。

(潘富恩　杨鹤皋)

两同书 〔唐〕罗 隐

《两同书》,二卷,十篇。唐罗隐撰。清张瓒瑞榴堂辑刊《罗昭谏集》八卷,包括罗隐《两同书》、《甲乙集》在内。通行本有清《四库全书》本、1936年商务印书馆《丛书集成》本、1983年中华书局雍文华校辑《罗隐集》等。2011年,浙江古籍出版社出版了潘惠慧《罗隐集校注》(修订本)。2013年,人民文学出版社出版了李定广《罗隐集校笺》。

罗隐(833—909),字昭谏,余杭(今属浙江)人。唐末文学家。本名横,曾十举进士不第,遂改名隐。后东归吴越,投吴越王钱镠历任钱唐令、节度判官、著作佐郎等。其著作除《两同书》外,尚有《甲乙集》和《谗书》。

《两同书》颇有辩证法观点,书中各节标题都是对立的概念,如"贵贱"、"强弱"、"损益"、"敬慢"、"厚薄"、"理(治)乱"、"得失"、"真伪"、"同异"、"爱憎"等等,认为对立的事物和现象都不是固定不变,而可以转化。如以贵贱而言,肯定君主为贵,百姓为贱,但君主"无德可称,则其贵不足贵也";百姓"有道可采,则其贱未为贱也"(见《贵贱》)。本书的核心思想是明君论,一方面,主张君主要示天下无为,"外其身而身存";另一方面,又认为君主应当以德为主,由明君治理国家。《两同书》的主要政治思想如下。

一、儒道合一。《两同书》十篇,上卷五篇以老子言作结语,下卷五篇以孔子言作结语。"其说以儒、道为一致,故曰《两同》。"(《四库全书总目》卷一五一)把儒家的仁和道家的慈、柔、俭综合为一,作为最高的德目,"夫所谓德者何?唯慈、唯仁矣。……故盛德以自修,柔仁以御下"(《强弱》),"故古先圣君务修俭德"(《损益》)。一方面提倡儒家的仁义礼乐,另一方面提倡道家的"不为天下先"和无为思想,断言"天下无为,则万物受其赐,其于日月亦已大矣"(同上)。

二、君主统治出于自然。《两同书》认为,君主专制统治根源于人伦物理,"贵贱之分,出于自然"(《贵贱》)。指出:"夫一气所化,阳尊而阴卑,三才肇分,天高而地下。鱼龙为鳞介之长,麟凤处羽毛之宗,金玉乃土石之标,芝松则卉木之秀,此乃贵贱之理,著于自然也。"(同上)所以如此,是由于各自所禀气质不同,"鱼龙有神灵之别,麟凤有仁爱之异,金玉有鉴润之奇,芝松有贞秀之姿,是皆性禀殊致,为众物所重也"(同上)。由于事物所禀气质不同,其地位也不同。万物之中,唯人最贵,所以成为自然界的主宰。在人的群体内部,其地位也各不相同,有尊卑贵贱的区别。"人不自理,必有所尊,亦以明圣之材而居亿兆之上也。是故时之所贤者,则贵之以为君长;才不应代者,则贱之以为黎庶。"(同上)以为君主的产生,其根本原因是由于一部分人才能卓著,另一部分人才能卑下,因此,必须由圣明的君主管理民众。这实际上论证了君主专制制度的合理性。

三、明君与暴君。《两同书》认为,虽然君主专制统治是合理的,但应由圣明的君主管理民众,暴君不应掌握国家权力。对君主进行了品分并确定了品分君主的一些标准。

(一) 仁德或骄酷。"盛德以自修,柔仁以御下"者为明君,"骄酷天下,舍德而任力,忘己而责人"者为暴君(见《强弱》)。仁德不修的暴君,不值得臣民尊重,"故夫人主所称尊者,以其有德也,苟无其德,则何以异于万物乎?"(《贵贱》)

(二) 俭或奢。"务德修俭,不言所利"者为明君,"嗜欲无餍,贪求莫止"者为暴君(见《损益》)。君主的俭或奢,于国于民有特殊重要意义:"尔其俭主之理,则天下无为。天下无为,则百姓受其赐","尔其奢君之理,则天下多事。天下多事,则天下受其毒,其于豺狼亦已甚矣"(同上)。

(三) 敬或慢。以敬治国者为明君,以慢治国者为暴君。认为"礼之所先,莫大乎敬,礼之所弊,莫甚于慢"(《敬慢》)。君主的敬和慢,与治国的成效密切相关,"以敬事天则神降,以敬理国则人和,以慢事天则神欺,以慢理国则人殆"(同上)。

(四) 用贤或任佞。善用股肱者为明君,不识奸佞者为暗君。君主必须依靠贤臣治理国家,"夫主上不能独化也,必资贤辅"(《真伪》)。但君主和臣下的关系又十分微妙,"夫君者,舟也,臣者水也。水能浮舟,亦能覆舟"(《得失》)。因此,君主既要利用臣下的才智,又要善于控制臣下。以此为分界,《两同书》认为明君善于用贤,而暗君不善于用人。

(杨鹤皋)

化书 〔五代〕谭 峭

《化书》,六卷。五代谭峭撰。相传谭峭将此书授予宋齐邱,被齐邱盗名,改名《齐邱子》,后人予以甄别,改题《谭子化书》。通行本有明正统《道藏》本、万历中绣水沈氏刻《宝颜堂秘籍》本、清嘉庆中海虞张氏刻《墨海金壶》本、中华书局1996年版点校本等。

谭峭,生卒年不详,字景升,泉州(今属福建)人。约活动于唐末五代时期。幼年好学,颇涉经史,好黄老等诸子之学,及神仙家书。不求仕进,壮年弃家学道,遍游名山,后归乡。据说曾师事嵩山道士十余年,得辟谷、养气之术,云游天下。因过金陵,见宋齐邱有仙骨,出所著《化书》授之,请作序传之后人。其事迹见《十国春秋》卷三四。

本书主题在于阐明"化"的原理。作者强调宇宙万物、人类社会及精神生活都在不断转化,并试图证明个人或国家的统治者都要按"化"的原理生活行事,方可符合"自然之道"。其思想源自老子、庄子,但对现实社会批判的深度和广度,超过老庄。

据《十国春秋》所记,谭峭在授书时称"是书之化,其道无穷",《化书》或因此而名。本书共六卷,依次题为"道化"、"术化"、"德化"、"仁化"、"食化"、"俭化"。各卷之下分章。全书共一百一十章,各有章名。主要内容如下。

一、"道化",阐述道为一切变化的根源,一切变化均以道为出发点和归宿点。《紫极宫碑》篇说:"道之委也,虚化神,神化气,气化形,形生而万物所以塞也;道之用也,形化气,气化神,神化虚,虚明而万物所以通也。""化化不间,如环之无穷。"说明道在开始的时候,由虚化神,神化气、气化形。再由形化气,气化神、神化虚,而回归到道。整个世界的自然变化和社会变化,无不按照这个规律运行,以达到"虚实相通"的境界。"无实无虚,可与道俱。""虚实相当,是谓大同。"保持"虚实相通"则"有无相通,物我相同,其生非始,其死非终,知此道者,形不可得毙,神不可得逝。"达到神化的地步。

二、"术化",阐述虚无是法术的要旨。《水窦》篇说:"万物本虚,万法本无,得虚之窍者,知法术之要乎?""志于虚无者,可以忘生死。"《大同》篇说:"虚舍虚,神舍神,气舍气,明舍明,物舍物,达此理者,情可以通,形可以同。……唯大人无所不同,无所不化,是可以与虚皇并驾。"说明万物化生的根源是虚,社会变化的法则是无,掌握虚无,就是掌握了法术的要旨。从而认为掌握虚无之化术,"可以守国,可以救时,可以坐为帝王之师"。

三、"德化",阐述德的化育作用,治国以道德仁义为本。《五常》篇说:"五常之道一也","聚之则一芥可包;散之则万机齐享。"这里所说的一,就是德。在德的统帅下,"变之为万象,化之为万生,通之为阴阳,虚之为神明,所以运帝王之筹策,代天地之权衡"。然后说明德的治国作用。"君子惟道是贵,惟德自守,所以能万世不朽。""天下之主,道德出于人;理国之主,仁义出于人;亡国之主,聪明出于人。"从而教育统治者要以德化民:"禁民火,不如禁心火,防人盗,不如防我盗。"提高人民的道德品质。

《化书》的主旨在于"道"是宇宙的根源又在不停演化。其"委"由虚化形,其"用"则由形化虚,"虚实相通,是谓大同"(《道化》)。而表现于人类社会亦由"虚"而化为种种社会现象,"其来也,势不可遏;其去也,力不可拔"。统治者"大人"虽然"以道德游泳之,以仁义渔猎之,以刑礼笼罩之",但"道德有所不实,仁义有所不至,刑礼有所不足。是教民为奸诈,化民为悖逆,驱民为盗贼。上昏昏然不知其弊,下恍恍然不知其病,何以救之哉!"(《大化》)认为三皇之道化为五帝之德,五帝之德又化为三王之仁义,三王仁义又化为秦汉战争,"醉者负醉,疥者疗疥,其势弥颠,其病弥笃,而无反者也"(《稚子》)。讥笑儒家所鼓吹的"德治"、"天数"之说,"苟德可以恃,何必广粟帛乎?苟数可以凭,何必广甲兵乎?"(《德化》)指出仁义、仁治的局限性:"仁义者,常行之道,行之不得其术,以至于亡国。"(《常道》)强调民食的重要性,"一日不食则惫,二日不食则病,三日不食则死。民事之急甚于食,而王者夺其一,卿士夺其一,兵吏夺其一,战伐夺其一,工艺夺其一,商贾夺其一,道释之族夺其一"。因此"王者之刑理不平,斯不平之甚也;大人之道教不义,斯不义之甚也。而行切切之仁、用感感之礼,其何以谢之哉!"(《七夺》)

作者强调统治者的统治原则是"虚",所谓"万用本虚,万法本无,得虚无之窍者知法术之要乎"(《水窦》)。然而"虚"一方面要"无为","是故心不可伏,而伏之愈乱;民不可理,而理之愈怨。水易动而自清,民易变而自平,其道也在不违万物之情"(《止斗》)。另一方面要求统治者自我约束,"疑人者为人所疑,防人者为人所防"(《黄雀》),"禁民火不如禁心火,防人盗不如防我盗"(《养民》)。作者归纳道德仁义之要旨在于"信","信者,成万物之道也"(《仁化》)。具体而言,要能"俭",要"均食"。"俭者,均食之道也。食均则仁义生,仁义生则礼乐序,礼乐序则民不怨,民不怨则神不怒,太平之业也"(《太平》)。作者认为奢侈贪欲是万恶之源,"欲之愈不止,求之愈不已;贪食愈不足,富食愈不美。所以奢僭由兹而起,战伐由兹而始。能均其食者,天下可以治"(《奢僭》)。"食为五常之本,五常为食之末。苟王者能均其衣,能让其食,则黔黎相悦,仁之至也。……教之善也在于食,教之不善也在于食。"(《鸱鸢》)食为社会安定的根本,而俭是为政的根本。"君俭则臣知足,臣俭则士知足,士俭则民知足,民俭则天下知足。天下知足,所以无贪财、无竞名、无奸蠹、无欺罔、无骄佞。故礼义自生,刑政自宁、沟垒自平、甲兵自停、游荡自耕,所以三皇之化行。"(《三皇》)崇俭、均食之外,又要注重君民相通,"心相通,而后神相通,而后气相通,气相通而后形相通",如能相通,"怨何由起?叛何由始?斯太古之化也"(《蝼蚁》)。

《化书》反映了在五代军阀混战、民不聊生的社会环境下,有良知的士大夫知识分子的抗议之声,以及对于理想社会的憧憬。本书对君主专制的批判,对社会黑暗的揭露以及对传统儒家政治思想的批判,在当时历史条件下有重要的进步意义。本书发展了传统黄老道家的政治思想,将简单的"无为"发展为崇俭、均食的思想,也有很重要的意义。其以食、俭为政治根本的思想,丰富了中国传统的政治思想内容,在中国政治思想史上有重要地位。但作者运用蛇化为龟、雀化为鼠等具体事例说明一切事物都在变化是不科学的。

《四库全书总目》曾指出:"其说多本黄老道德之旨,文笔亦简劲奥质。"任继愈等编的《道藏提要》也指出,《化书》"为唐五代思想哲学史上独具特色之著述"。

(郭　建　周梦江)

隋唐五代编

历史类

周书 〔唐〕令狐德棻等

《周书》,五十卷。唐令狐德棻等撰。始修于唐太宗贞观三年(629),成书于贞观十年(636)。北宋初《周书》已残缺,今本为后人据李延寿《北史》和唐人史钞所辑。最早刻本约在北宋熙宁年间,南宋绍兴十四年(1174)重刻为"眉山七史本",也失传。流传的版本有元明两代补版的"三朝本"、明南北监本、清武英殿本、金陵书局本。现通行1934年商务印书馆百衲本、1971年中华书局点校本。

令狐德棻(583—666),宜州华原(今陕西耀县)人。出身门阀士族,隋末随淮安王李神通起兵。入唐后颇有文名,曾任起居舍人、秘书丞职。武德初年上书唐高祖请修前朝梁、陈诸史,并于贞观三年主修《周书》。贞观十八年参修《晋书》,一应体例,多出其手,并撰序例及诸纪传。后历任秘书少监、礼部侍郎、国子监祭酒等职。其一生著述较多,尚有武德五年(622)参修《艺文类聚》,十一年参修《大唐礼仪》,后又参修《五代史志》、《贞观实录》、《高宗实录》、《凌烟阁功臣故事》等,并有文集三十卷,已佚。《旧唐书》卷七三、《新唐书》卷一〇二有传。《周书》由令狐德棻专领,岑文本、崔仁师、陈叔达、唐俭同修。

《周书》所本的资料有两部分,一是西魏史官柳虬所写的官史及隋代牛弘《周纪》十八卷;二是唐初为修史而征集的家状、文集及当时所存的有关西魏、北周历史的著述,如《西京杂记》、《周律》、《后周与齐军国书》、《西域图记》、《后周杂诏》等。其中牛弘《周纪》是令狐德棻《周书》的底本。

《周书》为纪传体断代史,也为研究北朝西魏、北周历史最基本的史料。它记述了东、西魏分裂后,至杨坚代周建隋(535—581)四十七年间史事。其中记西魏二十二年,北周二十五年。本纪八卷,其中宇文泰、宇文邕二纪载事尤详,具体介绍了宇文政权的建立经过,建国后封建割据势力间的战争,上层的权力之争,灭佛运动及政治、经济、军事方面的重大改革和活动。

列传四十二卷,设皇后、王公、诸臣、儒林、孝义、艺术、异域诸目,立传人物近三百,涉及内容相当广泛。一是记载了北周时期重要的改革活动和措施,主要见于《晋荡公护传》、《苏绰传》、《卢辩传》等篇。二是记载了对隋、唐两代产生深远影响的社会关系、政治军事制度的片断资料,如府兵制度、乡兵、庄田、奴婢、部曲、客女、征庸代役的相关文献,极富史料价值,散见于《韦瑱传》、《宇文盛传》、《李迁哲传》、《赵贵等传》、《令狐整传》、《于谨及子寔传》等篇。三是设《异域传》,反映了我国西北边境民族及极西一些国家的社会历史情况,记述了中外交通和商业往来的资料,其中突厥、稽胡的历史为《周书》首载。四是记述了西魏、北周时期社会政治的基本状况,反映了各地反抗宇文政权的斗争。五是卷四八特为后梁创建者萧詧立传,其事迹不见于姚思廉《梁书》,并附录其继任及臣僚二十六人事迹,为研究后梁历史提供了珍贵的资料。此外,记载了同时并存的东魏、北齐、梁、陈等朝的重大事件。这种通观全局、总览南北的写法与其他史书只记本朝史相比,更具特色。

《周书》的缺陷也比较明显,如注重在牛弘《周纪》基础上润色,而史料采撷不广,考订较疏;曲笔虚美之处较多,远多于其他南北朝的史书;文词过于古雅,华语堆饰,唐刘知幾谓"其书文而不实,雅而不检,真迹甚寡,客气尤烦"(《史通》卷十七)。

历代对《周书》评价不一,唐刘知幾对其史料不广和文笔不实多有贬斥,另如晁公武《郡斋读书志》、高似孙《史略》、马端临《文献通考》等也持类似观点。而清赵翼《陔余丛考》及《四库全书总目》等则持完全相反的意见,认为《周书》剪裁得体,文笔简劲。《周书》卷帙的问题,《四库全书总目》、钱大昕《廿二史考异》、余嘉锡《四库提要辨证》和1971年中华书局点校本等认为有残缺,由后人据《北史》及唐代一些史钞补全。而清陆心源、丁丙、胡玉缙等认为《周书》基本上保持了原貌,未缺卷。

有关《周书》的研究,主要有清丁谦《周书异域传地理考证》一卷,万斯同《周诸王世表》一卷、《周公卿年表》一卷,近人李宝洤《周书平议》二卷,罗振玉《周书斠议》一卷,今人王仲荦《北周六典》、《北周地理志》等。

(后志刚)

北齐书 〔唐〕李百药

《北齐书》,原名《齐书》,五十卷。唐李百药撰。唐太宗贞观三年(629)始修,贞观十年(636)成书。唐中叶《北齐书》已零散,至北宋初仅存十七卷(卷四、一三、一六—二五、四一—四五),其余均为后人据李延寿《北史》和唐人史钞中相关记载而补全。补本初刻于北宋政和年间,已失传。另有南宋"眉山七史"本、明南北监本、汲古阁本、清武英殿本、金陵书局本。现通行1937年商务印书馆百衲本、1972年中华书局点校本。

李百药(565—648),字重规,定州安平(今河北安平)人。隋内史令李德林之子。隋时,曾历任太子舍人、东宫学士、桂州司马职。在赴建安郡丞职途中,为起事的沈法兴所虏,辟为掾属。后转杜伏威部,并劝杜降唐。唐太宗时,先后拜中书舍人、礼部员外郎诸职,以文才见长,曾受诏修订《五礼》及法律,并接受《北齐书》的编撰任务。后官至宗正卿,封子爵于安平县。尚有文集三十卷,今佚。《隋书》卷四二、《北史》卷七二、《旧唐书》卷七二、《新唐书》卷一〇二有传。

李百药撰《北齐书》主要以其父李德林《齐书》为基础,参考补充了唐初所存的北齐史料,如《北齐令》五十卷、《北齐律》十二卷、《北齐敕令》二卷,及王邵《齐志》十六卷、崔子发《齐纪》三十卷。其中《齐志》对李百药的影响最大。

《北齐书》为纪传体断代史,记载了北魏分裂,东魏政权建立,中经北齐伐东魏,至北周灭北齐(534—577)四十四年间的兴亡史。分本纪八卷,列传四十二卷,未设表、志。其中涉及东魏历史的有《神武本纪》、《文襄本纪》、《高祖十一王传》、《文襄六王传》、《赵郡王琛传》、《清河王岳传》、《斛律金传》、《高隆之传》、《孙腾传》、《司马子如传》等篇。记录北齐历史的则占全书的大部分篇幅。书中反映了这一时期动荡不安的社会政治形势,反映了鲜卑贵族与汉族地主间的关系。当时规模较大的农民起义情况,散见于《神武本纪》、《苏琼传》、《皮景和传》、《尉长命附子兴敬传》、《高市贵传》、《封隆之传》等。此书保存了不少科技史料及科技人物传记,如《方伎传》,其中有綦母怀文及其炼钢法、数学家信都芳事迹的记载。《儒林》、《文苑》二传的序,对当时学术渊源和发展的情况作了评论。此外,《北齐书》在各纪、传后附列论、赞,概述纪传内容,评议传主的得失荣辱。

　　《北齐书》在北宋前已零散,今本中多少篇为李百药原文的问题,大抵以清钱大昕《廿二史考异》卷三十一中的考证比较合理可靠:"今据世所传本审正之,惟本纪第四,列传第五、第八、第九、第十、第十一、第十二、第十三、第十四、第十五、第十六、第十七、第卅三、第卅四、第卅五、第卅六、第卅七、第四十二,凡十八篇系百药元本。"1974 年中华书局点校本认为卷四十二也非李百药原文。其他有关《北齐书》的主要研究著作,有唐刘知幾《史通》有关部分,清王仁俊辑《北齐书佚文》,万斯同《北齐诸王世表》、《北齐异姓诸王世表》、《北齐将相大臣年表》,近人罗振玉《北齐书斠议》,李宝洤《北齐书平议》等。

(后志刚)

梁书 〔唐〕姚思廉

《梁书》,五十六卷。唐姚思廉撰。成于唐贞观十年(636)。现存最早的版本为宋蜀大字本,商务印书馆影印"百衲本"《梁书》即以此为底本,阙卷以涵芬楼藏元、明递修本配补。1973年中华书局校点本,以百衲本与明南北监本、汲古阁本、清武英殿本等互校,并参考了前人校勘成果,为目前最通行的版本。

姚思廉(557—637),名简,以字行。祖籍吴兴武康(今浙江德清县西),陈朝灭亡后迁居雍州万年(今陕西西安市)。幼年受教于其父姚察,尽得家学。一生历官陈、隋、唐三朝。在唐初历著作郎、弘文馆学士、散骑常侍等职。贞观三年(629)受诏与柳䛒同撰梁、陈二史,具体由姚思廉编撰。据思廉自述:"梁、陈二史,本多是察之所撰,其中序论及纪传有所阙者,临亡之时,仍以体例诫约子思廉博访撰续。思廉泣涕奉行。"(《陈书·姚察传》)《梁书》各卷末皆有总论,署"陈吏部尚书姚察曰"共二十五篇;署"史臣曰"即为姚思廉撰,凡二十八篇。故是书虽署思廉之名,实则为其父子二人共同编撰。姚思廉生平见《旧唐书》卷七三、《新唐书》卷一〇二。

《梁书》系叙述梁朝五十六年(502—557)历史的纪传体史著,包括本纪六卷、列传五十卷。本纪六卷,记载梁朝四帝史事。梁武帝萧衍在位长达四十八年,故《武帝本纪》占上中下三卷。上卷叙述萧衍登基过程,中卷叙述建国初期与魏战争等史事,下卷叙述武帝中后期阐扬佛教、侯景之乱诸大事。其余《简文帝本纪》、《元帝本纪》、《敬帝本纪》各占一卷。

列传五十卷,卷一为皇后传;卷二记皇太子,其中包括以编选《文选》三十卷传世的昭明太子萧统;卷三至卷八记开国功臣及文臣武吏二十余人,包括范云、沈约、江淹等;卷九是出身世家巨族的谢朏专传;卷十至卷十三记士族名流和文臣武将十余人,包括王亮、张稷、王珍国等;卷十四记降臣刘季连、陈伯之等人事迹;卷十五记王瞻等士族名流十人事迹;卷十六至卷十七记梁武帝五个兄弟及四个侄子的事迹;卷十八为萧景专传;卷十九至卷二二记梁中期名臣二十余人,包括周舍、徐勉等;卷二三至卷二八记梁武帝三子南康简王萧绩、庐陵威王萧续、邵陵携王萧纶;卷二九记原为萧齐宗室而出仕梁朝的萧子恪、萧子范、萧子显等人事迹;卷三十至卷三七,记文臣武将四十余人事迹;卷三八记死于非命的宗室子弟;卷三九、四十,记北魏降将九人,包括王僧辩、胡僧祐等;卷四一为《孝行传》;卷四二《儒林传》,其中叙述了范缜事迹,并全文录存《神灭论》;卷四三、四四《文学传》,记梁朝文学家二十余人,包括丘迟、锺嵘、刘勰等;卷四五《处士传》记有才学和名望的隐士十余人,其中包括医学家陶弘景事迹;卷四七《良吏传》,记有政绩的中下层官吏八人;卷四八《诸夷传》,记边疆少数民族及周边三十余国概貌,及其与梁朝的外交往来,其中包括老挝、越南、印度、日本、马来半岛、朝鲜半岛等;卷四九记梁朝宗室败类劣迹;卷五十为侯景专传,详述侯景之乱的过程。

《梁书》的特点,首先反映在文风上。撰者不取当时盛行的骈体文,而是步式司马迁和班固,采用简练明确的散文叙事,文字朴实清爽,亦不失生动活泼,无华而不实之弊。故《廿二史札记》谓"世但知六朝之后,古文自唐韩昌黎始,而岂知姚察父子已振于陈末唐初也"。《梁书》的另一长处是篇目层次比较合理,不仅将出身寒微的功勋之臣排在宗室诸王和士族名流之上,同时也为没有官职、身世低下但在学术上颇有建树的人立传。如范缜、刘勰、陶弘景、阮孝绪等皆厕身列传中,表明撰者敢于突破门第观念的限制。

本书不足之处,一是叙事不无隐讳铺张之笔。全书对梁武帝的记述,一味颂扬,不利之事皆曲意隐去,涉及宗室士族或高层大官,亦多有忌讳。这一点实际上也是南朝诸史的通病。二是内容记载存在前后矛盾的情形。如《何敬容传》称其任吏部选官时"铨序明审,号为称职",而在《江革传》中则谓"何敬容掌选,序用多非其人",前后评价完全不同。在编纂体例方面,仅有本纪、列传,无表、志,给后人了解梁朝的政治体制、经济状况和文化发展带来局限。

《梁书》虽非巨制,但属于南朝各史中撰写较为成功的一部史书;尤其在其他梁史著作均已失传的情况下,《梁书》成了现存有关萧梁历史最系统的史料。自唐刘知幾以来,历代学者对《梁书》皆有所考论。宋代学者的研究分见于吕祖谦《十七史详节》、周护《十七史赞》及《名贤十七史榷论》,以及叶适《习学记言》、陈振孙《直斋书录解题》、晁公武《郡斋读书志》等著述中。

清代以降,除牛运震《读史纠谬》、李贻德《十七史考异》、洪颐煊《读史考异》、桂馥《札朴》等书有所论及外,王鸣盛《十七史商榷》中有《姚思廉梁陈二书》、《梁武即位事梁书南史叙次不同》、《梁书无柳仲礼》、《临川王宏与梁书大异》、《武陵王纪南梁互异》、《王琳张彪梁书无传》等专条。赵翼《廿二史札记》中则有《梁书悉据国史立传》、《梁书编传失检处》、《梁书多载饰终之诏》、《梁书有止足传无方伎传》,以及多条《梁书》与《南史》的内容比较。钱大昕在《廿二史考异》中专设一卷,对《梁书》进行文字校勘以及典制沿革和史事记载的考证诠释。近人有李慈铭《梁书札记》、张元济《梁书校勘记》,对《梁书》作一系列校证考订,亦属研究《梁书》的重要参考之作。

《梁书》无表、志,清代学者多有补撰之作,主要有万斯同《梁诸王世表》一卷及《将相大臣年表》一卷、杨守敬《萧梁疆域图》一卷、洪齮孙《补梁疆域志》四卷、侯康《补梁书艺文志》一卷、汤洽《补梁书艺文志》一卷等。

(张荣华)

陈书 〔唐〕姚思廉

《陈书》,三十六卷。唐姚思廉撰。成于唐贞观十年(636)。现存最早版本为宋蜀大字本,即商务印书馆影印百衲本《陈书》所据底本。开明书局铅字排印本,末附有关异本及考证、增补、评价方面的参考书目,颇具利用价值。1973 年中华书局校点本,以百衲本为底本,参校以明南北监本、汲古阁本、清武英殿本、金陵书局本以及《南史》等相关史料,并吸取了清以来学者考证成果、对全书总目亦重新编次,为目前最通行的版本。

作者生平事迹见"梁书"条。

撰者自述在其父姚察旧稿基础上续成本书(参见"梁书"条)。在姚察撰稿之前,已有陆琼、顾野王、傅缚三家《陈书》问世。姚察所作,实际是对上述三家史著加以删削整理而成,且仅完成书中《高祖本纪》、《世祖本纪》两篇。另《后主本纪》、《皇后传》之论赞出自魏徵之手,余皆姚思廉博访续撰而成。

《陈书》系叙述陈朝(557—589)三十余年史事的纪传体史著,由本纪、列传两部分构成。本纪六卷,分记武帝陈霸先、文帝陈蒨、废帝陈伯宗(临海王)、宣帝陈顼、后主陈叔宝五帝之事,其中记陈霸先的《高祖本纪》分上下卷,余各一卷。本纪中对陈朝衰亡之由多有探讨。如《后主本纪》末附监修魏徵所作长篇总论,以陈亡之因在于人事,严责陈后主惑于女色,宠用佞臣,不恤国事之行;而奸臣则投其所好,"以悦导之,若下坂以走丸,譬顺流而决壅",促使其堕落腐化,最终导致丧身亡国。所论较之姚思廉在论赞中将陈亡归于天意,更接近历史事实。在内容上,撰者为诸帝隐恶扬善、回护溢美之处时有显露。如陈霸先逼梁敬帝禅位于己,又令刘师知将其杀害。《高祖本纪》对此只字不提,仅叙述厚葬之事,以掩盖真相。此外,本纪中详载帝王的各种文诰诏策,往往首尾毕录,如《高祖本纪》中载梁敬帝封陈公一诏、九锡一策、禅位之诏、策书一道、武帝登极之诏等,过于繁冗。南朝时,佛教广为传布。武帝陈霸先即位后,曾效法梁武帝萧衍,"驾幸大庄严寺舍身",或"设无碍大会,舍乘舆法物"。以后陈文帝、陈后主亦步其后尘,笃信佛教。对于佛教在陈朝的兴盛情形,本纪中作了较客观的叙述。

列传三十卷,依以类相从法分作类传、专传、合传等。类传五:《皇后》、《宗室》、《孝行》、《儒林》、《文学》;专传仅一篇《徐陵传》;余皆两人以上合传,记载陈朝诸王和文武大臣。若干次要人物,则分附于上述传记之后。各传在内容组合上比较合理,如杜僧明、周文育、侯安都为陈朝的创建立有功勋,撰者将其合为一传;熊昙朗、周迪、留异、陈宝应诸人虽有开国功劳,却朝降暮叛,最终皆身首异处,撰者亦将其一并合传。此外,撰者还通过卷次安排来体现自己的历史见解和修史旨意。如以《皇后传》作为列传首篇,与本纪末篇《后主本纪》相衔接,意在使读者认识到陈朝灭亡与陈后主惑于女色有很大关系。对熊昙朗等四将和新安王伯固、始兴王叔陵,撰者并未另立"叛臣传",而是将这些人的传记置于全书最后两卷,从中表达对他们的贬斥态度。

列传对当时有廉洁奉公之誉的官吏及其政绩时有表彰,如《宗元饶传》叙述宗元饶执法公平,对吏有犯法、政不便民者皆随时纠正;且不畏强暴,对贪赃枉法的高官敢于公开弹劾。与此相应,书中对王侯官僚的贪婪残暴也直接予以揭露和抨击,如记载武陵王伯礼在吴兴太守任内,"恣行暴掠,驱录民下,逼夺财产,前后委积,百姓患之"(《武陵王伯礼传》)。但列传中记载皇室诸王的篇幅颇多,且叙述详备,不厌其烦。如世祖九王、高宗二十九王、后主十一王等,连篇累牍,一个不漏,成为名副其实的帝王家谱,在编排上颇显累赘。《姚察传》系姚思廉为其父所作之传,长达三千余字,其间多有夸张虚美之词。

唐朝初年,骈体文在文坛上仍占统治地位,而撰者不受此风影响,于书中叙事传论皆用散文。《陈书》所具简洁生动之语言,构成全书一大特色。后人有谓唐代古文运动也曾受到《陈书》语言的影响。"世但知六朝之后古文自唐韩昌黎始,而岂知姚察父子已振于陈末唐初也哉!"(赵翼《廿二史札记》卷九)此外,南北朝时期所谓"岛夷"、"索虏"之说十分盛行,南北史家多以此蔑称相互贬斥。而撰者并不囿于此陋见,在述及北朝政权时一律称国号,并比较客观地记载南北并峙政权相互交往的史实。

作为纪传体的断代史,《陈书》的一个缺陷在于没有志,今人要了解陈朝典章制度的沿革流变,须参考《隋书》诸志。由于《陈书》纪传的撰叙多有隐讳,造成一系列曲笔,故需参阅《南史》才能了解其中史实。

《陈书》是二十四史中篇幅最短的一部,在有关陈史的早期著述失传的情况下,是书提供了最基本的史料,成为今人研究陈朝历史的主要依据。自问世以来,《陈书》受到历代史家的重视,对其研究则以清人最为深入。清人有关《陈书》考证质疑之作,除李贻德《十七史考疑》、牛运震《空山堂十七史论》、杭世骏《读史然疑》、洪颐煊《诸史考异》等,钱大昕《廿二史考异》中有专卷对《陈书》文字与内容作出一系列精细的考订,是后人研究的重要参考书;王鸣盛《十七史商榷》中,对

《陈书》修撰过程及书中内容失实之处皆有叙述与考证;赵翼《廿二史札记》中,则列有《陈书多避讳》、《南史于陈书无甚增删》、《南史与陈书歧互处》等内容,对是书编撰方法、文风及传布情况等皆有论述。清人有关《陈书》增补整理之作,主要有万斯同《陈诸王世表》一卷、《将相大臣年表》一卷,侯康《补陈书艺文志》一卷,汤洽《补陈书艺文志》一卷,杨守敬《陈疆域图》一卷等。近人对《陈书》的研究和评价,主要散见于张元济《陈书校勘记》、余嘉锡《四库提要辨证》等书。

(陈　墨)

大唐西域记 〔唐〕玄 奘

《大唐西域记》，简称《西域记》，十二卷。唐玄奘述，辩机整理。成于唐贞观二十年(646)。通行本有明嘉兴楞严寺刊本、《四部丛刊》影印南宋安吉州资福寺刊本、1957年金陵刻经处刊本、1977年上海人民出版社章巽点校本、1985年中华书局季羡林等校注本等。

玄奘(602—664)，俗姓陈，名祎，洛州缑氏(今属河南偃师)人。隋末出家为僧。为深入研究佛学，唐贞观元年(627)从长安出发去印度求经。沿途历尽艰苦，四年后抵达北印度摩揭陀国，入当时佛教最高学府那烂陀寺，从名僧戒贤学习。又遍游五印度及南亚地区各古国，寻访佛教遗迹，搜集佛教典籍，考察社会状况。贞观十九年回到长安，翌年完成本书，并陆续翻译佛教经论七十五部，一千三百三十五卷。因着重传播古印度无著、世亲一派的法相学，成为中国法相宗(唯识宗)创始人。事迹见载本书和唐释彦悰《大慈恩寺三藏法师传》、释道宣《续高僧传》卷四、《旧唐书》卷一九一等。

贞观十九年正月，玄奘返国抵达长安后，即兼程赶赴洛阳谒见唐太宗。太宗当时已破东突厥、高昌，迫切需要了解西域地理民俗等状况，嘱其"宜修一传以示未闻"。玄奘受命口述，沙门辩机记录整理，翌年五月成书进呈。唐代各版传本署名玄奘一人，从北宋版本以下兼署辩机。

书前有著者自序和唐敬播、于志宁等序。全书结构较为严密。第一卷，记玄奘离高昌至北印度近邻迦毕试国的经历和沿途三十四国地理等情况。第二卷，对印度作一总述，叙述五印度七十多国的名称、疆域、宫室、衣饰、馔食、文字、教育、宗教、族姓、兵术、刑法、赋税、物产等概况，并记叙了滥波等三国详况。第三卷，记乌仗那等北印度八国情况。第四卷，记磔迦等北印度五国和波理夜呾罗等中印度十国情况。第五卷，记从羯若鞠阇国到鞞索迦国的中印度六国情况。第六卷，记与佛教关系密切的室罗伐悉底国、劫比罗伐窣堵国、蓝摩国、拘尸那揭罗国等四国情况。第七卷，记婆罗痆斯国等五国情况。第八卷，叙述摩揭陀国情况，详载该国首都波吒釐子城、那烂陀寺及鞮罗择迦寺，以及伽耶城、前正觉山(帝王封祭之地)、菩提树(释迦牟尼成佛之地)等方面情况。

第九卷,续记摩揭陀国情况,详叙上茅宫寺、王舍诸城和那烂陀寺附近地区情况。该国是当时五印度中最著名的大国,又是佛祖悟道成佛及生前活动的重要地方,且佛教遗迹也最多,故玄奘对该国的记载也最详尽。第十卷,记玄奘在印度半岛东部和南部诸国巡游,叙述了伊烂拏钵伐多等中印度四国、迦摩缕波等东印度六国和羯䝢伽等南印度七国情况。第十一卷,记恭建那补罗等南印度三国、摩腊婆等西印度十九国又得自传闻的僧伽罗等国情况。第十二卷,重点记述玄奘返回中国途中从漕矩托国至纳缚波故国(即从阿富汗抵中国新疆南部地区)所经二十余国情况。书末有玄奘跋文和辩机《大唐西域记赞》。赞文介绍玄奘为人和成书经过,据考是成书以后增益。

《大唐西域记》内容宏富,主要有以下几个方面。

一、记载了7世纪中亚、南亚等国的概况,保存了研究中亚、南亚各国古代历史、宗教、风俗习惯的翔实资料。据敬播序称:"亲践者一百一十国,传闻者二十八国。""其物产风土之差,习俗山川之异,远则稽之于国典,近则详之于故老。邈矣殊方,依然在目。无劳握椠,已详油素。"从我国新疆西抵伊朗和地中海东岸,东达印度半岛、斯里兰卡,北面包括今中亚细亚、南中亚、南亚等国的山川形势、城邑关防、交通道路、风土习俗、物产气候、文化政治等无不具载。如帕米尔高原一向被认为神秘的地区,这里群峦叠嶂,很少有人涉足,而玄奘在此地区三次往返,进行实地考察,在我国史书上第一次提出了"波谜罗川"这一地理名称,将帕米尔高原情况叙述得清清楚楚。如对于南亚各国的地理位置、物产气候、风土习俗和历史遗迹等也都作了广泛的考察和详尽的纪录。《四库全书总目》说:"昔宋法显作《佛国记》,其文颇略;《唐书·西域传》较为详核。此书所序诸国,又多《唐书》所不载。"由于这一地区的古代历史和文字资料很少留传下来,所以玄奘在《大唐西域记》中所保存的资料就弥足珍贵。

二、重点记叙了印度的历史、宗教等情况。玄奘在《大唐西域记》中对五印度情况的记载特详,篇幅占九卷之多。从卷二印度总论以后,依次对五印度情况展开叙述。而对印度佛教重地摩揭陀国,记载更详,占卷八、卷九。如在印度总述中,首先阐述了印度名称的由来,"印度者,唐言月","良以其土圣贤继轨,导凡御物,如月照临。由是义故,谓之印度"。释名之后,依次叙述印度的疆域、数量、岁时、宫室、衣饰、馔食、文字、教育、佛教、族姓、兵术、刑法、致敬、病死、赋税、物产等。如族姓中指出:"有四流焉,一曰婆罗门,净行也,守道居贞,洁白其操。二曰刹帝利,王种也,奕世君临,仁恕为志。三曰吠奢,商贾也,贸迁有无,逐利远近。四曰戍陀罗,农人也,肆力畴陇,勤身稼穑。"接着分析四者之间森严的等级关系,"凡兹四姓,清浊殊流。"为研究印度中世纪阶级关系提供翔实资料。此外对印度佛教中的重要人物如马鸣、龙树、提婆、无著、世亲、阿育王、迦腻色迦等的传说都有详细记载。总之在这部书中有关印度佛教史迹,随处可见。如佛陀的本生、降诞、成道、说法、入灭,以及分舍利、建塔、造像、法会等靡不毕备。近年来印度考古工作者根据《西域记》所提供的线索,发掘了那烂陀寺、王舍城、鹿野苑、阿旃陀石窟、迦毗罗卫城等遗址。

三、记载了我国西域少数民族政权的状况,为研究我国西北地区民族历史地理提供重要资料。如在我国新疆境内的阿耆尼(焉耆)、屈支(库车)、跋禄迦(阿克苏)、朅盘陀(培什康尔干)、乌铩(英吉沙)、佉沙(喀什)、斫句迦(叶城)、瞿萨旦那(和田)、折摩驮那(且末)等地情况都有详细的记载。如阿耆尼"泉流交带,引水为田,土宜糜黍、宿麦、香枣、葡萄、梨、李诸果","国无纲纪,法不整肃"。如赤叶水城"城周六七里,诸国商胡杂居也"。如朅盘陀国,"周二千余里"。"以其先祖之出,母则汉土之人,父乃日天之种,故其自称汉日天种。然其王族,貌同中国,首饰方冠,身衣胡服。"如瞿萨旦那,"昔者此国未知蚕桑,闻东土有之,命使以求"。我国蚕桑由此传入西域。至于西域信奉佛教,据本书统计,当时五十六国中,以信仰佛教为主的有二十余国,它们大都崇奉小乘教一切有部。

《大唐西域记》记载了一百三十八个国家和地区的政治、历史、地理、宗教、风俗、文化情况,是研究7世纪历史地理、中亚史、南亚史、中外关系史、中外交通史、边疆史、民族史、宗教史等多种学科的重要典籍,历来为人们所重视,因而被译成法、英、日等国文字,广为流传。

有关本书的研究,有清末民初丁谦的《大唐西域记地理考证》;1964年向达辑成《大唐西域记古本三种》;1977年上海人民出版社出版章巽《大唐西域记》点校本;1984年中华书局出版周连宽《大唐西域记史地研究丛稿》;1985年中华书局出版季羡林等十多位学者共同整理的《大唐西域记校注》,博采中外之长、纵考古今之变,是我国研究《大唐西域记》最新成果,书末附有参考书目、地图、索引,便于查考;1995年贵州人民出版社出版芮传明《大唐西域记全译》。国外对该书的研究,以1834年德国东方学家克拉勃罗德发表《玄奘在中亚与印度的旅行》一文为契机,引起国外汉学家对该书的重视与研究,广泛译成各国文字,有1858年儒莲的法译本、1884年比尔的英译本、1905年瓦特斯的英译本、1912年堀谦德的日译解说本、1972年水谷真成的日译注释本等。

(来可泓　胡有恒)

晋书 〔唐〕房玄龄等

《晋书》,一百三十卷。题唐房玄龄等撰。成于唐贞观二十二年(648)。有南北监本、汲古阁本、武英殿本、金陵书局本、百衲本、中华书局标点本。今存《晋书》最早版本,为"百衲本"所辑宋本。1974年中华书局标点本,以金陵书局本为底本,参校以其他多种本子,是目前最通行的版本。

从两晋到南北朝时期,编写晋史的学者为数不少,汤球所辑《晋书》便有二十三家。据唐太宗《修晋书诏》,迄唐初尚存的还有十八家。就体例论,这些晋书可分为纪传体、编年体两类。诸家晋史中,惟臧荣绪所撰《晋书》包括了东西晋史事,由纪、录、志、传构成。唐修《晋书》,即以臧书为主要依据,略采其他各家,同时还引用了《十六国春秋》、《语林》、《世说新语》、《搜神记》等史籍、杂说中的材料。唐太宗于贞观二十年(646)下诏修《晋史》,任命房玄龄、褚遂良、许敬宗三人为监修,参与编撰的有令狐德棻、敬播、李延寿、李淳风、上官仪等二十余人。其中《宣帝纪》、《武帝纪》、《陆机传》、《王羲之传》后之论,为唐太宗所撰写。前后历时不足三年,全书即告完成。

《晋书》是记载西晋、东晋及十六国历史的纪传体断代史著。记晋武帝泰始元年(265)至恭帝元熙二年(420)一百五十六年史事。计有帝纪十卷、志二十卷、列传七十卷、载记三十卷。

帝纪十卷,记西晋四帝、东晋十一帝;并仿《三国志》之例,将并未称帝的司马懿、司马师、司马昭亦列入帝纪。帝纪以帝王世袭为基本线索,按照时间顺序记述军政大事。

志二十卷,计分天文、地理、历律、礼、乐、职官、舆服、食货、五行、刑法十类。十志的撰写除参考臧荣绪《晋书》,还采用了沈约《宋书》中的许多材料。其内容上溯东汉三国,并不限于两晋,弥补了《后汉书》、《三国志》有传无志的缺陷。天文、历律二志出自天文历算学家李淳风之手,公认在诸志中写得较好,精确得体。《地理志》二卷,主要采自《宋书·州郡志》,但疏于辨核,如在侨州侨郡这一重要问题上大多承袭以往误见。清毕沅《晋书地理志新补正》、洪亮吉《东晋疆域志》等,对《地理志》疏失之处多有纠正。《食货志》一卷,因《后汉书》、《三国志》等均无此志,故叙事上溯东汉、三国,可补前史之缺,但记载过于简略。《职官志》一卷,系删移《宋书·百官志》而成,其中对封国制度论述较详,而对九品中正制这一重要制度却只字不提。《五行志》三卷,一反前史多设符瑞、瑞异、灵征等志的做法,主要记录各种自然现象,对后世颇有影响,以后历代正史中皆不再专立符瑞等志。《刑法志》一卷,保存了不少前代法制刑律方面的资料,如久已佚失的李悝《法经》部分内容,及西晋初年的《泰始律》,皆藉此志以留存。

列传七十卷,除有关人物的传记五十卷外,余分后妃、宗室、孝友、忠义、良吏、儒林、文苑、外戚、隐逸、艺术、列女、四夷、叛逆十三类目,有传者共七百七十二人。列传是《晋书》中写得较好的部分,其特色首先表现为多设合传。门阀士族是两晋政权的基础,不少高门士族累代公卿,对政局产生长期的重要影响。《晋书》往往将士族祖孙父子集合于一传内,有的多至十人以上,如桓彝子孙十六人、王湛子孙十二人等,分别合为一传。这一写法颇便于后人了解和研究两晋门阀士族的历史发展。列传的另一特色,是保存了许多有关两晋思想文化及社会风尚的资料。如许多列传记载了晋代名士喜好清谈玄言,反映出当时崇尚玄学的思想主流及社会风尚;对创立道家丹鼎学说的葛洪立有专传,所录其说为研究道教思想的重要史料;《束晳传》中,保存了有关晋代考古及葬制的宝贵资料。此外,列传中还收入了不少传主的重要文章,如《裴𬱟传》载《崇有论》,《刘毅传》载《论九品八损疏》,《皇甫谧传》载《笃终论》,《陆机传》载《辩亡论》,《郭璞传》载《刑狱疏》,《鲁褒传》载《钱神论》等。

载记三十卷,记述十六国史事。"载记"一词初见于《东观汉记》,用于记述反对王莽的新市、平林起义军和公孙述等人事迹。西晋末北方出现许多少数民族政权,史称"五胡十六国"。这些政权皆建置于中土,势必于史书中一一备载,但因为与晋朝无隶属关系,不便以前史"世家"、"本纪"体例记述。于是便援引载记之例,分国记述。虽名为记叙十六国史事,实止十四国,因前凉张氏虽已自立,仍奉晋为正朔,而西凉李嵩被奉为唐朝李氏的祖先,所以都被列入诸臣列传中。三十卷载记的取材,主要出自北魏崔鸿著《十六国春秋》一百卷。崔著在南宋后便散失,载记遂成为今日研究十六国历史的第一手资料。

《晋书》象征着中国古代从私人修史到大规模官方修史的转折。它在保存有晋一代史料上有其不可否认的价值,在编纂体例上也起了一定的承先启后作用。在二十四史中,《晋书》属于写得较好的一种。但作为一部官府修纂的史著,《晋书》在不少方面也表现出明显的缺陷,历代学者曾对此多有批评。首先是忌讳较多,这也是官修史书带来的约束。如西凉武昭王李嵩被李唐统治者奉为始祖,则记述中便有隐恶护短之笔。其次是纪传间有矛盾错讹,这也是众手修史带来的弊端。如《冯紞传》谓"紞兄恢,自有传",而实际上书中并未为冯恢立传;《司马彪传》谓彪曾上疏议祠南郊之礼,语载《郊祀志》,而书中并无此志;和峤、温峤并非一人,而同一件事在两人传记中均有记述。第三是取材不广。唐初时诸家晋书尚在,其他相关资料亦复不少,而撰者主要以臧荣绪

《晋书》为基础进行增删,对其他各家著述并未充分利用。《晋书》还有一个弊病在于"好采诡谬碎事,以广异闻;又所评论,竟为绮艳,不求笃实"(《旧唐书·房玄龄传》)。

自刘知幾在《史通》中对《晋书》颇多抨击,此书在唐、宋两代学人少有问津,至清代则补遗、校注之作迭出。因《晋书》无艺文志,故补作多集矢于此,其中较有名的有丁国钧《补晋书艺文志》四卷、文廷式《补晋书艺文志》六卷、吴士鉴《补晋书经籍志》四卷,及驾轶以上三家的黄逢元《补晋书艺文志》四卷、杨家骆《两晋遗籍辑存》(上、下)等。此外有毕沅《晋书地理志新补正》五卷、洪亮吉《东晋疆域志》四卷、《十六国疆域志》十六卷、钱仪吉《补晋书兵志》一卷等。《晋书》无表,万斯同补历代史表中有关《晋书》者,计十六卷十六表。《二十五史补编》(开明书局本,中华书局重印本)收有十四表十四卷,如秦锡田《补晋宗室王侯表》一卷、《补晋异姓封爵表》一卷、《补晋僭国表》一卷,秦锡圭《补晋执政表》一卷、《补晋方镇表》一卷以及吴向之《晋方镇年表》等,亦不无参考价值。

《晋书》的校注之作,始于唐代何超著《晋书音义》三卷,而以清末吴士鉴《晋书斠注》一百三十卷为最完备,是书仿裴松之注《三国志》例,搜罗十八家逸史及唐以前载籍,并吸收清人校勘考证成果,胪列众说,溯源、捃逸、辨例、正误、削繁、考异、表微、广证、存疑,凡引书三百多种,自1904年始撰,历二十余年方告成,至今仍属研究《晋书》必备之参考书。广雅书局刊印劳格《晋书校勘记》三卷、周家禄《晋书校勘记》五卷、蒋礼鸿《唐会要史馆编修前代史晋书笺》、丁国钧《晋书校文》五卷,亦不失为有用之书。近人李慈铭《晋书札记》、张元济《校史随笔》有关内容,也有参考价值。今人吕思勉《读史札记》及周一良《魏晋南北朝史札记》中,对《晋书》也多有论及。未刊者有张森楷《晋书校勘记》十三卷。

(陈　墨)

隋书 〔唐〕魏 徵等

《隋书》，八十五卷。唐魏徵等撰。纪传五十五卷，成于贞观十年(636)；志三十卷，成于显庆元年(656)。最早的版本为北宋天圣二年(1024)刻本，已失传。通行本有南宋嘉定刻本(残卷六十五卷)、元大德饶州路刻本、明汲古阁本、清武英殿本、1973年中华书局点校本等。

作者生平事迹见"魏郑公集"条。

唐武德四年(621)，令狐德棻建议修前朝史。翌年，高祖诏修梁、陈、魏、齐、周、隋史。历时数年而未就。贞观三年(629)重修梁、陈、齐、周、隋史，由魏徵"总知其务"，并主编《隋书》。参加《隋书》编修的还有颜师古、孔颖达、许敬宗、李延寿、敬播、赵宏智等。贞观十年，《隋书》和其他四史修成，合称"五代史"，但尚未有志。贞观十五年(641)，于志宁、李淳风、韦安仁、李延寿等奉命续修五代志。初由令狐德棻监修，后改由长孙无忌监修。显庆元年修成十志，时称"五代史志"。书成时五代诸史均已单行，因其内容以隋为主，又因隋代居末，后遂编入《隋书》之内。

《隋书》是纪传体隋代史，唐初官修正史之代表作。其纪传部分，记载隋文帝开皇元年(581)至隋恭帝义宁二年(618)共三十八年的历史。志所记载的史事，上溯至汉魏时期。全书篇目，高祖纪二卷、炀帝纪二卷、恭帝纪一卷；礼仪志七卷、音乐志三卷、律历志三卷、天文志三卷、五行志三卷、食货志一卷、刑法志一卷、百官志三卷、地理志一卷、经籍志四卷；后妃传一卷、诸王传四卷、诸臣传三十卷；诚节、孝义、循吏、酷吏、儒林、文学、隐逸、艺术、外戚、列女传各一卷；东夷等四卷、宇文化及等一卷。

帝纪五卷，以隋为鉴，为唐继隋统的合法性提供依据。其特色，一是详载各种文诰，首尾俱录，保存了不少历史文献；二是对文帝、炀帝生平功过是非作了评述，扬善而不隐恶，观点鲜明；三是《炀帝纪》中，按时间顺序扼要记载了隋末农民起义重要人物及其起事始末，为后人研究隋末农民起义留存了珍贵史料。

列传五十卷，按目录列名者凡三百三十传，在编次上以类相从。诸传记录和保存了大量有价值的史料,如《文四子传》记文帝诸子骄淫放纵,争权夺利,间或实录口语,颇能反映当时情况;《长孙晟传》记隋与突厥交涉往来,反映两个政权实力消长情况;《李密传》、《张须陀传》、《杨善会传》等篇记载了隋末农民起义的部分史实;《万宝常传》载录的乐谱多达六十四种;《张胄玄传》反映了当时天文推算的成果;《牛弘传》中《请开献书之路表》是研究中国古代文献学的必读文献;《琉球传》、《陈稜传》记载了琉球(今台湾)社会、经济生活以及与大陆交往联系等重要状况;《西域传》第一次记载了昭武九姓诸国,为研究西域历史提供了资料。此外,列传部分也有不少内容空洞的凑数之作,无甚可取。

帝纪、列传各卷末均有魏徵所作的史论,评论国家兴亡大事和人物的功过得失。其文字长短不拘,短的仅数言,但却画龙点睛。魏徵以论史与论政相结合,体现其政治思想和历史观点,也在一定程度上反映了唐初统治集团的思想和观点。此外,《隋书》类传的各卷卷首,均著序论,以叙编修旨意,是研究本书的重要资料。

志三十卷,记载梁、陈、齐、周、隋代典章制度,尤详于隋代,部分典制追溯汉魏以来的情况。各志的史料价值不尽相同,但体例统一,均先有序文,概述各自典制来历、学术源流和作志要旨,然后基本上按朝代记述史实。十志中,《礼仪志》的分量最大,反映了维护封建等级关系的观点。《音乐志》记隋事居半,其中叙郑译从龟兹人苏祇婆所得七调,成为唐代燕乐的本源,并介绍隋炀帝所定九部的源流、歌曲、乐器等,都是中外文化交流的重要史料。《律历志》、《天文志》记载魏晋以来,特别是南北朝时期天文学、历法学的成就和流派,对张子信和刘焯关于"日行盈缩"的探讨、祖冲之关于圆周率的研究等,有较详细的记载。《食货志》记载从南北朝至隋代的土地、户籍、赋役制度和货币状况,史料价值甚高。《刑法志》历举各朝代律书编撰情况,隋代的立法、毁法过程写得较具体。《地理志》以隋大业五年(609)的疆域为准,记载全国郡县户口、山川形势、建置沿革,以及各地区的风俗、物产和当时国内外的交通情况等,有较高的史料价值,但隋以前的地理状况仅在附注中说明,过于简略。《经籍志》在十志中最有价值,是继《汉书·艺文志》后对中国古籍的第二次大总结。它考究书籍之存亡,著录当时所存的要籍,附载已亡佚的书目,概述文献学的学术源流,并正式采用了经史子集图书四部分类法,是一部非常重要的古代图书总录。四部分类虽不是本书著者首创,但自本书采用后,四部分类法至清代相沿未改。

《隋书》各位著者学有专长,成书时间又很充裕,故质量较高,是研究隋史的主要参考书。全书史料丰富,叙事简练,文笔严净,虽有隐讳之处,但总体上据事直书,"彰善瘅恶,足为将来之戒"。史论部分,富有政论特色,不仅有益于当时贞观之治的推行,而且对后世官修史书论史产生一定的影响。十志叙述典制,备载各朝,条贯清楚,于史书志体有很大的发展,为其后典章制度专史的确立起了承先启后的重要作用,《经籍志》在中国目录学发展史上更占有重要地位。但《隋书》成于众手,前后不一,互相矛盾之处也有所出现。

《隋书》问世后,后世学者的考证、补辑取得明显成绩。清章宗源《隋书经籍志考证》,对《经籍志》原载各篇书目存佚、内容和作者情况多有考证。姚振宗《隋书经籍志考证》,较前书更明晰精审,为学者所重。清末杨守敬《隋书地理志考证》,丰富了研究的内容。牛运震《读史纠谬》中有《隋书纠谬》一卷,李慈铭《隋书札记》系由王重民辑录,皆可供参考。近人张元济《隋书校勘记》、岑仲勉《隋书求是》二书,同属受人推重的重要研究成果。

(胡有恒)

南史 〔唐〕李延寿

《南史》，八十卷。唐李延寿撰。唐太宗贞观十七年(643)始修，高宗显庆四年(659)成书。传世的最早刻本刻于元大德年间。另有明南北监本、汲古阁本、清武英殿本、金陵书局本。现通行1934年商务印书馆百衲本、1975年中华书局点校本。

李延寿，字遐龄，唐初相州(今河南安阳)人，祖籍陇西(今甘肃临洮)。生卒年不详。贞观年间任崇贤馆学士、太子典膳丞、御史台主簿，后官至符玺郎，兼修国史。贞观三年(629)参修《隋书》，贞观十七年参修《五代史志》，并开始《南史》、《北史》的编撰，贞观二十年参与重修《晋书》。唐高宗时独立完成《太宗政典》三十卷，显庆四年完成《南史》、《北史》二书，由令狐德棻推荐给高宗。生平事迹见载于《北史》卷一〇〇、《旧唐书》卷七三、《新唐书》卷一〇二。

李延寿继承其父李大师未了之愿，为改变这一时期"南书谓北为'索虏'，北书指南为'岛夷'"，"各以其本国周悉，书别国并不能备"之现象，从贞观初开始收集资料，以十六载完成《南史》，高宗为之作序。此书资料来源主要有三方面：一是家藏旧本；二是南朝四书即《宋书》、《南齐书》、《梁书》、《陈书》；三是当时所存南朝四书以外的大量纪传、编年、野史类著述。

《南史》是唯一的通贯南朝宋、齐、梁、陈四朝的纪传体史书，有本纪十卷，列传七十卷。记事上起南朝宋武帝永初元年(420)，下止陈后主祯明三年(589)隋军攻克建康，计一百七十年间史事。其中南朝宋八代五十九年，齐七代二十三年，梁三代五十六年，陈五代三十二年。本纪仿《史记》体例，以朝代为次，分别概述了各朝大事。列传也分朝代次序，再在每朝之下依次列宗室、诸王、大臣传，于贯通中保持了每一朝代的完整性。《儒林传》、《文学传》、《孝义传》、《循吏传》、《隐逸传》等类传，则不系于各朝代之下，而按世系编次，从中可考知门阀世族在当时的政治地位、家族兴替与皇朝兴衰的关系，及世族占有下的部曲、佃客、奴婢、荫户等情况。

《南史》主要内容据《宋书》、《南齐书》、《梁书》、《陈书》，但并非简单抄撮。其对"四书"史料的处理，采取了"连缀改定"，"除其冗长、捃其菁华"，"鸠聚遗逸、以广异闻"等方法。"连缀改定"，即对四书的各纪传史事作连缀、分合,重加剪辑;对"四书"中回护南朝、诋毁北朝诸语及记述失实处则予改定。如"四书"未提东晋、宋、齐、梁末代皇帝均是被杀而死,《南史》则直书其事。另如《宋书·文五王传》、《孝武本纪·大明五年》中有关海陵王的记载自相矛盾,《南史·宋孝武本纪》考证后认为《传》是《纪》非。"除其冗长,捃其菁华",即取材上有所删削,以使文字简洁而史事不减,主要删除了大量的九锡文、三让表、禅位诏册等文词及南北交战的记载,其中对《宋书》所削最多。同时又据当时所存的杂史资料增补了一些内容,尤于《南齐书》、《梁书》增补较多,如补有《柳仲礼传》、《王琳传》、《张彪传》等,在《范缜传》中增加了传主不肯卖论取官的史事。由于《南史》具有这些特点,所以在北宋以前,世人了解南朝宋、齐、梁、陈的历史多赖《南史》。

有关《南史》的研究,有清赵翼《陔余丛考》、《廿二史札记》,钱大昕《廿二史考异》,王鸣盛《十七史商榷》的相关部分和李慈铭《南史札记》,主要讨论了《南史》的评价、《南史》与南朝四书的比较、《南史》摘抄南朝四书的优劣成败等问题。另有清初李清《南北史合注》一百九十一卷,已收入上海古籍出版社版《续修四库全书》。

(后志刚)

北史 〔唐〕李延寿

《北史》,一百卷。唐李延寿撰。唐太宗贞观十七年(643)始修,高宗显庆四年(659)成书。传世的最早刻本刻于元大德年间。另有明南北监本、汲古阁本、清武英殿本、金陵书局本。现通行1934年商务印书馆百衲本、1975年中华书局点校本。

作者生平事迹见"南史"条。

《北史》的主要而直接的素材,来自北朝四书即魏收《魏书》、李百药《北齐书》、令狐德棻《周书》、魏徵等《隋书》。此外,李延寿还辅之以其父李大师为编史而收集的史料及当时所存各种野史杂记。

《北史》是一部贯通北朝历史的纪传体史书,记录了北魏、东魏、西魏、北齐、北周、隋六朝的历史。记事自北魏拓跋珪登国元年(386)始,止于隋恭帝义宁二年(618)隋为唐灭,计二百三十三年间史事。其中魏十三代一百四十八年,北齐六代二十七年,北周五代二十四年,隋三代三十七年。举凡这一时期北朝的社会、政治、经济、文化、学术、科技、军事等情况均有记载。此书的本纪依朝代分叙,《魏本纪》还上溯到拓跋氏先祖事迹,并记述北魏分裂为东、西魏以后各帝的事迹。列传的编纂方法与《南史》同,所记人物贯通魏、齐、周、隋,一般多以家传形式出现,少则二三代,多则七八代,如《北史·崔逞传》附传八世十七人。

《北史》是融有作者独特见解的史著。它对北朝四书所叙述的史事,从结构上进行了改动,重新编次并连缀之。对于北朝四书中普遍存在的避讳曲笔,以及诋毁南朝之语予以改定,对明显的史实错误予以改正。如《魏书》作者魏收以东魏为正统,而于西魏的历史阙而不书,《北史》则为西魏三帝立纪和权臣立传,还删除了对南朝人"夷"、"寇"的蔑称,对南朝书其国号。

《南史》增补了北朝四书未载的内容,增补最多的是西魏史事,主要据魏澹《西魏书》补入,在《魏本纪》、《后妃传》、《魏诸宗室传》篇中,增设了西魏文帝、废帝、恭帝三纪及各传,还补有梁览、雷绍、毛遐、乙佛郎、魏长贤、魏季景等人事迹,并在李弼、宇文贵等人传后,增写了有关西魏、北周军事制度的史料。书中还增加了不少南北交往之事,颇具史料价值。因此《北齐书》缺佚后,有关史事得赖《北史》补齐。

与南北朝"八书"相比,《北史》的缺陷类同于《南史》。如对"八书"删节过多,亦有失当之处;"八书"有志,而《北史》无志。所以"二史"和"八书"不能互代,并行于世。

《北史》成书后,因其卷帙稍简,抄写易成,与《南史》一起广为流传。有关《北史》的研究著作,有清赵翼《陔余丛考》、《廿二史札记》,钱大昕《廿二史考异》,王鸣盛《十七史商榷》的相关部分,另有李清《南北史合注》、周嘉猷《南北史表》、李慈铭《北史札记》等。

(后志刚)

史通 〔唐〕刘知幾

《史通》,二十卷。唐刘知幾撰。成于唐景龙四年(710)。版本甚多,最通行的是清浦起龙《史通通释》。

刘知幾(661—721),字子玄,彭城(今江苏徐州)人。唐永隆元年(680)中进士后任获嘉县主簿。长安二年(702)始任史官。先后任著作佐郎、左史、著作郎、秘书少监等职,撰修国史。开元九年(721),长子贶犯罪流配,刘知幾诣执政诉理。上怒,贬授安州别驾。旋卒。刘知幾自幼笃好史籍,入仕后又专攻史学,博览群籍,"钻研穿凿,尽其利害","凡有异同,蓄诸方寸"(《史通·自叙》),并洞悉官设史馆的流弊。为人刚直,屡受监修国史的武三思、萧至忠等责难。因愤惋不平,遂发奋私撰《史通》以抒己见。著述还有《刘氏家乘》、《刘氏谱考》、《睿宗实录》、《刘子玄集》等;与人合撰《三教珠英》、《姓族系录》、《唐书》、《高宗实录》、《中宗实录》、《则天皇后实录》等。事迹见载于《旧唐书》、《新唐书》本传,并可参考《史通》中的《自叙》和《忤时》等篇。

《史通》是刘知幾数十年钻研史学的结晶,成为中国第一部史学理论专著。全书原有五十二篇,其中《体统》、《纰缪》、《弛张》三篇已亡佚。现存内篇十卷三十六篇,外篇十卷十三篇。书前有刘知幾原序。后人汪鼎思、王阁、彭汝寔、陆深等曾作序,高韶、李结等曾作跋。本书内篇重点阐述史书源流、体例和编撰方法。外篇主要论述史官建置沿革和史书得失,其中有与内篇重出或相矛盾,可能是著者成书前的读史札记。虽谨严稍逊,而议论广泛,更能表现出著者的史学观点。若就全书内容体系而言,则可分为八组。

第一组为《六家》、《二体》、《杂述》三篇,缕述诸体史书渊源流别。刘知幾将史书重新分类,一类为"正史",另一类为"杂史",并从史料价值角度对这两大类史籍作了简评。在评述"正史"类时还兼顾纪传与编年二体的史书,不同于《隋书·经籍志》只将纪传体史书列为正史。刘氏史籍分类法对明清史书图籍分类曾产生一定影响。

第二组为《本纪》、《世家》、《列传》、《表历》、《书志》、《论赞》、《序传》、《序例》八篇,专门研讨纪传体史书的组织结构,次第评论《史记》、《汉书》以下诸史在组织结构上的优劣得失,为后世修史提出足资可鉴的刍议。

第三组《断限》、《编次》、《题目》、《补注》四篇,进一步阐述了纪传体史书编纂的若干处理方法,是前组篇章的继续而又略有不同。

第四组为《载言》、《载文》、《浮词》、《模拟》、《采撰》、《书事》、《人物》、《叙事》、《言语》、《因习》十篇,探索史料选择和写作技巧方面诸具体问题,并提出纪传志表的内容必须力求赡详精核等主张。

第五组为《直书》、《曲笔》、《鉴识》、《探颐》、《品藻》五篇,充分阐述史家应具有激清斥浊、直书无隐的美德,切忌徇利阿附、沽名渔利;评骘史籍者,必先明其指归等。

第六组核为《核才》、《辨职》、《忤时》三篇,申述铨选史才的重要性和履行史职的艰难性,对设馆修史和监修总知史务之弊病作深刻揭发和尖锐批评。

第七组为《史官建置》、《古今正史》两篇,对历代史官设置作一鸟瞰,并肯定和表彰了众多良史,揭发批判了一些庸史。

第八组为《疑古》、《惑经》、《申左》、《五行志错误》、《五行志杂驳》、《杂说》(上中下)、《暗惑》等篇,深刻细致地揭露了儒家经典与正史、杂史中某些记事的欺骗性、虚伪性,批判了历代史家模拟著书的错误;提出文人不可修史的主张,并反对文史混淆。要求史家写史必须不掩恶,不虚美,做到秉笔直书等。

《史通》博大精深,贡献众多,对后世产生重大影响。就其荦荦大者而论,至少有以下诸方面。

一、《史通》从历代史官、史馆建置沿革,史书的著述和分类,史书编写的对象,体裁和编纂方法,史学态度,史料的搜集、鉴定和取舍,史学评论等诸多方面,溯其源流,科判得失,深入探讨。从而对中国唐代以前的史学实践进行了全面系统的总结,成为中国史学发展史上破天荒的一件大事。它的诞生,在中国史学发展长河中树立了一座灿烂的航标。

二、在总结唐以前史学的基础上,以融会贯通、批判创新的通识观点,形成较完整的史学理论体系。刘知幾充分强调史学的功能,注重史学与现实的密切关系,提出"史之为用,其利甚博,乃生人之急务,为国家之要道"(《史通·史官建置》)。他已认识到历史是变化发展的,"古往今来,递文质变","世异则事异,事异则备变"。在通识观点指引下,刘知幾还富有远见卓识地提出有关史家修养的"史才三长论"和"书法直笔论"(即史学家必须具有史才、史学、史识和修史应善恶必书的重要理论)等。《史通》充分肯定史学的地位和作用,明确史学研究的方向,促使史学家注重历史观和方法论的问题,标志着较完整的中国封建史学理论体系的初步建立。

三、《史通》对历史编纂学的探讨,首先是立论高远,并非就体例论体例,而是以治史宗旨和历史观为根本出发点。如书中论"六家"、"二体",考镜源流,判其利害得失,强调"时移世异,体式不同",将史体形成和其源流派别的演变,同历史发展进程紧密联系在一起。其次是全面系统,如《史通》对史书体裁作"六家"、"二体"的归纳,将编年、纪传体史籍都列为正史,其他称为杂史,又分成十种,并一一释其范围,举凡例证。具体到纪传体史书的内部体例问题,《史通》中以《本纪》、《世家》、《列传》、《表历》、《书志》、《论赞》、《序例》、《题目》等十余个专篇又加以分别论述。其他如《载言》论言、事有别;《载文》论文与史之关系;《补注》论史注等,也都是专门论述史例事项。其涉及面之广,发凡起例之多,令人叹为观止,不愧为一部全面系统的历史编纂学巨著。其三是史法严谨。刘知幾十分强调史例,认为"史之有例,犹国之有法。国无法,则上下靡定,史无例,则是非莫准"(《史通·序例》)。因此,他严格用其理解的史例去检讨、评论史书,尤其是纪传体史书。如认为《尚书》记言,但其中的《尧》、《舜》二典直序人事,《禹贡》唯言地理,均违背了记言宗旨,都是"为例不纯"。又如认为本纪当以编年为主而纪列天子行事,周秦先世爵乃诸侯,不应入周、秦本纪等等。此类评论有种种不足之处,但也是正误相间,良莠并存,有贴切之论,亦有偏激之见。

四、疑古惑经,坚持了历史进化观点。《史通》对传统的观念进行了大胆的怀疑和批判。《疑古》、《惑经》两个专篇,对儒家经典《尚书》、《春秋》等大加非议,鲜明地提出尧舜禅让是虚语,桀纣之恶是厚诬,所谓太伯让位于季历、周文王服事殷商之事都经不起常识的检验。刘知幾还明确地反对命定论的历史观,称"夫论成败者,固当以人事为主,必推命而言,则其理悖矣"(《史通·杂说上》),强调了历史进化的观点。在认识到历史变异的基础上,他察觉到历史发展的阶段性。如将历史划分为上古或远古,中古或中世,近古或近世,并指出"古今不同,势使之然"(《史通·烦省》),肯定了历史进程中有客观的不以"天命"或个人意志为转移的"势"等。这些进步的历史观点均对后世产生了深远影响。

《史通》也存在着若干缺陷。如轻视史书的表志,还未脱离六朝以来文风的影响,过分强调史书体例的整齐划一,以致要求生动客观的历史去适应体例的模式等等。但这毕竟是小疵,无损于它在中国史学史上的重要地位。

对《史通》的研究,始于唐代。唐末柳璨《史通析微》,偏重于指责《史通》疑古惑经的"舛谬"。明、清时期训释《史通》的专著主要有明郭延年《史通评释》、陈继儒《史通订注》、王惟俭《史通训故》,清黄叔琳《史通训故补》、浦起龙《史通通释》、纪昀《史通削繁》等。其中浦氏《通释》较多地吸收了前人的研究成果,又流传最广。近世学者在《通释》基础上订补的著作,主要有陈汉章《史通补释》、杨明照《史通通释补》、罗常培《史通增释序》等。评论《史通》的主要有吕思勉《史通评》、张舜徽《史通评议》、程千帆《史通笺记》等。1985年贵州人民出版社出版张振珮《史通笺注》,1989年重庆出版社出版赵吕甫《史通新校注》,反映了《史通》研究的新水平。

(胡有恒)

通典 〔唐〕杜 佑

《通典》,二百卷。唐杜佑撰。成于唐贞元十七年(801)。今存最早刊本是北宋本,藏日本宫内厅书陵部(有上海人民出版社影印本,2008年)。另有南宋残本、明刊本、清武英殿本、咸丰崇仁谢氏刊本、同治广州学海堂刊本,通行本是1939年商务印书馆版"十通"合刊本,以及1988年中华书局版点校本。

杜佑(735—812),字君卿,唐京兆万年(今陕西西安)人。出身于世代簪缨的显宦之家。早年以荫入仕,补济南参军事。曾任岭南、淮南节度使。历官至检校司徒同中书门下平章事。累任德宗、顺宗、宪宗三朝宰相,封岐国公。另撰有《理道要诀》(已佚)、《管氏指略》、《宾佐记》等。事迹见载于新、旧《唐书》本传等。

从《史记》以后,部分纪传体史书列"志"记载典章制度,但篇目各不相同,记载也各自为政,且大多限于某一朝代,缺乏对历代典制沿革的系统阐述。至唐玄宗开元末,史家刘知幾之子刘秩依《周礼》所载之六官职掌分类,撰成《政典》三十五卷(已佚),初具典志体专史的雏形。嗣后经"安史之乱",唐王朝由盛转衰,各种制度崩坏。身历变乱而又久居相位的杜佑,在刘秩《政典》的基础上,扩充研究范围,博采经史以及汉魏六朝人士的重要议论,并参考《大唐开元礼》,撰成《通典》。杜佑从大历元年(766)开始编撰,至书成进奏,前后经历了三十六年时间。

《通典》是中国现存的第一部专记历代经济、政治、社会、文化等典章制度沿革的专史。所记内容,上起传说中的黄帝时代,下迄唐玄宗天宝末年,对肃宗、代宗以后的变革,间亦附载于注中。全书约一百九十万字。据著者自序和李翰《通典序》,称全书原分为食货、选举、职官、礼、乐、刑(包括兵)、州郡、边防等八门。但《旧唐书·杜佑传》所载著者《献书表》则谓"书凡九门",兵、刑别为两门。今本《通典》都分为九门,具体如下。

一、食货典十二卷,叙述历代土地、户籍、赋税、漕运、盐铁及其他重要财政制度的沿革状况等;二、选举典六卷,叙述历代选举士官、爵位制度及考核官吏治绩的政令等;三、职官典二十二卷,叙述历代官制源流沿革等;四、礼典一百卷,叙述吉、嘉、宾、军、凶五礼等礼仪制度等;五、乐典七卷,叙述历代乐制概况等;六、兵典十五卷,叙述各种兵法计谋和战例等;七、刑典八卷,叙述历代刑法制度等;八、州郡典十四卷,叙述历代州郡建制沿革等;九、边防典十六卷,叙述历代边疆民族和域外王国等情况。书前有李翰序和著者自序。

《通典》各典之下再分子目及子目以下的细目。每一制度皆条贯古今,溯源明流,通其原委,而每个细目又都各自立有标题,颇便查阅。杜氏的这种编纂方法,源于纪传体史书的书志,但已超越了以人物纪传为叙事中心的范围,发展成政治、经济、社会、文化等典章制度专史。除正文之外,还作了许多注。这种自注,有的阐述编撰范围,有的用来说明材料互见之情况,有的予正文以补充,有的是对古代情况作解释,有的则是对某些记载表示怀疑。此外,书中还羼杂不少著者撰写的说、议、评、论,反映其见解和主张,这些内容较集中地反映了著者对历史发展的看法。对全书门类的编排次序,著者在自序中曾说明"夫理道之先,在乎行教化;教化之本,在乎足衣食。……夫行教化在乎设职官,设职官在乎审官才,审官才在乎精选举,制礼以端其俗,立乐以和其心,此先哲王致治之大方也。故职官设然后兴礼乐焉,教化堕然后用刑罚焉;列州郡俾分领焉,置边防遏戎狄焉。是以《食货》为之首,《选举》次之,《职官》又次之,《乐》又次之,《刑》又次之,《州郡》又次之,《边防》末之。或览之者,庶知篇第之旨也"。因此,全书编排富有内在的逻辑性。至于全书内容以食货为首,食货中又以田制为先,将封建社会的经济结构,尤其是土地关系的变革,放在历代典章制度首要地位加以叙述,更是著者的首创。

《通典》在中国史学史上的贡献主要如下。

一、创立了史书编纂的新体制。《通典》问世以前,中国史书编撰主要应用编年、纪传两大体裁。前者以年代为中心,后者以人物为骨干。《通典》则综合历代史书中有关典章制度的资料,分门别类,原始述终,会通古今,创造了历史撰述的新形式,成为后代史家学习的楷模。后来,郑樵的《通志》、马端临的《文献通考》,以及清代一再续修的"三通",都是在《通典》的基础上衍变发展而成。典制体史书于是蔚为大观。

二、保存了大量珍贵资料,具有很高的史料价值。杜佑编《通典》时,博取五经群史和汉魏六朝文集奏疏,以及许多唐人著述,征引极富。其征引过的不少典籍今已失传,许多重要资料赖《通典》才得以保存下来。如《全上古三代秦汉三国六朝文》中,就有九百余条资料系直接从《通典》中辑佚而得。在《通典》中有关唐代的内容约占四分之一以上,大量原始资料多取自当时的官方文书、账籍、大事记,以及私人著述,成为研究唐代历史的基础资料。同时,由于杜佑对历代典章制度作了探本穷源的考核,第一次有系统地进行了加工整理,其参考和引用的史书又大都是较早的版本,故对于校勘有关史书也有重要价值。后人研究《隋书》以前的史籍时,如遇到疑难问题,一般都可利用《通典》来加以考订校核。

三、在史学思想方面提出了不少独特的见解,从而在中国史学史上确立了较重要的地位。杜佑在本书中以自注的形式诠释和阐明正文,在正文中又撰写了不少序、论、说、议、评、按。这些论议,多着眼于从政治上总结历代成败得失的历史经验,并结合现实阐发自己的见解和主张,较集中地反映了杜佑的史学思想。

《通典》的主要缺陷,一是对礼制记述过于繁冗,而有些礼制在历史上并未全部实行,故通观全书,未免详略失当。二是兵典单记兵法,甚至将火鸟、火兽等近于荒谬的兵法也一一备载,而对于具有重要价值的兵制沿革却无记录。这些为例不纯的弊端均受到后代史家的批评。

有关《通典》的研究有唐李翰《通典序》,清章学诚《文史通义》中相关部分,近人傅增湘《通典校勘记》(载北京图书馆出版社 2004 年版《九通拾补》)。

(胡有恒)

元和郡县志 〔唐〕李吉甫

《元和郡县志》,一名《元和郡县图志》,原书四十卷,又目录二卷,且每镇有图,列于篇首,故原名《元和郡县图志》。唐李吉甫撰。成于唐元和八年(813),后有所增补。此后长期没有刊印,南宋淳熙三年(1176),张几仲首刻于襄阳,当时所据的祖本已无图,志文亦有缺佚。宋刊本已失传,明以来只有抄本流传,今传世本缺十九、二十、二三、二四、三五、三六共六卷,此外,卷十八、卷二五等亦不全,其他脱漏错讹更比比皆是。清以来刊本主要有:一、武英殿本,据四库本刊刻,《四库全书总目》说明,馆臣在抄录时已更动原书卷第;二、清嘉庆元年(1796)孙星衍《岱南阁丛书》本,据曲阜孔氏所藏抄本刊印,未移卷第,并附有补逸一卷;三、清光绪五年(1879)王灏刻《畿辅丛书》本,祖岱南阁丛书本,每卷附有张驹贤撰考证,此本颇佳,后为《丛书集成》本所宗;四、光绪六年金陵书局本,亦宗岱南阁丛书本,光绪八年重刻本更收入严观撰《元和郡县补志》九卷;五、1983年中华书局标点本,由贺次君标校,以光绪六年金陵书局本为底本,吸取了殿本的某些长处,将张驹贤的考证和贺次君的校勘记附于每卷之后,末附缪荃孙的《元和郡县图志阙卷逸文》三卷和地名索引。

李吉甫(758—814),字弘宪,赵州赞皇(今河北赞皇)人。出身于官宦世家,父李栖筠为德宗朝御史大夫,子李德裕为武宗朝名相。他本人年轻时即以门荫入仕,德宗时为太常博士,后历任诸州刺史。宪宗时历知制诰、翰林学士、中书舍人等。元和二年(807),出任中书侍郎、同中书门下平章事。次年,牛僧儒等人应制科,指陈时政,为李吉甫贬斥,中唐以来的牛李党争由此开始。同年,李出为淮南节度使。元和六年,再度入相,九年病卒。当时,正是"安史之乱"后藩镇割据愈演愈烈的时代,身为国家重臣的李吉甫,力主加强中央集权,削弱藩镇势力,并积极参与平息强藩叛乱的活动。为此,他特别重视舆地之学,认为地理学应当"佐明王扼天下之吭,制群生之命,收地保势胜之利,示形束壤制之端"(《元和郡县图志·原序》)。就在这个宗旨指导下,他在元和间撰写了此书。除此之外,李吉甫还有许多著作,如《六代略》三十卷,《元和国计簿》十卷,《十道志》

十卷,《古今地名》三卷,《删水经》十卷,文集两种四十卷等等,惜诸书多已散佚,仅存辑佚本《十道志》一卷,收入《说郛》卷六十。其事迹详见《旧唐书》卷一四八、《新唐书》卷一四六本传。

本书是我国现存最早的全国地理总志,书成于元和间,故题今名,但并不是元和年间实际控制的疆域地志。原本按当时的十道四十七节镇分篇,计为:关内、河东、河北、山南各四卷,江南六卷,岭南五卷,剑南三卷,陇右二卷,淮南一卷,河南七卷。每镇篇首原有图,宋以来失传。分镇记载府、州、县的户数、沿革、四至八到、道里、贡赋、古迹、物产、山川、城邑等。卷一首列"关内道一,京兆府,雍州"的标目,下列开元、元和的户口数,继则概述雍州从上古至目前的历史沿革,以及府境八至与贡赋等。然后,分述下属的二十三个县,第一为万年县,简述其兴衰起落,及山川位置、名胜古迹、在此发生的重大历史事件等。各卷体例大致相同,有垦田及监牧地者,亦一一注明。

自《汉书》以来,历代地理志通常只记一个户口数,此书分列盛唐及中唐的两个户口数,利于后人对比研究。本书将"贡"、"赋"分列,在必要之时,还分记开元、元和时贡品的变化状况,不仅反映当地的物产情况,而且反映了地方经济的前后变化。记载各州的四至八到,是李吉甫的创造,"四至"即记载各府州东西、南北的里距,"八到"即记载各府州至上都、东都及八方府州、要地的交通路线及里距,注明方向及详细的里程,路线则有陆行、水路、水陆相兼、私路、捷路等类型,注明路途的险易迂直,就像一部唐代交通图的说明。在本书中,作者很注意叙述攻守要害之地,如各地的关、亭、寨、障皆一一列举,对兵家要地更详述其战略地位,一书在手,便可对全国形势了如指掌。这个特点一直得到后世学者的称道。李吉甫所创设的体例,为以后的地理总志所仿效,"后来虽递相损益,无能出其范围",在方志编纂史上的影响深远。

此书的记载非常翔实。叙述各地沿革地理部分,往往从上古说到当朝,征引了大量前人著述,并加以考辨,遇到难以考证的地方,则注明阙疑。如"关内道一,咸阳县"云:"细柳仓,在县西南二十里,汉旧仓也。周亚夫军次细柳,即此是也。张揖云在昆明池南,恐为疏远。"作者所征引的参考书今已大部亡佚,尤其是南北朝时期的政区沿革资料非常缺乏,此书可以弥补某些不足,因此得到后人的重视。至于唐代部分,不仅参考了大量原始史料,还参以作者亲身经历,不止记载地理形势,而且以地系事,提供了许多历史故实。如"关内道三,宜禄县浅水原"条,详记武德元年唐太宗与薛仁杲的浅水原大战,可与正史相参。书中还有许多内容不见于新、旧《唐书》,为研究唐史不可或缺的史料之一。现存唐代的几种地理总志,《旧唐书·地理志》大体以"天宝十一载地理"为据,《新唐书·地理志》"叙各道疆域则以开元十五道为正"(《十七史商榷》卷十九),《通典·州郡典》称郡不称州,也记载天宝时事,本书详记元和时事,可与诸史相参。

如上所述,清代研究此书的成果多为辑逸校勘。近代的研究著作主要有陈兼善《古地理学》,

黄永年、贾宪保《唐史史料学》,吴枫《隋唐历史文献集释》,彭静中《中国方志简史》等书的有关章节。近年的论文有日本藤田纯子《唐代〈元和郡县图志〉的编纂》(《鹰陵史学》1976 年第 2 期)等。

(程　郁)

蛮 书 〔唐〕樊 绰

《蛮书》,又名《蛮志》、《云南志》、《南夷志》,十卷。唐樊绰撰。初成于唐咸通四年(863)正月,随即进呈御览。次年又以辑得前代史载和当代文献奉上。稍晚,这两部分内容合并付梓。原书佚于明中叶以后。今本系从《永乐大典》中辑出,收入《四库全书》。另有《琳琅秘室丛书》本等。

樊绰,生卒、字号、籍贯不详。唐咸通三年,莅职安南经略使蔡袭属吏。翌岁冬,西北方的南诏国军队攻围经略使治交州(今越南河内市)。又翌岁春,城陷,蔡袭遇难,樊绰乘间携印信突围泅水脱逃,避寓郡州(今越南海阳市东南);未几,辗转于藤州(今广西藤县),又受命还京师长安。五年,出任夔州(今四川奉节县)都督府长史。

《蛮书》是系统记载唐代云南地方亦蒙氏南诏国历史、地理的著作。全书以卷目分作十部分:《云南界内途程》记述自安南经略使治交州、剑南节度使治成都府(今四川成都)至南诏国都苴咩城(今云南大理市西北)沿线途程及所见所闻;《山川江源》记述金马山、碧鸡山、砧苍山、囊葱山、高黎共山、大雪山、孙水、昆池、量水川、兰沧江、丽水、弥诺江等的自然风貌及相关掌故。《六诏》记述蒙氏肇业初年存在的蒙嶲、越析、浪穹、邆赕、施浪、蒙舍等六诏及白崖时傍、剑川矣罗识的始终;《名类》记述当时栖息于云南地方的西爨白蛮、东爨乌蛮、独锦蛮、弄栋蛮、青蛉蛮、裳人、长裈蛮、河蛮、施蛮、顺蛮、磨些蛮、朴子蛮、寻传蛮、裸型蛮、望苴子蛮、黑齿蛮、茫蛮、栗粟蛮、丰巴蛮、崇魔蛮、穿鼻蛮、桃花人等部落族属的分布;《六睑》、《云南城镇》各依次记述蒙氏畿内阳、史、邆赕、蒙舍、赵川、勃弄等六睑、畿外云南、柘东、永昌、宁北、镇西、开南、银生、铁桥等八节度及所领都督、州县、城镇;《南蛮疆界接连诸番夷国名》记述其周围弥诺、骠、昆仑、婆罗门、夜半、女王、真腊等国情况。《蛮夷风俗》涉及服饰、婚嫁、刑律、度量、建筑、语言;《南蛮条教》包涵赋税、军事、礼仪、官曹;而《云南管内物产》则对食粮、牧畜、草木、禽兽、药材、矿物、兵器等皆有提到。末附有异牟寻《与中国誓文》、赵昌《奏状白》及作者《进蛮书表》残文、袁滋《奉使册封南诏本末》阙文等。

关于唐代云南地方或蒙氏南诏国的历史、地理,时人的作品有韦瓒《云南事状》、袁滋《云南记》、韦齐休《云南行记》、徐云虔《南诏录》、达奚洪《云南风俗录》、卢携《云南事状》、窦滂《云南别录》等;而迄今尚存者,仅《蛮书》一种。该书资料来源,除小部分摘自前朝《后汉书·南蛮传》、王道明《广异记》、李国纬《夔州图经》等作外,大部分从当代文献、著作中摭取,尤其是作者奉使册封南诏亲历云南地方,于贞元间所作的《云南记》。所记内容丰富翔实,与依据《南诏录》成文、资料断限较晚的《新唐书·南蛮传》互有参差,藉此可以窥测南诏国前、后政治、经济、文化等方面的变迁和发展。作者记述也比较客观、公允,既有对敌对邻邦频频策动侵扰战争的谴责,也有对唐代封疆大吏压迫西南少数民族的揭露。因书中所述多为他人提供的材料和当时著作,难免出现传闻失实、考校未周之处。

有关《蛮书》的研究,资料探源类有方国瑜《有关南诏史料的几个问题》等,史地考订类有伯希和《交广印度两道考》、铃木俊《南诏之意义及南诏住地考》、吴承志《唐贾耽记边州入四夷道里考实》等,而笺证类则以向达《蛮书校注》、赵吕甫《云南志校释》最见功力。

(王 颋)

旧唐书 〔五代〕刘　昫等

《旧唐书》，原称《唐书》，二百卷。五代后晋刘昫等撰。成于开运二年(945)。通行本有南宋绍兴越州刻本(残存六十七卷)、明嘉靖闻人诠刻本、清武英殿本、道光扬州岑氏惧盈斋本、1975年中华书局点校本等。2013年，中华书局出版了佟佳江《点校本两唐书校勘汇释》，可资阅读参照。

刘昫(888—947)，字耀远，涿州归义(今河北雄县西北、容城东北一带)人。后唐长兴四年(933)自端明殿学士拜相，翌年监修国史。后晋初，离去史任，官至司空平章事。开运元年(944)复以相位监修国史。翌年《旧唐书》修成，遂领衔上奏，题主修之名。新旧《五代史》有传。

唐代积累的史料相当丰富，唐代国史，最早有长孙无忌等所撰八十一卷本，嗣后有许敬宗等续增成一百卷本，吴兢所撰六十五卷本，韦述、柳芳等分撰之一百三十卷本。实录，有高祖、太宗、高宗各二十卷，则天五十卷，玄宗一百卷，其他各朝卷数多寡不等。起居注，仅开元起居注即有三千六百八十二卷，杂传谱牒凡百数十家，几二千卷。但几经战乱，史籍遭受严重损失。五代时期，史官制度较为健全，后梁、后唐两代都下诏征求唐史资料。后晋天福六年(941)石敬瑭命张昭远等修唐史，至开运二年修成，前后历时四年多。监修人依次为赵莹、桑维翰、刘昫；撰修人为张昭远、贾纬、赵熙、郑受益、李为光、吕琦、尹拙、王伸、李松等。其中张昭远撰修本纪，用力最勤；贾纬长于史学，会昌以后纪传，多由其增补；赵熙作文字修改，亦出力不少。刘昫以宰辅奉命监修国史，对纂修工作未尝有所规划，主持该书修撰者，实为赵莹。书名《唐书》，南宋后为区别于欧阳修等撰《唐书》，遂有新、旧唐书之说。明嘉靖闻人诠刻本定名为《旧唐书》，沿用于今。

《旧唐书》为纪传体唐代史，记事起自唐高祖武德元年(618)，迄于唐哀帝天祐四年(907)朱温灭唐，共二百九十年。全书篇目，高祖纪一卷，太宗纪、高宗纪各二卷，则天皇后纪、中宗睿宗纪各一卷，玄宗纪二卷，肃宗纪、代宗纪各一卷，德宗纪、顺宗宪宗纪各二卷，穆宗纪、敬宗文宗纪、武宗宣帝纪、懿宗僖宗纪、昭宗哀帝纪各一卷；礼仪志七卷，音乐志四卷，历志三卷，天文志二卷，五行志一卷，地理志四卷，职官志三卷，舆服志一卷，经籍志二卷，食货志、刑法志各一卷；后妃传二卷，李密等传四卷,宗室传九卷,诸臣传一百零八卷,外戚传、宦官传各一卷,良吏传、酷吏传、忠义传各二卷,孝友传一卷,儒学传、文苑传各二卷,方伎传、隐逸传、列女传各一卷,突厥等传九卷,叛臣传二卷。

《旧唐书》的主要资料,来源于唐代的国史、实录等。代宗以前的纪传,材料丰富,叙事详明,文字简洁,条理清楚。德宗至武宗时期的纪传,叙事还较完备、简明。武宗以下纪传无本可据,记载冗杂,疏误甚多。

本纪二十卷,保存了许多重要史料,远较宋时《新唐书》详细。如《太宗纪》详载太宗"以隋为鉴"的一系列史实,从取鉴的角度总结历史;《则天皇后纪》中叙其"置匦于朝堂",任人投书,以便了解民情;《顺宗宪宗纪》中记兴办和籴以救农伤等议,因守旧派反对而未能贯彻等史事。武宗以后诸纪内容芜杂,将诗话、书序、婚状、狱辞以及廷资、府库记账罗列入纪,但也保存了价值甚高的资料。如《懿宗僖宗纪》中较详细地记录了庞勋、黄巢、李茂贞、王行瑜、朱温等重要事迹;《昭宗哀帝纪》对藩镇、宦官的嚣张跋扈,颇多描述。

列传一百五十卷,入传一千一百八十余人之多。列传第三至第六卷,传写李密等隋末农民起义领袖和有关人物,其内容在《隋书》中不详,为研究隋末农民战争的珍贵资料。列传对魏徵、郭子仪、李白、杜甫、韩愈、柳宗元、白居易、元稹、李延寿、刘知幾等,有较详细的记载,是研究这些人物的重要根据。列传中类传的编撰较有特色,尤其是《文苑传》记载了未列入专传的唐代著名文学家及有关人物一百余人,殊为难得。列传中收录的文章,如《吕才传》所载《论宅经》、《禄名葬文》,《卢藏用传》所载《析滞论》,是唐代反对封建迷信的重要篇章。《魏徵传》中《十渐不克终疏》、《李百药传》中《封建论》、《贾耽传》中进奏表文,均属唐代名篇,不容忽视。其他如《方伎传》所载天文学家僧一行,医学家孙思邈等事迹,也具有很高的史料价值。列传对少数民族和民族交往的记载,不仅在卷数上超过前史,而且内容确实丰富。如《吐蕃传》简介其概貌和风俗,详叙文成公主、金城公主入藏,以及清水会盟、长庆会盟等情况,反映了汉藏"和同为一家"的亲密关系;《回纥传》、《突厥传》等传的记载也颇为详细。在对外关系方面,与高丽、新罗、日本、骠国(缅甸)、诃陵(印尼爪哇)、天竺(印度)、泥婆罗(尼泊尔)、拂菻(罗马)等国友好关系,作了较充分的反映。此外,书中对尉迟敬德、阿史那社尔、契苾何力等少数民族将领也予立传。总体上,列传内容相当丰富,但唐末人物缺漏甚多,资料不全。

志三十卷,门类齐备。《礼仪志》主要据《开元礼》改编,篇幅过大。《音乐志》对南朝时吴声、西曲的起源和歌辞颇多叙述,但对唐代情况未加记载。《历志》记载了唐傅仁均《戊寅历》、李淳风《麟德历》、僧一行《大衍历》三家历法。《天文志》记载了僧一行等造天文仪器黄道游仪,以及实测子午线每度之间距离的经过。《五行志》列举各地受灾情况,其中有不少反映民生困苦、工商业和国内外交通的资料。《地理志》记载全国边防镇戍分布和兵马人数;并以天宝十一载的疆域为准,分道叙述各地州县设置和户籍情况。《职官志》反映唐代官制沿革,主要资料从《唐六典》中抄录。《经籍志》记开元盛世时经史子集四部存书,并在志序中扼要叙述安史之乱至后梁迁洛期间国家图籍的残损情况。《食货志》记载田制、赋役、钱币、盐法、漕运、仓库乃至杂税、榷酤等制度,是研究唐代经济的重要史料。《刑法志》叙述唐代律令格式的制订过程及执行情况。诸志集中了许多有价值的资料,但也存在错讹疏漏。

北宋《新唐书》问世后,《旧唐书》曾久无印本,然"表昫之长攻欧宋之短者亦不绝,实则互有短长,不容偏废"(《四库全书简明目录》)。《旧唐书》的贡献和影响,是《新唐书》所无法取代的。一是在广征史料的基础上修撰。后晋下诏广泛征集史料,为中国史学史上的一大创举。宋司马光编《资治通鉴》,就充分采用《旧唐书》的资料,可见本书的影响所在。二是注重经济制度变化。本书《食货志》于"序文"中阐明全志的主要内容和项目,从经济制度方面反映唐代社会盛衰变化的概况。此种编撰方法,为其后各正史《食货志》所普遍仿效。三是较前史更多地记载民族关系方面的内容,并反映整个唐代的对外政策,从而使史学的内容更加丰富。

本书的主要缺陷,除了叙事前详后略以外,还在于内容重复之处不少,甚至一人两传,如《杨朝晟传》在卷一百二十二和卷一百四十四重见。

清以前学者治唐史,多以《新唐书》为主,而以《旧唐书》作对比研究,如宋吕夏卿《唐书直笔》、明李东阳《新旧唐书杂论》等。直至清初,治唐史者将新、旧两书并重,沈炳震编《新旧唐书合钞》,本纪、列传以旧书为主,新书分注于下;志则以新书为主,旧书分作补注。另有丁子复《新旧唐书合钞补证》、张宗泰《旧唐书考证》等,在《旧唐书》研究方面取得一定成果。道光初年,岑建功复刊闻人诠刻本时,由刘文淇、陈立、刘毓崧、罗士琳等校勘,撰《旧唐书校勘记》六十六卷,又辑《旧唐书逸文》十二卷附后。该书据各本对勘,广泛吸收前人成果,为研究《旧唐书》的集大成之作。研究本书的著述尚有:清王鸣盛《十七史商榷》、钱大昕《廿二史考异》、赵翼《廿二史札记》、王先谦《新旧唐书合注》,以及近人罗香林《唐书源流考》、龚道耕《旧唐书札迻》、张元济《旧唐书校勘记》、岑仲勉《唐史余渖》和黄永年《旧唐书与新唐书》的有关部分等。

(胡有恒)

隋唐五代编

语言、文学类

语 言

切韵 〔隋〕陆法言

《切韵》，五卷。隋陆法言撰。成于隋仁寿元年(601)。原本已散佚。20世纪初以来，在敦煌千佛洞石窟、新疆吐鲁番一带以及北京故宫博物院等地陆续发现三十余种唐、五代和宋初韵书的写本和刻本，其中有陆法言原书写本的残页，也有唐长孙讷言笺注本残卷，又有唐王仁昫的刊谬补缺本、唐裴务齐的正字本等，而以故宫本王仁昫《刊谬补缺切韵》为全本。这些韵书的影印件都收录于周祖谟《唐五代韵书集存》(中华书局，1983年)一书中，部分抄件也收录于北京大学1936年出版的《十韵汇编》和姜亮夫《瀛涯敦煌韵辑》(上海出版公司，1955年)二书中。

陆法言，名词，又名慈，以字行。生卒年不详。魏郡临漳(今属河北省)人。隋代音韵学家。祖先是鲜卑人步陆孤氏，魏孝文帝迁都洛阳，步陆孤氏汉化而改姓"陆"。其父陆爽在隋文帝时官太子洗马。陆法言敏学有家风，官承奉郎。陆爽在世时曾奏请依《春秋》之义，为太子杨勇之子改名。开皇二十年(600)，隋文帝听信谗言，废黜太子杨勇，并迁怒于陆爽，因陆爽已死，遂将陆法言革职，逐出士族。陆法言从此隐居山野，发愤著书。《隋史》卷五八《陆爽传》有记。

据《切韵序》，隋开皇九年(589)某日，有刘臻、颜之推、卢思道、李若、萧该、辛德源、薛道衡、魏彦渊等八人，同诣陆法言家，聚会饮酒，并论及音韵之事。以为"古今声调，既自有别"，如吴楚之音，伤于轻浅，燕赵之音，多涉重浊，"秦陇则去声为入，梁益则平声似去"；而诸家韵书的取舍，亦复不同，如吕静《韵集》、夏侯咏《韵略》等"各有乖互"。于是众人评论"南北是非，古今通塞"，并"捃选精切，除削疏缓"，而由陆法言"烛下握笔，略记纲纪"。十一年以后，陆法言罢官，屏居山野，交游阻绝，"遂取诸家音韵，古今字书，以前所记音，定之为《切韵》五卷"。

《切韵》全书共五卷，平声字多，占一、二两卷，上、去、入声各一卷。《切韵》的收字，据封演《闻见记》，"凡一万二千一百五十八字"；而《式古堂书画汇考》载孙愐《唐韵·序》云："今加三千五百字，通旧为一万五千字"，《唐韵》是就《切韵》加字编成的，则《切韵》原本当收字一万一千五百字，与封演所记不同。敦煌本韵书残卷S2055号载长孙讷言序云："加字六百，用补阙遗"，王国维据此认为封演所记乃包括长孙讷言所加的六百字在内,则《切韵》原本收字应为一万一千五百左右。此书的分韵当是一百九十三韵,因为王仁昫《刊谬补缺切韵》分一百九十五韵,其上声广韵韵目下注:"陆无韵目,失",去声嚴韵韵目下注:"陆无此韵目,失",则陆氏《切韵》上声和去声各比王氏《刊谬补缺切韵》少一韵。一百九十三韵中,平声五十四韵,上声五十一韵,去声五十六韵,入声三十二韵。

根据唐人抄本《切韵》残页、唐人增订本《切韵》和其他文献资料,可知陆法言《切韵》的体例有以下特点。

一、平声五十四韵的序号一连到底,不像《广韵》那样上、下分断。

二、《广韵》的真与谆、寒与桓、歌与戈分别合为一韵。

三、覃、谈二韵在歌、麻二韵之后,蒸、登二韵在盐、添二韵之后,去声霁、祭、泰、卦的次序作泰、霁、祭、卦;入声次序也和《广韵》不同。

四、书首列韵目表,每一韵目前,大多有一个数字标明韵目次第。

五、各韵之中的字按同音关系分成不同的小韵,各小韵首字下先出训释,后注反切,再出字数。

六、韵字的注释十分简单,有的根本没有注释;注释一般不注出处。正如王仁昫序所云:《切韵》"时俗共重,以为典规,然苦字少,复阙字义"。

七、不正字形。正如长孙讷言序所批评的,谓《切韵》"传之已久,多失本原,差之一画,讵唯千里,见炙从肉,莫究厥由"。

陆法言《切韵序》云:"欲广文路,自可清浊皆通;若赏知音,即须轻重有异。"文路是指创作诗文的用韵,知音是指语音方面的审音和正音,所谓"切韵",正是指切正语音。又,对于《切韵》一书"多所决定"的颜之推曾批评"阳休之造《切韵》,殊为疏野","王侯外戚,语多不正"(《颜氏家训·音辞篇》)。由此可知,《切韵》一书的编撰目的,一方面是为诗文创作中的选韵检字服务,另一方面又是为语音教学和语音研究服务。由于这两个目的,所以陆氏等人把当时读书音作为标准音,依照标准音来评判各家韵书,依照标准音来进行分韵;同时,由于这两个目的,陆氏等人又力求做到"剖析毫厘,分别黍累"(《切韵序》)。这样,凡是主元音和韵尾不同的读音,必定分入不同的韵,而凡是主元音和韵尾相同的读音,不管韵头如何,也必定合并在一韵之中。因此《切韵》的分韵要比当时其他粗疏的韵书细密得多,它的一百九十三韵实在是当时实际语音的忠实描写。

《切韵》是我国现存最早的韵书,《切韵》在汉语音韵学史上具有极其重要的地位和作用。其重要性主要有四个方面。

一、如实记录了一个内部一致的语音系统,使我们能够据以考证出隋代和唐初的汉语音韵系统,并以此为基础,上溯汉语上古音,下推汉语近代音。

二、从《切韵》出发,可以说明现代汉语各方言的语音变迁和方言之间的语音关系。除闽方言部分语音现象外,几乎所有现代分歧很大的方言,甚至包括日语吴音、日语汉音、高丽译音和汉越语这些域外方言,都可以一个一个合理而系统地从《切韵》推导出它们的演化轨迹。

三、利用《切韵》,可以纠正《广韵》等韵书的讹误。如《广韵》梵韵"剑、欠、俺"三字反切下字与本韵其他字不相系联,陈澧《切韵考》以互见法并为一类,而在《切韵》中,此三字并在去声严韵,可见此三字与梵韵本不同类,《广韵》误植,陈澧亦沿误。

四、《切韵》影响了包括《唐韵》、《广韵》、《集韵》、《五音集韵》、《平水韵》在内的一大批韵书,形成了整整一个系列的韵书,并在音韵史上长期占据着统治地位,被称为"正统韵书"。因此,《切韵》的研究对于《唐韵》以下诸书的研究具有重要意义。

《切韵》虽然是一部极有价值的韵书,但仍有许多不足之处,主要有以下四点。

一、分韵欠精密。如《切韵》无上声广韵、去声严韵,后由王仁昫《刊谬补缺切韵》补足。

二、收字归韵,尚有错误。如"恭、蚣、樅"三字当属锺韵,《切韵》误入冬韵。

三、训释和反切有误。如"蕃"为草盛,《切韵》误训为蕃屏。"靴"为火戈反,又希波反,《切韵》误漏反切。

四、许多韵字没有训释或训释过简。

《切韵》问世以后,陆续有人增补修订,其中主要的修订本有:唐长孙讷言的笺注本、王仁昫的《刊谬补缺切韵》、裴务齐的正字本、孙愐的《唐韵》、李舟的《切韵》,以及宋陈彭年等的《广韵》。此外,据《广韵》卷首所记,还有郭知玄、关亮、薛峋、祝尚丘、严宝文、陈道固等人的本子。同时,关于《切韵》的研究和《切韵》音系的性质的讨论也逐渐得以开展。历史上关于《切韵》性质的讨论,可以分为三个时期:(一)从唐代到清代乾嘉学派以前,讨论内容主要集中在《切韵》是不是吴音的问题上。如唐李涪《刊误》,以晚唐洛阳音与《切韵》音比较,认为陆法言所记为吴音,与中州音不合,而苏鹗《苏氏演义》认为陆氏本鲜卑族子孙,非吴郡人,《切韵》所记为当时正声雅音。(二)从清乾嘉学派开始到章炳麟为止,讨论内容主要集中在《切韵》分韵的问题上,如戴震认为《切韵》是"有意求其密,用意太过,强生轻重",陈澧则认为陆氏分二百零六韵,"非好为繁密也,当时之音,实有分别也"。(三)从高本汉以后至今,讨论内容主要是:一、《切韵》是单一音系还是综合音系?即《切韵》是不是一时一地方音的记录?二、如果《切韵》是综合音系,那么它有没有音系基础? 音系基础是什么? 三、《切韵》与现代方言之间的关系如何? 主要代表如高本汉、周法高认为《切韵》代表了隋唐时代的长安方音;王力认为《切韵》代表当时文学语言的语音系统,这个系统是参照古音和方音来规定的;罗常培认为《切韵》是各地方音的最小公倍数,只要当时或前代某地的语音有别,《切韵》就从分不从合;王显、邵荣芬认为《切韵》以洛阳音为基础方言,并吸收了金陵话的特点;周祖谟认为《切韵》具有严整的体系,音系基础是公元6世纪南北士人通用的文学语言,即读书音系统。

从20世纪20年代以来,《切韵》的研究受到了汉语音韵学界极大的重视。瑞典著名汉学家高本汉利用韵书、韵图和前人的研究成果,整理出《切韵》的音类系统,又参照现代汉语各地方音和中外译音,成功地构拟出《切韵》的音值,从而使汉语语音发展的历史轨迹重现在世人面前。以后许多卓越的中国学者,如赵元任、罗常培、李方桂、王力、陆志韦、董同龢等等分别从各个不同的角度,对高说进行修订和补充。其中讨论最为集中的问题是:(一)喻化声母;(二)重纽;(三)介音;(四)重韵;(五)唇音字;(六)元音的数量;(七)纯四等韵有无i介音等。到目前为止,虽然学者们的许多分歧意见仍然存在,但是作为中古音代表的《切韵》的语音面貌已经基本研究清楚。普遍的认识是《切韵》有三十五个左右声母,一百一十个左右韵母,四个声调,十个左右元音,i和u两个介音,p、t、k三个塞音韵尾,m、n、ng三个鼻音韵尾和i、u两个元音韵尾等等。

有关《切韵》的研究,有王国维《观堂集林》卷八、高本汉《中国音韵学研究》(赵元任等译,商务印书馆,1940年、1994年)、张世禄《中国音韵学史》(商务印书馆,1936年)、罗常培《罗常培语言学论文选集》(中华书局,1963年)、陆志韦《古音说略》(哈佛燕京学社,1947年)、周祖谟《问学集》(中华书局,1966年)、李荣《切韵音系》(科学出版社,1956年)、王力《中国语言学史》(山西人民出版社,1981年)、邵荣芬《切韵研究》(中国社会科学出版社,1982年)、周法高《中国音韵学论文集》(中文大学出版社,1984年)、张琨《汉语音韵史论文集》(华中工学院出版社,1987年)、上田正《切韵异文的研究》(日本,汲古书院,1984年)、李新魁《中古音》(商务印书馆,1991年)、黄典诚《切韵综合研究》(厦门大学出版社,1994年)、黄笑山《〈切韵〉和中唐五代音位系统》(文津出版社,1995年)、陈志清《〈切韵〉声母韵母及其音值研究》(文史哲出版社,1996年)、杨剑桥《汉语现代音韵学》(复旦大学出版社,1996年)、潘悟云《汉语历史音韵学》(上海教育出版社,2000年)、龙庄伟《切韵研究史稿》(河北教育出版社,2006年)、林焘主编《中国语音学史》(语文出版社,2010年)等。

(杨剑桥)

经典释文 〔唐〕陆德明

《经典释文》,简称《释文》,三十卷。唐陆德明著。始撰于南朝陈后主至德元年(583),成书于隋灭陈(589)之前。现存最早的本子有敦煌石室唐写本《经典释文》残卷若干种,都是零星片断,其中部分被收入罗振玉编《鸣沙石室古籍丛残》(第四册)、《吉石盦丛书》(第一集)、张元济编《涵芬楼秘笈》(第四集)、许国霖编《敦煌写经题记与敦煌杂录》等书中。目前通行的本子有清徐乾学《通志堂经解》本、清卢文弨《抱经堂丛书》本。前者有商务印书馆影印本。又有北京图书馆藏原故宫所藏宋元两朝递修本,是清代诸儒所未见的善本。中华书局1983年影印《通志堂》本,有黄焯断句,并有黄氏《经典释文汇校》一书相配。黄校以北京图书馆藏宋元递修本以及敦煌写本对勘徐本,并采集前人诸说,是目前最详备的校勘本。潘重规等《经典释文韵编》则为读者检索提供了方便。

陆德明(约550—630),名元朗,以字行,苏州吴(今江苏苏州)人,经学家、训诂学家。早年受学于南朝陈大儒周弘正,善谈玄理,南朝陈时任国子助教,隋炀帝时任秘书学士,迁国子助教。入唐后拜国子博士,封吴县男,寻卒。著述除《经典释文》外,另有《老子疏》十五卷、《周易文句义疏》二十四卷、《庄子文句义》二十卷等,今并不传。《旧唐书》卷一八九、《新唐书》卷一九八有传。

《经典释文》卷一为序录,包括"序"、"条例"、"次第"、"注解传述人"四个部分,说明著书的缘由、全书体例、内容安排的次序及其理由,以及各种经典的师承源流和各家传注。卷二至卷三十依次为以下十四种经典的音义:《周易》(一卷)、《古文尚书》(二卷)、《毛诗》(三卷)、《周礼》(二卷)、《仪礼》(一卷)、《礼记》(四卷)、《春秋左传》(六卷)、《春秋公羊传》(一卷)、《春秋穀梁传》(一卷)、《孝经》(一卷)、《论语》(一卷)、《老子》(一卷)、《庄子》(三卷)和《尔雅》(二卷)。

本书的体例是"摘字为音",即摘出经典正文和注文中的单字,加以音释。一般不但摘出被注字,还连带摘录两三字,以便读者按句寻检。《孝经》和《老子》二书则抄录全句。如《毛诗音

义上》:

终风_{终日风也韩诗云西风也} 谑_{许约反} 浪_{力慕反韩诗云起也} 笑_{本又作嗟俗字也悉妙反} 敖_{五报反谑浪笑敖戏谑也} 且霾_{亡皆反徐又莫戒反风而雨土为霾} 雨土_{于付反} 肯来_{如字古协思韵多音梨后皆放此}

全书共录经文 9992 字、注文 6129 字,合计录 16121 字。古代文字多以声寄义,注音等于同时也注释了意义。如上引文中"雨"字音"于付反",意即"雨"字用如动词,降落之义,读去声。故全书主要目的是考证字音,但也兼及辨别字义,如上引文中释"终风"为终日风,又记《韩诗》解为西风。同时对于经典异文也多所考正,并记载了多种版本的异同。如上引文中记载"笑"字一本作"嗟","霾"字标准音为亡皆反,徐仙民注为莫戒反。又《经典释文》中往往有以注音方式表示古书异文、讹字、通假和同义通用者。如《礼记音义之一》"公叔木"条云:"音式树反,又音朱,徐之树反。"这是说"公叔木"有异文作"公叔戍",故音式树反,又有讹字作"公叔朱",故音朱,音之树反,非谓"木"有"戍"音、"朱"音。又如《周礼音义上》"以扰"条云:"而小反,郑而昭反,徐、李寻伦反。"这是说,古书同义通用,"以扰"有写作"以驯"的,"驯"音寻伦反,非谓"扰"音寻伦反。

由此可见,《经典释文》一书,对于研究古代汉语语音、词汇和经籍版本有重要的参考价值。全书采集汉魏六朝音切凡二百三十余家,保存唐以前各种经典中文字的音读,为研究这一时期的语音史提供了重要的资料。它又兼收各家训诂,有些现已亡佚的注释,如《庄子》向秀、司马彪注,《尔雅》刘歆、樊光、孙炎注等,均赖以保存流传。此书所记载各种经籍版本的异文更是大量的。正因为这样,所以清人卢文弨《重雕经典释文缘起》评论说:此书"辟经训之菑畬,导后人以涂径;洗先已守残之陋,汇博学详说之资;先儒之精蕴赖以留,俗本之伪文赖以正:实天地间不可无之书也"。

《经典释文》问世以后,宋初曾经国子监周惟简等重修,开宝五年(972)又有翰林院学士李昉校定,文字多有改动。至宋陈鄂校勘本书时,更将《尚书音义》中只载形义、没有音切的注文大加芟夷,殊为可惜。故清代以降,学者们研究此书,首先是校勘文字异同,其次才是语音、词汇等的探究。此类著作除上文已述及的卢氏《考证》(有《抱经堂丛书》本)、阮元校勘记、黄焯《汇校》以外,还有《四部丛刊》本所附校勘记,清儒校勘则有惠栋、段玉裁、臧镛堂、顾广圻、孙星衍、钮树玉、袁廷梼、陈奂、王筠诸家。其他研究著述有吴承仕《经典释文序录疏证》(中华书局,1984 年)、罗常培《经典释文和原本玉篇反切中的匣于两纽》(载《中央研究院历史语言研究所集刊》第 8 本第 1 分,1939 年)与《经典释文音切考》(中华书局,2012 年)、坂井健一《魏晋南北朝字音研究——经典释文所引音义考》(日本,汲古书院,1975 年)、杨剑桥《陆德明音切中的重纽》(载《中西学术》第 1 辑,学林出版社,1995 年)、邵荣芬《〈经典释文〉音系》(学海出版社,1995 年)、黄坤尧《经典释文动词异读新探》(学生书局,1992 年)与《音义阐微》(上海古籍出版社,1997 年)、万献初《〈经典释文〉音切类目研究》(商务印书馆,

2004年)、沈建民《〈经典释文〉音切研究》(中华书局,2007年版)、邵荣芬整理《法伟堂〈经典释文〉校记遗稿》(华东师范大学出版社,2010年)、金周生《〈切韵〉以前反切上字用字之探讨——以〈经典释文〉为研究范围》(洪叶文化事业有限公司,2010年)等。

(锺敬华)

一切经音义 〔唐〕玄 应

《一切经音义》,又称《众经音义》、《大唐众经音义》、《玄应音义》,二十五卷。唐玄应撰。约成于唐高宗龙朔三年(663)前。有南宋苏州陈湖延圣院《碛砂藏》本、国家图书馆藏金代山西赵城广胜寺《赵城金藏》本、清道光二十五年(1845)孙星衍等校《海山仙馆丛书》本、日本东京博物馆所藏大治三年(宋高宗建炎二年(1128))手抄本、敦煌石窟唐写本残卷等,商务印书馆《丛书集成初编》影印《海山仙馆丛书》本有清庄炘、钱坫、孙星衍校语,为目前较好的本子。

玄应,生卒年不详。唐初僧人,约与玄奘同时。原为长安大总持寺沙门,贞观十九年(645)以"字学之富,皂素所推,通造经音"(《续高僧传》),奉敕从玄奘译经于弘福寺。贞观二十二年(648)又随玄奘居于大慈恩寺,直至高宗显庆元年(656),前后译经十二年。玄应"博学字书,统通林苑,周涉古今,括究儒释"(《大唐内典录》),曾著有《摄大乘论疏》十卷、《辨中边论疏》、《因明入正理论疏》三卷、《成唯识论开发》一卷、《大般若经音义》三卷等。除《一切经音义》存世外,其余各本均佚。唐高宗龙朔年间(661—663),《一切经音义》撰成初稿不久,玄应尚未及整理复核,即卒于长安大慈恩寺。

唐初,正值佛学兴盛,译经之事大举。"一切经",或称"大藏经",即佛教全部经典的总称。玄应从玄奘前后十二年译经,深究声明(即音韵)之学,痛感"昔高齐沙门释道慧为《一切经音》,不显名目,但明字类。及至临机,搜访多感"(释道宣《序》),遂"雠校源流,勘阅时代,删雅古之野素,削浇薄之浮杂,悟通俗而显教,举集略而腾美","征经正纬,资为实录;因译寻阅,捃拾藏经"(同上),积多年之力,采及释道慧《一切经音》和智骞《众经音》,考察关中秦音,终于在唐高宗永徽末年(655),撰成堪称"文字之鸿图,言音之龟镜"的《一切经音义》(以下简称《玄应音义》)。

《玄应音义》是一部佛教专科辞典,而其内容和意义则又大大超出佛教教义范围,所以它实际上是音义兼注的训诂学专著。全书共二十五卷,书前有《终南太一山释氏(即道宣)序》。书中涉及自《大方广佛华严经》至《阿毗达磨顺正理论》佛经四百五十四部。释文仿《经典释文》,即于每部经籍下,列出所释词语,再摘字为注。梵文名号也一律注明音读,以解说所译文字当否。本书精深博雅,时人评价为"即万代之师宗,亦当朝之难偶也"(《大唐内典录》)。

《玄应音义》一书一直保存在释藏内,宋、元、明各代迭有传刻,但释教以外的人很少注意到。至清代学者才发现书中所引古籍甚多,有不少是亡佚已久的,于是校勘家、小学家视为至宝,争相采录。从语言文字学的角度来看,此书的主要内容和价值可概括为以下五点。

一、详注反切,记录唐音。是书于每字之下,详注反切,以便音读。其反切用语并不承袭前人,而是"随字删定,随音征引"(释道宣《序》),与《切韵》不同,语音系统也不尽相同。玄应久居长安,且参与玄奘的译经,多用秦音,故《玄应音义》亦以秦音(唐长安方言)为标准音,这种语音,正可以用来跟《切韵》做比较,为后代考察初唐音韵(长安音系),提供了基本资料。

二、兼涉各地方音。此书以长安音为标准,而兼采各地方音。据统计,计有关中、关西、山东、江南、蜀、幽、冀等地方音,大体以南、北对举。编排上,则于标准音下,以"某地作某音"的形式出现。由此反映唐时南、北方音迥异,差异极大。其丰富资料,便于后人研究唐时方音的概况和方言区域的划分。

三、记录和辨明大量古字和异体字。如卷一《大方广佛华严经》"逈復"下注:"又作洄、洓二形,同。《三苍》:'洄,水转也;洓,深也。'"又如"甲冑"下注:"古文軸,同。"这为研究古文字和唐代俗体字提供了大量材料。

四、收录复音词汇,诠释新词新义。汉语词汇的发展趋势是由单音节而至复音节,魏晋以降,递邅尤著。《玄应音义》适逢其时,于收罗佛典音译之多音词外,将当时译经所用的意译新词、汉语固有词语以及当时出现的新词、新义,大批收录。如卷二十五《阿毗达磨顺正理论》"加趺"下注:"加趺,古遐切。《尔雅》:加,重也。今取其义,谓交足坐也。经中或作'结交趺作'是也。山东言'甲趺',江南言'跘跨',跘,音平患切,跨,音夸呱切。有从足作'跏',文字所无也。"又如卷二《大般涅槃经》"什物"下注:"时立反。《三苍》:'什,十也;什,聚也,杂也,亦会数之名也,又谓资生之物也。'今人言家产器物,犹云'什物',物即器也。江南名'什物',北土名'五行'。"这为后代研究汉语词汇发展以及词汇学史,提供了丰富的材料和依据。

五、保留大量古书资料,便于辑佚。玄应通晓儒术,学问赅博,又擅长音韵诂训,故以大量经传训释入书,除《说文解字》、《尔雅》、《广雅》、《史记》、《汉书》等外,还博采众书,如郑玄《尚书注》、《论语注》,贾逵、服虔《春秋传注》,李巡、孙炎《尔雅注》,葛洪《字苑》、《字林声类》,服虔《通俗文》、《说文音隐》等,多为不传之秘册,为后世辑佚、考证,并恢复古书的本来面目,提供了宝贵的资料。

不过《玄应音义》以佛典各卷分部列词释义,检索极为不便;且注音重于释义,而释义又不免失之过简;收字往往以异文为正,以俗书为古,而排斥通行字;对于古字假借,谬误尤多。《四库全书总目》谓其"昧汉人之通转假借,泥后代之等韵,是其所短",尚不失为持平之论。

有关本书的研究,可参考陈垣《中国佛教史籍概论》,周祖谟《问学集》(中华书局,1966年),周法高《玄应反切考》(载《中央研究院历史语言研究所集刊》第20本上,1948年),上田正《〈玄应音义〉诸本论考》(日本《东洋学报》第63卷,1981年),童玮《二十二种大藏经通检》(中华书局,1997年),徐时仪《玄应〈众经音义〉研究》(中华书局,2005年)、《玄应和慧琳〈一切经音义〉研究》(上海人民出版社,2009年),于亭《玄应〈一切经音义〉研究》(中国社会科学出版社,2009年),吴敬琳《玄应音义的音系及其方音现象》(花木兰文化出版社,2012年)等。

（陈　崎）

干禄字书 〔唐〕颜元孙

《干禄字书》,一卷。唐颜元孙撰。

颜元孙(？—714),字聿修,唐京兆万年(今陕西西安)人。元孙系颜师古四世从孙,垂拱初年(685)登进士第,历仕长安尉,太子舍人,滁、沂、濠三州刺史,赠秘书监。

《干禄字书》是刊正汉字字形的书,目的在于给为官和应试者提供文字的正确写法,故取书名为"干禄"。

书前有自序一篇,叙述编撰本书的缘由和体例等。颜师古在唐太宗贞观年间(627—649)任秘书监时,曾为刊正经籍,拟定校勘楷书的标准字体。流传之中,被人称为"颜氏字样"。后来又有学士杜延业继承其事,撰成《群书新定字样》一书,字数虽然有所增加,但是缺乏条理,应收的未收,已收的也有欠正确的,难以作为依据。作者在上述两书基础上参校是非,较量同异,编集此书,用以辨正楷书的笔画写法。唐大历九年(774)作者的侄子书法家颜真卿任湖州刺史时,写录此书,刻之于石,称为"湖本"。南宋初宇文时中复摹刻于蜀中,称为"蜀本"。今湖本已不存,蜀本仅存。原石今在四川省三台县,有明代《夷门广牍》石拓本刻本(收入《丛书集成》)。宋代陈兰孙曾据湖本刊刻,清代马曰璐又据以翻刻,《四库全书》本据此与蜀本互校,补阙改讹多处。

本书共收1599个字,所收文字以平、上、去、入四声为纲,同声之中又分韵编排,共分二百零六韵,次第与今本《广韵》略有不同。对每一个字皆尽可能列出俗、通、正三种字体,有的字只有两种字体的,就列两种,颇为详核。字目之后一般只指出所属字体,如"聡、聰、聰,上中通下正"、"飜、翻,上通下正"、"餚、肴,上俗下正"。所谓"正",是指经典文献所用字体;所谓"俗",是指不见于字书,世间流行的字体;"通"则介于上述二者之间。书中间或也略加注音释义,如"並、竝,上通下正,亦音蒲猛反"、"蒸、烝,上众也,火气,亦祭名,今并通用上字"。对形体近似,容易混淆的字,并列在一起,加以辨释,如"崖、涯,上山崖,下水际,亦音仪"、"彫、凋,上彫饰,下凋落"。对偏旁相同的字,只收一个例字,加注"他皆仿此",或"诸同声音皆准此"等,如"灰、灰、臺、薹、囬、回,并上俗下正,诸字有从回者,并准此"。

作者认为俗、通、正三体各有所用,俗体较浅近,可用于书写户籍、账簿、文案、券契、药方;通体相承久远,可用于表奏、笺启、尺牍、判状;正体有所凭据,可以用于著述、作文、对策、碑碣等。作者不株守《说文》,兼顾文字本源和使用时宜,持论十分通达。

汉字从篆书演变为隶书,后又行楷书,加以草书变化,笔画形体渐至分歧,令一般写字的人莫衷一是。颜元孙作《干禄字书》有助于汉字楷书的规范化。本书又收录不少当时已通行的简化字,如"床、枲"等,有助于研究汉字形体变化。作者收字不以复古搜奇为目的,判别俗、通、正三体的标准颇为客观,能反映当时文字使用的实际情况。所以本书在当时也是一本有实用价值的识字和正字字典。全书间或也有失误之处,如云"貌正皃通",实则"皃"是古"貌"字。

有关本书的研究,有段玉裁《书干禄字书后》(载《经韵楼集》卷七)、罗振玉《干禄字书笺证》(载《贞松老人遗稿》甲,1887年)、周祖谟《干禄字书之湖本与蜀本》(载《问学集》,中华书局,1966年)、曾荣汾《字样学研究》(学生书局,1988年)、施安昌《颜真卿书〈干禄字书〉》(紫金城出版社,1992年)、李建国《汉语规范史略》(语文出版社,2000年)、刘中富《干禄字书字类研究》(齐鲁书社,2004年)等。

(游汝杰)

五经文字 〔唐〕张　参

《五经文字》,上、中、下三卷。唐张参撰。成于唐大历十一年(776)。清乾隆五年(1740)扬州马曰璐据宋拓唐石经本重刻,为《四库全书》等现行版本之祖。其中《后知不足斋丛书》本字大清晰,《丛书集成初编》本常见。

张参,新、旧《唐书》无传,生卒年无明确记载。据今人邵荣芬考证,约生于唐开元二年(714),卒于贞元二年(786)。《四库全书总目》说张参"里贯未详"。《新唐书·宰相世系表》"淮间张氏"下有张参名,若是此人,则张参当为汉常山景王张耳的后裔,祖籍河间郑县(今河北省)。清顾炎武《日知录》说他家实际上住泾州(今甘肃泾川)。清朱彝尊《〈五经文字〉跋》说:"《孟浩然集》有'送张参明经举觐省'诗,《钱起集》有'送张参及第还家作',而郎官石柱题名,参曾入司封员外郎之列。盖参在开元天宝间举明经,至大历初佐司封郎,寻授国子司业者也。"从他人传记等史料中,尚可考见张参的零星事迹。如《唐书·李勉传》有张参入李勉幕且为李勉所重的记载,《唐书·常衮传》有张参不阿近贵的记载,《河南少尹李华墓志铭》有张参是其舅、有大名的记载,等等。

六朝以来,因战乱频仍,地方割据,"世易风移,文字改变,篆形谬错,隶体失真"(北魏江式语),儒家经典也失去了规范,直接影响了社会文化生活。唐大历十年(775)夏,有司言经典不正,取舍无准,朝廷诏儒官校定经本(《封氏闻见记》)。张参受诏与二三儒者分经钩考,辨齐鲁之音,考古今之字,详定五经。对"字带或体,音非一读"的部分,以朱笔发其旁。考虑到岁月滋久,官曹代易,倘复芜污,失其本真,乃命孝廉生颜传经收集疑文互体,受法师儒,撮其要领,以为定例,于大历十一年(776)夏写成是书,书于太学讲论堂东西之屋壁。世人称为"壁经"。

壁经历五十余年后,太和年间(827—835),国子祭酒齐皞、司业韦公肃易之以坚木,择国子通法书者缮写雠校而悬诸堂。唐文宗开成年间(836—840)《周易》、《尚书》、《毛诗》等勒为石经,《五经文字》遂附石经后。

《五经文字》是一种辨证经传文字形体的书。其所收文字主要见于《周易》、《尚书》、《诗经》、《仪礼》、《春秋》五经,也有少数见于《论语》、《尔雅》。辨证根据汉熹平石经、《说文解字》、吕忱《字林》、《经典释文》等书。全书收经传文字三千二百三十五个,分一百六十部,依据偏旁部首排列。每字加注读音,注音以反切多见,间或注直音。所注反切多与《字林》音相合。

《五经文字》对经传文字的辨证主要有以下几种情况。

一、辨析形体的变化。如:"辭、辝、辞,上《说文》,中古文,下籀文,经典相承通用上字。"又:"穉、稺,上《说文》,下《字林》。"又:"指、拍,上《说文》,下石经。"又:"宿、宿,上《说文》,下经典相承隶省。"

二、辨析异体。如:"线、線,二同,先战反,上见《春秋传》。"又:"挂,古化反,又作掛,见《易》。"

三、辨析形似字。如:"班、斑,上从刀,分也,下从文,采也。"又:"场、埸,上音长,下音易。"

四、辨析讹字。如:"梅,从每,每字下作母,从毋者讹,毋音无。"

五、辨析异读字。如:"逮,音代,及也。又徒计反,见《礼记》。"

六、辨析假借字。如:"雕,丁幺反,鸟名,与鵰同。经典或借用为雕饰字。"

《五经文字》对汉字的规范化起了极大的作用,经书文字的楷书写法自有《五经文字》以后才有了一定的准绳。

《五经文字》不以四声分部排列,从形不从音,继承了《说文》、《字林》的方法。但由于过分强调"务于易了,不必旧次",所以部首的设置和各字的归部没有章法,或以形旁为部,或以声旁为部,如木部、手部为形旁,而才部、且部为声旁。归部也或依形旁或依声旁,如羊部收"羝、羭、洋、翔"诸字,"羝、羭"是以形旁归部,"翔、洋"是以声旁归部("洋"当归入水部,"羽"未设部)。余嘉锡说:"昔刘梦得为《国学新修五经壁记》,尝称参为名儒,而其不讲六书,犹且如是,则有唐一代字学之荒疏,亦可知矣。"(《四库提要辨证》)

关于《五经文字》的研究,可以参考钱剑夫《中国古代字典辞典概论》(商务印书馆,1986年)、邵荣芬《〈五经文字〉的直音和反切》(载《中国语文》1964年第3期)等。

(王安全)

一切经音义 〔唐〕慧 琳

《一切经音义》,又称《经音义》、《大藏音义》、《慧琳音义》,一百卷。唐慧琳撰。成于唐元和五年(810)。通行本有高丽海印寺刻本、日本狮谷白莲社翻刻本、日本《大正藏》本、清丁福保汇刻本、1986年上海古籍出版社《正续一切经音义》本等。

慧琳(736—820),唐时僧人。俗姓裴,西域疏勒国(今新疆喀什)人。先入长安大兴善寺,后入西明寺,师事密教高僧、印度法师不空三藏,内持密戒,外究儒流,于印度声明、中国训诂,无不精通。曾从事译经工作,翻梵语为汉语,而能参合佛意,详察是非;同时,又能运用典故,使译文雅驯。唐贞元四年(783)开始编撰《一切经音义》,至宪宗元和五年(810)历时二十余年始成。元和十五年(820)卒于长安西明寺。《宋高僧传》卷五有传。

自玄应《一切经音义》撰成(约663),于佛经音读大有裨益。而贞观后近二百年,译经之举,正方兴未艾。至慧琳时,所译佛典经论,多于玄应时不知凡几,《玄应音义》已不敷使用。慧琳遂收集玄应后新译佛经近千部,并参考《玄应音义》、慧苑《华严音义》等,积二十年之功,编成佛学音义的集大成者——《一切经音义》(以下简称《慧琳音义》)。由于慧琳精通梵语,兼融佛儒,又深明训诂,所以书成后"京邑之间,一皆宗仰"(《宋高僧传》),深受学界重视。

《慧琳音义》成书后,唐大中五年(851)始有人奏请入内府大藏,旋逢五代战乱,本书在长安遗失,流入辽国。又于辽咸雍八年(1072)传入高丽,并镂板于京城海印寺。1592年和1597年,日本武将丰臣秀吉两次进攻朝鲜,《慧琳音义》遂被掠至日本,并再次付梓刊行。1912年上海频伽精舍据日本翻刻本重印。

《慧琳音义》是一部音义兼释的佛学辞书,主要注释佛典中难读、难解、难识的语词。而如果文字平易,不难认读和理解,就不再解释。因此本书中往往有只录佛经书名,而注明"无字可音"、"无字音训",径直跳至下一卷、下一书的。而如有注释,大致根据陆德明《经典释文》和《玄应音义》的体例采用以下几种做法。

一、注音。大多用反切,也用直音,有的还注明"秦音(指北方音)"和"吴楚之音"、"吴音"(指南方音)。如:"覆载:上敷务反,见《韵英》,秦音也。诸《字书》为敷救反,吴楚之音也。贾逵《国语注》云:覆盖也,荫也。《说文》从襾、復声也。襾音牙贾反,从冂,冂音觅,上下覆之,会意字也。下哉爱反。孔安国注《尚书》云:载,成也。《礼记》曰:天无私覆,地无私载。《说文》:载,乘也,从车,𢦔声,𢦔音哉,从戈,才声也。《经》作𢦔,隶书略也,才,古文才字,非水。"(卷一《大唐三藏圣教序》)又如:"虹霓:上音红,下艺鸡反,《韵诠》云:虹霓,蝀蛛也。"(卷一〇〇《比丘尼传》)

二、释义。引证众书,加以说明。如:"沃朕:乌谷反,《尚书》曰:洛乃心,沃朕心。贾注《国语》云:沃,美也。《广雅》:清也。《说文》:溉灌也。朕,我也。"(卷十《仁王般若经》)又如:"咨询:私遵反,询问也。《左传》:访问于善为咨,咨亲为询。询问,善道也。杜注云:询问亲戚之议也。"(卷十九《大集贤护菩萨经》)

三、析字。分析所释单字的偏旁结构、字的性质。如:"觝突:丁礼反,或从牛作牴。下钝讷反,《说文》:从穴、从犬,会意字也。"(卷十九《阿差末经》)又如:"韫异:上威粉反,《广雅》:韫,裹也。《韵英》:藏也。《说文》从韦,转注字也。"

四、辨体。指出所释单字是正体还是俗体,有时也辨别隶书与草书的写法。如:"叜相:上古今反,今通作更,俗用已久。下相羊反。"(卷五《大般若经》)又如"两跗:甫无反,俗用字也,正作跗。郑注《仪礼》云:足上也。经文有作趺,未详也。"(卷一《大般若波罗蜜多经》)又如:"纷纠:上拂文反。《说文》从系,分声。下经酉反,《说文》从糸,丩声。隶书省作丩,音纠。糸音觅也。"(卷一《大唐三藏圣教序》)

五、正讹。勘正佛典中字或词的误写。如:"疱节:又作皰,同。蒲孝反,小热气也。经文作疱、鲍、腷三形,误也。"(卷五二《增一阿含经》)又如"两髀:鼙米反。《考声》:髀骨也。《说文》正从骨,作髀,髀,股外也,卑,声也。或作踔,古字也。今经从月,作胜,非也,本无此字。"(卷一《大般若波罗蜜多经》)

六、解释梵语及佛典名物。如:"萨迦邪见,迦音薑佉反,梵语也。此译为身见外道,不正见也。"(卷一《大般若波罗蜜多经》)又如:"贝多:西国树名也,其叶可以裁为梵夹,书写坟籍。此叶粗厚,编而难用。若书,多以刀画为文,然后置墨,为叶厚故也。"(卷十《仁王护国般若波罗蜜多经》)

《慧琳音义》收集了丰富的音义资料,曾采录《玄应音义》、慧苑《新华严经音义》、元公《涅槃经音义》、窥基《法华经音训》等书,而所引佛经,遍及佛典三藏,超过《开元释教录》所收录的佛经部卷(一千零七十六部,五千零四十八卷),达到一千三百部,五千七百余卷。全书收词三万一千多条,注释单字六万余。对于所收的词条,则审辨声音,诠释词义,务求详其本源,并博引古代字书、韵书,如许慎的《说文解字》、顾野王的《玉篇》等资料,凡字书、韵书所不备者,更广引古籍经传为证。所引如《春秋左氏传》、《毛氏诂训传》以及《风俗通义》、《搜神记》等,总数达二百五十余种,其中有不少为久已亡佚的秘本,如《三苍》、《韵诠》、《桂苑珠聚》和《开元文字音义》等,可供后人辑佚之用。即使引现存古书,如《说文》"明"字,今本作"明,照也",而慧琳引作"月光入窗明也"等,与传世本也颇有不同之处。此正可正传世本之讹误,补正文之脱夺以及说解的逸佚。

《慧琳音义》在记录语音上,以《韵英》、《韵诠》和《考声切韵》等秦音韵书为准,明秦音、吴音之辨,并据秦音以改正吴音,所谓"辨吴音与秦音之别,明清韵与浊韵之分"。如尤侯韵的唇音字,慧琳认为是吴音,应据秦音归入虞模韵;全浊上声的字,不应与全浊去声的字相混杂,故每每加注"上声"字样以示区别。慧琳能采用当时当地的实际语音,而不拘泥于古音,无疑是极有见地的。同时,慧琳又运用了"以音求义"的方法,以音韵通训诂,所谓"得其音则义通,义通则理圆,理圆则文无滞,文无滞则千经万论如指掌而已矣"(顾齐之《序》)。

《慧琳音义》还保存了许多可贵的语源资料,可为研究词汇发展史之助。此书较多地收录了魏晋以来新出现的复音词,同时保存了新译佛典的新词。其中有部分已进入了当今的语言,如"唯心、世界、语录、因果、化身、过去、现在、未来"等。另外,《慧琳音义》为了探求词语的本源,往往寻根究底,无意中描摹出一幅幅各民族的传统风俗画卷。如"苏莫遮"一词,慧琳释作"此戏本出西龟慈国。……或作兽面,或像鬼神,假作种种面具形状;或以泥水沾洒行人,或持绢索搭钩捉人为戏"。再如"地狱"一词,慧琳先引《急就章》、《玉篇》、《风俗通》、《说文解字》等解释"狱"的诂训,再转而解释佛经中的"地狱"。由梵文而华语,由单字而词组,其中的渊源流变,使人一目了然,为语源学提供了宝贵的资料。

《慧琳音义》也有一些不足之处。如对于当时译经中新创出的名词概念,为诸子百家书中所未见者,而慧琳认为字非偏僻,义亦浅近,故收录不多。同时,收词以佛经部卷分类,不便于检索。幸清代陈作霖编成《一切经音义通检》,将所收词条按字头排列检索,差可弥补。近人沈兼士率其门弟子,历时十余年,作《一切经音义引用书索引》,以笔画为序,汇列卷数以及众经卷数等,体例精审,用途极大。上海古籍出版社影印日本狮谷白莲社本附有这两种索引,为目前最好的版本。

有关本书的研究,有陈垣《中国佛教史籍概论》(中华书局,1962年),黄淬伯《慧琳一切经音义反切考》(中研院历史语言研究所专刊第六种,中华书局,2010年),徐时仪《慧琳音义研究》(上海社会科学院出版社,1997年)、《玄应和慧琳〈一切经音义〉研究》(上海人民出版社,2009年)、《一切经音义三种校本合刊》(修订本3,上海古籍出版社,2012年),姚永铭《慧琳〈一切经音义〉研究》(江苏古籍出版社,2003年)等。

(陈 崎)

九经字样 〔唐〕唐玄度

《九经字样》,一名《新加九经字样》,一卷。唐唐玄度撰。成于唐开成二年(837)。有西安陕西博物馆碑林之唐开成石壁十二经所附石刻本,该石刻于明嘉靖三十四年(1555)地震中有所损阙,经后人补刻而成。又有清乾隆五年(1740)扬州马曰璐据宋拓唐石经重梓本,此本为后世诸本之源,今以《丛书集成初编》本为常见。

唐玄度,里籍未详,事迹无考,据此书知其为开成中复定石经字体官、权知沔王友、朝议郎、翰林待诏。

唐代宗大历中国子司业张参奉诏与儒官校正经典文字,书于太学讲堂之壁,撮其要领,撰成《五经文字》一书。岁月既久,画点参差,传写相承,渐致乖误。太和中,唐玄度请于太学创立石经,唐文宗遂其请,并命其复定字体。唐玄度遂对《五经文字》删补冗漏,采其乖误,撰成《新加九经字样》一书,附于《五经文字》之末。

《九经字样》是一本辨正经传文字形体的书。全书收字四百二十一个,因收字不多,分归七十六部。某些字在偏旁上不好归部的,另立杂辨部归之。《九经字样》注音体例采用唐玄宗《开元文字音义》的办法,不用反切,全用直音。如:"麦,音脉。"如果某字没有适当的同音字可注,就注出某平、某上、某去、某入,即被注字与注音字声调不同,要改读所注的声调。如:"亢,康去。"表示"亢"字要读"康"字的去声。这与《五经文字》反切与直音并用的方式不同。

《九经字样》刊定字体的准则是既不全据《说文》,恐"古体惊俗",也不全依当时文字,恐"传写乖讹",而是"商较是非,取其适中"。

《九经字样》解说精详。如:"枖夭:音妖,木盛皃。《诗》云:'桃之枖枖。'上《说文》,下经典相承隶省。"又如:"看:睎也。凡物见不审,则手擩日看之,故从手下目。作'看'者讹。"较《说文》有所发明。又如:"盖:案《字统》公艾翻,苦也,覆也。《说文》公害翻。从艹从盍,取盇盖之义。张参《五经文字》又公害翻,并见艹部,艹音草……今或相承作'盖'者,乃从行书⺍,与

'荅'、'若'、'著'等字并皆讹俗,不可施于经典。今依《孝经》作'蓋'。"由此可见,《九经字样》剖析取舍,颇为精当,本书是继《五经文字》后,对汉字规范化起了很大作用的又一重要著作。

(王安全)

韵 镜 〔五代〕佚 名

《韵镜》,一卷。作者不详。大约成于五代。有古逸丛书复宋永禄本(上海古籍出版社 1955年重印)、日本影印宽永本。

《韵镜》是中国现存最古老的等韵图,曾由张麟之于宋高宗绍兴三十一年(1161)、宋宁宗庆元三年(1197)和嘉泰三年(1203)三次刊印,后于宋理宗淳祐年间(1250 年左右)传入日本,国内则渐次失传;清末黎庶昌出使东瀛,获复宋永禄本(日本永禄七年[1564]刻本),收入《古逸丛书》,《韵镜》遂重返我国。以后又有日本影印宽永十八年(1644)刻本相继流返国内。

此书的本名,张麟之绍兴辛巳(1161)识语称为"指微韵镜",并谓:"'微'字避圣祖上一字。"宋圣祖名"玄朗",则此书本名当是"指玄韵镜"。韩道升《五音集韵·序》云:"复至泰和戊辰,有吾弟韩道昭字伯晖,乃先叔之次子也。先叔者讳孝彦,字允中,况于篇韵之中最为得意:注疏《指玄》之论,撰集《澄鉴》之图,述《门法满庭芳》词,作《切韵指迷》之颂,镂板通行,其名远矣。"又《四声篇海·序》云:"复至明昌丙辰,有真定校将元注《指玄》,韩公孝彦字允中,著其古法。"这里所说的《指玄》,或即《指玄韵镜》。

关于《韵镜》一书的作者和著述年代,尚无定论。张麟之嘉泰三年(1201)《韵镜序作》云:

《韵镜》之作,其妙矣夫!余年二十始得此,学字音。往昔相传,类曰洪韵,释子之所撰也。有沙门神珙,号知音韵,尝著《切韵图》,载《玉篇》卷末。窃意是书作于此僧,世俗讹呼"珙"为"洪"尔。

张氏把《韵镜》作者归于神珙,尚缺坚证,"洪韵"未必是"珙韵"之误。今根据《韵镜》一书"玄"作"玄"、"敬"作"敬"、"弘"作"弘"、"匡"作"匡",而"恒、佶、桓"等字不缺笔,显然此书避宋圣祖、翼祖、宣祖、太祖之讳,则可以确认此书必著述或刊印于宋太祖、宋太宗时(960 年至 997 年)。同时,张麟之《韵镜序作》云:"旧以翼祖讳敬,故为'韵鉴',今迁祧庙,复从本名。"翼祖为宋太祖追封其祖之尊号,如果《韵镜》作于宋人,则应在始命名时即避讳,何来"复从本名"一事?据此,又可以确认《韵镜》的著述年代必在宋前,大概是在五代时期,但不可能是在唐末。因为直到唐末和尚守温之时,三十六字母尚未出现,敦煌守温韵学残卷仅有三十字母,其声母的分类也不很正确,而在《韵镜》中则已经使用三十六字母,并且声母的分类也已准确了。

《韵镜》全书分四十三转,亦即四十三图。每图注明内外转和开合口。所谓内转,是指没有独立二等韵的韵摄;所谓外转,是指有独立二等韵的韵摄。例如第一转东韵、第二转冬韵和钟韵,属于通摄,其中没有独立二等韵,故为内转。第二十五转萧韵、霄韵、爻韵、豪韵,第二十六转霄韵,都属于效摄,其中爻韵为独立二等韵,故第二十五转和第二十六转均为外转。这样看来,《韵镜》一书虽然没有"摄"的名称,但实际却有"摄"的观念。它的分摄,就是中古十六摄。所谓开口,是指没有[u]介音,主元音也不是圆唇元音的韵;所谓合口,是指有[u]介音或主元音是圆唇元音的韵。例如第六转脂韵没有[u]介音,主元音也不是圆唇元音,故为开口;第七转脂韵有[u]介音,故为合口;第二转冬韵和钟韵,虽无[u]介音,但主元音为圆唇元音[o],故仍为合口(今本作"开合",误)。

《韵镜》每图的体例是:一、通栏标注声母,声母依发音部位分成唇、舌、牙、齿、喉、舌齿、齿舌七音,七音每类之中又以发音方法分成清、次清、浊、清浊,依次代表三十六字母的帮、滂、并、明等。值得注意的是,三十六字母只列成二十三行,其中帮、滂、并、明与非、敷、奉、微、端、透、定、泥与知、彻、澄、娘,精、清、从、心、邪与照、穿、床、审、禅合并在同一行中,而以等的差别来加以区分。这就是张麟之《韵镜序作》所谓"旧体以一纸列二十三字母为行,以纬行于上,其下间附一十三字母,尽于三十六,一目无遗"之意。二、在声母之下,以平、上、去、入四声分四大栏,每栏又以四等分四横格,依次代表一等、二等、三等、四等。三、图的最右一行标注内外转、图次和开合口。有时附有"去声寄此"字样,表示此处不列入声,而列去声,如第九转废韵置于入声栏中。四、图的最左一行标注二百零六韵韵目,每个韵目依其代表的韵的声调和等别,列于该声调的栏和该等的格子旁。此时,韵目实际上代表了韵母,而不代表韵部。五、以声为经,以韵为纬,在经纬相交处列字,不同的经纬相交处表示不同的读音。

《韵镜》全书收三千六百九十五字,由于韵图是古代的一种声韵配合表,因此韵图的列字数就是语音系统中的音节数。不过《韵镜》所收的字有一些是重出的,用《广韵》、《集韵》等韵书来检查,其中有同一个字被列入两个不同的音韵地位的,如"郁"既列入第一转屋韵三等,又列入第二转烛韵三等,而《广韵》、《集韵》只有屋韵一读,没有烛韵一读;也有同一个小韵的字被列入两个不同的音韵地位的,如"髻"和"锤",《广韵》、《集韵》均在同一小韵,当是同音字,而《韵镜》第五转则分列在支韵三等和四等的格子中。这种重出的字共有八十个左右,因此,从《广韵》和《集韵》的立场来看,《韵镜》所表现的语音系统的音节数实际并没有三千六百九十五之多。

《韵镜》所列的韵部为二百零六,恰与《广韵》的韵部数相同,但其韵目用字略有不同,如《广韵》作"肴、号、映、怗",《韵镜》作"爻、號、敬、帖"。同时,在韵部的排列次序上,《韵镜》与《广韵》也有不同,其最大特点在于把蒸、登两韵置于最后。蒸、登两韵的位置是历来韵书差别最多之处。《广韵》置蒸、登于耕、清之后,尤、侯之前,从韵部的韵尾来看,这样安排最为合理。而在《广韵》之前,隋唐时期的韵书则常置蒸、登于韵部收韵尾为[m]的盐添和咸衔之间,李舟《切韵》置职、德两韵于最后,其蒸、登两韵也可能在最后。在这一点上,《韵镜》置蒸、登于最后,正是隋唐韵书韵部次序的遗迹。

《韵镜》所标注的内外转和开合口,有一些显然有误。如第二十九图收麻韵二等,这是独立二等韵,当属外转,误作"内转"。又如第二十五图收萧、宵、爻、豪韵,注开口,是,第二十六图收宵韵,注合口,误,因为这两图的宵韵只有重纽之别,没有开合之别。也有一些目前远没有令人满意的解释。如第十七、十八、十九、二十转收痕、臻、真、魂、谆、欣、文七韵,它们同属臻摄,其中没有一个是独立二等韵,却注为"外转"。这个"外转"不可能是传抄之误,因为《七音略》、《四声等子》、《经史正音切韵指南》等韵图臻摄均作外转。其中必有原因,尚待研究。又如第二、三、四、十二转注为"开合",这显然不合韵图体例,因为韵图一般总是开合分图,没有一图兼有开合者;但这种"开合"又不像是传抄之误,因为开合口只需注"开"或"合",决不会误一字为二字的。这四转的"开合"究竟为何人所加,究竟是何意思,尚待研究。

《韵镜》一书在语言学上的最大价值,在于反映了中古汉语的语音系统,尤为可贵的是,《韵镜》的语音系统跟《广韵》的语音系统大部相符。举例来说,三十六字母的照、穿、床、审、禅五母,在《广韵》中实分为两类,一类是庄、初、崇、生四母,另一类是章、昌、船、书、禅五母;而在《韵镜》中,凡庄系声母的字都列在齿音二等的格子中,后人称为照二,凡章系声母的字都列在齿音三等的格子中,后人称为照三,照二和照三泾渭分明,十分清楚。又如《广韵》的支、脂、祭、真、仙、宵、侵、盐八韵有所谓重纽,在一般三等韵中,除了开合口的区别之外,反切下字再无别的分类,而在这八个三等韵中,除了开合口的区别之外,其喉、牙、唇音声母字的反切下字还区分为两类,人们称为重纽A类和重纽B类;而在《韵镜》中,重纽A类的字一律列入四等的格子中,重纽B类的字一律列入三等的格子中,两者也是泾渭分明,十分清楚。由此可见,在中古音和《广韵》音系的研究中,《韵镜》实在是不可或缺的重要参考材料。

在《韵镜》一书的前面,除了张麟之的识语和"序"之外,还有一个三十六字母图和凡例数条。这些也都是张麟之所作,这从他的序文中"因撰字母括要图,复解数例,以为沿流求源之端"两句话可以知道。张氏所以要作三十六字母图,乃是因为现行《韵镜》各图中不列三十六字母名称,而以清浊之名代替。张氏的几条凡例,则是关于《韵镜》的解释和门法。其所谓"归字例",是叙述根据反切,检求字音的方法,包括通例、变例、特例、变调例和难字例;所谓"横呼韵",是叙述同一韵母跟不同声母轮流相拼,连续横呼,以正确选音读字之法;所谓"上声去音字",是张氏不知古今声调有别、浊上变去的道理所发生的误解;所谓"五音清浊",是指清声母和浊声母的排列次序;所谓"四声定位",是叙述平、上、去、入四声之间的相承关系;所谓"列围",则是叙述有声无字和无声无字的空格法。

《韵镜》一书传入日本以后,极获重视,据日本马渊和夫统计,日本刊印《韵镜》的版本前后共达五十多种,而研究考证的著作更有二百五十多种,《韵镜》一书在日本已成专门之学。随着《韵镜》一书回归祖国,国内的研究著述也日渐增多。目前较易见到的研究著作主要有日本沙门文雄《磨光韵镜》、日本界浦隐士叡龙《韵鉴古义标注》、日本大矢透《隋唐音图》和《韵镜考》、马渊和夫《韵镜校本和广韵索引》、中国赵荫棠《等韵源流》(商务印书馆,1957年)、李新魁《韵镜校证》(中华书局,1982年)、龙宇纯《韵镜校注》(台湾艺文印书馆,1969年)、孔仲温《韵镜研究》(台湾学生书局,1987年)、陈广忠《韵镜通释》(上海辞书出版社,2003年)、李无未《音韵文献与音韵学史》(吉林文史出版社,2005年)、杨军《韵镜校笺》(浙江大学出版社,2007年)等。

(杨剑桥)

文 学

毛诗正义 〔唐〕孔颖达等

《毛诗正义》,二十卷。唐孔颖达等撰。现存最早的版本,是敦煌发现的唐写本残卷(斯四九八号),存《大雅·民劳》注疏三十六行。2012年,人民文学出版社影印出版了收藏在日本的《南宋刊单疏本毛诗正义》,并增附了四种《毛诗正义》古抄残卷。首尾完整而刊刻时代较早的本子,有元刻明修本两种,一题《附释音毛诗注疏》,另一径题《毛诗注疏》。通行本为《十三经注疏》本,以经清代阮元等校勘的本子为最佳,有中华书局版影印本、北京大学出版社版校点本及上海古籍出版社校点本。

孔颖达(574—648),字仲达,冀州衡水(今属河北)人。隋大业初,举明经高第,授河内郡博士,补太学助教。唐武德年间李世民平洛阳,引为秦府文学馆学士,迁国子博士。贞观初,封曲阜县男,转给事中。后以太子右庶子兼国子司业,加散骑常侍,晋爵为子。平生长于经学,隋时奉炀帝召参与诸儒论议于东都,即以年少才高而为众宿儒所嫉。入唐受诏撰《五经正义》等,又名动一时。著作除经部注疏外,新旧《唐书》又著录有《孔颖达集》五卷。

《毛诗正义》是孔颖达主持撰著的一部《诗经》注本,属《五经正义》之一。《五经正义》是唐王朝建立之后,为提倡儒学,统一经说,由唐太宗李世民于贞观十四年(640)诏命编纂的一套经学教科书。"五经"即《周易》、《尚书》、《毛诗》、《礼记》、《春秋》,"正义"则在这里有"唯一正确的释义"的含义。《毛诗正义》完成于贞观十六年(642)。其书以孔颖达早年之师刘焯所著《毛诗义疏》以及刘炫《毛诗述义》为稿本,前后参加编校工作的,还有太学博士王德韶、四门博士齐威、太学助教赵乾叶、四门助教贾普曜等。

据本书卷首孔颖达撰《毛诗正义序》,其书本析为四十卷。今所见通行本,则采用以《毛诗》郑笺的二十卷分法为基础,各卷又下分若干小卷的形式,如郑笺卷一原统括二南诸篇,《正义》则一分为五,将周南《关雎》列为"卷一之一",《葛覃》至《桃夭》为"卷一之二",《兔罝》至召南《采蘩》为"卷一之三",《草虫》至《殷其靁》为"卷一之四",召南余下诸篇为"卷一之五",其小卷总计有七十卷。全书卷首列郑玄《诗谱序》，各卷之首凡相应《诗谱》之文尚存者，也置于卷首。《诗谱》有孔氏疏，以大字"疏"及双行小字"正义曰"列于原文下。正文各卷于《诗经》正文后，先列毛传、郑笺及陆德明"音义"，格式全同《毛诗故训传》通行本。其下则为《正义》之文，也以大字"疏"以示区别。"疏"分对《诗经》原文、毛传及郑笺的疏解三大部分，三部分间及各部分中引文与疏文间均以"○"号加以间隔，疏文起首也皆标"正义曰"三字以资识别。

《毛诗正义》在诠释《诗经》时所持的基本原则，是"疏不破注"，即"正义"的解释完全依照毛传与郑笺，只发挥、补充毛、郑两家之说，而决不对其进行反驳与诘难。由于坚持"疏不破注"，《正义》疏解《诗经》本文部分最常见的句式便是"毛以为"如何如何，"郑以为"如何如何。当毛、郑两家之说不同时，《正义》又采用指出郑笺何处与毛传不同的办法，暂存不论。如卷四之四《子衿》篇"纵我不往，子宁不嗣音"的毛传与郑笺，由于对"嗣"字诠解不同而造成文句解释不一，"正义"便在"毛以为""纵使我不往见彼子，子宁得不来学习音乐乎"下，别注"郑唯下句（指上引句）为异。言汝何曾不嗣续音声，传问于我。责其遗忘已也"。

"疏不破注"的原则体现在《毛诗正义》疏解毛传与郑笺的两部分内容里，则有注出处、调和毛郑、驳斥异说等几个方面。《正义》释传笺之文，多举毛、郑释词的来源。如卷十六之五《文王有声》篇"王公伊濯，维丰之垣。四方攸同，王后维翰"的毛传，释"濯"为"大"，"翰"为"干"，"正义"便进一步注曰："皆《释诂》文。"又如卷九之二《四牡》篇"将母来谂"的"谂"字，毛传谓"念也"，郑笺谓"告也"。"正义"则分别指出"谂，念也"是《尔雅·释言》之文，而"谂，告也"出于《左传》"辛伯谂周桓公"，原义是"以言告周桓公"。因为毛郑之说时有不同，而《正义》并崇二说，所以疏文不时也要对毛传、郑笺的不同说法进行调和。如卷十四之二《车舝》篇"高山仰止，景行行止"的"景"字，毛传释为"大也"，郑笺释为"明也"，"正义"则调和说："传云'景，大'，《释诂》文。笺必易之为'明'者，以行须行之，故以为明，见其明白可法，明亦大也。"而当毛传或郑玄的说法受到其他学者的诘难时，《正义》又竭力维护原说，对有关的论难加以反驳。如卷八之一《七月》篇有"三之日于耜，四之日举趾。同我妇子，馌彼南亩，田畯至喜"一段，毛传于"田畯至喜"句仅释"田畯"为"田大夫"，而不及其余。郑笺则云："喜，读为饎。饎，酒食也。"就此《正义》之前的学者并不表示赞同。如孙毓便说："小民耕农，妻子相馌，虽有冀缺，如宾之敬，大夫俨然衔命巡司，何为辱身就耕民公妪垄亩草间共饮食乎？鄙亦甚矣！而改易经字，殆非作者之本旨。""正义"则在引其文之后反驳道："饮食之事，礼之所重。大夫之劳迎周公，笾豆有践；郑人之爱国君，欲授之以飧。何独田畯之尊，不可为之设食也？说其为设酒食，言民爱其吏耳。何必大夫皆仰田间食乎！"

从文学作品笺释的角度看，《毛诗正义》的长处，首先在于它在毛传、郑笺的基础上，对《诗经》的字句作了更为明白的诠解。如卷四之一《扬之水》篇首句"扬之水，不流束薪"，毛传仅云："兴也。扬,激扬也。"郑笺有所解释,谓:"激扬之水至湍迅,而不能流移束薪。兴者,喻平王政教烦急,而恩泽之令不行于下民。"但前后两者间的逻辑关联仍不太明确。"正义"则进一步解说道:"毛以为激扬之水岂不能流移一束之薪乎,言能流移之。以兴王者之尊岂不能施行恩泽于下民乎,言其能施行之。今平王不抚下民,自不为耳,非不能也。"经过这样的诠解,文意便较明确了。又如卷十之二《六月》篇中有"比物四骊"之语,毛传云:"物,毛物也。"郑笺无解。"正义"则引《周礼·夏官·校人》及其注,说明周代有祭祀朝觐用毛马,军事用物马之例,"毛马齐其色,物马齐其力",毛传的"毛物"之说即本于此。而"物"称为"比"又有"四骊",其义则在谓所用之马"虽以齐力为主,亦不厌其同色也"。如此一解,则不仅疏通了诗语,而且阐说了制度。

《毛诗正义》的另一个长处,是它引用了不少汉以后唐以前学者研究《诗经》的成果,尽管其采用的目的不是为了展示众说,而是为了定于一尊,但客观上反映了汉唐《诗经》研究的丰富多样性。为了释词,《正义》还时常引用《尔雅》、《左传》等多种其他经典及其注文,其中像《尔雅》的李巡注、孙炎注均已亡佚,而《正义》多有征引,这就为古典笺注学的研究保存了颇为珍贵的史料。

《毛诗正义》的失误,在它过于崇奉毛传郑笺,彻底排斥毛郑以外而可能比毛郑更合理的解说,因而当毛传郑笺的某些说法被历史证明是不确时,《正义》的相应疏解也就失去了价值。清代诗人袁枚就此便嘲讽说:"孔颖达真郑康成之应声虫。"(《随园诗话》卷六)《毛诗正义》的另一个明显缺点,是疏文过于繁琐,重铺叙而不重择要义,时有重复论述之病。

但由于本书是奉敕而撰的,撰成后又颁行全国,成为士大夫研究《诗经》的标准读本,因而其影响颇大。事实上直到清代,官方认可的《诗经》教科书,依然是《十三经注疏》中的《毛诗正义》。因此本书对于普及《诗经》与《诗经》研究水准的不断提高,起过不小的推动作用。

研究本书的论著,20世纪以前有《四库全书总目》本书提要、浦镗《毛诗注疏正误》等。20世纪以来的成果,则有日本铃木隆一《毛诗注疏引用佚书书目》(1938年《东方学报(京都)》第九册)、小尾郊一《关于毛诗正义的论证的一点考察》(《毛詩正義の論証に就いての一考察》,1944年《东方学报(京都)》第十五册第一分册)、长泽规矩也为《毛诗注疏》所写解题(足利学校遗迹图书馆后援会,1974年)、王重民《敦煌古籍叙录》(中华书局,1979年)中有关本书唐写本残卷的提要、黄焯《诗疏平议》(上海古籍出版社,1985年)、韩宏韬《〈毛诗正义〉研究》(中国社会科学出版社,2009年)、杨金花《〈毛诗正义〉研究:以诗学为中心》(中华书局,2009年)、日本冈村繁《〈毛诗正义〉注疏选笺》(上海古籍出版社,2009年),以及韩峥嵘、张利《〈毛诗正义〉"疏不破注"考辨》(《吉林大学社会科学学报》2000年第4期)等。

(陈正宏)

文选李善注 〔唐〕李　善

《文选》李善注,六十卷。唐李善撰。现存最早的版本是敦煌发现的两种唐写本残卷,刻本较早的有北宋刻递修本残存二十一卷及南宋淳熙八年(1181)池阳郡斋刻本(亦称尤袤刊本,以尤氏为主要出资者)全本。通行本有中华书局1977年初版、1990年重印的断句影印本,上海古籍出版社1986年初版、1994年重印的校点本,两本均以清嘉庆间胡克家复刻南宋尤袤刊本为底本。

李善(？—689或690),扬州江都(今属江苏)人。早年受学于同郡《文选》学家曹宪。唐高宗显庆年间,累补太子内率府录事参军。以左侍极、武则天姊子贺兰敏之之荐,为崇贤馆直学士(因此亦被后人称作李崇贤),兼潞王侍读。龙朔元年(661)潞王徙封沛王,又随任沛王府记室参军,转秘书郎。乾封中,出为泾城令。咸亨二年(671)贺兰敏之以罪流雷州,李善因曾与交游,亦配流姚州。后遇赦得还,居汴郑间,以教授《文选》为业,诸生多自远方至。著作以本书最为著名,此外所撰《文选辨惑》十卷、《汉书辨惑》三十卷,皆已亡佚。

李善为《文选》撰注的年代,据现有资料,当不晚于显庆年间。而由今本《文选》卷首所载"唐李崇贤上文选注表",参以《旧唐书》"儒学"李善本传,可知李善于显庆三年(658)已完成注本初稿,上奏朝廷,并因此被赐绢一百二十四,其注本亦蒙唐高宗诏而为秘阁收藏。另据唐李匡乂《资暇录》,"李氏《文选》有初注成者,复注者,有三注四注者,当时旋被传写。其绝笔之本,皆释音训义,注解甚多"。可见在显庆三年后至载初元年(689或690)李氏去世前,李善仍在不断地修订本书。至于流传至今的《文选》李善注是否即《资暇录》所称"绝笔之本",则尚待研究,但由今本事义兼释、注解繁多的实况看,其非显庆三年上进的初注本(该注本曾以只注事不释义而在开元年间受到工部侍郎吕延祚的批评,见吕氏所撰《进五臣集注文选表》),而为一李善晚年修订本,是可以肯定的。

为著名的文学总集《文选》作注,并不始于李善。早在隋代,即有《文选》主编者萧统之侄萧该为作《文选音义》,惜其书散佚不传。此后隋唐之际曹宪亦有《文选音义》之作,甚为当时所重。本曹氏学,继续研注《文选》的,则有许淹、李善、公孙罗诸人,许氏、公孙氏亦分别撰有《文选音》、《文选音义》二书,但究其影响,均不及李善注本。

李善注本《文选》,注与本文合刊,析原本三十卷为六十卷。今通行本卷首,昭明太子所撰"文选序"后,列显庆三年"唐李崇贤上文选注表";下又有"宋刻原序"(南宋淳熙八年尤袤撰)及"重刻宋淳熙本文选序"(清嘉庆十四年胡克家撰)。正文卷端不题撰注者名氏,注列各篇题下、作者名下及诗文句间。其注释凡例,亦不单置于书前,而散列于注中。此法"盖远本左氏作传,立凡五十,散在各篇,以发明《春秋》之例,可谓于古有徵"(骆鸿凯《文选学》"源流第三")。而综合诸条散列各篇注间的凡例,可知李善撰注的基本原则约有如下数端。

一、"诸引文证,皆举先以明后,以示作者必有所祖述也。"又"诸释义或引后以明前,示臣不敢专也"。至偶引同时人语为解,则目的在"转以相明也"。这也就说明了本书注释的立足点是在追寻诗文语句原典,同时为了某种特定的需要,在部分篇章注中亦采用同时及后来人语。如卷十九曹植《洛神赋》"践远游之文履"句,原典不详,注即引同时繁钦《定情诗》"何以消滞忧,足下双远游",谓繁诗"有此言,未详其本",从而用间接取证的方式,一定程度上解决了有关语辞的诠解疑难。

二、"旧注是者因而留之,并于篇首题其姓名。其有乖谬者,臣乃具释,并称臣善以别之。"据统计,本书采用旧注二十家,唐以前注释文学作品的名家风貌基本得到了反映,像《诗序》郑玄注,《楚辞》王逸注,《咏怀诗》颜延之、沈约注等,悉录于其中;有些作品还不止引录一家注,如卷八《上林赋》题下虽仅署"郭璞注",实际文间除列郭氏注外,同时还征引了张揖、司马彪等人的注解。而对于旧注不准确或讹误处,李善又以"善曰"标示更正其下。

三、人名、物事及鱼鸟草木等前已出现并加注,后重出,则或云"已见上文",或云"已见某篇","皆不重见"。但因本书繁复,注又非一时成就,故实际上重见处仍较多。

以如上三条撰注的基本原则而完成的本书,如果撇开其形式方面的某些芜蔓繁复不论,则其作为一部文学作品笺注本的优点是显而易见的。

首先,李善注征引旧籍繁富,着重钩稽原典,同时又注意解说原典与文学作品间的类别各异的关系,显现了笺注的精确度与有效性。全书共征引文献一千六百余种,举凡经传正史、图谶杂撰,外及梵释诸书,均在其列。在游刃有余地运用诸多史料诠解作品时,李氏不仅着眼于注出典,还时时彰显作家用典的文心巧思。例如卷一班固《两都赋》序中有"以兴废继绝,润色鸿业"语,李注先释其义曰:"言能发起遗文,以光赞大业。"继指出"兴废继绝"典出《论语》"兴灭国,继绝世",而后又特意补注云:"然文虽出彼而意微殊,不可以文害意。"当所知出典与创作实际存在距离时,李注又能自觉地注意取证的有效程度,而在注中加以必要的限定。如卷十八嵇康《琴赋》"若次其曲引所宜,则《广陵》、《止息》、《东武》、《太山》"句下,李注引应璩《与刘孔才书》及傅玄《琴赋》中涉及《广陵》、《止息》二曲的文词,同时也说明:"引应及傅者,明古有此曲,转以相证耳,非嵇康之言出于此也。"在笺注出典的同时又如此注重诠释的准确与有效,并将其列为一种规范加以检用(上两例后均有"他皆类此"的话),这在此前的文学作品笺注本中是很少见到的。

其次,李善注除了诠解出典,阐述文意,还进一步注意纠核考订《文选》所收诸诗文原文中的讹误缺失。如卷五五刘孝标《广绝交论》有"凡斯五交,义同贾鬻,故桓谭譬之于阛阓"的话,李善检桓谭本集及《新论》,"并无以市喻交之文",因此联想到《战国策》里有谭拾子以市喻交劝说孟尝君诸语,故疑原文"拾误为桓,遂居谭上耳"。又如卷三七诸葛亮《出师表》"责攸之祎允等咎,以章其慢"下,李注云:"《蜀志》载亮表云:'若无兴德之言,则戮允等以章其慢。'今此无上六字,于义有阙,误矣!"凡此皆有别于一般笺注者被动机械地诠解文本,而进入了研究《文选》的新境界。

再则,在诠解考订原文的基础上,李善注也对《文选》所收某些寓意特殊的篇章作了篇意方面的提示与阐发。像卷二一郭璞《游仙诗》七首,题下注称:"凡游仙之篇,皆所以滓秽尘网,锱铢缨绂,飡霞倒景,饵玉玄都。而璞之制,文多自叙,虽志狭中区,而辞无俗累,见非前识,良有以哉!"从"游仙"母题内涵的变迁,彰显郭氏同题之作在文学史上的独特地位,着墨不多,却条理明晰,旨意深远,不能不说是文学作品笺注中的上品文字。

正是由于《文选》李善注有如上这些十分明显的优点,所以唐以来受到历代学者的交口赞誉。针对开元年间面世的以排诋李善注为宗旨的《文选》五臣注,许多学者都作出了褒贬鲜明的评价。如李匡乂《资暇录》在比较两注本差异后即指出:"李氏绝笔之本,悬诸日月焉,方之五臣,犹虎狗凤鸡耳。"宋代著名文学家苏轼也说:"李善注《文选》,本末详备,极可喜。五臣真俚儒之荒陋者也,而世以为胜善,亦谬矣。"此类评价虽不免有矫枉过正之失,在肯定李善注时过分贬低了五臣注的价值,但李注在后世影响之大,于此可见一斑。

当然,李善注也并非一无缺失。在追索原典的过程中,有时也有误注现象。如卷十九束皙《补亡诗》中《由庚》一题"荡荡夷庚,物则由之"句,注引《毛诗故训传》"夷,常也"释"夷庚",而实际上"夷庚"典出《左传》成公十八年,是"平道"之意,李注显然错了(参见宋王应麟《困学纪闻》)。有些看似十分简单的语句,李注也有疏失处。像卷十三潘岳《秋兴赋》首句"晋十有四年",注云:"十四年,晋武帝太始十四年也。"不知太始年号仅历十载,十四年乃武帝咸宁四年。但所有这些疵误,并不足以抹杀李善注总体上的重要价值。

从《文选》学的发展历史看,李善注《文选》具有十分突出的地位。它是迄今所知《文选》全注本中流传至今而又撰述年代最早的一种,也是唐以来《文选》诸多注本中影响最大的两种中的一种(另一种为五臣注)。在李善之后不断有学者重新对《文选》进行诠注,但迄今无一部注本能完全超越它;而清代以来,倒是对李善注再进行研究的二次诠释类论著层出不穷,成为《文选》学的一个重要分支。另一方面,由传统的文学作品笺注史的角度看,李善注《文选》那种广征博引而又比较严格地界定笺注原典与被笺注作品间特定关系的方式,以及事义兼释的形式,都给予后来尤其是清及现代的古典文学笺注者以深刻的启迪,清代乾嘉时期涌现的一批古典诗文笺注名著,究其形式与方法的历史渊源,即与李善注不无关联。此外从整个中国传统笺注学看,李善注《文选》也与前此及同时代的群经笺注与史书笺注有了较为明显的不同,而这种不同又直接导引了以后蔚为大宗的文学作品笺注的独特风貌。

研究本书的论著,有清汪师韩《文选理学权舆》、孙志祖《文选理学权舆补》及《文选李注补正》(以上三书均收入《丛书集成初编》)、近人高步瀛《文选李注义疏》(中华书局,1985年)、骆鸿凯《文选学》(中华书局,1937年初版,1989年增补再版)有关章节、陈延嘉《〈文选〉李善注与五臣注比较研究》(吉林文史出版社,2009年)、赵昌智等编《李善文选学研究》(广陵书社,2009年)、傅刚《〈文选〉李善注原貌考论》(《文史》2000年第2辑)、罗国威《敦煌石室〈文选〉李善注本残卷考》(《西南民族大学学报》2007年第1期)等。

(陈正宏)

文选五臣注 〔唐〕吕延济等

《文选五臣注》,是唐代吕延济、刘良、张铣、吕向、李周翰五人,为梁昭明太子萧统主编的《文选》所作的一部集注。最早的版本,为南宋绍兴三十一年(1161)建阳崇化书坊陈八郎宅刻三十卷本。这个本子,宋理宗时的目录学家陈振孙编的《直斋书录解题》已未见著录,可见其流传甚罕,今仅台北"中央"图书馆藏有此本。又南宋杭州开笺纸马铺钟家亦刻有五臣注三十卷本,今北京图书馆藏其残帙一卷。此后,单刻行世的五臣注几乎没有。想要了解五臣注的情况,只有通过将李善与五臣注合刊的六臣注本。六臣注本最早的刻本也在南宋。其一为南宋绍兴二十八年(1158)四明刻本,世称"明州本"。这个本子的特点是五臣注居前,李善注在后。其二为南宋赣州州学刊本,它的特点是李善注居于五臣注前。民国间,商务印书馆辑印《四部丛刊》,所收《文选》即取赣州州学本影印。目前的通行本,是1987年中华书局据《四部丛刊》本重新影印的本子。

有关五臣的生平记载,详略不一。其中最为知名的,当属吕向。他是唐玄宗开元年间的名臣,字子回,籍贯不详,或称其为泾州(今甘肃泾川)人。少孤,幼年由外祖母家抚养。成人后隐居于陆浑山,因贫卖药为生。每次卖药途经书市,即入内看书,由此博通古今,并擅书法。开元十年(722)被召入翰林,兼集贤院校理。因作《美人赋》讽皇帝广纳后宫之举,受到玄宗的欣赏,擢左拾遗。历主客郎中、中书舍人,官至工部侍郎。《新唐书·文艺传》载其事迹甚详。较之吕向而言,其他四臣的行实则简略得多,新、旧《唐书》均未为之立传,仅见于吕延祚《上五臣集注〈文选〉表》及《新唐书·艺文志》内,而且两处的记载相同,可见《艺文志》所载实出自吕延祚之表。其中称吕延济为衡州常山尉,按唐代的官制,这是一个品级甚低的小官,从他的姓名上推测,他或许和上表的吕延祚有某种亲属关系。刘良,是都水使者刘承祖的儿子,大概是一个好学的官家子弟。张铣被称作"处士",可能也是当时颇有德行而又不愿为官的一位隐士。至于李周翰,则无任何头衔与称谓,且名具于五人之末,可见他一定在当时没有任何声望,是一个布衣之士。

《文选》作为我国历史上一部著名的诗文总集,自其问世以来,流布甚广,影响也非常大。但其中所选的许多文章及诗歌,或因年代邈远,或因辞藻艰深,后人欲读通它们,首先须明其音义,因而为之解释疏证的著作也应运而生。在五臣注之前,为《文选》作注最著名的,是李善所注的六十卷本。李善之注初成于唐高宗显庆三年(658)(见李善《上文选注表》)。五臣注出现于开元六年(718),距李善上《文选注》整整六十年,也是李善卒后的第二十八年(李卒于载初元年,当公元689或690年),当时的工部侍郎吕延祚将五臣的集注上于唐玄宗。在吕氏为上书而写的表文内,大致可以看出五臣缘何集注《文选》的理由。吕氏在表中对李善之注攻击颇烈,认为李善虽为宿儒,但他的注"忽发章句,是征载籍,述作之由,何尝措翰","只谓搅心,胡为析理",也就是说李注只是像昔时治经家所撰诸经章句,而对于作者述作的原因、篇章的意义,未尝涉及。同时,吕表又对五臣注大加褒扬,认为此五人"或著述精进,尘游不杂;或词论颖曜,岩居自修",且其注"目无全文,心无留义。作者为志,森乎可观"。由此可知五臣注主要是针对李善注少及篇意、多释文字的特征而撰著的。由于得到吕延祚的推荐和玄宗的首肯,五臣注在开元年间即与李善注并行于世。而且在唐至宋的一段较长时期,一般的人都认为五臣注要优于李善注。北宋《崇文总目》便将五臣注列于李善注之前;南宋时更是风行五臣注,李善注只是宋人刻书时将其合入五臣注中,故有"六臣注文选"之称。

从通行本《六臣注文选》看"五臣注",有一点首先值得注意,那就是李善注列于五臣注之前,而且《文选》原文中时常标出某字或某句,李注作某某,五臣注作某某,可见五臣注与李善注非但注释各有不同,而且所据的原本亦有差异。如卷二十七魏文帝曹丕的两首乐府诗中的一首,李善本作《善哉行》,而五臣本作《苦哉行》。又如同卷中魏武帝曹操乐府诗之一首,李善注本题《苦寒行》,五臣注本于《苦寒行》下多"清调"二字。

从文学作品笺注的角度而言,五臣注有一些可取的长处,主要体现在以下两个方面。

首先,五臣注对李善注所未及的地方,或者李善注不甚完备之处,能够为之拾遗补阙,匡其不逮。比如,卷十二《海赋》作者署名"木玄虚"下,李善注引傅亮《文章志》曰:"广川木玄虚为《海赋》,文章隽丽,足继前良。"李善的这段注文仅仅可以看出两点,一是木玄虚所在郡望为广川,二是他所作的这篇赋很美,而对于木玄虚究为何人,本名作何,则依然未能解释清楚。五臣中的张铣引《今书·七志》云:"木华,字玄虚,广川人也。文章隽丽,为杨骏府主簿。"这样一来,非但指明了"玄虚"是木氏之字而"华"才是他的真名,并且把他所任官职也列了出来,便较李善注要完整和明白了。又如卷四张衡《南都赋》,李善在注篇名时,引挚虞之说曰:"南阳郡治宛,在京之南,故曰南都。"五臣中的李周翰则云:"南都在南阳光武旧里,以置郡焉。桓帝时议欲废之,故衡作是赋,盛称此都是光武所起处,又有上代宗庙,以讽之。"李善只是注明了南都的地址和方位,李周翰则不仅对地址注得更清楚,还进一步阐明了张衡写此赋之原因与背景,这对于读者更加深入地理解原文,无疑是有益的。

其次,李善注《文选》,某种程度上诚如《新唐书》所称,存在"释事而忘义"之病,即过分地在解释字的音义和典故出处方面用力,而对于文义及篇义的解说则相对较少。而五臣看到了李善注这方面的不足,在对每篇的解释中,十分注重对文句意义的阐释。比如,谢灵运《登临海峤初发强中作与从弟惠连可见羊何共和之》"秋泉鸣北涧,哀猿响南峦。戚戚新别心,凄凄久念攒"四句,李善注引郭璞《尔雅注》曰:"山形长狭者,荆州谓之峦。"又引《苍颉篇》曰:"攒,聚之也。"这里,李善注仅仅疏释了"峦"、"攒"二字的意义。五臣注本"攒"作"櫕",其张铣注曰:"猿鸣泉响感动人,使其忧伤久念皆櫕聚于心也。"张铣此注,把这两句诗所欲表达的一种见景而生伤感的情绪十分生动地揭示出来,毫无疑问要比李善只释字义充分。又如,乐府诗十七首中的《猛虎行》,李善在篇题下注引了一段《杂言古猛虎行》的原文,意思是说《猛虎行》是源于《古猛虎行》而作的。五臣中的张铣却不同意李善之注,他认为"《古猛虎行》云'饥不从猛虎食',但取发首为名,不必以篇中意义",又说"观其大体,是劝人抗其志节,义不苟容"。张铣的注释,非但对此诗篇名所由作出了一个合理阐述,而且对此类诗大致所欲体现的意义给予了一个简洁的说明。五臣注往往于篇名下,将全篇的旨义加以表明,在这点上,诚然比李善注做得好。

不过,五臣注也存在许多缺陷。对此,历代学者屡加指摘。最早是唐末李匡乂在《资暇录》的"非五臣"篇中,由曹植《七启》"寒芳苓之巢龟,鲙西海之飞鳞"一句发难。他指出,五臣不晓"寒"字的意思,妄改"寒"为"搴",而若"寒"作"搴",则下句的"鲙"字又当作何解释,岂不是也要改成"取"了么?唐末丘光庭《兼明书》也提出了许多五臣注谬误的地方。如谢惠连《雪赋》"君宁见阶上之白雪,岂鲜辉于阳春"句,五臣中的张铣释"鲜"为"寡",但如此一来,整个句子就难懂了。丘氏认为"鲜"当作"鲜明"解,这句的意思应作"雪当见日而消,不能鲜明光辉于阳春"解。北宋著名文学家苏轼也颇不满意五臣集注,他引谢瞻《张子房》诗中"苟慝暴三殇"句,认为所谓"三殇",是言暴秦无道,戮及孥稚的意思。而五臣注引苛政猛于虎,谓此"三殇"为吾父、吾子、吾夫之死于虎。将夫与父之死称作"殇",显然于义不通。南宋姚宽《西溪丛语》、王楙《野客丛书》中都有关于五臣注谬误的实例记载。明清两朝,对五臣注进行指正的学者亦不乏其人,兹不一一列举。

但总的来看,五臣注与李善注是唐代两部不同风格的《文选》笺注。李善的注是从一个文献考据家的角度,主要对《文选》进行章句注释,而五臣注则更多地是用文学评论家的眼光去笺释《文选》,以疏通文义为旨归。两者所取角度不同,因而侧重点亦不同。后世学者专崇李善注而抑五臣注的做法,其实是有失公允的。

有关《文选》五臣注的研究,除前已述及者外,还有王树槐《李善之注为〈文选〉功臣,五臣后起,思夺其席,谓其纰缪百出,试言其作注之概略及纯驳所在》(民国间《私立无锡国学专修学校丛刊》)、饶宗颐《日本〈文选五臣注〉残卷》(《东方文化》1956年第3期)、祝廉先《文选六臣注订讹》(《文史》1962年第1辑)、屈守元《〈文选六臣注〉跋》(《文学遗产》2000年第1期)等。

(眭　骏)

河岳英灵集 〔唐〕殷　璠

《河岳英灵集》,唐殷璠辑。有二卷、三卷两种版本系统。二卷本现存两个宋刻本,一有清季振宜题款,一经清莫友芝校;三卷本现存五种善本,均出于明代:一为清毛扆校并跋又有黄丕烈跋的明刻本,一为明刻公文纸印本,一为清钱求赤校点、元琛校的明刻本,一为明崇祯元年(1628)毛氏汲古阁刻《唐人选唐诗》本,又一为明钞本。《四部丛刊初编》收有一附校文一卷(民国孙毓修撰)的三卷本,据编者云为"明翻宋本",中华书局上海编辑所1958年出版、上海古籍出版社1978年重印的《唐人选唐诗》十种中,即以该本为本书底本,通行于世。1992年,中华书局出版李珍华、傅璇琮合著的《河岳英灵集研究》,该书附一据宋刻二卷本为底本又校以诸明本的《河岳英灵集》校点本,较前书更佳。

殷璠,丹阳(今属江苏)人。本书卷首叙前署"唐丹阳进士殷璠",《嘉定镇江志》则谓其为"处士",而《全唐诗》卷六八四吴融《过丹阳》诗注又称之为"殷文学",史料阙失,又多歧异,其生平详情尚待详考。除本书外,据《新唐书·艺文志》,殷璠还辑有一卷专收其同乡诗人之作的《丹阳集》。

《河岳英灵集》是殷璠选编的一部盛唐诗人诗作总集。据卷首自"叙"称,本书的纂辑时间,在其"退迹"之时;纂辑的动机,是感慨唐代文学发展至天宝年间,虽作者众,而总集多"诠拣不精,玉石相混,致令众口销铄",故别辑选本。由于所选诗人王维、王昌龄、储光羲等"皆河岳英灵也",所以"此集便以'河岳英灵'为号"。

全书共选录了二十四位诗人的二百余首诗作,分上下两卷。上卷所收为常建、李白、王维、刘昚虚、张谓、王季友、陶翰、李颀、高適、岑参十人之作,下卷所收为崔颢、薛据、綦毋潜、孟浩然、崔国辅、储光羲、王昌龄、贺兰进明、崔署、王湾、祖咏、卢象、李嶷、阎防十四人之作。"叙"称共录诗"二百三十四首",而今本实存二百三十首,或已佚四首,亦未可知。"叙"又称其书"起甲寅,终癸巳",甲寅为开元二年(714),癸巳为天宝十二载(753),可知所选皆为盛唐诗人在开元、天宝年间所作。

　　本书卷首有"叙",有"论"。卷内各家起首,又各有或详或略的品评之语,其中多摘录佳句,提示特征。如卷上王维诗歌前,即有评云:"维诗词秀调雅,意新理惬,在泉为珠,著壁成绘,一句一字,皆出常境。至如'落日山水好,漾舟信归风',又'涧芳袭人衣,山月映石壁','天寒远山净,日暮长河急','日暮沙漠陲,战声烟尘里',讵肯惭于古人也。"评语中又多著才士不遇之叹,如卷上第一人常建评语,起首即谓:"高才而无贵仕,诚哉是言。曩刘桢死于文学,左思终于记室,鲍昭卒于参军,今常建亦沦于一尉。悲夫!"卷下孟浩然评语,也称:"余尝谓祢衡不遇,赵壹无禄,其过在人也。及观襄阳孟浩然磬折谦退,才名日高,天下籍甚,竟沦落明代,终于布衣,悲夫!"从一个侧面反映出唐人颇求文学、事功合一的价值取向。

　　本书在后世颇受重视,主要一点在其"叙"中提出了一些崭新的文学理论与批评断语,对唐代前期文学发展的源流作了一些扼要的阐述。"叙"谓"文有神来、气来、情来",又有"雅体、野体、鄙体、俗体",总集编纂者首要掌握的,就是能"审鉴诸体"。接着谈到六朝以来"挈瓶庸受之流"创作上"理则不足,言常有余,都无兴象,但贵轻艳"的弊病,说:"自萧氏以还,尤增矫饰,武德初,微波尚在。贞观末,标格渐高。景云中,颇通远调。开元十五年后,声律风骨始备矣。"这其中"神来、气来、情来"是从创作者角度归纳出来的文学理论术语,虽无详细解说,却颇有可资启发处。"兴象"一词,结合本书所选诗作及对各家评语中所提及的相似之辞,如卷上评陶翰"既多兴象,复备风骨",卷下评孟浩然"无论兴象,兼复故实"等等,约略可知其意指诗歌当具备的一种峻逸明朗、兴意盎然的气象。这种气象结合刘勰《文心雕龙》即提出的"风骨",殷璠认为那才有了盛唐诗歌的特殊风貌。

　　本书近年仍受学界关注的另一原因,是书中"论"部分提到了一种比较特殊的声律说。在本书卷首"叙"中,殷璠曾写道:"至如曹(植)、刘(桢)诗多直语,少切对,或五字并侧(仄),或十字俱平,而逸驾终存。"至"叙"后之"论",殷璠又阐释说:"夫能文者匪谓四声尽要流美,八病咸须避之,纵不拈二,未为深缺,即'罗衣何飘飘,长裾随风还',雅调仍在,况其他句乎? 故词有刚柔,调有高下,但令词与调合,首末相称,中间不败,便是知音。"据研究,这种不以平仄四声为唯一判断诗的合律不合律标准的声律说,是一种合乎诗歌发展至唐前期创作实际的讲求诗的字句间轻重清浊抑扬关系的诗韵理论,对于欣赏盛唐诗歌尤其是盛唐五古颇有益处。而《河岳英灵集》所选又以五古为主,因此本书还提供了格律诗成立之前那一阶段诗歌声律方面的上佳范例。

　　从文学研究的角度论,本书所选辑的二百余首盛唐诗作,也为研究者提供了一个唐代人自认何者为盛唐诗歌代表作的例证,而这些例证所显示的主题与今人所标举的颇有不同。本书未选杜甫诗或确是因为客观条件所致,姑置不论。但像李白诗,入选十三首,为《战城南》、《远别离》、

《野田黄雀行》、《蜀道难》、《行路难》、《梦游天姥山别东鲁诸公》、《忆旧游寄谯郡元参军》、《咏怀》、《酬东都小吏以斗酒双鳞见赠》、《答俗人问》、《古意》、《将进酒》、《乌栖曲》,大都是远离儒家正统思想,不以说教、讽喻为务的诗作。更不要论《河岳英灵集》书中收诗较多者,如王昌龄(十六首)、王维(十五首)、储光羲(十二首)等,多为专注于诗的艺术性的高手了。于此可见当时论诗优劣,所重不在内容是否合乎正统诗教,而在辞旨是否高远有韵味,即所谓"既多兴象,复备风骨"。

《河岳英灵集》的论诗宗旨与总集编辑体制,在后代影响颇为深远。书中提倡"兴象"之说,推崇王、孟一流诗作,在以后释皎然的《诗式》、严羽的《沧浪诗话》以及清人王士禛的诗论中均可见到回响。而其采用各家名下作评语,评中又多摘句为证的总集编纂形式,又直接影响了高仲武《中兴间气集》等唐诗总集的编辑体例。明清部分总集于各家小传后,多喜摘列该家诗的佳句数联,如《明诗综》等,其体当也源出于本书。

有关本书的研究,有日本中泽希男《河岳英灵集考》(1951年《群马大学纪要》第一卷)以及王运熙《释"河岳英灵集序"论盛唐诗歌》(《唐诗研究论文集》,1959年),陈友琴《与俞平伯先生谈〈河岳英灵集〉》(收入所著《温故集》,中华书局,1959年),王运熙、杨明《〈河岳英灵集〉的编集年代和选录标准》(《唐代文学论丛》第一期,1982年),李珍华、傅璇琮《河岳英灵集研究》(中华书局,1992年),张安祖、杜萌若《〈河岳英灵集叙〉"神来、气来、情来"说考论》(《文学遗产》2003年第3期)等。

(陈正宏)

中兴间气集 〔唐〕高仲武

《中兴间气集》,二卷。唐高仲武辑。有明嘉靖刊本、崇祯间毛氏汲古阁刊本等。目前的通行本,是上海古籍出版社 1978 年出版的《唐人选唐诗(十种)》所收排印本。该本以《四部丛刊》所收影明嘉靖本为底本,嘉靖本已佚失原书序及辑者对张众甫等五位唐代诗人的评语,《四部丛刊》本据清代何焯校本过录脱略部分,与有关校记合为《中兴间气集校文》一卷,附印于原书后,今通行本末尾,因亦有此《校文》。

高仲武,生平不详。本书"序"及正文首页均署"渤海高仲武",渤海当今山东滨州,但其为高氏郡望抑其籍贯,则不能确知。

本书的编纂年代,则可据"序"中所言约略推得。"序"云:"唐兴一百七十载,属方隅叛涣,戎事纷纶,业文之人,述作中废。粤若肃宗、先帝,以殷忧启圣,反正中原。"继又称:"仲武不揆菲陋,辄罄谀闻,博访词林,采察谣俗,起自至德元首,终于大历暮年,述者数千,选者二十六人,诗总一百三十二首,分为两卷,七言附之,略叙品汇人伦,名曰中兴间气集。"按以"唐兴一百七十载"推算,时已至德宗贞元四年(788)前后,故"序"中于肃宗之后、德宗之前的代宗恭称"先帝"。但书中所选,又仅"终于大历暮年",大历止于十四年(779),下及贞元四年尚有将近十年,因此推断高氏编选本书的年代,大致在贞元初年,当与事实相去不远。书取"中兴间气"为名,则盖一以所选皆中唐肃、代二宗所历安史之乱后的"中兴"时期的诗作,一以书中作者均为臣僚,未及帝王,适合《春秋演孔图》所谓"正气为帝,间气为臣"之说。

《中兴间气集》是继《河岳英灵集》之后,唐人编选本朝诗人作品的又一部著名总集。从形式上看,它也的确受到了《河岳英灵集》的深刻影响:首先是也分上、下两卷,其次是也人各有评,评中不时摘录佳句,再则是所选也以五言诗为主,"七言附之"。而其时间的断限,"起自至德元首"(肃宗至德元载当公元 756 年),与《河岳英灵集》的选诗下限天宝十二载(753)正可基本衔接,综此可见高氏似有意以《中兴间气集》为《河岳英灵集》续编的用心。

但《中兴间气集》作为唐中叶诗歌的一部选本,依然有其不同于《河岳英灵集》的明显特征。这种明显特征主要表现在本书的择诗标准方面。高氏虽然在"序"中指责其前的诗歌选本,谓"《英华》失于浮游,《玉台》陷于淫靡,《珠英》但纪朝士,《丹阳》止录吴人",并指出其失误的缘由均在"曲学专门,何暇兼包众善"。但归结到本书,则高氏其实并无"兼包众善"的意向,他所要摒弃的,是那些"苟悦权右,取媚薄俗"的作品,所选取的,则是"体状风雅,理致清新,观者易心,听者竦耳"一路的诗歌,只有在那样的范围里,才"朝野通取,格律兼收"。

这无疑是一种与《河岳英灵集》崇尚"风骨"、"兴象"的选诗旨趣有很大不同的择录标准。表现在本书正文里,则是于卷上所收钱起、张众甫、于良史、郑丹、李希仲、李嘉祐、章八元、戴叔伦、皇甫冉、杜诵、朱湾、韩翃、苏涣十二家,与卷下所收郎士元、崔峒、张继、刘长卿、李季兰、窦参、道人灵一、姚伦、皇甫曾、郑常、孟云卿、刘湾、张南史十三家中,特别推崇钱起、郎士元二家,均选诗十二首(仅少于选诗最多的皇甫冉一首),且分列二人于上、下二卷之首。还尤其称赞钱起诗"体格新奇,理致清赡",将其与"沈宋"并提;说郎士元与钱起相比,"体调大抵欲同","郎公稍更闲雅,近于康乐"。对于选录诗作最多的皇甫冉(十三首),评语则称其"巧于文字,发调新奇,远出情外",谓其佳句"可以雄视潘张,平揖沈谢"。由此可知高氏标榜的"体状风雅,理致清新",前者实指一种闲适的诗风;后者盖谓诗中须有理趣。因此通观全书所选一百三十余首,大多也就是主题为记录个人闲情逸致及友朋间交游唱酬、迎来送往,形制上又讲究刻意雕琢,力图以文显理的作品了。

从文学批评的角度看,本书值得重视的成就,则在高氏所撰各家名下的评语,不乏独到而鞭辟入里之见。如卷下刘长卿评语称其"诗体虽不新奇,甚能炼饰。大抵十首以上,语意稍同。于落句尤甚,思锐才窄也"。又如卷上戴叔伦评语谓之"其骨稍软"(此条评语不见于影嘉靖本,见录于书后《校文》),诸如此类,剖析入微,均见识力。至评语中时用导源及比较之法显现某家诗特色,如卷上韩翃评语中有"其比兴深于刘员外,筋节成于皇甫冉"之文,又反映出编者继承了《诗品》的传统,于印象式批评之外,别具史家眼光。

本书的不足,一在选录标准稍显偏窄,一在某些评语言过其实。后者如卷下郎士元评语中特标出郎诗"暮蝉不可听,落叶岂堪闻",称为佳句,谓"古谓谢朓工于发端,比之于今,有惭沮矣",即遭到明人王世懋的反诘,因为上引二句中"听"、"闻"二字适犯赋诗"合掌"之忌,云其比谢朓更"工于发端",显然是过誉了。

尽管如此,《中兴间气集》仍不失为唐人选唐诗中一部有价值的代表性著作。通过它,后来的学者得以从一个特殊的角度生动地体味中唐大历诗风的独特风貌;也通过它,中唐诗人的部分作品,得以完好地流传至今,成为校勘唐诗的重要材料。后人因将高仲武与殷璠并提,谓由其开创的唐诗选集之风,有"观其去取,皆有旨归"的长处(清沈德潜《说诗晬语》)。

有关本书的研究,有《四库全书总目》本书提要,傅增湘为本书何焯校本所写题记(见《藏园群书题记》卷十九),王水照为《中国大百科全书》"中国文学卷"所撰本书提要,李珍华、傅璇琮《唐人选唐诗与〈河岳英灵集〉》(载《河岳英灵集研究》,中华书局,1992年)有关段落,梁德林《〈中兴间气集〉的选录标准与中唐前期的诗歌风尚》(《广西师院学报》1987年第1期),孟二冬《论高仲武〈中兴间气集〉》(《北京大学学报》1999年第4期)等。

(陈正宏)

花间集 〔后蜀〕赵崇祚

《花间集》,十卷。五代后蜀赵崇祚选辑。现存最早的版本是两个南宋刊本,一为绍兴十八年(1148)晁谦之跋本(有1955年北京文学古籍刊行社影印本),一为用淳熙十一、十二年(1184、1185)鄂州公文纸背印本(有清光绪间王氏四印斋影刻本)。明本颇多,以正德十六年(1521)陆元大刻本和明末毛氏汲古阁刊本较佳。目前经过整理的较好的读本,是李一氓据本书存世的诸善本汇校,人民文学出版社1958年初版、1998年重印的《花间集校》。

赵崇祚,字宏基,事后蜀主孟昶(934—965在位),官银青光禄大夫、卫尉少卿。《四库全书总目》本书提要谓"蜀有赵崇韬,为中书令廷隐之子,崇祚疑即其兄弟行"。饶宗颐《词集考》又考得后蜀有赵崇溥,与崇祚、崇韬皆广政时人。余不详。

《花间集》是一部专录晚唐五代尤其是后蜀词人之作的词选集。卷首有后蜀广政三年(940)武德军节度判官欧阳炯所撰"花间集叙"。全书收录了温庭筠、皇甫松、韦庄、薛昭蕴、牛峤、张泌、毛文锡、牛希济、欧阳炯、和凝、顾敻、孙光宪、魏承班、鹿虔扆、阎选、尹鹗、毛熙震、李珣十八家词五百首,分十卷编排,每卷五十首(其中卷六收五十一首,卷九收四十九首,稍有例外),以人系词,词以调分。因为要整齐每卷五十首词的规制,所以同一词人的作品,不计多寡,时有分置两卷的情形,而被《四库全书总目》称为"体例为古所未有"。

从题材方面看,《花间集》中选辑的词作绝大部分都是描写男女之情及闺中生活的。全书的第一首,即列于卷一温庭筠所作《菩萨蛮》之一的那首词:"小山重叠金明灭,鬓云欲度香腮雪。懒起画蛾眉,弄妆梳洗迟。 照花前后镜,花面交相映。新帖绣罗襦,双双金鹧鸪。"自是温词的代表作,同时从某种程度上说,也是《花间集》所收词的代表。这种由于题材的特殊而被后来评论者称为风格"侧艳"的作品,从积极的方面看,确有其"情真而调逸,思深而言婉"(南宋晁谦之跋本书语)的一面,如卷五牛希济的《生查子》:"春山烟欲收,天澹稀星小。残月脸边明,别泪临清晓。

语已多,情未了。回首犹重道。记得绿罗裙,处处怜芳草。"便将一对情人将别未别时的心绪表现得颇为细致传神。但由于全书极大部分作品均围绕着一两个比较单一的主题落笔,这种对于艳情的集中渲染又使得《花间集》在整体上显得有些单调。虽然书中也收入了少量写景抒怀之作,如卷六欧阳炯的《江城子》抒发"六代繁华,暗逐逝波声"的历史感慨,卷十李珣的《渔歌子》之二畅叙"水为乡,蓬作舍,鱼羹稻饭常餐也。酒盈杯,书满架,名利不将心挂"的人生志向,终因数量稀少而不足以使全书呈现多样化的风采。

然而从文学风格的表现方式上看,《花间集》所收词作又有一种值得称道的长处,即真率而不过于雕琢造作。像卷五毛文锡《醉花间》之一以"休相问,怕相问,相问还添恨"起首,写女子"偏忆戍楼人,久绝边庭信"的相思苦恼;卷七顾敻《荷叶杯》之四叠用"羞么羞"一词作结,描写女子"泥人无语不抬头"的羞怯姿态,均语辞浅显而神情毕现。又如卷二韦庄的《菩萨蛮》之二"人人尽说江南好,游人只合江南老"一首,通篇大半皆用口语,却能为读者造就一种难得的客里思乡氛围。

《花间集》在题材取向与风格呈现形式方面所具有的这些特征,与"花间"词所产生的时代与地域有着颇为密切的联系。词的兴起与发达,本与乐歌燕集相关,唐末五代乃词从民间逐步走向士大夫文人圈的转折时代,此时的词作所出产的场景,多为"绮筵公子"与"绣幌佳人"聚会歌吟之所,故词的主题难脱"侧艳"也是必然之势。同时像后蜀那样偏居稳定的小环境,又适宜滋生歌舞升平、关注自我的文学。然而也唯其尚处在词从民间向士大夫文人圈转折的时代,所以一方面唐代民间曲子词格律不规范的原生态得以逐渐修正,另一方面在文学表达上又可以仍不失其源于民间的鲜活与生动,从而使这一部篇幅并不大,题材亦尚单调的词选集在中国词学史上独领风骚,被誉为"近世倚声填词之祖"(宋陈振孙《直斋书录解题》中语)。

《花间集》行世后,对于词的创作与词的研究均产生了深远的影响。在词的创作达到高峰的宋代,《花间集》是士人填词的最常用的范本,"花间词"被视为词家学习的楷模与词品正宗。这种对于《花间集》的崇奉发展到近现代,则又因为历史现实的因素而走向反面,由于书中所收多为儿女情长之作,颇遭时人非议,甚而斥之为"淫词"。但不论是正面的推崇抑或是反面的贬斥,《花间集》作为中国词学史上的一部独特著作而引人注目,是显而易见的。

近人对于《花间集》的研究,始于华钟彦(连圃)的《花间集注》(1935年商务印书馆出版,1983年中州书画社再版)与李冰若的《花间集评注》(1935年开明书店出版,1993年人民出版社再版)。20世纪50年代李一氓、饶宗颐相继发表其有关《花间集》版本的研究成果,前者见载于1958年版的《花间集校》后,后者有《论花间集的版本》一文刊于1959年《东方》第1期。此后又有日本学者近藤光男撰《关于花间集的提要》(《花間集の提要をめぐって》,发表于1959年《东京支那学报》第五号),台湾学者祁怀美著《花间集之研究》(刊于1960年《台湾省立师范大学国文研究所集刊》第四卷),韩国学者郑宪哲著《花间词考》(刊于1979年《中国文学》第六辑)。近年发表的有关论著,则有缪钺《"花间"词平议》、陈尚君《"花间"词人事辑》(以上两文均收入巴蜀书社 1992 年版《俞平伯先生从事文学活动六十五周年纪念文集》)、叶嘉莹《从〈花间〉词之特质看后世的词与词学》(《文学遗产》1993 年第 4 期)、王水照《〈花间集〉命名之由》(《新民晚报》1997 年 8 月 3 日)、张以仁《花间集论集》(台湾中研院文哲所,1996 年)与《花间词论续集》(同上,2006 年)、闵定庆《花间集论稿》(南方出版社,1999 年)、李冬红《〈花间集〉接受史论稿》(齐鲁书社,2006 年)、高锋《花间词简论》(《文学评论》2001 年第 3 期)等。

此外,《花间集》已有英、日译本各两种:英译本之一为 Glen Baxter 于 1952 年在哈佛大学完成的博士论文 *Hua Chien Chi: Songs of Tenth Century China*,另一种是 Lois Fusek 译、1982 年由哥伦比亚大学出版社出版的 *Among the Flowers: The Hua-Chien-Chi*。日译本分别由中田勇次郎和花崎采琰翻译,前者作为《中国的名著》之一刊于 1961 年,后者由东京樱枫楼刊于 1971 年。

(陈正宏)

诗式 〔唐〕皎 然

《诗式》,五卷。唐皎然撰。现存最早的版本,是两种明钞本。其中之一经明毛晋校勘,清卢文弨收藏,陆心源据以刻入《十万卷楼丛书》,即现在通行的所谓足本。本书还有两种删节本,其一是删略五卷而成一卷,见明胡文焕所辑《格致丛书》;一是割取五卷本第一卷"中序"之前的文字,略加删汰别为一本,即《四库全书总目》集部诗文评类存目著录者,有《续百川学海》、《唐宋丛书》、《历代诗话》等多种版本。而宋何汶《竹庄诗话》引皎然《诗式》一条,不见于上述各本,可见即便是五卷本,也已非完帙。

皎然(720? —798?),僧人,俗姓谢,字清昼,湖州(今属浙江)人。少负异才,热衷仕进,后以科举不利,于天宝初年出家润州江宁县长干寺。平生擅为诗,大历年间,在湖州一带与江南士大夫交游倡和,声名远播,时有"昼之昼,能清秀"的谚语。后代的论者,又推其为唐代诗僧之冠。著作除《诗式》外,还有《昼上人集》(又名《杼山集》)十卷、《儒释交游录》《内典类聚》共四十卷、《号呹子》十卷、《诗评》三卷、《诗议》一卷(也有学者认为《诗评》、《诗议》是同一部书)、《茶诀》一篇。

据《诗式》卷一"中序"自述,本书的草稿完成于贞元初年。至贞元五年(789),作者与时任湖州长史的李洪结交,相与谈禅说诗,因言及本书。李洪阅其草稿,颇为称赏,敦促作者重加编次。以此在李洪及同邑文士吴凭的协助下,作者勒定全书为五卷。

《诗式》是一部论诗专著。其撰著的目的,据作者称,是要"使偏嗜者归于正气,功浅者企而可及"。即为诗歌鉴赏提供一套可以依据的标准,同时又向初学者指示作诗的门径。为此全书除以"序"、"叙"或"评"的形式在各卷中综论诗法外,还简要地列出了有关诗歌创作与鉴赏的"四不"、"四深"、"二要"、"二废"、"四离"、"六迷"、"六至"、"七德"等关键问题。作为示范,书中依次以"不用事"、"作用事"、"直用事"、"有事无事"、"有事无事情格俱下"等五"格"品第了两汉迄中唐诗歌中的"名篇丽句"四百余条,并用所谓的"辩体一十九字",对被品第作品的风格与体裁进行了简略的归类。

在唐代众多的论诗著作中,《诗式》是颇有见解的一种。其主要表现在如下四个方面。

一、要求丽藻与自然的统一。卷一"取境"条针对时人的一种说法,即"诗不假修饰,任其丑朴,但风韵正、天真全,即名上等",反驳道:"不然。无盐阙容而有德,曷若文王太姒有容而有德乎?"同卷"诗有二废"条则云:"虽欲废言尚意,而典丽不得遗。"至"诗有六至"条,作者更明确地指出优秀诗作的标准之一是"至丽而自然"。从这样的观点出发,作者在评价齐梁诗歌时便自然与当时流行的观念相左,而采取比较客观的态度。卷四"齐梁诗"条即认为齐梁诗中的部分作品与建安诗相比,"可言体变,不可言道丧";而"论者虽欲降杀齐梁",实在是"未知其旨"。

二、阐述继承与创新的辩证关系。卷五"复古通变体"条指出:"作者须知复变之道。反古曰复,不滞曰变。若惟复不变,则陷于相似之格。其状如驽骥同厩,非造父不能辨。能知复变之手,亦诗人之造父也。""又复变二门,复忌太过,诗人呼为膏肓之疾,安可治也。"文中所说的"复",是指对文学传统的继承;"变",则是诗人的创新。继承不应是泥古不化,所以本书卷一"三不同语意势"条在评价"偷语"、"偷意"、"偷势"三种借鉴前人的创作方法时,最推崇"偷势",认为它"才巧意精,若无朕迹,盖诗人阃域之中偷狐白裘之手";而斥"偷语"是"最为钝贼"。创新也不等于毫无规矩。作者在谈到诗歌的六种失误时,就指出"以诡怪为新奇"的不足取(卷一"诗有六迷"条)。

三、推崇高逸的诗歌风格。卷一"辩体有一十九字"条,以高、逸、贞、忠、节、志、气、情、思、德、诚、闲、达、悲、怨、意、力、静、远十九字分别诗歌的风格与体裁。其中"高"、"逸"二体位居第一、第二。它们的含义,作者说:"风韵切畅曰高。""体格闲放曰逸。"所谓"切畅"、所谓"闲放",联系本书中列举的"高"、"逸"名篇看,所指均为一种高远飘逸、潇洒脱俗的诗歌风格。作者在书中将这种诗风提到十分显著的位置,虽不免有以偏概全之嫌,以致受到后代评论者的批评,但其评论导向颇契合于传统中国人的审美情趣,而成为中唐以后诗歌评论的主要标准之一,则是无可否认的。

四、注重诗歌的文外之旨。"文外之旨"的说法,见于本书卷一"重意诗例"条:"两重意已上,皆文外之旨。若遇高手,如康乐公,览而察之,但见情性,不睹文字,盖诣道之极也。"就此在卷二的"池塘生春草,明月照积雪"条中,作者还以例子说明:"且如'池塘生春草',情在言外;'明月照积雪',旨冥句中。"言外有情、句中藏旨,意思都是指优秀诗作具备字面意义以外别有意蕴的特点。发掘这份文外的意蕴,既要依靠诗人的才情,也离不开欣赏者的悟性。因此作者在解释"辩体有一十九字"的最末两体"静"与"还"时,就特意提醒读者:"静,非如松风不动,林狖未鸣,乃谓意中之静;远,非如渺渺望水,杳杳看山,乃谓意中之远。"这也就是说,鉴赏诗歌,应该善于体味其中的意境,咀嚼其文外之旨。

《诗式》是唐代安史之乱后变化的现实与大历诗人诗歌实践综合影响的产物。书中反映的论诗的独特视角,以及其中体现的文学趣味,又与作者皎然的禅房经历及文化素养有密切的联系。

本书的主旨,直接影响到后来的文学批评。尤其是有关"文外之旨"的论述,在以后司空图、严羽等的诗歌评论中都留下了深刻的印记。

本书也存在一些唐代文学批评著作的通病。首先是有关概念一并叙述时层次不清,逻辑混乱。如分别诗体的十九字中,论述内容的志、节、德、贞,与表述风格的高、逸、静、远平行排列,不加区分;而"气"既已作为十九体之一,却同时又被用作"思"的解释(气多含蓄曰思)。其次是某些论述过于繁琐,割裂文意,品诗而失诗味。如卷一"重意诗例"条,分别开列"二重意"、"三重意"、"四重意"例句,失于牵强。

有关本书的研究,有罗根泽、郭绍虞、复旦大学中文系古典文学教研组三家《中国文学批评史》以及罗宗强《隋唐五代文学思想史》(上海古籍出版社,1986年)、贾晋华《皎然年谱》(厦门大学出版社,1992年)的有关章节,以及日本铃木虎雄《诗禅相关的诸诗说》(《詩禪相関の諸詩説》,《日本学士院纪要》八卷一期,1950)、船津富彦《诗式校勘记》(《东洋文学研究》第一号,1953)、《一卷本诗式的资料价值》(《一卷本詩式の資料的価値》,《东京支那学会报》十四号,1954)、《皎然诗论及其原典批评》(《皎然の詩論とその原典批判》,《东洋文学研究》第四号,1956年)、市原享吉《论中唐初期江左的诗僧》(《中唐初期における江左の詩僧について》,《东方学报》第二十八号,1958)、钱仲联《皎然〈诗式〉简论》(《艺林丛录》第五期,1964)、陈晓蔷《皎然与诗式》(台湾《东海文荟》第八期,1967)、徐复观《皎然〈诗式〉"明作用"试释》(《中国文学论文集续编》,台湾学生书局,1981年)、赵昌平《"吴中诗派"与中唐诗歌》(《中国社会科学》1984年第4期)、张海明《皎然〈诗式〉与盛唐诗学思想》(《文学评论》2005年第2期)、张晶《皎然诗论与佛教的中道观》(《文学遗产》2007年第6期)、许连军《皎然〈诗式〉研究》(中华书局,2007年)等。齐鲁书社1986年版《诗式校注》(李壮鹰校注,2003年改由人民文学出版社出版)和浙江古籍出版社1993年版《诗式校注》(周维德校注),皆汇校了本书现存的各种版本,附录有关本书及其作者的多种资料,可参阅。

(陈正宏)

本事诗 〔唐〕孟 棨

《本事诗》，一卷。唐孟棨撰。传世的版本，主要有明嘉靖间刊《顾氏文房小说》本、明吴琯辑刻《古今逸史》本、明崇祯间汲古阁刊《津逮秘书》本、清顺治间宛委山堂《说郛》本及《历代诗话续编》本等。目前通行的读本，是1988年上海古籍出版社刊行的标点本，该本据原古典文学出版社1957年出版的本书与聂奉先《续本事诗》、叶申芗《本事词》合印一册的校点本为基础，另增收徐釚《续本事诗》一种，重加标点排印。

孟棨（"棨"，据陈尚君考证当作"启"，见陈尚君《〈本事诗〉作者孟启家世生平考》，载《新国学》第六卷，巴蜀书社，2006年），字初中。唐文宗开成(836—840)中在广西梧州做官。出入场籍三十余年，唐僖宗乾符二年(875)始登进士第。《本事诗序》自称"前尚书司勋郎中"，疑孟氏仕终此官。另据该序署年在光启二年(886)这一点推算，他享寿应该在六十岁以上。

《本事诗》是孟棨采集以唐人为主的"触事兴咏"的诗作，记载与之相关的轶事遗闻和传说趣话的一部诗学著作。所谓"本事诗"，就是以诗系事，事皆有本。全书一卷，分为情感、事感、高逸、怨愤、征异、征咎、嘲戏七类。第一类"情感"记载的是一些情诗的本事，例如有名的崔护"人面桃花"的故事就收录其中。第二类"事感"收集了一批缘事有感而作的诗篇及其本事，如刘禹锡两游玄都观作看花诗事，书中不但录其诗及序的全文，且缕叙事情原委。第三类"高逸"记叙了唐代文人风流自赏、放诞脱俗的轶事，像贺知章叹赏李白《蜀道难》，号其为"谪仙"，并"解金龟换酒"之事，即登于该类之首。第四类"怨愤"主要收录文人因故罢免遭贬或不得重用，因而惭愤怨艾、作诗见意的故事，如谓贾岛下第后赋"破却千家作一池"诗之类。第五类"征异"记载了与当时一些奇闻异事相关的诗作及本事，如骆宾王兵败未死，隐居灵隐，与宋之问相遇为之续诗等等。第六类"征咎"采录的是一些作诗成谶的故事，如其中生动地叙写了刘希夷作《代悲白头翁》而于次年春季下世的神异情形。第七类"嘲戏"记载的则大都是当时文人作诗相谑或以诗讽刺在朝显贵诸事，如张元一嘲武懿宗一则，记录时人对纨袴子弟的辛辣嘲讽，便颇有意趣。

《本事诗》在学术上的主要价值,首先在于它成书年代早,保留了一部分珍贵的原始的文学史料。这些史料中的一部分为后人研究文学史提供了线索。如"嘲戏第七""张祜"条,载录了张祜戏谑白居易《长恨歌》"上穷碧落下黄泉,两处茫茫皆不见"两句为"目连变"一事。把"目连变"与《长恨歌》相联系,可能最早即见于此,由此可知《长恨歌》在创作过程中受到过当时佛教通俗文学的影响。又如"情感第一"记顾况"红叶题诗"事,也是这则故事的较早文本。以后该故事又有传作卢渥事、于祐事等等,在人物与情节方面都有所变更,据此早期文本可以考见同类诗作本事的发展演变源流。另外,书中保留的一些完整诗篇及序文的条目,又可作为校证传世诗文的依据。如"事感第二"所记元稹奉使东川时作的《题黄明府》序及诗,又见于《元氏长庆集》卷十。由于《本事诗》将该诗及序全文钞录,而其文字与流传至今的《元氏长庆集》又互有异同,因此在校勘元氏作品方面便有较高的价值。

其次,虽然本书中有不少材料已见于其他撰著年代更早的著作,如"情感第一"中记徐德言与妻乐昌公主破镜重圆一事,《独异志》中已有记载;"事感第二"记玄宗听唱李峤诗事,在郑处诲《明皇杂录·补遗》及李德裕《次柳氏旧闻》中也已收录;他如"怨愤第四"记李适之罢相后作怨愤诗一事,刘肃《大唐新语》卷七"识量"、郑处诲《明皇杂录》卷二亦均有记载。但是把这些散见于各类笔记、小说中有关诗歌本事的条目加以集中并分类编次为一书,仍当首推这部《本事诗》。因此,本书同时还具有较早汇集编次诗史材料之功。

然而孟棨撰著《本事诗》时,并没有对所有的参考材料均加以仔细地考订,所以舛误不少。据今人考证,《本事诗》中除部分根据唐诗人本人所撰的文字"独掇其要"而成的条目言之有据外,其他依据小说家言而写成的部分,或者虚设其事,或者夸大其词,颇有不实之失。比较突出的例子,是"征异第五"记骆宾王灵隐续诗,有误解宋之问原诗原意之处。按此诗本是宋之问游台州时所作。"鹫岭郁岧峣,龙宫锁寂寥","楼观沧海日,门对浙江潮",都是描写台州的所见景色,诗尾以"待入天台路,看余渡石桥"作结,诗人仍拟游台州名山,诗意前后贯通。而以《灵隐寺》为题,显见不妥。况且时代早于孟棨的封演在《封氏闻见记》中亦明载此诗为宋之问在台州时作。孟棨所载,以讹传讹,加深了后人对宋诗的误解。也正以此,自宋以后不少人将《本事诗》视为小说家言。王谠《唐语林》便将本书与《云溪友议》、《明皇杂录》等并列为"小说家",郭绍虞《宋诗话辑佚序》中亦认为,《本事诗》采用的是说部的笔调,其态度是游戏的。

但在中国文学研究史上,孟棨的《本事诗》依然有一席之地。它开创了纪事诗话这一新的体裁,此后纪事诗话踵起,除五代人处常子所撰《续本事诗》已亡佚外,留存至今的宋人聂奉先的《续本事诗》、清初徐钪的《续本事诗》、清人叶申芗的《本事词》都继承了"以诗系事"的传统。而且,它对宋计有功的《唐诗纪事》撰写工作也有启发之功,"诗纪事"这一断代文学研究的著作体裁,后来成为文学研究著作的一种重要样式。

　　研究《本事诗》的论著,有《四库全书总目》卷一九五本书提要、日本内山知也《论孟棨与〈本事诗〉》(《孟棨と〈本事詩〉について》,《大东文化大学汉学会志》1969 年 11 月第九号)及其《〈本事诗〉校勘记》(《大东文化大学纪要(文学部)》1970 年 2 月第八号)、吴启明《读孟棨〈本事诗〉书后》(《唐音质疑录》,上海古籍出版社,1985 年)等。

(吕海春)

二十四诗品 〔唐〕司空图

《二十四诗品》，又称《诗品》，旧题唐司空图撰。有明刊《续百川学海》壬集本、明末汲古阁刊《津逮秘书》第八集本、清顺治三年(1646)宛委山堂刊《说郛》卷七九所收本等多种版本。经过整理的排印本，以人民文学出版社1963年出版、1981年重印的郭绍虞编《诗品集解》较为通行。

司空图(837—908)，字表圣，号耐辱居士、知非子，河中虞乡(今属山西永济)人。唐咸通末举进士，官至知制诰、中书舍人。黄巢事起，隐居中条山王官谷。以朱温代唐，哀帝被弑，不食而卒。著有《司空表圣文集》十卷、《司空表圣诗集》三卷。司空图长期以来被学界公认为是《二十四诗品》的作者，但近年有学者撰文指出，"所谓司空图《二十四诗品》为明末人据《诗家一指·二十四品》所伪造"(见陈尚君《唐代文学丛考·司空图〈二十四诗品〉辨伪》，中国社会科学出版社，1997年)。其说曾受到学界的普遍关注。

《二十四诗品》是一部诗论专著，与梁代锺嵘所撰《诗品》名同而实异。锺嵘《诗品》以品评具体作家诗歌成就优劣为主旨，本书则重在运用形象的语句描摹诗歌的各种风格与境界。全书不分卷，列雄浑、冲淡、纤秾、沉着、高古、典雅、洗炼、劲健、绮丽、自然、含蓄、豪放、精神、缜密、疏野、清奇、委曲、实境、悲慨、形容、超诣、飘逸、旷达、流动二十四目，各目之下均以十二句四言韵语品题本目所示的诗歌风格与意境，故称"二十四诗品"。

在品题各类诗风及意境时，《二十四诗品》采用的，主要是一种借喻的手法。如"典雅"云："玉壶买春，赏雨茅屋。坐中佳士，左右修竹。白云初晴，幽鸟相逐。眠琴绿阴，上有飞瀑。落花无言，人淡如菊。书之岁华，其曰可读。"便是借用了诸如载酒游春、茅屋赏雨等雅事，幽鸟相逐于晴空白云间、琴师憩息于飞瀑绿阴下等雅景，来比喻诗歌的"典雅"风貌。把比喻的手法引入诗评，虽不是本书首创，像锺嵘《诗品》的"中品"里，便已引述汤惠休的话，谓"谢诗如芙蓉出水，颜如错彩镂金"，但专用借喻来品诗，并且所品不是具体作家作品，而是只可意会难以言传的诗歌风格与意境，则当首推本书。

《二十四诗品》中所列的品目,包括了诗歌的各种风格与意境。从作品角度呈现的,既有阳刚一类的,也有阴柔一类的。前者如"雄浑":"大用外腓,真体内充。返虚入浑,积健为雄。具备万物,横绝太空。荒荒油云,寥寥长风。超以象外,得其环中。持之非强,来之无穷。"以神秘的玄言营造出一个雄壮的化境。后者如"飘逸":"落落欲往,矫矫不群。缑山之鹤,华顶之云。高人惠中,令色絪缊。御风蓬叶,泛彼无垠。如不可执,如将有闻。识者期之,欲得愈分。"用落落寡合、飘渺无羁、稍纵即逝等诸多意象,烘托出一种飘飘欲仙的气氛。有从创作手法的角度切入的,如"洗炼"先以"如矿出金,如铅出银"为比,最终归结为"流水今日,明月前身"那样一种富于宗教意味的修炼成果,把写诗过程中语词锻炼的艰辛及其功效,十分生动地表现了出来。也有从诗人心境的角度展示的,如"旷达"将"生者白岁,相去几何。欢乐苦短,忧愁实多"的人生困境作为背景与前提加以强调,而后提出"如何尊酒,日往烟萝。花覆茆檐,疏雨相过。倒酒既尽,杖藜行歌"的建议,末再以"孰不有古,南山峨峨"的反问作结,便有借"旷达"的诗境凸现"旷达"的人心,合诗人心境与诗歌意境为一的回环借喻之妙。而通观《二十四诗品》,这种重"体貌"诗境("体貌"之说,出于《四库全书总目》本书提要),相对地不在意全部诗境是否在同一逻辑层面上、是否适合并列品题的做法,又是本书的一个重要特征。这一特征由中国古典诗歌的特点方面看,由于其契合古诗难以理喻、但可意会的独特风貌,而成为本书诠说单类诗风诗境的一大优点;但从文学批评的理论性方面看,则由于其缺乏整体架构,各品排列逻辑性又不强,而成为本书的一个缺点。

　　本书所品题的二十四诗品中,在后代影响最大的是"含蓄"、"冲淡"等表现诗歌韵味、描摹淡雅自然诗风的品目与片断文句。"含蓄"云:"不着一字,尽得风流。语不涉己,若不堪忧。是有真宰,与之沉浮。如渌满酒,花时返秋。悠悠空尘,忽忽海沤。浅深聚散,万取一收。""冲淡"云:"素处以默,妙机其微。饮之太和,独鹤与飞。犹之惠风,荏苒在衣。阅音修篁,美曰载归。遇之匪深,即之愈希。脱有形似,握手已违。"其中像"不着一字,尽得风流"、"遇之匪深,即之愈希"之类充满玄想色彩的禅家语句,深得宋代严羽、清代王士禛诸人的喜爱。《沧浪诗话》提倡兴趣、妙悟之说,从文学批评史的角度看,或与《二十四诗品》的相关品题不无渊源关系。王士禛倡导神韵说,直接受到《二十四诗品》的启发,则有《香祖笔记》等史料为证。但王氏仅取"不着一字,尽得风流"、"采采流水,蓬蓬远春"几联大加表彰,致人误以为《二十四诗品》一书独倡含蓄韵味之说,则失之偏颇。

　　《二十四诗品》中时时显露出一股力图远离现实、寻求世外桃源的隐逸思绪,而其探寻诗歌多样化风格与意境的主题,又恰好为这股思绪提供了合适的表现机会。从这个意义上说,著者选择借喻的手法撰写本书,既有合乎诗歌鉴赏规律的学术性理由,同时可能还有从侧面映现个人与时代关系的现实原因。但不论本书作者是否是司空图,其原创动机为何,《二十四诗品》在讨论诗歌艺术特性时所采用的独到的形式,及其将难以言喻的各种诗境成功地加以摹写诠解的结果,无可争辩地证明了本书在中国文学批评史上的重要价值。

  有关本书的研究,20世纪以前的大部分已为郭绍虞《诗品集解》(包括其"附录")收录。20世纪的研究论著,则除上已述及者外,还有朱东润《司空图诗论综述》(原载40年代《文哲季刊》三卷二号;后收入《中国文学论集》,中华书局,1979年)、李戏鱼《司空图〈诗品〉与道家思想》(原载《文学集刊》第一辑,1943年9月;后收入《中国古代文论研究论文集》,上海古籍出版社,1989年)、孙昌武《司空图〈诗品〉研究的几个问题》(《文史哲》1965年第4期)、祖保泉《司空图诗品注释及译文》(香港商务印书馆,1966年)、萧水顺《司空图诗品研究》(《国立台湾师范大学国文研究所集刊》第十七期,1973年)、日本目加田诚《中晚唐的诗论与司空图的二十四诗品》(《中・晚唐の詩論と司空図の二十四詩品》,日本《中国古典研究》二十号,1975年)、王润华《司空图〈诗品〉风格说的理论基础》(《大陆杂志》五十三卷一期,1976年)、张健《〈诗家一指〉的产生时代与作者——兼论〈二十四诗品〉作者问题》(《北京大学学报》1995年第5期)、汪涌豪《论〈二十四诗品〉与司空图诗论异趣》(《复旦学报》1996年第2期)、张国庆《〈二十四诗品〉诗歌美学》(中央编译出版社,2008年)等。另可参阅张国庆《〈二十四诗品〉百年研究述评》(《文学评论》2005年第1期)。此外,早在1916年,俄国的B. M. 阿列克谢耶夫即将本书译成了俄文并作注释,该书也是俄国最早的一部唐诗研究著作。1963年第七期的《中国文学》(英文版)上,又刊载了由杨宪益夫妇译的本书英文本。1973年,日本高松亨明则在《文化纪要》第七号上,发表了本书日译本,名为《二十四诗品举例与二十四诗品解附二十四诗品校勘》(《二十四詩品挙例と廿四詩品解附二十四詩品校勘》)。

(陈正宏)

隋唐五代编

艺术类

音 乐

乐书要录 〔唐〕元万顷等

《乐书要录》,原为十卷,今仅存五、六、七等三卷。唐元万顷等奉武则天敕撰,约成于久视元年(700)。国内的通行本均据日本 1859 年报刊《佚存丛书》重印,有清阮元《宛委别藏》本、崇文书局《正觉楼丛书》本、民国《丛书集成初编》本。

元万顷(约 640—690),洛阳人,后魏景穆皇帝之胤。乾封中,从英国公李勣征高丽,因书檄文有失,流于岭外。后会赦得还,拜著作郎。奉则天皇后之敕,论撰禁中,与周王府户曹参军范履冰、苗神客、太子舍人周思茂、右史胡楚宾,凡撰《列女传》、《臣轨》、《百寮新戒》、《乐书》等千余篇。永昌元年为酷吏所陷,配流岭南而死。《旧唐书》卷一百九十、《新唐书》卷二百零一有传。

《乐书要录》撰成后,有日本国灵龟二年(716)遣唐留学生吉备真备,于天平七年(735)归国时带走一部。此后日久,国内佚亡,日本国也散失甚多,仅存三卷。清末,我驻日使节搜寻回国,予以刻印。

《乐书要录》第五卷,十目。一、辩音声、审声源。论述音乐与乐音的起源。它是全卷的理论基础。二、论七声相生法。论述"历八相生"法。三、论二变义。论二变(变宫、变徵)之合理,以纠正一些人对二变的偏见。四、论相生类例。论述在七声相生时,最低音可为宫,也可为徵。五、论三分损益通诸弦管。论述三分损益之法,也可通用于管乐器之理。六、论历八相生义。论述历八相生的实用意义。七、论七声次第义。论述七声音阶的结构及其意义。八、论每均自立尊卑义。论述调式中乐音的主次关系。九、叙自古书传论声义。注释《左传》、《五经通义》、《汉书》中的三段文字。十、乐谱。论述五音与伦理的关系,倡导人们崇尚音乐。

第六卷,四目。一、纪律吕。论述十二律吕名称的由来、弦长比数、相生次第及由之相对应的阴阳、干支、历法等内容。其材料多来自汉代,有《汉书·律历志》、《月令章句》、《周语》、《三礼义宗》和郑玄的乐论。二、乾坤唱和义。论述律吕相生理论,将律吕相生与娶妻生子相比拟,可谓"娶妻生子说"。三、谨权量。论述度、量、权(衡)。与音乐关系较远。四、审飞候。论述用"律室"来察测气候的方法,并以此来阐明随月用律的道理。

第七卷,三目。一、律吕旋宫法。论述律吕旋宫之法。论述了顺旋(左旋)的旋宫法,将先秦已有但记述不详的旋相为宫法,具体而又系统地作了论述。二、识声律法。论述用"历八相生"法求十二均中每均七声的方法。三、论一律有七声义。论述"一律有七声"的具体方法,即逆旋(右旋)法。

《乐书要录》还附有图五幅:〔乾坤〕唱和图、汉律室图、十二律相生图、一律有七声图、一律有七声又(之)图。

我国唐代乐舞繁荣,音乐理论崇尚实践。《乐书要录》继承了前代乐律学遗产,摘其要,加以系统化、规范化,并结合音乐实践予以发展,是我国历史上一部重要的乐律学著作。它图文并茂,言简意赅,对后世有重大影响。

有关《乐书要录》研究有日本学者羽塚启明的《校异乐书要录》(《东洋音乐研究》第二卷第三号、第四号)、2004年中央音乐学院出版社版赵玉卿《〈乐书要录〉研究》等。

(王誉声)

乐府解题 〔唐〕吴 兢

《乐府解题》,又称《乐府古题要解》,一卷,或分上、下两卷。唐吴兢撰。《新唐书》《宋史》之《艺文志》有著录。通行本有江苏广陵古籍刻印社影清嘉庆十年张海鹏《学津讨原》本、人民音乐出版社 1990 年排印吉联抗《古乐书佚文辑注》本。

作者生平事迹见"贞观政要"条。

《乐府解题》是吴氏翻阅、采集诸家文集、史传中有关乐府诗古题命名、缘起等记载,"每有所得"随时记写,纂辑而成的。《乐府诗集》题解中大量征引了《乐府解题》的有关内容。据今存辑佚本,其书包括以下内容。

一、相和歌。记有江南曲、度关山、薤露、对酒、鸡鸣、乌生、平陵东、陌上桑、长歌行、短歌行、燕歌行、苦寒行、董逃行、塘上行、秋胡行、善哉行、陇西行、西门行、东门行、野田黄雀行、雁门太守行、艳歌何尝行、煌煌京洛行、棹歌行、白头吟、满歌行、楚妃叹、鰕䱇篇、铜雀台、猛虎行、君子行、从军行、吁嗟篇、豫章行、相逢行、当来日大难、饮马长城窟行、新城安乐宫、孤儿行、门有车马客行、蜀道难、泰山吟、泰山梁甫行、东武吟行、怨诗行、长门怨、班婕妤等曲名及其题解。

二、清商曲。记有子夜歌、乌夜啼、莫愁乐、前溪歌、石城乐、襄阳乐等曲名及其题解。

三、鼓吹曲。记有上之回、巫山高、芳树、有所思、雉子班、临高台、白鸠篇、战城南、钓竿、君马黄等曲名及其题解。

四、横吹曲。记有关山月、刘生、陇头吟、出关、入关、出塞、入塞、望行人、洛阳道、梅花落、紫骝马、骢马、雨雪等曲及其题解。

五、琴曲。记有霹雳引、采薇操、雉朝飞操、思归引、昭君怨、走马吟、水仙操、别鹤操等曲及其题解。

六、杂曲。记有出自蓟北门行、君子有所思行、悲哉行、妾薄命、白马篇、升天行、西长安行、会吟行、苦热行、结客少年场行、轻薄篇、空城雀、行路难、秦王卷衣、半渡溪、起夜来、携手曲、大垂手、夜夜曲、日重光月重轮、上留田行、相逢狭路行、东武吟、放歌行等题曲及其题解。

七、舞曲。记有晋拂舞歌、碣石篇、淮南王篇、晋白纻舞歌等曲及其题解。

本书解题注重阐明题义。如《东门行》释为："古辞云：'出东门，不顾归，入门怅欲悲。'言士有贫不安其居者，拔剑将去，妻子牵衣留之，愿共哺糜，不求富贵，且曰今时清，不可为非也。若宋鲍照伤禽恶弦惊，但伤离别而已。"再如《度关山》释为："梁戴暠云：昔听陇头吟，平居已流涕，但叙征人行役之思焉。"

本书解题注意考证作者。如《平陵东》作者考为："义，函相方进之子，字少仲，为东郡太守。"再如《爱妾换马》作者考为："旧说淮南王所作。疑淮南王即刘安也。"

本书解题简要概括曲情。如《关山月》注为："伤离别也。"再如《阳春曲》注为："伤也。"

本书解题归类揭示曲风。《泰山吟》释为："言人死精魄归于泰山，亦薤露、蒿里类也。"说明是丧歌曲风。再如《步虚词》释为："道家曲也，备言众仙缥缈轻举之美。"

本书解题注疏曲之流变。如汉横吹曲，释为："魏晋已来，唯传十曲：一曰黄鹄，二曰陇头，三曰出关，四曰入关，五曰出塞，六曰入塞，七曰折杨柳，八曰黄覃子，九曰赤之扬，十曰望行人。后又有关山月、洛阳道、长安道、梅花落、紫骝马、骢马、雨雪、刘生八曲，合十八曲。"再如清商曲，释为："清商曲，又有出郭西门、陆地行车、夹钟、朱堂寝、奉法等五曲，其词不足采著。"

本书解题广引古辞，全书约有二十余处。

《乐府解题》搜罗富赡，阐释清晰，被研究汉、魏六朝音乐者所重视。是一部了解、认识、研究五代以前雅乐、燕乐、鼓吹、横吹、相和歌、清商乐（吴声、西曲）、琴曲、舞曲及隋、唐大曲不可缺少的参考书。

有关本书的研究有1961年中华书局版王运熙《六朝乐府与民歌》，主要以清商曲中的吴声、西曲为研究对象，考察其产生时代、地域及渊源，相当深入；2007年人民文学出版社版孙尚勇《乐府文学文献研究》，关涉《乐府解题》的文献学研究。

（姜宝海）

教坊记 〔唐〕崔令钦

《教坊记》,一卷。唐崔令钦撰。约成在唐肃宗宝应元年(762)。曾编入《说郛》、《古今说海》、《古今逸史》、《续百川学海》、《格致丛书》、《百名家书》、《四库全书》、《香艳丛书》、《丛书集成初编》等丛书。通行本有1957年《中国文学参考资料小丛书》本、1959年《中国古典戏曲论著集成》本、1962年中华书局上海编辑所《教坊记笺订》本。后者是其最完善的版本。

崔令钦,生卒年不详。隋弘农太守崔宣度之五世孙,唐合州刺史崔班之子。唐玄宗开元年间(713—741)曾任左金吾卫、仓曹参军等官职。天宝年间(742—756)曾任著作佐郎、丹徒县令、礼部员外郎等官职,肃宗继位(756)后改任仓部郎中、万州刺史、国子司业。曾同诗人李白、刘长卿等交往。著有《哀江南赋注》一卷,著录在《新唐书·艺文志》。他在任左金吾卫和仓曹参军时,曾多方访记教坊见闻。天宝末年安史之乱后,教坊器物制度散失。崔令钦漂流在江南,遂因追忆当年盛世礼乐、京师交游,写下了这部《教坊记》。

教坊是一个专门司掌俗乐的皇家音乐机构,最早产生在隋代。隋炀帝大业三年(607)在洛阳设置十二坊以安置各郡所进献的乐工歌妓,是为教坊之始。唐高祖将其迁入宫中,称"内教坊"。武则天如意元年(692)一度将其改称"云韶府",中宗复位后,重新更名为"教坊"。教坊最盛的时候是玄宗开元、天宝年间。开元二年(714),玄宗把内教坊迁至长安蓬莱宫(大明宫)侧,专门容纳"新声、散乐、倡优之伎",同时又在东、西两京(洛阳、长安)各设立了左右教坊。那时候,光长安教坊就拥有一万一千四百多名乐工歌人。由于这些音乐人才集中了全国音乐艺术的精华,也由于南北朝期间的胡乐入华造成了隋唐两代俗乐空前繁盛的局面,所以教坊乐实际上是中国中古时代新音乐的代表。崔令钦的《教坊记》,正是关于这种新音乐的制度、器物、曲目、人才的重要记录。

《教坊记》共有二十八则文字,除其自序叙述写作缘起、后记说明劝诫之意外,包括以下四方面内容。

一、教坊制度与人事。这一部分通过对两京左右教坊、内人、十家、宫人、挡弹家等人物及其设置或作用的介绍,概括叙述了盛唐教坊的制度;又在《圣寿乐》、戏舞、唱歌、任氏四女、卖假脸贼、眼破、左转等项目中,叙述了教坊歌舞的概貌;此外对散乐杂事,如筋斗、竿木、偏私、压婿、香火兄弟、鹡妻、出内、打鼓、打球等作了记录。

二、杂曲曲名。杂曲在唐代俗称"曲子",是隋唐燕乐的特色音乐品种,类似今天所谓"流行歌曲"。这一部分共记录了二百七十八个曲名。其中具有清乐渊源的六十八曲,有诗体辞的四十六曲,有长短句体辞的七十六曲。

三、大曲曲名。大曲是由器乐曲、歌曲、舞曲组合而成的特殊音乐品种,源于魏晋大曲,综合胡乐、俗乐成分而成为唐代燕乐的重要项目。这一部分记录了四十六支大曲的曲名,其中包括《霓裳》、《玉树后庭花》、《绿腰》、《泛龙舟》、《凉州》、《甘州》、《伊州》等著名歌舞曲。

四、曲调本事。这一部分记载了几种重要乐曲的本事。其中包括《踏谣娘》、《兰陵王》等戏剧歌曲,以及刘宋旧曲《乌夜啼》、隋代新翻曲《安公子》、唐高宗时所创大型舞曲《春莺啭》。

《教坊记》是有关唐代音乐的一部最重要的著作。它记载了三百二十四个曲名,由此反映了盛唐音乐繁盛的局面。这些曲名往往见于敦煌曲、宋词、宋以后的诸宫调、院本、南北曲以及传入日本、高丽的唐宋乐,可资说明盛唐教坊艺术对唐代民间音乐、唐宋词体、戏曲音乐素材的影响。分析这些曲名的内容还可以知道,唐代曲子是以民间歌谣或民间说唱为其渊源的,常以民众的现实生活为题材,例如《叹疆场》、《怨黄沙》、《送征衣》、《得蓬子》、《采桑子》等曲调。它所作的曲子、大曲二分,为进行唐代音乐的总体裁分类提供了基点。它不仅详细记叙了《踏谣娘》、《兰陵王》等戏剧曲的表演方式及其来源,而且《麻婆子》、《穿心蛮》、《别赵十》、《阮郎迷》等曲名,反映了教坊曲同唐代傀儡戏及其他戏弄曲的联系。它对教坊工伎、制度、风俗的描写,则为唐代教坊研究和妓女研究贡献了一份重要的原始资料。

有关《教坊记》的研究,有日本学者岸边成雄的《唐代音乐的历史的研究》(东京大学出版会,1960—1961年)、村上哲见的《教坊记辨》(《中国文学报》第10号,1959年)等。所论述的问题主要是唐代教坊的位置、规模、制度和教坊在新俗乐的确立方面的意义。它的注释本有任半塘《教坊记笺订》(中华书局,1962年)、日本学者斋藤茂译注《教坊记》(日本平凡社,1992年)、周晓莲《〈教坊记〉研究》(台湾文京图书,1993年)等。

(王小盾)

通典·乐典 〔唐〕杜 佑

《通典·乐典》，七卷。唐杜佑撰。《通典》全书共二百卷，《乐典》载在其中一四一至一四七卷。全书完成于唐德宗贞元十七年(801)。通行本有1984年中华书局影印上海商务印书馆《十通》本、1988年中华书局校点排印本。

作者生平事迹见"通典"条。

杜佑之前刘知幾之子刘秩曾仿《周礼》体制，撰《政典》三十五卷，杜佑以为尚有未备，遂采集五经群史及汉魏六朝诸家文集中有关典章制度的材料，参以《大唐开元礼》，补充扩展，著成此书。其目的是企图以历史著作来总结经验教训，垂诫将来，为安史之乱后已呈颓势的唐王朝能长治久安服务。

《通典》是一部论述历代典章制度的专史，上起远古，下至唐玄宗天宝末年。《乐典》在全部八典中位次《礼典》，居第五，讲了音乐理论与实践的发展过程。第一卷"历代沿革上"，由伏羲、神农叙述到魏晋、南朝宋。取材于《尚书》、《周礼》、《吕氏春秋》、《史记·乐书》、《汉书·礼乐志》、《宋书·乐志》、《晋书·乐志》等书。第二卷"历代沿革下"由南朝齐梁叙述到隋唐，北朝音乐也在此卷中。取材于《南齐书·乐志》、《魏书·乐志》、《隋书·音乐志》等书。主要谈上古至唐代的祭祀、宴飨用歌舞乐曲的沿革，以及与乐器的配合，还有音乐机构的变迁等。唐代之前的乐曲创作，因有他书可以参阅，并不特别重要，而论唐代部分则是《旧唐书·音乐志》、《新唐书·礼乐志》之前的少数现存资料之一，相对来说较有价值。第三卷有五条：一、十二律，述十二律之名及与十二月、十二地支的配合。二、五声八音名义，述宫、商、角、徵、羽五声取名之缘起，及与五行之关系，又述石、革、匏、竹、木、丝、土、金八音与八卦、八风之配合。三、五声十二律旋相为宫，述旋宫之法。四、五声十二律相生法，述声与律三分损益相生之法。五、历代制造，述从汉魏到隋唐审音定律，移宫转调种种措施及各家学说的因革发展。第四卷有十一条：一、"权量"，述虞夏(实际上是自汉始)至隋唐用于正声的律量器。二、"金一"，述金类乐器，除通说钟外,另有栈钟、镈、錞于、镯、铎、方响、铜钹、铜鼓等九种。三、"石二",述石类乐器,有磬、磬两种。四、"土三",述土类乐器有埙、缶两种。五、"革四",述革类乐器,除通说鼓外,另有齐鼓、担鼓、羯鼓、都昙鼓、毛员鼓、答腊、鸡栖鼓、正鼓、节鼓、抚拍、雅等十一种。六、"丝五",述丝类乐器,有琴、瑟、筑、筝、琵琶、阮咸、箜篌等七种。七、"木六",述木类乐器,有柷、敔、舂牍、拍板等四种。八、"匏七",述匏类乐器,有笙、竽两种。九、"竹八",述竹类乐器、有箫、管、篪、七星、籥、笛、筚篥、茄、角等九种。十、"八音之外又有三",述前举八类乐器外的挑皮、贝叶等三种特殊乐器。十一、"乐悬",述周朝到唐代天子、诸侯、士大夫所用乐器规格品级、祭祀、宴飨配备乐器的标准组合、乐队的成员结构。所论乐器种数较此前文献如《宋书·乐志》《隋书·音乐志》增加不少,特别是金、革两类乐器。八音外的三种,尤有特殊意义,虽前代多少也谈到一点,但单独列类,则似自杜佑始。而论声律的内容相对来说新义不多。第五卷有四条:一、"歌",述历代歌手事迹。二、"杂歌曲",述历代曲调曲名。乐府多在其中。三、"舞",述舞之所起及其意义、舞之施用场合、舞之种类。四、"杂舞曲",述舞曲曲名及缘起。此卷内容亦多见于《宋书·乐志》等。第六卷有五条:一、"清乐",指出"清乐者,其始即清商三调是也"。又云:"大唐武太后之时犹六十三曲,今其辞存者有白雪……共三十二曲,明之君、雅歌各二首,四时歌四首,合三十七曲;又七曲有声无辞;……通前为四十四曲存焉。"使我们对唐代清乐能有所了解。还介绍了乐器的组合、舞者的服饰。二、"坐立部伎"。述唐坐、立部伎舞曲的创作年代、舞蹈装束和乐队构成,间指明其风格特征。三、"四方乐",述高丽、百济、扶南、天竺、高昌、龟兹、疏勒、康国、安国、鲜卑、吐谷、郎落等所谓东夷、南蛮、西戎、北狄诸国乐的传播及与中原音乐的融合。所论颇有价值,考燕乐者从中可以找到某些线索。四、"散乐",述"非部伍之声,俳优歌舞杂奏",实际上讲的是杂技乐舞,现在除了个别节目外,一般不作为音乐歌舞艺术看待。而对研究杂技史的人,倒很有价值。五、"前代杂乐"。述已亡之乐,辨鼓吹曲与短箫铙歌始末甚详,又论西凉乐虽北魏、北周之时名为国伎,实则其曲项琵琶、竖箜篌之徒并出自西域,非华夏旧器,谈《礼毕》之乐缘起及乐工、乐器配置,也都语要不烦。第七卷收录了一组历代人物论乐舞制度的资料,有"郊庙宫悬备舞议"、"宗庙送神乐议"、"彻食宜有乐议"、"国衰废乐议"、"忌月不废乐议"等二十六条,多涉及礼制问题,对研究音乐本身并无多大价值。

《四库全书总目》评论《通典》,称之为"详而不烦,简而有要,元元本本,皆为有用之实学,非徒资记问者可比,考唐以前之掌故者,兹编其渊薮矣",这样的评价并不过分。以《乐典》论,后代宋郑樵的《通志·乐略》的第二卷便基本上抄撮杜书原文,元马端临《文献通考·乐考》虽内容大增,但论唐代及先唐音乐,亦多从中取材。虽然今天论唐代及先唐音乐的资料在历代正史中都可找到,但汇为一编,阅读查检当然更为方便,《通典·乐典》也就自有其文献价值。

(庞　坚)

羯鼓录 〔唐〕南 卓

《羯鼓录》，一卷。唐南卓著。书分前、后录。前录成于唐宣宗大中二年(842)，后录成于唐大中四年(850)。曾为《新唐书·艺文志》著录。流通本见于各种丛书，如宛委山堂本《说郛》、《续百川学海》、《宝颜堂秘笈》、《墨海金壶》、《四库全书》、《守山阁丛书》、《丛书集成初编》等。目前以上海古籍出版社1988年重印的《羯鼓录》、《乐府杂录》、《碧鸡漫志》三书合编本最为通行。1998年辽宁教育出版社出版《羯鼓录》与《教坊记》、《乐府杂录》、《碧鸡漫志》、《香研居词麈》合刊本。

南卓，字昭嗣，年轻时曾为拾遗官，唐武宗会昌年间(841—846)任洛阳令，宣宗大中(847—859)时为黔南观察使，大中四年(850)春弃官还故里。《新唐书·艺文志》记载南卓还著有《唐朝纲领图》一卷以及《南卓文》一卷。

《羯鼓录》虽成书于南卓任黔南观察使期间，但书中内容却系其在任洛阳令期间所搜集。作者在书中曾自叙其写作过程："会昌元年，卓因为洛阳令，数陪刘宾客、白少傅宴游。白有家童，多佐酒。卓因谈往三数事，二公亦应和之，谓卓曰：'若吾友所谈宜为文纪，不可令淹没也。'时过而未录。及陕府庐尚书任河南尹，又话之。因遣为纪，即粗编次，沿未脱稿。至东阳，因曝书见之，乃详列而竟焉。"

《羯鼓录》是以笔记形式完成的著作，所述从玄宗始，至宣宗大中四年毕，前后约一百三十余年，共叙述唐乐故事一十四件并记载了一百三十一首唐乐曲名。

前录所记述的主要内容：羯鼓的来源和形制；玄宗的音乐才能和对羯鼓的赞誉；羯鼓曲《春光好》和《秋风高》的创作演奏经过；汝南王琎顶花击羯鼓曲《舞山香》；玄宗命取羯鼓解秽；黄幡绰与玄宗对话；宋开府与玄宗论羯鼓；宋犹与德宗论乐；曹王皋以油试鼓倦；李婉夜听羯鼓曲；杜鸿渐等登楼击鼓。

后录记述：崔司空论宋犹辩编钟；宋犹左藏门识编钟。并记录太簇宫、太簇商和太簇角等唐乐曲名八十八首，另有佛曲曲名十首以及食曲曲名三十三首。

本书具有三大特点：一、史料可信，对羯鼓构造的介绍和对玄宗数事的描述等，虽带有些文学夸张，但总体与实际情况吻合。二、所录唐乐故事如"花奴"顶花击鼓、杜宰相酣奏惊犬羊、玄宗叱琴、宋璟论乐等，文字不多，却相当完整。三、描写入神、记录生动。常用精练的语句将故事描写得淋漓尽致，如"头如青山峰，手如白雨点"（"山峰"取不动，"雨点"取碎急）等句，形象地体现了羯鼓的演奏技巧和击鼓神态。

《羯鼓录》是古籍中唯一有关中国古代鼓的专著，因为它的问世，唐代羯鼓才被仔细周全地记录下来，使其盛期的风采永留于字里行间。

有明代佚名《五朝小说》、清代钱熙祚《守山阁丛书》、清代王文诰《唐代丛书》和清代陈世熙《唐人说荟》等所收录的校木，其中以《守山阁丛书》为最佳，此本以《墨海金壶》本为底本，又广收《太平御览》、《太平广记》、《曾造类说》和《唐语林》等集本正误补脱，故后被许多集书所采用。

（戴　宁）

乐府杂录 〔唐〕段安节

《乐府杂录》，又称《琵琶录》，一卷。唐段安节撰。约成于唐昭宗乾宁年间(894—897)。目前最流行的版本为1980年中国戏剧出版社重印1959年《中国古曲戏曲论著集成》校点本。其他流通本有1920年上海涵芬楼影《学海类编》本、1921年上海博古斋影《墨海金壶》本、1932年圣湖正音学会《增补曲苑》本、1957年上海古典文学出版社《中国文学参考资料小丛书》据《守山阁丛书》排印本，1998年辽宁教育出版社出版《乐府杂录》与《教坊记》、《羯鼓录》、《碧鸡漫志》、《香研居词麈》合编本。

段安节，青州临淄(今山东淄博)人。生卒年不详。《酉阳杂俎》作者段成式之子，唐文宗朝宰相段文昌之孙，唐初名将段志玄之玄孙。唐昭宗乾宁年间曾任国子司业。其生平史料仅见于《新唐书·段志玄传》末所附略传。《乐府杂录》是他唯一流传至今的著作。

本书名中的"乐府"，泛指唐中叶以后的音乐、戏曲和杂技。作者撰写本书的目的，在"原序"中说得很明白："安节以幼少即好音律，故得粗晓宫商，亦以闻见数多，稍能记忆。尝见《教坊记》，亦未周详，以耳目所接，编成《乐府杂录》一卷。"可见，作者是为补崔令钦《教坊记》所录，据"耳目所接"而写成此书。阅其内容所载，除少数属于太常乐外，其余大部分是俗乐。作为史料正好与《教坊记》衔接使用，亦可补其不足。

《乐府杂录》是一部属于笔记性质的著作，书中首列有关乐部的雅乐部、云韶乐、清乐部、鼓吹部、驱傩、熊罴部、鼓架部、龟兹部和胡部等九条；次列有关歌、舞工、俳优和傀儡子(即木偶戏)等四条；有关乐器的有琵琶、筝、箜篌、笙、笛、觱篥、五弦、方响、击瓯、琴、阮咸、羯鼓、鼓和拍板等十四条；有关乐曲的有安公子、黄骢叠、离别难、夜半乐、雨霖铃、还京乐、康老子、得宝子、文叙子、望江南、杨柳枝、倾杯乐和道调子等十三条，大抵是源流的考证，兼及一些著名演唱(奏)者的姓氏和轶事等。书的最后是"别乐识五音轮二十八调图"(今本有文但图已佚)，说明了唐代所用的乐律宫调(以上均据1959年中国戏剧出版社本，下同)。

在首列乐部的九条中,使用的乐器有石磬十二架、编钟十二架(均"依律编之")、箫、笙、竽、埙、篪、籥、跋膝、琴、瑟、筑、柷敔、拍板、云和筝(其头像云)、方响、钲、鼓、角、弦鼗、笳、哀笳("以羊角为管,芦为头也")、答鼓("即腰鼓也")、觱篥、四色鼓、楷羯鼓、鸡楼鼓、琵琶、五弦、箜篌等达三十多种;秦王所制的破阵乐属龟兹部,"尤甚壮观也"。

在"歌"篇中,作者认为:"歌者,乐之声也,故丝不如竹,竹不如肉,迥居诸乐之上。"如此重视声乐,推崇歌唱,在历代的音乐著述中,还未曾见到过。在尊崇"古之能者",即韩娥、李延年、莫愁等歌唱家的同时,亦对唐开元末选入宫、籍于宜春院的许和子(艺名永新)赞誉备至,他认为许永新"既美且慧,善歌,能变新声",是在"韩娥、李延年殁后千余载,旷无其人,至永新始继其能"。并在《歌》篇中总结出一些如何歌唱的经验:"善歌者必先调其气。氤氲自脐间出,至喉乃噫其词,即分抗坠之音。既得其术,即可致遏云响谷之妙也。"好的歌手一定要善于控制和运用呼吸,使充足的气息从腹部发出来,并配合咬字吐音,根据高低音予以灵活运用,使歌声达到宏亮美好。在"舞工"篇中,作者认为:"舞者,乐之容也……或如惊鸿,或如飞燕。"当时,舞蹈的体裁分为"健舞、软舞、字舞、花舞、马舞"。健舞曲有《棱大》、《阿连》、《柘枝》、《剑器》、《胡旋》、《胡腾》,软舞曲有《凉州》、《绿腰》、《苏合香》、《屈柘》、《团圆旋》、《甘州》等。在"俳优"篇中提到的伴奏乐器有"单龟头鼓及筝、蛇皮琵琶——盖以蛇皮为槽,厚一寸余,鳞介具焉,亦以楸木为面,其捍拨以象牙为之",还有"凤头箜篌、卧箜篌、三头鼓、铁拍板、葫芦笙"等。有关"傀儡子",作者称:"起于汉祖……陈平访知阏氏妒忌,即造木偶人,运机关,舞于陴间。……后乐家翻为戏。"

在有关乐器的十四条中,有些是值得参考的,如"琵琶"篇中,作者介绍说:"始自乌孙公主造,马上弹之。有直项者,曲项者。曲项盖使于急关也。……开元中有贺怀智,其乐器以石为槽,鹍鸡筋作弦,用铁拨弹之。"并介绍了一些乐器的起源,如"筝者,蒙恬所造也","箜篌,亦曰'坎候'","笙者,女娲造也","笛者,羌乐也","觱篥者,本龟兹国乐也,亦曰'悲栗',有类于笳"等,体现了作者"耳目所接"所作之笔记性质。

值得注意的是书最后的"别乐识五音轮二十八调图(图佚),分平声羽七调、上声角七调、去声宫七调、入声商七调",文中还特别强调"上平声调,为徵声,商角同用,宫逐羽音"。使之成为中外学者研究燕乐二十八调方主要材料之一。后来研究燕乐的各家,如方天培《词尘》、凌廷堪《燕乐考源》、陈澧《声律通考》等的有关考索,全是据此书考证发挥,使燕乐研究成为一门专门的学科。

总之,《乐府杂录》是研究唐代开元、天宝以后,特别是晚唐的音乐、舞蹈、戏曲等方面极为珍贵的史料,有较高的参考价值。

(胡企平)

敦煌乐谱 〔五代〕佚　名

《敦煌乐谱》，又名《敦煌琵琶谱》、《敦煌卷子谱》、《敦煌曲谱》、《敦煌古谱》等，今存三卷。原谱于 20 世纪初在甘肃省敦煌莫高窟发现，后被法人伯希和(P. Pellit)收购，今藏法国巴黎国立图书馆。三卷乐谱编号分别为：伯字三五三九、三七一九和三八〇八。作谱者、传谱人失载。伯字三八〇八乐谱原为三卷，后因僧人利用其背面抄写经卷而黏连成一长卷，抄写于五代长兴四年(933)以前，故可知其为唐、五代时期传谱。据伯字三八〇八原件影印的通行本有 1957 年上海音乐出版社《敦煌琵琶谱的解读研究》本，1986 年上海文艺出版社《敦煌琵琶曲谱》本，1992 年敦煌文艺出版社、甘肃音像出版社《敦煌古乐》本等；1990 年台湾新文丰出版公司《敦煌琵琶谱》含伯字三五三九、三七一九和三八〇八乐谱的原件影印本。

伯字三五三九乐谱仅记录了二十个谱字，每四个谱字为一组，五组谱字旁注"散打四声，次(一读"头")指四声，中指四声，名指四声，小指四声"，据此可知这二十个谱字乃是唐、五代时期四弦四相琵琶上的二十个音位，通常就称其为"敦煌琵琶二十谱字"。由于《敦煌乐谱》的读谱法在我国早已失传，故"敦煌琵琶二十谱字"的存在，为解译是谱提供了可靠的依据。

伯字三七一九乐谱仅存十一个谱字和其他术语符号，所录乐曲的标题为《浣溪沙》，因此谱并不完整，故称其为"《浣溪沙》残谱"。此谱所用的谱字同"敦煌琵琶二十谱字"，但有两个异体谱字。此外，在曲名下尚有"慢二"、"急三"、"慢三"的拍子术语，连同谱中的演奏术语"复"字，为其他曲谱所无。

伯字三八〇八乐谱记录了相对独音完整的四弦四相琵琶曲二十五首，其记谱方法除采用"二十琵琶谱字"外，尚有"重头至住字煞"、"第二遍至王字末"、"同今字下作至合字"等汉字术语以及其他十种和节拍节奏及演奏指法有关的符号。原第一卷十首依次为：《品弄》两首、《倾杯乐》、《又慢曲子》、《又曲子》、《急曲子》、《又曲子》、《又慢曲子》、《急曲子》、《又慢曲子》；原第二卷十首卷首曲名因粘贴被前卷卷尾所遮盖，故现称《佚名》，余九首依次为《倾杯乐》、《又慢曲子西江月》、《又慢曲子》、《慢曲子心事子》、《又慢曲子伊州》、《又急曲子》、《水鼓子》、《急胡相问》、《长沙女引》;原第三卷五首卷首曲名亦因粘贴被前卷卷尾所遮盖,现称《佚名》;余四首依次为《撒金砂》、《营富》、《伊州》、《水鼓子》。在这些乐曲中,《倾杯乐》在隋、唐文献中已见其曲名和歌词;《伊州》为唐代大曲曲名;《西江月》乃词牌名;《水鼓子》歌词见《乐府诗集》;其余标题乐曲和以《曲子》为名的乐曲,多为当时曲子词的曲调。这批乐谱不仅保存了唐、五代时期的音乐实例,为研究中国古代音乐提供了珍贵的史料,而且对于词学研究,亦因有早期曲例而有所助益,故此谱的研究工作历来被音乐学界、文学界和敦煌学界所重视。

自1938年日本学者林谦三和平出久雄发表论文《琵琶古谱之研究》对伯字三八〇八《敦煌乐谱》进行研究之后,林谦三、叶栋、何昌林、陈应时、席臻贯等亦先后将伯字三八〇八《敦煌乐谱》二十五首译成现代曲谱。伯字三八〇八《敦煌乐谱》中的汉字术语较易解明,但其他记谱符号的意义已经失传,目前诸家译谱虽然在谱种、谱字音位、琵琶定弦、汉字术语的解释等方面已取得较为一致的认识,但对于谱中的节拍节奏符号和其他演奏法符号的翻译仍有分歧意见,尤其对于节拍节奏符号的翻译分歧较大。

有关《敦煌乐谱》的研究,有林谦三著《敦煌琵琶谱的解读研究》(上海音乐出版社,1957年)、林谦三著《雅乐·古乐谱的解读》([日]音乐之友社,1969年)、叶栋解译《敦煌琵琶曲谱》(上海文艺出版社,1986年)、敦煌文物研究所编《1983年全国敦煌学术讨论会文集 石窟·艺术编下》(甘肃人民出版社,1987年)、饶宗颐编《敦煌琵琶谱》(台湾新文丰出版公司,1990年)、饶宗颐编《敦煌琵琶谱论文集》(台湾新文丰出版公司,1991年)、席臻贯著《敦煌古乐》(敦煌文艺出版社、甘肃音像出版社,1992年)、陈应时著《敦煌乐谱解译辨证》(上海音乐学院出版社,2005年)等。

(陈应时)

敦煌舞谱 〔五代〕佚 名

《敦煌舞谱》，唐五代人写本残卷。今存五卷，分别编号为敦煌写本伯三五〇一号、斯五六四三号、斯五六一三号、斯七八五号、北残八二〇号。原无题，其作者亦失载，据其内容和斯五六四三号"后梁开平三年(909)"的抄写题记，知此谱创作并抄写于晚唐五代。北残八二〇号今藏北京图书馆，伯三五〇一号今藏法国巴黎国立图书馆，斯坦因编号的三卷则藏在英国伦敦不列颠博物院。这些舞谱今有完整校释本，分别见王昆吾《汉唐音乐文化论集·敦煌舞谱校释》（台北学艺出版社，1991年）、《唐代酒令艺术：关于敦煌舞谱、早期文人词及其文化背景的研究》（台北文津出版社，1993年；上海知识出版社，1994年）。

敦煌写卷原藏在甘肃省敦煌莫高窟的一个藏经洞中，20世纪初发现。其中相当大的部分在1907年至1909年间被匈牙利人斯坦因、法国人伯希和、俄国人奥里敦保等相继贿购并运到国外，中国学者和政府亦因此而作了抢救性的收藏。自1919年起，中国学者屡次前往伦敦、巴黎检抄被劫取的敦煌文献。1925年，刘复将其所发现的伯三五〇一号写卷刊入《敦煌掇琐》，命名为"舞谱"，敦煌舞谱遂为人所知。1960年，饶宗颐又将其所发现的斯五六四三号写卷载入《敦煌琵琶谱读记》，敦煌舞谱研究遂成为专门学问。此后1984年柴剑虹发现斯七八五号舞谱，1986年李正宇发现斯五六一三号舞谱，1993年方广锠发现北残八二〇号舞谱，敦煌舞谱便达到五卷之数。

敦煌舞谱的性质是酒令舞谱，用于"下次据令"舞。其舞蹈方式略略类似存在于新疆民间"麦西来甫"集宴中的邀舞或西方传入的迪斯科：一人先舞，然后邀请另一人与之对舞；两人按同一曲调和同一节奏舞蹈；先舞者的劝舞具有令格意义，被邀者的舞蹈动作须是对劝舞的摹仿和与伴舞的对称。全部舞蹈均循用一种骨干舞姿序列，即"令舞挼据，舞摇挼据，舞挼奇据，舞挼据头"。其舞蹈规则则按唐代酒令方式，在上述四句十六字的舞姿序列之上实行变化。从中可概括出三重令格规则：一、拍段令格，即由曲调节奏构成的基本令格要求；二、打送令格，即用多种（一般是三种）节奏方式演奏同一曲调，构成令格要求的变化；三、字拍令格，即按规则实行各舞姿拍数的增减，提出更细致的令格要求。这三种规则,恰好同歌辞令(唐人俗称"著辞令")中的曲调令格、协韵令格、叠字叠句等修辞令格分别对应。

现存的五卷敦煌舞谱共有二十八份谱例。其主要内容可概括如下。

一、曲调。除北残八二○号的曲名无法复原外,其余四卷舞谱使用了十支曲调。存有完整谱例的有七曲,即《遐方远》、《凤归云》、《南歌子》、《浣溪沙》、《南乡子》、《双燕子》、《蓦山溪》曲;存有片断谱字而无提示词的一曲,即《荷叶杯》曲;仅用为打送曲的两曲,即《浮图子》、《五段子》曲。它们基本上是盛唐的教坊曲,一般都有南方音乐的渊源,不见于中唐记载而在晚唐骤兴,并在此时用入酒筵。因此,它们典型地反映了晚唐五代音乐文化的特点,亦即音乐南方化、教坊曲俗乐化和著辞风尚流行的特点。

二、谱字。这些舞谱共使用了十四个谱字。分析舞谱结构可以知道,在双人对舞中,各谱字所代表的舞姿按以下方式构成相互对称:

	令类	舞类	其他
对称组	令(与) 摇(约)	舞 授 挥	送
	头(请) 奇(拽)	据(竦) 授	送

其中"令"("与")与"头"("请")分别代表飞球与闪球的舞蹈动作,来自盛唐抛打酒令舞;"摇"("约")与"奇"("拽")分别代表邀约与推却的舞蹈动作,来自瞻相令;"舞"与"授"分别代表手舞与腰肩之舞,"据"与"竦"分别代表叉手与引领举足的姿态,来自中唐的抛耍令和手势令;"送"即"断送",代表节奏段落和段落过渡时的特殊舞姿,来自送酒歌舞。这些谱字表明:下次据令是一种以抛打令为基础,吸收各种酒令的动作因素而形成的歌舞令。

三、结构。每份舞谱均包括提示词和谱字两部分,其谱字皆按"令舞授据,舞摇授据,舞授奇据,舞授据头"的顺序排列,而提示词则顺序叙述了舞蹈的几重要素:首先是曲调和拍段,其次是"令"类谱字的拍数,再次是"舞"类谱字的拍数,然后是"巡""轮"添拍和"三拍当一"等字拍变化的规则,最后是打送规则。于是显示出存在于每份舞谱中的两重结构:横结构和竖结构。代表横结构的有十六字舞姿序列,代表竖结构的则有"令"、"巡"、"轮"等术语。在舞谱中,"令"通常指的是"令"、"摇"、"奇"、"头"等谱字,"巡"指的是"令"、"舞"、"授"、"据"等谱字,"轮"指的是"据"、"授"、"舞"、"头"("令"的对称舞姿)等谱字,据此,可用下图来表示两种结构的相互关系:

令	巡	轮
令舞授据	令舞授据	令舞授据
舞摇授据	舞摇授据	舞摇授据
舞授奇据	舞授奇据	舞授奇据
舞授据头	舞授据头	头舞授据

这种关系反映了敦煌令舞的建构过程和令格建设的过程,说明最初的下次据令舞原是"令"、

"摇"、"奇"、"头"的组合,后来才在这种组合的基础上增加了"舞"、"按"、"据"等辅助舞姿,以及"送"这个过渡性的舞姿。

四、行令方式。根据有关文献,敦煌令舞有两个名称:"下次据"和"一曲子打三曲子"。这两个名称都是它的行令方式的标志。"下次据"指的是轮番持令,依次为令主,亦即轮番邀舞;"一曲子打三曲子"指的是用三种打送拍的规则来演奏同支舞曲,使之成为旋律相同但节奏不同的三支舞曲,亦即下述改换送拍位置的方式:

《南歌子》(一)谱,常规打送,"急三中心送,中心慢拍两拍送":

　　□□　　□送□　　送送　　□送□

《南歌子》(二)谱,定位打送,"中心慢拍送,令后送":

　　□□　　□□　　□送　　□□　　□送

《南歌子》(三)谱,定式打送,"打《浣溪沙》拍段送":

　　□□　　□送□　　□送　　□送□　　□送

这种行令方式表明:敦煌令舞的游戏方式来自"改令";其令格的实质,是根据打击乐器节奏的规则性变化而进行舞姿的规则性变化;它是中西文化交流以及这种交流所带来的新的节奏观念和节奏手段的产物。

敦煌舞谱残篇是具有很高价值的历史文献。从艺术符号学的角度看,它们产生在中国艺术符号系统(例如曲谱)迅速发展的时代。因此,作为现在可见的最早的舞谱,它们是中国舞蹈理论和艺术语汇进入新阶段的标志。从音乐学的角度看,它们是中国最早的一份包含音乐、舞蹈双重信息的文献。它们对十四支乐曲的节拍、段落、体制、伴奏方法作了详细记录,由此也提供了一份珍贵的乐谱学资料。从舞蹈学的角度看,它们反映了作为民间舞的酒令游戏舞的存在。这种舞蹈来源于北方民族和西北民族的饮酒风俗,综合来自博戏、嘲谑等民间游艺的因素而成为一种具有丰富的艺术手段的舞蹈,因此,它们将改变那种只从宫廷舞、教坊舞角度认识中国古代舞蹈的旧习。

敦煌舞谱研究很早就成为中国音乐文学研究、敦煌学研究、中国舞蹈史研究的热点。1938年,罗庸、叶玉华在《唐人打令考》中将其确定为酒令舞谱;1942年和1951年,冒广生《疚斋词论》、赵尊岳《敦煌舞谱详解》对舞谱谱字作了进一步考释;1954年,任二北《敦煌曲初探》辟出专章,对其谱字、节拍、流变作了较系统的研究;1962年,赵尊岳又对舞谱、舞容、队形加以综合考察,在新加坡南洋大学图书馆馆刊上连续发表了四篇《敦煌舞谱残帙发微》的论文。这些工作为确定敦煌舞谱的性质及其术语的基本含义提供了良好基础。20世纪80年代起,日本水原渭江(著有《敦煌舞谱の解読研究》,[日]朋友书店,1985年)、中国柴剑虹以及王克芬等大批舞蹈理论工作者加入敦煌舞谱研究,使之成为一门受到国际敦煌学密切关注的学科,其工作则在舞谱结构分析方面有所推进。1990年起,王昆吾从考察唐代酒令、博戏和各种民间伎艺的发展线索入手,联系饮妓艺术和唐著辞的令格规则对敦煌舞谱作了全面的论述与校释,使敦煌舞谱释读问题得到了较完善的解决。但最新发现的北残八二〇号两份谱例,仍因残缺太甚、规则特殊而未得到合理解读。

(王小盾)

书 法

八诀 〔唐〕欧阳询

《八诀》，又称《八法》，一篇。有上海书画出版社《历代书法论文选》本。又《欧阳率更书三十六法八诀》，有清《佩文斋书画谱》本。1997年湖南美术出版社版萧元编著《初唐书论》收有《八诀》，亦附注释。

欧阳询(557—641)，字信本。潭州临湘(今湖南长沙)人。父纥，以谋反诛。询匿而免坐，为江总所养。敏悟博学。唐初高祖时任给事中。后累官至银青光禄大夫、太子率更令等职，世称"欧阳率更"。工书法，学二王及北齐三公郎中刘珉。劲险刻厉，于平正中见险绝，自成一体，人称"欧体"。其书为世人所重，与虞世南、褚遂良、薛稷并称为唐初四大书法家。传世书迹有《皇甫诞碑》、《化度寺邕禅师塔铭》、《九成宫醴泉铭》、《房彦谦碑》及《张翰帖》、《卜商帖》等多种碑刻、墨迹。编有《艺文类聚》一百卷。著有《付善奴传授诀》、《用笔法》(又称《用笔论》)等论书名篇。《旧唐书》卷一八九上、《新唐书》卷一九八皆有传。

《八诀》主要讲写字之法。"八诀"即是八种楷书点画方法的口诀。

《八诀》篇，先录其口诀为："、 如高峰之坠石； 似长空之初月；一 若千里之阵云；丨如万岁之枯藤； 劲松倒折，落挂石崖；亅 如万钧之弩发；丿 利剑截断犀象之角牙；乀 一波常三过笔。"之后又论作书时的神态、坐势、握笔、布白、用墨、结字等各个方面的要求："澄神静虑，端己正容，秉笔思生，临池志逸。虚拳直腕，指齐掌空，意在笔前，文向思后，分间布白，勿令偏侧。墨淡则伤神彩，绝浓必滞锋毫。肥则为钝，瘦则露骨，勿使伤于软弱，不须怒降为奇。四面停匀，八边具备，短长合度，粗细折中。心眼准程，疏密敧正。筋骨精神，随其大小。不可头轻尾重，无令左短右长，斜正如人，上称下载，东映西带，气宇融和，精神洒落。"

（顾安文）

用笔论 〔唐〕欧阳询

《用笔论》，又称《用笔法》，一篇。唐欧阳询著。有《四库全书》本、《摛藻堂四库全书荟要》本、《佩文斋书画谱》本、上海书画出版社《历代书法论文选》本。1997年湖南美术出版社版萧元编著《初唐书论》，收有《用笔论》，并附注释。

作者生平事迹见"八诀"条。

《用笔论》以假托翰林善书大夫同寮故无名公子对话形式，在语言往来中立论。通过形象生动的比喻，通幽洞微地表达欧阳询对用笔之法的识见。

篇首先有翰林善书大夫谈到：自各种书体产生以来，书体"尽妙穷神，作范垂代，腾芳飞誉，冠绝古今，惟右军王逸少一人而已"。然而后人之所以难以企及，是因为"与天挺之性，功力尚少，用笔运神未通其趣"。寮故无名公子欣然表示愿闻其说。大夫即指出用笔之道为："夫用笔之法，急捉短搦，迅牵疾掣，悬针垂露，蠖屈蛇伸，洒落萧条，点缀闲雅，行行眩目，字字惊心，若上苑之春花，无处不发，抑亦可观，是予用笔之妙也。"公子听后表示赞许，但仍有自己的见解。大夫虚心地谈道："与子同寮，索居日久，既有异同，焉得不叙？"相谦一番之后，公子言曰："夫用笔之体会，须钩粘才把，缓绁徐收，梯不虚发，斫必有由。徘徊俯仰，容与风流。刚则铁画，媚若银钩，壮则啒吻而嵲嶫，丽则绮靡而清遒。若枯松之卧高岭，类巨石之偃鸿沟，同鸾凤之鼓舞，等鸳鹭之沉浮。仿佛兮若神仙来往，宛转兮似兽伏龙游。其墨或洒或淡，或浸或燥，遂其形势，随其变巧，藏锋靡露，压尾难讨，忽正忽斜，半真半草。唯截纸棱，撇捺窈绍，务在经实，无令怯少，隐隐轸轸，譬河汉之出众星，昆冈之出珍宝，既错落而灿烂，复趑连而埽撩。方圆上下而相副，绎络盘桓而围绕，观寥廓兮似察，始登岸而逾好。用笔之趣，信然可珍，窃谓合乎古道。"大夫听后称道："今属公子吐论，通幽洞微，过锺、张之门，入羲、献之室，重光前哲，垂裕后昆。中心藏之，盖棺乃止。"虞世南曾称欧阳询作书"不择纸笔，皆得如意"，这种随心所欲的潇洒，与此文中的无名公子倒是十分吻合，而本文的中心，正是公子的一段体会,所谓"钩粘才把,缓继徐收。梯不虚发,矻必有由","刚则铁画,媚若银钩"等,皆为论书法用笔之名言。此外,对书法艺术乃至其他艺术,应像文中的翰林大夫和无名公子一样,既要刻苦孜孜以求,又要坦荡豁达,与同行赤诚相见,互相切磋,深入研究,并勇于吸取他人之长。

(顾安文)

书法 〔唐〕欧阳询

《书法》,又名《三十六法》、《欧阳结体三十六法》,一卷。唐欧阳询著。有《续百川学海》本、《说郛》宛委山堂本、《唐人说荟》乾隆本、道光本、宣统石印本、上海书画出版社《历代书法论文选》本。1997年湖南美术出版社萧元编著《初唐书论》,收有《三十六法》,并附注释。

作者生平事迹见"八诀"条。

《书法》为作者结合临书体会传授法书技法的专著。凡列三十六品目,目次下先述技法要点,次举实例,某些品目还征引他说以助理解,从用笔的方方面面论结字方法。

《书法》开篇列目有① 排叠 "字欲其排叠疏密停匀,不可或阔或狭",如"壽"、"藁"等字,"系"旁、"言"旁之类。"《八诀》所谓'分间布白',又曰'调匀点划'是也。高宗《书法》所谓'堆垛'亦是也。"② 避就 "避密就疏,避险就易,避远就近,欲其彼此映带得宜。"如"廬"字,上一撇既尖,下一撇不当相同;"府"字,一笔向下,一笔向左;"逢"字,下"辶"拔出,则上必作点,亦避重叠而就简径也。③ 顶戴 "字之承上者多,惟上重下轻者,顶戴,欲其得势",如"疊"、"鸞"、"聲"之类。④ 穿插 "字画交错者,欲其疏密、长短、大小匀停",如"中"、"禹"、"襄"、"無"之类。⑤ 向背 "字有相向者,有相背者,各有体势,不可差错。"相向如"非"、"卯"之类,相背如"北"、"根"之类。⑥ 偏侧 "字之正者固多,若有偏侧、敧斜,亦当随其字势结体。"偏向右者,如"心"、"幾"之类。向左者,如"夕"、"少"之类。正如偏者,如"亥"、"不"之类。⑦ 挑撅 字之形势,有须挑撅者,如"戈"、"气"之类。又如"獻"、"斷"之字,左边既多,须得右边撅之。⑧ 相让 "字之左右,或多或少,须彼此相让,方为尽善。"如"馬"旁、"系"旁诸字,须左边平直,然后右边可作字,否则妨碍不便。如"絲"字,以中央"言"字上画短,让两"系"出。如"辦"其中近下,让两"辛"出。如"鷗"等字,两旁俱上狭下阔,亦当相让。如"鳴"、"呼"字,"口"在左者,宜近上,"和"、"扣"字,"口"在右者宜近下,使不妨碍。⑨ 补空 如"我"字,作点须对左边实处,不可与"成"、"戟"、诸"戈"字同。如"襲"、"贛"之类,欲其四满方正也。⑩ 覆盖 如"寶"之类,点须正,画须圆明,不宜相著,上长下短。⑪ 贴零 如

"令"之类。⑫ 粘合 "字之本相离开者,即欲粘合,使相著顾揖乃佳。"如"卧"、"門"之类。⑬ 捷速 如"風"之类,两边速宜圆揽,用笔时左边势宜疾,背笔时意中如电是也。⑭ 满下 要虚如"圜"、"勾"之类。⑮ 意连 "字有形断而意连者",如"之"、"求"之类。⑯ 覆冒 "字之上大者,必覆冒其下",如"雲"头、"穴"头、"奢"、"泰"之类。⑰ 垂曳 垂如"都",曳如"水"、"欠"、"也"之类。⑱ 借换 "为其字难结体,故互换如此,亦借换也,所谓东映西带是也。"如"秘"字就"示"字右点,作"必"字左点,此借换也。又如"鹅"写成"鵞"或"䳘"之类。⑲ 增减 "字有难结体者,或因笔划少而增添",如"新"之为"新","建"之为"建"是也。减省字如"曹"之为"曺"。⑳ 应副 "字之点画稀少者,欲其彼此相映带,故必得应副相称而后可。"如"龙"、"转"之类。㉑ 撑拄 "字之独立者,必得撑拄,然后劲健可观。"如"可"、"弓"之类。㉒ 朝揖 "凡字之有偏旁者,皆欲相顾,两文成字者为多。"如"謝"、"儲"之类。又有三体成字者,如"譬"、"斑"之类。㉓ 救应 "《书法》所谓意在笔先,文向思后是也。"即:"凡作字,一笔才落,便当思第二、三笔如何救应,如何结裹。"㉔ 附丽 "字之形体,有宜相附近者,不可相离。"如"形"、"勉"等。㉕ 回抱 回抱向左者如"曷"、"丐"之类。向右者如"艮"、"包"之类。㉖ 包裹 如"圜"、"尚"、"幽"、"匡"、"旬"等四种方式。㉗ 郤好 "谓其包裹斗凑不致失势,结束停当,皆得其宜也。"㉘ 小成大 "字以大成小者",如"門"、"辶"下大者是也。"以小成大,则字之成形及其小字,故谓之小成大,如"孤"字只在末后一"乀"。㉙ 小大成形 "谓小字大字各字有形势也。东坡先生曰:大字难于结密而无间,小字难于宽绰而有余,若能大字结密,小字宽绰,则尽善尽美矣。"㉚ 小大 大小 "《书法》曰,大字促令小,小字放令大,自然宽猛得宜。"如"日"字之小,难与"國"字同大。㉛ 左小右大 "此一节乃字之病,左右大小,欲其相停,人之结字,易于左小而右大,故此与下二节,著其病也。"㉜ 左高右低 左短右长 "此二节皆字之病。左高右低,是谓单肩。""左短右长,《八诀》所谓勿令左短右长是也。"㉝ 褊 "学欧书者易于作字狭长,故此法欲其结束整齐,收敛紧密,排叠次第,则有老气,《书谱》所谓密为老气,此所以贵为褊也。"㉞ 各自成形 "凡写字欲其合而为一亦好,分而异体亦好,由其能各自成形故也。至于疏密大小,长短阔狭亦然,要当消详也。"㉟ 相管领 "欲其彼此顾盼,不失位置,上欲覆下,下欲承上,左右亦然。"㊱ 应接 "字之点画,欲其互相应接。"如"小"、"朩"自相应接;三点者如"纟"则左朝右,中朝上,右朝左;四点者如"然"则两旁二点相应。

欧阳询论述三十六法是法书专著中谈论结字的佳作,被历来学书者奉为指南。然篇中有宋高宗《书法》、东坡先生及学欧书者诸语,故《佩文斋书画谱》附于宋代之末,认为必非唐人所撰。或以为上述诸语乃后人添改,未可遽断为冒名之作。

(许前茂)

笔髓论 〔唐〕虞世南

《笔髓论》,一卷。唐虞世南著。有《书苑菁华》本、《说郛》本、上海书画出版社《历代书法论文选》本。1997年湖南美术出版社萧元编著《初唐书论》,收有《笔髓论》,并附注释。

虞世南(558—638),字伯施,越州余姚(今属浙江)人。性沉静寡欲,笃志勤学。隋大业初授秘书郎,李世民为秦王时引为王府参军,后官至秘书监,赐爵永兴县子,人称"虞永兴"。唐太宗称其有五绝:一曰德行,二曰忠直,三曰博学,四曰文辞,五曰书翰。善书,曾学书于智永,颇得二王(羲之、献之)之法。其书圆融遒劲,外柔内刚,风神潇洒,自开新貌。作字不择纸笔,皆能如志。与欧阳询、褚遂良、薛稷并称唐初四大书法家。张怀瓘《书断》称其书"得大令(献之)之宏规,含五方之正色,姿荣秀出,智勇在焉。秀岭危峰,处处间起;行草之际,尤所偏工。及其暮齿,加以遒逸"。传世墨迹有《孔子庙堂碑》、旧摹墨迹本《汝南公主墓志铭》等。

篇中分叙体、辨应、指意、释真、释行、释草、契妙七则。叙体一则,概述书体流变。辨应一则,谓"心为君","手为辅","力为任使","管为将帅","毫为士卒","字为城池",以比喻的方式说明书者如何处理心、手、力、管、毫、字之间的关系。指意一则,言用笔须手腕轻虚,要在解悟书意。释真、释行、释草三则,讲述真、行、草各体的书写要领。契妙一则,讲述书法艺术的玄妙:欲书之时,当收视反听,心正气和,则契于妙。"书道玄妙,必资神遇,不可以力求也;机巧必须心悟,不可以目取也。""心悟于至道,则书契于无为。"指出法中无法,法外求法的道理,深得书法三昧。

《宣和书谱》谓虞世南"尝作《笔髓论》,学者所宗"。而余绍宋《书画书录解题》谓"此篇则仅言真、行、草,殊无精义,文词乖拙,不类永兴所为"。

(侯占虎)

书旨述 〔唐〕虞世南

《书旨述》,亦作《书旨术》,一篇。唐虞世南著。有上海书画出版社《历代书法论文选》本。1997年湖南美术出版社萧元编著《初唐书论》收有《书旨述》,并附注释。

作者生平事迹见"笔髓论"条。

《书旨述》以作者与通玄先生对话方式简论书体的来源、产生经过、实际应用及发展变化直至今体的情况。文章语意连贯,内容互有衔接,对书体发展变化可成纵观。

《书旨述》以"客有通玄先生好求古迹,为余知书启之发源,审以臧否"为开端,始论书体变化。又以"随纪年代,考究兴亡"为序进行讲述。在简论中又先总述从字体形成,至于"唐、虞,焕乎文章,畅于夏、殷,备乎秦、汉"。又从史籀创籀文或称大篆起,按年代前后到"秦丞相李斯改省籀文,适时简要,号曰小篆,善而行之"。逐渐古文废而籀文、小篆颇兴,其迹普遍应用。如符玺、鼎钟、旌钺等处可见。认为"夫言篆者,传也。书者,如也,述事契誓者也。字者,孳也,孳乳寖多者也。而根之所由,其来远矣"。至于程邈创隶体到"伯英重以省繁,饰之铦利,加之奋逸,时言草圣,首出常伦"。到锺太傅师资刘德昇,"真楷独得精研"。到王廙、王洽、逸少、子敬等,"剖析前古,无所不工。八体六文,必揆其理,俯拾众美,会兹简易,制成今体,乃穷奥旨"。实为一篇书体演变简史。

(顾安文)

书后品 〔唐〕李嗣真

《书后品》,一卷。唐李嗣真著。新旧《唐志》、《崇文总目·小学类》、《直斋书录解题·杂艺类》、《通志略》均著录。有《法书要录》本、《说郛》本、《书苑菁华》本、上海书画出版社《历代书法论文选》本。

李嗣真(?—696),字承胄。滑州匡城(今河南长垣)人;一说赵州柏(今河北隆尧)人。唐代书画家。则天朝永昌中,官御史中丞、知大夫事、潞州刺史。后被酷吏来俊臣所陷。谥昭。精审音律,书遗迹已佚。著有《读书品录》。

《书后品》一名为多本著录,唯《说郛》本作《后书品》,误倒一字。嗣真在文中一改梁朝庾肩吾《书品》分三等九品之品评法而分为十等,即在"上上品"之上增列"逸品"等次,此乃嗣真所创。全书列自秦至唐书法家八十二人,自序中为八十一人,文中"登逸品数者四人",盖仅指张芝、锺繇、王羲之、王献之,不包括李斯,故有一人之误。是书称"后品",是因有王愔、王僧虔、袁昂、庾肩吾等《书品》在先。

卷首有叙说,指出此书撰写宗旨是因有感于"今之驰骛,去圣愈远,徒识方圆,而迷点画","今人都不闻师范,又自无鉴局,虽古迹昭然,永不觉悟"。因此,"斐然有感而作书评","弘阐神化,亦名流之美事"。故所议论品藻是继王僧虔、袁昂、庾肩吾之后,"采诸家之善,聊指同异,以贻诸好事。其前品已定,则不复诠列"。始于秦氏,终于唐世,凡八十一人,分为十等,每品名录之后,有评有赞,条理秩然。

在逸品前列李斯,评其"小篆之精,古今妙绝"。评列"逸品"者四人:张芝(章草)、锺繇(正书)、王羲之(三体及飞白)、王献之(草、行、半草行书)。"四贤之遗迹,扬庭效伎,策勋底绩。神合契匠,冥运天矩,皆可称旷代绝作也。"赞为"超然逸品"。后列上上品程邈(隶)、崔瑗(小篆)二人;上中品列蔡邕、索靖、梁鹄、锺会、卫瓘、韦诞、皇象七人;上下品列崔寔(章草)、郗鉴、王廙、卫夫人(正书)、王洽、郗愔、李式、庾翼、羊欣、欧阳询、虞世南、褚遂良十二人;中上品列张昶、卫恒、杜预、张翼、郗嘉宾、阮研、汉王元昌七人;中中品列谢安、康昕、桓玄、邱道护、许静、萧子云、陶弘景、释智永、刘珉、房玄龄、陆柬之、王知敬十二人;中下品列孙皓、张超、谢道韫、宗炳、宋文帝、齐高帝、谢灵运七人;下上品列陆机、袁崧、李夫人、谢朓、庾肩吾、萧纶、王褒、斛斯彦明、房彦谦、殷令名、张大隐、蔺静文、钱毅十三人;下中品列范晔、萧思话、张融、梁简文帝、刘逖、王晏、周颙、王崇素、释智果、虞绰十人;下下品列刘穆之、褚渊、梁武帝、梁元帝、沈君理、陈文帝、张正见七人。计八十一人,加前李斯,在书中共品评书家八十二人。

本书可谓一部书法艺术批评史。如在上上品中评"程君首创隶则,规范焕于丹青"。评"崔氏爱效李斯,点画皆如铁石"。如在上中品评"自王、崔以降,更无超越此数君"。以至引王简穆之语说:"无可以定其优劣。"如在上下品评赞欧阳询草书"如旱蛟得水,馋兔走穴"。其"镌勒及飞白诸势,如武库矛戟,雄剑欲飞"。评虞世南"萧散洒落"、"鹓鸿戏沼"。最后对上下品中所列书家赞之曰:"梁、李、蔡、索、郗、皇、韦、卫,羊习献规,褚传羲制,邈乎天壤,光厥来裔。"在中上品中评卫恒、杜预"纵任轻巧,流转风媚。刚健有余,便媚详雅,谅少俦匹"。在中中品中评谢安"有螭盘虎踞之势";康昕"有翰飞莺哢之体";桓玄"如惊蛇入草,铦锋出匣";刘珉"比颠波赴壑,狂涧争流";陶弘景"如丽景霜空,鹰隼初击";陆柬之"学虞草体,用笔则青出于蓝"。在中下品中评孙皓"吴人酣畅,骄其家室,虽欲矜豪,亦复平矣;谢韫"雍容和雅,芬馥可玩";宋文帝"超纵狼藉,翕焕为美"。同时嗣真感慨论道:"古之学者皆有规法,今之学者但任胸怀……而欲乘款段,度越骅骝,斯亦难矣。"在下上品中评"陆平原、李夫人犹带古风,谢吏部、庾尚书创得今韵;蔺静文"正书甚为鲜紧,亦有规则";钱毅"小篆、飞白,宽博敏丽,太宗贵之"。在下中品中评简文帝"拔群贵胜,犹难继作";周颙"意则甚高,迹少俊锐";王崇素"时象丽人之姿";智果"颇似委巷之质";虞绰"锋颖迅健,亦其次矣"。在下下品中评刘穆之等七人"犹枯林之春秀一枝,比众石之孤生片琰"。又评"彦回轻快,练倩有力,孝元风流,君理放任"。嗣真以"有天才者或未能精之,有神骨者则其功夫全弃,但有佳处,岂忘存录"之旨而品藻群英之异能。自称虽"未能至当",而"白圭之玷,则庶不为也"。望后来君子,以之为鉴。

1997年湖南美术出版社版萧元编著《初唐书论》,收有李嗣真《书后品》,并附注释、译文。

(顾安文)

书谱 〔唐〕孙过庭

《书谱》，又称《书谱序》，一卷。唐孙过庭著。有故宫藏真迹模本、诸帖刻本、《书苑菁华》本、詹氏《书苑补益》本、《百川学海》本、《说郛》本、《四库全书》本、《丛书集成》本等。本书流传一千余年，多种手迹单行本和其他版本不胜枚举。其墨迹现存台湾。

孙过庭，生卒年、里籍，各家长期考核不确，无定论。马国权《书谱译注》中《作者史实试探》，依据唐陈子昂《陈伯玉集》的《率府录事孙君墓志铭》、《祭率府孙录事文》、宋《宣和书谱（卷十八）孙过庭传》等史料记述，认为其生卒年为唐贞观十二年（638）至垂拱四年（688）之间。名为虔礼，字过庭。里籍有陈留人（一属河南，一属江苏）、富阳人（今浙江杭县）和自署的"吴郡"三说。如吴郡是指郡望，以其自署吴郡与富春较近，江苏陈留之说可靠程度较高。因过庭此书是千余年来传诵极广而影响巨大的书学名著，对其生平的考证，尤属重要。过庭出身寒微，幼时"不及学文"，成年"不及从事"。四十岁任率府录事参军。不久，遭谗议弃官，遂潜心书法研究以自慰。惜"期老而有述"之志未酬，便遇暴疾而逝。享年约在四十岁至五十岁之间。过庭工正、行、草书三体，尤精草书，妙于用笔，峻拔刚劲，直逼羲、献。墨迹除《书谱》外，还有《千字文》、《景福殿赋》见于著录。

本书三千七百余言。关于本书的名实问题，有"谱"、"论"、"序"之异名，究为正文，抑或是序，多有考证之论，各持有据。认为是"谱"者，因有自记"今撰六篇，分成两卷"而题名为"谱"，意即是谱。认为是正文者，以所论"笔墨利病，推阐几尽"，达到"披卷可明"的撰写目的，或以此有上卷之称，下卷已佚。认为是"序"者，则以其早逝，志竟不遂，全稿未竣，仅存一总序。《宣和书谱》载记《书谱序》上下两篇，其时可能原迹在内府，下卷尚存。下卷可能亡于南渡之际。

本书持论精微奥妙，久有定评，是传诵应用极广、作用巨大的书法理论名著。溯古迈今，对唐及唐以后的书学研究和书法理论体系的形成和发展，发挥着重要影响。张怀瓘推奖是书"深得旨趣，故操翰者奉为指南"。过庭阐发宏论，奉以规模，千百年来放射着异彩。

本书以书法艺术史始自汉、魏为开端，书家则以锺繇真书、张芝今草和诸体备精的二王为例，阐述书法艺术的创作规律性的卓见。以不诬罔古人,也不迷信古人的态度,论述了创作实践经验,开推陈出新之先。如对正、草二体书法、章法等书法源流与支派作出概述;对"质以代兴,妍因俗易"的艺术原理的阐发,说明"古质"、"今妍"两种不同的审美意识应在形式与内容上统一起来;认为书法要随时代的发展而"古不乖时,今不同弊",反映了过庭的书法美学的哲理性,还杂糅儒道两家的色彩;对书法批评与鉴赏提出的依据,如"潜神对弈"、"乐志垂纶"、"挺埴之罔穷"、"工炉并运"而"挹其菁华,得推移之奥赜",可使"藻鉴"专精与博通兼得;如对书法艺术的形神动静的论述;对书法创作的"同自然之妙有"而"心手双畅",达到智巧兼优的要求;对学习书法提出了应有基本功和正确态度的警语,批评不通书法者将胡涂乱写的"任笔为体,聚墨成形"以为书法创作者。指出书法的功能和技巧妙趣在于掌握"穷微测妙"的奥秘;遇有"闻疑称疑,得末行末"的问题,要有质问和领会,否则将"不悟所致之由"。告诫学书时不要"图真不悟,习草将迷","粗传隶法"那样去"好溺偏固",应知"心会手归,若同源而异派,转用之术,犹共树而分条"。指出学书应"趋变适时",各书体自有其形质、情性的追求,此乃写字和书法之间的区别所在。

  本书在历述各书体"工用多变,济成多美,各有攸宜。乖合之际,优劣互差",并指出"五乖同萃,思遏手蒙;五合交臻,神融笔畅"之后,批评一些评论者往往"多涉浮华",仅"外状其形,内迷其理"。并以书家史实为例,说明徒彰史牒者、凭附增价者的作品有之;代祀绵远者、藉甚不渝者、人亡业显者的作品有之。如何提高辨识能力,如何根据书迹鉴别或评判作品水平高低优劣,是书从"且六文之作……"段起,把文字应用和书法艺术区别开来,陈述其对书法的多方面学识和评论。诸如传为王羲之所作的《与子敬笔势论》十章,认为"文鄙理疏,意乖言拙,详其旨趣,殊非右军"。又云所谓王羲之与张伯英同学,"斯乃更彰虚诞"。肯定该篇"非训非经,宜从弃择"。在撰写中对书法研究中存在的"诡辞异说",对"龙蛇云雾"之流、"龟鹤花英之类",对"六书"、"八体"的历史作用等,由于时代不同,不是现今常用的,均"非所详焉"而从略。强调所撰"编列众工,错综群妙;举前贤之未及,启后学于成规",目的是"窥其根源,析其枝派。贵使文约理赡,迹显心通;披卷可明,下笔无滞"。如撰执、使、转、用之由,是"以祛未悟"。文中倾向是确立"代多称习"而"会古通今","历代孤绍"的王羲之在书法艺术发展史中的宗师地位,指出《乐毅》、《黄庭》、《兰亭》等是最好的作品范本。并以右军诸作进行分析,说明书法艺术要善于变化,师法名迹不仅寻求用笔的方法而取形似,更要注意神似,才能形神兼备地学到作品的精髓,切"勿强名为体",如同"阳舒阴惨"那样本乎天地之心、自然之序一样,不要"既失其情,理乖其实"。要求"规模所设,信瞩目前","心不厌精,手不忘熟"地知其术,始可兼通。因此粗举纲要以授。但"思通楷则,少不如老;学成规矩,老不如少",指出应各有所勉。在初学分布时要求平正,再求险绝,然后融平正、险绝于一体而通会,方可达到"人书俱老"的境界,要深懂通权达变之道才能"谋而后动,动不失宜"。否则,强为"标置成体",必然在神采、情性的修养方面有所欠缺。当然,依书法艺术规律发展变化和表现方法上性情不一,摹习者此时必须持以"察之者尚精,拟之者贵似"的谨慎态度。同时,他还要求在笔法上把握迟速、刚柔、内涵、外曜等,以期"众妙攸归,务存骨气"。犹"枝干扶疏,凌霜雪而弥劲;花叶鲜茂,与云日而相晖"。他强调"虽学宗一家,而变化成多体,莫不随其性欲"以为姿。指出"独行之士"容易"偏玩所乖",实是批评那种浅尝辄止、急于独树一帜、自成一家的"躁勇"者。要求书家"必能傍通点画之情,博究始终之理"。要能"浚发于灵台",才能"感会无方"。为能"穷变态于豪端,合情调于纸上",要本着"一点成一字之规,一字乃终篇之准。违而不犯,和而不同"等创作原则和方法,做到"心手相应","运用自如",以至"无间心手",不拘束于楷则,"自可背羲、献而无失,违锺、张而尚工"。孙过庭在一系列论断中步步深入,既求书法艺术创作的超神入化,变化无穷;又要争取有独特风姿气韵的成就。所有这些,涉及对书法艺术本质的认识。

孙过庭指出了作书人的九性(质直、刚很、矜敛、脱易、温柔、躁勇、狐疑、迟重、轻琐)以及相应的九病(径侹不遒、倔强无润、弊于拘束、失于规矩、伤于软缓、过于剽迫、溺于滞涩、终于蹇钝、染于俗吏)。又引《易经》"观乎天文,以察时变;观乎人文,以化成天下"之理对照说明书法的神妙、情趣、韵致是兴会无穷的。过庭也曾试探所谓"有识者","假之以缃缥,题之以古目",而所谓有识者不辨真赝,"竟赏毫末之奇,罕议峰端之失",于是乃知他们和叶公惧龙一样,才知伯牙因锺子期之死,世无知音而碎琴绝弦是有理由的。又以"蔡邕不谬赏,孙阳不妄顾","故不滞于耳目",批评艺术鉴赏中常存的虚夸弊病。本篇结尾时谓:"自汉魏已来,论书者多矣。"但"妍蚩杂糅,条目纠纷;或重述旧章,了不殊于既往;或苟兴新说,竟无益于将来"。凡此,"徒使繁者弥繁,阙者仍阙"。所以撰此《书谱》,庶可给后学者当作规范,给海内知音作参考,而不采取那种"缄秘之旨"的做法。此篇为过庭学书多年的经验之谈。其《书谱》墨迹的艺术特色,更是脍炙人口。

本书在中国书法史中具有重要地位。如将其文字宏丽、议论精粹、阐明书法理论深广纵横的此作和出入规矩、姿态横生、妙趣无穷的手书真迹并称,可谓双璧,实为书林瀚海中熠熠生辉的瑰宝。因此,一千多年以来,此书著录和重刊于书法丛书、类书、专辑、论集、论文选之中者数十。墨迹的影印本等更是化身千万,广布人世。历代书法名家、鉴赏家、评论家、理论家为之进行笺证、注疏、辨正、考证、译注、解说者不胜枚举。日本从唐代传入《书谱序》抄本以后,广泛重视,空海和尚、藤原楚水等多人有《书谱》译本临本、传录本传世。日本朝野临摹其手迹者,更层出不穷。于此,可见是书在国内外的巨大影响和对发展书法艺术所产生的巨大作用。

近年来关于《书谱》的研究著作除1982年上海古籍出版社重印的60年代原中华书局版朱建新《孙过庭书谱笺证》外,另有1980年上海书画出版社版马国权《书谱译注》、1996年国际文化出版公司版冯亦吾《书谱解说》、2003年甘肃文化出版社版徐大为《书谱译注》、2009年上海古籍出版社版周士艺《书谱序注疏》等。2008年江苏美术出版社版谭学念注评《孙过庭〈书谱〉》,考辨孙过庭的生平及《书谱》版本流传,阐释《书谱》的书学思想,并附有古代关于《书谱》研究的文献选编,辑有孙过庭与《书谱》研究文献索引。

(张潜超)

书议 〔唐〕张怀瓘

《书议》,或作《议书》,一卷。唐张怀瓘著。唐肃宗乾元元年(758)四月成书。陈振孙《直斋书录解题》称此篇为《论书》。有《法书要录》本、《书苑菁华》本、《历代书法论文选》本。

作者张怀瓘,生卒年、字、号均不详。海陵(今江苏泰州)人。唐代书法家、书法理论家。开元中官鄂州司马、升州司马、右率府兵曹参军、翰林院供奉。其父、其弟怀瓌(同为翰林供奉)均以书闻名于世。怀瓘善真、行、小篆、八分,谓"真、行可比虞、褚,草欲独步数百年间"。又自赞草书"不师古法,探文墨之妙有,索万物之元精,以筋骨立形,以神情润色。虽迹在尘壤,而志出云霄,灵变无常,务于飞动。……探彼意象,入此规模,忽若电飞,或疑星坠。气势生乎流便,精魄出于锋芒。观之欲其骇目惊心,肃然凛然,殊可畏也"。晚唐吕总激赏其草书"如露花濯锦,渊月沉珠"。惜其墨迹碑帖已佚,未曾传世。可喜的是为后人留有丰富的书法理论著述。传世的有《书断》三卷、《书议》一卷、《书估》一卷、《文字论》一卷、《六体书论》一卷、《论用笔十法》一卷、《玉堂禁经》一卷、《评书药石论》一卷、《二王等书录》一卷。还有《古文大篆书祖》一卷、《书赋》一篇不传。

《书议》以评品真书、行书、章草、草书四体各家等第为主,兼论各体作法,同时通过品第阐明知人论世的判断以表示个人看法。依真书、行书、章草、草书四体分别录其品格。张怀瓘认为,千百年间尽得其妙者不越所记十数人的杰作,然世人往往只知其门,而未知其奥,为使读者能深知其意以见其志,览之了然,不固定于刻板的等级区分,而以"风神骨气者居上,妍美功用者居下"为品评标准,并认为文与书不可等同,"论人才能,先文而后墨",故尤其垂青于翰墨文章皆至妙者。

《书议》以灵活的品评法,先列出"声飞万里,荣耀百代"而堪称"千百年间得其妙者",从汉魏至晋的名迹俱显者有崔瑗、张芝、张昶、锺繇、锺会、韦诞、皇象、嵇康、卫瓘、卫夫人、索靖、谢安、王敦、王珉、王导、王廙、王洽、王羲之、王献之等一十九人(在分体品第时则少卫夫人,实品一十八人)。在各体品第中以真书、行书、章草、草书为序,对各书家以第一、第二、第三等第依次列出。真书品逸少等七人;行书品逸少等九人;章草品子玉等八人;草书品伯英等八人。真行皆列逸少

第一,草书及章草则以伯英"创之规范,得物象之形,均造化之理"而列第一、第二。章草八人中逸少第五,草书八人中逸少第八,列为最末,是对右军草书,颇有微词,认为"人之材能,各有长短。诸子于草,各有性识,精魄超然,神彩射人。逸少则格律非高,功夫又少,虽圆丰妍美,乃乏神气,无戈戟铦锐可畏,无物象生动可奇,是以劣于诸子。得重名者,以真、行故也"。此品语确如怀瓘所谓"今制品格以代权衡,于物无情,不饶不损,惟以理伏,颇能面质"。实为评论家所应有的"不虚美,不隐恶"的春秋之笔。其对书体的论叙,指出"真则字终意亦终,草则行尽势未尽"。"兼真者谓之真行,带草者谓之行草。"在论各家成就时,谓"诸子亦有所不足,或少运动及险峻,或少波势及纵逸,学者宜自损益也"。进一步议论"贤人君子,非愚于此而智于彼,知与不知,用与不用也。书道亦尔,或贱于此,或贵于彼,鉴与不鉴也。智能虽定,赏遇在时也"。是其不议无声之音、无形之相,认为书法评论家应是知人者智,应使一家之见经得起客观的检验。怀瓘此作,是其品评思想及方法发展的结晶。余绍宋在《书画书录解题》中对怀瓘予右军的品评注曰:"此为历来评书家所不敢出者,亦能言之成理,持之有故,不得谓其故作高论也。"

　　《书议》的研究著作有1987年齐鲁书社版敏泽《中国美学思想史》第二卷第三十二章《唐代的书法美学思想》,1997年湖南美术出版社版潘运告编著《张怀瓘书论》。

(许前茂)

书 断 〔唐〕张怀瓘

《书断》,三卷。唐张怀瓘著。自开元甲子(724)草创,至开元丁卯(727)成书。有《法书要录》本、《说郛》(宛委山堂)本、百川学海本、格致丛书本、天都阁藏书本、《历代书法论文选》本。

作者生平事迹见"书议"条。

《书断》所收录者皆古今书体及能书人名,记录前人遗训,"扬榷古今","考穷乖谬","探索幽微",并详述各种书体源流演变。

本书前有"序",全书分为上、中、下三卷。书后附《评》一篇。"序"中简述书法形成过程、应用及功能,形象、生动地描述各种书体构成之种种情态,赞书之精为"虽彼迹已缄,而遗情未尽,心存目想,欲罢不能,非夫妙之至者,何以及此"。并告学者应"察彼规模,采其玄妙,技由心付,暗以目成"。序中阐明本书宗旨为"承先人之遗训,或纪录万一,辄欲芟夷浮议,扬榷古今,拔狐疑之根,解纷挈之结。考穷乖谬,敢无隐于昔贤;探索幽微,庶不欺于玄匠"。序末简介各卷内容。

上卷分述古文、大篆、籀文、小篆、八分、隶书、章草、行书、飞白、草书等书体特征、形成与应用。并在论述中列举代表人物成就。列出书家九人,附者四人。赞十首,论一首。对十种书体分别评述,如同书体发展简史。如古文:"案古文者,黄帝史苍颉所造也。""仰观奎星圆曲之势,俯察龟文鸟迹之像,博采众美,合而为字,是曰古文。"然后历述古文的变迁。大篆:"案大篆者,周宣王太史史籀所作也。或云柱下史,始变古文,或同或异,谓之为篆,篆者传也,传其物理,施之无穷。"怀瓘主张"拔狐疑之根,解纷挈之结"。故断言《吕氏春秋》所云"苍颉造大篆"不确。若苍颉造大篆,则置古文何地? 所谓籀篆,皆古文之子孙辈。怀瓘并对郦道元《水经注》中所说的"证知隶书出古,非始于秦时"表示怀疑,认为程邈所造,书籍共传,郦道元之说恐未可凭也。论至行书之产生,张怀瓘认为:"善学者及学之于造化,异类而求之,固不取乎原本,而各逞其自然。"关于草书的形成说法不一,怀瓘一一列出,认为"伯英学崔、杜之法,温故知新,因而变之以成今草,转精其妙。

字之体势,一笔而成,偶有不连而血脉不断,及其连者,气候通其隔行"。"伯英即草书之祖也。"文中每在评论书体之形成后,总有"某人即某书体之祖也"之句,并且在各论之后均附有言简意赅之赞语。卷上之末,有论一首。综述书体形成经过及演变因缘。

中卷主要记述三品优劣。神品列目二十五人次,妙品列目三十九人次,能品列目一百零七人次。并分品进行鉴赏和评骘。先列神品二十五人。大篆一:史籀;籀文一:史籀;小篆一:李斯;八分一:蔡邕;隶书三:锺繇、王羲之、王献之;行书四:王羲之、锺繇、王献之、张芝;章草八:张芝、杜度、崔瑗、索靖、卫瓘、王羲之、王献之、皇象;飞白三:蔡邕、王羲之、王献之;草书三:张芝、王羲之、王献之。妙品九十八人。古文四:杜林、卫密、邯郸淳、卫恒;大篆四:李斯、赵高、蔡邕、邯郸淳;小篆五:曹喜、蔡邕、邯郸淳、崔瑗、卫瓘;八分九:张昶、皇象、邯郸淳、韦诞、锺繇、师宜官、梁鹄、索靖、王羲之;隶书二十五:张芝、锺会、蔡邕、邯郸淳、卫瓘、韦诞、荀舆、谢安、羊欣、王洽、王珉、薄绍之、萧子云、宋文帝、卫夫人、胡昭、曹喜、谢灵运、王僧虔、孔琳之、陆柬之、褚遂良、虞世南、释智永、欧阳询;行书十六:刘德昇、卫瓘、王珉、谢安、王僧虔、胡昭、锺会、孔琳之、虞世南、阮研、王洽、羊欣、薄绍之、欧阳询、陆柬之、褚遂良;章草八:张昶、锺会、韦诞、卫恒、郗愔、张华、魏武帝、释智永;飞白五:萧子云、张弘、韦诞、欧阳询、王廙;草书二十二:索靖、卫瓘、嵇康、张昶、锺繇、羊欣、孔琳之、虞世南、薄绍之、锺会、卫恒、荀舆、桓玄、谢安、张融、阮研、王珉、王洽、谢灵运、王僧虔、欧阳询、释智永。能品一百零七人。古文四:张敞、卫觊、卫瓘、韦昶;大篆五:胡昭、严延年、韦昶、班固、欧阳询;小篆十二:卫觊、班固、韦诞、皇象、张纮、许慎、萧子云、傅玄、刘绍、张弘、范晔、欧阳询;八分三:毛弘、左伯、王献之;隶书二十三:卫恒、张昶、郗愔、王濛、卫觊、张彭祖、阮研、陶弘景、王承烈、庾肩吾、王廙、庾翼、王修、王褒、王恬、李式、傅玄、杨肇、释智果、高正臣、薛稷、孙过庭、卢藏用;行书十八:宋文帝、司马攸、王修、释智永、萧子云、王导、陶弘景、汉王元昌、王承烈、孙过庭、萧思话、齐高帝、裴行俭、王知敬、高正臣、薛稷、释智果、卢藏用;章草十五:罗晖、赵袭、徐幹、庾翼、张超、王濛、卫觊、崔寔、杜预、萧子云、陆柬之、欧阳询、王承烈、王知敬、裴行俭;飞白一:刘绍;草书二十五:王导、陆柬之、何曾、杨肇、李式、宋文帝、萧子云、宋令文、郗愔、庾翼、王廙、司马攸、庾肩吾、萧思话、范晔、孙过庭、齐高帝、谢朓、王知敬、裴行俭、梁武帝、高正臣、释智果、卢藏用、徐师道。怀瓘对古今书家的品评"不越三品,工拙伦次,殆至数百",又言"每一书之中,优劣为次;一品之内,复有兼并"。如在神品中设置籀文、小篆、八分、隶书、行书、章草、飞白、草书诸书体,有的书家只得一种,"张芝得其三,逸少父子并各得其五"。其余"所列传则当品之内,时代次之。或有纪名而不评迹者,盖古有其传,今绝其书,粗为斟酌,列于品第"。在列入各品之中的书家,皆有简历和业绩,并对各家列入诸品的标准有所详析和述评。文中间有插叙、轶闻逸事。在神品中列传并加述评的:有周史籀、秦李斯、后汉杜度、崔瑗、张芝、蔡邕、魏锺繇、吴皇象、晋卫瓘、索靖、王羲之、王献之等十二人。在妙品中列传并有述评的,有秦胡毋敬,博识古今文字。有后汉杜林,工古文。有卫宏,修古学,善属文。有曹喜,篆、隶之工,收名天下。有刘德昇,以造行书擅名。有师宜官,八分称最,大则一字径丈,小乃方寸千言,甚矜其能。有梁鹄,少好书,受法于师宜官,以善八分知名。有张昶,尤善章草,家风不坠,奕叶清华,书类伯英,时人谓之"亚圣"。又善隶。有魏武帝曹操,尤工章草,雄逸绝伦。其子曹植亦工书。有邯郸淳,书则八体悉工,尤精古文、大篆、八分、隶书,皆入妙。有胡昭,善草行。有韦诞,诸书并善。有嵇康,妙于草制,观其体势,得之自然,意不在乎笔墨,若高逸之士,虽在布衣,有傲然之色。有锺会,书有父(锺繇)风,稍备筋骨,美兼行草,尤工隶书。有吴处士张弘,笃学不仕,恒着乌巾,时号张乌巾,并善篆、隶,其飞白妙绝当时。有晋张华,善章草书,体势尤古。有卫恒,善古文,并造散隶书,作《四体书势》。有卫夫人,隶书尤善规矩,钟公、右军少常师之。有王廙,工于草、隶、飞白。有郗愔,善众书,其法遵于卫氏,尤长于章草。有王洽,书兼诸法,于草尤工。有谢安,善行书。有王珉,工隶、行草。有桓玄,善于草法。有宋文帝刘义隆,善隶书,次及行、草,时论以为天然胜羊欣。有羊欣,隶、行、草入妙。有薄绍之,行、草偶傥,时越羊欣。有谢灵运,隶、草入妙。有孔琳之,善草、行,师于小王。有王僧虔,宋文帝见其书素扇,叹曰:非唯迹逾子敬,方当器雅过之。有张融,书兼诸体,于草尤工。世人见其有古风,多误宝之,以为张伯英书也,而拓本大行于世。有梁萧子云,诸体兼备,而创造小篆飞白,意趣飘然,点画之际,若有骞举。有阮研,善书。其行、草出于大王,甚精熟,若飞泉交注,奔竞不息。有陈永兴寺僧智永,半得右军之肉,兼能诸体,于草最优。有欧阳询,八体尽能,笔力劲险,篆体尤精。有虞世南,具出世之才,遂兼忠谠、友悌、博文、词藻、书翰五绝。有褚遂良,少则服膺虞监,长则祖述右军,真书甚得其媚趣。有陆柬之,虞世南之甥,少学舅氏,晚习二王,尤尚其古。凡三十七人。

下卷列能品。列入各家均有小传:有汉张敞、严延年、班固、徐幹、许慎、吕忱、张超、崔寔、罗晖、赵袭、左伯、张纮、毛弘、魏卫观、晋何曾、傅玄、刘绍、杨肇、杜预、齐献王攸、李式、王导、张彭祖、韦弘、王濛、王恬、庾翼、王脩、韦昶、萧思话、范晔、齐高帝、谢朓、梁武帝、庾肩吾、陶弘景、北周王褒、隋释智果、汉王元昌、高正臣、裴行俭、王知敬、宋令文、王绍宗、孙虔礼、薛稷、卢藏用。

怀瓘在简述入品书家及传略之后有个小结,说明入于品列者,皆天下之闻人。"群能间出,角立挺拔,或秘像天府,或藏器竹帛,虽经千载,历久弥珍,并可耀乎祖先,荣及昆裔,使夫学者发色开华,灵心警悟,可谓琴瑟在耳,贝锦成章。"为"以展其材","以扬其业",而有此著。

书后设总评,以简洁的文字,历述众多著名书家的书法风格。还援引著名书家自评和对其他书家之评。末附赵僎《系论》一篇,对《书断》予以赞誉和肯定,认为"夫古或作之,有不能评之,评之,有不能文之。今斯书也,统三美而绝举,成一家以孤振"。"自古文逮草迹,列十书而详其祖,首神品至能笔,出三等而备厥人。所谓执简之太素,舍毫之万象,申之宇宙,能事斯异矣。"

《书断》的研究著作有1987年齐鲁书社版敏泽《中国美学思想史》第二卷第三十二章《唐代的书法美学思想》,1997年湖南美术出版社版潘运告编著《张怀瓘书论》。

(许前茂)

评书药石论 〔唐〕张怀瓘

《评书药石论》，一卷。唐张怀瓘著。有宋陈思《书苑菁华》本、上海书画出版社《历代书法论文选》本。

作者生平事迹见"书议"条。

《评书药石论》为怀瓘进御之作。其文洋洋二千四百余言，多以泛言譬解书道之理。以为书以多筋、圆转为胜，而棱角及脂肉俱是病弊，须诊良医，故以药石名篇。以"欲学文章，必先览经籍子史"为喻，指出"上才者，深酌古人之意，不录其言"。而中才者、下才者、无才者则各有不同，"书道亦然"。谓"圣人不凝滞于物，万法无定，殊途同归，神智无方而妙有用，得其法而不著，至于无法，可谓得矣"，"道本自然，谁其限约"。又设喻曰"夫马筋多肉少为上，肉多筋少为下"，"书亦如之"。认为"其有一点一画，意态纵横，偃亚中间，绰有余裕，结字峻秀，类于生动，幽若深远，焕若神明，以不测为量者，书之妙也。是曰无病，勤而行之益佳"。而"其有方阔齐平，支体肥腯，布置逼仄，有所不容，棱角且形。况复无象，神貌昏懵，气候蔑然，以浓为华者，书之困也。是曰病甚，稍须毒药以攻之"。称"古文、篆、籀，书之祖也，都无角节，将古合道，理亦可明"。怀瓘主张，"书亦须用圆转，顺其天理；若辄成棱角，是乃病也，岂曰力哉！"又说，"书能入流，含于和气，宛与理会，曲若天成，刻角耀锋，无利余害，万事拙者易，能者难，童蒙书有棱角，岂谓能也，共人相知"。"棱角者，书之弊薄也；脂肉者，书之滓秽也，婴斯疾弊，须访良医，涤荡心胸，除其烦愦。""故大巧若拙，明道若昧，泛览则混于愚智，研味则骇于心神。"因优劣常混在一起，应予以分辨，正如"无物之象，藏之于密，静而求之或存，躁而索之或失，虽明目谛察而不见，长策审逼而不知，岂徒倒薤、悬针、偃波、垂露而已哉，是知之也"。学书亦应"心之通微，贯之而已，其得之者，心手相应，如轮扁之斫轮，固言说所不能。是以锺、张、二王亦无言说"。怀瓘认为，"夫物芸芸，各归其根，复本谓也。书复于本，上则注于自然，次则归乎篆籀，又其次者，师于锺、王。夫学锺、王，尚不继虞、褚，况冗冗者哉！"怀瓘又论，"夫简兵则触目而是,择将则万不得一。故与众同者俗物,与众异者奇材,书亦如然。为将之明,不必披图讲法,精在料敌制胜;为书之妙,不必凭文按本,专在应变,无方皆能,遇事从宜,决之于度内者也"。本论主要针对唐代贞观以来"脂肉棱角"的书风,反复设喻,望君主采取措施,令书行于正道。

1997年湖南美术出版社版潘运告编著《张怀瓘书论》,收有《评书药石论》,并附有注释、译文。

(许前茂)

文字论 〔唐〕张怀瓘

《文字论》,一卷。唐张怀瓘著。有《书苑菁华》本、《美术丛书》本、《历代书法论文选》本等。

作者生平事迹见"书议"条。

开卷先为"文字"及"书"释名:"文字者,总而为言;若分而为义,则文者祖父,字者子孙。察其物形,得其文理,故谓之曰文;母子相生,孳乳寖多,因名之曰字。题于竹帛,则目之曰书。"全篇的主体是记述与友人讨论书道的内容,借答友人之问来阐发自己的主张。认为"深识书者,惟观神采,不见字形,若精意玄鉴,则物无遗照"。"文则数言乃成其意,书则一字已见其心,可谓得简易之道。欲知其妙,初观莫测,久视弥珍,虽书已缄藏,而心追目极,情犹眷眷者,是为妙矣。"

对锺、王真、行书有所评论,而自比于虞、褚。言己攻书"不师古法,探文墨之妙有,索万物之元精,以筋骨立形,以神情润色,虽迹在尘壤,而志出云霄,灵变无常,务于飞动。或若擒虎豹,有强梁拏攫之形;执蛟螭,见蚴蟉盘旋之势。探彼意象,入此规模,忽若电飞,或疑星坠,气势生乎流便,精魄出于锋芒"。

怀瓘所论深得书法三昧,确是学者应持之立论,实为书家所宜奉行之书道。

1997年湖南美术出版社版潘运告编著《张怀瓘书论》,收有《文字论》,并附注释、译文。

(侯占虎)

六体书论 〔唐〕张怀瓘

《六体书论》，一卷。唐张怀瓘著。陈振孙《直斋书录解题》作《六体论》，无"书"字。有《书苑菁华》本、上海书画出版社《历代书法论文选》本等。

作者生平事迹见"书议"条。

本篇为张怀瓘奏呈之作，并与其弟张怀瓌各书三种书体附呈。所谓六体，指大篆、小篆、八分、隶书、行书、草书。篇中分别介绍六体，其后兼叙书道。

篇中认为：大篆乃史籀所造，广乎古文，法于鸟迹，其体若鸾凤奋翼，虬龙掉尾，或花萼相承，或柯叶敷畅，劲直如矢，宛曲若弓，铦利精微，同乎神化。有李斯、蔡邕嗣之。小篆乃李斯所造，其体或镂纤屈盘，或悬针状貌，其势飞腾，其形端俨。有曹喜、蔡邕嗣之。八分乃王次仲所造，其势点画飞动，体骨雄异，腾气扬波，贵逸尚奇。王次仲所造无从寻觅，可以蔡邕为祖，后又有张昶、皇象及钟繇、索靖先后承之。隶书乃程邈所造，其体真正，也谓真书。嗣之者元常为兄，逸少为弟，子敬为息。在论隶书时，提出"真书如立，行书如行，草书如走"之说。又对钟繇及羲、献父子之书法加以品评，认为钟繇法于大篆，得其古风，亦有不足，伤于疏瘦；王羲之比钟繇，锋芒峻势多所不及；王献之远减于父，锋芒往往直笔而已。行书乃刘德昇所造，不真不草，若晨鸡踉跄而将飞，暮鸦联翩而欲下。草书乃张芝所造，是文字之末。而其创意之功邻乎篆籀，字势生动，宛若天然；然草法贵在简易，而此公伤于太简也。逸少虽损益合宜，其于风骨精熟，去之尚远。伯英是其祖，逸少、子敬嗣之。

谈及书势之文质，认为识者必考之古。乃先其质而后其文。质者如经，文者为纬。学真者不可不兼钟，学草者不可不兼张，此皆书之骨也。幼年学书，当习古本，然如人面不同，性分各异，书道虽一，各有所便，顺其情则业成，违其衷则功弃。广求名书以教之，察其所入，便遣习之。执笔之法有死活，要识其门，知其奥，顺其性，得其法。

1997年湖南美术出版社潘运告编著《张怀瓘书论》，收有《六体书论》，并附注释、译文。

（侯占虎）

玉堂禁经 〔唐〕张怀瓘

《玉堂禁经》，一篇。唐张怀瓘著。有上海书画出版社《历代书法论文选》本。

作者生平事迹见"书议"条。

《玉堂禁经》旨在分析锺繇、张芝及羲、献父子、欧阳询等著名书家和历代工书技法者相传点画写法。详举法式，分说名称，细辨区别，阐明作用，于用笔、识势、裹束等书家三昧，论说可谓精备。

《玉堂禁经》开篇即指出："夫人工书，须从师授"，并要设"一向规矩"，否则"欲速造玄微，未之有也"。说明"今论点画偏旁、用笔向背，皆宗元常、逸少，兼递代传变，各有所由，备其轨范，并列条贯"。

一论"用笔法"。"夫书之为体，不可专执；用笔之势，不可一概。"其一法为"点画八体，备于'永'字"的"永字八法"。并详论侧、勒、弩、趯、策、掠、啄、磔等不同笔势："侧不得平其笔，勒不得卧其笔，弩不得直，趯须蹲其锋，策须背笔，掠须笔锋，啄须卧笔疾罨，磔须趯笔。"其二法为"先达八法之外"，即"更相五势以备制度"的五势法。如"门 一曰钩裹势，刀 二曰钩努势、、 三曰衮笔势，丨 四曰佁笔势，一 五曰奋笔势"。其三法为"又有用笔腕下起伏之法，用则有势，字无常形"的九势法。一曰顿笔、二曰挫笔、三曰驭锋、四曰蹲锋、五曰䟐锋、六曰衄锋、七曰趯锋、八曰按锋、九曰揭笔。

二论"识势"，即点画偏旁各势变化。其一"烈火异势"如"从，此名烈火势"。又出现其异势，如：灬 各自立势；灬 联飞势；灬 布棋俗势。其二"散水异法"如：氵 递相显异；氵 潜相瞩视；氵 行书；氵 草书势。其三"勒法异势"如：一 鳞勒；丨 借势；㇉ 草势；一 平布。其四"策变异势"如：二 递相显异；二 借势；㇌ 章草、草书之势；二 布算势。其五"三画异势"如：三 递相解摘；三 递相竦峙；三 峭峻势；三 画卦势。其六"啄展异势"如："人，此'人''入'"等法。如：丿 交争势；人 章草之法。其七"乙脚异势"如：乙 外略法；乚 蚕毒法。其八"宀头异势"如：宀 若跨；宀 各相显异；宀 行书法；宀 章草书之法。其九"倚戈异势"如：乀 折芒势；乀 秃出；乀 借势；乀 背(趯时用之)势。其十"页脚异势"如：'页'锺、张、二王所用之势及斗势。其十一"垂针异势"如：顿笔及悬针等势。

三论"结裹法"，如抑左升右者，举左低右者，促左展右者，实左虚右者，左右揭腕之势者，一上一下不齐之势者，用钩裹之势者，欲挑还置之势者，用钩弩之势者，将欲放而更留者等十法。作者强调"夫书第一用笔，第二识势，第三裹束。三者兼备然后为书，苟守一途，即为未得"。篇末"书诀"乃摘录王僧虔《笔意赞》中一段。论述临书准备，临书次第，以及上述各法各势的综合运用。

1997年湖南美术出版社版潘运告编著《张怀瓘书论》，收有《玉经堂禁经》，并附注释、译文。

（许前茂）

法书论 〔唐〕蔡希综

《法书论》,一卷。唐蔡希综著。有《书苑菁华》本、上海书画出版社《历代书法论文选》本。

蔡希综(《宋史·艺文志》著录作惊,又作宗、琮),生卒年不详。济阳人。一说曲阿(今江苏丹阳)人。唐天宝年间书法家。东汉左中郎蔡邕后裔。希逸、希寂之弟。其家历世皆传儒素,尤尚书法,兄弟三人皆为时所重。有玄宗天宝十二载(753)行书《治浦桥记》传世。

《法书论》主旨为自述家世及诸家书法授受渊源,杂采诸家论旨,而归本于用笔。全卷共五段。

第一段,主述家世。"余家历世皆传儒素,尤尚书法。十九代祖东汉左中郎邕有篆、籀、八体之妙,六世祖陈侍中景历、五世伯祖隋蜀王府记室君知,咸能楷隶,俱为时所重。"及从叔父有邻、四兄希逸、七兄希寂皆有时名,"颇为当代所称也"。

第二段,追叙诸书家授受渊源。自"周宣王史籀作大篆,秦始皇程邈改为隶书,东汉上谷王次仲以隶书改为楷法,仲又以楷法变为八分,其后继迹者,伯喈得之极,元常或其亚。草圣始自楚屈原,章草兴于汉章帝"起,以后楷法名家有曹喜等九人,草法名家有崔瑗等九人。宋、齐间有王僧虔等七人,唐初有房乔等十人,其次又有王绍宗等三人"亦深有意焉"。父子兄弟相继能者,如崔瑗与寔父子、张芝与昶兄弟、卫瓘及恒父子、锺繇及会父子、王羲之及献之父子、宋令文及之愁父子、徐峤之及浩父子、萧诚及谅兄弟,均"得从容于笔砚"。结语赞曰:"若盛传千代以为贻家之宝,则八体之极是归乎锺、蔡,草隶之雄是归乎张、王,此四贤者,自数百载来未之逮也。"

第三段,引右军、蔡中郎之论,议用笔之法。右军云:"夫三端之妙,莫先用笔。"提倡应多师古为上。"夫书匪独不调端周正,先藉其笔力,始其作也,须急回疾下……流转无碍。"蔡中郎云:"欲书先适意任情,然后书之。"次须"正坐静虑,随意所拟,言不出口,气不再息,则无不善矣"。

第四段,历述锺繇、右军学书大成之经验。锺繇"学之致妙"。繇临终曾对子会言:"吾精思三十余载,行坐未尝忘此,常读他书未能终尽,惟学其字,每见万类,悉书象之。若止息一处,则画其地,周广数步;若在寝息,则画其被,皆为之穿。"繇习书用功如此。右军字,尤重心意:"夫书之为意,取类非一。"又云:"若欲书,先干研墨,凝神静虑,预想字形大小偃仰、平直振动,令筋脉相连,意在笔前,然后作字。"右军云:"若作点,必须悬手而为之,若作波,抑而复曳。"因此希综认为"每字皆须骨气雄强,爽爽然有飞动之态"。一纸之书,应各有神态,"或有重字,亦须字字意殊"。为此右军曾曰:吾少学卫夫人书,将谓大能。复观诸家墨迹,"始知学卫夫人书,徒费年月。于是遂改本师,新于众碑焉。"希综得之曰:"是知学成非一师之能致,非好奇博艺之士,不能有知。"

第五段,主议下笔之法。希综先叙自己用笔方法为"夫始下笔,须藏锋转腕,前缓后急,字体形势状如虫蛇相钩连,意莫令断。仍须简略为尚,不贵繁冗。至如棱侧起伏,随势所立。大抵之意,圆规最妙。其有误发,不可再摹,恐失其笔势。若字有点处,须空中遥掷下,其势犹高峰坠石"。文中赞张伯英"偏工于章草,代莫过之。每与人书,下笔必为楷,则云'匆匆不暇草书',何者,若非静思闲雅发于中虑,则失其妙用矣"。仲将称伯英为"草圣";议者以为卫得伯英之筋,索得伯英之肉。赞右军除繁就省创立新草。赞张旭:"卓然孤立,声被寰中,意象之奇,不能不全其古制。"文中引张旭之论,谓书法之妙,得齐古人,必须一、妙在执笔;二、识法;三、布置;四、变通适怀;五、纸笔精佳。"五者备矣,然后能齐古人。"赞褚河南"用笔如印印泥",希综通过实践领会"悉欲令笔锋透过纸背,用笔如画沙印泥"的道理。赞崔长史认为"字"的可"断天下之疑"、可"纪天下之德"的功用。赞伯喈硕学多闻,曾书《六经》,使工镌刻立于太学门外,至使晚儒后学,观视摹写,为时人称赞。希综赞"古之君子,夙夜强学,不宝尺璧,而重寸阴","匪直禄取一朝,故亦誉流千祀"。

1997年湖南美术出版社版何志明、潘运告编著《中晚唐五代书论》,收有《法书论》,并附注释与译文。

(许前茂)

述张长史笔法十二意 〔唐〕颜真卿

《述张长史笔法十二意》，又名《述张长史笔法》，一篇。唐颜真卿著。有《说郛》本、上海书画出版社《历代书法论文选》本。

颜真卿(709—785)，字清臣，京兆万年(今陕西西安)人。一说为琅邪临沂(今属山东)人，为颜师古五世孙。开元进士。累官至殿中侍御史。为杨国忠所排斥，出为平原太守，故人称"颜平原"。安史之乱，于平原指挥抗贼而饶阳、济南等十七郡自归，推真卿为盟主。后入京，历官至吏部尚书，加河北招讨使。肃宗时受宪部尚书、迁御史大夫，出冯翊太守，坐谗屡贬。代宗朝再迁至尚书右丞；封鲁郡开国公，世称"颜鲁公"。德宗立，致太子太师。李希烈叛乱，宰相卢杞衔恨，建言遣真卿前往叛部谕降，为希烈留，真卿忠贞不屈，被缢杀，赠司徒，谥文忠。真卿为政清廉刚正，忠贞不阿，时誉天下。真卿为琅邪颜氏后裔，其家世学渊博，工于尺牍文字，真卿善正、草书。初学褚遂良，后从张旭得笔法，撰笔法十二意。参用篆书笔意写楷书，端壮雄伟，气势开张。行书遒劲舒和，秀颖超举。使古法为之一变，开创了二王以外新风格，自成一体，世称"颜体"，经久不衰，流传至今。亦嗜书石，大几咫尺，小亦方寸。传世碑刻以《李玄靖碑》、《颜家庙碑》、《麻姑仙坛记》、《争坐位帖》、《多宝塔》等为著。墨迹有《祭侄稿》、《告身》等。著有《颜鲁公集》。书论有《述张长史笔法十二意》。《旧唐书》卷一二八、《新唐书》卷一五二皆有传。

《述张长史笔法十二意》首述请教张长史传授笔法经过，次述长史传授笔法，终述古今书法异同。南朝梁武帝萧衍有《观锺繇笔法十二意》一文，只对锺、王书法优劣加以评论，没有阐明十二意。张旭，字伯高，唐时人，官金吾长史，一作率府长史，人称张长史。精晓楷书，尤擅草书，世号"张颠"。尝自云于堂舅陆彦远处得二王笔法。时以李白诗、裴旻剑舞、张旭草书为三绝，有"草圣"之名。后人论书，对欧、虞、褚、陆均有异同之评，惟于张旭一致褒赏。真卿二十多岁时，游长安，曾师事张旭，略得笔法。三十余岁时，又去洛阳专访张旭求教。旭举十二意与之对话，以问答形式传授笔法，述古今书法异同，对锺繇笔法十二意作出详析解说，逐条加以论证。

《述张长史笔法十二意》开篇称,张公认为学书要领为"倍加工学临写,书法当自悟耳"。经真卿一再请求,张公始授笔法,言曰"笔法玄微,难妄传授。非志士高人,讵可言其要妙?书之求能,且攻真草。今以授子,可须思妙"。之后一问一答,阐说横、直、间、际、末、骨体、曲折、牵制、不足、有余、布置、大小等十二意。或据静的实体着想,或依动的笔势往来映带着想,或就某一字的欠缺或多余处着想,或从全字或全幅着想。如:"'夫平谓横,子知之乎?'仆思以对曰:'尝闻长史九丈令每为一平画,皆须纵横有象。此岂非其谓乎?'长史乃笑曰:'然。'"又如"又曰:'决谓牵掣,子知之乎?'曰:'岂不谓牵掣为掣,锐意挫锋,使不怯滞,令险峻而成,以谓之决乎?'长史曰:'然。'"又如:"又曰:'补谓不足,子知之乎?'曰:'尝闻于长史,岂不谓结构点画或有失趣者,则以别点画旁救之谓乎?'长史曰:'然。'"又如"又曰:'巧谓布置,子知之乎?'曰:'岂不谓欲书先预想字形布置,令其平稳,或意外生体,令有异势,是之谓巧乎?'曰:'然。'"文中一问一答时均以上述形式出现。真卿又请教用笔之法。张公言道"妙在执笔,令其圆畅,勿使拘挛。其次识法,谓口传手授之诀,勿使无度,所谓笔法也。其次在于布置,不慢不越,巧使合宜。其次纸笔精佳。其次变化适怀,纵舍掣夺,咸有规矩。五者备矣,然后能齐于古人"。篇末长史引褚河南语曰:"用笔当须如印印泥。"又引其老舅彦远话说:"当其用笔,常欲使其透过纸背,此功成之极矣。真草用笔,悉如画沙,点画净媚,则其道至矣。如此则其迹可久,自然齐古人矣。"真卿"自此得攻书之妙,于兹五年,真草自知可成矣"。

本篇对后世书法的发展有深远影响。后世许多书法理论家和书法研究工作者对此多有阐发。

1997年湖南美术出版社何志明、潘运告编著《中晚唐五代书论》,收有《述张长史笔法十二意》,并附注释与译文。

(许前茂)

述书赋 并注 〔唐〕窦 臮、窦 蒙

《述书赋》,二卷(上、下篇)。唐窦臮、窦蒙著。有《法书要录》、《墨池编》、《津逮秘书》、《王氏书苑》(嘉靖乙酉[1525]刊本)、《四库全书》、《历代书法论文选》等刊本。

窦臮(?—769),字灵长,扶风(今陕西麟游)人,一说范阳人。官范阳功曹、检校户部员外郎、检校刑部员外郎、宋汴节度参谋。工书,师张、王,草隶兼擅。唐贞元三年正月所建茅山三洞《景昭法师韦公碑》为其所书并篆额。善词赋,著述甚丰,平生所著碑志、诗词、赋颂、章表等凡十余万言,晚年著《述书赋》。

窦蒙(窦臮兄),生年不详。卒年约在唐大历十年(775)之后,字子全。历任议郎、安南都护、检校国子司业、太原县令。工书,为唐代书法家。窦臮在《述书赋(下)》中评曰:"吾兄书包杂体,首冠众贤,手倦(一作"运")目瞥,瞬息弥年,比夫得道家之深旨,习阆风而欲仙。"蒙在其《述书赋语例字格》中亦对其弟所长倍加称赞曰:"翰墨厕张、王,文章凌班、马,词藻雄赡,草隶精深。"臮先蒙而逝,蒙伤之甚。二人均游艺绝伦,谊情尤笃。窦蒙著有《述书赋语例字格》、《述书赋》注。书迹有篆书《宋武受命坛记》。

《四库全书总目》曰:"案张彦远《法书要录》称臮作《述书赋》,精穷旨要,详辨秘义……其品题叙述,皆极精核。"是书综论历代书家一百九十八人(实为二百零七人),上篇自周秦至南北朝,下篇自唐高祖迄于乾元之始,终于其兄蒙及刘秦之妹。成书约在天宝年间,刊出在大历初年,经窦蒙注定,并附有蒙为阐释《赋》文中品评书家书作常用词语而撰的《述书赋语例字格》,作为合璧遂成一帙。书尾有"《述书赋》附":"论朝代自周至唐一十三代,论工书史籀等一百九十八人,论署证徐僧权等八人,论印记太平公主等十一家,论征求、保玩韦述等二十六人,论利通货易穆聿等八人。"全书赋文有七千六百四十言。是一部精要的书学概论,综论的历代书家可谓博洽。凡名著古籍,向来有后人续作,或事仿效成篇,唯独此书,竟无仿作或续作。盖因搜集与批评,难以两全其美,且此书之赋体,亦不易仿效,故于此书有"千古独传"之评语。文后原附有蒙怀念臮所作《五言题此赋》诗一首,《法书要录》本载入。《历代书法论文选》删去。

据窦蒙注,全书著录的书家有:周史籀。秦李斯。汉蔡邕、杜操。魏韦诞、虞松、司马师、司马昭、锺会。吴皇象、贺劭。晋齐献王、元帝、成帝、康帝、孝武帝、武陵王、会稽王、杨肇、山涛、嵇康、张翰、蔡克、顾荣。刘琨、孔侃、孔瑜、陶侃、熊远、应詹、卞壸。刘超、谢藻、庾亮、庾怿、庾翼、庾准、郗鉴、郗愔、郗昙、郗超、郗俭之、郗恢、谢尚、谢奕、谢安、王导、王邵、王珉、王羲之、王献之、王廞、王濛、王述、丁潭、何充、刘讷、刘琰、刘璞、张澄、张翼、桓温、桓玄、江灌、沈嘉、刘瓌之、刘廞、范汪、范甯、诸葛长民、刘穆之、温放之、杨羲、宋班。南朝宋武帝、文帝、孝武帝、明帝、南平王、海陵王、谢灵运、谢方明、张茂度、张永、羊欣、孔琳之、薄绍之、王敬弘、王思玄、颜峻、桓护之、骆简、萧思话、庞秀之、巢尚之、裴松之、徐爰、江僧安、贺道力。南朝齐齐高帝、武帝、竟陵王、褚渊、褚贲、徐孝嗣、王僧虔、王慈、王志、王俭、刘扬、顾宝光、胡楷之、徐希秀、张融。南朝梁武帝、简文帝、邵陵王、孝元帝、萧确、萧子云、王克、陆杲、任昉、傅昭、朱异、王籍、殷钧、阮研、王褒、萧特、庾肩吾、陶弘景、江蒨、周弘让、范怀约。南朝陈武帝、文帝、炀帝、沈后、新蔡王、庐陵王、永阳王、桂阳王、释智永、智果、江总、徐陵、沈君理、袁宪、毛喜、蔡景历、蔡微、顾野王、伏知道、谢瑎、贺朗。北朝北齐外五代祖刘珉。隋刘玄平、房彦谦、卢昌衡、赵文深、赵孝逸。唐神尧皇帝、文武圣皇帝、则天武后、睿宗、开元皇帝、汉王元昌、歧王元范、李怀琳、欧阳询、欧阳通、虞世南、虞纂、卢焕、褚遂良、陆柬之、薛稷、房玄龄、殷仲容、王知敬、王绍宗、孙过庭、张旭、贺知章、徐峤之、徐浩、李造、韩择木、田琦、卫包、蔡有邻、郑迁、李权、李平钧、王维、王缙、史惟则、李阳冰、家舅绘、姨兄明若山、宋儋、李璆、萧诚、张从申、吕向、长兄蒙、马氏妻刘秦妹。其中周一人,秦一人,汉二人,魏五人,吴二人,晋六十三人,宋二十五人,齐十五人,梁二十一人,陈二十一人,北齐一人,隋五人,唐四十五人。合计二百零七人。又以下篇赋文与上篇注文核对,原刻本文字有脱误。注文中将宋儋、李璆误作"宋璆",赋文中郑迁及弟迈、遇三人,张从中及弟从师、从仪、从申四人均各举一人,因此著录人数应增六人。

所录各家,"错综优劣,直道公论,或理尽名言",基本上是按历代书法发展史序为经,以书体为纬评述的。以古窥今,宏论纵横。例如评羲、献之句:"然则穷极奥旨,逸少之始。虎变而百兽跧,风加而众草靡。肯綮游刃,神明合理。虽兴酣兰亭,墨仰池水。《武》未尽善,《韶》乃尽美。犹以为登泰山之崇高,知群阜之迤逦。逮乎作程昭彰,褒贬无方。秋不短,纤不长。信古今之独立,岂末学而能扬。幼子子敬,创草破正。雍容文经,踊跃武定。态遗妍而多状,势由已而靡罄。天假神凭,造化莫竟。象贤虽乏乎百中,偏悟何惭乎一圣。斯二公者,能知方祁氏之奚午,天性近周家之文武。诚一字而万殊,且含规而孕矩。然而真迹之称,独标侯侯。忘本世心,余所不取。何哉?且得于书法,失于背古。是知难与之浑朴言,可以为硁硁(墨池、书苑本作"斫磨",法书要录本作此。)主矣。"又如评欧阳询父子、虞世南之句为"若乃出自三公,一家面首。欧阳在焉,不顾偏丑。颐翘缩爽,了枭黝纠,如地隔华戎,屋殊户牖。学有大小夏侯,书有大小欧阳。父掌邦礼,子居庙堂,随运变化,为龙为光。永兴超出,下笔如神。不落疏慢,无惭世珍"。如评押署例:"僧权似长松挂剑,满骞如磐石卧虎。"如印验,列举各名家名印。如藻鉴,对梁武帝、萧纶、庾肩吾、傅昭、司马姚、李嗣真之作,皆有考评。自称"多博约而立记。余不敏于登高,岂虚言而求备。敢直笔于亲睹,非偏誉于所嗜也"。

此赋因卷帙稍重,故分而为上、下卷。《法书要录》本及《墨池编》本以"我巨唐之膺休……"为下篇起始,上海书画出版社《历代书法论文选》则以"爰及陈氏,霸先创业……"为下篇起始,不知后者所据何本。书后所附窦蒙《〈述书赋〉语例字格》,《字格》列九十,如"不伦"、"忘情"、"质朴"、"体裁"、"妙"、"精"、"逸"等,各"字格"下有注,例如"天然(鸳鸯出水。更好仪容)"、"意态(回翔动静。厥趣相随)"、"神(非意所到。可以识知)"、"文(经天纬地。可大可久)"、"秾(五味皆足曰秾)"等。于今人理解唐人美学术语极有助益。窦蒙之注,皆为书中所涉书家生平简介以及轶事、主要成就,对阅读原书颇为便利。

有关《述书赋》的研究著作有 1997 年湖南美术出版社版何志明、潘运告编著《中晚唐五代书论》等。

(张潜超)

论书 〔唐〕徐 浩

《论书》，一篇。唐徐浩著。宋《宣和书谱》著录徐浩撰《法书论》一篇，疑即此篇。朱长文《墨池编》则题作《书法论》。有张彦远《法书要录》本、朱长文《墨池编》本、上海书画出版社《历代书法论文选》本。

徐浩（703—782），字季海，越州（今浙江绍兴）人。肃宗时授中书舍人，四方诏令，多出浩手，宠绝一时。官至太子少师，封会稽郡公。人称"徐会稽"。浩有文辞，工书法。祖父师道，字太真；父峤之，字惟岳，皆精于翰墨。浩书得父峤之传授，禀承家学，真、行亦称精熟，尤工楷法，圆劲厚重，自成一家。《唐书》本传论其笔法如"怒猊抉石，渴骥奔泉"。然浩书拘泥于绳律，稍乏韵致。《宝刻类编》载其所书碑刻六十余种，足见其声望之高。现存碑刻有《不空和尚碑》《大智禅师碑》等。现存法书有《朱巨川告身》。《旧唐书》卷一三七、《新唐书》卷一六〇皆有传。

《论书》前段评当世欧（阳询）、虞（世南）、褚（遂良）、薛（稷）四家之书，后段论学书之要，言简意赅，评论至当。

《论书》从"程邈变隶体，邯郸传楷法"论起，直至薛稷，重在评"近世"欧阳询、虞世南、褚遂良、薛稷诸家之书。作者以乏彩而强健的鹰隼、绚丽而肉丰的翚翟为例，比喻内劲和外腴的不同书风。并以此为标准，评判欧、虞、褚、薛各自的风格，其实婉转地指出了他们的不足。徐浩还进一步提出了书家的最高典范，即能使外美和内劲有机结合的法书，也就是所谓"藻曜而高翔"的凤凰。不过究竟何者为凤凰，文中并未明言。看来对历代书家都还有不满之处。后段则以自身学书之经验，告诫后学者用笔、结字之方法和禁忌，颇便于初学。如"初学之际，宜先筋骨，筋骨不立，肉何所附？用笔之势，特须藏锋，锋若不藏，字则有病，病且未去，能何有焉？字不欲疏，亦不欲密，亦不欲大，亦不欲小。小促令大，大蹙令小，疏肥令密，密瘦令疏，斯其大经矣。笔不欲捷，亦不欲徐，亦不欲平，亦不欲侧。侧竖令平，平峻使侧，捷则须安，徐则须利,如此则其大较矣"。又谈伯英、永师以书成名"非一朝一夕所能尽美"。宜白首攻之,不可懈怠。

1997年湖南美术出版社版何志明、潘运告编著《中晚唐五代书论》,收有《论书》,并附有注释及译文。

(许前茂)

授笔要说 〔唐〕韩方明

《授笔要说》,一篇。唐韩方明著。有《书苑菁华》本、《历代书法论文选》本。

韩方明,生平里籍不详。唐代贞元年间书法家。篇中自云:昔岁学书专求笔法,贞元十五年(799)授法于东海徐公璹,十七年授法于清河崔公邈。擅长八分书,有书迹《新开隐山记》。

开篇谈笔法传承。谈及永字八法,认为八法起于隶字之始,其传授渊源,则始于后汉崔子玉,历锺(繇)、王(羲之)以下,经永(智永)禅师而至张旭,始弘八法。次言执笔之法。执笔之法有五种:第一,执管;第二,𢹂管;第三,撮管;第四,握管;第五,搦管。篇中对每种执笔的要领、用途、利弊详加说明。唐代书法颇为重视执笔之法,然各家持论各有不同,而又托各家之口授秘传以神其说。该篇所言,是作者据师传和自己的心得体会,对前人之说的概括总结。

近人沈尹默《历代名家学书经验谈辑要释义(一)》有专门阐释。

(侯占虎)

法书要录 〔唐〕张彦远

《法书要录》，十卷。唐张彦远著。有明刊本、《王氏书画苑》本、《津逮秘书》本、《四库全书》本、《学津讨原》本、《丛书集成初编》本，1964年人民美术出版社《中国美术论著丛刊》本，1993年上海书画出版社《中国书画全书》本，1998年辽宁教育出版社《新世纪万有文库》本等。

张彦远，生卒年不详（据余嘉锡《四库提要辨证》，约生于唐宪宗元和十年，即公元815年，僖宗时仍存世）。字爱宾，河东蒲州（今山西永济）人。其父文规任桂管观察使。高、曾、祖父（嘉贞、延赏、弘靖）三代官至宰相，所居东都思顺里，号"三相张家"。彦远博学有文辞，工字学，隶书外喜作八分书。自幼爱好书画，又多见名迹，所以精于鉴别。乾符中官至大理寺卿。其书迹有《三祖大师碑阴记》、《维山庙诗》。《宣和书谱》卷二十又谓御府藏彦远八分《李将军征回诗》、草书《临王羲之初日帖》等七幅。另著画史《历代名画记》十卷。自云："有好事者得余二书，则书画之事毕矣。"

本书是第一部汇辑并选录唐以前书法资料的总集。辑录自东汉至唐元和年间诸家书法理论文章及著名法书等，皆照录原文。未见原书者，存录其目。疑为伪托者，只在存目下注不录。列载历代书家一百四十七人姓名，有些姓名则仅见于此目。末卷《右军书记》著录四百六十五帖，可资对王羲之书迹流传及其文章事遗迹的考稽。是书宗旨在书前自序中有如下陈述："彦远家传法书名画，自高祖河东公收藏珍秘……曾祖魏国公少禀师训，妙合钟张，尺牍尤为合作。大父高平公幼学元常，自镇蒲陕，迹类子敬；及处台司，乃同逸少。书体三变，为时所称。金帛散施之外，悉购图书。古来名迹，存于箧笥。元和十三年，宪宗累访珍迹，当时不敢缄藏，遂皆进献。长庆初，又于幽州散失，传家所有，十无一二。先君尚书，少耽墨妙，备尽楷模。彦远自幼至长，习熟知见，竟不能学一字，夙夜自责。然而收藏鉴识，有一日之长，因采掇自古论书，凡百篇，勒为十卷，名曰《法书要录》。又别撰《历代名画记》十卷。有好事者得余二书，书画之事毕矣，岂敢言具哉！"

《法书要录》十卷目录如下：卷一录有后汉赵壹《非草书》、晋王羲之《论书》、王羲之《教子敬笔论》（不录）、晋卫夫人《笔阵图》、王羲之《题卫夫人〈笔阵图〉后》、宋羊欣《采古来能书人名》、佚名

《传授笔法人名》、齐王僧虔《答齐太祖论书启》、齐王僧虔《论书》、宋王愔《文字志目》、梁萧子云《论书启》共十一篇。卷二录梁虞龢《论书表》、梁武帝《观锺繇书法十二意》、《梁武帝与陶隐居论书启》九首、梁庾元威《论书》、梁庾肩吾《书品论》、梁袁昂《古今书评》、陈释智永《题右军〈乐毅论〉后》、后魏江式《论书表》共八篇。卷三录唐虞世南《书旨述》、褚遂良《右军书目》、李嗣真《书后品》、武平一《徐氏法书记》、徐浩《论书》、徐浩《古迹记》、何延之《兰亭记》、褚遂良《揭本〈乐毅论〉记》、崔备《壁书飞白"萧"字记》、李约《壁书飞白"萧"字记》、高平公《萧斋记》、蔡悏《书无定体论》(不录)共十二篇。卷四录颜师古注《急就章》(不录)、张怀瓘《书估》、张怀瓘《二王等书录》、张怀瓘《书议》、张怀瓘《文字论》、张怀瓘《六体书》(不录)、《唐朝叙书录》、唐韦述《叙书录》、唐卢元卿《法书录》共九篇。卷五录窦臮《述书赋》上一篇。卷六录窦臮《述书赋》下一篇。卷七录张怀瓘《书断》上一篇。卷八录张怀瓘《书断》中一篇。卷九录张怀瓘《书断》下(附赵僎《系论》)一篇。卷十录右军书记。此右军书记卷,系录二王法帖释文,有王羲之《十七帖》、《兰亭序》等四百六十五帖、献之书语十七帖。彦远所删,注曰"不录",非由阙佚,盖由精审,皆为流俗所传,知为伪者。

后人研究张彦远《法书要录》颇多。上海书画出版社洪丕谟点校本江俊绪序中说:"《法书要录》是我国书法史上第一部理论汇集,影响极为深远。……'汉以来佚文绪论,多赖以得'(《四库全书总目》)……本书的意义不仅在于传存史料,而其所收书论,多融书法史话、史论于一炉,真实记录和充分反映了唐元和以前的书法盛世和书学成就。……借其书,后人得以考知我国多种书体的源流发展和书法艺术的成熟过程,得以了解大批古代书家的艺术特点和艺术见解,得以征见书法史上许多有价值的史料和遗闻轶事和史迹,生动地展现了我国自秦至唐书风之趋于炽盛,书家之群星璀璨,书艺之精美完善,书论之博约宏深,蔚为我国书学宝库的一大财富。"洪丕谟在"点校复记"中也说:"唐代张彦远的《法书要录》,是我国书法史上第一部书法论文汇编集。它收录了唐及唐以前的书法论文共三十八篇,另有存目四篇。《法书要录》的纂辑成书,对于保存和传播我国古代书法理论,促进书法创作繁荣,实为起到了不可磨灭的重要作用。"另外,此点校本还附录了张彦远本传一、张彦远本传二、《四库全书》提要及《丛书集成》初编说明等。另有人民美术出版社由范祥雍点校,复由启功、黄苗子参校本。此书简介中称《法书要录》:"列载历代书家一百四十七人姓名。有些姓名则仅见于此目……末卷《右军书记》载录四百六十五帖,可资对王羲之的书迹流传及其文章事遗迹的考稽。总之,这些资料,既是提供研究书法艺术和整理中国书学史的依据,即对于文学和文字学研究亦有其参考价值。"又称此书:"选择材料相当审慎。余绍宋《书画书录解题》评曰:'唐以前论书之文,颇多伪托之作,俱未见于是书,或彦远已灼知其伪矣。'"

(许前茂)

墨薮 〔唐〕韦 续

《墨薮》,二卷。旧题唐韦续撰。余绍宋《书画书录解题》认为:"是书汇辑前人论书短篇而成,或加以删节,非由自撰。其所辑诸篇,不尽著人姓氏,最为疏失。"是否韦续所辑,也尚难论定。书中所记,止于唐文宗、柳公权事,是书当出于公元836—840年之后。有明程荣刻本、《唐宋丛书》本、《格致丛书》本、《十万卷楼丛书》本、《四库全书》本、《丛书集成初编》本,1993年上海书画出版社《中国书画全书》本等。

全书凡二十一篇。第一篇为《五十六种书》,实即韦续《五十六种书法》,详列古今书体龙书、八穗书、篆书、云书等五十六种,皆记创始人物及其成因,多附会无稽之谈。

第二篇为《九品书人》,将自夏禹至唐代一百零九人之书法,按三等(上、中、下)九品(上上、上中、上下、中上、中中、中下、下上、下中、下下)排列次第。《书画书录解题》曰:"第二篇《九品书人》则为李嗣真撰。"

第三篇为《书品优劣》,将历代四十家书法按篆、八分、真行、草各体分别品评其优劣。评语仅两句,六字至八字,如:"张旭笔锋诡怪,点画生意;孙过庭丹崖绝壑,笔势坚劲。"《书画书录解题》曰:"第三篇《书品优劣》为吕总撰。"

第四篇为《续书品》,按三等九品分列历代书家姓名,共举八十人。撰者不详。

第五篇有《梁武帝书评》和《评书》两种。《梁武帝书评》简评锺繇等二十八家书法。《评书》先列七十三位书家姓名,其后简评十六家书法。撰者均不详。《书画书录解题》曰:"第四篇《续书品》。第五篇《梁武帝书评》又《评书》皆伪作。"

第六篇为《书论》,末署"升州张怀瓘作",实即张怀瓘《书议》(又名《议书》)。

第七篇为《论篆》,题撰者为"将作少监李阳冰"。《书画书录解题》曰:"第七篇《论篆》前一段为李阳冰上李大夫书后一段,则后一段杂辑《法书要录》中言八分、草、隶语,实与篆法无关。"

第八篇为《用笔法并口诀》,杂采李斯、萧何、蔡邕、锺繇学书论书之异闻,《书画书录解题》谓

"未详所出,多不足信"。

第九篇《用笔阵图法》,讲述宋翼、羲之学书之事,兼论书道,言书者当如临军阵,须意在笔前,然后作字。《书画书录解题》指出,《用笔阵图法》即俗传《右军题卫夫人笔阵图后》之文。

第十篇为《笔阵图十二章》,即俗传王羲之的《笔势论十二章》。

第十一篇为《张长史十二章笔法》,题颜真卿撰。实即颜真卿的《述张长史笔法十二意》。

第十二篇为《王逸少笔势传》。《书画书录解题》谓此篇"摘记右军幼时轶事及皇象、李斯、索靖、卫瓘、萧何、宋翼等人书事,与题不符"。所记之事亦多不足信。

第十三篇为《虞世南笔髓论》。

第十四篇为《王逸少笔势图》。作者言作是篇目的,是有感于古书道之不传,于是"删李斯妙笔,更加润色"。总结出治书之道而"贻诸子孙,永为楷模"。篇中先讲述笔、砚、墨、纸的选用或制作,后论及笔意、笔法、笔势诸问题。论为"屈曲真草,皆须尽一身之力而送之"。"凡书多肉微骨者,谓之墨猪。故知多力丰筋者胜,无力无筋者病"。"每作一字,须作数种意。或横书似八分,而发如篆籀;或竖牵如深林之乔木,而屈折如钢铁钩。或上尖如枯杆,或下细如针芒,或转侧如鸟飞,或棱侧如流水。""若作一纸书,皆须字字意别,勿使相同。"作书必须"令意在笔前,字居心后"。

第十五篇《笔意》,大意是说:"学书之难,神彩为上,形质次之,兼之者便到古人。以斯言之,岂易多得! 必使心忘于笔,手忘于书,心手达情,书不妄想。"

第十六篇为《晋卫恒等书势》,即卫恒《四体书势》。

第十七篇为《勤学》,以"自古贤哲勤乎学而其名著,不学则没世而无闻"之论,引右军之言,举张芝以及羲、献父子学书之事,勉励学书者早日业成。其后列举自汉、魏至晋、唐书家贤哲,列为五等。其间也兼有评论,言"右军真书妙极","然至行草,右军亦绝胜","唯妍媚不逮张芝,卫瓘可与为弟子,索靖则雄逸过之"。此亦为独到之见。

第十八篇为《贞观论》,记载贞观年间崇尚书道之事,其中有整理和收集先代书家书迹之事,有唐太宗论书作书之事,实为研究书史之重要资料。唐太宗与朝臣谈论书道曰:"书学小道,初非急务。时或留心,犹胜弃日。凡诸艺业,未有学而不得者也。病在心力懈怠,不能专精耳。朕少年为公子,频遭阵敌。义旗之始,乃平寇乱。执金鼓必自指挥,观其阵即知其强弱。每取吾弱以对其强,吾强以对其弱。追奔不逾百数十步,吾击其弱,突过其阵,自背而反击之,无不大溃。多用此制胜,思得其理深也。今吾临古人书,殊不学其形势,唯求其骨力,及得其骨力而形势自生耳。然吾之所为,皆先作意,是以果能成也。"当时有大臣许圉师评论太宗书法曰:"今观圣迹,兼绝二王之书,凤翥鸾回,实古今书圣也。"

第十九篇为《书诀》,仅数语,与第十五篇《笔意》雷同。

第二十篇为《徐氏书记》，记载武则天及中宗时御府所藏名人书迹及书迹散失之事。《书画书录解题》认为此篇"即武平一《法书记》"。

第二十一篇为《唐朝书法》，记载唐太宗时书事。其中记有太宗于晋史右军传后评论锺繇、王献之、萧子云、王羲之书法之语，以及唐太宗作书赐臣、下令整理御府所藏先贤墨迹、御府所藏之书迹散出之事、臣下献古今书画之事等。《书画书录解题》谓此篇"当即韦述《叙书录》"。又谓《墨薮》后六篇"真伪错杂"。

《书画书录解题》评《墨薮》全书曰："全编俱杂纂旧文，漫无条理。后来论书法之书多本之，谬种流传，遂至舛误，杂乱不可究诘。《四库》徒以其为旧书，辄为著录，甚无谓也。"又记与之同名之书曰："《文献通考》载有《墨薮》十卷，晁公武《郡斋读书志》以为许归与编，或别为一书。又《宋史·艺文志》有《墨薮》一卷，注云：不知作者，未知是此编否。又明钞本《说郛》有《书诀墨薮》一卷，寥寥十二条，皆摘录前人论书语，亦题为韦续撰，兹均附其目于此。"

（侯占虎）

绘 画

唐朝名画录 〔唐〕朱景玄

《唐朝名画录》,亦名《唐画断》,一卷。唐朱景玄著。《通志略》《通考》均称三卷。有明《王氏书画苑》本、清《四库全书》本。

朱景玄(生卒年不详),唐吴郡(今江苏苏州)人,唐武宗会昌(841—846)年间官翰林学士。《全唐诗》收入其诗一卷(第五四七卷),今存十五首。

朱景玄在《唐朝名画录》序中,阐述了著录宗旨和凡例。他认为绘画是通圣之大事:"伏闻古人云:'画者,圣也。'盖以穷天地之不至,显日月之不照。挥纤毫之笔,则万类由心;展方寸之能,而千里在掌。至于移神定质,轻墨落素,有象因之以立,无形因之以生。其丽也,西子不能掩其妍;其正也,嫫母不能易其丑,故台阁标功臣之烈,宫殿彰贞节之名,妙将入神,灵则通圣,岂止开厨而或失,拂壁则飞去而已哉?此《画录》之所以作也。"在著录方法上,比较古今画品,提出"以能画定其品格,不计其冠冕贤愚","于品格之中略序其事"。他说:"自国朝以来,惟李嗣真《画品录》,空录人名,而不论其善恶,无品格高下,俾后之观者何所考焉?景玄窃好斯艺,寻其踪迹,不见者不录,见者必书。"以此原则,全书记录画家一百二十四人。

本书按照张怀瓘《书断》所立神、妙、能三品,将画家亦分列为神、妙、能三品,每一品中又分为上、中、下三等。不能归入三品、不拘常法的,又别立逸品,以表其优劣。这种神、妙、能、逸的区分,为北宋初期对逸格的标举,作了准备。

朱景玄将吴道玄、周昉、阎立本、阎立德、尉迟乙僧、李思训、韩幹、张藻、薛稷等人的画列为神品。他记载吴道玄画大同殿内五龙,"鳞甲飞动,每天欲雨,即生烟雾","凡图圆光,皆不用尺度规画,一笔而成","立笔挥扫,势若风旋,人皆谓之神助"。他称周昉画人像,能"移其神气"。他称张藻画松,手握双管,一时齐下,一为生枝,一为枯枝,"槎枒之形,鳞皴之状,随意纵横,应手间出,生枝则润含春泽,枯枝则惨同秋色",所画山水,"其近也若逼人而寒,其远也若极天之尽"。

李昭道、王维、韩滉等二十人为妙品。朱景玄称王维画辋川图"山谷郁郁盘盘,云水飞动,意出尘外,怪生笔端";称韦偃画山水"曲尽其妙,宛然如真";称王宰画四时屏风"若移造化风候云物、八节四时于一座之内,妙之至极也"。陈谭等人被列为能品。朱景玄把能品的特点概括为"写真",如说李仲昌诸人"皆以写真最得其妙",曹元廓等画马"筋骨气力如真",梁广诸人"写真为能,不相让也"。

王墨、李灵省、张志和三人被归为逸品。朱景玄评述这些人的绘画皆有"应手随意,倏若造化"之功。"一点一抹,便得其象,物势皆出自然","得非常之体,符造化之功,不拘于品格,自得其趣尔"。又说:"此三人非画之本法,故目之为逸品,盖前古未之有也。"

神、妙、能、逸四品之前,列有唐代亲王三人,皆不入品第,这与其序中所说"不计其冠冕贤愚"相左。记载虽间有舛误,但多半尚较确当,为研究唐代绘画保存了珍贵史料。在品格中略述画家画迹,开后世著录书的先范。《四库全书总目》提要云:"李嗣真作《书后品》,始别以李斯等五人为逸品。张怀瓘作《书断》,始立神、妙、能三品之目。合两家之所论定,为四品,实始景玄。至今逐因之,不能易。"

1982年上海人民美术出版社于安澜《画品丛书》收入《唐朝名画录》;1997年湖南美术出版社版何志明、潘运告编著《唐五代画论》,收有此著,并附注释与译文。2007年天津人民美术出版社版韦宾《唐朝画论考释》,设专章论及《唐朝名画录》。

(高若海)

历代名画记 〔唐〕张彦远

《历代名画记》,十卷。唐张彦远著。成于唐末大中元年(847)。有《津逮秘书》本、《学津讨源》本、《王氏书画苑》本、《四库全书》本、人民美术出版社《中国美术论著丛刊》本及上海人民美术出版社单行本。

作者生平事迹见"法书要录"条。

张彦远喜好绘画,精于鉴赏。其高祖张嘉贞、曾祖张延赏、祖父张弘靖都当过宰相,父张文规任桂观察使,世代喜好鉴藏名画,加之又与爱好艺术、身居显要的李勉、李约父子交往,从而为其著述创造了良好的条件。张彦远自幼受到其家酷爱绘画艺术的熏陶,把绘画的收藏、阅玩当作精神上的唯一寄托。他说:"余自弱年,鸠集遗失,鉴玩装理,昼夜精勤,每获一卷,遇一幅,必孜孜葺缀,竟日宝玩。"又说:"妻子、僮仆切切嗤笑,或曰:'终日为无益之事,竟何补哉!'既而叹曰:'若复不为无益之事,则安能悦有涯之生!'是以爱好愈笃,近于成癖,每清晨闲景,竹窗松轩,以千乘为轻,以一瓢为倦,身外之累,且无长物,惟书与画犹未忘情,既颓然以忘言,又怡然以观阅。"(《论鉴识收藏购求阅玩》)其著成《历代名画记》时,年仅三十二岁。

《历代名画记》是中国最早的一部画史著作,也是一部重要的画论著作。全书十卷之前二卷,实为画论,由十篇专论组成。

卷一:有《叙画之源流》、《叙画之兴废》、《叙历代能画人名》、《论画六法》、《论画山水树石》五篇。

《叙画之源流》是对绘画起源与社会功能的总论。张彦远认为在独立的绘画作品产生之前,"书画同体而未分,象制肇创而犹略。无以传其意,故有书;无以见其形,故有画"。又说:"周官教国子以六书,其三曰象形,则画之意也,是故知书画异名而同体也。"在论述绘画的功能时,张彦远明确提出"夫画者,成教化,助人伦,穷神变,测幽微,与六籍同功。"然而,同样行劝诫之道,画与书的功能又不尽相同。他引用陆机所说的"宣物莫大于言,存形莫善于画",强调图画有着文字不可匹敌的长处:"记传所以叙其事,不能载其容;赋颂有以咏其美,不能备其象;图画之制,所以兼之也。"故"曹植有言曰:'观画者,见三皇五帝,莫不仰戴;见三季异主,莫不悲惋;见篡臣贼嗣,莫不切齿;见高节妙士,莫不忘食;见忠臣死难,莫不抗节;见放臣逐子,莫不叹息……是知存乎鉴戒者,图画也。'"

《论画六法》是对谢赫"六法"最早的阐释。张彦远认为绘画之要,首求"气韵",而非"形似"。"古之画,或能移其形似而尚其骨气。以形似之外求其画,此难可与俗人道也。今之画,纵得形似而气韵不生。以气韵求其画,则形似在其间矣。"然而一般的画工却往往不得这一要领,把"形似"看得格外重要,结果仅有"形似"却全无"气韵",这样的画绝计不会成为上乘之作。张彦远认为这类摹形之作,甚至连绘画也称不上:"得其形似,则无其气韵,具其彩色,则失其笔法,岂曰画也?呜呼!今之人斯艺不至也。"他说:"有生动之可状,须神韵而后全。若气韵不周,空陈形似,笔力未遒,空善赋彩,谓非妙也。"

《论画山水树石》概述山水画的发展史。他指出:"魏晋以降,名迹在人间者,皆见之矣。其画山水,则群峰之势,若钿饰犀栉,或水不容泛,或人大于山。"唐初阎立本、阎立德兄弟,虽有进一步发展,由于主要采用西域赋彩之法,因此"状石"、"绘树",常常"功倍愈拙,不胜其色"。"山水之变,始于吴(道子),成于二李(李思训父子)。树石之状,妙于韦鶠(或谓当作"偃"),穷于张通(璪)",并提出"境与性会"的观点。

卷二:有《叙师资传授南北时代》、《论顾、陆、张、吴用笔》、《论画体工用拓写》、《论名价品第》、《论鉴识收藏购求阅玩》等五篇。

《叙师资传授南北时代》强调"年代各异,南北有殊",画家只有"详辩古今之物,商较土风之宜",才能不混淆古今、错乱风土。"胡服靴衫,岂可辄施于古象;衣冠组绶,不宜长用于今人。芒屩非塞北所宜,牛车非岭南所有。"因此,"指事绘形,可验时代"。

《论顾、陆、张、吴用笔》,着重阐发用笔艺术,并提出了"意存笔先,画尽意在"这一著名论题。张彦远在介绍顾恺之、吴道子的用笔时指出,二人的妙处就在于"意存笔先"。顾恺之用笔"紧劲联绵,循环超忽,调格逸易,风趋电疾,意存笔先,画尽意在,所以全神气也"。吴道子"不假界笔直尺",而能"弯弧挺刃,植柱构梁"。"守其神,专其一,合造化之功,假吴生之笔,向所谓意存笔先,画尽意在也。"依靠界笔直尺作画,画中无"意",只能是"死画";守神专一,"意存笔先",生气灌注,才是"真画"。所以技艺高超的画家,应追求笔不到而意到的艺术效果。"张、吴之妙,笔才一、二,像已应焉。离披点画,时见缺落,此虽笔不周而意周也。"

《论画体工用拓写》将绘画分为"谨细"、"精"、"妙"、"神"、"自然"五品,并独举"自然"一品,将其列为五品中之最上品。他说:"夫失于自然而后神,失于神而后妙,失于妙而后精,精之为病也,而成谨细。""自然"为上品之上,"神"为上品之中,"妙"为上品之下,"精"为中品之上,"谨细"为中品之中。张彦远认为"谨细"所以品位不高,就因为它太拘泥于"形似",尽管"形貌采章,历历具足",仍免不了舍本逐末。所以"不患不了,而患于了。既知其了,亦何必了,此非不了也。若不识其了,是真不了也"。而"自然"所以品位最高,就因为其能"神工独运"。正如张彦远所说:"夫阴阳陶蒸,万象错布。玄化亡言,神工独运。草木敷荣,不待丹碌之采;云雪飘扬,不待铅粉而白。山不待空青而翠,凤不待五色而綷。是故运墨而五色俱,谓之得意。"

卷三,有《叙自古跋尾押署》、《叙古今公私印记》、《论装背褾轴》、《记两京外州寺观画壁》、《述古之秘画珍图》等五篇。除"装背褾轴"一篇,专论装褾发展演变及技术要领外,其余四篇皆为史实的记录,它们从不同侧面记载了绘画的历史资料。

卷四,记载自上古至三国的画家生平事迹,有史皇、封膜、敬君、烈裔、毛延寿、陈敞、刘白、龚宽、阳望、樊育、赵岐、刘褒、蔡邕、张衡、刘旦、杨鲁、曹髦、杨修、桓范、徐邈、曹不兴、吴王赵夫人、诸葛亮、诸葛瞻等二十四人。

卷五,记载晋司马绍、荀勖、张墨、卫协、王廙、王羲之、王献之、康昕、顾恺之、史道硕、谢稚、夏侯瞻、嵇康、温峤、谢岩、曹龙、丁远、杨惠、江思远、王濛、戴逵、戴勃、戴颙等二十三人。在顾恺之名下,收入其《论画》、《魏晋胜流画赞》、《画云台山记》等重要文献。

卷六,记载南朝宋陆探微、顾宝光、宗炳、王微、谢庄、袁倩、袁质、史敬文、史艺、刘斌、尹长生、顾骏之、康允之、顾景秀、吴暕、张则、刘胤祖、刘绍祖、刘璞、蔡斌、濮万年、史粲、宋僧辩、褚灵石、范惟贤等二十八人。在宗炳门下,录有《画山水序》一篇;在王微门下,录有王撰《叙画》一篇。

卷七,记载南朝齐宗测、刘系宗、姚昙度、释惠觉、蘧道愍、僧珍、章继伯、范怀珍、锺宗之、王奴、王殿、戴蜀、陈公思、陶景真、张季和、沈标、谢赫、沈粲、丁光、周昙研、谢惠连、谢约、虞坚、丁宽、刘瑱、毛惠远、毛惠秀、毛棱等二十八人,南朝梁萧绎、萧方等、萧大连、萧贲、陆杲、陶弘景、张僧繇、张善果、张儒童、袁昂、焦宝愿、嵇宝钧、聂松、解倩、陆整、江僧宝、僧威公、僧吉底俱、僧摩罗菩提、僧迦佛佗等二十人。张僧繇画迹中,记述了画龙点睛,龙"乘云腾去"的传说。

卷八,记载南朝陈顾野王,后魏蒋少游、郭善明、侯文和、柳俭、闵文和、郭道兴、杨乞德、王由、祖班,北齐高孝珩、萧放、杨子华、田僧亮、刘杀鬼、曹仲达、殷英童、高尚士、徐德祖、曹仲璞,后周冯提伽,隋阎毗、何稠、刘龙、刘衮、展子虔、郑法士、郑法轮、郑德文、孙尚子、董伯仁、杨契丹、刘乌、陈善见、江志、李雅、王仲舒、阎思光、解惊、程瓒、尉迟跋质那、僧昙摩拙义等事迹。

卷九、卷十,记载唐代开国至会昌元年二百零六位画家小传。其中有阎立本、吴道子、曹霸、韩幹等大家。

《历代名画记》所记的画家史料,对研究中国绘画艺术的发展,具有极高的价值。《四库全书总目》称它"述所见闻,极为赅备"。"书中征引繁富,佚文旧事往往而存,如顾恺之《论画》一篇、《魏晋胜流名画赞》一篇、《画云台山记》一篇,皆他书之所不载"。前三卷关于画理的阐述,总结前代绘画艺术和美学思想的发展,颇多精到的见解,确系一部价值空前的巨著。但张彦远认为"自古善画者,莫非衣冠贵胄、逸士高人","非闾阎鄙贱之所能为也"的观点有失偏颇。其"失于自然而后神"的说法,也受到后代学者的批评。明王世贞指出:"愚窃谓彦远之论,大约好奇。未甚循理。夫画至于神而能尽事矣,岂有不自然者乎?若有毫发不自然,则非神矣。"

有关《历代名画记》的研究著作有 2001 年南京大学出版社版《中国思想家评传丛书》许祖良著《张彦远评传》;2002 年北京图书馆出版社版袁有根著《〈历代名画记〉研究》;2007 年江苏美术出版社版俞剑华注释《历代名画记》;2008 年文物出版社版宿白著《张彦远和〈历代名画记〉》、中国美术学院出版社版毕斐著《〈历代名画记〉论稿》等。

(高若海)

园 林

草堂记 〔唐〕白居易

《草堂记》,一篇。唐代白居易著。收于《白氏长庆集》。作者生平事迹及通行本参看"白氏长庆集"条。

唐宪宗元和十年(815),宰相武之衡为盗所杀,白居易因严辞上表请求缉捕凶手而得罪于权贵,受人弹劾,被贬为江州(今江西九江)司马,不时游赏于庐山,筑寓园名"草堂",自撰《草堂记》。元和十二年(817),白居易与元稹书云:"仆去年秋,始游庐山,到东、西二林间,香炉峰下,见云水泉石胜绝第一,爱不能舍,因置草堂。"又说,草堂"前有乔松十数株,修竹千余竿,青萝为墙垣,白石为桥道,流水周于舍下,飞泉落于檐间,绿柳白莲,罗生池砌,大抵若是。每一独往,动弥旬日。平生所好者,尽在其中,不惟忘归,可以终老"。唐太和三年(829)以病告归洛阳居住,筑家园于"履道里",撰诗《池上篇》及诗前自序,述说筑园经过、园林景观及其人生感受,其中所表述的园林艺术思想与《草堂记》相类。

《草堂记》先记草堂所在的地理位置、山川形势;接着叙述草堂的建筑园林形象与环境氛围;终而描述诗人自己在草堂的所居、所游、所悟,主要表述了作者的两点园林思想:一、追求园林建筑及其景观的素朴淡雅的审美风格,"木,斲而已,不加丹;墙,圬而已,不加白;砌阶用石,幂窗用纸,竹帘纻帏,率称是焉。堂中设木榻四、素屏二、漆琴一张、儒道佛书各三两卷"。二、提出所谓"物诱气随"、"外适内和"、"体宁心恬"的中国园林艺术境界说,这在中国园林思想史上占有重要地位。中国园林艺术及美学思想到明代计成《园冶》才臻于成熟,白居易的这一园林艺术及美学见解,可说是它的历史先声。

(王振复)

寺塔记 〔唐〕段成式

《寺塔记》，二卷。唐代段成式著。原为段成式《酉阳杂俎》续集的第五、第六卷。《酉阳杂俎》，笔记体作品，分前集、续集。前集二十卷，分玉格、贝编、尸穸、诺皋记与广动植等三十篇；续集十卷，包括贬误、寺塔记等六篇。此书记载详备，录秘藏，叙异事，追求新奇之趣，及释道人鬼、灾祥灵验等轶闻杂说，无不毕具，其体例仿西晋张华《博物志》。《酉阳杂俎》续集，传世刊本不多，现存刊本错讹甚多。有明嘉靖赵琦美脉望馆本毛晋《津逮秘书》本以及人民美术出版社 1964 年版《中国美术论著丛刊》本。

段成式，生年未详，约在唐德宗贞元十九年(803)或稍后。据唐尉迟枢《南楚新闻》，段氏死于咸通四年(863)。字柯古。临淄(今山东淄博)人，曾居于荆州。父段文昌，官至节度使、宰相。家境富裕、生活豪奢，《唐史》称其"出入将相泊二十年"。以父荫为秘书省校书郎，官至太常少卿。家中藏书丰富，博闻强记，雅好艺文，自幼喜读秘典佚文。著述所记历史故实、音律文艺、建筑营事、佛道秘典、动植地理、风土人情及亚非诸国风俗传闻等，表现出段成式学识渊博以及不同流俗的治学精神。

《寺塔记》，系作者段成式于唐会昌三年(843)访问长安寺庙的记述，保存了唐代长安诸多寺庙壁画、佛塑的资料。

唐代佛教建筑壁画、佛像雕塑，许多是唐代大画家阎立本、吴道子、王维、周昉、韩幹、张璪、尉迟乙僧、李岫等的创作，比如"画圣"吴道子，一生创作佛教建筑壁画三百余堵，由于时代久远，这些艺术宗匠的辉煌画迹，因唐代木构建筑已基本无存而湮没无闻。段成式《寺塔记》写成于唐会昌五年(845)，即武宗灭佛前两年，这使得盛唐长安寺庙建筑壁画创作的概况，因本书搜录而得供后人考稽。人们可以凭借《寺塔记》文字记录窥当时长安寺庙壁画之大略，可与敦煌唐代诸窟、及近年出土的长安唐代墓室壁画实存相印证。

《寺塔记》内容如下。

卷上：前记作者武宗癸亥三年夏，与文友同游长安情状。然后逐一详记靖善坊大兴善寺、长乐坊安国寺、常乐坊赵景公寺、道政坊宝应寺、安邑坊玄法寺、平康坊菩萨寺及其壁画佛塑情况。

卷下：续记长安宣阳坊奉慈寺、光宅坊光宅寺、翊善坊保寿寺、宣阳坊静域寺、崇义坊招福寺、招国坊崇济寺、永安坊永寿寺、崇仁坊资圣寺、晋昌坊楚国寺、慈恩寺及其壁画、佛塑情况。

卷上、卷下所记，包括当时长安著名佛寺及壁画十八所。记述涉及寺、画地理位置、平面尺度、史实源流、艺术特点及壁画、佛塑作者生平事迹、思想等。

唐都长安，以位居"中轴"的纵向朱雀大街为界，在宫城之南区域，分为东西两部分。朱雀大街之东，属万年县管辖，俗称"左街"（东街）；朱雀大街之西，属长安县管辖，俗称"右街"（西街）。本书开头有"寻两街寺"一语，即指此而言。而本书实际所记，主要是位于长安左街的寺院及其壁画、佛塑，涉及右街者，仅永安坊永寿寺。本书虽言《寺塔记》，而笔触基本集中在寺庙及壁画、佛雕之上，关于佛塔，几无涉及。

本书成书略早于唐张彦远《记两京外州寺观壁画》（《历代名画记》卷三），所记比张彦远更细致而具体，由于关于长安西街区域的寺塔情状几无记述，故所载长安寺庙数量不及张氏所记丰富齐备。本书文笔生动优美，自由洒脱，并且在内容上，为后世读者保存了长安关于坊与寺庙合建的中国古代建筑文化资料信息。

（王振复）

宅经 〔唐〕佚 名

《宅经》，又称《黄帝宅经》，二卷。旧题黄帝撰。根据此书中出现唐人李淳风、吕才之名姓以及对《宅极经》、《三玄宅经》等古籍内容的引用，疑为唐代或唐之后人所著。作者托名黄帝，意在自重。有《道藏·洞真部众术类》本、《道藏举要》第九类本、《四库全书·子部·术数类》本、《小十三经》本、《崇文书局汇刻》本、《民俗丛书》本以及《宅经》敦煌本等。

中国古代关于相宅的书颇多，如《黄帝二宅经》、《文王宅经》、《孔子宅经》、《八卦宅经》、《五兆宅经》、《六十四卦宅经》、《元悟宅经》、《刘根宅经》、《李淳风宅经》、《张子毫宅经》、《吕才宅经》、《王微宅经》、《宅极经》、《三玄宅经》、《元女宅经》以及《宅镜》等数十种。本书流传最广，影响最大。亦有文字错讹。

《宅经》是阐述中国传统建筑文化所谓"阳宅"、"阴宅"风水理论之书，以先秦典籍《周易》卦理为立论之本。所谓"阳宅"，系指活人所处的建筑及建筑环境。该书内容，分序、总论、凡修宅次第法、阳宅图说、阴宅图说五部分。

"序"指出："夫宅者，乃是阴阳之枢纽，人伦之轨模。"一语点出作者对阳宅、阴宅文化的总体观念，即以《周易》阴阳学说为纲、建宅必循人伦规范的思想。认为《周易》"阴阳之理"是相宅、建宅必须遵循的根本法则，"阴者，生化物情之母"；"阳者，生化物情之父"。阴阳，"作天地之祖，为孕育之尊。顺之则亨，逆之则否"。说明全书思想以阴阳卦理融贯。以天干、地支配以《周易》八卦之乾、艮、坤、巽，构成"二十四路"，构建阳宅、阴宅的风水方位。书中还记载了中国古代关于相宅、建宅的诸多宅经书名。

"总论"以阴阳学说为立论依据，总论阳宅、阴宅的风水形势。阳宅，须阳气抱阴；阴宅，须阴气抱阳。阴阳二气冲和之宅，则吉。提出"人因宅而立，宅因人而存，人宅相扶，感通天地，故不可独信命也"这一建筑生态学的朴素命题。此外还涉及建筑学的人与建筑之比例尺度问题。

"凡修宅次第法"讲述建筑的风水方位及其禁忌。阐述阴阳五行理论在相宅、建宅实践中的具体运用。先修什么、后建什么,都须依法而行。提出所谓"宅以形势为身体,以泉水为脉,以土地为皮肉,以草木为毛皮,以舍屋为衣服,以门户为冠带,若得如斯,是事严雅,乃为上吉"的风水学命题。

"阳宅图说",附图。此图以《周易》文王八卦方位之说为基本制图原则,参以天干、地支说,论阳宅八个方位的"吉凶"休咎。

"阴宅图说",附图。亦以《周易》文王八卦方位之说为基准,融渗天干、地支说,论阴宅八个方位的"吉凶"休咎。

本书内容,具有一定的中国古代建筑生态学、环境学的朴素、合理的思想因素,杂以神秘、迷信的风水之说。

(王振复)

隋唐五代编

经济类

晋书·食货志 〔唐〕令狐德棻等

《晋书·食货志》，一卷。《晋书》共一百三十卷。唐房玄龄等监修，令狐德棻为修撰总裁。唐太宗为书中四篇纪、传写了论赞，故《晋书》当初曾题为"御撰"。成于贞观二十二年(648)。有百衲影宋本、元二十二字本、明南北监本、汲古阁本、清武英殿本、金陵书局本等。1974年中华书局出版点校本，以金陵书局本为底本参校他书而成。

《晋书·食货志》先简述三代至新莽的社会经济状况，类似总叙。其后着重记载东汉、三国至晋末的社会经济发展变化和货币制度演变。由于《后汉书》、《三国志》均未设《食货志》，《晋书·食货志》正好弥补了这方面的缺陷，保存了许多有价值的经济史料。

作者认为三代以来社会经济就以农业为主："昔者先王量地以制邑，度地以居民，因三才(天、地、人)以节其务，敬四序(春、夏、秋、冬)以成其业，观其谣俗而正其纪纲。"社会上农、工、商各有其业，"勖(鼓励)农桑为本，通鱼盐之利，登良山而采符玉，泛瀛海而罩珠玑。日中为市，总天下之隶(肆)，先诸布帛，继以货泉，贸迁有无，各得其所"。作者把当时的社会经济描述得十分美好，称之"因天地之利，而总山海之饶，百亩之田，十一而税，九年躬稼，而有三年之蓄"，呈现出一种"家殷国阜，远至迩安"的升平景象。作者继承了班固在《汉书·食货志》中的观点，认为自鲁宣公实行初税亩以后，先王之制已失。

《晋书·食货志》中记载内容最多的是农业经济和土地制度，主要有：

一、东汉时期的农业经济。作者以赞扬的口吻，略述了东汉光武、明帝年间"天下安宁，民无横徭，岁比登稔"的农业丰收景象。永平五年(62)建立常平仓后，社会经济和风气更是"草树殷阜，牛羊弥望，作贡尤轻，府廪还积，奸回(诈)不用，礼义专行"。安帝以后，天灾人祸屡作，社会经济一蹶不振。特别是东汉末年战争之乱，破坏了农业生产，社会经济一片凋敝。

二、曹操许昌屯田。建安元年(196)，曹操为了解决军食不足，接受羽林监枣祗的建议，"募良民屯田许下(许昌)，又于州郡列置田官，岁有数千万斛，以充兵戎之用"。"数年之中，所在积粟，仓廪皆满。"曹操自称他推行屯田之法,是仿效秦孝公"急农兼天下"和汉武帝开发西北、实行屯田的"先世之良式"。屯田制对曹操取得军事胜利和巩固魏国初期的政权起了积极的作用。曹魏屯田的成功,影响到吴、蜀两国,也曾相继实行过屯田,但规模与功效都不如曹魏。

三、邓艾建议军屯、民屯并用。司马懿"因欲广田积谷,为兼并之计",同意邓艾进一步推广屯田制,在淮北、淮南分别屯田二三万人,"且佃且守",平时进行屯田耕作,战时亦能守卫疆土。邓艾"以为田良水少,不足以尽地利,宜开河渠,可以大积军粮,又通运漕之道"。他还专门写了《济河论》并付诸实施,在淮河流域修复和兴建不少水利工程,灌溉土地二万顷,使屯田地区每年生产的粮食可积余五百万斛。六七年中,这些积余的粮食可供十万军队五年食用需要,出现了富国强兵之势,使曹魏政治势力大大伸展,同时为以后灭吴提供了经济条件。

四、杜预论治水害、修陂田以发展农业生产。晋武帝咸宁三年(277)东南水灾泛滥,严重影响农业生产。杜预上疏提出:"今者宜大坏兖、豫州东界诸陂,随其所归而宣导之。"决陂放水,既排除"洪波泛滥",又使"饥者尽得水产之饶",百姓可得"日给之益"。而且"水去之后,填淤之田,亩收数钟。至春大种五谷,五谷必丰,此又明年益也"。他主张开陂为田,批驳了"陂多则土薄水浅"、"此土不可陆种"的观点。还提出把公家放牧而"不供耕驾"的耕牛出卖,"以易谷及为赏直(值)"。杜预在注重水利事业方面有很大成就,对后世亦有很大影响。北魏崔亮的兴水利,就是受到杜预的启发而进行的。

五、西晋的占田制。太康元年(280)实行了占田制,规定农民每户"男子一人占田七十亩,女子三十亩",共一百亩。国王公侯在京城近郊的占田数,"大国田十五顷,次国十顷,小国七顷"。职官的占田数,一品五十顷,以下每品递减五顷,至九品为十顷。另外,还对职官的荫户数加以限制。不过,占田制看来并未认真执行,因为八九年后尚书郎李重说"人之田宅既无定限"(《晋书·李重传》),根本未提到曾有限制占田之事。

六、元帝重农仿氾胜之法植麦。在农业生产技术方面,太兴元年(318)根据"徐、扬二州土宜三麦"的条件,仿汉代氾胜之法植麦,在晒田"投秋下种,至夏而熟,继新故之交,于以周济,所益甚大"。此法推行后,"频年麦虽有旱蝗,而为益犹多"。

在赋役制度方面,东汉初年"田租三十税一,民有产子者复(免)以三年之算"。顺帝、灵帝年间,西羌反叛,二十余年河西走廊地区战乱不绝,筹措战争费用成为东汉末财政的一大负担。曹操于建安九年实行租调制,规定"收田租亩粟四升,户绢二匹而绵二斤,余皆不得擅兴,藏强赋弱"。这种户调制取代了汉代的算赋、口赋。曹操设盐官对盐进行"监卖",并"以其直益市犁牛",以耕牛来吸引农户归田,收到了"流人果还,关中丰实"的效果。太康元年,晋武帝颁布"户调之式",规定户调以丁男为户主的"岁输绢三匹,绵三斤,女及次丁男为户者半输。其诸边郡或三分之二,远者三分之一"。少数民族按地方远近纳賨(巴人之别称)布一匹或一丈。"丁男课田五十亩,丁女二十亩,次丁男半之,女则不课。"边远少数民族地区"不课田者输义米,户三斛,远者五斗,极远者输算钱,人二十八文"。这种赋税制度是为了召募流民归田,迅速恢复遭受战乱破坏的农业生产,增加财政收入。太康年间"天下无事,赋税平均,人咸安其业而乐其事"。这与当时推行适合生产力发展的土地、赋役政策密切相关。

《晋书》也以较多的篇幅叙述了东汉至东晋的货币制度,其中还保留了一些重要的货币主张,主要有:

一、张林主张减少货币流通量。元和元年(84),谷帛价格上涨,国家财政困难,尚书张林提出了封钱勿出的主张。他认为:"今非但谷贵也,白物皆贵,此钱贱故尔。宜令天下悉以布帛为租,市买皆用之,封钱勿出,如此则钱少物皆贱矣。"尚书朱晖提出反对意见,指出"以布帛为租,则吏多奸",章帝采纳张林的建议,不久又停止。

二、刘陶反对铸大钱。永寿三年(157),有人主张铸大钱,孝廉刘陶提出反对意见。认为当时的主要问题在于人民缺食,"食者乃有国之所宝,百姓之至贵","就使当今沙砾化为南金(南方之铜),瓦石变为和玉(卞和之玉),使百姓渴无所饮,饥无所食,虽皇羲之纯德,唐虞之文明,犹不能以保萧墙之内也。盖百姓可百年无货,不可一朝有饥,故食为至急也"。桓帝接受了刘陶的意见,没有铸钱。

三、孔琳之反对废钱用谷帛。东晋元兴二年(403),主持朝政的桓玄主张废钱用谷帛,孔琳之提出反对说:"《洪范》八政,货为食次,岂不以交易之所资,为用之至要者乎……故圣王制无用之货,以通有用之财,既无毁败之费,又省难运之苦,此钱所以嗣功龟贝,历代不废者也。"他指出:"谷帛为宝,本充衣食,分以为货,则致损甚多。又劳毁于商贩之手,耗弃于割截之用,此之为弊,著自于曩。"他认为用钱不会造成什么弊病。如果"今既用而废之,则百姓顿亡其利"。而且粮食的买卖"实假于钱,一朝断之,便为弃物,是有钱无粮之人,皆坐而饥困"。孔琳之充分肯定货币的积极作用,其观点得到多数朝臣的支持,桓玄废钱主张未能实行。

有关《晋书·食货志》的研究主要有王雷鸣《历代食货志注释》(农业出版社,1991年)第一册有关部分、陈连庆《〈晋书·食货志〉校注》(东北师范大学出版社,1999年)等。

(徐培华)

隋书·食货志 〔唐〕魏　徵等

《隋书·食货志》，一卷。《隋书》共八十五卷。唐魏徵等编修。成于显庆元年(656)。有宋刻递修本，存六十五卷。元有大德本、至顺本，1935年商务印书馆百衲本据前者影印。明有国子监本(分南北)、汲古阁本。清有武英殿本、淮南书局本等。1973年中华书局出版点校本。

《隋书·食货志》主要记述隋代并上溯到晋、北魏、北齐、北周等五个朝代的有关社会经济和币制情况，尤其注重财政制度。作者继承《晋书·食货志》序言中重农的观点，认为"王者量地以制邑，度地以居人，总土地所生，料山泽之利，式遵行令，敬授人(民)时，农商趣向，各本事业"，把土地制度看作是社会分工和经济发展的基础。赞同"善为人者，爱其力而成其财"的古训，主张"不夺其时，不穷其力，轻其征，薄其赋"，做到"取之以道，用之有节"。

《隋书·食货志》中对东晋、北魏、北齐、北周及隋代的赋役等制度都有较详细的记述。

一、东晋及南朝的赋役制度。东晋建立后，北方人大批南迁，许多南迁者依原来郡县同乡关系而聚集于一地，以原郡县名义建立州县。一些士族大户收容无户籍的难民，有的以数百计，长期不负担赋役，严重影响政府财政收入和军队兵源。此情"历宋、齐、梁、陈，皆因而不改"。为了保证国家的财政收入，东晋政府规定官僚可按官品占有一定数量的佃客，并要求注明其原来的籍贯。租调制度方面，规定"丁男调布绢各二丈，丝三两，绵八两，禄绢八尺，禄绵三两二分，租米五石，禄米二石。丁女并半之"。男女年十六至六十为丁。男年十六半课，年十八正课，六十六免课。女以嫁者为丁，未嫁的年二十为丁。这段资料所指应是梁朝以后的情况。征收的数量，除租米五石外，再加禄米二石，共七石。丁女减半。至于徭役，男丁每年不超过二十日，每十八人出一运丁。农田每亩税米二斗。"其度量，斗则三斗当今一斗，称则三两当今一两，尺则一尺二寸当今一尺。"这儿的"今"是指唐代。

二、东魏的财政状况。北魏孝武帝时，因受高欢胁迫，西逃关中，是为西魏。高欢在洛阳另立孝静帝，迁都邺，是为东魏。天平元年(534)，"出粟一百三十万石，以振(赈)贫人"。原北魏的军队大部分跟从孝静帝。"并给常廪,春秋二时赐帛,以供衣服之费。常调之外,逐丰稔之处,折绢籴粟,以充国储。于诸州缘河津济,皆官仓贮积,以拟漕运。"另在傍海之地置盐官,煮盐收钱。"自是之后,仓廪充实,虽有水旱凶饥之处,皆仰开仓以振之。"因百姓为逃避徭赋,多他往,高欢在武定二年(544)"分括无籍之户,得六十余万。于是侨居者各勒还本属,是后租调之入有加焉"。

三、北齐的人户里党组织和租役制度。北齐时"始立九等之户,富者税其钱,贫者役其力"。河清三年(564),对北魏的三长制进行改革,规定"人居十家为比邻,五十家为闾里,百家为族党"。男子十八至六十五为丁,十六至十七为中,六十六以上为老,十五以下为小。"率以十八受田,输租调,二十充兵,六十免力役,六十六退田,免租调。"夫妇二人合称一床,每岁征调绢一匹,绵八两。十斤绵中折一斤丝。垦租二石,义租(给郡)五斗。奴婢减半。牛调二尺,垦租一斗,义租五升。按贫富分为三等。租调上等输远处,中等输次远,下等输当州仓。绢可以折钱。北齐的赋税比南北朝其他各朝代轻,后为隋所沿用。义租到隋改称"义仓"(又称"社仓")。

四、北周的财经六官制度。北周太祖宇文泰曾致力于西魏政治、经济的改革,他仿效《周礼》六官建制,加以损益,作为法式来统一财政体制。六官是载师、司均、司赋、司役、掌盐、司仓。"凡人自十八以至六十有四,与轻癃(疾)者,皆赋之。其赋之法,有室者,岁不过绢一匹,绵八两,粟五斛;丁者半之。其非桑土,有室者,布一匹,麻十斤;丁者又半之。丰年则全赋,中年半之,下年一之,皆以时征焉。若艰凶札,则不征其赋……凡人自十八以至五十有九,皆任于役。丰年不过三旬,中年则二旬,下年则一旬。凡起徒役,无过家一人。其人有年八十者,一子不从役;百年者,家不从役。废疾非人不养者,一人不从役。若凶札,又无力征。"对田制、盐政、仓储等也都作了规定。宇文泰的这一改革,一直到隋代周以前,沿用了二十五年之久。

五、隋朝的户籍、赋役制度。隋文帝于开皇五年(585)采纳了相国高颎的建议,实行整顿户籍、增加财政收入的两项办法。一是"输籍法"。目的是统一各地按户定等计算征税的办法,制定各户等级和纳税标准。"制人五家为保,保有长。保五为闾,闾四为族,皆有正。畿外置里正,比闾正,党长比族正,以相检察焉。"根据土地资财状况确定户等上下,规定应纳税额,记录簿册,作为征纳依据。二是"大索貌阅",对全国进行一次户口清查工作。令州县派员到各地查对户口状况,要求貌龄相符,并规定凡属"大功(堂兄弟)已下"的亲属关系要另立户口,实行一家一户制。通过以上两项办法,"于是计帐进四十四万三千丁,新附一百六十四万一千五百口",财政收入大大增加。"貌阅"制是中国历史上统一王朝中规模较大的一次户口调查,唐代实行"团貌"就是沿此而来,明朝著名的"黄册"也是在此基础上编制的。隋初,所有租赋和力役都按旧制,以夫妇二人为一床,桑田每床每年向国家交纳租粟三石,调绢绝一匹,绵三两;种麻田的调布绢一端,麻三斤。单丁及奴仆减半,未受田的无课。有家室的丁男每年服劳役一月。到开皇三年,规定军人二十一岁成丁,每年服役减为二十日,减调绢一匹为二丈。开皇十年,"又以宇内无事,益宽徭役"。到开皇十二年,因"库藏皆满",令"河北、河东今年田租三分减一,兵减半,功调全免"。赋役减轻,使老百姓得到休养生息,有利于恢复和促进生产。

《隋书》还以一定的篇幅记述了北齐、北周至隋朝均田制的情况。北齐时,实行均田制度的具体规定是:"一夫受露田八十亩,妇四十亩。奴婢依良人,限数与在京百官同。丁牛一头,受田六十亩,限止四牛。又每丁给永业田二十亩,为桑田。其中种桑五十根,榆三根,枣五根。不在还受之限。非此田者,悉入还受之分。土不宜桑者,给麻田,如桑田法。"对贵族官吏拥有的奴婢受田也作了规定。北齐均田制与北魏均田制的不同之处,在于齐制奴婢不受永业田。北周办法与北魏大同小异,只是对住宅用地上,北周规定:"凡人口十已上,宅五亩;口九已上(应为"下");宅四亩;口五以下,宅三亩。有室者,田百四十亩,丁者田百亩。"宅地比北魏规定每三人一亩有所扩大,但很多农民实际上得不到定额的土地。

隋朝于开皇二年重新颁布了均田令,规定:"自诸王已下,至于都督,皆给永业田",自一百顷至四十亩。丁男、中男依北齐制,园宅地"三口给一亩,奴婢则五口给一亩"。开皇十四年,又规定京官、外官按官品给职分田五顷至一顷。各级官府给公廨田若干亩,以供公用。隋朝的均田令是要限制豪强地主对土地的占有,但实际上这种限制是极其有限的。

隋文帝致力于安定社会和恢复农业。开皇三年,实行减役调及屯田实边等措施,并设粮仓积谷,预防荒年。开皇五年,工部尚书长孙平奏请立义仓。隋炀帝时开掘名为通济渠的大运河,又开永济渠和江南河,使南北交通有显著改进。但炀帝滥用民力和穷奢极侈的挥霍享受,激化了阶级矛盾。

《食货志》中还记述了南北朝时货币流通和以谷帛为币的混乱情况。隋文帝力求统一币制,造"重如其文"的五铢钱。曾置样钱于市,"不中样者,不入于市"。炀帝时私铸严重,"钱转薄恶",甚至"剪铁鍱,裁皮糊纸以为钱",以致"货贱物贵,以至于亡"。

由于南北朝诸史中仅《魏书》有《食货志》,《隋书·食货志》显得极为重要。南北朝后期有关劳动力占有的品级制度、课役的等级制度和货币制度,尤其是北朝齐、周及隋实行均田制的具体内容得以保存下来。关于南朝的经济制度仅记载税制、钱币,且过于简略,是其不足之处。

有关《隋书·食货志》的研究主要有王雷鸣《历代食货志注释》(农业出版社,1991年)第一册有关部分、王永兴《隋唐五代经济史料汇编校注》(中华书局,1987年)第一编有关章节等。

(徐培华)

均节赋税恤百姓六条 〔唐〕陆 贽

《均节赋税恤百姓六条》,唐陆贽著。成于贞元十年(794)。收入陆贽的文集中。陆贽文集版本及其生平事迹见"翰苑集"条。

建中元年(780),杨炎为相时,废除租庸调制,实行两税法。两税法简化了税制,但在实行中也产生了一些弊端。陆贽作《均节赋税恤百姓六条》就是揭露两税之弊,提出了对于税法的系统主张。同时还兼及货币流通、土地兼并和地租过重等问题。以下分条说明其要点。

第一条《论两税之弊须有厘革》。陆贽推崇租庸调制,称"其取法也远,其立意也深,其敛财也均,其域人也固,其裁规也简,其备虑也周"。他认为要消除税制的积弊,必须找出产生积弊的原因,"时弊则但理其时,法弊则全革其法……若好革而不知原始要终,斯皆以弊易弊者也"。实行两税法,"每州各取大历中一年科率钱谷数最多者"为定额,"此乃采非法之权令,以为经制;总无名之暴赋,以立恒规"。

两税法"以贫富为差",陆贽对此持反对态度。他以"夫财之所生,必因人力"为理由,强调"必以丁夫为本"。他认为这样做的好处在于"不以务稼增其税,不以辍稼减其租,则播种多;不以殖产厚其征,不以流寓免其调,则地著固;不以饬励重其役,不以窳怠蠲其庸,则功力勤"。他批评以资产为宗难以做到准确和合理:"曾不悟资产之中,事情不一。有藏于襟怀囊箧,物虽贵而人莫能窥;有积于场圃囷仓,直虽轻而众以为富;有流通蕃息之货,数虽寡而计日收赢;有庐舍器用之资,价虽高而终岁无利……一概计估算缗,宜其失平长伪。"由此造成了如下的后果:"务轻费而乐转徙者,恒脱于徭役;敦本业而树居产者,每困于征求。此乃诱之为奸,驱之避役,力用不得不弛,风俗不得不讹,闾井不得不残,赋入不得不阙。"

陆贽分析了实行两税法后的七大弊端,主要是百姓的负担还在继续加重,而两税征钱后绢价下跌,使百姓的实际赋税负担又成倍增加。他提出了一些建议,如对一些加征的税额予以废除或减征,净化地方风气,不得虚称折估等,以减轻百姓负担。

第二条《请两税以布帛为额不计钱数》。陆贽认为,国家制定赋税,"必先导以厚生之业,而后取其什一焉。其所取也,量人之力,任土之宜,非力之所出则不征,非土之所有则不贡。谓之通法,历代常行"。他提出赋税不应征钱的理由说:"谷帛者,人之所为也;钱货者,官之所为也。人之所为者,故租税取焉;官之所为者,故赋税舍焉。"赋税征钱,折钱纳物。"纳物贱则贡税之所出渐多,多则人力不给;纳物贵则收税之所入渐少,少则国用不充。"他主张国家通过控制钱币数量以调节物价,并提出物价理论说:"物贱由乎钱少,少则重,重则加铸而散之使轻。物贵由乎钱多,多则轻,轻则作法而敛之使重。是乃物之贵贱,系于钱之多少;钱之多少,在于官之盈缩。"赋税征钱,而百姓又不得铸,则"使贫者破产,而假资于富有之室;富者蓄货,而窃行于轻重之权。下困齐人,上亏利柄"。

陆贽认为解决财政的根本出路在于节用。他以卫文公、汉文帝和唐太宗为例说明"能节则虽虚必盈",以秦始皇、汉武帝和隋炀帝为例说明"不节则虽盈必竭"。他以"量入为出"来反对"量出为入"。

第三条《论长吏以增户加税辟田为课绩》。陆贽分析了唐代考核官员制度的弊端。当时,考核官员实绩主要看四个方面,即户口增加,田野垦辟,税钱长数,征办先期。对此,陆贽逐一进行评析。其一,以户口增加考核官员实绩,会使官员"诡情以诱其奸浮,苛法以析其亲族"。结果,"所诱者将议薄征,已邃惊散;所析者不胜重税,又渐流亡"。这样会使"州县破伤"。其二,在农夫数量未增的情况下,大量垦田,"新亩虽辟,旧畲反芜",实际产量并未增加。其三,以税收增加数量来考核官员,会使地方官"搥骨沥髓,瘵家取财,苟媚聚敛之司,以为仕进之路"。其四,以提前征税来考核官员,亦为弊端,因为促征会造成"丝不容织,粟不暇舂",贫户奔逃的后果。陆贽主张各地总税额不变,如税额增加,则按户均递减,以减税作为考核标准:"每户十分减三分者为上课,十分减二分者次焉,十分减一分者又次焉。"

第四条《论税期限迫促》。陆贽阐述了急征赋税的危害:"蚕事方兴,已输缣税;农功未艾,邃敛谷租。上司之绳责既严,下吏之威暴愈促。有者急卖而耗其半直,无者求假而费其倍酬。"他主张"各随当土风俗所便,时候所宜,务于纾人,俾得办集",而不必急征,避免上述情况发生。

第五条《请以税茶钱置义仓以备水旱》。陆贽认为,储积备灾是"圣王之急务"。但在当时赋税已经很重的情况下,"课之聚粮,终不能致,将树储蓄根本,必借官司助成"。因此,他建议用每年所得税茶钱五十万贯分配各道设置义仓,丰年谷价跌时,优价收进,遇灾荒时即用来赈济百姓。

第六条《论兼并之家私敛重于公税》。陆贽揭露了严重的贫富不均和地租过重现象,指出:"富者兼地数万亩,贫者无容足之居,依托强豪,以为私属。贷其种食,赁其田庐,终年服劳,无日休息,罄输所假,常患不充。"地主坐食地租,"厚敛促征,皆甚公赋",有的地租为公赋的二十倍之多,严重影响了农民生产和国家财源。他建议:"参酌古今之宜,凡所占田,约为条限,裁减租价,务利贫人……微损有余,稍优不足;损不失富,优可赈穷。"在中国古代,陆贽是第一个提出减租的人。

陆贽的经济思想以《均节赋税恤百姓六条》最为集中。他关心民间疾苦,主张减轻百姓负担,提出了许多有价值的观点。唐代农业赋税征钱的条件还不具备,故陆贽的反对两税征钱观点有其合理性。他的关于货币和物价关系的理论,是中国古代最典型的货币数量论。虽然有些观点,如认为赋税永远不能征钱,强调"以丁夫为本"等,具有保守倾向,但总的说来,陆贽是一位对后世发生重大影响的进步思想家,其财政思想尤为突出。

有关《均节赋税恤百姓六条》经济思想的研究主要有胡寄窗《中国经济思想史》(上海财经大学出版社,1998年)中册、赵靖主编《中国经济思想通史》(北京大学出版社,2002年)第二卷、叶世昌《古代中国经济思想史》(复旦大学出版社,2003年)有关章节等。

(詹亮宇)

通典·食货 〔唐〕杜 佑

《通典·食货》,十二卷。《通典》共二百卷。唐杜佑著。成于贞元十七年(801)。通行本及杜佑生平参看"通典"条。

唐开元末年,刘秩采辑经史中自黄帝迄唐天宝末制度的沿革废置,议论得失,撰成《政典》三十五卷。杜佑读其书,以为条目未尽,因而广泛搜集资料,并参照开元礼制,扩充篇幅,花了三十六年的时间,撰成此书。《通典》分食货、选举、职官、礼、乐、兵制、州郡、边防八门。司马迁《史记》八书中,《平准》居第八;班固《汉书》十志中,《食货志》居第四。《通典》把《食货》提到最前面,表明了作者对社会经济问题的重视。书中还有作者的议论,其中有些应是《政典》中原有的,因为刘秩关于货币的议论见《旧唐书·食货志上》,有些在《通典·钱币上》成了杜佑的议论。这只是可见的一例,其余已难以分清。

《通典·食货》共十二卷。卷一、卷二为《田制》(包括《水利田》、《屯田》),历述上古至唐的土地制度,辑录了大量关于井田、均田、屯田等的原始资料。卷三为《乡党》(包括《土断》、《版籍》),是关于历代基层编户制度沿革的文书汇编,附以土断、版籍等土地管理方面的史料。卷四至卷六为《赋税》,卷四叙述上古至汉魏的赋税制度;卷五叙述南北朝、隋代的赋税制度;卷六最有价值,缕述唐代赋税制度极详,是研究唐代租庸调制的第一手资料,还附有盛唐时期全国二百八十六个郡、府的土贡品种及其数量,是唐代经济地理研究不可多得的原始资料。卷七为《历代户口盛衰》(包括《丁中》),不仅详列出各个朝代的户口数目,还探讨了历代户口的盛衰,特别是安史之乱以后唐代户口中衰的原因。卷八、卷九为《钱币》,叙述了周、秦、汉、晋、魏、隋直至唐肃宗乾元元年(758)的历朝币制及其演变情况。卷十为《漕运》、《盐铁》。卷十一为《鬻爵》、《榷酤》、《算缗》、《杂税》、《平准》(附《均输》)。卷十二为《轻重》(包括《平籴》、《常平》、《义仓》)。

《通典·食货》中所反映的杜佑的经济思想,主要包括以下内容。

一、食货为教化之本。杜佑在《通典》总叙中说:"夫理道之先,在乎行教化;教化之本,在乎足衣食。《易》称聚人曰财。《洪范》八政,一曰食,二曰货。《管子》曰:仓廪实知礼节,衣食足知荣辱。夫子曰:既富而教。斯之谓矣。"在论述户口盛衰问题时又说:"昔贤云:'仓廪实,知礼节;衣食足,知荣辱。'"又引《论语·子路》中孔子和冉有关于富而教之的对话,然后得出结论说:"故知国足则政康,家足则教从。反是而理者,未之有也。"(《丁中》)这些话表明,杜佑认为保障人民的基本物质生活是一切政治措施和文化教育的基础。他把食货放在行教化的首位,说明他比较清醒地看到了,如果百姓食不果腹,衣不蔽体,四散流亡,是谈不上伦理道德的,教化会失去对象,国家也会失掉赋税来源。这是他"征诸人事",即以历史作镜子,考察现实得出的结论。

二、重农思想。杜佑在《田制上》说:"谷者,人之司命也;地者,谷之所生也;人者,君之所治也。有其谷则国用备,辨其地则人食足,察其人则徭役均。知此三者,谓之治政。夫地载而不弃也,一著而不迁也,安固而不动,则莫不生殖。圣人因之,设井邑,列比闾,使察黎民之数,赋役之制,昭然可见也。"杜佑的重农思想,以"使民地著"为核心,他认为人不地著,地难耕垦,谷难生长,危机必不可免。

三、财政思想。在财政上,杜佑主张薄赋税,轻徭役。认为赋税应以土地为征收对象,什一为"天下之正中"(《赋税上》),徭役则岁不过三日。他指出"重敛则多养赢而国贫"(《丁中》)。杜佑肯定杨炎实行的两税法是"适时之令典,拯弊之良图"(同上)。

四、轻重思想。《通典》设《轻重》一卷,所引《管子·轻重》文字很多,并有详细夹注,反映出杜佑对轻重理论的重视。引文可分成三部分。第一部分引自《国蓄》中的若干段落,插话说:"则古之理财赋,未有不通其术焉。"第二部分引自《揆度》和《国蓄》中的若干段落,插话说:"且天下者处兹行兹(夹注:谓塞利途),若此而天下可一也。"第三部分的引文,内容为各种具体的轻重策略,插话说:"此以轻重御天下之道也。"最后杜佑还肯定轻重说:"自燧人氏逮于三王,皆通轻重之法以制国用,以抑兼并,致财足而食丰,人安而政洽,诚为邦之所急,理道之所先,岂常才之士而能达也。"

五、货币思想。关于货币的起源,杜佑说:"货币之兴远矣。夏商以前,币为三品。"(《通典·钱币上》)司马迁原来说:"虞夏之币,金为三品。"(《史记·平准书》)那是指金、银、铜三品。杜佑将它改为"币为三品"。《管子·轻重》的三币原指"珠玉为上币,黄金为中币,刀布为下币",杜佑却说:"珠玉为上币,黄金为中币,白金为下币。"对两者各有所取舍。三币中没有铜,但杜佑又认为铜钱最适宜于作为货币:"其金银则滞于为器为饰,谷帛又苦于荷担断裂。唯钱但可贸易流注,不住如泉。"关于货币的作用,杜佑说:"原夫立钱之意,诚深诚远。凡万物不可以无其数,既有数,乃须设一物而主之。"(《钱币上》)表明他已经认识到货币是用来衡量各种商品的不同数量的,至于这个数量是商品自然形态的量还是内在的价值量,他并没有将它们明确地区别开来。

六、人口思想。杜佑在人口思想方面的主要贡献,是搜集大量历史的和现实的人口资料,说明历代人口发展的盛衰规律:在薄赋敛、罢战争、重务农的太平盛世,人口就增加;在赋税重、战乱之世,人口就大减。杜佑还很重视人口统计,将"纪人事之众寡"(《田制上》)作为统治者治理天下的重要内容之一。他认为只有"周知人数",才能均平赋役,促进农桑事业的发展,使国家强盛,人民富足,"灾沴不生,悖乱不起";反之,大量人口隐匿不报,"版图脱漏",就会出现"人如鸟兽,飞走莫制,家以之乏,国以之贫,奸宄渐兴,倾覆不悟"(《丁中》)的严重后果。

《通典·食货》是唐代以前历代经济史料的汇编,分门起例,以类相从,依年代编次,极便查阅,"纲领宏大,考订该洽"(马端临《文献通考·自序》)。四库馆臣说它"详而不烦,简而有要,元元本本,皆为有用之实学"(《四库全书总目》卷八一)。宋郑樵著《通志》,元马端临著《文献通考》,都以此书为蓝本。

有关《通典·食货》的研究,近人撰有《通典考证》,食货门即有八十一条,附刊于万有文库十通本卷末。

(傅学良 华林甫)

策 林 〔唐〕白居易

《策林》，四卷。唐白居易著。成于元和元年(806)。收于《白氏长庆集》卷六十二至卷六十五。通行本及作者生平参看"白氏长庆集"条。

元和元年，白居易和元稹住在华阳观中，"闭户累月，揣摩当代之事"，写成策目七十五篇，准备参加才识兼茂明于体用科的考试。这些策论只是在考试时作应对，实际"百不用其一二"，但白居易觉得它们是自己"精力所致，不能弃捐，次而集之，分为四卷"（《策林序》），取名为《策林》。

《策林》所议论的范围很广，涉及政治、刑法、军事、经济、风俗等许多方面，反映出白居易早期的政治、经济思想。白居易认为："盖兴废理乱，在君上所教而已。故君之作为，为教兴废之本；君之举措，为人理乱之源。"（《策项》）因而，要巩固统治，君主应以三皇五帝为榜样，"以天下心为心"，"以百姓欲为欲"（《不劳而理》）。

《策林》中的经济思想颇有特色。主要包括以下内容。

一、主张用利的原则来治理国家。白居易肯定人们都是非常好利的，"苟利之所在，虽水火蹈焉，虽白刃冒焉"（《息游堕》）。统治者也应好利，但要好百姓之利，所以白居易说："圣人非不好利也，利在于利万人（民）；非不好富也，富在于富天下。"（《不夺人利》）他分析人们"舍本事，趋末作（游堕）"的原因，指出"游堕者逸而利，农桑者劳而伤"是根源，因为人们必然"去无利而就有利"（《息游堕》）。要纠正此弊病，只有使事本者有利，而游堕者无利。官吏也一样。如果官吏"衣食不充，冻馁并至"，就会"冒白刃、蹈水火而求私利"，不肯再守清白廉洁；必须"厚其禄，均其俸"，才能"去贪致清"（《使官吏清廉》）。朝廷的风气也和利的引诱有密切关系："夫人之茕茕，唯利是务。若利出于慎默，则慎默之风大起；若利出于谠直，则谠直之风大行。"（《使百职修，皇纲振》）

二、有关财富分配的理论。白居易指出："地之生财有常力，人之用财有常数。若羡于上，则耗于下也；有余于此，则不足于彼也。"（《立制度》）认为社会的财富是一个常数，国家分得的多了，民间肯定要减少。又说："夫利散于下，则人逸而富；利壅于上，则人劳而贫。"（《不夺人利》）主张藏富于民。

三、利出一孔理论。白居易说:"利出一孔者王,利出二孔者强,利出三孔者弱。此明君立国子人者,贵本业而贱末利也。"在他以前,商鞅和《管子·轻重》都提出过利出一孔主张,三者含义都不同。白居易的"利出一孔"是指只能从农业上取得财政收入。他说:"是以善为国者,不求非农桑之产,不重非衣食之货,不用计数之吏,不畜聚敛之臣。"(《不夺人利》)即认为国家只应征农业税。他把"不自地出"的利都归为"巧取于人"而获得的利,会使人民"日削而月朘"(同上),有害无利。他批评了公廨本钱,主张取消这种求利之法,改为"随两税以分征,使万民而均出",使"贫户无倍息之弊","公食无告阙之虑"(《议百司食利钱》)。

四、反对两税征钱。白居易指出两税征钱使"天下钱刀重而谷帛轻",导致人们的舍本趋末。他提出赋税不应征钱的理由说:"钱者,桑地不生铜,私家不敢铸,业于农者何从得之?……当丰岁,则贱籴半价,不足以充缗钱;遇凶年,则息利倍称,不足以偿逋债。"(《息游堕》)主张恢复征收谷帛的办法,使"任土之利载兴,易货之币自革"(同上)。

五、调节商品流通理论。白居易提出:"谷帛者,生于农也;器用者,化于工也;财物者,通于商也;钱刀者,操于君也。君操其一,以节其三,三者和钧,非钱不可也。"认为国家应该掌握货币来调节商品的流通。"夫钱刀重则谷帛轻,谷帛轻则农桑困。故散钱以敛之,则下无弃谷遗帛矣。谷帛贵则财物贱,财物贱则工商劳。故散谷以收之,则下无废财弃物也。敛散得其节,轻重便于时,则百货之价自平,四人之利咸遂。"(《平百货之价》)他主张实行平籴:"夫籴甚贵,钱甚轻,则伤人;籴甚贱,钱甚重,则伤农。农伤则生业不专,人伤则财用不足。故王者平均其贵贱,调节其重轻,使百货通流,四人交利。"(《息游堕》)白居易无抑商思想,主张通过国家对商品流通的管理使四民都能得利。

六、盐政思想。白居易指出当时盐法的积弊是"院场太多,吏职太众"。他们为推销盐竞相采取多给盐少收帛的办法,"所以盐愈费而官愈耗,货愈虚而商愈饶,法虽行而奸缘,课虽存而利失"(《议盐法之弊》)。他主张整顿管理机构,减吏职,省院场,使"盐不诱商","吏不争课",保证国家的盐利收入。他又认为盐铁之利归之于民是"政之上",归之于国是"政之次",归之于"幸人奸党"是"政之疵,国之蠹"。把"沙汰奸商,使下无侥幸之人"作为"去弊兴利之一端"(同上)。

七、主张局部复井田。白居易认为井田制是最良好的一种土地制度。但是,井田制"废之颇久,复之稍难,未可尽行"(《议井田阡陌》),因而主张只在户繁乡狭的地方实行以防止兼并。

此外,《立制度》提出一种"贵贱区别,贫富适宜"的"均贫富"主张。《议释教》指出"僧徒月益,佛寺日崇"使"天下凋弊"。《人之困穷,由君之奢欲》指出国君不讲节俭的危害,"君取其一,而臣已取其百","君好则臣为,上行则下效"。要求国君做到"宫室有制,服食有度,声色有节,畋游有时;不徇己情,不穷己欲,不殚人力,不耗人财"。

《策林》的经济思想涉及面广,都是针对时弊而提出。其中有些是白居易的独特见解,如把"末作"解释为"游堕",主张四民交利等。反对两税征钱是当时的普遍观点。有些主张则具有理想的成分,如在部分地区复井田,提出货币、谷帛、财物的三者关系等都是。

有关《策林》经济思想的研究主要有胡寄窗《中国经济思想史》中册、赵靖主编《中国经济思想通史》第三卷、叶世昌《古代中国经济思想史》有关章节等。

(施惠康)

平赋书 〔唐〕李 翱

《平赋书》,一篇。唐李翱著。收于《李文公集》卷三。《李文公集》有宋冯师虞本、明成化本(《四部丛刊》本据此本影印)、汲古阁《三唐人文集》本等。《四库全书》本据汲古阁本。

李翱生平事迹见"复性书"条。李翱是韩愈的学生,曾积极支持并参预韩愈倡导的古文运动,其文学主张和学术思想也与韩愈相近,故人以"韩李"并称。他主张"复性",要人们根据《大学》、《中庸》的要求,去掉一切不符合纲常礼义的情感欲望,恢复善良的本性。他反对佛教,但又从佛教特别是禅宗教义中吸取了不少思想,为宋明理学进一步吸收佛学、完善儒家人性论和修养论开了先河。政治上则提出"用忠臣,屏邪佞,改税法,绝进献,宽租赋,厚边兵,开言路"(《新唐书·李翱传》)等主张。在任地方官时,曾下令调查豪强大族田产,追收漏税一万二千余缗。

《平赋书》反映了李翱独特的财政思想。

《平赋书》主张恢复古代的什一税,认为孟子所说的什一税率是最合理的,因为"四民之苦者,莫甚于农人。麦粟布帛,农人之所生也。岁大丰,农人犹不能足衣食,如有水旱之灾,则农人先受其害"。国家收取十分之一的赋税是轻敛,农民尚可承受,如果超过十分之一就是重敛。他认为轻敛更可以多得财,因为"重敛则人贫,人贫则流者不归而天下之人不来。由是土地虽大,有荒而不耕者,虽耕之而地力有所遗。人日益困,财日益匮,是谓弃天之时,遗地之利,竭人之财"。重敛造成百姓不足,以致"百姓之视其长上如仇雠,安既不得享其利,危又焉肯尽其力?自古之所以危亡,未有不由此者也"。也就是说,国家危亡主要就是由重敛引起的。他分析轻敛的好处说:"轻敛则人乐其生,人乐其生则居者不流而流者日来。居者不流而流者日来,则土地无荒,桑柘日繁,尽力耕之,地有余利,人日益富,兵日益强。"轻敛不仅可避免危亡,而且可使国家富强。

《平赋书》中根据当时的亩积估算耕地面积。以百里之州为例,每百方里有地五百四十万亩,其中一百九十四万四千亩为"州县城郭,通川大途,圳遂沟浍,丘墓乡井,屋室径路,牛豚之所息,葱韭菜蔬之所生植",其余三百四十五万六千亩为耕地。每亩产量以一石计,按什一税率,可得三十四万五千六百石,供政府财政开支所需。另外,在三分之二的田间还可以种桑,即有二百三十万四千亩,每亩种桑半功,共一百十五万二千功。每功产帛一匹,共一百十五万二千匹,也按什一税率,可得十一万五千二百匹帛,供政府财政开支所需。百里之州如此,推及全国,每年所收粟帛已非常可观。"以贡于天子,以给州县。凡执事者之禄,以供宾客,以输四方,以御水旱之灾,皆足于是矣。"所收有多,还要进行备荒,救济、蠲免,广施德政,使"百姓各自保而亲其君上,虽欲危亡,弗可得也"。

《平赋书》带有很多空想成分。它描绘了一幅十足的自然经济蓝图,排除了商品生产、货币经济等因素,并不符合唐代社会的实际情形。而它对耕地面积的估算也过于乐观,从全国范围看,耕地的比例数字显得太高。同时,由于没有计算出当时国家财政支出的最低限度,要证明征收什一税便足以维持国家正常开支更缺乏说服力。但是,尽管《平赋书》有这些缺陷,李翱借此提出轻赋敛的主张却是值得引起注意的。和历来儒家主张"薄赋敛"是施行仁政的内容之一不同,李翱将轻敛和可以"得财愈多"联系在一起,这是一种大胆的不多见的见解。

有关《平赋书》的研究主要有胡寄窗《中国经济思想史》中册、赵靖主编《中国经济思想通史》第三卷、叶世昌《古代中国经济思想史》有关章节等。

(施惠康)

四时纂要 〔唐〕韩 鄂

《四时纂要》，五卷。唐韩鄂著。约成于唐末。初刊于北宋至道二年(996)，已佚。1960年在日本发现了明万历十八年(1590)朝鲜重刻的《四时纂要》，1961年由日本山本书店影印出版。缪启愉有《四时纂要校释》，1981年由农业出版社出版。

韩鄂，一作韩谔，生卒年不详。其名见于《新唐书》卷七十三上《宰相世系表三上》，只知他是唐玄宗时宰相韩休之兄韩偲的玄孙。韩休死于开元二十七年(739)，据此推算，韩鄂可能是唐末到五代初人。《四时纂要》不见录于《旧唐书·经籍志》而见录于《新唐书·艺文志》和宋人书目。据本书《五月》第五十八条"准律令：人家得畜弓剑、短枪八尺以下，自余器械不合畜"正与唐律相符推断，《四时纂要》当成书于唐末。编入《续修四库全书》，2002年出版。

在《四时纂要序》中，作者说明此书系编阅农书，取《广雅》、《尔雅》定土产，取《月令》、《家令》叙时宜，采氾胜种树之书，掇崔寔试谷之法，兼删韦氏《月录》、《齐民要术》而成。

《四时纂要》仿《月令》体例，分四时按月列举农家应做事宜，反映了华北地区一年四季的农事。全书除《序》外，依春令、夏令、秋令、冬令分卷，其中春令为二卷。全书共六百九十八条，其中占候、择吉、禳镇等占三百四十八条，余下的三百五十条可分为六大类：(一) 农业生产，包括粮食、油料、纤维作物、蔬菜、染料作物和采制染料、蚕桑、果树、竹木、牧养、兽医方剂、养鱼、养蜂等；(二) 农副产品加工和制造，包括沤麻、动植物纤维织造和染色、酿造、制饧、乳制品、油脂加工、淀粉加工、动物胶、食物腌制和贮藏等；(三) 医药卫生，包括药用植物栽培和收集、药剂、药物保藏、润肤和装饰等；(四) 器物修造和保管，包括生产工具、武器、油衣、漆器、皮毛衣物、书画、笔墨，以及日用杂器、修葺墙屋等；(五) 商业经营和高利贷，包括农副产品买卖和高利贷；(六) 文化教育，包括学文化、方术、武术以及赈济等。全书以农业为主(占一半以上)，兼及其他方面。据考证，现存书中有若干漏刻和后人窜入者。

《四时纂要》是继崔寔《四民月令》以农、工、商来维持家庭生活的年经营计划。它保存了不少已散佚的资料，广泛集中了农业生产及农副产品加工和农家日常生活所需各方面的知识。此书的发现,填补了从北魏《齐民要术》至宋陈旉《农书》之间的空白。

本书关于农业生产技术方面的内容有较前代发展的果树嫁接,合接大葫芦,苜蓿和麦的混种,茶苗和枲麻、黍稷的套种,种生姜,种葱以及兽医方剂等。还有种茶树,种薯蓣。种菌子和养蜂等则是中国最早的记录。此外,还记述了丰富多样的农副产品的加工制造,尤其是在酿造方面的新技术,如最早介绍利用麦麸酿制"麸豉",制酱,将咸豆豉液加工后作调味品等。广泛地从各种植物中提制淀粉,提制植物从谷物扩展到藕、莲、芡、荸荠、薯蓣、葛、百合、茯苓、泽泻、蒺藜等。在医药卫生方面,最引人注目的是采录了很多种药用植物的栽培技术,成为现存农书的最早记录。书中关于种茶、收购茶、采茶子等叙述比8世纪初陆羽的《茶经》已进步得多。书中难得的树木嫁接经验后为南宋吴怿(或吴横)的《种艺必用》所引用,并被辑入明代的《永乐大典》。木书还把"开蜜"(米取野蜂的蜜)正式列入农家生产事项之内,成为元代《农桑辑要》中《岁用杂事》一节的主要依据,对后世的农书产生了一定影响。

本书的最大缺点,就是占候、择吉、禳镇等迷信的内容占全书将近一半,这显然与当时社会的宗教流行有关。它相比于一般的月令书具有三个重要的特点:一、叙述具体的农业技术,更像"农家历"的性质;二、占卜、禁忌等均占全书篇幅的十分之四,迷信的成分大为发展;三、不像《四民月令》那样具有浓厚的地主经营色彩。

《四时纂要》不仅在农业技术史上具有重要地位,而且在唐、五代的社会经济史和经济思想史上也具有重要资料价值。

首先,作者在《序》中开宗明义指出:"夫有国者,莫不以农为本;有家者,莫不以食为本。""若父母冻于前,妻子饥于后,而为颜闵之行,亦万无一焉。设此带甲百万,金城汤池,军无积粮,其何以守?虽有羲轩之德,龚黄之仁,民无粒储,其何以教?知货殖之术,实教化之先。"充分体现了"仓廪实,知礼节"的重农思想。

其次,全书几乎把所有农、副产品都作为居积买卖的对象。书中有主产南方的特产"覃席"(篾制凉席)和"蕉葛"(蕉类纤维织成的布)以及"若岭表行往,此药(茵陈丸)常随身"(《十二月》)的记载,反映出京都市场南北交易的繁盛;还有多种化妆品的生产和买卖,这都反映了唐代商品生产的发展与社会消费的一个方面。在大量的占候、禳镇等条目中,从迷信的躯壳中表现出对物价行情的预测,也反映出晚唐时期商品经济发展的一个侧面。

有关《四时纂要》的研究主要有缪启愉《四时纂要校释》、万国鼎《韩鄂〈四时纂要〉》、胡道静《读〈四时纂要〉札记》、[日]守屋美都雄《〈四时纂要〉——中国古农书岁时纪的新资料》、[日]天野元之助《关于唐韩鄂的〈四时纂要〉》等。

(林其锬　王国忠)

旧唐书·食货志 〔五代〕刘 昫等

《旧唐书·食货志》，二卷。《旧唐书》原名《唐书》，为了区别宋欧阳修、宋祁等撰《新唐书》，故称今名。全书共二百卷。后人刻版时将本纪、列传篇幅长者分为二或三卷，于是又有二百十四卷之说。五代后晋刘昫等编修。成于开运二年(945)。通行本参看"旧唐书"条。

《旧唐书》记述高祖武德元年(618)至哀帝天祐四年(907)共二百九十年的史事。后期因兵荒马乱，史料缺漏很多，故长庆四年(824)以后的记载或简略不详，或繁琐冗杂，差错较多。《旧唐书》保存了不少有价值的史料，如《顺宗本纪》所记兴办和籴以救农伤之弊的辩论，反映了当时王叔文等改革派的经济措施因遭受阻力，未能贯彻。刘晏、杨炎、狄仁杰等人传中，记载了不少有关财政、赋税等方面的改革措施和实行情况，是研究唐代经济史和经济思想史的宝贵史料。《旧唐书》虽然比较粗糙，内容剪裁不够妥帖，但它具有《新唐书》不可取代的价值，因此北宋司马光编纂《资治通鉴》多以《旧唐书》为据。自《新唐书》问世，《旧唐书》渐不流传。

《旧唐书》记述唐代社会经济的发展状况，特别是财政制度和货币制度的沿革，前期的内容较详，后期较略。作者在卷首高度概括了理财的原则是敛之有道，用之有度："先王之制，度地以居人，均其沃瘠，差其贡赋，盖敛之必以道也。量入而为出，节用而爱人，度财省费，盖用之必有度也。"这个理财原则使国家"既庶且富，而教化行焉"。"自古有国有家，兴亡盛衰，未尝不由此也。"唐承隋经济衰败之后，恢复颇费周章。高祖时"赏赐给用，皆有节制，征敛赋役，务在宽简"，符合历来理财的原则，因此"未及逾年，遂成帝业"。到贞观、永徽之时，经济由恢复趋于发展，进入繁荣时期。至开元、天宝之际，达到极盛。德宗时，政府军需开支浩大，非常赋所能供给，横征暴敛，日益繁多，以致"府藏尽虚"，"常赋之外，进奉不息"。对百姓有各种变相的增税，社会经济日趋衰退。

《旧唐书》上卷主要叙述均田制、财政制度和货币制度，下卷主要是漕运和商税等。现择要分述如下。

一、均田制度。高祖武德七年宣布实行均田制。唐朝以三岁以下男女为黄,四至十五岁为小,十六至二十岁为中,二十一至五十九岁为丁,六十岁以上为老。授田办法是:"丁男、中男给一顷,笃疾、废疾给四十亩,寡妻妾三十亩。若为户者加二十亩。所授之田,十分之二为世业,八为口分。世业之田,身死则承户者便授之;口分,则收入官,更以给人。"另外道士、和尚给田三十亩,女道士、尼姑二十亩。工商业者按男丁减半给田,狭乡不给。各级官员也有世业田,九品至正一品给田二百亩至一万亩,勋官给田六十亩至三千亩。与北魏、隋朝的均田制相比,课役对象的丁龄、受田的对象有所不同。除主要受田对象为丁男外,还有笃疾、废疾、寡妻妾以至僧尼道冠、官户、工商业者可受田,而妇人、奴婢、耕牛则不受田。均田制在荒地不足的地区不能得到充分的执行。随着土地兼并的加强,特别是安史之乱后,行之三百年的均田制终于崩溃。

二、租庸调制度。租是田赋,调是户税,庸是代替力役的赋税。租庸调按人丁征收。"每丁岁入租粟二石。调则随乡土所产,绫绢絁各二丈,布加五分之一。输绫绢絁者,兼调绵三两;输布者,麻三斤。凡丁,岁役二旬。若不役,则收其佣,每日三尺。有事而加役者,旬有五日免其调,三旬则租调俱免。通正役,并不过五十日。"这里每丁"岁役二旬"是正役,而"有事而加役者"则为杂役。在租庸调外,还有户税、地税。户税是按户等征钱。地税的征收始于贞观二年(628),按亩征收。没有土地的商贾则按户等纳税。实行两税法后,租庸调制度废除。

三、户籍制度。实行均田制,推行租庸调法,都必须有明确的户籍管理制度作保证。唐朝的户籍管理是:"凡天下人户,量其资产,定为九等。每三年,县司注定,州司覆之。百户为里,五里为乡。四家为邻,五家为保。在邑居者为坊,在田野者为村。村坊邻里,递相督察……工商杂类,不得预于士伍。"对人口的统计,规定"每岁一造计帐,三年一造户籍"。计帐和户籍,州县保留十五年,尚书省保留九年。

四、两税法。由于均田制的破坏和安史之乱后户籍记录与实际情况的严重不符,租庸调制已失去存在意义。建中元年(780),德宗采纳宰相杨炎的建议,实行两税法。规定:"户无主客,以见(现)居为簿。人无丁中,以贫富为差。"每个人都要在所居住地建立户籍,按财产多少确定纳税等级。没有固定居住地的"行商",一律在所在州县缴纳资产的三十分之一(后改为十分之一)的税收。它以原来的户税、地税为基础,主要项目分为按亩纳米、麦的地税和按户等高低定税钱多少的户税,重新确定税额,租庸调也折钱并入户税。因新税统一于每年夏、秋两季交纳,故称为"两税"。地税以大历十四年(779)垦数为准。夏税无过六月,秋税无过十一月。两税法的出现,意味着封建政权对农民的人身控制有所松弛,反映唐朝社会经济,特别是商品经济有了新发展。同时标志着中国封建社会的税制发生了重要的变革。但实行后也产生一些问题,受到有些人的批评。

五、货币制度。武德四年,"废五铢钱,行开元通宝钱,径八分,重二铢四絫,积十文重一两,一千文重六斤四两"。开元通宝的出现,使自汉武帝时铸造的五铢钱通行七百多年后终被取代。开元通宝是唐朝的主要钱币,此外还曾铸造乾封泉宝、乾元重宝等钱。开元二十二年(734),宰相张九龄提出不禁私铸的建议,想以此增加钱币的供给。百官讨论时,一些官员表示反对。《食货志上》记录了左监门录事参军刘秩的大段议论。他说货币的作用是"平轻重而权本末"。他用《管子·轻重》的货币理论来说明国家必须掌握铸币权,并强调国家要利用货币来调节物价。"故善为国者,观物之贵贱,钱之轻重。夫物重则钱轻,钱轻由乎物(应作"钱")多,多则作法收之使少;少则重,重则作法布之使轻。轻重之本,必由乎是。"自由铸钱会使钱的质量降低,贫者服役于富室,而且"是与人利权而舍其柄"。由于反对自由铸钱的人占优势,张九龄的建议未被采纳,只是再一次下令禁止恶钱的流通。《食货志》还记载了元和年间的禁蓄钱和便换政策。便换即飞钱,也就是汇兑,《旧唐书》所记的最早年份为元和六年(811),《新唐书》则为元年。

六、盐铁管理。唐初任民产制运销食盐,且不收税。开元元年,左拾遗刘彤上表,赞同古时的盐铁官营,认为:"故先王作法也,山海有官,虞衡有职,轻重有术,禁发有时,一则专农,二则饶国,济人盛事也。"他建议"诏盐铁木等官收兴利,贸迁于人"。这建议得到众臣的支持,"咸以盐铁之利,甚益国用"。于是开始设官征收盐铁税。

七、漕运之议。唐前期比较重视漕运。宣州刺史裴耀卿于开元十八年议改进漕运,指出原来漕运因河道不畅,"计从江南至东都,停滞日多,得行日少,粮食既皆不足,欠折因此而生"。加上"转雇河师水手,更为损费",他提议在河道沿线分段设仓转运,"水通则随近运转,不通即且纳在仓,不滞远船,不忧久耗,比于旷年长运,利便一倍有余"。当时未被采纳。二十一年,裴耀卿任京兆尹,又提出改进漕运的建议,主张"于河口置一仓,纳江东租米。便放船归。从河口即分入河、洛,官自雇船载运"。又在三门东西各置一仓贮粮,"水通即运,水细便止。自太原仓溯河,更无停留,所省巨万"。这建议被采纳了。改进漕运后,三年运七百万石,省陆运佣费四十万贯。至刘晏任盐铁使时,"始以盐利为漕佣,自江淮至渭桥,率十万斛佣七千缗,补纲吏督之。不发丁男,不劳郡县,盖自古未之有也"。以后每年运米数千万石。由于刘晏理财得法,至大历十四年,"天下财赋,皆以晏掌之"。

此外,《食货志》论述漕运问题时,涉及粮食贮存的粮仓。在唐朝,武德元年曾置社仓,贞观二年立义仓,永徽六年(655)在京东西二市置常平仓。关于粮食的赈贷、平粜、和籴等也有记载。商税方面,建中四年,户部侍郎赵赞主张开征竹、木、茶、漆税;又征间架税,算除陌钱,"人不胜其苦","怨讟之声,嚣然满于天下"。贞元九年(793),张滂奏征茶税。此外还有榷酒、榷麦等。

有关《旧唐书·食货志》的研究主要有王雷鸣《历代食货志注释》第一册有关部分、潘镛《旧唐书食货志笺证》、王永兴《隋唐五代经济史料汇编校注》第一编有关章节等。

（徐培华）

隋唐五代编

科 技 类

太清石壁记 〔隋〕苏元朗

《太清石壁记》,三卷。隋苏元朗撰。成于梁天监元年(503)至隋义宁元年(617)之间。唐乾元(758—760)中,楚泽先生辑补。通行本有明代《正统道藏》本等。

苏元朗,"朗"一作"明",或因形近而误,或为避赵宋始祖赵玄朗之讳,号青霞子。或以为晋人,或以为梁隋间人。隋开皇(581—600)中,南至罗浮,定居山中。著有《太清石壁记》、《青霞子宝藏论》。生平事迹详《通志·艺文略·道家类》。

楚泽先生,唐乾元中,官剑州司马,辑补苏元朗《太清石壁记》。生平事迹详《新唐书·艺文志》。

《太清石壁记》为道家炼丹术著作。道家认为,"自古合作神丹必依名山"。相传黄帝曾受丹经于王屋,访至道于崆峒,然后于荆山之下、鼎湖之上,飞化九转,道成仙去。本书书名中的"太清石壁",指的就是名山仙境。全书约一万五千言,大致依金丹、仙药之序,开列丹方五十余种,又有服丹方法几十种(主要在第三卷)。从炼丹到服食,不谈玄理,而只讲方法,是中国炼丹史上较早的实验记录。

本书篇目:卷上,有太一金英神丹方、大还丹方、黄帝九鼎丹方、黄帝九鼎大还丹方、艮雪丹方、五味丹方等二十余种,及造六一泥法,造丹炉药釜法等;卷中,有丹经秘要四诀、合药诀、造水银霜法、朱砂霜法、八神丹方、三使丹方、召魂丹方等三十余种,并附服丹法、服丹禁忌、服丹觉触、伏火法等;卷下,有炼钟乳法、作铁粉法、及服诸丹法、疗病状法、服丹人消息法等。

作者认为服食丹药,小则治病,大则登仙。叙述如何鉴定朱砂、雄黄等药物的形质美恶,各种丹方的制作,服丹丸数及其方法,服丹十五日后的反应。说服丹药后,"初须小困,后大效",因此切"勿见小困,即便停之"。

书中记载制取化学药品技术。如《造水银霜法》、《朱砂霜法》、《艮雪丹法》、《五味丹方法》等详尽地介绍以不同原料为配方,制取氯化汞的方法。其相同处是利用黄矾、胆石等受强热产生

SO_3 的作用。其结果,前二法形成甘汞,后二法得到升汞。《造水银霜法》如下:"水银一斤,盐二斤,朴硝四两,太阴玄精六两,敦煌矾石一斤,绿矾亦得。先将锡置铛中,猛火消成水。别温水银,令入锡中搅之,泻于地上,少时即凝白如银。即以盐二斤和锡,捣之,令碎。以马尾罗重罗令尽,即以玄精末及矾石末和之,布置一似四神,惟以朴硝末覆上。用文多武少火七日夜,其霜如芙蓉生上,甚可爱。取得霜更研。"除生成氯化亚汞即甘汞外,也能制取汞锡合金。又《太一雄黄丹》,所记为制砒霜法,在空气中燃烧雄黄,使生成的氯化亚砷黏附于器上。

对本书所蕴含的丰富化学内容,尚有待进一步挖掘。现兹举数例以明之。

一、"太一小还丹方:水银一斤,石硫黄五两。"显然,这是指汞、硫化合生成红色硫化汞(即丹砂)的实验。实验方法在书中有详细叙述,此略。对于实验产物,作者描述道:"其丹,状如石榴子,紫黑色。水中研泛之,取细者,色红赤非常。"这是对硫化汞色泽的确切描写。葛洪在其《抱朴子内篇·金丹》中曾言"丹砂烧之成水银,积变又成丹砂",这点明了硫化汞加热会分解出水银;但水银进一步加热(积变),生成的应当是红色氧化汞,而不可能得硫化汞(因其中的硫已成二氧化硫气体逸出)。因此葛洪所称的前后两个"丹砂",实际上不是同一种物质。由此不能认为葛洪已做过硫、汞化合的实验,而应当认为是苏元明实施了中国化学史上的第一次硫汞实验。

二、"造水银霜法:水银一斤,盐二斤,朴硝四两,太阴玄精六两,敦煌矾石一斤。"水银霜一般认为是指氯化汞,而此方产物据模拟实验,应是氯化汞与氯化亚汞的混合物。在此方中,参与反应的成分是汞、盐(氯化钠)和敦煌矾石三味,其中敦煌矾石是含有硫酸盐(如硫酸铜、硫酸亚铁等)的矿物。其模拟实验的反应式如下:

$$4FeSO_4 + O_2 = 2Fe_2O_3 + 4SO_3$$

$$CuSO_4 \xrightarrow{\triangle} CuO + SO_3$$

$$Hg + 2SO_3 + 2NaCl \xrightarrow{CuO, Fe_2O_3} HgCl_2 + Na_2SO_4 + SO_2$$

在一定条件下,此反应体系还会生成氯化亚汞,由此推测在古代不太严格的控制条件下,其产物"水银霜"应是氯化汞与氯化亚汞的混合物。本书还列出"朱砂霜法"、"艮雪丹方"和"五味丹方"等制造汞的氯化物的实验配方多种,说明当时炼丹化学对汞、氯(盐)反应已达到相当成熟的程度。

三、作为实验记录,本书对所列丹方,一般都列出了丹方异名(如有异名的话),用药名称及分量,以及具体的操作步骤,体现了炼丹家的求实精神。如"艮雪丹方"则有异名十种:"一名水银霜丹、二名琉珠白雪丹、三名流汞素霜丹、四名玄珠降霜丹、五名太阳红粉丹、六名飞虹化药丹、七名朝霞散彩丹、八名夕月流光丹、九名辰绵流晖丹、十名凝阶积雪丹。"众多丹名反映出当时炼丹术的渐趋兴盛以及中国传统文化中对于名称用词的精凿细刻。就操作步骤来说,"艮雪丹方"乃有五百余字,此处不再赘述。现举操作上简单的"太一硫黄丹方(一名太阳粉丹)"为例:"石硫黄三斤。右捣研,入丹灶中,飞之。以两盒子为上下釜,盖文火飞三日夜。并飞上釜,如金粉色,可研丸服之。"短短数语,将药品、分量、主要仪器与实验方法乃至现象("并飞上釜,如金粉色")交代清楚。其中"飞"是炼丹家多用的字眼,常常指物质的升华。

对矾的认识有所进步。说"矾石有五种,有黄、白、青、黑、赤者"。论其日用价值道:"世人惟用黄、白二种。白矾石堪多用,黄色但是敦煌出者皆好。"

有关本书的研究,有张觉人《中国炼丹术及丹药》、任继愈等《道藏提要》、袁翰青《从道藏里的几种书看我国的炼丹术》、陈国符《道藏经中若干可供研究中国自然科学与技术之史料》、赵匡华等《关于中国炼丹术和医学化学中制取轻粉粉霜诸方的实验研究》、赵匡华《我国古代的矾化学》、赵匡华、周嘉华《中国科学技术史·化学卷》、贺圣迪《道教炼丹术——实验化学的先驱》(周瀚光、戴洪才主编《六朝科技》第四章)等的有关部分。

(闵龙昌 贺圣迪)

诸病源候论 〔隋〕巢元方等

《诸病源候论》,又名《巢氏诸病源候论》、《巢氏诸病源候总论》、《诸病源候总论》、《巢氏病源》,五十卷。隋巢元方等撰。成于隋大业六年(610)。通行本有元刊本、明汪济川、方矿刊本、清嘉庆间胡益谦"经义斋"刊本、《四库全书》本、《中国医学大成》本、《周氏医学丛书》本、《医统正脉全书》本等。

巢元方(550—630),京兆华阴(今属陕西)人,大业年间(605—618)为太医博士,后擢太医令。医术高明,尤精病因病理。开河都护麻叔谋患风遂,隋炀帝命巢元方前往探视。巢氏诊病后曰:"风入腠理,病在胸臆,经用嫩羊肥者,蒸熟掺药食下则愈。"麻叔谋遵嘱而行,病随之而愈。生平事迹见《开河记》等。

有关本书的卷数和作者,《隋书·经籍志》著录为五卷,目一卷,吴景贤撰。《旧唐书·经籍志》为五十卷,吴景撰。《宋史·艺文志》仅载巢元方《巢氏诸病源候论》五十卷,而无吴氏书。《新唐书·艺文志》、《通志·艺文略》二书并载,各五十卷。《郡斋读书志》题隋巢元方等撰。巢元方、吴景贤二人俱名载史志,吴景则无从查考,疑《旧唐书·经籍志》脱落"贤"字。大抵本书系奉敕而撰,以巢氏为主,吴氏有辅助之功,又综合了当时一些医家的意见。卷数问题,四库馆臣揣测隋志于"五"下"当脱一'十'字",余嘉锡《四库提要辨证》以为"至确"。作五十卷当属无疑。

本书为病因病理学专著。有北宋仁宗天圣五年(1027)宋绶序、清四库馆臣序、光绪辛卯(1891)周学海序等。卷一、卷二,风病诸候。卷三、卷四,虚劳病诸候。卷五,腰背病、消渴病诸候。卷六,解散病诸候。卷七、卷八,伤寒病诸候。卷九,时气病、热病诸候。卷十,温病、疫疠病诸候。卷十一,疟病诸候。卷十二,黄病、冷热病诸候。卷十三,气病、脚气病诸候。卷十四,咳嗽病、淋病、小便病、大便病诸候。卷十五,五脏六腑病诸候。卷十六,心病、腹病、心腹病诸候。卷十七,痢病诸候。卷十八,湿䘌病、九虫病诸候。卷十九,积聚病、症瘕病诸候。卷二十,疝病、痰饮病、癖病、否噎病诸候。卷二十一,脾胃病、呕哕病、宿食不消病、水肿病诸候。卷二十二,霍乱病诸候。卷二十三,中恶病、尸病诸候。卷二十四,注病诸候。卷二十五、卷二十六,蛊毒病诸候。卷二十七,血病、毛发病、面体病诸候。卷二十八,目病诸候。卷二十九,鼻病、耳病、牙齿病诸候。卷三十,唇口病、咽喉心胸病、四肢病诸候。卷三十一,瘿瘤等病、丹毒病、肿病、丁疮病诸候。卷三十二、三十三,痈疽病诸候。卷三十四,瘘病、痔病诸候。卷三十五,疮病、伤疮病诸候。卷三十六,兽毒病、蛇毒病、杂毒病、金疮、腕伤病诸候。卷三十七至卷四十四,妇人病诸候。卷四十五至卷五十,小儿杂病诸候。

全书共分六十八门,一千七百三十九论,涉及内、外、妇、儿、口齿、五官、伤骨各科。所谓"门"是指病的种类,每门下又有若干"论",阐述该类疾病的各种症候。体制宏大,结构严整,条理清晰。

本书不但搜集病症之多为前所未见,更重要的,是它对病因、病机和症候作了比较深刻的论析和细密的分类,其中有不少创见。

病因方面,本书在继承前人"六淫"、"七情"、"饮食劳倦"等病因学说的基础上,进一步揭示了一些客观致病因素。如对于"时气病"即流行性传染病,隋以前大多归于伤寒、温病和时行病中,认为系气候变异,人触冒之而发病。本书则指出,单纯触冒寒毒之气发病者并不传染,而"人感其乖戾之气而生病者,多相染易",但可"预服药及为方法以防之"(卷九《时气病诸候·时气令不相染易候》)。较之前人,对此病的认识明显深化。还指出得瘿病(即地区性甲状腺肿)的原因是长期饮用"沙水",即某些地区缺乏碘质的水;得寸白虫病(一种肠道寄生虫病)的原因是吃了生鱼或半生不熟的烤牛肉。有些病因则在主观,如"漆疮"的生成是因为"人有禀性畏漆,但见漆便中毒",而有些人却"终日烧煮,竟不为害也"(卷三十五《疮病诸候·漆疮候》),揭示了此病的个体特异性。

发病机理方面,本书以脏腑经络学说为核心,作了更深入的论述。如论中风候,指出中风者,是人受风邪所致,其病机是,风邪"藏于皮肤之间,内不得通,外不得泄,其入经脉,行于五脏者,各随脏腑而生病焉"(卷一《风病诸候·中风候》)。以下即从心、肝、脾、肾、肺五个方面进行辨证。又如论消渴病(糖尿病),其症状是"渴不止,小便多",病因是年轻时服了"五石散",病机是"石热结于肾中,使人下焦虚热"。到了年老时,血气减少,石热独盛,肾便因之而燥热。此病到后来大多会发痈疽,系由"热气留于经络不引,血气壅涩"所致(卷五《消渴病诸候·消渴候》)。消渴病患者又有口中甘甜的现象,这是因为饮食五味入于口而藏于胃,脾又为之运行精气。而患此病者,因脾脏功能失调,脾气上溢,故口中有甘甜感。

病症方面,本书对许多疾病的症候都有详细的描述。如描述麻风病,"初觉皮肤不仁,或淫淫苦痒如虫行,或眼前见物如垂丝,或隐轸辄赤黑"(卷二《风病诸候·诸癞候》)。此病初入皮肤,多无自觉症状,潜伏下来后,或流通四肢,潜于经脉,入于五脏。"久而不治,令人顽痹……或身体遍痒,搔之生疮;或身面肿,痛彻骨髓",乃至"眉睫堕落"、"鼻柱崩倒"、"肢节堕落"(同上)。对脚气病的描述也极为具体。这些都具有相当高的临床价值。

症候分类方面,全书首先按内科、五官科、外科及伤科、妇产科、小儿科的次序进行划分。然后在各科内部,从病因、病理、脏腑、症状等角度作分类。在此基础上又作了更细的区分、如分内科急性热病为伤寒病、时气病、热病、温病、疫疠病五门,又如分消渴病为消渴、渴利、内消三个症候。这表明,本书在病症分类上比前人有了较大的进步。

本书有意仿效《内经》、《难经》、"但论病源,不载方药",然而在论诸症之后,附有养生导引之法,保存了不少这方面的文献。

《诸病源候论》是我国第一部专论病因、病机和症候的著作,对后世影响深远。唐代的《备急千金要方》、《外台秘要》,宋代的《太平圣惠方》,明代的《普济方》等名著,或仿本书的分类方法及体例,或大量引用本书论述,故《四库全书总目》誉其为"证治之津梁"。宋代将其作为学医者必读之书,元代更列为"医门七经"之一。本书在国际上也有一定影响,其大量内容为日本的《医心方》所收录。

有关本书的研究,校释有南京中医学院《诸病源候论校释》(人民卫生出版社,1980年)、丁光迪等《诸病源候论校注》(人民卫生出版社,1992年)等;论述有李经纬《〈诸病源候论〉在医学科技上的贡献》、《〈诸病源候论〉的病因学研究》、《巢元方》(见杜石然主编《中国古代科学家传记》)。

(林建福)

夏侯阳算经

《夏侯阳算经》,略称《夏侯阳》,三卷。《隋书·经籍志》记为"二卷",《新唐书·艺文志》则称:"《夏侯阳算经》一卷,甄鸾注。"另据《张邱建算经序》(约公元5世纪中叶),中有"夏侯阳之方仓,孙子之荡杯"等语,则可知此书当成于5世纪之前。但现传本《夏侯阳算经原序》中,又有"五曹、孙子,述作滋多;甄鸾、刘徽,为之详释"等语,则今本似又成于甄鸾(北周)之后。现在数学史界一般认为,唐时《夏侯阳算经》列为国子监算学诸生必读的"十部算经"之一,那是成书较早的原著。但后来原著失传,而宋时刊刻的"十部算经",又误把《新唐书·艺文志》所载《韩延夏侯阳算经》收入。实际上,此书乃唐时韩延所著,因其开头有"夏侯阳曰"并征引了一段《夏侯阳算经》的原文,才被误作《夏侯阳算经》收入。书中又有关于"两税米"和"两税钱"的题目,则其成书当在唐朝中期"两税法"施行前后。通行本有清《四库全书》本、《微波榭算经十书》本、《武英殿聚珍版丛书》本、近代《丛书集成》本、1963年中华书局版钱宝琮校点《算经十书》本等。

今本《夏侯阳算经》卷首有"原序"一篇,全书按实际应用的不同共分为十二个门类。卷上六门,是为"明乘除法"、"辨度量衡"、"言斛法不同"、"课租庸调"、"论步数不等"、"变米谷";卷中五门,是为"求地税"、"分禄料"、"计给粮"、"定脚价"、"称轻重";卷下一门,是为"说诸分"。全书共给出八十三个例题,其中一小部分与《孙子算经》、《五曹算经》中的题目相同,其他都是切合当时社会实际需要的算题。特别是在一些题目的乘除演算过程中,改变了过去筹算乘除法要分上、中、下三层排列的繁复做法,使其变为可在一个横列里演算乘除,从而使筹算乘除简约易行,为宋以后简便算法的发展开了先河。

《夏侯阳算经》不仅简要实用,而且因其例题切合当时实际,故作为考核当时经济政治制度的史料亦颇有价值。清《四库全书总目》评价说:"其书务切实用,虽《九章》古法,非官曹民事所必需者,亦略而不载。于诸算经中,最为简要。且于古今制度异同,多资考证,尤足宝重云。"

关于本书的研究,有纪志刚主编《孙子算经、张邱健算经、夏侯阳算经导读》(湖北教育出版社,1999年)、李兆华《传本〈夏侯阳算经〉成书年代考辨》(《自然科学史研究》2007年第4期),以及严宝琮主编《中国数学史》、李迪《中国数学通史》的有关章节。

(周瀚光)

缉古算经 〔唐〕王孝通

《缉古算经》,略称《缉古》,一卷。一本作上、中、下三卷。唐王孝通撰。成于武德九年(626)之前。唐时列为国子监算学诸生必读的"十部算经"之一。通行本有清《四库全书》本、《微波榭算经十书》本、《知不足斋丛书》本、《白芙堂算学丛书》本、近代《丛书集成》本、1963年中华书局版钱宝琮校点《算经十书》本等。

王孝通,生平事迹不详。据《新唐书·历志》及其自撰的"上缉古算经表",知其出身平民,少小学算,曾在隋朝为官,后入唐任算历博士、通直郎太史丞。武德六年(623)曾与吏部郎中祖孝孙一起,批评当时颁行的傅仁均《戊寅元历》。武德九年(626)又同大理卿崔善为一起,对《戊寅元历》作了许多校正工作。他对自己的《缉古算经》非常自信,在其"上缉古算经表"中说:"请访能算之人,考论得失。如有排其一字,臣欲谢以千金。"

今本《缉古算经》卷首有"上缉古算经表"。全书亦采取问题集的形式,共二十个应用问题(最后三题有缺字),每题分为问(问题)、答(答案)、术(算法)三个部分。第一题是已知日月合朔时刻及夜半时日所在赤道经度,求夜半时月所在赤道经度。术用《九章算术》"均输章"中犬追兔问题解法,使其对这个天文问题的解答比以往的旧法简捷。第二至六题和第八题,是关于土木工程中的土方体积问题。这些问题中不仅要求根据工程的具体情况计算体积和长、宽、高的尺寸,而且还要由已知某一部分工程体积来返求这部分的长、宽、高尺寸。这就需要列出一个三次方程,并用开带从立方法求解。第七题及第九至十四题,是已知仓房和地窖等的容量,根据题设尺寸间的大小关系返求各边线尺寸,也归结为三次方程求解。第十五至二十题是勾股问题。其中前四题要用到三次方程,后两题要用到四次方程。不过这两个四次方程都可先开带从平方得一正根,再开平方得所求的勾或股,即属于现今所谓"双二次方程"。

《缉古算经》的大部分问题都要用高次方程(主要是三次方程)来解决,这在当时是高深而先进的数学成果。在古代,由于没有现代的数学符号,要从实际问题列高次方程,非常困难。王孝通在每一条有关高次方程的术文之下,都用自注来说明方程的各项系数的来历。他在依据实际问题列高次方程方面的出色的工作,是中国数学史上的一个重要进步。《缉古算经》是有关这一数学成果的最早记叙,在世界数学史上也是关于三次方程数值解法及其应用的最古老的珍贵著作。

在复杂的体积计算方法上,王孝通也有深入的研究。他在"上缉古算经表"中说:"伏寻《九章》商功篇有平地役功受袤之术。至于上宽下狭,前高后卑,正经之内,阙而不论。致使今代之人不达深理,就平正之间敧邪之用。斯乃圆孔方枘,如何可安?臣昼思夜想,临书浩叹,恐一旦瞑目,将来莫睹。遂于平地之余,续狭斜之法。"其书中以第三题"堤积问题"为代表的体积计算,确实是既繁复而又正确的。

《缉古算经》中关于高次方程的数学内容,对后世数学影响很大。宋元时期的数学家们在此基础上继续深入研究,终于发明了"天元术"和"四元术",建立并完善了高次方程的布列方法和数值解法,达到了中国古代代数学的高峰。《缉古算经》在这一方面的开启之功,是不容忽视的。

有关《缉古算经》的研究,有清张敦仁《缉古算经细草》、刘衡《缉古算经补注》等。张敦仁不仅给出了每题的细草(多用天元术解之),而且对最后三题缺佚的原文作了补全。至现当代,有钱宝琮《王孝通〈缉古算经〉第二题、第三题术文疏证》;又见钱宝琮主编《中国数学史》、中国天文学史整理研究小组《中国天文学史》等著作的有关章节。

(周瀚光)

晋书·天文志 〔唐〕李淳风

《晋书·天文志》,三卷。唐李淳风撰。成于唐贞观二十二年(648)。通行本参看"晋书"条。

李淳风(602—670),岐州雍(今陕西凤翔)人。自幼博览群书,尤精天文星占历法。历任将仕郎、太史令、书阁郎中等职。他在天文历法星占方面的主要成就,是创造了新的浑天黄道仪。此仪既吸取北魏铁浑仪设水准仪之优点,又作了新的改进,变二重为三重,即在六合仪与四游仪之间再加设了一道三辰仪。三辰仪由黄道环、白道环与赤道环三个相交的圆环构成,分别用于测量太阳、月亮与星辰的位置。三辰仪在六合仪中可以绕极轴旋转,而四游仪又可以在三辰仪中旋转。黄道环上打有二百四十九对小洞眼,每过一个交点月,就把白道移过一对洞眼,以合实际与精确。赤道环上刻有二十八宿距度,有助于恒星观测。由三辰仪而在观测中对黄道经纬、赤道经纬、地平经纬都能了然于心。另外,还制定了《麟德历》(又名《仪凤历》)。此历以隋代刘焯所制《皇极历》为基础改进而成的。它废除了古历中的章、蔀、纪、元的推算方法,从而大大简化了计算程序;在采用定朔的同时,为避免出现连续大月或连续小月,采取了进朔法以变通调整;废弃闰周,改为直接以无中气的月份置闰月;对回归年、朔望月、近点月之日母都统一用一千三百四十一数;回归年与朔望月长度全由观测与统计求得,精度有所提高;在日食计算中提出了蚀差的校正项(即视黄白交点离真黄白交点距离)。其缺点是不用岁差。在唐代八历中,共使用了六十四年。后来传至朝鲜、日本,亦即被采用。著作尚有《典章物象志》、《法象志》、《乙巳元历》、《乙巳占》等,还参加了《晋书》、《五代史志》中《天文志》、《五行志》、《律历志》的撰写。生平事迹见《旧唐书·李淳风传》等。

《晋书·天文志》上卷九章:"天体"章,叙古代天体宇宙理论,盖天、浑天、宣夜、安天、穹天、昕天六家之说,并录王仲任、葛洪辩浑天之论(由此可见李淳风倾向于盖天说)。"仪象"章,叙自汉太初时落下闳等造圆仪起,至三国吴王蕃依刘洪《乾象历》之法所制浑仪。此章显系李氏所著《法象志》之梗概。"天文经星"章,略叙陈卓所定三垣二十八宿一千四百六十四星。以下"中宫"、"二十八宿"二章具体阐述恒星情况。"二十八宿外星"章，叙宿外恒星、"天汉起没"章，叙银河之区域界限。"十二次度数"章，叙陈卓十二次配十二野之郡国入宿度。"州郡躔次"章，叙陈卓、范蠡、鬼谷先生、张良、诸葛亮、谯周、京房、张衡等人共同的州郡躔次见解。

中卷四章："七曜"章，叙日月五星之运行与占候。与其他正史的《天文志》相比，此处占候的内容显然过多而会合周期、恒星周期等重要的天文内容却消失了。这可能是李氏不想与其他《天文志》相雷同，更可能是显示了在李氏身上星占家的成分比其他那些《天文志》的撰写者更多些，这在以下各章中可以看得更清楚。"杂星气"章，叙瑞星、妖星(彗星、孛星二十一颗，月旁妖星三十五)、客星、流星。粗看似纯属占候之术，但透过表象可窥见古人对星象认识的广泛与深入。尤可值得重视的是，首次指出了"彗体无光，傅日而为光"的彗星发光原理与彗星尾"夕见则东指、晨见则西指"而常背太阳的规律，比西方要早九百年。"云气"章，叙云气、虹雾等占候之法，亦可见古人对这些天象的观察之细。"史传事验"，叙在天变、日蚀、月变、月奄犯五纬、五星聚舍等情况下对应的人事变化，颇类于《五行志》。

下卷五节："月五星犯列舍"、"经星变附见"、"妖星客星"、"星流陨"、"云气"，实皆属中卷"史传事验"之章。

综观全文，以上卷价值最高。所载六家宇宙结构学说乃后世唯一可见的独家记载，如无本书记载，后人恐怕连穹天说、昕天说之类的名称也不得而知了。所载恒星，乃陈卓所定体系，也是最早见于史志的记载。后二卷价值虽较低，但仍需重视。如其中有关太阳黑子的记载即达二十二次之多，且形状各异；对彗星、孛星、客星、流星等的详细记载、定名定义、发光原理及抱珥背璚现象等，都为天文学史上的重要记载。因此，在历代的《天文志》中，《晋书·天文志》被公认为自《史记·天官书》以后最重要、最成功的一部。在它之前的《汉书》、《后汉书》、《宋书》、《南齐书》、《魏书》等史籍的天文志、五行志都不及本书的内容丰富、史料珍贵。本书可谓是从汉代到晋代天文星象知识的一部总结性文献。

关于本书的研究，有陈久金《李淳风》(见杜石然主编《中国古代科学家传记》)、陈美东《中国科学技术史·天文学卷》等著作中的有关部分。

（王贻梁）

乙巳占 〔唐〕李淳风

《乙巳占》,十卷。唐李淳风撰。成于唐贞观十九年乙巳(645),一说成于显庆元年(656)稍后。通行本有《丛书集成初编》本、《十万卷楼丛书初编》本等。据《新唐书·艺文志》著录,《乙巳占》为十二卷,而宋代以后皆著录为十卷。清代著名藏书家陆心源认为是后人将十二卷合为十卷,故末卷字数约为其他各卷的三倍。本书在宋以后流传稀少,故清代乾隆间编纂《四库全书》时亦未能收集到。阮元撰写《畴人传》时亦未见,朱彝尊撰写《经义考》时只见残本七卷。后陆心源于金匮蔡氏得一抄本,重为刊行,方使今人能得见全书。

作者生平事迹见"晋书·天文志"条。

《乙巳占》名称之由来,说解不一,今人大多倾向于李氏撰《乙巳元历》时以上元在乙巳之年十一月甲子朔而得名,以欲增加其占候之准确性。

今本卷首有李氏自序一篇,叙述星占的宗旨,评析历代星占家(实包括天文学家在内)的源流与得失。

卷一,叙天象理论、天数、天占、日占、日月旁气占、日蚀占等。卷二,叙月占、月与五星相干犯占、月干犯中外官占、月晕占、月晕五星及别宿中外官占、月蚀占、月蚀五星及列宿中外官占。卷三,叙分野、占例、日辰占、占期、修德、辨惑、史司。卷四,叙五星占、星官占、岁星占、岁星入列宿占、五星干犯中官占、五星干犯外官占。卷五,叙荧惑占、荧惑入列宿占、荧惑干犯中外官占、填星占、填星入列宿占、填星干犯中外官占。卷六,叙太白占、太白入列宿占、太白入中外官占、辰星占、辰星入列宿占、辰星入中外官占。卷七,叙流星占、流星犯日月占、流星与五星相犯、流星入列宿占、流星犯中外官占、客星干犯列宿占、客星犯中外官占。卷八,叙彗孛占、彗孛入列宿占、彗孛入中外官占、杂星妖星占、气候占、云气占。卷九,叙帝王气象占、将军气象占、军胜气象占、军败气象占、城胜气象占、屠城气象占、伏兵气象占、暴兵气象占、战阵气象占、图谋气象占、吉凶气象占、九土异气象占、云气入列宿占、云气入中外官占、云气入外官占。卷十,叙候风法、占风远近法、推风声五音法、五音所主占、五音受正朔日占、五音相动风占、五音鸣条己上卒起宫宅中占、推岁月日时干德刑杀法、论六情法、阴阳六情五音立成、六情风鸟所起加时占、八方暴风占、行道宫宅中占、十二辰风占、诸解兵风占、诸陷城风、占入兵营风、五音客主法、四方夷狄侵郡国风占、占官迁免罪法、候诏书、候赦赎书、候大赦风、候大兵将起、候大兵且解散、候大灾、候诸公贵客、候大兵攻城并胜负候贼占、候丧疾、候四夷入中国、杂占王侯公卿二千石出入。

总而计之，共一百小节(亦即一百类种)。与《灵台秘苑》、《开元占经》的类别差不多，但具体内容则要简练得多，故被喻为一部小型星占百科全书。星占的星象，以七曜(日月与五大行星)与流星、彗星、客星、杂星、妖星为主，而最大量的正常的恒星(除北斗与二十宿分野外)则不在其列。这与西方以黄道十二宫星象为占卜主要对象有极大的不同。在候气方面，云气、风情是绝对的主要内容。军事、政治占卜在《乙巳占》中占了大量的篇幅，这既是我国星占的传统与特点，也是作为积极参与灭隋立唐的功臣李淳风所格外用力的缘故。星占学源于我国渊源流长的天人感应思想。但天象与人事的感应，人事往往只限于统治阶层，从《月令》、《甘石星经》、《五星占》起无不如此。因此，只有与国运相关的政治、军事以及帝王将相才能出现在星占中。换言之，中国古代的星占学是为统治者服务的，与大多数的民众则关系不大。星占著作也多被统治者所控制，民间流传甚少。

《乙巳占》既是星占学著作，同时也包含着大量科学的天文学成分。这方面比较出色的，有两点：一是《乙巳占》卷十对风力所作的精细的分级。李淳风根据地面物体受风力影响的程度(即以地面其他物体来作为标准点)，把风力的大小分为八级：一级动叶，二级鸣条，三级摇枝，四级堕叶，五级折小枝，六级折大枝，七级折木，八级拔大树及拔根。再加上"无风"与"和风"(尘埃不起)，则实际一共有十级。同时，还把古人所定风向的八个方位发展到二十四个方位(它是否受战国至汉初的二十四方位说影响，尚不得而知。战国、汉初的二十四方位说起源于《吕览·十二纪》、《逸周书·周月》二十四节气说，定形于《淮南子·时则训》。西汉夏侯灶墓出土二十八宿式盘、东汉明帝时王盱墓出土占天盘皆标有二十四方位)。给风力定级，不仅在我国，即使在世界上也是第一位。四百年以后，李淳风的《乙巳占》传到欧洲，英国学者蒲福才在他的基础上发展到十三级(包括无风)；二是《乙巳占》对黄帝、巫咸、甘氏、石氏、郗萌、韩杨、祖暅、孙僧化、刘表、《天镜》、《白虎通》、《海中占》、《列宿说》、《五官占》、《洪范列》、《灵宪》、《五经纬书》等诸说的收集与转述。从而保存了许多早已失传的文论，这中间包括作者的佚著《乙巳元历》。另外，《乙巳占》与作者的《晋书·天文志》相比，在类目与具体内容上也多有相近之处。有了《乙巳占》这部星占小百科，才有后来集大成的《开元占经》。

关于本书的研究，有陈久金《李淳风》(见杜石然主编《中国古代科学家传记》)、陈美东《中国科学技术史·天文学卷》的有关章节。

(王贻梁)

敦煌星图

20世纪初,在甘肃敦煌藏经洞内发现的敦煌遗书中有两卷唐代星图:一卷由英国斯坦因所得,现藏于英国伦敦的英国图书馆,编号为S第3326号,称为"敦煌星图甲本",又称为"全天星图";另一卷为残卷,现藏于甘肃敦煌市博物馆,编号为敦博076号(原为敦煌县文化馆写经类58号)背,称为"敦煌星图乙本",又称为"紫微宫星图"。

"敦煌星图甲本",由于长期被锢闭在英国图书馆内,历经几十年都无人知晓。1959年英国科学史家李约瑟在撰写《中国科学技术史》第三卷中的天文学部分时,才发现并作了简单介绍(只登了六张照片中的两张),并断定"这是一切文明古国流传下来的星图中最古老的一种"。1966年席泽宗根据中国科学院图书馆从伦敦以交换方式拍回的显微胶片,撰文《敦煌星图》(《文物》1966年第3期)公布了全部星图。又收于陈美东主编《中国古星图》。

"敦煌星图甲本",是一幅长卷写本,计有13幅星图。前12幅星图:从12月开始画起,把赤道带附近的众星分成十二段,即依据每月太阳位置所在的十二次分列十二个月星图;在各幅图的间隔之处,写有十二次的起讫度数和分野等文字说明,与《晋书·天文志》所录晋代陈卓的说法大体相同;在每幅图的下方,写有各月太阳位置所在及昏、旦中星的文字说明,沿用了《礼记·月令》的说法(略有差别)。这12幅星图的最大特色,是利用类似麦卡托正圆柱投影的方法绘制,但比麦卡托发明此法要早七八百年,此种方法克服了圆式"盖图"近地平线星座拉得很开而失真的缺点。末幅为紫微垣星图,是一幅以北极为中心的圆形平面投影图。在这些星图中,用四种颜色式样来表示三家星官:以黑点标示甘德星(也有画作圆圈),以橙黄色、圆圈、外圆圈内橙黄点这三种标示石申星和巫咸星(此两家星区分并不十分严格)。关于此星图的抄绘年代,有不同看法:英国李约瑟认为在公元940年左右;马世长认为在公元705至710年间;潘鼐认为底本的绘制年代在初唐时期;英国苏珊·惠特菲尔德认为在公元649年684年间,即唐太宗之后、睿宗之前(据英国《泰晤士报》网站3月7日:《公元7世纪的星空》,载《参考消息》2009年3月8日)。在整幅星图上,实有星数1359颗,是现存世界上最古老、星数最多的一幅全天星图。

"敦煌星图乙本",该卷从敦煌藏经洞出土后不久即散失于敦煌民间,解放前曾辗转于蔺某和王某手中,解放后归于敦煌县文化馆收藏。此星图原件向达在20世纪40年代曾见阅和摹绘过,星图最早发表于1980年考古研究所编的《中国古代天文文物图集》(文物出版社1980年版)中。

"敦煌星图乙本",原是一幅长卷写本(现存为残卷)。星图绘于《唐人写地志残卷》的背面,前端已残,从绘制的体例来看,其前面原来可能亦有类似"敦煌星图甲本"的星图。现留存的"紫微宫星图",高31厘米、宽31厘米,其方位是上南下北、左西右东(与同时代其他星图的画法有别)。全图画有两个同心圆:内圆(直径为13厘米)示紫微宫,外圆(直径为26厘米)示恒显圈。图中星色有黑、红两种,黑星示甘德星,红星示石申星和巫咸星。除残缺部分外,现存星名32个,星数138颗(黑星87颗,红星51颗)。星官位置虽不十分准确但亦无大错,星官名称则多有错讹,表明书手水平不很高。关于本图的内容,夏鼐认为与《步天歌》最为接近,与《晋书》、《隋书》两史的《天文志》差异较多,但属于一个系统,其抄本年代要比"敦煌星图甲本"晚一些,约在晚唐五代。马世长认为,星图乙本的抄写年代约在唐末五代初。潘鼐认为,星图乙本底本的绘制年代要早到初唐时期,大抵在唐开元、天宝以前星象体系转变的过渡时期。

关于"敦煌星图甲本"的研究论著有李约瑟《中国科学技术史》第三卷《天学》(科学出版社,1975年)、席泽宗《敦煌星图》(《文物》1966年第3期)、马世长《敦煌星图的年代》(载《中国古代天文文物论集》,文物出版社,1989年)、潘鼐《中国恒星观测史》(学林出版社,1989年)等。

关于"敦煌星图乙本"的研究论著有夏鼐《另一件敦煌星图写本——〈敦煌星图乙本〉》(载《中国科技史探索》,上海古籍出版社,1982年)、马世长《敦煌写本紫微垣星图》(载《中国古代天文文物论集》,文物出版社,1989年)、潘鼐《中国恒星观测史》(学林出版社,1989年)等。

(锺守华)

步天歌 〔唐〕佚 名

《步天歌》,又名《丹元子步天歌》、《天文鬼料窍》、《鬼料窍》,一卷。旧题"隋丹元子撰",一说唐王希明撰。今人多认为《步天歌》的恒星体系不见于《晋书》与《隋书》的《天文志》,故必在唐代李淳风撰写二志之后(至少同时)。如此,则以唐王希明撰作的可能性为大。也可能是隋本有歌甚简而王希明发展成三垣二十八宿成熟体系,或"丹元子"即为王希明。见载于《灵台秘苑》卷一。通行本有清《四库全书》本等。

王希明,自号通玄子,又号青萝山人,唐开元年间(713—741)曾以方使任拾遗供奉、待诏翰林等职。奉敕编撰《太乙金镜式经》,另撰有《聿斯歌》与《步天歌》。其他事迹不详。

《步天歌》是一首记述全天三垣二十八宿星名与位置的七言诗歌。满天星斗,成百上千,要能熟记自属不易,而要入门更有难度。因此,我国很早就开始有人尝试创制能为人易学易懂易掌握的形式,星图即是一种。最早的星图在原始社会时期已经出现。此后,由简单而复杂,最终而成三垣二十八宿的系统。在文字上则尝试以有韵而易记的赋或诗的形式,如相传张衡在东汉时已作有《天象赋》,但这恐怕不可信。比较可信的是,北魏太武帝时太史令张渊所作的《观象赋》(约成于438年)、隋代李播所作的《天文大象赋》(此据《新唐书·艺文志》、《通志·艺文略》),敦煌石窟曾发现有唐初所作的《玄象诗》。所有这些作品,都因为词藻过于华丽、艺术性大于实用性而终究未能传播开来。只有《步天歌》,以其词意简洁明了、读来朗朗上口、便于掌握记忆而迅速地得以传播。

我国古代的恒星观测,春秋战国之际已经初具规模,至两汉而大致定型。三国时吴太史令陈卓据古代甘德、石申、巫咸三家记载,在公元270年左右整理成一份新的全天恒星图,共收星官(星座)二百八十三,星数一千四百六十四。陈卓用黄、红、黑三色来分别代表甘德、石申、巫咸所测的星官。此份星图被认为是我国古代圆形盖天图的基本定型,可惜不久即失传了,今只能从敦煌出土的绢绘星图(甲、乙)上知其大概。至唐初,这些恒星被划分为三十一个大区,即著名的三垣二十八宿的体系：赤道附近为二十八宿，北极附近为紫微垣，张、翼、轸三宿以北为太微垣，房、心、尾、箕四宿以北为天市垣。从此，我国古代就一直以此体系为准，相沿而至近代(明末西方星象体系传入，但未完全能取代三垣二十八宿体系，至近代才基本改变)。

《步天歌》就是根据陈卓的星图与唐初确定的三垣二十八宿体系数而编制成的一首通俗易懂的星象诗歌。原本的《步天歌》也是用黄、红、黑三色来分别书写甘德、石申、巫咸三家的星象，与陈卓星图相一致。叙述顺序，则按三垣二十八宿体系。读此诗歌时，若一边口诵，一边脚踏歌中所步方位，就犹如在天上从一颗星迈向另一颗星，因而比较容易入门并记熟。因此，《步天歌》诞生后，曾在民间广泛流传。但在当时，统治者对天文、星象的作品(尤其是与星占有关的)都严加控制，《步天歌》也很快被视为秘宝，收入《灵台秘苑》(灵台即古代皇家天文机构)，广大民众无缘得见了。因其"只传灵台，不传人间，术家秘之"，遂又得名"鬼料窍"(浙江图书馆藏彭氏知圣道斋抄本《步天歌》名即题《天文鬼料窍》)。此后，虽然还有许多人尝试撰写此类诗歌，但都难以与《步天歌》相匹敌，也没有什么大的影响。《步天歌》被公认为中国古代天文学史与星象史上最为成功的通俗作品。

《步天歌》原绘有星图，今已不存。宋代郑樵《通志略·总序》："臣今取隋《丹元子步天歌》，句中有图，言下成象，灵台所用，可以仰观。"《通志略·天文略·序》："臣向尝尽其书(指其他天文学著作)，不得其象，又尽求其图，不得其信。一日得《步天歌》有诵之，时素秋无月，清天如水，长诵一句，凝目一星，不三数夜，一天星斗尽在胸中矣。此本只传灵台，不传人间，术家秘之，名曰鬼料窍。"又在《通志》中谓"图一再传，便成颠错，一错愈错，不复稽寻"，"旧于歌前亦有星形，然流传易讹，所当削去"。故其后《玉海》、《文献通考》等所载《步天歌》亦不附星图，而其他《步天歌》流传版本中附有的星图，如北京图书馆藏清抄本《步天歌》、韩国奎章阁藏本活字印本《天文类抄·步天歌》等，虽为后人添绘与原图有所区别，但在整体上多数保持了《步天歌》的原有体系，具有图文对照、易观易记的作用，至《古今图书集成·步天歌》所附星图(来自《新法历书》)已融有近代天文学的内容。

关于本书的研究，有陈美东《陈卓星官的历史嬗变》及陈遵妫《中国天文学史》、潘鼐《中国恒星观测史》、陈美东《中国科学技术史·天文学卷》中的相关部分等。

(王贻梁　钟守华)

备急千金要方 〔唐〕孙思邈

《备急千金要方》,又名《孙真人备急千金要方》、《千金备急要方》、《孙真人千金方》,简称《千金要方》、《千金方》。《道藏》本作九十三卷,目录二卷;非《道藏》本作三十卷,目录一卷。唐孙思邈撰,成于唐高宗永徽三年(652)。通行本有北宋校正医书局刊印本、《道藏》本、日本江户医学馆覆宋本、《四库全书》本、人民卫生出版社影印覆宋本、中医古籍出版社魏启亮等点校本等。1997年,人民卫生出版社出版了李景荣等著《备急千金要方校释》;2010年,上海辞书出版社出版段逸山《备急千金要方通检》,颇便使用。

孙思邈(581—682),京兆华原(今陕西耀县孙家源)人。善言老庄及百家之说,兼好释典。唐太宗即位,召至京师,欲授以爵位,固辞。显庆四年(659),高宗召见,并拜谏议大夫,又辞。上元元年(674)以疾请归。他于阴阳推步医药无不善,当时知名之士宋令文、孟诜、卢照邻皆师事之。魏徵等受诏修梁、陈、北齐、周、隋五代史,屡访之。他口以传授,有如目睹。孙氏著作除本书外,另撰有《千金翼方》三十卷(内含《禁经》二卷),今存。据传尚有《老子注》、《庄子注》、《福禄论》三卷及《摄生真录》、《枕中素书》、《会三教论》、《龟经》、《明堂图注》、《孙真人丹经》、《千金食治》、《玄女房中经》各一卷等。生平事迹见《旧唐书》卷一九一、《新唐书》卷一九六本传及余嘉锡《四库提要辨证》卷十二。

孙思邈认为:"人命至重,有贵千金,一方济之,便逾于此。"(《自序》)他说,晋宋以来,虽名医间出,然治十不能愈五六,皆因今人嗜欲太甚,立心不常,忽视摄养所致。而末俗小人打着"圣教"旗号,名为行医,实乃欺绐。遂使人们以习医为耻。他因幼遭风冷,屡就医门,故对医道产生浓厚兴趣,长期钻研,颇有心得。又鉴于"世有愚者,读方三年,便谓天下无病可治;及治病三年,乃知天下无方可用"(卷一),于是,强调"学者必须博极医源,精勤不倦,不得道听途说而言医道已了,深言悞哉"(卷一);尝感"诸方部帙浩博,忽遇仓卒,求检至难,比得方讫,疾已不救矣"(《自序》),于是,博采群书,询及众人,结合个人临术经验,"删裁繁重,务在简易,以为《备急千金要方》一部,凡三十卷"(《自序》)。北宋高保衡、林亿核书时,辑见散见书中各处凡例十数条,且加补立后,置于卷首。此书在道教中流传时,被析为九十三卷。

《备急千金要方》是以方为主理法兼备的综合性医书。全书二十六科二百二十五类,包括"脏腑之论、针灸之法、脉针之辨、食治之宜,始妇人而次婴孺,先脚气而后中风,伤寒、痈疽、消渴、水肿、七窍之疴、五石之毒、备急之方、养生之术"(《孙真人备急千金要方序》)等方面无不论及。每门先叙论、后列方,共收方五千三百余首。

卷一为序例,有《大医习业》、《大医精诚》等九篇;卷二《求子》等八篇;卷三《虚损》等八篇;卷四《补益》等四篇为《妇人方》;卷五为《少小婴孺》,分上下两部分,有《初生出腹》等九篇;卷六《七窍病》,亦分上下两部分,有《目病》等九篇;卷七《风毒脚气》,有《论风毒状》等五篇;卷八《诸风》,有《论杂风状》等八篇;卷九《伤寒例》等九篇;卷十《伤寒杂治》等七篇为《伤寒方》;卷十一《肝脏》,有《肝脏脉论》等五篇;卷十二《胆腑》,有《胆腑脉论》等七篇;卷十三《心脏》,有《心脏脉论》等七篇;卷十四《小肠腑》,有《小肠脉论》等七篇;卷十五、十六为《脾脏》分上下两部分,有《脾脏脉论》等十篇;卷十七《肺脏》,有《肺脏脉论》等八篇;卷十八《大肠腑》,有《大肠腑脉论》等七篇;卷十九《肾脏》,有《肾脏脉论》等八篇;卷二十《膀胱腑》,有《膀胱腑脉论》等七篇;卷二一《消渴、淋闭、尿血、水肿》,共四篇;卷二二《疔肿痈疽》,有《疔肿》等六篇;卷二三《痔漏》,有《九漏》等五篇;卷二四《解毒并杂治》,有《解食毒》等八篇;卷二五《备急》,有《猝死》等四篇;卷二六《食治》,有《果实》等五篇;卷二七《养性》,有《道林养性》等八篇;卷二八《平脉》,有《平脉大法》等十六篇;卷二九《明堂三人》等六篇,卷三十《头面》等八篇,为《针灸下孔穴主对法》。书前有日本多纪元坚、多纪元昕、小岛尚质序,高保衡、孙奇、林亿、钱象先序及作者自序等。

孙思邈信奉道教,笃信仙术。《千金要方》虽语仙道但重在养生之道。养生即养性,"欲所习以成性,性自为善,不习无不利也。性既自善,内外百病,皆悉未雪"。所以,"善养性者,则治未病之病,是其义也"(卷八一)。具体方法有啬神、爱气、养形、导引、言论、饮食、房室、反俗、医药、禁忌等方面。所谓言论,指人的思想品性。他认为这是养性的根本,"养性者,不但饵药餐霞,其在兼于百行周备,虽绝药饵,足以遐年;德行不克,纵服玉药金丹,未能延寿"(卷八一)。崇尚德行品性,以其节制情欲,是孙氏养性术的精髓与核心。养生要注意个人与公共卫生。他于前者,对更衣、漱口、睡眠、饮食都有规定;对后者,提出不随地吐痰。又强调运动可以保健,但要切忌运动量过大:"养性之道,常欲小劳,但莫大疲及强所不能堪耳。且流水不腐,户枢不蠹,以其运动故也。"(卷八一)

养性不周,则有疾病,疾病赖医师而治。孙思邈论述为医者德业,及对疾病的治疗。

孙思邈认为,"人命至重",又认为济人一命待于医师,高倡为医者须意诚业精。

他说医生要作苍生大医勿为含灵巨贼,需有高尚的品德。"凡大医治病,必须安神定志,无欲无求,先发大慈恻隐之心,誓愿普救含灵之苦。若有疾厄来求救者,不得问其贵贱贫富,长幼妍蚩,怨亲善友,华夷愚智,普同一等,皆如至亲之想;亦不得瞻前顾后,自虑吉凶,护惜身命。见彼苦恼,若己有之,深心凄怆,勿避崄巇,昼夜寒暑,饥渴疲劳,一心赴救,无作功夫形迹之心。"又须"省病诊疾,至意深心;详察形候,纤毫勿失;外制针药,无得参差。虽曰病宜速效,要须临事不惑,唯当审谛覃思,不得于性命之上,率尔自逞俊快,邀射名誉,甚不仁矣!又到病家,纵绮罗满目,勿左右顾盼;丝竹凑耳,无得纵有所娱;珍馐迭荐,食如无味;醽醁兼陈,看有若无。所以尔者,夫一人向隅,满堂不乐,而况病人苦楚,不离斯须"(卷一)。

苍生大医还当精通医术。医论部分有《大臣习业》一篇,专论医生必具的学业。《自序》也有所论及,说医学是至精至微之事,不能待之以至粗至浅之思。医生诊断时的郑重缜密、果断毅决、随机应变、端正方直,有赖于精熟至深医理,掌握高超医术。他说自身从"青衿之岁,高尚慈典",直至"白首之年,未尝释卷",不仅精研《素问》、《针经》、《伤寒杂病论》、《脉经》、《甲乙经》、《明堂流注》等经典,而且博览古今医籍,还妙解《周易》及其他经史诸子之说。认为唯有如此,才能于"医道无所滞碍",但犹"不能究尽病源",臻于尽善尽美的境地。又重视吸取他人实践经验,发现他人在"切脉、诊候、采药、合和、服饵、节度、将息、避慎"上,有"一事长于己者,那膺取决"。

孙思邈认为,人体患病,无关鬼神,也非天命,多由饮食起居所致。他论医药历史说:"燧人氏出,观斗极以定方名,始有火化;伏羲氏作,因之而画八卦,立庖厨,滋味既兴,疴瘵萌起。"(《自序》)论当时疾病状况说:"晋宋以来,虽名医间出,然治十不能愈五六,良由今人嗜欲太甚,立心不常,淫放纵逸,有阙摄养所致耳!"(同上)在他看来,为医者治病当须先"洞晓病源,知其所犯"(卷七十九)。病既多由饮食而起,当"以食治之"。(同上)书中对于食疗有精辟的论述,提出"夫为医者,当须洞晓病源,知其所犯,以食治之。食疗不愈,然后命药"。这是因为"药性刚烈,犹若御兵。兵之猛暴,岂容妄发"(卷二十六《序论》)。并强调饮食卫生,指出了霍乱与饮食不节的关系:"凡常饮食,每令节俭。若贪味多餐,临盘大饱。食讫,觉腹中彭亨短气,或致暴疾,仍为霍乱。"(同上)"人体平和,惟须好将养,勿妄服药。药势偏有所助,令人脏气不平,易受外患。"(同上)只有在"食疗不愈"之时,"然后命药"(同上),也不单纯依靠药物,他主张用药需与针刺、灸方相结合,实行综合治疗。认为当时众医治病疗效不显著,其故在于各承一业,未能综炼众方。

孙思邈论治用药,不主一家,兼采众说。强调江南、岭表、关中、河北等地,人的肌肤腠理有所不同;同种药物的药性,因时地加工的区别而有差异;同种药物在治疗同一疾病时,其疗效也因人而异。书中以病带药,所叙有八百七十三种,在药物学上多有贡献;所用方剂灵活多变,疗效大多显著。作者善于借鉴并发展前人的方论,如他精心研究张仲景方论,将张氏小建中汤扩充为前胡建中汤、黄芪汤、乐令黄芪汤、内补当归建中汤、内补芎劳汤、大补中当归汤等。书中所列方剂浩如烟海，足供后人研究取用。本书对于方剂学也有很大贡献。

在针灸技术上，他重新绘制表示人体穴位经络的明堂图，且将其分为正背侧面三种，图上"十二经脉，五色作之；奇经八脉，以绿色为之"（卷八七）。正图二百八十二穴，背图一百九十四穴，侧图一百七十四穴。"穴名共三百四十九，单穴四十八名，双穴三百一名。"（同上）其中不少穴位，是他个人收集的经外奇穴。又总结经验，以并无固定部位而疼痛敏感之点为"阿是穴"，即无应穴、不定穴。这对针灸发展有所贡献。

书中高度重视妇女、小儿疾病的防治，所以总论之后，紧接着便是《妇人方》三卷、《少小婴孺方》一卷。作者从妇女的生理、心理特点出发，认识到"妇人之病，比之男子十倍难疗"（卷二《求子》篇前论）。因此，在疾病治疗上，认为妇女不同于一般成人，务必单独设科。所期孕期护理、临产处置、产后禁忌很合科学之理。妇科中的胎教关及婴儿。他重视儿科，认为"生民之道，莫不以养小为大。若无于小，卒不成大"（卷八）。在儿科序列中，分为初生、惊痫、客忤、伤寒、咳嗽、杂病等多门，还对新生儿处理、小儿卫生、护理，以及人体发育阶段等方面提出不少合理见解。

本书在其他方面也颇有卓见。书中将飞尸鬼疰（类似肺结核）归入肺脏疾病加以讨论，其归类与现代的疾病分类学一致。关于养生，书中认为："养性之道，常欲小劳，但莫大疲及强所不能堪耳。且流水不腐，户枢不蠹，以其运动故也。"（卷二七《道林养性》）肯定了适度运动对于健康的好处。在治疗方面，书中对脚气病史的论述及用谷白皮粥、赤小豆汤以预防发病，是医学史上最早的记载。又如用羊肝、牛肝治夜盲症，用鹿靥、羊靥（靥系甲状腺）治气瘿（甲状腺肿），都较前代有所发展并更切实用。正确记述消渴病（糖尿病）的症状、治疗和禁忌，分心病为九种给以不同治疗，割除白内障、分离连舌的小口腔手术，以手法复位颌骨脱臼、用葱叶作人工导尿手术，均为医学上的重要创造。

孙思邈继承张仲景六经辨证之说，倡导以脏腑虚实寒热为纲，在总结前代本草成就的基础上，进一步发展医学。他不仅汇集前人药物并加以增补，而且对药物的栽培、采集、炮制、保管、贮藏方面多有贡献，还强调同一药物的地区差别而强调道地药物，被后世尊为"药王"。在内、外、妇、儿、针、皮各科的治疗上，各取得重大进展。又发展养生学说，使养生学成为一门兼具理论与经验的学科。他在总结传统医学基础上，开创唐宋医学新风貌，对后世有重大影响。高保衡等所撰《校定备急千金要方后序》说："其术精而博，其道深而通。以今知古，由后观今，信其百世可行之法也。"其治伤寒，温病之方，多为后世温病学派所吸纳，实是后者之滥觞。然自金元而至明清，虽归法有人，但流传不广，一般医生不能得读其书，故其影响反无望金元四大家之项背。然而，《备急千金要方》集唐初以前医学之大成，并注入了自己丰富的临床经验，全书体制宏大，论方详备,方便实用,被誉为我国现存最早的临床医学百科全书,并在日本、朝鲜等国广泛流传,还引起美、德等国学者重视。

有关《千金方》的研究,选编方面有宋郭思曾《千金宝要》六卷(或作八卷),分为十七门;注疏方面有清张璐《千金方衍义》;论述方面有中国科学院自然科学史研究所所编《中国古代科学家》、张润生等编著《中国古代科技名人传》、邓剑《邈学管见》、傅维康主编《中国医学史》等有关部分等。

(贺圣迪　林建福)

新修本草 〔唐〕苏　敬等

　　《新修本草》，又名《唐本草》、《英公本草》、《英公唐本草》，五十四卷（一作五十三卷）。唐苏敬（敬，因避讳而一作"恭"）等编撰。成于唐显庆四年（659）。传世为残本，有《篝喜庐业书》本（1955年群联出版社据以影印）、1957年上海卫生出版社本、1959年科技卫生出版社本、1959年上海科技出版社本、1981年安徽科技出版社尚志钧辑本、1985年上海古籍出版社据后书抄阁藏日本森氏旧藏影印本等。

　　苏敬（599？—674），湖北人，官右监门府长史。撰有《新修本草》、《新修本草图经》、《新修本草图》、《脚气方卷论》等书，均亡佚。其他事迹不详。

　　显庆二年（657），苏敬上书高宗，称陶弘景所撰《本草经集注》事多舛谬，建议重加删补。高宗遂令太尉长孙无忌领衔（后改由李绩领衔），组织许敬宗等二十余人进行重修，由苏敬实际负责。为修撰此书，朝廷又诏令全国各地，对当地药物资源作全面深入的普查，并逐一绘出图样，连同其他药物资料一并上报。显庆四年，撰成《新修本草》、《新修本草图经》、《新修本草图》。所以，本书是修订前人本草学著作与总结当时药物学成果相结合的产物。

　　《新修本草》系本草学著作。有唐孔志约序、清傅云龙跋、清陈榘跋等。全书由三部分组成：一、《本草》二十卷，《目录》一卷，此为本书正文；二、《药图》二十五卷，《目录》一卷；三、《图经》七卷（作五十三卷者，则无药图目录一卷）。《本草》收药物八百五十种，分为九类：玉石部、草部、木部、兽禽部、虫鱼部、果部、菜部、米谷部、有名无用部。除有名无用部外，每部下又分为上、中、下三品。该部分具体记述了药物的性味、产地、采制要点、疗效等。药名以大字单行书写，注文以小字双行书写。新增药名及注文下标以"新附"、"新注"字样（唐以后改记为"唐附"、"唐本注"），陶弘景的注文则在开头冠以"谨案"二字。《药图》是根据药物实际形态所绘的图样。《图经》是对《药图》的文字说明。本书在北宋已亡佚，今仅存本文部分十一卷，系傅云龙据日本卷子本刊印，原存十卷，后日人小岛质又从《政和本草》中辑出一卷，这十一卷是：卷三、四、五（以上玉石部）、十

二、十三、十四(以上木部)、十五(禽部)、十七(果部)、十八(菜部)、十九(米谷部)、二十(有名无用部)。

本书不仅保留了当时可见的《神农本草经》、《名医别录》及陶弘景注的全部文字,并纠正了其中的一些错误,而且在南北统一,对外交流大大发展的时代条件下,补充了一百一十余种药物,所载药物总数达八百五十种。新增药物大都有较高的研究和临床应用价值,其中很多是外来的香药,如麒麟揭、安息香、龙脑香、诃黎勒、胡椒、薄荷等,鸦片作为药物也载入书中。此外,图文并载的方式更便于对药物的识别。因此,本书集中体现了当时药物学的发展水平。

《新修本草》是世界上第一部由政府组织修撰并正式颁行的国家药典,它的诞生比《纽伦堡药典》(1542)早了九个多世纪,在中国医学史乃至世界医学史上有很大的影响。唐代政府将其列为学医的必修书,书成后七十年左右,又由日本遣唐使带回本国,日本、朝鲜等国均列为医学教材。

有关本书的研究,有马继兴《在我国历史上最早的一部药典学著作——唐新修本草》、尚志钧《关于"唐本草"的研究》及傅维康主编《中药学史》的有关部分等。

(林建福)

食疗本草 〔唐〕孟 诜

《食疗本草》，三卷。唐孟诜撰、张鼎补。据作者生卒年月推算，约成于高宗永徽元年至武则天久视年间(651—700)。书佚。1907年英人斯坦因在敦煌发现《食疗本草》残卷，记载食物药品二十六条(一说二十四条)。有1925年东方学会铅印敦煌石室碎金本、1934年上海大东书局铅印本、1939年协和医院图书馆抄本、1940年范凤源辑本、1984年北京人民卫生出版社版谢海洲等人的辑校本、1992年中国商业出版社吴受琚等校注本等。1993年上海古籍出版社出版了郑金生等的《食疗本草译注》。

孟诜(621—713)，汝州梁(今河南临汝)人。少好医学及炼丹术，曾师事孙思邈习阴阳、推步、医药，长于食疗和养生。举进士，历官舍人、侍郎、司马和侍读。长安(701—704)中，为同州刺史，加银青光禄大夫。后因故遭贬，出为台州(今属浙江省)司马。神龙初(约705)，致仕还乡，隐居于伊阳山区，以药饵为事。著作尚有《补养方》三卷(残，《旧唐书》本传作《补要方》)、《必效方》三卷(佚，在《外台秘要》、《证类本草》等书中有引录)、《家祭礼》一卷(佚)、《丧服正要》一卷(佚)、《锦带书》(佚)等。生平事迹见《新唐书》卷一九六、《旧唐书》卷一九一。

张鼎，号悟玄子。公元7世纪时人。他在孟氏《补养方》基础上，增补其不足者八十九种，并旧而为二百二十七条，分为三卷。因皆说食物治病之效，更名为《食疗本草》。《医心方》"悟玄子张"之食疗品条文即其所增。

《食疗本草》是我国现存最早的古代营养学和食物治疗专著。有赵燏黄序、范凤源序和王国维跋。原书药品条目的排列，大部分已无可考。谢海洲等人的辑校本大致按药品的动、植物基原确定条目(仅少数例外)，共得药二百六十种，仍分上、中、下三卷。其各卷药物的排列则参照《政和本草》。卷上包括《政和》卷四至卷五(玉石部)、卷六至卷十一(草部)、卷十二至卷十四(木部)、卷二十三(果部)诸药佚文；卷中包括《政和》卷十六至卷十八(兽部)、卷十九(禽部)、卷二十至卷二十二(虫鱼部)诸药佚文；卷下包括《政和》卷二十四至卷二十六(米谷部)、卷二十七至卷二十九

(菜部)诸药佚文。

书中所列食物多为人们习用的谷物、果蔬、药品、肉类和动物脏器等。如盐、黄精、甘菊、天门冬、地黄、薯蓣(山药)、决明子、生姜、木耳、酸枣、蜀椒、青鱼、白鱼、牛、马、鹿、枇杷、荔枝、甘蔗、杏梨、杨梅、石榴等等。对其食性、功能、主治一一作了详细辨析和论述,或鉴别异同,指示禁忌,记载单方,或附以形态、修治和产地等。对南北方不同饮食习惯,妊产妇、小儿饮食宜忌等方面亦有载述。食疗的功效有补养、治病、解毒等。

如卷上决明子条云:"叶,主明目,利五脏,食之甚良;子,主肝家解毒气,风眼赤泪。每日取一匙,挪去尘埃,空腹水吞之。百日后,夜见物光也。"

卷中鹅条云:"性冷,不可多食,令人易霍乱。其卵则性温,补五脏,亦补中益气。"

卷下藊豆(扁豆)条云:"其性微寒。(一) 主呕逆,久食头不白。患冷气人勿食。(二) 疗霍乱吐痢不止,末和醋服之,下气。(三) 其叶治瘕,和醋煮。理转筋,叶汁醋服效。(四) 又,吐痢后转筋,生捣叶一把,以少许酢浸,取汁服之,立瘥。(五) 其豆如绿豆,饼食亦可。"

此外,还谈到莱菔(萝卜)有利五脏,轻身益气的功效。其根则消食下气,甚利关节,除五脏中风,练五脏中恶气,服之令人白净肌细。狗血壮阳事、补血脉、厚肠胃、实下焦、填精髓。大豆,和饭捣涂一切毒肿,疗男女阴肿,以绵裹之,则杀诸药毒。鲤鱼,白煮食之,疗水肿、脚气,下血气,主小儿丹毒等等。

总之,书中内容皆涉保命养身、食物卫生、饮食与健康等。所言药膳,均有补养治病之效。

《食疗本草》对食物的鉴定、药性的辨识,多与事实相符。孟氏虽为孙思邈弟子,但并不拾孙氏《千金》《食治》之牙慧,而有独出之心裁。其饮食疗法对后世影响深远,有很高的研究价值和科学性。

有关本书的研究有日本药学博士中尾万三《食疗本草之考察》、朱寿民《食疗本草及其作者》等。

(邵祖新)

黄帝九鼎神丹经诀

《黄帝九鼎神丹经诀》，又名《九鼎神丹经诀》，简称《九丹经诀》，二十卷。卷一《黄帝九鼎神丹经》本文，佚名撰于两汉间(前206—220)；其余经诀部分，唐佚名撰，成于高宗显庆四年(659)至玄宗天宝十四载(755)间。通行本有明代《正统道藏》本等。

两汉间学道求仙之人往往以呼吸导引、吐故纳新及服草木之药修炼，金丹派认为此法徒自苦而难免一死，为指点迷津，告以金丹成仙之道，有人托名"黄帝"而著《黄帝九鼎神丹经》。书为东晋葛洪等所重。入唐，有丹师据《三十六水法》、《神农本草经》、《狐子万金诀》、《抱朴子》，以及陶弘景、皇甫谧等对此经的论述、注释，编为二十卷。

本书为道教外丹著作。对唯有丹药可致神仙，以及丹方配伍、操作技术、仪器制作等进行了论述。

第一卷是"经"，其余诸卷为"诀"，是对"经"的补充和阐释。卷一以明白的语言，叙述炼制金丹时的实验方法，包括药品、分量、主要仪器设备、操作要点及注意事项等。如书中"玄黄法"云："取水银十斤，铅二十斤，纳铁器中，猛其下火。铅与水银吐其精华，华紫色或如金黄色。以铁匙接取，名曰玄黄，一名黄精，一名黄芽，一名黄轻。当纳药于竹筒中，百蒸之。当以雄黄丹砂水和，飞之(雄黄丹砂水在《三十六水》中)。"这个实验主要涉及水银和铅形成合金，在加热条件下水银蒸发以及铅氧化生成黄色的四氧化三铅，也许还有汞被氧化生成红色氧化汞(但氧化汞进一步加热又会析出汞)。黄帝九鼎神丹之名分别为："丹华"、"神符"、"神丹"、"还丹"、"饵丹"、"炼丹"、"柔丹"、"伏丹"以及"塞丹"。诸丹之实验主要涉及铅、汞、砷等物质的硫化物、氧化物和氯化物等多种无机类物质的制备。

卷二题"明神丹之由，致取人贵法"。说明若要炼丹成功，必须有缘分，必须遵循炼丹法术。

卷三题"择明师受诀不藉真人法"。言阴阳变化，不可言诠，故炼丹必须授受口诀，然"真人"已仙去，口诀需择明师才得。

卷四题"明防群恶、邪、魅,守神保身"。

卷五题"明未成神丹,必藉资道之缘"。言大丹未就之间,玄素之术、吐纳之道、屈伸之法、草木之方,无不须也;而大丹既成,则一切无复用矣。

卷六题"明神丹功能,求皆有益之道"。金石之药必有毒,若有金而不知去毒,有药而不于详择,则一切无益。

卷七题"明守一闭邪,及金鼎丹屋"。言仙道尤重守住"真一"(见《抱朴子内篇·地真》)。"金鼎丹屋"则备述"作灶法"、"土釜法"、"六一泥法"、"涂釜法"、"丹炉固济法"、"狐刚子仙釜法"等实验用反应器的准备。此卷为承上启下篇,以"守一"为以上数卷所述炼丹家心理、学理等方面进行修养的总结,而以诸实验准备工作为以下数卷所述炼丹实验操作的启发。

卷八题"明化石为水,并硝石法"。卷首另有"明化石序",言汉朝淮南王刘安之师八公传三十六水法,八公称"我能煎泥成金,凝汞成银,水渍八石,飞腾流珠,转化五金,凝变七宝"。本卷以三十六水法为正本,也添加了不少新的水法。按文意,诸水主要用于去丹毒。

卷九题"明金银善恶服炼方法"。言选择好金、好银炼金丹法,其内容主要录自狐刚子《出金矿图录》。

卷十题"明炼药禁慎阴阳制伏"。炼药过程中需谨慎处理操作问题,否则阴阳失调,导致失败。

卷十一题"明水银长生及调炼去毒之术"。对于当时炼丹术汞化学的成就有所总结。

卷十二题"合九丹铅法,铅力功能"。对于铅化学方面知识有所总结。

卷十三题"明丹砂功力,能入长生之道用"。系统叙述了丹砂性味、主疗、出处及调炼、服食之法。

卷十四题"明雄黄法,其雄黄之功能,致长生之用"。系统叙述雄黄之性味、主疗、出处及调炼、服食之法。

卷十五题"明诸石药之精灵"。系统叙述被视为诸石精灵的硫黄、曾青的性状、出处、炼法和疗效等。

卷十六题"明炼诸石由致,皆有长生之用"。系统叙述了磁石、矾石、朴硝、芒硝等石药的功力。

卷十七题"明事药先后,酢及华池由致"。前半部分为第一卷经文作药程序的进一步说明,后半部分论多种华池的作法。

卷十八题"明钟乳等石及诸铜铁由致,皆有长生之用"。系统叙述钟乳石及铜铁等药的炼法与功力。

卷十九题"明炼铜、铁、礜石等毒入用和合事防辟法"。言炼铜、铁、礜石等毒性之法。

卷二十题"明合丹忌、讳、败、畏诀(所明者谓合丹忌讳败畏九鼎九丹不尽诀、开釜试药诀、服饵真护诀)"。言合神丹者,有所谓"五忌"、"三讳"、"四败"、"六畏"等实验注意事项,其中多数为神秘的想象,如点火、开炉必须选吉日、避凶日等。

由上所述,可知本书堪称中国古代炼丹术的百科全书,如将外丹术作为一种文化现象,则本书提供了相当全面的材料;从化学史角度看,如前所述,应将本书第一卷与其余各卷分开来讨论。无疑,本书第一卷是古代实验化学的最早文献,在中国化学史乃至世界化学史上占有重要地位。在后续各卷中,则有卷七"釜鼎丹屋"、卷八水法、卷九炼金银矿法、卷十一水银化学、卷十二铅化学、卷十三丹砂、卷十四雄黄、卷十五硫黄与曾青、卷十六及卷十八诸石、卷十七华池等内容,都有研究价值。

作者认为,仙药可得、神仙可成。但呼吸、导引只能却病延年,不能成仙,因为"草木药埋之即朽,煮之即烂,烧之即焦,不能自生,焉能生人,可以疗病益气,不免死也",只有服神丹,方能"令人神仙度世,与天地相毕,与日月同光,坐见万理,役使鬼神,举家升虚,无翼而飞,乘云驾龙,上下太清,漏刻之间,周游八极,不拘江河,不畏百毒"(卷一)。神丹有九种:丹华、神符、神丹、还丹、饵丹、炼丹、柔丹、伏丹、寒丹。九丹之药物、作法、功效虽有不同,但得其一而服之,即能成仙。是书强调炼药物"以作金,金成则药成;金不成,药不成"(卷一)。不同于西汉李少君"黄金成以为饮食器则寿"(《史记·封禅书》),史子心以"金成可以作远年药"(《抱朴子·黄白》引《桓谭·新论》)。

叙说炼丹场所、设备、技术、操作、禁忌等。说炼丹场所最忌烦嚣、污秽,务求山野僻旷之处。觅取合适地段,先筑屋、置鼎、造釜、作泥。布置周备,而后以药合丹。其中的釜是反应室,制造方法如下:取赤土筛净捣烂,于火上隔水蒸熟。取出,和以薄酒,再捣碎令极熟,用以制土釜。釜成,以六一泥涂其内外,厚各三分。置釜于烈日下暴晒十天使之干燥,再以烧过之胡粉及醋伴和玄黄涂其内外,各有三分厚,再暴日下十天。

认为"山下有金,其上多有丹砂,变转不已,还复成金;归本之质,无可怪也"(卷十三《明月砂功力能入长生之道用》)。乃仿效自然,以道炼丹砂成金丹。强调"金石等药,若不先飞伏火,药即有烟,散失无定,滓在精华去,验似所凭,是以皆须先伏火也"(卷十《明炼药禁慎阴阳制伏》)。

其他可注意之处有:一、指出硝石、芒硝、朴硝的区别:"朏朏如握盐雪,不冰。强又烧之,紫青烟焰起,仍成灰,不沸,无汁者,是硝石也;若沸而有汁者,即朴硝也。"(卷十六《明炼诸石由致皆有长生之用》)较陶弘景在《神农本草经集注》所说更准确。二、记载多种抽砂炼汞方术。有低温焙烧、上火下凝等。其中的低温焙烧法是我国制汞的早期方法,不为他书记载,读之有助于理解制汞术的起源及其发展。三、蒸馏硫酸铜制取硫酸。《炼石胆其精华法》说:"以土墼垒作两个方头炉,相去二尺,各表里精泥其间。旁开一孔,亦泥表里,使精熏使干。炉中著铜盘,使定,即密泥之。一炉中以炭烧石胆使作烟,以物搹之,其精华尽入铜盘。炉中却火待冷,开取任用,入万药,药皆神。"(卷九)四、记载狐刚子、左慈、葛玄等人活动,保存道教炼丹家史料,使后世得以晓知他们的活动及成就。如狐刚子为左慈、葛玄之师,著有"七宝未央丸"、《五金粉图》、《玄珠经》、《出金矿图录》、《万金诀》等。不仅记其篇目,如《玄珠经》有"伏玄珠诀"、"伏水银法"等;还载其内容,如"凡金矿或在水中,或在山中","出银矿炉有三法,看矿多少作炉,即不须费尽功力"(卷十《狐刚子出金矿图录》)。

《黄帝九鼎神丹经诀》对炼丹术的发展具有深远的影响。

有关本书的研究,有任继愈等《道藏提要》,赵匡华、周嘉华《中国科学技术史·化学卷》的有关部分等。

(闵龙昌　贺圣迪)

开元占经 〔唐〕瞿昙悉达

《开元占经》,全称《大唐开元占经》,一百二十卷。唐瞿昙悉达撰。约成于唐开元六年(718)至开元十二年(724)之间。通行本有清《四库全书》本、中国书店1989年影印本等。

瞿昙悉达,生卒年月不详,祖先为移居中国的印度天文学家。近由新发现瞿昙譔墓志(晁华山《唐代天文学家瞿昙譔墓的发现》,载《文物》1978年第10期)而知瞿昙家族五代世系如下:瞿昙逸生瞿昙罗,瞿昙罗生瞿昙悉达,瞿昙悉达生瞿昙譔(第四子),瞿昙譔生瞿昙晏(第五子)。瞿昙罗以下三代人在唐代曾任太史令、太史监、司天监,主持唐王朝的天文机构达一百十年以上,故唐代人统称之为瞿昙监。瞿昙家族既通印度天文历算,也精中国传统天文历法。瞿昙悉达于开元六年(718)曾奉敕翻译《九执历》(唐代三家印度历法之一,"九执"即九曜),此后不久即奉敕主持编撰《开元占经》。《开元占经》中涉及《麟德历》与《神龙历》,而未涉及《大衍历》,故它必成于《大衍历》之前。又,当时瞿昙悉达任银青光禄大夫,行太史监职,而开元十二年(724)由南宫说任太史监,故瞿昙悉达很可能在此前去世。

《开元占经》约六十万字。卷一为《天体浑宗》,收张衡、蔡邕、陆绩、陈卓、刘智、何承天、徐爰、祖暅、刘焯等关于浑天说的论述。

卷二为《论天》,收《周髀算经》、蔡邕《月令章句》、陆绩《纪浑天说》、王蕃诸人论天之说。

卷三为《天占》,卷四为《地占》,分别介绍天、地占候诸状。

卷五至卷十为《日占》,叙日行度、晷景、光芒、异常日状、冠戴珥抱背璚晕、日蚀诸状等占候。

卷十一至卷十七为《月占》,叙月行度、盈缩、光芒、异常月状、朔弦望、冠珥戴背、犯五星、犯列星、月晕、月蚀等占候。

卷十八至卷二二为《五星占》,叙五星行度盈缩失行、喜怒芒角变色冠珥、相犯等占候。

卷二三至卷二九为《岁星占》,叙岁星行度、变色芒角、盈缩失行、昼见、变异、犯列星等占候。

卷三十至卷三七为《荧惑占》,卷三八至卷四四为《填星占》,卷四五至卷五二为《太白占》,卷五三至卷五九为《辰星占》,以上三十卷叙述的内容条目与《岁星占》近同。

卷六十为《东方七宿占》,卷六一为《北方七宿占》,卷六二为《西方七宿占》,卷六三为《南方七宿占》,卷六四为《分野略例》,以上五卷分别叙述二十八宿星官的占候、分野。

卷六五至卷六七为《石氏中官占》,卷六八至卷七十为《石氏外官占》,以上六卷叙述《石氏星经》的诸星占候。

卷七一至卷七五为《流星占》,卷七六为《杂星占》,卷七八至卷八四为《客星占》,卷八五至卷八七为《妖星占》,卷八八至卷九十为《彗星占》,以上二十卷分别叙述流星、杂星、客星、妖星、彗星的占候。

卷九一为《风占》,卷九二为《雨占》,卷九三为《候星善恶占》,卷九四为《杂气云占》,卷九五为《云气犯二十八宿占》,卷九六为《云气犯列宿占》,卷九七为《猛将军阵胜负云气占》,卷九八为《虹蜺占》,以上九卷分别叙述风雨云气虹蜺的占候。

卷九九为《山石冢光占》,卷一百为《井泉自出河移水火占》,以上二卷分别叙述山水冢火的占候。

卷一〇一为《霜雪雹冰寒雾露霾暗霰霁蒙占》,卷一〇二为《雷霆占》,以上两卷分别叙述气象占候。

卷一〇三为《历法》,载李淳风《麟德历经》。

卷一〇四为《算法》,载《天竺九执历经》(印度的历法)。

卷一〇五为《古今历积年及章率》,叙自黄帝历、颛顼历以下共二十九历的积年及章率。

卷一〇六至卷一一〇为《星图》,分别介绍二十八宿星座、石氏中外星官、甘氏中外星官、巫咸星官的古今同异。

卷一一一为《八谷占》,卷一一二为《竹木草菜占》,以上两卷分别叙述谷物、草木之占候。

卷一一三为《人及鬼神占》,叙述人、神、鬼的瑞怪占候。

卷一一四为《器服休咎城邑宫殿怪异占》,叙述器服、居所的休咎占候。

卷一一五为《禽占》,卷一一六为《兽占》,卷一一七为《牛占》,卷一一八为《马占》,卷一一九为《羊犬豕占》,卷一二〇为《龙鱼虫蛇占》,以上六卷分别叙述动物的休咎瑞怪占候。

《开元占经》内容庞杂。它是我国唐代以前天文历法类资料的府库,所收集的各种资料达四百余种,其中绝大部分都在后来失传了。其价值之高是难以估测的。这主要表现在:

一、《开元占经》系统辑录了我国古代各家的星象记录,如甘德、石申、巫咸三家星表、星经,保存了二十八宿古今距度,汇集了其他有关日月五星与所有恒星的资料。这些都是最珍贵的资料。

二、在起首的二卷中,辑录了我国古代唐以前有关宇宙结构与运动的理论,尤其是浑天说。

三、卷一百五编录了自古六历起至《麟德历》共二十九历的上元积年、日法等主要的数据,其中古六历与《神龙历》都是唯一可见的史料。

四、辑录了大量的纬书材料。谶纬学在我国古代曾有过一段很兴旺的日子,虽然其中充斥着迷信荒诞之说,但也确有一些有价值的内容。由于纬书在后来遭到了官方的禁绝,故现在留存下来的真可谓寥寥无几。《开元占经》中征引纬书达到七十余种,足见数量之多。

五、卷一百三全文收录了李淳风所制的《麟德历》,不仅可用来与新、旧《唐书·历志》所载《麟德历》相校勘,而且可以补足其缺载的部分(如推入食限术、月食所在辰术、日月食分术等等)。

六、卷一百四全文收录了瞿昙悉达自己编译的印度历法《九执历》。它是古代印度天文学史上的重要文献。

七、卷九一至卷九七、卷一一一,收录了古人有关风云雨雪等方面的气象观察资料,而这些资料也都早已佚失了。

《开元占经》问世以后,唐王朝统治者如同对待其他天文星占著作一样,立即将它作为"秘本"收藏了起来,只有极少数专门官员才有机会阅读。到宋代,虽有著录,但显然已近乎绝迹了。宋代以后,就连著录也不见了。到明代,连皇家天文机构中也无此书了。直到明神宗万历四十四年(1616),安徽歙县道士程明善才在一座庙宇的佛像腹中重又得到了本书。从此,《开元占经》才又得流传于世。

关于本书的研究,有薄树人《〈开元占经〉——中国文化史上的一部奇书》(见中国书店版《唐开元占经》前言)、陈美东《中国科学技术史·天文学卷》的有关章节等。

(王贻梁)

大衍历 〔唐〕一 行

《大衍历》，一卷。唐一行等撰。成于唐开元十六年(728)。载于新、旧《唐书·历志》。新旧《唐书》的通行本有中华书局 1975 年点校本。

一行(683—727)，唐代僧人，俗名张遂，巨鹿(今属河北)人。唐初功臣张公谨的后裔。青年时，博览经史，尤精历象阴阳五行之学。二十一岁，从荆州景禅师出家，不久随嵩山普寂禅师学习禅法，又从当阳僧真研习戒律，曾师事印度来华的密教高僧善无畏、金刚智，并协助善无畏翻译密教的根本经典《大日经》。唐开元九年(721)，受命主持制订新历。为此，一行与任率府令长史的机械制造专家梁令瓒合作，共同领导改进、创制了黄道游仪、水运浑天仪等新仪。黄道游仪是在唐代李淳风黄道仪的基础上，将原来环圈太多以及白道环的移动与实际月行变化难以密合这样一些缺陷作了新的改进，从而大大提高了观测的准确性，使之成为当时世界上最先进的观测仪器之一。一行以这架仪器对日月五星与全天恒星进行了新的观测，从而发现了许多新的问题与现象。其中最突出的就是恒星位移的发现，在日月运行与交食方面也有许多新的发现。水运浑天仪是以水力驱动演示天象的浑象，早在汉代张衡即已创制成功，但此后又经历失传与再创制等波折。一行与梁令瓒在前人的基础上又加以改进，在浑象球体上刻上二十八宿与黄、赤道，浑象外装上二个圆环，圆环上各缀一球，分别代表日、月。浑象下以齿轮、连杆相连，在水力推动下昼夜一周运转，与实际天象相吻合。日、月还分别在黄道与白道上移动一定度数。浑象一半在木柜上，一半在木柜下。木柜旁分立有两木人，一木人每刻(古分一昼夜为百刻)击鼓，一木人每时辰(古分一昼夜为十二时辰)敲钟。这些都为后来苏颂等所制水运仪象台开了先河。开元十二年(724)，一行主持进行了一次空前规模的天文大地实测活动。实测的结果，否定了自《周髀算经》以来"日影千里差一寸"的旧说，最重要的是第一次得出了子午线的长度，比国外要早九十年。开元十三年(725)，在取得大量新的观测数据以后，正式开始制订新历。去世前已写出初稿，后经整理，由朝廷下敕颁行，这就是有名的《大衍历》。生平事迹见《旧唐书》卷一九一、北宋赞宁《宋高僧传》五。

《大衍历》共七章,新、旧《唐书·历志》俱有记载。《旧唐书·历志》记载甚详,条理清晰。《新唐书·历志》的记载在条理、内容上稍稍有些简略处,但专设二卷收《大衍历议》十二篇与《历术》七篇,则至为重要。

第一章《步中朔》,先列通法、策实、揲法等十二种基本资料,次分"推天正中气"、"求次气"、"推天正合朔"、"求次朔及弦望"、"推没日"、"推灭日"六节叙述。《新唐书·天文志》不设节名,混而论之,而且内容简略(以下各章的情况相同)。

第二章《步发敛》,先列天中之策、地中之策等五种基本资料,再分"推七十二候"、"推六十卦"、"推五行用事"、"推发敛去朔"、"推发敛加时"五节。

第三章《步日躔术》,先列乾实、周天度、岁差三种基本资料,再分"求每日先后定数"、"推二十四气定"、"推平朔四象"、"求朔弦望经日入朓朒"、"赤道宿度"、"黄道宿度"、"推日度"、"推黄道日度"、"求次定气"、"求定气初日夜半日所在度"十节。

第四章《步月离术》,先列转终分、转终日等四种基本资料,再分"推天正经朔入转"、"求次朔入转"、"求朔弦望入朓朒定数"、"求朔弦望定日及余"、"推定朔弦望夜半日所在度"、"推月九道度"、"求平交入气朓朒定数"、"求平交入转朓朒定数"、"求正交加时黄道宿度"、"求正交加时月离九道宿度"、"推定朔弦望加时月所在度"、"推定朔夜半入转"、"求次日"、"求每日月转定度"、"求朔望定日前夜半月所在度"、"求次日夜半月夜"、"推月晨昏度"十八节。

第五章《步轨漏》,先列爻统、象积等四种基本资料,再分"求每日消息定衰"、"求前件四气"、"推戴日之北每度晷数"、"求阳城日晷每日中常数"、"求每日夜半漏定数"、"求晨初余数"、"求每日昼夜漏及日出入所在辰刻"、"求每日黄道去极定数"、"求每日距中度定数"、"求每日昏明及每更中宿度所临"、"求九服所在昼夜漏刻"、"求次日"十四节。

第六章《步交会术》,先列交终、交中等十二种基本资料,再分"推天正经朔入交"、"求次朔入交"、"求望"、"求定塑夜半入交"、"求朔望入交常日"、"求朔望入交定日"、"求月交入阴阳历"、"求四象六爻每度加减分及月去黄道定数"、"求朔望夜半月行入阴阳度数"、"求朔望夜半月行入四象度数"、"求朔望夜半月行入六爻度数"、"求月蚀分"、"求月蚀用刻"、"求每日差积定数"、"求蚀差及诸限定数"、"求阴历阳历的蚀或蚀"、"求日蚀分"、"求日蚀所起"、"求日蚀用刻"、"求日蚀甚所在辰"、"求亏初复末"、"求九服所在服差"、"求九服所在每气蚀差"二十二节。

第七章《步五星术》,先列岁星、荧惑、镇星、太白、辰星的基本资料(终率、终日等),再分"推五星平合"、"求平合入四象"、"求平合入六爻"、"求四象六爻每算损益及进退定数"、"求平合入进退定数"、"求常合"、"求定合"、"求定合月日"、"求定合入爻"、"求变行初日入爻"、"求变行初日入进退定数"、"求变行日度率"、"求变行日度定率"、"求定合后夜半星所在度"、"求每日差"、"求平行度及分"、"求差行初末日行度及分"、"求差行次日行度及分"、"径求差行余日行度及分"、"求差行、先差日数、径求积度及分"、"求差行、先定日数、径求日数"、"求星行黄道南北"二十二节。

《大衍历》是我国古代的一部名历。它对我国天文历法的发展进步有许多突出的新贡献。首先是日行盈缩的新发现与具体计算。早在南北朝时的张子信即首先发现了太阳视运动的不均匀性,隋朝刘焯认为日行"于春分前一日最急,后一日最舒;秋分前一日最舒,后一日最急"。一行则纠正了刘焯的错误,指出日行在冬至日速度最快,以后渐慢,至春分点居中,至夏至点最慢;夏至后又渐快,至秋分点又居中,至冬至日而又最快。近代天文学的认识是:太阳视运动速度的盈缩变化,原因在于地球绕太阳运行的不均匀性,在近日点(约冬至时)前后快些,而远日点(约夏至时)前后慢些。故一行的观测基本上是准确的。一行进而确立了每天太阳的位置的计算方法。即先测定出黄昏与黎明时刻的中星,再推算出夜半时刻的中星,而此刻太阳正处于相差一百八十度的位置上,由此而能确定太阳的准确位置。再进一步,又确立了二十四节气天数的计算方法。《大衍历》采用平气注历,而以定气计算太阳的视运动。隋朝刘焯第一个发明了在计算时采用多项式内插法,提出了等间距二次内插法公式,而一行则进一步发展成不等间距的二次内插法公式,这在数学上也是一大贡献。

《大衍历》在预测日、月食时,首先认识到了食差因素的影响。张子信与刘焯都已经注意到了"当食不食"与"不当食而食"的现象,一行虽然还没有完全清楚地认识到是视差的原因,但他在大量的实测中发现这与地理纬度及日、月的视位置有关系,并名之曰"食差",这无疑是正确的,已接近于对视差原理的认识。一行还对不同地方(纬度差别)、不同季节(时日、月在天上的视位置不同)分别创立了一套计算公式,谓之"九服食差"。这些公式使日、月食预报的准确性有相当大的提高。另外,自东汉起人们对黄、白道之间的交角已有认识,三国时杨伟的《景初历》首先提出了交食亏起方位角和食分的计算方法。《大衍历》对交食亏起方位角与食分之间的关系有更准确、更简洁明了的认识与阐述。一行还认识到了同一次日食在各地观察到的情形并不相同,从而第一次记载了"食带"现象。

在星象观测与计算上,《大衍历》也有新的发展。一行等对二十八宿宿度与去极度作了新的测定,再计算出黄道度,并与早期的数值进行了比较。自战国以来一直未变的石氏宿度,一行认识到了毕、觜、参、鬼四宿有了改变,此后也就有人蹈此先例而行。除此以外,还发现了二十四个星官的位置有变化,黄道内外度有差异的有十二星官,恒量入宿位置有变化的有七个星官。一行所观察到的去极度的变化,还被一些学者认为是发现了恒星的自行。一行还观测了常隐圈内的恒星,对当时流传星图上误取的距星作了三项订正。由于一行的这些成绩,使得此后对全天恒星的观测更为重视,也更为频繁。

一行在四十五岁时就去世了,他死后曾有人指责《大衍历》不准确、有剽窃抄袭印度传入的《九执历》的嫌疑,于是就由侍御史李麟、太史令桓执圭据灵台观测来校验《麟德历》、《大衍历》与《九执历》的准确性。结果,就日食推算方面,《麟德历》、《大衍历》与《九执历》的准确性分别为十之三四、十之七八、十之一二,证明《大衍历》确是最佳者,比《九执历》遥遥领先,故在开元十七年起颁布施行,此后共用了四十三年。

关于本书的研究,有严敦杰《一行禅师年谱》、薄树人《一行》(见《中国古代科学家》)及《中国古代的恒星观测》、陈美东《一行》(见杜石然主编《中国古代科学家传记》)、陈美东《中国科学技术史·天文学卷》等论著的有关部分,以及武家壁《〈大衍历〉躔表的数学结构及其内插法》等。

(王贻梁)

大洞炼真宝经修伏灵砂妙诀

〔唐〕陈少微

《大洞炼真宝经修伏灵砂妙诀》,又名《灵砂七返篇》、《灵砂七篇》、《七篇》,一卷。唐陈少微撰。约成于武则天长安二年(702)至开元二十八年(740)之间。通行本有明《正统道藏》本。

陈少微,字子明,唐代炼丹家,生平未详。

《大洞炼真宝经修伏灵砂妙诀》是道教炼丹术著作。由"诀"和"经"两部分构成。其诀,乃详述实验操作,而其经,则论述阴阳玄理,药物品性,少有涉及操作者。作者称"此篇本从《大洞宝经》中仙君(指西晋许逊)《九品幽章》隐文《炼真妙诀》所出",以此推测,本书当为《大洞宝经》与《炼真妙诀》的结合,其中的经文,盖出自前者,而诀文,盖引自后者。

本书书名中的"炼真",亦即"修伏灵砂"或"修炼灵砂"。炼丹家"明知,溪土之砂,受气不清,澄浊参杂",故须"先拣其砂,次调火候,在意消息(即密切注视反应进程,以及时调理),而成七返九还之丹药也"。此谓"返"与"还",乃"异名同体,返者是砂化为金,还者是金归于丹"。因此在作者看来,"七返灵砂"、"九还金丹",实是名异体同,反复进行由砂变金,由金归砂的操作。书中所述即是这一操作过程。

由砂变金:"七返者,是丹砂属火,变炼成金。"具体如下。

一返者,"将丹砂伏炼,得伏火后鼓成白银";

二返者,"将白银化出砂,伏火后鼓成黄花银";

三返者,"将黄花银化出砂,伏火后鼓成青金";

四返者,"将青金化出砂,伏火后鼓成黄金";

五返者,"将黄金化出砂,伏火后鼓成红金";

六返者,"将红金化出砂,伏火后鼓成赤金";

七返者,"将赤金化出砂,伏火后鼓成紫金"。

显然,这是炼丹家精心设计的一套提升丹药品质的操作程序,以丹砂为原料,炼银成金,从青金炼到最高的紫金,这就是"炼真"的全部含义。

以上七步程序,每步都有"化"、"伏火"和"鼓"("熔鼓",即鼓风熔金成块)三项基本操作。其中"伏火"、"熔鼓"两法,为各返所通用,故著者在第一"返"中详加介绍以后,以后各"返"中就以"伏火鼓得某金"一笔带过。于是,"化"或"化出"之法,便成为以后各"返"阐述的重点。这是"化某金生某砂",也就是"还";而丹砂,乃造化所成,是自然界这个熔炉中炼就的,故称为"自然之还丹"。自然界做了第一步,因此在丹房内,只需将丹砂伏火,鼓成白银即可。强调"化出"(由金变砂)的七步程序如下。

第一返丹砂,说明丹砂的选择(产地、品位)介绍"飞伏"、"熔鼓"二法,将丹砂"返"为白银;

第二返宝砂,化丹砂白银为宝砂,伏火鼓成黄花银;

第三返丹英砂,化宝砂黄花银为英砂,伏火鼓成青金;

第四返丹妙化砂,化英砂青金为妙化砂,伏火鼓成黄金;

第五返丹灵砂,化妙化砂黄金为灵砂,伏火鼓成红金;

第六返丹神砂,化灵砂红金为神砂,伏火鼓成赤金;

第七返丹玄真绛霞砂,化神砂赤金为玄真绛霞砂,伏火鼓成紫金丹。这是至真灵丹,是全部炼丹活动追求的最高目标。

上述七返是《七篇》诀文所侧重阐述的内容。至于其实际的实验内容,作者在他的另一部著作《大洞炼真宝经九还金丹妙诀》(略称《九还金丹》)中作了以下的说明:"依《七篇》返数,投化合金生砂,如第二返《化宝砂篇》中用汞,汞则两度用石硫磺烧,令成砂(汞与硫生成红色硫化汞),两度著铅却抽归汞,添金化砂(又将硫化汞加热,分解出汞,并使铅汞结合成合金);第三返英砂用汞,则三度烧抽入用……如第七返化出玄真绛霞丹用汞,汞一依前七度著石硫磺造成紫砂,七度用黑铅抽归汞……"从中可以看出,所谓"七返九还",实际上是反复进行汞、硫的化合与分解,以及铅、汞生成铅汞齐后又从中蒸发出汞的实验操作。

《灵砂七篇》和《九还金丹》两书对炼丹实验作了具体的记述,为研究我国古代化学史提供了重要资料。

关于本书的研究,参见任继愈、锺肇鹏主编《道藏提要》的有关部分。

(闵龙昌)

龙虎还丹诀 〔唐〕金陵子

《龙虎还丹诀》,二卷。唐金陵子撰。据陈国符考证,约成于唐武后垂拱一年(686)至玄宗开元二十九年(741),或唐肃宗乾元元年(758)至乾元三年(761)之间。通行本有明《正统道藏》本。

金陵子,唐人。崇敬黄帝、淮南、茅君、尹喜、狐刚子等人,而不满于"虽流教于世,并无正方"的炼丹术士。指责他们"纵有文字,皆指阴阳托号而言,圣文共秘斯门,真处不书,书处不真"。且使"自恃聪智"的后辈学者,"按文责实,以意推校,用意愈巧,去真愈远"。他于丹术,一反积重,不弄玄虚,实事求是,详叙过程,给出资料。又强调黄金有毒不宜服食:"黄金者,曰之精也。金生山石中,积太阳之气蒸蒸而成,性大热,有大毒。傍蒸数尺,石皆尽黄,化为金色,况锻炼服之者乎?若以此作粉屑服之,销入骨髓,焦缩而死也。"但并不因此却步,依然信仰丹药致仙之说。

金陵子注释发挥晋郑思远《大洞炼真宝经》,又总结本人实验成果而撰《点丹阳方》、《炼红银法》等。汇聚上述与其他著作于一编,题为《龙虎还丹诀》。

《龙虎还丹诀》为道教外丹著作。

卷上,有紫红英大还丹诀、治汞法、龙虎还丹诀、金花还丹方、黄花丹阳方、点丹阳方;卷下,有伏丹砂成红银法、青红红银法、青花结砂子法、石胆红银法、结石胆砂子法、结砂子法、胆子团汞法、土缘结红银法、结红银砂子法、去红银晕法等。

金陵子炼丹,以"铅汞为药之本也"。使与八卦相配,认为朱砂内含水银,当南方火位,象离;铅内含银,当北方水位,象坎,得出"坎离二卦为药之根源"(卷上)的结论。铅汞即龙虎。他在《紫华红英大还丹诀》中,称炼丹"先须辨其药性高下","知金石之情性,然后运火",而"铅、汞乃为药之本也"。接着便分"辨水银"和"辨真铅"二章,分叙汞、铅之识别、情性和炼制方法,其内部基本上同陈少微的《大洞炼真宝经修伏灵砂妙诀》、《大洞炼真宝经九还金丹妙诀》一致。如其中说"夫大还丹七返九还者,异名同体,返者是砂化为金,还者是金归于丹"。又关于丹砂抽汞、汞硫结成丹砂等实验操作,以及"砒黄功能变铜"等诸条,乃至诸丹砂中汞与石烝总量相等的物质守恒思想等等,都类同陈少微。从篇中自谓"此是真诀,《大洞真经》皆秘其真"云云,可推测本篇同陈少微的《七返灵砂》、《九还金丹》为同源所出。

他总结抽砂炼汞等一系列实验,已经认识气体具有重量和在化学反应前后物质保持量的守恒。他说:"其光明砂每一斤只含二气二两,抽得水银十四两;其白马牙砂一斤含石气四两,抽得水银十二两;紫灵砂含石气六两,抽得水银十两;如上色通明溪砂一斤,抽得水银八两半,其石气有七两半;其杂色土砂之类,一斤抽得水银七两半,含石气八两半。石气者,火石之空气也。如水银出后,留有石胎一两,青白灰也。"在他看来,石气乃炼丹过程中由药物砂所产生的气体物质,好似青白色的石胎一样,有一定重量。水银、石气、石胎由丹砂分解而来,其重量之总和与作为炼丹药物的丹砂相等。这一思想用现代语言来表示,为物质在化学反应前后其量守恒不变。此类记录又见于同时代人陈少微《太洞炼真宝经修伏灵砂妙诀》,表明"唐代炼丹家已将物质守恒原理应用在炼丹实践中,并已认识到烧石生成的气体是有质量的,是丹砂的组成部分之一"(郭正谊《从〈龙虎还丹诀〉看我国炼丹家对化学的贡献》)。金陵子以物质在炼丹前后重量守恒理论为指导,对石胆红银法作定量实验:"余曾各秤诸色,分明记录。一度煮结,铛欠五两,红银只得四两半,故都是铁,不虚也。"又以汞与硫生成丹砂,再使丹砂分解生成汞作定量实验,得出"其汞化为紫砂,分毫无欠","灵汞即出,分毫不欠"(卷下)的结论。

又研究物质比重。他重视不同物体体积与质量之比的关系。在继承汉代"黄金方寸,而重一斤"的基础上,用内方径一寸的容器,盛载各类物体,分别称得其重量,加以记载。如"器内方径一寸,可受水银一斤。又准算数,金方一寸重一斤,银方一寸重十四两,铅锡重九两半,铁重六两,玉重九两,白石重三两,土重二两"。(卷下)且认为不同之物有比重之异,乃因为"物各禀气,自然之性"(卷下)。

还认为不同金属经烧炼而变通,须以相互间有多方相似为前提。他在研究不同物体的比重后说:"其余高下悬殊,唯熟铜与银斤两相类。"(卷上)银铜之间斤两相类而又"形质细腻柔软颇敌,除有晕一色,余并相似,实可变通"。(卷上)这就是说宇宙中的物物变通转化现象,并非无条件而是有条件的,并非随意而是有规则的。此规则是相变通之物务必在形质,即在比重、硬度、粗细等物理性能上相似。这实际上是按一定的物理性质对万物加以分类,认为只有同类之物方能变通,转化仅在同类异种之物中进行。如此认识,无疑是探索物质世界的一大进步。基于这一理论,他认为赤铜可变而为白银,并从事以砒霜点铜的实验。结果使铜变化为外观如银的砷白铜。《点丹阳方》所记实验,分为制取砒霜和制取砷白铜二部分。记载详明,且认为物体的化学成分比例与其性质密切相关:"白霜少用即无力,多用物即硬,是为大病。"(卷上)只有将砷铜合金的含砷量控制在 8.5%,所炼成的砷白铜才是银白色的金属。

就一般情形而言,炼丹的丹方都标明药品的用量,这说明炼丹家都已持有某种定量观念。而金陵子则前进了一大步,他能自觉地将有关的重量变化作为推测化学变化的一种依据,可以说他是中国古代化学史上仅有的定量分析化学家。在分析"化铁为铜"反应中铜的来源时,他写道:"余曾各秤诸色(药),分明记录,一度煮结。铛欠五两,红银只得四两半,故都是铁,不虚也。只(此)为证据。"从铁锅损失的量大于所得红银的量,推测红银均由铁所化而得,不失为是一种富有启发性的思路(实际情况当然要复杂些)。

在中国古代炼制砷白铜的源流中,要数金陵子的记叙最为详尽(参见赵匡华等《我国炼丹术中砷白铜的源流与验证》,《自然科学史研究》第二卷第一期)。在本书卷上"点丹阳方"中,实验操作主要分两步,第一步制砒霜,第二步"点丹阳",即炼砷白铜。具体操作相当详细,如云砒霜要分批加入,且应"一按到底",以避免升华损失,点锅时要防止冷热对冲,等等,都为亲自实验的记录。

书中的烧红银法是一种水法炼铜。在磨光洗净容积为五六升至一斗的平底铁铛内,放置水银一斤,平铺铛底。而后加水,使"没汞半寸"。于铛底燃文火,使铛内水"鱼眼沸以下"(卷下),投入石胆子一二颗。铁铛表面与硫酸铜溶液反应,置换出的铜即与汞生成铜汞剂。铛内又露出新的铁表面,再投入胆矾颗粒,继续置换,生成铜汞剂。所得铜汞剂,金陵称为砂子,经另一仪器抽汞,余下被名为红银的赤铜。每斤水银所结铜量,"常乎只是四两已下,如能结得七八两已上者,甚得其妙"(卷下)。如所用原料为不易溶的铜化合物,则加其他药物使之溶解,如伏丹砂成红银法、青红红银法、土缘红银法等十四种所述。

在矾化学的研究上,也取得了成就。他提出胆土成因和石胆鉴定法。关于前者,说"土缘有数般,生宣州、饶、信、道、永等州山谷,但有铜处即生。乃是铜坑中般出壤土,经雨便生色,浅软如胡粉块子,以手捻便成粉末者佳,硬如软石者次"(卷下)。已知胆土乃铜矿坑中壤土变化而成,但还未知其为碎铜渣及贫矿块经风化氧化与土质相混之物。关于后者,他说:"石胆状如折篦头,如瑟瑟,浅碧色,烧之变白色者真。"(卷下)此是极其简便的鉴定技术。

《龙虎还丹诀》所记各方,详叙药物性状、产地、剂量,所用仪器式样尺寸,操作程序、细节及注意事项,又从中提出理论,具有一定的严密性、科学性,已初步符合科学实验的特征,标志着炼丹化学在唐代发展到一个新的阶段。其在理论与实践上所取得的成就,对后世均有相当影响。

有关本书的研究,有郭正谊《从〈龙虎还丹诀〉看我国炼丹家对化学的贡献》、任继愈等《道藏提要·龙虎还丹诀》,以及赵匡华《中国炼丹术的丹药观及药性论》、《我国古代的矾化学》,郭正谊《水法炼铜史料新探》等文及赵匡华、周嘉华《中国科学技术史·化学卷》的有关部分。

(贺圣迪 闵龙昌)

丹房镜源 〔唐〕佚　名

《丹房镜源》，一卷。唐佚名撰。据考证，约成于武后天授二年(691)至唐肃宗宝应元年(762)之间，收入《铅汞甲庚至宝集成》。通行本有明《正统道藏》本。

《丹房镜源》是道教炼丹术著作。全书约二千字。书名中的"镜源"，指的是"药物之灵异"，即诸药的性能。书中共介绍药物三十余种，有详有略，可以认为，这些内容较全面地反映了中唐时期炼丹水平。

关于硫酸铜或石胆，书中作了详细介绍："石胆，出蒲州余乡县，如鸡卵大为上，击之，纵横解，皆成(叠)。文色青，见风，久则绿。其中，亦青色也。今信州铅山县有若泉流以为涧，挹其水熬之，则成胆矾，即成铜。煮胆矾，铁釜久久亦化为铜。"这段文字，可以认为是中国民间胆矾炼铜(亦称水法炼铜)的最早记录。"即成铜"一语过于简略，未指明用的什么方法。但后一句"铁釜久久变化为铜"，则补充交代了胆矾炼铜所用的方法，即铁铜置换方法。

关于硫黄，书中说"此硫见五金而黑，得水银而赤"，说明当时对硫与多种金属(包括水银)的反应已相当熟悉。又如书中提到"砒霜化铜"，为唐代炼制砷白铜的又一佐证。

本书下半部分内容冠以"造丹法"之名，然所言之侧重面仍为诸药的性能，即药物的造丹功能，或药物在造丹中的功能。后者可以说是本书的一个特点，如云"桑灰结汞，拖子柔金，乳香哑铜、软铜，杨柳胶结砂子，马脂柔五金，粪养一切药力"等等，从一个侧面反映出当时炼丹化学实验的历史面貌，显示了其中的工艺性特色。

关于本书的研究，有任继愈、锺肇鹏主编《道藏提要》，赵匡华、周嘉华《中国科学技术史·化学卷》的有关部分。

(闵龙昌)

外台秘要 〔唐〕王 焘

《外台秘要》，又名《外台秘要方》，四十卷。唐王焘撰。成于唐天宝十一年(752)。通行本有明程衍道重刊宋本、经余居刊本(人民卫生出版社 1955 年据以影印出版，1982 年重印)、《四库全书》本等。

王焘(670？—755？)，郿(今陕西眉县)人。宰相王珪之孙。性至孝，母有病，他经年衣不解带，亲侍汤药。曾"七登南宫，两拜东掖，便系台阁二十余岁"(本书自序)，历官给事中、邺郡太守等。生平事迹见《新唐书》卷九八《王珪传》附及本书自序。

作者幼多疾病，长好医术，屡从高医学。他有感于当时医籍虽多，但翻检不易，遂利用任职台阁的机会，博览宏文馆图籍方书，"皆探其秘要"，一一采摭。后贬官地方，时值酷暑，染病者十有六七，幸赖其所集经方，活人甚众。这促使他继续进行整理工作，终于撰成是书。兰台又称外台，作者在台阁二十余年尽睹其秘，故取以为书名。一说，"外台"指刺史、太守一类州郡长官，此书成于作者守邺(治所在今河南省安阳市)时，书名取义于此。似以前说为妥。

《外台秘要》是以方为主的综合性医书。有作者自序，北宋校正医书局孙兆序，明程衍道、方逢年、吴士奇、金声、陆锡明、张天禄、唐晖、吴孔嘉等序。全书凡一千一百零四门，载方六千余首。卷一、二，为伤寒三十三门；卷三，天行二十一门；卷四，温病及黄疸二十门；卷五，疟病十五门；卷六，霍乱及呕吐二十九门；卷七，心痛、心腹痛及寒疝三十二门；卷八，痰饮、胃反、噎鲠等二十门；卷九，咳嗽二十三门；卷十，肺痿、肺气、上气、咳嗽二十八门；卷十一，消渴、消中十八门；卷十二，癖及痃气、积聚、症瘕、胸痹、奔独三十八门；卷十三，骨蒸、传尸、鬼疰、鬼魅二十六门；卷十四，中风二十一门；卷十五，风狂及诸风二十四门；卷十六、卷十七，虚劳七十八门；卷十八、卷十九，脚气二十八门；卷二十，水病二十六门；卷二十一，眼疾二十四门；卷二十二，耳、鼻、牙、唇、口、舌、喉病五十六门；卷二十三，瘿瘤、咽喉、疬瘘二十八门；卷二十四，痈疽发背九门；卷二十五，痢三十三门；卷二十六，痔病、阴病、九虫等三十五门；卷二十七，淋并大小便难病二十七门；卷二十八，中恶,蛊注、自缢、暍死十八门;卷二十九,坠堕、金疮等四十七门;卷三十,恶疾、大风、癫疮等二十三门;卷三十一,采药时节、所出土地、诸家丸散酒煎、解诸毒等二十三门;卷三十二,面部面脂及药、头膏、发鬓、衣香、澡豆等三十四门;卷三十三、卷三十四,妇人八十五门;卷三十五、卷三十六,小儿诸疾八十六门;卷三十七、卷三十八,乳石论等三十七门;卷三十九,明堂灸法七门;卷四十,虫兽伤触人及六畜疾三十二门。每门先论后方,论以《诸病源候论》为主,方采《千金方》最多。

作者集古方五六十家、新著数千百卷,"皆研其总领、核其指归","并味精英,铃其要妙……捐众贤之砂砾,掇群才之翠羽"(自序),虽系裒辑之作,但于取舍之间,仍可见其较深的医学造诣。全书采摭宏富、排比有序、门类齐全,其中不少医籍如《素女经》、《范汪方》、《姚氏集验方》、《小品方》、《删繁方》、《深师方》、《许仁则方》、《张文仲方》、《必效方》、《近效方》等,均无传本,而赖本书得以略窥梗概,其保存祖国医学文献之功实不可没。且书中所引资料均一一标出书名、卷次。如谢士泰《删繁方》关于论五脏劳的一段文字,其内容虽《千金方》已载,但不完整,且不标出处。本书卷十六不但完整引述,又注明其"出第七卷中"。这给后人研究提供了极大方便,开古代医书引文标明出处之先河。

本书不足之处在于,作者片面认为"针能杀生人,不能起死人,若欲录之,恐伤性命",故"不录针经,唯取灸法"(卷三十九《明堂序》),这是十分可惜的。

《外台秘要》搜集了初唐及唐以前的大量医论医方,不但有重要的临床价值,而且成为后世医籍辑佚之渊薮,诚如清人徐灵胎所说:"纂集自汉以来诸方,汇萃成书,而历代之方,于焉大备……唐以前之方,赖此书以存,其功亦不可泯。"(《医学源流论》)本书在国外也有一定影响,如日本的《医心方》、朝鲜的《医方类聚》均大量引用了书中资料。

有关本书的研究,主要见《四库全书总目》卷一○三及近人余嘉锡《四库提要辨证》卷十二、傅维康主编《中国医学史》中的有关论述。

(林建福)

海涛志 〔唐〕窦叔蒙

《海涛志》,一卷。唐窦叔蒙撰,约成于唐代宗大历(766—779)年间。收于清俞思谦《海潮辑说》。通行本有《艺海珠尘》本、《丛书集成初编》本、1980年科学出版社版《中国古代潮汐论著选译》本等。

窦叔蒙,唐浙东人,生平不详,以著《海涛志》名传于世。

《海涛志》是一部论述海洋潮汐的著作。全书六章:第一章,涛因,论述海潮成因;第二章,涛数,揭示海潮规律;第三章,涛时,提出推算每日潮时的图表法;第四章,涛期,述说海潮两种周期;第五章,朔望体象,以将相与君王关系,比喻朔望之于日;第六章,春秋仲月涛涨解,指出一年之内二次大潮所在之期。据本书结构,第三与第四章疑为错简,全书次序当为:第一章,涛因。第二章,涛数。第三章,涛期。第四章,涛时。第五章,朔望体象。第六章,春秋仲月涛涨解。

《海涛志》认为潮汐作涛具有规律性,不因人的意志和活动而有所改变:"苟非其时,不可强而致也;时至自来,不可抑而已也。"这种"天之常数",孕育于宇宙演化的太素阶段。其形成,不为造化有意志活动的结果,而是自然而然的产物。窦叔蒙以同类相引、幽通潜运加以说明:"地载乎下,群阴之所藏焉;月悬乎上,群阴之所系焉;太溟,水府也,百川之所会焉。"是以"夜明者,太阴之所主也,故为涨海源:月与海相推,海与月相期";"潮汐作涛,必符于月";"潮汐系于月,若烟自火,若影附形,有由然焉"。

他进而研究潮汐周期,指出共有三种:一、一天之中,"一晦一明,再潮再汐",有二次循环;二、一朔望月内,"一朔一望,载盈载虚",有二次大潮和二次小潮;三、一回归年间,"一春一秋,再涨再缩",也有大小潮各二次。

他再研究三种周期。于一日两潮,发明推算每天潮时的图表法。上边横轴列一月之内月相的日变化:朔、朒、上弦、盈、望、虚、下弦、魄、晦,旁边纵轴列一太阳日的十二时辰。将每天月亮经过上下中天的时辰点标在坐标上,联结各点形成一条条叙线,构成朔望月潮时推算图。可据图,查出当天高潮时间。又据此推算半日潮周期。他将起算点定在宝应元年前79379年的冬至,得到潮汐周期为今12小时25分14.02秒。两个潮汐周期比一个太阳日多50分28.04秒,即0.841 122 2小时,与今值0.841 202 4小时很接近。于一月之潮,他以将相与君王关系类比月之朔望与太阳关系,说明"潮大于朔望"。于一年之潮,他研究何以在阴历二月、八月出现大潮,指出当日月合朔于"降娄"与"寿星"时,分别在春分点与秋分点之附近。那么,在三天和十八天之后,月亮就分别位于"大梁"或"析木"。"析木"是银河的津渡,大梁是河汉的津梁。"阴主经行,济于河汉,乃河王而海涨也。"所言未必定然,但将一年二次大潮从天体关系加以说明的思想,无疑是可取的。

《海涛志》是我国现存最早、且又保存完整的潮汐学专著。它将我国潮汐学推进到一个新的高度。窦叔蒙阐明潮汐与月亮关系,所计算的每一太阴日与太阳日的差值,比今值仅差0.000 080 2小时,很为接近。又从日、月、年的潮汐状况,阐明了正规半日潮的一般规律,首创推算逐日潮时变化的图表法,揭示分点潮与析津、大梁两星座的关系,并以实测得到的潮汐迟到资料来修正分点潮的理论推算。这一切对我国潮汐研究的进展起过有益作用。

有关本书的研究,最初见于北宋张君房《潮说》。稍后,欧阳修在《集古录》中也有所论述。今人论著有《中国古代潮汐论著选译》、地学史组《中国古代地理学史》、日本寺地尊《唐宋时代潮汐论的特征——以同类相引思想的历史变迁为例》等论著的有关部分和李文渭《窦叔蒙》(见杜石然主编《中国古代科学家传记》)。

(贺圣迪)

茶 经 〔唐〕陆 羽

《茶经》,三卷。唐陆羽撰。约成于唐乾元三年(760)至建中元年(780)之间。通行本有宋《百川学海》本,明《唐宋丛书》本、《格致丛书》本、《茶书全集》本,清《四库全书》本、《学津讨原》本及郑培凯、朱自振主编《中国历代茶书汇编》本等。

陆羽(733—约804),一名疾,字鸿渐,又字季疵,号竟陵子、东冈子、桑苎翁,复州竟陵(今湖北天门)人。传说为一弃婴,三岁时被竟陵西塔寺积公和尚收养。自幼好学,喜诗文。十三岁逃离寺庙学习唱戏。十四岁遇河南一太守李齐物,为之介绍去天门北火门山求学。安史之乱时,他遍游长江中下游等地,跋山涉水,亲身从事茶事实践,广泛搜集有关茶的材料。上元初(760)隐居苕溪(今浙江湖州),经营茶园,闭门著书,撰成《茶经》。后诏拜太子文学,徙太常寺太祝,不就。工诗,但传世者仅数首。又著有《顾渚山记》等。《新唐书》有传。陆羽有《陆文学自传》。

《茶经》是中国最早的一部论茶专著,也是世界上最早的一部有关饮茶文化的著作。全书分为十目。内容主要包括两方面:一是茶的植物学特性及其加工制造。"一之源"记茶的名称考订,茶叶的性状特征、生境、栽培、品种鉴定和利用;"二之具"记采茶制茶工具;"三之造"记茶叶的加工;"八之出"记茶叶的产地,把当时的茶产地分为上、次、下三等列举。二是烹茶和饮茶。"四之器"记煮茶和饮茶用具;"五之煮"记饼茶的烹茶(烤、煮、酌)法;"六之饮"记饮茶法,介绍了唐代粗茶、散茶(煎茶)、末茶(粉茶)、饼茶(砖茶)等饮茶方法;"七之事"为历史资料汇编,博引古籍,介绍茶史。上述第一方面的内容与农学有关。以"一之源"为其主要内容。第二方面内容则与饮茶有关,而以"五之煮"为其主要内容。

《茶经》对茶的植物学特性及其栽培法有详细的描述与记载。作者在书中首次提出茶树有树高一尺、二尺的灌木型和树高数十尺、两人合抱的乔木型。在生境和地理分布方面,他首先提出"地"(土壤)对茶树生长的重要性。还提出包括日照、温度、湿度和坡向等生态条件对茶树生长和品质的影响。在茶树栽培方面,本书所载,当时已有种子繁殖法、移植法以及独特的"种瓜法"。

此外,在茶叶采摘时间、防治疾病方面均有详细记载。作者在烹茶和饮茶法方面的精细描述,说明是他经过深入观察和亲身实践的结果。

自从《茶经》问世以后,陆羽所总结的茶树的栽培、茶叶的焙制及烹茶的方法等得到迅速推广,并在全国盛行饮茶之风,后来又传到东南亚乃至西欧等地。本书对后世影响极大,后人将陆羽奉为"茶神"。宋代的周绛还写了《补茶经》,作为对该书的补充。《茶经》已被译成日、英、俄等国文字出版。

有关《茶经》的研究,有郑培凯和朱自振主编的《中国历代茶书汇编》中的校注、张劳赐等《茶经浅释》、吴觉农《〈茶经〉述评》、蔡嘉德等《茶经语释》、宋一明《茶经译注》、郑培凯《茶经》、沈冬梅《茶经校注》、陆羽研究会《〈茶经〉论稿》、日本诸冈存《茶经评释》、苟萃华《陆羽》(见杜石然主编《中国古代科学家传记》)等。

(王国忠　林其锬)

四部医典 〔唐〕宇陀·元丹贡布

《四部医典》,藏文名为《居悉》。唐时吐蕃宇陀·元丹贡布撰。约成于公元773年至783年间。原书为藏文。通行本有扎塘木刻本、1662年德熙·桑结嘉措校勘重刻本、1959年内蒙古人民出版社蒙文版铅印本(二卷)、1983年人民卫生出版社版李永年的汉译本、1987年上海科学技术出版社版马世林等人的译注本。

宇陀·元丹贡布(约708—833),又译老宇陀·元丹贡布、宇陀·宁玛元丹贡布。堆龙格那(今西藏堆龙德庆)人。生于藏医世家,自幼随父学医。藏王赤松德赞曾召其至桑鸢,与王室侍医高足昌秋、格尼可布等名医辩论获胜,声誉大振。后随内地入藏之汉名医东松嘎瓦习医,学成又游学全藏、祖国内地及印度、尼泊尔、巴基斯坦等地。医术造诣很深,由赤松德赞任命为吐蕃王朝之首席侍医。因治愈藏王异疾而名益显。精于脉诊、尿诊,在颅脑外伤及骨科手术方面亦颇有成就,并能针药并施,提高疗效。又力倡医德,在藏医史上有"医圣"之称。尚著有《脉学师承记》、《原药十八种》等。生平事迹见其门人光布德加著的《老宇陀·元丹贡布传记》。

宇陀·元丹贡布一面行医,一面广泛搜集民间医疗经验和前人成果,同时在悉心研究已译成藏文的古代医著《医学大全》、《月王药诊》和总结个人行医实践的基础上,与其他藏医一起共同编撰成是书。

《四部医典》是一部古代藏医学的综合性论著。全书以九言为主的诗体写成。由总则本、论述本、密诀本和后续本四部分组成,计一百五十六章,二十四万字左右。总则本中有六章,依次是序言、缘起、生理病理、辨症、治疗和喻义,主要介绍人体生理、病理、诊断及治疗的一般知识,附彩色挂图四幅。论述本中有三十一章,主要介绍人体解剖构造、疾病发生的原因、饮食起居、卫生保健、药物性能、医疗器械、诊断方法和治疗原则等内容,附彩色挂图三十五幅。密诀本中有九十二章,主要介绍临床各科疾病的诊断和具体治疗方法,包括对内、外、妇人、小儿、肠道、男女生殖器、瘟病等等的诊治,附彩色挂图十六幅。后续本中有二十七章,主要介绍诊断方法(如尿诊、脉诊)、各种方剂的配合和使用等,附彩色挂图二十四幅。

书中认为,"龙"(气)、"赤巴"(胆)和"培根"(涎)是人体内的三大因素,由它们支配着七大物质基础(饮食精微、血、肉、脂肪、骨、骨髓、精)以及三种排泄物(大便、小便、汗)的运动变化。从而构成人体各种生理、病理上的功能。疾病的起因有内外二种,内因是三大因素的失调,外因是起居不适,生活不当及环境变化。书中共记载疾病四百零四种,其中一百零一种需要药治。内治以内服药为主,外治则有放血、按摩、火灸、药浴、药熏、拔火罐等。对五脏、六腑、肌肉、脉络的位置、数目均有记叙和绘图。在生理方面,对月经周期、胚胎发育、分娩、神经和消化系统的功能等作了详细论述。诊断方法主要是问、望、切。问,是询问病情;望,是观察病人的气色、神态等,其中特别注意尿诊,也就是观察病人尿的颜色、热气、臭味、泡沫多少、浓淡、沉淀物的有无和形状,以作出对病情的判断;切,是脉诊,和汉医的把脉相近。

概言之,书中的内容可归纳为五个方面:一、基础理论;二、人体解剖和生理;三、疾病载述及诊断方法;四、疾病的治疗原则和方法;五、药学的基础理论和用药原则。

《四部医典》是古代藏医学的集大成者和经典著作之一。它不仅对藏医的形成、传播和发展有着深远的影响,还因被译成蒙文,对蒙古族医学发展也产生深远影响,被奉为这些地区经典喇嘛医防病治病的指南。而且本书兼有汉医的特点,如书中的医学理论在好些方面参照吸取了中医阴阳五行和脏象等学说,对汉、藏医学文化交流作出了重要贡献。国外现有俄、英、德、日文的摘译或节译本,可见其影响之大。

有关本书的研究,以清藏医德熙·桑结嘉措的注释本《蓝琉璃》最为权威。另有明初藏医舒长·络朱给布的《四部医典》注释本、明舒卡瓦·娘尼多杰《四部医典释详》、榭尔布·多杰帕兰木《四部医典注疏》、清章第·华旦措谢《四部医典要点诠释》、今人马世林等人的译注本。论文有洪武娌《杰出的藏族医学家——宇妥·元丹贡布》及《守陀·元丹贡布》、李鼎兰《藏医一代宗师——宇妥·元丹贡布》、蔡景峰译《伟大的医圣宇妥·元丹贡布传记》的有关部分。

(邵祖新)

石药尔雅 〔唐〕梅 彪

《石药尔雅》,一卷。唐梅彪撰。成于唐元和元年(806)。通行本有《正统道藏》本、《别下斋丛书》本、《丛书集成》本等。

梅彪,西蜀(今四川)江源人。其他事迹不详。

《石药尔雅》是一部依仿《尔雅》,叙列炼丹用的药品、丹方、歌诀等名称别号的著作。全书约七千字。

正文注明"《石药尔雅》卷上、下同卷",又序言称"六篇勒为一卷",故本书应为一卷,分上、下两部分。

卷上第一篇,题"飞炼要诀,释诸药隐名"。先列金石无机类药物六十余种,后又列草木、动物等类药物百余种。所举隐名别名达数百种。例如水银,有二十二种之多,又如"酢"(即醋),有十二种之多。值得注意的是,所列药物均为实际能得之物,对诸芝之类(见《抱朴子内篇·仙药》)并未列入。又作者将石灰、甘土等列在草木药中,将胡桐律(一种松脂类物质)列入金石药中,可见当时的分类思想与现在不同。

其余五篇均编入卷下。第二篇题"载诸有法可营造丹名"。计列有丹名(无别名异号)六十八种,最短的丹名如"酒丹"、"枣丹"、"蜜丹",最长的丹名如"太一八景四蕊紫浆五珠绛生丹"。

第三篇题"释诸丹中有别名异号"。列出丹名二十五种,异名超出一百种。

第四篇题"叙诸经、传、歌、诀名目"。罗列《太清经》、《狐刚子粉图经》、《青林子诀》、《泉石子论》、《石壁记》、《七返灵砂歌》、《东林集》、《契道秘录》、《麻姑八石传》等丹书名目近百种。

第五篇题"显诸经、记中所造药物名目",罗列丹法名称计百余种。此篇左有编者按语,称"右件经、方,世上并有文本",这些就是所谓"有法可营造者"。其功效为"延生养性"或"资经贷利",尚谈不上升举成仙。

最后,第六篇题"论诸大仙丹有名无法者",列"黄帝九鼎丹"等大仙丹二十余种。篇末言"按

《楚译经》(即《太清石壁记》),以上诸丹并是往古得道者出世仙丹","自非宿有仙骨,积代累功,梦中神受者,不可得其方法也"。此论实际上已承认炼丹家的实践活动只能达于炼制凡药和金银之宝,至于金丹仙药那是"梦中之事"。

作为工具书,《石药尔雅》对研究中国古代化学史具有重要的实用价值。它也是中国炼丹术在唐朝达到全盛期,开始对以往的资料进行全面性的分析整理的具有代表性的工作之一。

关于本书的研究,有陈国符《石药尔雅补注(增订本)》(《中国外丹黄白法考》附录)和赵匡华、周嘉华《中国科学技术史·化学卷》等论著的有关部分。

(闵龙昌)

太上圣祖金丹秘诀 〔唐〕清虚子

《太上圣祖金丹秘诀》，又名《修炼金丹变化金石》，一卷。唐清虚子撰。成于唐元和三年(808)。收入《铅汞甲庚至宝集成》。通行本有明《正统道藏》本。

作者清虚子，生平事迹不详。

《太上圣祖金丹秘诀》是道教炼丹术著作。书名中的"太上圣祖"指的是老子。全书由上篇《修炼秘诀》和下篇《口传秘诀》组成。从其旨皆为"诀"，可知其为实验性著作。关于实验目的，作者强调了"济世利人"，称"余授此法于有道之士，令传受太上之法，利身利世，养生修炼"，还感慨"何者后人遇之者少，不遇者殊多"，反映出作者较为实际的态度。

上篇有伏金硫、火矾、青盐诸法。其中"伏火矾法"云："硫二两，硝二两，马兜铃三钱半。右为末，拌匀。掘坑，入药于罐内，与地平。将熟火一块，弹子大，下放里面，烟渐起。以湿纸四五重盖，用方砖两片捺以土冢之，俟冷取出。"马兜铃含炭质，与硫磺、硝石配伍，实际组成了黑火药的配方。这是中国化学史上有确切年代可查的一个关于黑火药的配方。

下篇《口传秘诀》言丹家旨趣、安炉要求、操作仪器及忌讳等事项，它们为当时炼丹家所注重，但其中多数已超越具体技术层面透入文化层面的东西，属于炼丹文化所探讨的课题。

关于本书的研究，有任继愈、锺肇鹏主编《道藏提要》，赵匡华、周嘉华《中国科学技术史·化学卷》的有关部分。

（闵龙昌）

耒耜经 〔唐〕陆龟蒙

《耒耜经》,一卷。唐陆龟蒙著。为六百余字的一篇短文,原收于他所著的《笠泽丛书》卷三。至宋末独立成书。有明《夷门广牍》本、《津逮秘书》本,清《学津讨原》本等。《丛书集成》本据《夷门广牍》本排印。

陆龟蒙(？—约881),字鲁望,号江湖散人、天随子、甫田先生,长洲(今江苏苏州)人。家有田数百亩,并茶园、柴薪地各一处。曾任苏湖二州刺史张抟僚佐。唐末政治浊乱,他不愿为官,隐居松江甫里,亲自耕种,熟悉当地的农业生产,《耒耜经》即作于此时。它体现了作者的农本思想。陆龟蒙一生劳苦,自甘淡薄,虽退隐江湖,仍关心时政,与皮日休、罗隐、吴融等交往,抒发自己穷愁愤郁。所作文直意深,对传统道德和黑暗现实都作了尖刻的讽刺。《野庙碑》(《笠泽丛书》卷四)是其代表作。著作还有《吴兴实录》、《松陵集》、《甫里集》等。《新唐书》有传。

陆龟蒙于唐乾符六年(879)春卧病期间,自编《笠泽丛书》,撰写了许多反映农事活动的小品与杂著。其中之一为《耒耜经》。

《耒耜经》是我国古代最早的一部农具专著,也是叙述江南农事最早的一部农书。全书仅六百余字,作者用典雅的文字,叙述了江东犁(耒耜)、爬(耙)、砺䃺、碌碡四种农具,而重点在记江东犁的结构与功用。江东犁的构造是由用金属制造的犁镵和犁壁以及用木材制造的犁底、压镵、策额、犁箭、犁辕、犁梢、犁评、犁建、犁槃等十一个部件组成。书中记载的江东犁,构造比较复杂,在古代应当说是较为进步的。直到现在江南地区的旧式犁,仍和它很相似,由此可知,这样的曲辕犁作为主要农具,显然适应了当时发展水平较高的江南水田区的农业生产,并标志着我国古代农业的耕、耙、耖的水田耕作体系已经形成。

隋、唐以后,中国的经济重心开始移向南方,从而使长期来"火耕水耨"的南方农业走上精耕细作之路,形成以"耕、耙、耖"为核心的耕作技术体系,《耒耜经》中"耕而后有爬,渠疏之义也,散墢去芟者焉。爬而后有砺䃺焉,有碌碡焉",则是对这一体系的具体总结,具有重要的理论价值。

作者根据"象耕鸟耘"传说的理解,对精耕细作的技术体系还提出了"深耕疾耘"的原则。由此可见,《耒耜经》不但在我国古代农具发展史上占有重要地位,而且在中国古代农学体系的理论方面也是一篇珍贵文献。

《耒耜经》原无图,自元以降,为其配图者不乏其人。元代王祯的《农书》为其配有二图,然其辕,无评,无槃,无建,犁梢不在辕末而是穿过辕的正中间。明代徐光启在《农政全书》中抄录《农书》配图,均以讹传讹,不符《耒耜经》所述。今人复原的江东犁(中国农业科学院等编著《中国农学史》下册,科学出版社,1984年)由于主观增删和错解《耒耜经》的原文,故复制品存在着一定的问题。近人刘洪涛对江东犁的结构作了深入研究,并绘制了四幅装配图(《中国古代科技史》,南开大学出版社,1991年),比较符合《耒耜经》的原意。他认为,江东犁有十一个部件,即犁镵、犁底、压镵、犁壁、策额、犁箭、犁辕、犁梢、犁评、犁建、犁槃。犁底与犁梢固接,压镵与犁底扎结,犁辕与犁梢绞接,犁箭与犁底绞接。今人的研究,尚有周昕《耒耜经校注》、《〈耒耜经〉和陆龟蒙》,以及梁家勉《中国农业科学技术史稿》、吴存浩《中国农业史》、曾雄《陆龟蒙》(见杜石然主编《中国古代科学家传记》)等论著中的有关部分。

(王国忠　林其锬)

仙授理伤续断秘方 〔唐〕蔺道人

《仙授理伤续断秘方》，又名《理伤续断方》、《蔺道人仙授理伤续断方》，一卷。唐蔺道人撰。成于唐会昌元年(841)。通行本有明洪武间刻本(北京图书馆收藏的海内孤本)、正统《道藏》本、1957年人民卫生出版社本(据洪武本)等。

蔺道人，唐僧人，《道藏》编者以其为道士。骨伤科医家，生卒年月不详，长安(今陕西长安)人。唐武宗于会昌(841—846)年间禁毁佛教，蔺氏流落宜春(今属江西)钟村，以耕种为生。因治愈契友彭叟之子跌损而名闻于时，求治者日众。蔺氏厌之，乃将所著《理伤续断方》授予彭叟，使应求者。后隐居，不知所终。其生平事迹见《理伤续断方序》。

关于骨伤科，隋以前向无专书。至唐代，对骨伤脱臼、跌打损伤等病症的治疗有所发展，如孙思邈治疗下颌关节脱臼的整复手法就沿用至今。而蔺氏则在亲身实践，以及总结当时大量的临床经验的基础上，撰成是书。

《仙授理伤续断秘方》是我国现存最早的一部骨伤科专著。书前有无名氏序一篇。全书一卷，共二论。首论整骨手法的步骤、方法和方药，次论新旧损伤及方宜忌。书的开头是"医治整理补接次第口诀"，包括对内折损伤及脱臼处理的十四个步骤，它们分别是煎水洗、相度(观察、诊断之意)损处、拔伸(牵引)、用力收入骨、捺正(复位)、用黑龙散通、用风流散填(敷)疮、夹缚(固定)、服药、再洗、再用黑龙散通，或再用风流散填疮口、再夹缚、仍前用服药治之。归纳起来，大抵是清疮消毒、审视病情、牵引、复位、固定和服药几个步骤。主要介绍整复骨折和脱臼的一般理论和方法。

次则详细论述了对各类骨折损伤或脱臼的具体治疗。如说："凡脑骨伤碎，轻轻用手搏令(捺)平正。若皮不破，用黑龙散敷贴；若破，用风流散填疮口，绢片包之，不可见风着水，恐成破伤风。若水与风入脑，成破伤风，则必发头疼，不复可治。""凡肩胛骨出，相度如何整，用椅当圈住肋，仍以软衣被盛簟，使一人捉定，两人拔伸，却坠下手腕，又着曲着手腕，绢片缚之。"这种对肩关节脱位用的"椅背复位法",对后世的影响相当大。如元危亦林的"架梯复位法",以及目前临床用于陈旧性关节脱臼的"改良危氏法"就从此发展而来。

又说:"凡夹缚,用杉木皮数片,周回紧夹缚,留开一缝,夹缚必三度,缚必要紧。"夹缚时要平正,杉木皮之间要留有一定缝隙,使气血流通。但手腕、脚凹等关节处不可夹缚。同时夹缚之后,关节处要经常活动,"或屈或伸,时时为之方可"。亦注重调气,强调恢复时期的动静结合。

书中对骨伤科疾患的治理,既重视手法整复,又重视内服、外敷等疗法,共载方四十余种。包括外用的洗、贴、糁、揩及内服的汤、丸、散、丹等方面的药。其常用的正骨药中,有草乌、乳香、没药、血竭和地龙等。"合药断不可无乳香、没药。若无没药,以番降真代;血竭无,亦用此代。"内服方中常以大承气汤、小承气汤、四物汤、大活血丸、小红丸、人红丸等沽血化瘀之剂祛瘀生新,活血止痛,与现代临床施治规律颇相符合。后世治疗骨折的"早期宜洗血化瘀"之说,显然受到此书影响。书中还有不少方剂至今还有很好疗效。

如"又治伤损方论"中,对活血化瘀、服药宜忌等作了很好说明。"如伤重者,第一用大承气汤,或小承气汤,或四物汤,通大小便去瘀血也;惟妇人,别有阴红汤通下。第二用黄末药,温酒调,不拘时;病在上,食后服;在下,空心服;遍身痛,临卧时服。第三服白药末,热酒调,其法同黄末药服;妇人产后诸血疾,并皆治之。……第六服麻丸子,用温酒吞下,妇人艾醋汤下,孕妇不可服。"其中四物汤至今不仅用于伤科,内、妇科亦广泛应用。

《仙授理伤续断秘方》反映了我国唐代时期治疗骨伤科疾患的水平,在医史上颇有影响,为中医骨伤科工作者必读的古医籍之一。

有关本书的研究,有1989年广西民族出版社版韦以宗《理伤续断方》点校本(以明洪武刻本为底本,以《永类钤方》、《青囊杂纂》、《道藏》、《普济方·折伤门》、《疡医准绳》等为校本编成)等。又有于文忠《仙授理伤续断秘方》,以及傅维康主编《中国医学史》的有关部分。

(邵祖新)

禽 经

《禽经》，一卷。旧题春秋师旷撰，晋代张华注。《四库全书总目》称："汉隋唐诸志及宋《崇文总目》皆不著录，其引用自(宋)陆佃《埤雅》始。"大概是托名的唐末宋初著作。通行本有《四库全书》本、《百川学海》本、《格致丛书》本、《唐宋丛书》本、《说郛》本等。

《禽经》是我国最早的一部鸟类学专著。全书约三千字，以"子野曰：鸟之属三百六十，凤为之长，故始于此"开始，记述了凤凰、乌、鹗、雕、雉、护谷鸟、鸳鸯、子规、鹤等鸟类，列举其别名，最后以"羽物变化转于时令，乾道始终以成物性"结束。记述了鸟类的生态和生活环境，如"鹈志在水，䴕志在木"(鹈，即鹈鹕，一种水鸟；䴕，即啄木鸟)，已注意到身体器官与生活环境的适应性，如"物食长喙"、"谷食短味"(其注曰："食物之生者，皆长喙(嘴)水鸟之属也"，"鸟食五谷者，喙皆短")。这些都是根据观察所得，有一定科学性。但由于书中混杂了许多神话和传说，鸟类的命名也比较混乱，因而影响了它的科学价值。

有关《禽经》的研究，有郑作新《中国古代鸟类学发展的探讨》(《自然科学史研究》1993年第2期)。

(孙兆亮　徐维统)

阴真君金石五相类并序 〔唐〕佚 名

《阴真君金石五相类并序》，一卷。唐佚名撰。撰时不详。通行本有明《正统道藏》本。

本书是道教炼丹术著作。全书约一万三千余字。书首有序，说明炼丹家的"相（分）类"观念及本书写作目的，称"五行之微，莫过于炁（气）"。"假如金石用作，数有七十二石。石之出处，地厚藏伏，各有阴阳性格。阴山出阴石，诸青之类也；阳山出阳石，是硫黄之类也。若解阴阳相配，即如夫唱妇随；若高下不和，用药乖谬，即何以配合？故作《五相类》，列成二十篇"，"叙经而说，配金石门户，五类相成，不失其所"。显然，作者旨在对当时所用的上品之药及其反应作一番分类整理，而分类的指导思想是阴阳五行学说，即"以阴阳五行，刻定同类"。为此，作者假托东汉炼丹家阴真君之名，撰成本书。

正文二十篇，即二十个"相类门"，大致可归纳为三个方面内容。

一、第一篇为"刻官"之门，叙相类以质，即"配金成质，用同相类"之理。从炼丹术或化学角度将物质分类，自然会将它们的化学性质视为划分类别的依据。而炼丹家对物性的了解，则依阴阳五行之说。如作者称（见第三篇），"水银如龙，见火即走。曾青膏伏制得住……'五相类'了知曾青有驻水银之功"，因为"合配水银之性，与曾青类同也"。

二、第二篇至第十二篇为"名目"之门，叙相类品物，分门别类地叙述了铅精、水银、雄黄、曾青等十一种金石之药，辨析它们的别名异名计七十七种之多。文中称"上药经历万过，因而名之；或各立异名；得之总解，妙理难穷"。用药若"类合根元，用之不错，相类成品，得炁成功"，"若总用药，不分根源"，则"徒具道（士之）名"。为正本清源，作者做了大量阐述，涉及某些基本的药品命名方法。有的冠以产地，如波斯铅之类；有的示以出处，及形、色性质，如硫磺乃"穴中有石质流出，见风坚硬如石，似金黄色，因而名为硫黄"。又因其"性带太阳炁，见火而生焰，而名为黄烛"。还有的用假借之法，如硝石性寒，能化五金阳石，名之秋石，取秋天肃杀之意，又名乌头，取秋天草枯之义。随着炼丹术的发展，同一药物被赋予一些更带理论色彩的、专用性的名称，如硫黄被称为"九灵黄童","九灵"者,乃"指太阳有九名","黄童"者,乃"纯阳之名",谓"童性无阴,故也"。理论如果精雕细刻,就可能杜撰玄而又玄、晦涩难懂的一堆名称,使理论严重脱离实际。如水银,有"玄水"——为水氒一千年后似凝非凝,似胎未成的"胎名";有"玄珠流汞"——经二千年名玄珠,流珠已成,但水银未成;有"河上姹女"——经三千年水氒已成水银,带青色;有"太阴"——四千年之老水银;还有六种想象中的名称,恕不转述。从这个水银的故事,曲折地反映出关于矿物形成和演变的想法,是可取的。但这毕竟是想象中的故事,还不是科学的矿物演化学。

三、第十三篇至第二十篇为"造化"之门,叙相类成品,大抵以阴阳魂魄、雌雄传氒,以及五行生克之类诠解丹药的配合变化、成败得失。有称"上古仙士立言,大造化者,以天地为炉,四时为炭",炼丹家"若纯妙用,亦同大造化,不在远取其则焉"。炼丹之大法则,即在身周之自然也。"然三一相须,其居不同。其致一也,若种类不同,用意参差,分两有异,即如何能摘,唯我神化秘术,信心所从。"然丹房中如何实际操作,使铅、汞、诸黄合成致一神丹,就得看丹家的学识信念了。文中至少有两点值得探讨,一曰"旁通气法",这是指乾镏硝石,得其精华(硝石之氒),扇入另一炉中,使成硝酸盐(参阅《黄帝九鼎神丹经诀》之"炼石胆出精华法"提要);二曰"青腰使者",意为某些药品有促进反应进行之功,这是否为朴素的原始的催化剂观念,值得研究。

关于本书的研究,有任继愈、锺肇鹏主编《道藏提要》,赵匡华、周嘉华《中国科学技术史·化学卷》中的有关部分。

(闵龙昌)

丹方鉴源 〔五代〕独孤滔

《丹方鉴源》，三卷。五代独孤滔撰。成书时间不详。通行本有明《正统道藏》本。

作者独孤滔，号紫阁山叟，其余事迹不详。

《丹方鉴源》是道教炼丹术著作。全书分为二十五篇，约三千字。除第一、二、三篇各有一段歌诀，书末有一配方（点制五黄丸子方）之外，余皆为诸药名目，简述药物的产地、异名、形性和功能等，多以功能为主。上卷五篇：金银、诸黄、诸砂、诸矾、诸青，介绍药物六十六种。中卷八篇：诸石、诸石中药、诸霜、诸盐、诸粉、诸硝、诸水、诸土，介绍药物六十九种。下卷十二篇：杂药、杂药汁、诸油、诸脂髓、诸鸟兽粪、诸灰、诸草汁、杂论、药泥、辨火、造铜银铅砂、杂论，介绍药物九十六种。总计介绍药物有二百二十余种，较《石药尔雅》多出几十种。

第一、二、三篇中各有一诀，前者说明了分类的意义，诀曰"异类不同宗，安能合体居"，强调了炼丹家"以类相成"的变化观念。后二者分别强调了硫磺与硇砂的功能，说明"硫黄见五金而黑，得水银而赤"，硇砂"谓之金贼，能制合群药之中使也，亦有制雄雌之力也"。最后"点制五黄丸子方"，说该凡子主要由雄黄、雌黄、砒黄、硫黄和黄矾合炼而成。强调这个方子，看来是作者力图借助诸黄的"以类相成"，强化其点化功能，达到所谓"点石成金"的效果。

关于本书的研究，有任继愈、锺肇鹏主编的《道藏提要》，赵匡华、周嘉华《中国科学技术史·化学卷》中的有关部分。

（闵龙昌）

金石簿五九数诀 〔五代〕佚　名

《金石簿五九数诀》,一卷。五代佚名撰。成书时间不详。通行本有明《正统道藏》本。

《金石簿五九数诀》是道教炼丹术著作。全书约三千字,按条目介绍药物计四十五种,凑足"五乘九"之数。按炼丹术阴阳五行术数理论,有下列格式:

生数:一二三四五

五行:水火木金土

成数:六七八九十

按五行理论,"土"是其余四行的综合,其生数为五,成数为十。九为金的成数。五、九相配,其含义即为"土生成金",而"石"是"土"的一种形式,故"金石",亦即"生金(丹)之石"。生金之石的总数,应凑成 $5 \times 9 = 45$ 为完善。显然,这是古人受术数论所困而强为之之数。

本书可以说是四十五种"生金之石"的鉴别之诀。书中首言,"夫学道欲求丹宝,先须识金石,定其形质,知其美恶、所处(产地)法",为此,全书直陈朱砂、雄黄等"石质类"药物的产地、性状及鉴别方法。从化学史角度看,本书显现出相当清晰的物质分类观念,对某些化学物质的理化性质,达到了相当深刻的了解。同时,也留下了值得深入探讨的问题。

一、在作者所列药物中,并无炼丹术中常见的汞、铅、金、银及其合成类药物,这说明作者是严格地以记载"生金之石"为本书宗旨的。根据这一选择标准,可知作者所列药物均为"石类",这就为今天推测本书所列的像"赤石脂"、"不炭木"、"胡同泪"、"石中黄子"、"禹余粮"等药物的基本性状提供了线索。如"胡同泪",它虽出自树木中的流质,但已硬化,"坚如盐石",应是一种固体物质。又如"石中黄子",似也应当是坚硬的固体类物质,而不会是"黏土"或"泥沙"一类非石质性的东西。

二、对于未经提纯的化学物质来说,其品质的优劣与其产地密切相关。书中对药物的产地均有明确交代。除中国各州外,还提到了波斯国、安南国、乌长国等域外产地。这说明当时中外交流也影响到炼丹术,而作者对域外情况亦有相当的了解。

三、药物的外观等物理性状是鉴别其品质优劣的又一基本依据。本书的文字大多用于描述药物的形和色,如"不灰木"(石棉)条,说它"形如烂木"、"色青如木",大概当时波斯出的石棉呈这种青色,故依其"形"、其"色",命名谓"木"。这可以说是炼丹术术语命名的原则之一。又"云母"条,书中言有六种,其"形"当相似,故作者着力辨其色,哪怕只是些细微的差别。方法是"向日看分明其色"(放大色差),有"黄白变青"、有"青黄晶白"、有"胶然纯白无杂"、还有"青白而多黑"等多种。再如"空青"条,称其"形若螺文,旋空而不实,中心有孔,如昆仑头;又似树斜子恰相合,况似栲栳",这是对其形状特征的详细描述,足见其观察之细。再如"石桂英",说它"其色甚白,握之便染手,如把雪";对"黄矾",说"形如金,打破有金星"。此类观察与描述,其科学精神可以说跃然纸上。

四、如上所述,书中对四十五种"石药"的鉴别方法,主要借助物理性状;但对其中某些药物,亦提出了它们的化学特性,且其论述也颇具科学精神。如对"不灰木",直陈其"久烧无变"、"烧而无灰"、"能制水银"。"胡同泪"条指明,"金银用之捍作,极佳",由此可推测这应是作焊药用的松香。"黄矾"条言,"揩著银上,便为黄色。能制水银,住汞,汞即著上不落,似马牙形"。这样清晰的叙述,当为真实的实验记录。此外还有:

"黄花石"条,称其"诸路有铜矿之处,皆有";"烧有腥烟之炁,研水银便上"。

"天明砂"条,说"口含无苦、酢、酸、咸","烧之不沸,汁流如水,黏似胶黏","烧有紫烟气"。用舌头尝其味,是古之就有的一种鉴别方法,但这样做要有一定的勇气。前后两个"烧",有不同含义,前者应指在容器中加热,后者应指"焰火试验"。

"硝石"条中也提到了"焰火试验",说硝石"烧之紫烟峰烟",说明它就是硝酸钾。又说:"此之灵药,能变五金;众石得之,尽变成水",这是对于硝石"灵药"即硝酸的化学性质的真实写照(参见《阴真君金石五相类并序》提要)。此条述"中人婆罗门支法林"言,而其为何人、中国古代关于硝酸的制备究竟为外邦传入还是独自发现,尚有待于研究。

关于本书的研究,有任继愈、锺肇鹏主编《道藏提要》,赵匡华、周嘉华《中国科学技术史·化学卷》中有关部分。

(闵龙昌)

隋唐五代编

宗教类

佛 教

大乘义章 〔隋〕慧 远

《大乘义章》，二十卷。隋慧远著。约成于北周之末、隋代之初。通行本有《大正藏》本等。

慧远(523—592)，俗姓李，敦煌人。十三岁从僧思出家，二十岁从法上受具足戒。北周武帝灭佛时，独挺出与帝辩驳，后乃潜隐汲郡。至隋初，为文帝所重，征为大德，又命主持译场。因长期住净影寺讲学，故称"净影慧远"，以别于"庐山慧远"。思想上属地论宗南道派，晚年又就昙迁禀受《摄大乘论》，博综当代诸学，亦精通文理，世称释义高祖。著作尚有《十地经论义记》十四卷、《华严经疏》七卷、《大般涅槃经义记》二十卷、《法华经疏》七卷、《维摩经义记》四卷、《胜鬘经义记》三卷、《无量寿经义疏》一卷等。生平事迹见《续高僧传》卷八。

佛教传持，首重义门。南北朝时，除佛经注疏大量增加，法义纂集类撰著的比例亦急剧上升。当时北魏道辩有《小乘义章》六卷、《大乘义章》五十卷，昙无最有《大乘义章》(未详卷数)，北齐法上(为慧远之师)有《大乘义章》六卷及《增一数法》四十卷，法上之师慧光有《大乘义律章》，灵裕有《大乘义章》四卷，智脱有《释二乘名教》四卷，陈代宝琼有《大乘义》十卷(以上诸书皆已佚)。本书类聚佛书中术语，原分为教聚、义法聚、染法聚、净法聚、杂法聚等五聚，二百四十九科，分为十四卷。本书多处引用《大乘起信论》，与慧远的另一部著作《大乘起信论义疏》四卷、梁代智恺《一心二门大意》一卷、北周昙延《大乘起信论义记》二卷，同为有关《起信论》的最古文献。由于书中对《成实论》颇多肯定，有些学者认为本书五聚的区分，受到《成实论》所分五聚(发谛聚、苦谛聚、集谛聚、灭谛聚、道谛聚)的启发。现存本只有四聚，各聚按照从小数增至大数的方法概述法义，共有二百二十门，更设细段而详释之。

一、教聚。解释佛教经典的构成，内分众经教迹义、三藏义、十二部经义等三门。

二、义法聚。解释佛教的基本哲学概念，分为佛性义、假名义、入不二门义、二谛义、二无我义、如法性实际义(以上卷一)、三解脱门义、三有为义、三无为义、四空义、四优檀那义、四悉檀义、四真实义(以上卷二)、四谛义、四缘义、五果义、六因义、四空义、五法三自性义、六种相门义、八识义(以上卷三)、十因义、十一空义、十二因缘义、十八空义、二十二根义(以上卷四)等二十六门。

三、染法聚。解释痛苦的原因及结果,共有六十门,又分三类。

第一,烦恼义。有二障义、三障义、三根三道三毒烦恼义、三使义、三漏义、四缚四流四轭义、四取义、四身结义、五住地义、五盖义、五下分结义、五上分结义、五悭义、五心摄义、五心缚义、六垢义、七漏义、七使义、八慢义、八种恶觉义、八妄想义、八倒义、九结义(以上卷五)、十使义、十缠义、十障义、十四难义、十六神我义、六十二见义、八万四千烦恼义(以上卷六)等三十门。

第二,诸业义。分身等三业、三性业、三受报业、三界系业、三时报业、曲秽浊三业、黑白等四业、五逆业、六业、七不善律仪、八种语、九业、十不善业道、十四垢业、十六恶律仪义、饮酒三十五失(以上卷七)等十六门。

第三,苦报义。分二种生死义、四生义、四有义、四识住义、四食义、五阴义、六道义、七识住义、八难义、九众生居义、十二入义、十八界义、二十五有义、四十居止义(以上卷八)等十四门。

四、净法聚。解释解脱修行的途径及果位,分因法、果法两类共一百三十三门。

第一,因法。有发菩提心义、回向义、金刚三昧义、断结义、灭尽定义、一乘义、二种庄严义、二种种姓义、证教二行义(以上卷九)、三归义、三学义、三聚戒义、三种律仪义、止观舍义、三慧义、三种般若义、三智义、三量智义、同相三道义、别相三道义、三种住义(以上卷十)、暖等四心义、人四依义、法四依义、四圣种义、四亲近行义、转业四行义、四修定义、四不坏净义、四坚义、四种道义、四种善法义、四种味义、四德处义、四种求知义、四陀罗尼义、四无量义、四无碍义、菩萨四无畏义、四摄义(以上卷十一)、五愿义、五戒义、五品十善义、五停心义、五圣支定义、五圣智三昧义、五智义、五忍义、五种菩提义、五种方便义、五种善法义、五行义、五生义、五无量义、五德举罪义、五种教诫义、六波罗蜜义、六念义、六种决定义、六妙行义、六种善法义、六和敬义、六修定义、六三昧义、六摄义、七善律仪义、七净义、七财义、七种大乘义、七地义、八戒斋义(以上卷十二)、八禅定义、八解脱义、八胜处义、八行观义、八大人觉义、八法摄摩诃衍义、九次第定义、九观想义、九断智义(以上卷十三)、十想义、十一切入义、十圣处义、十种慰喻义、十愿义、十种供养义、十无尽藏义、信等十行义、十明义、十忍义、十无生忍义、十住义、十行义、十回向义、十地义、十功德义、见性十法义、涅槃十因义、菩萨十力义、菩萨十无畏义、三乘共十地义(以上卷十四)、十智义、十一智义、十一净义、十二头陀义、十二巧方便义、十三住义、离十四垢业义、离隐六方离四恶友摄四善友义、十四化心义(以上卷十五)、十六特胜义、菩萨十八不共法义、二十种法师德义、三十七道品义(以上卷十六)、贤圣义(以上卷十七)等一百一十五门。

第二,果法。分涅槃义、无上菩提义(以上卷十八)、净土义、三佛义、三智义、三不护义、三念处义、四一切种净义、二智义、四智义、四无畏义(以上卷十九)、五分法身义、五眼义、六通义、十号义、十力义、十八不共法义、百四十不共法义等十八门。

五、杂法聚。文佚,由道宣《续高僧传》的传说推考,当包括二十九门。

本书相当于一部佛教百科辞书,汇总当时中国佛教诸派学者所接受的全部法义,以法数分别排列说明,先陈小乘之说,后申大乘之旨,"陈综义差,始近终远,佛法纲要,尽于此焉"(《续高僧传》卷八本传)。后世对佛教法义的讨论,常引用此书。本书的编纂方式,影响到隋代智𫖮所撰的《法界次第初门》和唐代窥基所撰的《大乘法苑义林章》,而精确广博,或有胜于后者。如作为佛教对机施教的解经方式"四悉檀",天台宗智𫖮望文生义,梵汉兼称,义译"悉"为"遍",音译"檀"为"施",释为"佛以四法遍施众生"。而本书卷二四《悉檀义四门分别》条则正确解释为:"四悉檀义出《大智论》,言悉檀者,是中国(指中天竺)语,此方义翻,其名不一。如《楞伽》中子注释言,或名为宗,或名为成,或云理也。"又如唐道宣《集古今佛道论衡》卷丙,提及玄奘奉诏译老子《道德经》为梵文,译"道"为"末伽",引起道士成玄英等争议,认为应译为"菩提"。而本书卷十八《无上菩提义七门分别》条,清晰缕析了上述两个译名的时代变迁:"菩提,胡语,此翻为道。……问曰:经说第一义谛亦名为道,亦名菩提,亦名涅槃,道与菩提,义应各别,今以何故,宣说菩提翻名为道乎?释言:外国说道名多,亦名菩提,亦曰末伽。如四谛中,所有道谛,名末伽矣。此方名少,是故翻之,悉名为道。与彼外国涅槃、毗尼,此悉名灭,其义相似。经中宣说第一义谛名为道者,是末伽道。名菩提者,是菩提道。良以二种,俱名道故,得翻菩提,而为道矣。"(详见陈寅恪《大乘义章书后》(《史语所集刊》第一本第二分,1930年)。

(王雷泉)

法华经文句 〔隋〕智 顗

《法华经文句》，又称《妙法莲华经文句》、《法华文句》，十卷（每卷各有上下，或称二十卷）。隋智顗于陈祯明元年(587)讲于金陵光宅寺，门人灌顶记录，至唐贞观三年(629)，补治方竣。唐玄宗天宝七年(748)，天台宗八祖左溪玄朗，有感于本书文势有时凌乱失次，因加以排比而令相贯穿（见卷首神迥的《天台法华疏序》）。现行本当即此本。南宋孝宗淳熙三年(1176)，诏令福州东禅寺刊天台教藏同大藏流通（见《佛祖历代通载》卷二十），本书当亦在其中。通行本有《大正藏》本等。

作者生平事迹见"法华经文句"条。

智顗(538—597)，俗姓陈，字德安。祖籍颍川(今河南许昌)，西晋末年，因乱南迁至荆州华容县(今湖北潜江西南)。父亲陈起祖，梁元帝时官拜"使持节散骑常侍"，更封为益阳县开国侯。智顗十七岁，梁朝灭亡，父母相继去世，值家破国亡的乱世。年十八，投长沙果愿寺法绪出家。不久，北行诣慧旷学律，兼通大乘经。入大贤山，诵《法华》、《无量义》、《普贤观》三经。陈大嘉元年(560)，至光州(今河南光山)大苏山，师事慧思禅师，修习法华三昧，尽得其法，既而入金陵(今南京)，居瓦官寺弘法，开讲《法华经》、《大智度论》和自著《释禅波罗蜜次第法门》(又名《次第禅门》)，深得朝野钦敬。陈太建七年(575)秋九月入天台山，于北峰创寺传教，成为天台宗的实际创立者。陈后主时，奉诏出山，再至金陵，在太极殿讲《大智度论》、《仁王般若经》。陈亡，西游荆土。隋开皇十一年(591)，应邀前往扬州，为晋王杨广授菩萨戒，并得赐"智者"之号。后还荆襄，于荆州当阳创立玉泉寺，未久，履扬州，归天台。一生造寺三十六所，《大藏经》十五藏，度僧一万四千余人。主要著作有《法华经玄义》、《法华经文句》、《摩诃止观》，世称"天台三大部"；《观音玄义》、《观音义疏》、《金光明经文句》、《金光明经玄义》、《观无量寿佛经疏》，世称"天台五小部"(以上均为灌顶所记)。此外尚有《净名经疏》、《觉意三昧》、《六妙门》、《法界次第》、《修习止观坐禅法要》(又名《童蒙止观》、《小止观》)、《法华三昧行法》、《维摩经玄疏》、《阿弥陀经义记》、《金刚经疏》、

《四念处》、《方等三昧行法》、《观心论》、《观行食法》、《观心诵经法》、《四教义》、《释禅波罗蜜次第法门》(法慎记)、《菩萨戒经义疏》(灌顶记)、《仁王经疏》(灌顶记)、《请观音经疏》(灌顶记)等,均为天台宗的主要经典。另有文表若干篇,收入灌顶编的《国清百录》之中。生平事迹见灌顶《隋智者大师别传》、唐道宣《续高僧传》卷十七、唐湛然《止观辅行传弘诀》卷一等。

天台宗以《法华经》为本宗所依根本经典,视为佛陀最终和最成熟的教诲,故别称"法华宗"。《法华文句》与晚年在玉泉寺所讲的《法华玄义》和《摩诃止观》,都是智𫖮阐发《法华经》思想的重要著述,称作天台三大部。以讲述《法华经》为始,智𫖮对一切经典的注疏,均以其独创的因缘、约教、本迹、观心四种方式解释。因缘释,以四悉檀作为对机说法的方式,悉檀通常译作成就、宗,而智𫖮梵汉并举,称"悉"是此方言"遍","檀"是梵语"檀那"的略称,翻译为"施",即遍施而使其成就:一、世界悉檀,亦名欲乐悉檀,以适应于世间人喜好的思想、语言、观念等,随不同机宜而解释经文,令凡夫喜悦而生得世间之正智;二、为人悉檀,亦名生善悉檀,根据众生各别根机与能力,而说各种出世实践法,令生起善根;三、对治悉檀,亦名断惑悉檀,针对众生种种烦恼,分别给予不同的对治方法;四、第一义悉檀,亦名入理悉檀,即破除一切论议语言,直接以第一义谛诠明诸法实相之理,令众生真正契入教法。约教释,把经典的文句,从藏、通、别、圆四教的思想方面,给予从浅入深的解释。本迹释,依本地、垂迹二门来解释教义,迹从哲学上解释其思想或教理的普遍妥当性,以示众生之本性;本则从信仰上究明其教义的永远性,乃显佛陀之本体。以上三种,是从客观的教相门立场,以解释经典的文句为主。观心释是从主观的观心门立场,把对经文的解释与修行者自己的亲证实践结合起来。作为一个完整的体系,教观互具,相辅相成,故在智𫖮的止观著作中有"起教"的篇目,而在讨论教相的著作里又有"观心"的论题。在天台三大部中,《法华文句》、《法华玄义》主要说教相门,而傍及观心门;《摩诃止观》则主要说观心门,而傍及教相门。

本书是对鸠摩罗什所译《法华经》结构和字句的详细解说,故称"文句",以有别于《法华玄义》之解释经题。先依佛家通例,将《法华经》分作序、正宗、流通三分:以《序品》为序分;以自第二《方便品》至第十七《分别功德品》第十九行偈共十五品半为正说分;以其后至经末共十一品半为流通分。又以天台宗的见地,将《法华经》二十八品大别为本迹二门:自《序品》至第十四《安乐行品》,为如来迹(垂迹)门的说法,其要旨是"开权显实",即开三乘之权而显一乘之实,阐明过去如来以方便力,于一佛乘分别说三;现在开方便的权门,示真实的妙理,会三乘归一佛乘,令众生开、示、悟、入佛之知见。自第十五《从地涌出品》至经末,为如来本(本地)门的说法,阐明释迦牟尼佛不是新近在菩提迦耶方才成道的新佛,而是从远在三千尘点劫以前久远实成的本地本佛垂迹。此本、迹二门,又各有序、正、流通三分。

第一《序品》为迹门的序分,从第二《方便品》至第九《授学无学人记品》是迹门的正说分,第十

《法师品》以下五品是迹门的流通分。其中正说分又分作略、广两部分：从"尔时世尊从三昧安详而起"以下，是略说开三显一；从"尔时世尊告舍利弗：汝已殷勤三请，岂得不说"以下七品半，是广明开三显一。广明部分分作三周（阶段）：第一法说周，佛为上根人说三乘方便、一乘真实，这时只舍利弗一人领解其说，即《方便品》中所说；第二譬说周，佛以羊、鹿、牛三车譬施权，以一大白牛车譬显实，为中根人譬说，此时有摩诃迦叶、大目犍连、须菩提、摩诃迦旃延等四大弟子领解其说，即从第三《譬喻品》至第六《授记品》，特别是《譬喻品》中所说；第三因缘周，佛为下根人说宿世因缘并举化城的譬喻，令其领解"如来方便之力于一佛乘分别说三"，有富楼那弥多罗尼子等千二百学、无学声闻弟子因此领解，即第七《化城喻品》以下三品所说。《法师品》示通经轨则，《宝塔品》证前集后，《提婆达多品》引往昔宏经，《持品》有受持、劝持之分，《安乐行品》有身口意誓愿之别，此五品为迹门流通分。

从第十五《从地涌出品》开始至"汝等自当因是得闻"，是本门的序分。从同品"尔时释迦牟尼佛告弥勒菩萨"以下到第十七《分别功德品》弥勒说十九行偈是本门的正说分，其中第十六《如来寿量品》是正开师门的近迹、显佛地的远本；第十七《分别功德品》中，佛说长行是总授法身记，弥勒说偈是总申领解。从《分别功德品》弥勒说偈以下至第二十八《普贤菩萨劝发品》是本门的流通分，其中第二十《常不轻菩萨品》以上为劝持流通，第二十一《神力品》至经末是付嘱流通。

《法华经》中，《方便品》明圆乘之因，《安乐行品》明乘乘之法，《寿量品》明圆乘之果，《药王品》明乘乘之人，此四品约教、行、理、人，尤为通经之门。《方便品》中十如是及开示悟入佛之知见，乃一经之宏纲，众义之渊府。《法师品》中入如来室、坐如来座，乃弘经之通途，行道之要轨。《法华文句》于诸处皆广加阐发。

本书于显发自宗义外，随处举破南北朝一些法师之说，尤以梁代光宅法云的《法华经义记》（二十卷，世称《法华光宅疏》）所说为重点。

本书主要的注释，有唐湛然《法华文句疏记》三十卷。此外有关的撰述，有唐湛然《法华经文句科文》六卷、道暹《法华经文句补正记》十卷、智云《妙经文句私志诸品要义》二卷、《妙经文句私志记》十四卷、宋代法照《法华经文句读教记》七卷、从义《法华经文句补注》四卷、有严《法华经文句签难》四卷、善月《法华经文句格言》三卷、清道霈《法华经文句纂要》七卷等。今人的校释有宗教文化出版社2000年4月版朱封鳌《妙法莲华经文句校释》。

（王雷泉）

法华经玄义 〔隋〕智 顗

《法华经玄义》，又称《妙法莲华经玄义》、《法华玄义》，十卷（每卷各有上下，或称二十卷）。隋智顗讲述，门人灌顶笔录，与《摩诃止观》、《法华文句》同称为天台三大部。智顗讲说《法华经》要旨有两次：第一次是陈光大元年（567），在金陵瓦官寺；第二次是隋开皇十三年（593），在荆州玉泉寺为灌顶所讲。现行本为第二次讲说的记录，成书于仁寿二年（602）。北宋天圣二年（1024），遵式奏请入藏。通行本有《大正藏》本等。

作者生平事迹见"法华经文句"条。

智顗在本书中，首立五重玄义的讲经方式，详释鸠摩罗什所译《妙法莲华经》的标题，阐明《法华经》开显法门的纯圆独妙，以确定《法华经》在佛一代所说诸经中的最高位置。全书由七番共解、五重各说二部分构成。首先以七番共解通释一部经之大纲：第一番标章，内分列释名、辨体、明宗、论用、判教五章的名称及其要路；第二番引证，援引佛语来证明建立五章的根据；第三番生起，阐明五章从粗到细生起的次第；第四番开合，作五种、十种及譬喻等三种开合，使易于解释《法华》一经；第五番料简，讨论有关五章的异议；第六番观心，令前五番一一都入观心一门；第七番会异，会释五章与四悉檀的同异。

然后就五重玄义的每一重又分别详释。第一重"释名"，为全书重心所在，从卷一下后半部分开始到卷八上前半部分，以"妙法莲华经"五字，畅说全部佛教之奥义：一、判通别，以"妙法莲华"为别名，而"经"为通名；二、定前后，为便于析义，先释"法"后解"妙"；三、出旧，略举道场慧观、会稽基、北地师、光宅法云四家的旧见解；四、正解《妙法莲华经》经名，重点在于解释"法""妙"二字。

"法"，虽广涉十界十如三千诸法，但束收于众生法、佛法、心法三种，而依《法华经》圆融三谛的义旨，说这三种法融妙不可思议、无差别。

"妙"有相待、绝待二种：相待妙，如半满、常无常、大小等，前者为粗，后者为妙；绝待妙，无任何法可与之相对待，如法界是一个整体，无可对待而称为妙。心、佛、众生三法，都具备相待、绝待二妙。更开迹门(如来从久远之本,以垂近成之迹)、本门(如来开近成之迹,以显久远之本)两种十妙说明之。

迹门十妙。一、境妙,为智妙所观照的宇宙一切万法,概括为十如、十二因缘、四谛、三谛、二谛、一谛、无谛七科。十如等境都是圆融不可思议的妙法,只有佛才能穷尽,是诸佛所师,所以称为境妙。二、智妙,照了十如等境妙的观智,有一世智乃至二十妙觉智等。三、行妙,用智妙观察境妙的修行,有一行三昧、止观、闻思修或戒定慧、四念处、五门禅、六波罗蜜、七善法、八正道、九种大禅、十境或十乘观法等,行行融通,一行即一切行。四、位妙,为妙行所契的阶位,有十信、十住、十行、十回向、等觉、妙觉等。五、三法妙,妙位所住的真性、观照、资成三法,也就是三轨:真性轨是说在果位的境妙,即真实有法体;观照轨是说在果位的智妙,即破惑显理的智用;资成轨是说在果位的行妙,即彼此相依起用的万行。名字虽然有三种,只是一个大乘法。前面所说的诸谛即是真性轨的相貌,诸智即是观照轨的相貌,诸行即是资成轨的相貌,而各种妙位只是修行此三法所证果位。宇宙的法法都妙,并非只此三法,一切三法亦复如是,三轨、三道、三识、三菩提、三大乘、三身、三涅槃、三宝、三德等,彼此同一意义,自他类通,所以称为三法妙。六、感应妙,具备上述的四妙与三法,成就因圆果满的佛身,寂而常照,众生能以圆机相感,即以妙应相应,如同水不上升,月不下降,而一月普遍影现在众水当中,不可思议。七、神通妙,佛为化益众生,示现药树王身、如意珠王身等身轮,毒鼓天鼓等口轮,随自意随他意等心轮,善巧方便,称道随机,转变自在,不可思议。八、说法妙,如理圆说十二部法,令众生开示悟入佛之知见,能诠的言教、所诠的义理,都甚深微妙不可思议。九、眷属妙,佛出世时,十方诸大菩萨,或以神通来生,或以宿愿来生,或以应现来生,辅佛行化,如同世间眷属,天性亲爱,更相臣顺。十、利益妙,诸佛所作感应、神通、说法三妙都不唐捐,沾溉地上清凉益、小草益、中草益、上草益、小树益、大树益、最实事益等七种利益。如同云行雨施,草木各得生长。

以上迹门十妙中,前五妙是自行因果,后五妙是化他能所。本门十妙如下。一、本因妙,说甚大久远的畴昔,释迦牟尼佛本初在因位发菩提心、行菩萨道时所修的妙因。二、本果妙,说本初所行圆妙之因,初证得常乐我净的妙果。三、本国土妙,说本佛所住的净妙国土。四、本感应妙,说既已成果,即有本时所证二十五王三昧,一一三昧中皆有慈悲誓愿冥熏法界,机感妙应,寂而能照。五、本神通妙,说昔时所得的无记化化禅(任运成就,不须作意,化复能化)和本初在因地时的各种慈悲相合,现希有事,启发最初可度的众生。六、本说法妙,说往昔初坐道场始成正觉所说醍醐妙法,令诸菩萨发大道心,至今皆住不退。七、本眷属妙,说迹化的眷属,其实是过去久远本地本佛的内眷属。八、本涅槃妙,说迹化的涅槃,是常住本寂的涅槃垂迹。九、本寿命妙,说本地本佛的寿命,劫数长远,不可思议,和迹化的寿命有长短远近不同。十、本利益妙,说远从本地成道以来，八番十番饶益本时的业、愿、通、应等眷属，皆令得到利乐。

此本门十妙与迹门十妙，解释妙法深意，仅开合之异，其体实同。即以迹门之境、智、行、位四妙为第一本因妙，以迹门三法妙为本门果、寿命、涅槃之四妙。

以下借莲华六义而譬喻佛法界的迹本两门。一、为莲故华，譬喻为实施权。二、华开莲现，譬喻开权显实。三、华落莲成，譬喻废权立实。这三种譬喻迹门从初方便引入大乘，终竟圆满，称为迹门三喻。四、华必有莲，譬喻从本垂迹。五、华开莲现，譬喻开迹显本。六、华落莲成，譬喻废迹显本。这三种譬喻本门始从初开终至本地，称为本门三喻。又莲华还譬喻十如、十二因缘、四谛、三谛、一谛、无谛等法。

第二重辨体，阐明《法华经》的思想本质。分作正显经体、广简伪、一法异名、入体之门、遍为众经体、遍为诸行体、遍为一切法体等七段。其中正显此经以一实相印（宇宙万法当体即是实相的妙体）为体。妙有、真善妙色、实际、毕竟空、如如、涅槃、佛性、如来藏、中道、第一义谛等，都是实相的异名。众经、诸行、一切法都以实相为体，而入实相之门是教行。

第三重明宗，阐明《法华经》的宗教理想。分作简宗体、正明宗、众经同异、明粗妙、结因果等五段。阐明此经是佛开权显实，以释迦自行因果为宗，或以合师弟因果为宗。

第四重论用，阐明《法华经》的社会效用。分作明力用、明同异、明历别、对四悉檀、悉檀同异等五段。其中正明此经是以断疑生信为用，即用佛菩提的权实二智，在迹门中断三乘的权疑，生一乘的实信；在本门中，断菩萨执著方便近迹的权疑，令生本地久远实成不可思议的实信。

第五重判教，判明佛陀所说一切经典的地位和特色。分作大意、出异、明难、去取、判教等五段。在教相判释上，首先批判南北朝时"南三北七"的旧说，次立天台宗"五时八教"的教判，而判《法华经》为超越八教纯圆独妙，并以涅槃五味中的醍醐为譬。所谓"南三北七"，南方三师的判教是：（一）虎丘山笈法师的有相、无相、常住教之三时教；（二）宗爱、僧旻的有相、无相、同归、常住教之四时教；（三）定林寺僧柔、慧次、道场寺慧观的有相、无相、褒贬抑扬、同归、常住教之五时教。北方七师的判教是：（一）刘虬的人天、有相、无相、同归、常住教之五教；（二）菩提流支的半字、满字之二教；（三）慧光的因缘、假名、诳相、常宗之四宗；（四）护身寺自轨和净影寺慧远所采用的因缘、假名、诳相、常、法界之五宗；（五）耆阇寺法凛所依用的因缘、假名、诳相、常、真、圆宗之六宗；（六）某禅师的有相、无相之两种大乘教；（七）菩提流支（一说鸠摩罗什）的一音教。这些均为当时佛教史上珍贵的史料。

此五重玄义，先以名和体二玄义阐明思想之本体，其次即阐明宗之玄义，天台宗即以此为宗旨，发起信仰之内在动力，由此发起现实的教化活动，并详察各种教相。

本书末尾附有《记者私录异同》一篇，是灌顶记录智𫖮所说后的附记，其中分为杂记异同与推尊师说二段。杂记异闻中又分为四：一、阐明《般若》与《法华》的同异；二、阐明经论中诸藏的离合；三、阐明四教名义的依据；四、批判古时"七阶五时"教判的穿凿。

本书虽是解释《法华经》的经题，内容却是判释佛一代时教，并对以往的中国佛教研究作总结性的评价，可说是天台宗对于全体佛教的概论。本书的注释，有唐代湛然《法华玄义释签》二十卷，宋代法照《法华经玄义读教记》五卷、从义《法华玄义补注》三卷。本书的节本，有明传灯《法华经玄义节要》二卷。此外有关的撰述，有唐代湛然《法华经玄义科文》五卷，宋代善月《法华大部妙玄格言》二卷、有严《法华经玄签备检》四卷、智铨《法华经玄签证释》十卷，清灵耀《法华经释签缘起序指明》一卷等。有关研究有沈海燕《法华玄义的哲学》（上海古籍出版社，2010年）及《〈法华玄义〉精读》（上海古籍出版社，2011年）等。

（王雷泉）

金光明经文句 〔隋〕智 颛

《金光明经文句》，又称《金光明文句》、《光明文句》，六卷。隋智颛口述，门人灌顶笔录。约成于隋开皇三年(583)至开皇十七年(597)之间。为天台五小部之一(其余四部是《观音玄义》、《观音疏》、《金光明经玄义》、《观经疏》)。通行本有《大正藏》本等。金陵刻经处会入经文，作十卷，与《金光明经玄义》合刻。

作者生平事迹见"法华经文句"条。

《金光明经》与《法华经》、《仁王护国般若经》在古代同为镇护国家之三部经，谓若诵读此经，国家皆可得四天王之守护。在中国先后有五个译本：一、北凉昙无谶译《金光明经》四卷十八品；二、梁真谛译《金光明经》七卷二十二品；三、北周阇那崛多译《金光明更广寿量大辨陀罗尼经》七卷二十品；四、隋释宝贵合前三本，名《合部金光明经》，八卷；五、唐代义净译《金光明胜王经》十卷。智颛所据的是北凉译本。本书乃智颛以独创的因缘、约教、观心三种方法，随文解释北凉昙无谶所译之《金光明经》，并依"三谛实相论"而为论述。

历代疏释《金光明经》的三分科判，盈缩不同，智颛排斥江北及江南诸师三分科经之分法，提出自己独特的三分科判。

序分，自《序品》至《寿量品》之天龙等"悉来聚集信相菩萨摩诃萨室"之一品半为序分。谓"序"有次绪、叙述、发起三义，以阐明此经之利益，使发起信心而起教。分述入定、叙述、怀疑、瑞应、腾疑念、止疑、集众七种序义，"将欲宣畅，大众云集，岂非序之明证邪？"

正宗分，自《寿量品》"四佛告说"及《忏悔品》、《赞叹品》、《空品》三品为正宗分。其中，《寿量品》明常果为宗，《忏悔品》灭恶，《赞叹品》生善，《空品》导成为用。其中尤以《忏悔品》、《空品》为宏经之纲骨。《五悔法门经》即为《金光明经·忏悔品》别译，为西土修行者昼夜六时行道之通轨。依《金光明经》而制作的金光明忏，为天台宗四种三昧之一。此经与《观经》、《般舟三昧经》、《方等》、《普贤观》、《请观音》等经，同为天台宗行法之本源。

《四王品》以后十三品为流通分,叙说四天王(东方持国天王、南方增长天王、西方广目天王、北方多闻天王)护国功德等义。

有关本书的注释有宋代知礼《金光明经文句记》十二卷、从义《金光明经文句新记》七卷、明得《金光明经文句科》一卷等。

(王雷泉)

金光明经玄义 〔隋〕智 顗

《金光明经玄义》，又称《金光明玄义》、《光明玄义》、《光明玄》，二卷。隋智顗口述，门人灌顶笔录。本书为天台五小部之一（其余四部是《观音玄义》、《观音疏》、《金光明经文句》、《观经疏》）。通行本有《大正藏》本等。金陵刻经处有本书与《金光明经文句》的合刻本。

作者生平事迹见"法华经文句"条。

本书与《法华玄义》一样，以释名、辨体、明宗、论用、教相五重玄义，解释《金光明经》经题及全经大旨。

《释名》占一卷半篇幅，分教义释和观心释两部分。在教义释中，分通别、翻译、譬喻、附文、当体五种解释。立三德（法身、般若、解脱）、三宝（佛、法、僧）、三大乘（理乘、随乘、得乘）、三菩提（真性菩提、实智菩提、方便菩提）、三佛性（正因、了因、缘因）、三识（第九阿摩罗识即佛识、第八阿梨耶识即菩萨识、第七阿陀那识即二乘识）、三涅槃（性净涅槃、圆净涅槃、方便净涅槃）、三身（法身、报身、应身）、三般若（实相般若、观照般若、方便般若）、三道（由十二因缘分说烦恼道、业道、苦道）等十种三法，一法门同时又具九法门，横竖遍摄一切法门。上述十法有顺逆两番生起，自三德而逆推至三道，是为"从法性立一切法"；自三德而顺推至三德，是为"从无明为本立一切法"。此两番生起，皆表示"法性皆无明，无明皆法性"之同体依即的关系。故修行关键在三识与三道，即众生之妄心而归法性真谛。在观心释中，引《净名》（即《维摩经》）"诸佛解脱当于众生心行中求"，说明道前凡夫在听闻经教后应就当下一念心修观行，以开发自身宝藏。以一心三观、圆融三谛之方法，对上述十法一一修观，并叙述六即（理即、名字即、观行即、相似即、分真即、究竟即）行位。作者依真谛之义，谓"金光明"字下应依梵文有"帝王"二字，汉人好略，故译名省之，更于书中多处解释，与唐代译经名悬合。

《辨体》，说明本经以法身、法性为体。体有主质、极底、通达三义，以明法身、法性为贵极之法，如众星之环北辰，万流之宗东海。

《明宗》,说明本经以成就佛果为其宗要。"法性常体甚深微妙,若欲显之,非果不克,当知果是显体之枢要。"

《明用》,说明本经以灭恶生善为其力用功德。"灭恶故言力,生善故言用;灭恶故言功,生善故言德。"

《教相》,谓本经按天台宗五时八教的判教,应判为第三方等时,属于通教,兼带别教而明圆教。在声闻藏、菩萨藏、杂藏、佛藏四藏中则属杂藏摄。

自五代末年以来,此书从日本传回中国,有广略二本。广本有"十法观心"之文,即在《释名》章下"当体"一节之后,阐述从"三道"至"三德"的十种三法存在于众生心行之中,一念之心,具显金光明法性。而略本则无。宋初慈光晤恩撰《金光明经玄义发挥记》(今佚)注解略本,而谓广本乃后人所伪作,而主"真心观",认为只有理解圆融三谛的妙理("妙解"),才能产生一心三观的妙行,故观察的对象不是"妄心",而是能灵知自性的"真心"(即"理心")。其弟子奉先源清、灵光洪敏共构难词二十条,辅成师说,共废广本。于是四明知礼乃作《扶宗记》,力主广本所述十法观心乃智𫖮的真作,而主"妄心观",认为观心的目的是为了将"凡心"转变成"理心",故观察的对象应当是日常起灭的刹那心,即无明妄心。梵天庆昭、孤山智圆撰"辨讹"以叙《发挥记》,知礼撰《问疑书》诘之,庆昭作《答疑书》以复,知礼再作《诘难书》,庆昭构《五义》以答,知礼复作《问疑》及《复问书》责促之,庆昭乃作《释难》。由此往复各五,兴起长达七年的宋初天台宗山家、山外两派的争论。山外派的主张,受华严宗学说的影响,故被山家派斥为不纯,其势力不久即渐衰歇。因后世流传的天台宗均出自山家派,故传今的《金光明经玄义》也是广本。

有关本书注释尚有山外派灵光洪敏《金光明玄义义记》(今佚)、孤山智圆《金光明玄义表微记》一卷,山家派知礼《金光明经玄义拾遗纪》六卷。

(王雷泉)

摩诃止观 〔隋〕智 颛

《摩诃止观》,原题名《圆顿止观》,十卷(因每卷各分上下,或作二十卷),隋智颛于隋文帝开皇十四年(594)在荆州玉泉寺(在今湖北当阳县)结夏安居期间所说,门人灌顶笔录成书。前后有三本,现行本是第二本(通称广本)的再治本,湛然将此本改题为今名。北宋天圣二年(1024),依遵式之奏请编入大藏;淳熙三年(1176),大藏开版时校刻。通行本有《大正藏》本、金陵刻经处木刻本等。与《法华玄义》、《法华文句》同称为天台三大部。

作者生平事迹见"法华经文句"条。

《摩诃止观》是智颛晚年最为成熟的止观著述,从全书恢宏博大的体系来看,堪称中国佛教史上第一部系统的佛学导论和禅学巨著。"摩诃",意为大,指智颛所著渐次、不定、圆顿三大止观著作中最高阶段的《圆顿止观》,所以《摩诃止观》也称作《大止观》。"止观",从狭义上说,指禅定修行的实践方法。止,意为"止寂",指停止或抑制由外境的生起、转变所引发的心之散乱、动摇,形成明镜寂水般的意识状态;观,意为"智慧",在寂静的心境中对现象作如实的观察和自在的对应,获得佛教特定的智慧。从广义上说,通指教理与修证两大部门,称教观二门。《摩诃止观》统摄"止观"上述广狭两方面意义,用于个人修行,是定慧相资,解行并重;用于弘扬教义,组织学说,则是教观二门的相资并重。

全书分作序分、正说分两部分。序分是记录者灌顶略说本书的著述缘起,叙述圆顿止观的师资传承及三种止观法门。师资传承分作金口、今师两种:金口相承指远从佛经过迦叶、阿难、商那和修乃至马鸣、龙树、提婆等脉脉相传,到第二十四世师子遇害而法统绝的传承;今师相承是指北齐时代(550—577)的天台宗初祖慧文禅师,依龙树《大智度论》及《中论》的偈文,悟入空、假、中三谛圆融之理,由此构成一心三观的禅法。慧文将此法门传授天台宗二祖南岳慧思,慧思把它和《法华经》相结合而构成其独特的实相论,双弘定慧二门。智颛师事慧思,传受渐次、不定、圆顿三种止观。这三种止观,都是大乘法门,俱依住于实相而修。所谓渐次止观,即由浅入深的修习止观,犹如登楼梯、石阶而循序而进,有智𫖮的早年作品《释禅波罗蜜次第法门》(法慎记)十卷,本书特点是以"禅"之一字统摄全部佛教,故又称作《禅门修证》。所谓不定止观,是把顿渐、深浅各种法门前后更替、自由活用,如金刚宝石在日光照耀下,光芒闪烁不定,有《六妙门》一卷。所谓圆顿止观,即以最高至深之心境为出发点,如神通开发者,即腾空而起,此即《摩诃止观》所述。智𫖮为上、中、下三种根机之人,说此渐次、不定、圆顿三种止观法门。其中《摩诃止观》便是发挥他自己的观行体系,显示圆顿止观法门的深旨,行解双运,最为精要。

正说分是智𫖮讲说圆顿止观法门的记录。按智𫖮的讲述计划,拟分作十章广说,即大意、释名、体相、摄法、偏圆、方便、正观、果报、起教、旨归,称为十广。其中大意一章,作为概述全书十章内容的导论,再勒为"五略",即发大心、修大行、感大果、裂大网、归大处。全书构架合称五略十广。

一、大意章(卷一、卷二)。系全书的概论,因众生从无量数劫以来,为无明痴惑所覆盖,却不知无明当体就是法性之明。现在为使众生开显觉悟心中本具之法性光明,故在此分发大心、修大行、感大果、裂大网、归大处等五略阐明之。

第一,发大心。概述十广中前五章的大意。发菩提心是佛教徒确立正确信仰的基础,也是修习止观的前提,分简非、显是二部分阐述。"简非",即辨别并剔除似是而非的虚假菩提心,有地狱、畜生、鬼、阿修罗、人、天、魔罗、尼犍(即出家的外道)、色无色、二乘等十种非心。"显是",由四谛(境)、四弘誓愿(誓)、六即(位)三部分构成。真正菩提心的发起,依赖于对圆满教理的真正理解。所以首先区分生灭、无生灭、无量、无作四种四谛,分别对应藏、通、别、圆四教,说明在教理上要依据圆教的无作四谛,体达法性和一切法无二无别,才是发真正菩提心。进而阐明修菩萨道的行者,必须树立上求下化的四弘誓愿:由对苦谛的理解,发起众生无边誓愿度的信念;由对集谛的理解,发起烦恼无数誓愿断的信念;由对道谛的理解,发起法门无量誓愿修的信念;由对灭谛的理解,发起无上佛道誓愿成的信念。最后揭示修证的阶位——"六即"。即,指众生与佛一体不二之义,由此在理上确立发心学佛的必要性与可能性。但为防止人们循名违实,以凡滥圣,故在修证的进程上,分为理即、名字即、观行即、相似即、分真即、究竟即六段,明确发心学佛的阶梯与果位。

第二,修大行。包括第六《方便》、第七《正观》两章的大意,在此专门叙述常坐、常行、半行半坐、非行非坐四种三昧。三昧,是梵文的音译,意译为"定"、"等持",乃是制止心的散乱,将之安定于一处,从而在此定境开发智慧。四种三昧,吸收和综合了经论中各种修禅方式,侧重于从外仪方面说修习止观的形式;至于详示修习止观以前的加行,则是第六《方便章》所述的二十五法;而从内观的证悟方面广说修行的,则是第七《正观章》中的十境和十乘观法的内容。

第三,感大果。阐述了实际上未说的第八《果报章》的大意。说明果报有违、顺二种情况:违即偏空、偏假,违于中道圆教,故所感得的是有、空二边果报;顺即依圆中之理顺于实相,所获得的是初住初地以上的胜妙果报。

第四,裂大网。阐述了实际上未说的第九《起教章》的大意。叙说行者用止观观心,内慧明了,自证妙理,不但能裂破自己于诸经论所起疑网,而且能转而教化利益于他人。随顺十界众生,或作佛身施权显实,或作九法界菩萨以下种种形象,针对不同根机而弘扬渐、顿法门之教,以裂破其他有情的疑网。

第五,归大处。阐述了实际上未说的第十《旨归章》的大意。叙说化他成熟,归入法身、般若、解脱三秘密藏的大涅槃处。

二、释名章(卷三)。分相待、绝待、会异、通三德四点,详细解释止观的名义。(一)可思议的相待止观。先说止有三义:止息止,即止息一切的心想;停止止,即停住于诸法实相真如理上;非止止,即对不止叫它作止。次说观有三义:贯穿观,即妄想的动乱停止;观达观,即体达诸法实相真如理;非观观,即对不观叫它作观。(二)不可思议的绝待止观。超越相互对待与思议,断绝凡情妄想所起的推画分别,真慧开发,直下契证实相境界,这便是绝待止观。(三)会同止观异名。在各种经论中,止或叫作远离,或叫作不住、不著、无为、寂灭、不分别、禅定等;观的异名有知见、智慧、照了等。现于绝待止观中,会同所有止观异名。(四)通三德。通三德,止观二字与涅槃的法身、般若、解脱三德相通,从而和三菩提、三佛性、三宝等一切三法相通。

三、体相章(卷三),分教相、眼智、境界、得失四点,解释止观的法体与相状。(一)教相。先简别藏、通、别三教的止观相;次说圆顿教三止三观相即互融的止观相,次第三止三观同成一绝待止观,无有障碍,具足无减,这就是圆顿教止观体。次第三止(体真止、方便随缘止、息二边分别止)与次第三观(从假入空观、从空入假观、中道第一义谛观)一一对应。由此次第性、阶段性的说法,进入超越圆顿的一心三观。在此观中,能观之心与所观之境,皆泯绝性相而又历历分明。(二)眼智。由次第三止三观而得的三眼(慧眼、法眼、佛眼)、三智(一切智、道种智、一切种智);由不次第止观而得的五眼(肉眼、天眼、慧眼、法眼、佛眼)、三智所知所见的不同,显示从诸门入理就是得体有异,而只用不可思议一法的眼智能得圆顿止观体。(三)境界。显示眼、智所对的境界就是空、假、中三谛理,有随情说(即随他意语)、随情智说(即随自他意语)、随智说(即随自意语)权实的不同。(四)最后分别申论藏、通、别三教的得失,而圆教的教证都不可思议,自行化他都得寂照不二的实体,有得无失。

四、摄法章(卷三),说明用止观概括佛教一切权实法门,遍摄一切诸法、一切理、一切惑、一切智、一切行、一切位、一切教。

五、偏圆章(卷三)。用大小、半满、偏圆、渐顿、权实等五双范畴,分别分析止观深浅不一的教义和法门。其中偏圆门阐明五时四教的前四时三教的止观都属于偏,只有圆教的止观、一心三谛是圆。

以上从第二至第五章,都是修习止观的基本知识;以下第六、第七章,详示修习止观以前的加行及正式修习止观的方法。

六、方便章(卷四),说修习正观的加行(预备阶段)有二十五种,分为具五缘、诃五欲、弃五盖、调五事、行五法等五科。(一)具五缘。先须具备持戒清净、衣食具足、闲居静处、息诸缘务(生活、人事、技能、学问)、得善知识等五缘,以为修行入道的先决条件。(二)诃五欲。即外屏色、声、香、味、触等五种嗜欲,隔绝感官与感觉对象的接触。(三)弃五盖。即内净贪欲、瞋恚、睡眠、掉悔、疑、贪欲等五种盖覆心神、障碍定慧的心理,在意识中清除感官欲望遗留下来的表象和意念活动。(四)调五事。调食,令不饥不饱;调眠,令不节不恣;调身,令不宽不急;调息,令不涩不滑;调心,令不沉不浮。由此使生理和心理调整到适合习禅的状态。(五)行五法。欲,欲离妄想颠倒,欲得禅定智慧;精进,坚持禁戒,弃绝五盖,初中后夜,勤行精进;念,念想世间一切都可轻可贱,只有禅定智慧可重可贵;巧慧,筹量世间乐和禅定智慧乐的得失轻重等;一心,念慧分明,明见世间一切都可患可恶,只有禅定智慧乐可尊可贵。

这二十五法,综合了各种经论,是对一切习禅修行而准备的注意事项,必须具足。本书又把方便分作远、近两种,把这二十五法叫做远方便,而以下面第七《正观章》的十种境界为近方便。

七、正观章(卷五—卷十),是本书的中心,详细介绍圆顿止观的观心实践,由此体证三谛圆融的妙理。其中先叙述观法的对象,开作十种,称为十境。次说正修的观法,也开作十种,称为十乘观法。

十境为观心实践中所现起的十种境界,自造业受报的凡夫开始,到尚未证得究竟解脱的大小乘圣人为止,视不同条件而呈现。它们是:

(一)阴入界。这是观法的最初,说观五阴、十二入、十八界,但界、入两科所摄过于繁广,因而"去丈就尺",在三科中搁置十二入、十八界,只以行人现前一期果报之身即五阴为所观境;然后"去尺就寸",搁置色、受、想、行等四阴,集中观察识阴。更于识阴中,独取第六意识为所观之境。

(二)烦恼境。是由观察阴境不已,能引发烦恼而起炽盛的贪瞋,此时应当舍弃阴境而观察烦恼境。

(三)病患境。是由观察阴境和烦恼,四大不调,致发生病患,妨碍禅定,此时即应当观病患境。

(四)业相境。是由修习止观,行人无量劫来所作善恶诸业,在静心中忽然现前,如镜被磨,万象自现,此时即应当观业相境。

（五）魔事境。是由观察以前各种境界，有魔事发生，妨碍禅定，此时即应当观魔事境。

（六）禅定境。是已修魔事观后，真明未发，而过去所修习的各种禅定纷然现起，致令行人贪著禅味，陷入定缚，此时应当观禅定境。

（七）诸见境。在习禅中，因心静而对事物产生类似于悟境的明察，如果以此为足，不思进取，极易产生偏邪的智慧，满足于所得的相似境界，而起种种颠倒的见解，沉湎于世智辨聪中。所以，此时即应当观诸见境（《摩诃止观》说到第七诸见境段便停止，以下三境，系根据正观章的序说补充）。

（八）增上慢境。如果能认识以上各种邪见为非，止息其妄执及贪瞋心，就能降伏五利使与五钝使两类烦恼。对无真实智慧者而言，就认为此时已证得涅槃。在小乘修行者中，有的把尚在色界的四禅境界妄执为已超出三界的第四阿罗汉果；在大乘修行者中，小有魔对其作已证菩提的虚假授记，这都是并未得到真实果位却说已得，从而产生高傲骄慢心的"增上慢"人。所以，此时应当观上慢境。

（九）二乘境。诸见境和增上慢境既已弃除，心境获得宁静，过去世所修习的二乘心在静中发生，如沉溺于空寂，能障大乘行果，此时应当观二乘境。

（十）菩萨境。如果忆念菩萨的济世本愿，而不堕落于顽空者，即呈现出藏、通、别教等权教的境界。因继续进修，悟入真道，故此时应当观菩萨境。

在此十境中，观阴入界一境，恒常呈现于凡夫、圣人面前，不管此境界呈现还是不呈现，应恒常将其作为观心之境。以下的九境则视修行者的根机和条件而相应兴起，故必须通过能观的"十乘观法"加以分别对治。十乘观法又叫作十法成乘：

（一）观不思议境。先说可思议境，即大小乘中都说心生一切法，不说心具，所以无论是说六道还是说十法界，都属于可思议境。宇宙全体，不外乎三千诸法。三千诸法由十法界、十如是、三世间构成。十法界，指众生因各自有漏、无漏业力所感不同，而有地狱、饿鬼、畜生、修罗、人、天之六凡和声闻、缘觉、菩萨、佛之四圣的存在形态。十如是，依据《法华经·方便品》描述诸法实相的十如是，则生命主体的每一法界都具备实相的十种属性。此即事物的相状（相）、本性（性）、体质（体）、功能（力）、作为（作）、直接原因（因）、辅助条件（缘）、结果（果）、果报（报）、自初相至末报毕竟平等（本末究竟等）。三世间，指生命主体所依存的五阴世间、众生世间、国土世间等三种生存环境。十法界中每一界众生根据主体意识中无明与法性两种力量的盛衰消长，使业力的染净因果对比发生变化，则在十法界内又可以互相转化、互相包含。如此十界彼此互具，则成百法界。此中每一互相包含的法界，都具有上述实相的十种规定性，如是则成千如。百界千如各有三世间，便成三千世间。"三千"只是一个具象性的约数，是对纵横交错、重重互叠的处于普遍联系之中的宇宙万物的描述。

次说不可思议境,指众生实用现前六根六尘相对所起一念的妄心,此介尔一念,即法尔具足三千诸法。此一念心与三千世间,并不存在时间上的前后派生关系,也不存在空间上的整体与部分的横向关系。即心是一切法,一切法是心,非纵非横,非一非异,玄妙寂绝,非识所识,非言所言,所以称为不可思议境。

于此一念心,念念用即真、即假、即中三观观察。如观一法即一切法,是为假观;观一切法即一法,是为真观;非一非一切,是为中观。一空一切空,无假、中而不空,是总空观;一假一切假,无空、中而不假,是总假观;一中一切中,无空、假而不中,是总中观。所观照的是三谛圆融的境,能观照的是空、假、中三观,总称不可思议一心三观。

"一念三千"是天台宗为人的存在及修道确立坐标的根本世界观,也是中国佛教哲学中最具思辨力的思想,与圆融三谛和一心三观,同为天台教学中教观二门的中心教义,最能显示天台教学的特色所在。

(二)真正发菩提心。对观不思议境即一念三千的修行不锐利者,当深切反省自己是否真正发起菩提心。因为诸法门同具三千而非有缺减,心佛众生具同一体,而我们却自缠自缚而自寻苦恼,若不知迷悟同体,任运相资,即不能拔苦与乐而圆满愿行。众生徒负各种业障而无由得拔,故彼此思惟,于此痛切地激励自己,勇猛地发起四弘誓愿。

(三)善巧安心。如因弘愿念念紧张于心,对一念三千的修悟反而不能成就,当反省精神是否缺乏安定感,如此发起善巧安心观。把止与观之心,善巧地安住于法界。体达法界即为生死烦恼的当相,本来皆空,空亦不可得,一一显现其本德,绝迷悟、因果、色心、依正之对立。把心安住于寂静的法界是止,照明其本体的是观。观是体之用,是能安之寂照。一法之体用并互显现,如灯自现灯相。视修行者不同的机宜而有种种不同的安心方法。

(四)破法遍。是依无生教门用从假入空、从空入假、中道第一义谛三观的智慧,彻照三谛,遍破一切诸惑。如藏、通二教只用空观破见思惑,别教虽用隔历次第的空、假、中三观破见思、尘沙、无明三惑,但无明还没有全断,所以都不能够说是遍。圆教空、假、中三观只在一心,横竖诸法都在一心中具,破心即一切皆破,这就是破法遍。

(五)识通塞。是因苦集、十二因缘、六蔽、三惑等法能蔽塞实相之理,即名为塞;道灭、灭因缘智、六度、一心三观等法显发实相之理,即名为通;而着重于加以识别"于通起塞",并须破塞。如前破法遍中,所破的三惑是塞,能破的三观是通,但若于能破的三观又生爱著,这个能著心也同样是塞,也必须加以破除。如此于一一能、一一所、一一心,节节检校,破塞养通,是为识通塞。

(六)道品调适。是更将三十七道品调停适当,随意破惑入理,如修四念处生四正勤,四正勤发四如意足,四如意足生五根,五根生五力,五力生七觉,七觉入八正道,这是善巧调适。此中道品即四谛的道谛,而无作道谛的三十七品,是基于一心三观而成立的,于此以七科解脱道品的义相,并说假如于前一道品中未能与法性相应,应当次第用其余的道品展转调停,更举藏、通、别、圆四教的空、无相、无作三解脱门,说明道品的功能。

(七)对治助开。是因行人正修观时烦恼忽起,障蔽正念,应当用六度及五停心等加以对治而助开解脱。如修道品时,悭贪忽起,激动心神,当用布施度以对治;破戒心起,当用持戒度加以对治;瞋恚勃发,当用忍辱度以对治;放逸纵荡,当用精进度加以对治;散乱不定,当用禅定度加以对治;愚痴迷惑,当用智慧度加以对治。并当观察这个助道不可思议摄一切法,而事行和理观加以配合,才能够开解脱门得见佛性。

(八)知位次。是令行人了知修行所历的阶位次第,以免生增上慢,未得谓得,未证谓证,并叙述四教的阶位次第。

(九)能安忍。是说修行者对顺逆之缘无动于心,若已知自己修行之位次,或入五品弟子位,或入初品,为众所围绕,外招名利,内动宿障,以致废损自行,应当安忍深修三昧,不为名誉、利养眷属等外障和烦恼、业、定见、慢等内障所动。

(十)离法爱。是说行人虽除内外二障,然而住着中道相似之法,心生爱乐,不能真入中道,进至初住;只顶位法中,不进不退,称为顶堕。必须破除这个法爱,才能进入真正的证悟。

十乘观法并非平铺并列,而是以"观不思议境"为主体,此观依"观阴界入境"而得名,指众生日常生活中现前刹那刹那的妄念,既是众生生死之根本,也是解脱之起点。凡心一念即具足世出世间三千法数,这不可能按通常的思维方法去想象,必须以圆融三谛的真理观观照。然后由体起用,把握住一念三千的精髓仍在于破无明、明法性,因为"三种世间、三千相性,皆从心起。一性虽少而不无,无明虽多而不有"。因此,止观观心的目的,是要达到对宇宙原理及其众生本质的认识,从而在日常生活中实现佛陀的高尚人格,以获得圆满的证悟。

有关本书的注释,有唐湛然《止观传弘决》四十卷、《摩诃止观辅行搜要记》十卷、《摩诃止观科文》五卷,宋代从义《摩诃止观辅行补注》四卷、法照《摩诃止观辅行读教记》六卷。本书的节本,有唐梁肃《删定止观》三卷。本书的提要,有湛然《止观义例》二卷、《止观大义》一卷。此外有关的撰述,有唐梁肃《天台止观统例》一卷,唐佚名《摩诃止观科节》一卷,道邃说、乾淑集《摩诃止观记中异义》一卷,宋代从义《摩诃止观义例纂要》六卷,遵式《摩诃止观义题》一卷,处元《摩诃止观义例随释》六卷,清受登说、灵耀补定《摩诃止观贯义科》二卷。近人研究著作有日本关口真大《天台止观的研究》、池田鲁参《摩诃止观研究序说》、新田雅章《摩诃止观》、王雷泉《摩诃止观译注》等。

(王雷泉)

三阶佛法 〔隋〕信 行

《三阶佛法》,又称《三阶别教》、《三阶集录》、《三阶集》,四卷。隋信行撰。通行本有《大正藏》本等,另亦收录于日本学者矢吹庆辉《三阶教之研究》别篇。

信行(540—594),魏郡(河南安阳)人,俗姓王。为三阶教之祖。少蕴悲怀,慧悟奇拔。出家后博涉群经,洁身自爱,备受尊敬,后蒙隋文帝招请,住于长安。解行颇异前人,因其人格高洁,教义简明,故信徒云集。著有《三阶位别集录》三卷、《对根起行杂录》三十三卷、《三阶佛法》四卷等数十种。然以开皇二十年以后,三阶教遭禁遏,所著三阶教典籍亦随之淹没,今仅存《三阶佛法》,《对根起行法》等数书则仅存断片残篇。

《三阶佛法》是信行从多部佛经中摘抄而成的一部三阶教根本教典,内中俱明三阶教的立言宗旨和根本主张。因是抄录而成,故在照抄原文时就注明"已上(或已下)"、"唯是经文说(或者文当)";在义引时就注明"已上(或已下)"、"人语引经说(或义当)"。另据敦煌出土之《三阶佛法》所载,本书之内容有"三大段、十子段、二十五子句"之说:第一大段,就过去之习气而阐明三阶根本之义;第二大段,就现在之人而论邪正;第三大段,先就所禀之经教揭示三阶之法有上中下轻重浅深之别,后就悲、敬之二由,阐明三阶之人依境而起行其损益之情形及其缘由。

首先是确立三阶佛法的缘起(卷一)。

第一,就众生根机不同分立三阶。佛灭度一千年以前的正法和像法时期,有一乘和三乘根机的第一阶和第二阶众生在,只要学第一阶和第二阶内佛法便可住持佛法不灭,得以解脱。佛灭一千年后的末法时期,唯有第三阶根机众生在,邪魔外道流行,使正法灭坏,因此就第三阶众生的根机确立三阶佛法便成为必要。

第二,第三阶根机众生多少分齐。一切第三阶佛法内,唯除一切最大钝根众生、两种痖羊僧以外,一切利根众生皆名"一切利根空见有见众生"。佛灭一千年后,一切圣人、一切利根真善正见成就凡夫皆已消失,一切利根空见有见众生,莫问一切善恶持戒破戒的出家人,一切道俗,悉是第三阶根机众生。

第三,末法时期,第三阶根机众生淆乱佛法的状况。佛灭度后,百千亿佛、一切经不能度得三阶根机人,因为在这一末法时期,九十六种道、恶贼、狗菩萨、增上慢、恶魔竞兴灭一切佛法,一切三阶人遍学一切空见法有见法而不加抉择,至使僧团混乱、出家人持戒破戒、有情谤法,出现一切道俗颠倒正法的恶劣现象。

第四,一切行法行王治罚一切道俗罪轻重浅深分齐。行法行王明辨一切道俗之邪正、要求在家人乃至国王,不得诽谤佛法和打骂一切出家人,或令出家人还俗,一切出家人不得持戒破戒而应持戒守戒。

其次,一切普真普正佛法才是现在根机众生的正根对药(卷二)。

一切第三阶佛法内一切利根空见有见众生,如果能与一切世间内一切第三阶佛法相当,常学得苦恶最少的普真普正佛法,能行正道,利益众生,能知正法,则无论众生是善是恶、是利根是钝根、是持戒还是破戒、是有知解还是无知解,都可称作真沙门、行法行王、五德具足比丘、真善刹帝利、真善辅相大臣、真善婆罗门、真善居士等。反之,如果唯常学一切世间内第一、第二两阶佛法内最上上得好得乐的别真别正佛法,因非第三阶人的正根对药,则会诽谤佛法不信三宝乃至造多种恶业,终堕无间地狱而不得度脱。信行以为,末法时期,众生所造恶罪皆因根机太浅而不能对佛法发起信心,所以只要能够起信心、行正法,则一切佛法皆是众生得以成正果的方便途径,如果不能首先起信心,而去遍学正法和像法时期的一乘和二乘根机众生所学的佛法,则只能是舍本逐末,最终导致淆乱佛法的恶劣现象。以下,信行在二十四段法内广说其缘由,除一切二十四段内的普真普正佛法是正对治药以外,一切别真别正佛法乃至他法都不能根治一切利根空见有见众生的病。

最后,就三阶人所依境明三阶佛法之赏罚出世(卷三、卷四)。

第三段(卷三),分别一切第三阶佛法内,一切利根空见有见众生内,常有一种莫问一切善恶、持戒破戒、归一切三宝、度一切众生、断恶修善解行的众生在,其余的空见有见众生等,则被认作是非佛弟子,或佛所不摄众生,或不在于一切佛法内出家众生。佛灭度五百年、一千年、乃至二千年以后,一切众生,莫问一切道俗贵贱,都轻贱一切佛法、蔑视三宝,无有一念作出世想。内中有十六子段阐述一切第三阶根机众生的迷误和所造诸罪。每子段各有三义释:一切利根空见有见众生所由义;一切第二、第三两阶佛法内,一切小乘同和不同义;一切第二、第三两阶佛法内,一切利根邪见正见三乘根机众生与一切第一阶佛法内一切利根正见菩萨同和不同义(一切如藏、一切福德智慧、二种庄严体性无别,故名同,一切三乘与一乘之不同,故名异)。俱就众生根机高下之差别,明一切第三阶根机众生于别真别正佛法内莫问一切大乘小乘,所造诸恶。

第二段(卷四),分别一切第二阶佛法内,一切利根众生内,常有一切两种众生,莫问一切贤圣、一切大乘小乘,皆是一种戒见俱不破正见成就众生,无论其所造何罪,如能常诵经念佛,发生信心,即得成道果,往生净土。

第三段,分别一切第一阶佛法内,一切利根众生内,常有一切两种众生,莫问一切凡圣,皆是一种戒见俱不破、一切利根正见成就、一切一乘根机诸佛菩萨。他们闻十种法得生决定心,于佛法中心坚固而不动转。

总之,佛法的纵向发展有正法、像法、末法三个时期,末法时期,三阶根机众生俱在,一切佛菩萨、一切经俱不能度得一切众生,唯确立三阶佛法,分别对治根机不同的三阶人之病症,方能降伏邪魔外道,住持正法不灭,得成正果,往生净土。

本书为隋唐时代盛行一时的三阶教的根本教典。于隋开皇二十年(600)至唐开元十三年(725)间,三阶教四度遭到禁断,安史之乱后乃渐销歇,故本书及其余三阶教之典籍大多湮没不传。然近世于日本京都兴圣寺发现本书之全四卷,另于敦煌出土文物中,亦包含本书卷二、卷三之断片,卷二为斯坦因所收集,现藏于大英博物馆;卷三为伯希和所得,现藏于巴黎国民图书馆。有关本书的研究,有日本矢吹庆辉《三阶教之研究》(岩波书店,1928年)。

(聂士全)

历代三宝纪 〔隋〕费长房

《历代三宝纪》,又名《开皇三宝录》、《三宝录》,略称《长房录》、《房录》,十五卷。隋费长房撰,成于开皇十七年(597)。通行本有《丽藏》本、《宋藏》本、《金藏》本、《元藏》本、《明南藏》本、《明北藏》本、《清藏》本(仅收一卷)、《频伽藏》本、《大正藏》本等。

费长房,成都人。原出家为僧,因北周武帝废佛而还俗。隋开皇初,敕召入京,为翻经学士。《续高僧传》卷二《达摩笈多传》见附。

《历代三宝纪》是一部佛经目录。三卷帝年(即"年表"),九卷代录,二卷入藏目,一卷总目。所载"华戎黑白道俗合有一百九十七人,都所出经律戒论传二千一百四十六部,六千二百三十五卷"(《总目序》)。

一、帝年(卷一至卷三)。卷一,周秦。卷二,前汉、新王、后汉。卷三,魏、晋、宋、齐、梁、陈、周、隋。每卷由叙论和帝年两部分组成。帝年上编甲子、朝代、年号,下注其间重要的政事或佛教大事。始于周庄王十年(前687),终于隋开皇十七年(597)。现存的《历代三宝纪》帝年表有列至唐己未岁的,显系后人妄添。

二、代录(卷四至卷十二)。叙述各代译经概况。卷四,后汉(始后汉明帝永平十年至汉献帝末年)。卷五,魏吴。卷六,西晋。卷七,东晋。卷八,苻秦、姚秦。卷九,西秦、北凉、元魏、高齐、陈。卷十,刘宋。卷十一,齐、梁、周。卷十二,隋代。

三、入藏录(卷十三至卷十四),收录单本(包括有译、失译)和重翻(即同本异译)。卷十三,大乘录入藏目。分修多罗(经)有译、失译;毗尼(律)有译、失译;阿毗昙(论)有译、失译。"合五百五十一部,一千五百八十六卷"(卷十五)。卷十四,小乘录入藏目。也按修多罗、毗尼、阿毗昙分有译、失译,"合五百二十五部,一千七百一十二卷"(同上)。

四、总目(卷十五)。有《上开皇三宝录表》、《开皇三宝录总目序》、全书总目和历代经录目录。

《历代三宝纪》兼有佛教史和经录两重性质。就其主要成分而言,是经录,因此,佛家经录都是将它作为隋代经录的一种加以记载的。作为经录,它有两点引人注目,一是有通录古今译经的名目部卷及人物的代录,二是有专录确凿可信的佛经,以备抄写、诵持和收藏用的入藏录。

代录一般由三项内容构成。

一、序。简要地叙述一代王朝的始末,佛教流播的情状,一代译撰者及典籍的总数。如卷六《西晋录》序说:"西晋录者,司马炎字安世,河内温人,魏大将军侍中录尚书相国晋王昭之太子。昭薨,炎嗣为王。(魏)元帝知历数有归,使太保郑冲奉玺致位。炎垂拱受禅,是为武帝,称晋,都洛及长安,旧东西京也。……有沙门竺法护及彊梁娄至等亡身利物,誓志弘宣,匪惮苦辛,阐发为务。护于晋世出经最多,其法钦、罗叉、聂承远父子、竺叔兰等相继度述。所以五十年间,华戎道俗十有三人,并前失译诸经戒等,合四百五十一部七百一十七卷,集为西晋二京四主五十二年世录云尔。"(卷六)

二、目录。列举一代译撰者各自的姓名及他的著作总数,间附一代失译经总数。如:"(东晋)沙门帛尸梨蜜多罗三部(一十一卷经咒——原注,下同)。沙门支道根二部(七卷经)。沙门康法邃一部(一十卷经)。……诸失译经五十三部(五十七卷经咒)。"(卷七)

三、正文。叙列每个译撰者著作的名称卷数(附注有关异名、不同的分卷、出经年月、地点、第几译、见载于哪一部经录等)和他的生平行历(即通常说的"译撰者小传")。后汉、魏吴、西晋、东晋、西秦、北凉诸录的末尾还附出该代流传、但不知谁人翻译的经本("失译经")。每个译撰者的编录程式如下例。

"《大乘宝云经》八卷。(第二出,与梁世曼陀罗所出者七卷《宝云》同本异出。——原注)

右一部合八卷。周武帝世扶南国沙门须菩提,陈言'善吉',丁扬都城内至敬寺为陈主译。见《一乘寺藏众经目录》。"(卷九)

"《安民论》一十二卷。《陶神论》一十卷。《因果论》二卷。《圣迹记》二卷。《塔寺记》一卷。《经法东流记》一卷。《十德记》一卷。《僧尼制》一卷。

右八部合三十卷。相州大慈寺沙门释灵裕撰。裕即道凭法师之弟子也。轨师德量,善守律仪,慧解钩深,见闻弘博,兼内外学,为道俗师。性爱传灯,情好著述。可谓笃识高行沙门。……其戒律禅思,讲说经论,转读法事,五众之匠焉。"(卷十二)

《历代三宝纪》编制的这套"代录"的程式,从质的方面来看,改变了梁僧祐《出三藏记集》将译典与译者小传分开,前者放在"诠名录"部分,后者放在"述列传"部分的做法,将两者有机地结合起来,这不仅使"代录"显得充实饱满,而且更有助于了解译经的背景。从量的方面来看,《出三藏记集》和隋代法经等撰的《众经目录》对北朝译经语焉不详,而《历代三宝纪》则搜寻颇力,新辟了西秦、北凉、元魏、高齐等录。

至于包括《大乘录入藏目》和《小乘录入藏目》的入藏录,也是《历代三宝纪》首次设立的。自此之后,一些重要的经录差不多都相沿而立此项。另外,《历代三宝纪》在卷十五刊载的全书总目之后,还载录了历代撰作的佛经目录,其中有隋代见存的六部经录的类目和收典数字,已佚的二十四部经录的名称和它们的作者,为经录史的研究提供了重要的线索。因此,可以说,到了《历代三宝纪》,经录的体制发生了一次突变。

作为佛教史,《历代三宝纪》又用年表的方式记载了佛教大事。以卷三所记的梁武帝朝为例：

天监二年："沙门曼陀罗出《宝云》等经三部合十卷。"

天监三年："沙门僧盛出《教诫比丘法》一卷。沙门道欢出《众经要览法》一卷。"

天监七年："敕庄严寺沙门僧旻等撰《众经要抄》并目八十八卷。"

天监十一年："《阿育王经》十卷,僧伽婆罗出。"

天监十四年："敕安乐寺沙门僧绍撰《经目》四卷。《解脱道经》一十三卷,僧伽出。"

天监十五年："敕沙门宝唱撰《经律异相》五十卷。《优娄频伽经》一卷,木道贤出。"

天监十六年："敕沙门宝唱撰《众经佛名》。六月废省诸州道士馆。"

天监十七年："敕沙门宝唱撰《众经目录》四卷。《文殊问经》一卷,僧伽出。"

天监十八年："敕沙门宝唱撰《名僧传》三十一卷。"

普通元年："《十法经》,僧伽婆罗出为一卷。"

普通二年："九月二十三日建立同泰寺。初建刹,帝亲自幸,百司尽陪。"

大通元年："同泰寺成,帝亲幸,改元,大赦。"

中大通元年："九月十五日,帝幸同泰寺,逊位为仆。地震,百僚请复位。凡十五日,十月一日驾还宫。"

虽说这样的记载未免太简,远不足反映一年当中佛教活动的概况,但它毕竟是创造了新的佛教史书写体制——编年体,影响深远。

《历代三宝纪》的不足之处是：考核不精,伪滥甚多。它不加鉴别地引用南北朝流行的各家经录(包括转引伪录《朱士行汉录》),将从大部抄出的别生经、译本的异名当作译典正数,加到译师的部卷中去,并主观臆断没有署名的失译经为某人所出,从而使译师的经本骤增,有的甚至达到《出三藏记集》所记数目的数倍,以至更多(如后汉安世高、支谶、支曜、三国支谦、西晋竺法护、法炬等)。这只要对照唐智升《开元释教录》就可有所了解。

有关本书的研究,主要有陈士强《大藏经总目提要·文史藏》(上海古籍出版社,2008年)。

(陈士强)

国清百录 〔隋〕灌 顶

《国清百录》，又名《国清道场百录》，四卷。隋灌顶纂，成于大业元年(605)。通行本有《宋藏》本、《金藏》本、《明南藏》本、《明北藏》本、《频伽藏》本、《大正藏》本等。

灌顶(561—633)，俗姓吴，字法云。原籍常州义兴(今江苏宜兴)，祖世移居临海章安(今属浙江)。父早亡，七岁依摄静寺慧拯法师出家，学《涅槃经》，二十岁受具足戒。陈至德元年(583)，上天台山师事智顗，研绎教观。此后一直跟随智顗辗转各处，智顗的大部分文疏均由他记录编纂而成。尚著有《大般涅槃经玄义》二卷、《大般涅槃经疏》三十三卷、《观心论疏》五卷、《天台八教大意》一卷、《隋天台智者大师别传》一卷(以上今存)、《南岳记》一卷、《真观法师传》一卷(以上已佚)等。生平事迹见《续高僧传》卷十九、《佛祖统记》卷七。

《国清百录》是天台宗早期文献的汇编。内容包括天台宗创始人智顗所撰的制法、礼法、训示、书札、发愿文和遗书；陈、隋两朝皇室以及臣僚僧众致智顗(包括他的弟子)的敕文书疏；为智顗和他所建的玉泉寺撰写的碑文等。总计一百零四篇。

卷一：收《立制法》、《敬礼法》、《普礼法》、《请观世音忏法》、《金光明忏法》、《方等忏法》、《训知事人》(上七件均为智顗所撰)、《(陈)太建九年宣帝敕施物》、《太建十年宣帝敕给寺名》等十二篇。

卷二：收《(陈)少主皇太子请戒疏》、《永阳王解讲疏》、《陈左仆射徐陵书》、《陈吏部尚书毛喜书》、《天台山修禅寺智顗禅师放生碑文》(陈国子祭酒徐孝克撰)、《隋高祖文皇帝敕书》、《王(晋王)受菩萨戒疏》、《蒋州僧论毁寺书》、《述蒋州僧书》、《述匡山寺书》(上二件为智顗所撰)等三十八篇。

卷三：收《重述还天台书》、《答度人出家书》、《发愿疏文》、《遗书与晋王》(上四件均为智顗所撰)、《王(晋王)答遗旨文》、《王遣使入天台建功德愿文》、《天台山众谢启》(智顗的弟子智越等撰)、《仁寿四年皇太子登极天台众贺至尊》(同上)等三十八篇。

卷四：收《敕度四十九人法名》、《天台山国清寺智者禅师碑文》(隋秘书监柳顾言撰)、《玉泉寺碑》(当阳县令皇甫毗撰)、《道因寺惠崟等致书》、《蒋山栖霞寺保恭请疏》、《吉藏法师请讲法华经疏》等十六篇。

书末有南宋的莲山沙门戒应撰的《智者大禅师年谱事迹》。

在《国清百录》所收的一百零四篇文书中,以初为晋王、皇太子,后为隋炀帝的杨广所撰的书疏和敕令的数量为最多,有四十八篇。智𫖮撰的制法、忏法、训示、书札等居次,有十七篇。但就文书的价值而言,智𫖮撰的要远远高于杨广撰的。

如智𫖮为约束徒众,曾制定了十条制规。这些制规对于维系天台宗僧团的洁整产生过一定的作用。其中提到的对四时坐禅、六时礼佛、僧众和合等具体要求和处罚办法,可见一斑:"依堂之僧,本以四时坐禅,六时礼佛,此为恒务。禅礼十时,一不可缺,其别行僧行法竟,三日外即应依众十时。若礼佛不及一时,罚三礼时众忏;若全失一时,罚十礼对众忏。若全失六时,罚一次维那。四时坐禅亦如是。除疾碍,先白知事则不罚。"(卷一《立制法》)"僧名和合,柔忍故和,义让故合。不得诤计高声,丑言动色。两竞者各罚三十拜对众忏,不应对者不罚。身手互相加者,不问轻重,皆不同止。不动手者不罚。"(同上)

又如陈代宣帝、少主(即后主)都与智𫖮有很深的交情。宣帝曾于太建九年(577)二月六日下敕,拨始丰县(今浙江天台县)的赋税("调")来资助智𫖮及其弟子。敕云:"智𫖮禅师,佛法雄杰,时匠所宗,训兼道俗,国之望也。宜割始丰县调,以充众费。蠲两户民,用供薪水。主者施行。"(卷一《太建九年宣帝敕施物》)

《国清百录》收录的这些文书,对于研究智𫖮的生平行业、制仪教说、社会活动与影响,以及朝野与天台宗的关系,提供了第一手的史料。

有关本书的研究,主要有陈士强《大藏经总目提要·文史藏》(上海古籍出版社,2008年)。

(陈士强)

三论玄义 〔隋〕吉 藏

《三论玄义》，二卷。隋吉藏撰。成于隋大业(605—617)末年。通行本有：《大正藏》本、《卍续藏经》本。

吉藏(549—623)，俗姓安，祖籍西域安息(今伊朗高原一带)，后因避仇，迁居南海(今广州一带)，以后又移家金陵(今南京)。一家历世奉佛，其父后来也出家为僧，法名"道谅"，精勤自拔，苦节少伦。吉藏幼年，常随父到兴皇寺听法朗法师宣讲"三论"(龙树《中论》、提婆《百论》和龙树《十二门论》)，七岁时，随法朗剃度出家。十九岁时替法朗复讲经义，进誉扬邑，有光学众。受具足戒后，声誉日高。陈废隋兴之际，江南凌乱，僧尼奔散，吉藏带领众弟子到废毁的寺庙搜集义疏写本，将它们堆放到三间堂内，待稍安以后，便整理研究，史称"目学之长，勿过于藏，注引宏广，咸由此焉"。隋平定百越(今浙江、福建一带)之后，东游而至会稽(今绍兴)，住嘉祥寺讲学著书，问道者千余人，时称"嘉祥大师"。开皇(581—600)末年，以"名解著功"，被晋王杨广召入扬州慧日道场，后邀住长安(今西安)日严寺。《三论玄义》就是在这时完成的。唐武德元年(618)，高祖在长安选拔十大德(有德行威望的僧人)，以统领僧众，吉藏即为其中之一。平生讲"三论"一百余遍，成为隋唐佛教宗派中三论宗的创始人。著书三十八部一百余卷，其中见存的有二十七部，有《中论疏》、《百论疏》、《十二门论疏》、《大乘玄论》、《二谛义》、《华严游意》、《法华玄论》、《大品游意》、《浮名玄论》、《涅槃游意》、《胜鬘宝窟》、《无量寿经义疏》、《金光明经疏》等。生平事迹见唐道宣《续高僧传》卷十一。

《三论玄义》是一部论述《中论》、《百论》、《十二门论》的宗旨大意的著作，也是三论宗的纲要书，和研究三论宗所尊奉的龙树的中观学的入门书。

全书分为《通序大归》、《别释众品》二门。《通序大归》(卷上至卷下前部分)从总体上论述三论的宗趣。下分《破邪》、《显正》二章。《破邪》章又分《摧外道》、《折毗昙》、《排成实》、《呵大执》四节，《显正》章又分《明人正》、《显法正》二节；《别释众品》(卷下后部分)分别论述与三论有关的一些问题。下分《明造论缘起》、《明诸部通别义》、《明众论立名不同》、《明众论旨归》、《明四论(指"三论"和《大智度论》)破申不同》、《明别释三论》、《论三论通别》、《明四论用假不同》、《明四论对缘不同》、《明三论所破之缘》、《别释〈中论〉名题》等十一节。今人也有将卷下前部分《明经论相资》、《明经论能所绞络有四句不同》二小节划入《别释众品》门的,但从前后文句的意思来看,这二小节不属于《别释众品》门,而属于《通序大归》门中的《显正》章的第二节《显法正》。

《三论玄义》以"破邪显正"的方式,即通过破斥外道(佛教以外的派别和见解)、毗昙(特别重视毗昙类经典的撰述和研究的小乘说一切有部)、成实(指小乘论典《成实论》)、大执(与三论宗见解不同的一些大乘论师和派别)的方式,阐明了三论宗"非有非空"的中道正观。

文中说,印度的外道相传有九十六种,如果把他们的学说加以概括的话,在事物的因果联系问题上,主要有四种主张:"一计邪因邪果,二执无因有果,三立有因无果,四辨无因无果。"主张"邪因邪果"的人认为,大自在天能够产生万物,万物如果衰灭了,仍然回归大自在天。吉藏认为,这是错误的。"夫人类生人,物类生物。人类生人,则人还似人;物类生物,物还似物。盖是相生之道也。而谓一天之因,产万类之报,岂不谬哉!"主张"无因有果"的人认为,事物的结果是显现在人们眼前的东西,可以知道的,而产生结果的原因则是不可知的,因为原因前面还有原因,可以无穷无尽地推论下去,没完没了。因而事物是自然而有的,并没有什么原因。吉藏批驳说:"夫因果相生,犹长短相形。既其有果,何得无因?如其无因,何独有果?若必无因而有果者,则善招地狱,恶感天堂。"主张"有因无果"的人认为,人死之后形神俱灭,不复存在,因而人只有现世,而没有后世,这就像草木一样,尽在一期。吉藏引用庐山慧远的一席话:"火之传薪,犹神之传于形,火之传异薪,犹神之传异形。前薪非后薪,则知指穷之术妙;前形非后形,则悟情数之感深。"认为,薪(比喻形体)可以熄灭,但火(比喻精神)则可以一代一代传下去,其传播的方式是从这一堆薪上点燃,然后转移到另一堆薪上,精神也是从现世转移到后世,流传下去;主张"无因无果"的人认为,世上没有善恶是非,既没有恶业,没有恶报,也没有善业,没有善报。吉藏评论说,在上述四种异执中,此说最为卑劣,"现在断善,后生恶趣"。

在佛教内部,小乘说一切有部(又称"萨婆多部")认为,人是由色、受、想、行、识五种因素("五蕴")的假合而产生的,因而他没有稳定的实体和自性,是"空"的(即"人空"),但构成人的因素是不空的,是实在的,过去、现在、未来("三世")的时间和空间,以及其间出现的现象也是实有的。吉藏从乖至道、扶众见、违大教、守小筌、迷自宗、无本信、有偏执、非学本、蔽真言、丧圆旨等十个方面对说一切有部的观点进行了批斥,论述了世界上森罗万象的事物("法")本性都是空寂("空")的理论。

一般来说,"人空"和"法空"是判断佛教中小乘和大乘的主要标准。小乘只承认人空(即人没有确定的性质和实体),而不承认法空(即事物都没有确定的性质和实体),但吉藏认为,小乘中也有讲"二空"的,佛灭度(逝世)后九百年间由诃梨跋摩撰作的《成实论》就是典型的一个例子。由于《成实论》兼讲"二空",故往往被人看作是大乘学说,并因此而在南北朝时期形成了成实学派。吉藏为此从旧序证、依论征、无大文、有条例、迷本宗、分大小、格优降、无相即、伤解行、检世人十个方面对《成实论》进行了全面的分析,认定《成实论》仍然是小乘的论书。在论证的过程中,他第一次详细地辨析了小乘和大乘在"二空"问题的不同之点:"一者,小乘拆法明空,大乘本性空寂;二者,小乘但明三界(指欲界、色界、无色界)内人法二空,空义即短,大乘明三界内外人法并空,空义即长;三者,小乘但明于空,未说不空,大乘明空,亦辨不空。……四者,小乘名为但空,谓但住于空。菩萨(指大乘)名不可得空,空亦不可得也。"

对于龙树的《中论》、《十二门论》和提婆的《百论》究竟以什么为宗旨,吉藏的看法是"以二谛为宗"。二谛,指的是俗谛和真谛。俗谛是世俗之人关于事物真实存在的看法,是俗人的真理;真谛是佛教贤圣关于事物本性空寂的看法,是佛教的真理。吉藏认为,无论是偏执于俗谛,还是偏执于真谛,都是错误的。只有将二谛统一起来,既看到事物的本性是空寂("真空")的,又看到事物的现象是有的,只不过这些现象不是真实的,而是虚假("假有")的罢了。这种"真空"与"假有"相结合的认识,便是三论宗倡导的非真非俗、非有非无的"中道实相"观。

从中道实相观出发,吉藏对大乘佛教内部偏执于"空"的"方广道人"进行了批斥。"方广道人谓一切诸法如龟毛兔角,无罪福报应。此人失于世谛。"因为只讲空,不讲有,把一切看作虚无不实,就有导致否定佛教关于"罪福报应"等教说的危险,这在理论上或修行实践中都是十分有害的。吉藏认为,只有讲"空"而又不执著于"空",把"空"也空掉,内心无着无得,才能真正得到精神上的超脱,这种"言忘虑绝"的境界便是佛祖最圆满的教法之所在。

由于吉藏创立的三论宗,后来由弟子慧灌传到日本,形成了日本的佛教宗派三论宗,因此,吉藏的《三论玄义》在日本产生过很大的影响。据日本《大正新修大藏经勘同目录》记载,在日本为本书作注疏的就有二十五家,如珍海《玄疏文义要》十卷、赖超《玄疏问答》三卷、真空《检幽集》七卷、尊祐《科注》七卷、贞海《柱宫钞》三卷、如实《拔出记》八卷、慧云《悬谈》一卷、常明《讲录》四卷等。本书的注本,有韩廷杰《三论玄义校释》(中华书局,1987年)。

(陈士强)

中论疏 〔隋〕吉 藏

《中论疏》,又称《中观论疏》,十卷(或二十卷)。隋吉藏撰,成于大业四年(608)。通行本有《大正藏》本、《卍续藏经》本等。

作者生平事迹见"三论玄义"条。

《中论》是印度龙树造、青目释的一部大乘论典。书中主要讨论了空、缘起、世俗谛、胜义谛等问题,采用"否定之否定"的方法宣扬中道,既破空、破假,又破执中之见。主张"八不中道"即是无所得之中道。这种独特的般若思想不仅成为印度中观学派的根本立场,而且也是三论宗所依据的主要论点。

《中论疏》是《中论》的注释书。书中首先诠释僧叡的《中论序》,然后逐一详细解释从《因缘品》至《观邪见品》共二十七品的内容。按照作者的观点来说,本书的重要思想有以下三个方面。

一、论述中道是佛菩萨的实践之道,其内容有世谛中道、真谛中道和非真非俗中道三种。他说:"(本书)所诠之中,则三种中道:世谛中、真谛中、非真非俗中。能诠之教,则论此三中,是以无教不收,无理不摄。所言广本具三者中,诸佛菩萨所行之道。"(《中论序疏》)又说:"然至道非中不中、非名不名而立中名者,理虽中不中,为令物得悟,强立中名也。"(同上)

此三种中道之说与历来真、俗二谛说可以说是大异其趣。也就是说,世谛并不是众生的分别境界,而成了佛菩萨为济度众生的方便慧境;真谛则是真实慧境地,所以说依此二谛而产生真实、方便二慧。此二慧有如佛菩萨的父母一样。

二、在昙影《中论疏》指出的青目所释有四种过失(释《因缘品》四缘伤巧处、释四缘勇于取类劣于寻文、释《业品》偈虽空不断、释《观邪见品》长行复彼助闹)的基础上,作者又指出青目注疏还有另外四种乖失:(一)长行的解释与偈子本意相乖;(二)解释偈子原意有阙失;(三)长行疏释繁琐;(四)前章已经说明,后面又重复。

三、本书引用《法华》、《华严》、《楞伽》、《维摩诘》、《大智度》、《摄大乘》、《阿毗昙》等多种经论,并对当时印度的诸家学说亦有涉及,尤其是根据《大般涅槃经》的思想来解释空之学说,是本书有别于其他《中论》注疏的重要特色。

有关本书的注释,有日本安澄《中论疏记》等。

(夏金华)

法华玄论 〔隋〕吉 藏

《法华玄论》,又名《法华经玄论》,十卷。隋吉藏撰,撰时不详。通行本有《大正藏》本、《卍续藏经》本等。

作者生平事迹见"三论玄义"条。

《法华经》(又名《妙法莲华经》)是一部重要的大乘经。此经认为,小乘佛教各派过分重视形式,因而远离教义的真意,所以为了把握佛陀的真精神,于是采用诗、譬喻、象征等文学手法,赞叹释迦成佛以来,寿命无限,并且示现各种化身,以种种方便宣说微妙法。重点在于弘扬"三乘归一"的观点,也就是声闻、缘觉、菩萨三乘归于一佛乘,调和大小乘各种说法,阐述一切众生皆能成佛的思想。

《法华玄论》是吉藏依据三论宗的教旨,以阐释《法华经》要义的重要著作。全书分为十卷。

卷一:总叙全书的弘经方法、大意、释名、立宗、决疑和随文释义六大部分内容。同时指出,弘经方法包括释法师义、弘经方法、弘经失义、弘经难义、翻译缘起、所弘之经、讲经缘起七项内容,并略述《法华经》大意。

卷二:释名和立宗。其中释名部分诠释妙法义(先总论十对,后详释因果妙义)和莲花义(包括十七种异名和十六种含义)。

卷三:决疑。以问答方式详列旧说,复以大乘因果诸义辩明作者的观点。

卷四:先阐明一乘教义,再论述权、实二智之义。

卷五、卷六:解释《法华经》经文。此二卷,疏释经中《方便品》和《譬喻品》的内容。分别论述开方便门、三周说、六重大事因缘和八重譬喻等内容。

卷七、卷八:诠释《信解品》、《药草喻品》(二条)、《授记品》(七条)和《化城喻品》(九条)和《法师品》。

卷九:此卷除论释《见宝塔品》、《提婆达多品》的内容之外,又论述了本迹义及《信解品》中的含义。

卷十：疏释《分别功德品》、《随喜功德品》、《法师功德品》、《观世音菩萨普门品》、《妙庄王本事品》诸品奥义。最后详论佛陀入般涅槃的真正意义。

《法华玄论》基本用问答方式写成。旨在阐明弘传《法华经》的方法，说明佛说此经的十六种因缘。又通过解释经题"妙法莲华"之义，阐述此经的宗旨。同时，比较《般若》、《维摩诘》、《法华》三经的异同点。然后，次第诠释《法华经》二十八品的大纲。书中广泛征引僧叡、慧观、道朗、刘虬、鸠摩罗什、僧肇、求那跋摩、道生、慧远、菩提流支等诸师之说，以为增上，内容详尽，思想深刻。

（夏金华）

大乘玄论 〔隋〕吉 藏

《大乘玄论》,五卷。隋吉藏撰,撰时不详。通行本有《大正藏》本、《卍续藏经》本等。

作者生平事迹见"三论玄义"条。

《大乘玄论》是一部以三论宗空观、中道的基本思想论证大乘佛法的著作。作者不仅是三论学的集大成者,而且对于当时佛教界所重视的《法华经》、《大品般若经》、《维摩经》、《华严经》、《大般涅槃经》、《胜鬘经》、《弥勒经》、《仁王经》、《观无量寿佛经》、《无量寿经》、《金光明经》、《金刚经》等大乘经典之注疏也多有研究,而《大乘玄论》即包含上述经典中的主要论题。

本书的主要内容分为:二谛义(七章)、八不义(六章)、佛性义(十章)、一乘义(三章)、涅槃义(三章)、二智义(十二章)、教迹义(三章)、论迹义(五章)等八门。八门的具体思想内容如下。

一、二谛义。阐明真、俗二谛之义,并通论南北朝佛教界的论题,系三论宗最重要的教义之一。

二、八不义。揭示"不一、不异、不常、不断、不来、不出、不生、不灭"之义。

三、佛性义。阐明三因佛性。

四、一乘义。解释《法华经》等所说之一乘。

五、涅槃义。解说涅槃之义,与佛性义、一乘义同受到当时《涅槃经》的影响。

六、二智义。辨析权、实二智之义,与一乘义同为与《法华》教义有密切关系之论说。

七、教迹义。彰显佛陀一代教化之迹义。

八、论迹义。诠释《大智度论》及"三论"大要,与《三论玄义》的后半部分内容,有许多相通之处。

此外,《大乘玄论》颇受到当时判教理论的影响。本书虽说是吉藏本人的论著,但却是由后人集录而成的,是他最重要的著作之一,也是理解三论宗教义的重要典籍。《大乘玄论》广泛征引《大品般若》、《金刚》、《维摩》、《涅槃》、《法华》、《阿含》、《华严》等经,又博采《中论》、《百论》、《十二门论》及《大智度》、《成实》、《婆沙》等论,并且还援引鸠摩罗什、僧肇、道生等人的思想学说,一一加以评论,意旨深湛,受到古代三论学者的重视。

(夏金华)

四分律疏 〔唐〕法 砺

《四分律疏》，十卷(或二十卷)。唐法砺撰，成于武德九年(626)。通行本有《大正藏》本、《卍续藏经》本等。

法砺(569—635)，俗姓李。赵州(今河北省赵县)人。年十五，依演空寺灵裕出家。受具足戒后，就静洪律师研习《四分律》，并作注释。数年后，又从洪渊听讲律学，穷究根源。两年后抵江南，修学《十诵律》。隋朝末年又回到江北。因天下乱起，遂隐居钻研律部奥义。唐武德年(618—626)中，于冀州临漳布展法席，宣讲《四分律》，诸方学者会集座前，悟者极多。后被推为相部宗之开山。著作有《四分律疏》、《羯磨疏》、《舍忏仪轻重叙》等。生平事迹见《续高僧传》卷二二。

《四分律疏》是《四分律》的注释书，也是唐代《四分律》三大疏之一。对北魏慧光、唐代智首两部《四分律疏》来说，本疏略称"中疏"；而对后来怀素之《四分律开宗记》而言，本疏则称为"旧疏"，是为唐代《四分律》相部宗的根本要典。本疏共十卷，大致内容如下。

卷一：略述律宗纲要。

卷二：始释《四分律》本文。本卷解释"四波罗夷法"中的持犯对治和"别解"中的淫、盗二戒。

卷三：解释"四波罗夷法"中的杀戒和"十三僧残"及"二不定法"的部分内容。

卷四：解释"三十尼萨耆法"初戒至第五戒。

卷五：主要解释"九十波逸提法"初戒至第五十八戒。

卷六：解释"九十波逸提法"最后部分的内容和第二分律比丘尼"十七僧残法"及"一百七十八波逸提法"。

卷七：解释"受戒"、"说戒犍度"。

卷八：解释"安居"、"衣"、"药"、"瞻波犍度"。

卷九：解释"呵责"、"遮"、"灭诤犍度"。

卷十：解释"比丘尼犍度"和第四分律"毗尼增一"之内容。

本疏阐述了有关《四分律》的"十六大义",奠定了《四分律》相部宗的思想基础。大体上说,作者主张戒学兼具定、慧二学,因此以止持(止恶)、作持(为善)二法为宗,又依据《成实论》,倡导戒体(指由戒所得的防非止恶之体性,即受戒发誓时,受者内心所产生的防非止恶的力量)非色非心。又将戒学分为受戒法门、随戒行相二种。这里的受戒,是指断恶修善,纳法于心之意;随戒,则是指受戒之后,随顺受持的意思。受戒又可以分为受缘和受体;随戒,则指专精不犯和犯后能悔,等等。作者的再传弟子怀素不同意师说,而撰《四分律开宗记》,别创新义。相部宗的定宾又撰《四分律疏饰宗义记》,扶本疏要义,并答复怀素的评驳。由是新疏、旧疏之争日趋激烈。唐代宗尝敕十四位大德出面调停,折中二说,亦无济于事。

(夏金华)

辩正论 〔唐〕法 琳

《辩正论》,八卷。唐法琳撰,约成于贞观元年(627)至贞观十三年(639)之间。通行本有《宋藏》本、《金藏》本、《元藏》本、《明南藏》本、《明北藏》本、《清藏》本、《丽藏》本、《大正藏》本等。

法琳(572—640),俗姓陈,原籍颍川(今河南许昌),后迁至襄阳(今属湖北)。少时出家,云游金陵,参学楚郢。隋开皇十四年(694),隐居青溪山鬼谷洞,遍览儒道经籍,与此同时,撰《青溪山记》几千余言。仁寿元年(601),上京(长安)观化。义宁初年(617),为探究道教原委而躬身为道士,随后还归佛门,居济法寺。唐初,佛道二教争论激烈,在几次重大规模的争论中,法师据理力争,力克群雄。《辩正论》一书便是这一时期佛道之争的产物。贞观十三年(639),道士秦世英屡进谗言,告他著《辩正论》,旨在抗争皇上和讥谤先王,法琳由此而入狱,后流放益州,便卒于途中,终年六十八岁。今存的著作还有《破邪论》一卷,已佚的有《大乘教法》、《释老宗源》、《三教系谱》,另外还有大量的诗赋、诔、表、赞颂等。生平事迹见唐彦琮《唐护法沙门法琳别传》三卷。

《辩正论》是唐初有名的一部辩论儒、释、道三教与治国的关系,以及佛教与道教的先后优劣的论著。唐武德九年(626),清虚观道士李仲卿著《十异九迷论》、刘进喜著《显正论》抨击佛教。并且通过傅奕,转呈给皇上,成为此年五月唐高祖下诏沙汰僧尼,规定京立三寺,僧限千人,其余的一律还俗的因素之一。虽然由于六月发生的"玄武门之变",导致唐高祖退位,李世民登基,唐高祖的这道敕令也因之而失效,但李、刘两论的社会影响仍然存在。为了维护佛教利益和声誉,法琳撰作了这部《辩正论》。

全书分为十二篇。

一、三教治道篇(卷一、卷二)。论儒、道、佛三教与治国的关系。分为上下篇。上篇着重讨论儒家以礼义刑禁为政,与佛教以三归、五戒、十善、六斋劝化的不同作用。下篇着重贬黜道教,称道斋虚妄,于国无救,道家之"道",非是"大道",而是"小道"。

二、十代奉佛篇(卷三、卷四)。记晋、宋、齐、梁、陈、魏(北魏、西魏、东魏)、北齐、北周、隋、唐十代君臣敬信佛教的事迹。也分为上下篇。上篇记唐以前诸帝以及两晋南朝王公大臣、州守县令、名儒学士的奉佛事迹。下篇记唐初两帝(高祖、太宗)以及北朝、隋代王公宰臣的奉佛事迹。

三、佛道先后篇(卷五)。论佛教产生在先,道教产生于后。

四、释李师资篇(卷五)。论佛为老子之师。

五、十喻篇(卷六)。以从生有胜劣、立教有浅深、德位有高卑、化缘有广狭、寿夭有延促、化迹有先后、迁谢有显晦、相好有多少、威仪有同异、法门有顿渐等"十喻",对答道士李仲卿《十异九迷论》中的"十异",争辩老子与释迦牟尼的高卑优劣。

六、九箴篇(卷六)。以周世无机、建造像塔、施仪器服、弃耕分卫、教为治本、忠孝靡违、三宝无翻、异方同制、老身非佛等"九箴",对答《十异九迷论》中的"九迷",力辨世人奉佛非是"迷惑"。

七、气为道本篇(卷六)。谓道教的"道"本是"气",除了"气"以外,别无"道君"、"道神"一类的天神仙官。

八、信毁交报篇(卷七)。列数种种善恶报应的事例,论证信佛则有灵验,毁佛则有恶报。

九、品藻众书篇(卷七)。谓儒典浩瀚,唯有《孝经》一书"言约旨弘,尽善尽美"。

十、出道伪谬篇(卷八)。从灵文分散谬、灵宝太上随劫生死谬、改佛经为道经谬、偷佛法四果十地谬、道经未出言出谬、道士合气谬、叙天尊及化迹谬、诸子为道书谬等八个方面,对道教经典进行了抨击。

十一、历代相承篇(卷八)。从道家无金刚密迹师子、穆老形服异、道家节日、钟幡不同、器名不同、不合行城、依法朝拜、请立经目等方面,对道教从佛教那里引进,或者是受佛教的启发而仿立的天神、节日、法器、仪式、道经进行了抨击。

十二、归心有地篇(卷八),收载梁武帝的《舍道敕文》、邵陵王萧纲的《奉敕舍老子受菩萨戒文》。

上述十二篇中,《十喻》、《九箴》两篇采用引道士李仲卿《十异九迷论》中的一条论点,对一条法琳的驳词的方式写成;《三教治道》、《十代奉佛》、《佛道先后》、《释老师资》、《信毁交报》、《品藻众书》等六篇,自设宾主,用"儒生"(偶尔也用"上庠公子"、"公子")和"开士"(偶尔也用"古学通人"、"通人")之间的对话的方式写成。"儒生"代表儒家和道教,"开士"代表佛教;《气为道本篇》用"考古通人"和"占衡君子"之间的对话的方式写成,但两人之间无驳难,均代表佛教的观点;《出道伪谬》和《历代相承》两篇,是作者本人的陈述,没有宾主问答;《归心有地篇》是资料辑录。

《辩正论》系统地叙载了西晋以下至唐初十代五臣的奉佛事迹。特别是历代皇帝造像立寺、设斋度僧、诵经持戒的事例和历代僧人、寺庙、译者译经等的资料,为了解各个时期佛教概貌提供了宝贵的资料。这些史料,不仅为唐代道宣的《释迦方志》和道世的《法苑珠林》所转载,而且也为后世的许多佛教史籍所征引。

同时,论中也反映了作者对儒家和道教的不同态度和评价。如作者对儒家的礼义政纲贬损不多,只是认为:"释氏之教也,劝之以善,化之以仁,行不杀以止杀,断其杀业。以断杀故而民畏罪;王者为政,闭之以狱,齐之以刑,将杀以止杀,不断杀业。以不断故而民弗禁。"(卷一)也就是说,王者用刑罚来止杀,不如佛教用劝善来止杀有效。而对道教则大加鞭挞,列数种种事例,指责道教剽窃佛教。这对于研究佛教对道教的渗透具有一定的参考价值。

有关本书的研究,主要有陈士强《大藏经总目提要·文史藏》(上海古籍出版社,2008年)。

(陈士强)

安乐集 〔唐〕道 绰

《安乐集》，又名《净土论》，二卷。唐道绰撰，撰时不详。通行本有《大正藏》本、金陵刻经处本等。

道绰(562—645)，并州汶水(今山西文水)人，俗姓卫。十四岁出家，在太原开化寺师事释慧瓒禅师研习佛教义理，阅读佛教经典。后来，他游石壁玄中寺，寺在今山西交城县境内，本为东魏时昙鸾法师所立。昙鸾一生宣扬净土教义，在当时有一定影响，玄中寺中立有记载昙鸾事迹的碑文，道绰阅后顿生仰慕之情，于是开始接受净土思想，并致力于弘扬净土法门的工作。据说他"盛德日增，荣誉远及"，远近道俗都来归依。他曾讲《观无量寿经》将近二百遍，"词既明诣，说甚适缘，比事引喻，听无遗拘"。他还劝人念阿弥陀佛名号，用麻豆等计数，每念一声，计以一粒，如是行之，乃积达百万斛。他自己则每天口诵阿弥陀佛名号七万遍，"声声相注，宏于净业"。在他的大力宣扬之下，晋阳、太原、汶水等地道俗，连七岁的小孩都知道诵念阿弥陀佛。净土宗在唐代能得到很快的发展，与道绰及其弟子善导的大力弘扬有很大关系。因此，中国佛教的净土宗虽然上推东晋时期的庐山僧人慧远为东土初祖，但实际上道绰应当是中国佛教净土宗的创始人之一。生平事迹见唐代道宣《续高僧传》卷二十。

《安乐集》是一部较早地系统阐述西方净土思想的著作。书中汇集了有关往生安乐国的各种佛教经论。"安乐国"，或称"安乐净土"，就是佛教所说的阿弥陀佛的西方极乐净土，也称作"极乐国"。《无量寿经》中说西方阿弥陀佛的国土"无有三途苦难之名，但有自然快乐之音，是故其国名曰安乐"。本书的题名即取意于此。

《安乐集》上下二卷，共分为十二门，每一门中又分为若干类。全书以《观无量寿经》的思想统以贯之，主要宗旨在于破除异义，弘扬净土法门。本书注重经证，广引典籍，全书共引证佛教各种经、律、论五十多部，以此论证净土法门的优越和殊胜，并劝信往生西方净土。

上卷三大门。

第一门分为九类。第一明教兴所由,约时被机,劝归净土,主要依《大集月藏经》之说,以现时众生离佛世远,机解浮浅暗钝,只有净土法门才是修行之道。第二据诸部大乘经论来说明西方净土。第三据大乘之教,欲使时会听众,发心修习西方净土。第四辨诸经宗旨不同,明《观无量寿经》以念佛三昧为宗。第五明诸经得名各异。第六分析说人差别。第七明真身和应身,真土和应土之别,说明阿弥陀佛是报身佛,西方净土是报土。第八显弥陀净土,位该上下,凡圣通往,由于阿弥陀佛愿力广大,所以使凡夫之善,也得往生。第九明弥陀净国,超出三界,体出世间。总而言之,这一门主要论述净土法门易修易行,念佛三昧是一切三昧之王,又详细说明阿弥陀佛及其西方净土的果位功德。

第二大门分成三大类。第一明发菩提心,以菩提心为净土生因。第二引各种经论,破除当时反对净土教义的各种论点。第三通过问答,进一步进行阐述,以解除人们的疑问。这一门主要是告诫希望将来往生西方净土的信众,必须先发上求佛道,下度众生的大愿心,才能修得往生西方净土。同时批评了佛教其他一些派别对净土教义的异见,进一步阐述西方净土的教义思想。

第三门分四大类。第一辨难行易行道,指出,由于阿弥陀佛的愿力,信仰西方净土是他力往生,故是易行之道。第二依《大智度论》所说,解释时劫的大小长短。第三明从无始世劫以来,众生轮回无穷,但信奉净土法门,修习念佛三昧,就能往生净土,解脱轮回。第四进一步引诸经论证明净土法门,奉劝后人依此修行,以求往生西方净土。这一门中明确指出净土法门是时教相应的方便法门,是末法时期的易行之道。这是全书的重点,是《安乐集》阐述的净土思想的要旨。下卷的各门几乎都是围绕着这一门中所说的内容反复进行论证,并从各个角度加以发挥。

下卷共有九门。主要是紧紧环绕第三门中提出的中心思想,大量引证中国佛教历代高僧的言行以及佛教的经论,如《华首经》、《文殊般若经》、《观无量寿经》、《般舟经》、《华严经》等,反复论证十方世界各种净土中,唯有此西方净土最适宜现时众生的修行需要;各种三昧中以念佛三昧更为殊胜。

《安乐集》一书的篇幅并不大,但本书内容集中,中心思想明确,其中提出的时教相应说、圣道门和净土门、报身净土论等观点,是本书弘扬净土思想的特点。

"时教相应说"是本书弘扬西方净土思想的重要出发点。书中指出,佛教修行,必须"时"和"教"互相契合,教法合乎时机,才易修易悟。而在此"五浊恶世"之"时",只有称名念佛、希望往生西方净土的"教"才相契合,因此念佛三昧是最好的修行方法。

区分圣道、净土二门,源于龙树《十住毗婆沙论》中提出的难行、易行道之说。这一说法认为在此末法之时,唯有修习净土法门,才是水中行舟,比较容易取得修行成果。

报身净土论则以西方极乐净土为阿弥陀佛的报土,提出"弥陀净土,位该上下,凡圣同往",确立了净土信仰在大乘佛教中的地位,扩大了净土信仰在民众中的影响,为净土宗的形成奠定了基础。

《安乐集》大力弘扬西方净土思想,大量引证佛教各种经论阐述有关净土信仰的理论和往生西方净土的方法,使净土法门得以在社会上广泛流行,为净土宗的创立和发展在思想理论上作了准备,并奠定了净土宗的群众基础。后来道绰的弟子、唐代著名的净土宗僧人善导作《观经四帖疏》,就是以《安乐集》的净土思想作为理论基础的。因此《安乐集》一书在中国佛教净土宗思想发展史上具有一定的重要性。此书后来传到日本,受到日本净土宗和净土真宗的重视,成为一宗圣典。

《安乐集》的最大不足之处是体系比较凌乱,缺乏内在的逻辑和系统性。因此唐代另一位净土教僧人迦才批评此书"虽广引众经,略申道理,其文义参杂,章品混淆,后之读者亦踌躇未决"(见迦才《净土论序》)。

(业露华)

净土论 〔唐〕迦 才

《净土论》,又名《迦才净土论》,三卷。共分九章。唐迦才撰。从书中记有唐太宗贞观二十二年(648)之事,而新罗元晓(617—686)在中年所著的《游心安乐道》(今存,一卷)中引有本书的论述来推断,约成于唐贞观二十三年(649)至高宗弘道元年(683)之间。通行本有《大正藏》本等。

迦才,生卒年不详。贞观年间,住于长安弘法寺,讲习《摄大乘论》,后受道绰之影响,弘扬净土法门,着手整理净土诸论著,主张念佛以观想为主。其余事迹不详。

本书是一部用问答体写成的论述净土教义的著作。因道绰的《安乐集》"文义参杂,章品混淆",致使读者踌躇未决,因而"搜捡群籍,备引道理",撰写了本论(《自序》)。但迦才的主要思想仍来自《安乐集》,而在表述上则更具条理性与鲜明性,同时也夹带有根据唯识学和如来藏思想而展开的一些新见解。

全书共分九章。其中卷上分三章:《第一定土体性》,论述西方净土(弥陀净土)的性质,认为亦有法、报、化三土之差别;《第二定往生人》,讨论往生净土者的根机;《第三定往生因》,分往生的通因(发菩提心、修三福净业)与别因(念名号、礼拜、赞叹、发愿、观察、回向)论述。卷二分两章:《第四出道理》,叙述念佛往生的方法(临终十念和七日念佛法);《第五引圣教为证》,引经典上的依据。卷三分四章:《第六引现得往生人相貌》,叙述僧俗二十人的往生事迹;《第七将西方兜率相对较量优劣》,将西方净土与兜率净土(弥勒净土)相对较量优劣;《第八明教兴时节》,论述忏悔念佛的时机;《第九教人欣厌劝进其心》,发心厌离秽土,欣求净土的修行实践。

本书详引经证,对西方弥陀净土的性质、凡夫往生的根机、原因和方法等,都作了具体的论述。全论纲目清楚,旁征博引,我国及日本净土教徒多沿用此书。汤用彤《隋唐佛教史稿》评价说:"此书载唐初净土宗说教及净土诸大师之史料颇详,甚可重视。"

有关本书的注疏,有日本知俊《余晖钞》五卷等。

(何康怡)

成唯识论 〔唐〕玄　奘

《成唯识论》,十卷。唐玄奘糅述。成于唐显庆四年(659)。通行本有《丽藏》本、《宋藏》本、《金藏》本、《元藏》本、《明南藏》本、《明北藏》本、《清藏》本、《频伽藏》本、《大正藏》本等。

作者生平事迹见"大唐西域记"条。

《成唯识论》是一部论述唯识学说的著作。有关此书的来由是这样的：公元5世纪末,作为印度大乘佛教瑜伽行派(又称"大乘有宗")的创始人之一世亲,在他的晚年撰写了两部论述唯识学的著作——《唯识二十颂》和《唯识三十颂》。由于每一颂是由五言为一句的四个句子构成的,含蕴较深,不易明白,故世亲又亲自撰文,加以疏通。然而他只完成《唯识二十颂》的疏解便去世了。由于世亲未疏的那部《唯识三十颂》扼要地论述了唯识学的大意,对于研习瑜伽行派学说的人来说,具有指导意义,所以印度有二十八位论师相继为之作释。其中比较著名的是亲胜、火辨、难陀、德慧、安慧、净月、护法、胜友、胜子、智月等十家,他们各有十卷注疏。玄奘西行取经,在印度搜集了这十家的疏本,尤其是护法的疏本,当时在印度已是孤本,也为玄奘求获了。回国后,玄奘本来打算将它们分别译出,以广流传。然而开译后不久,他的大弟子窥基便提出了不同意见,认为若全部译出,定会在社会上造成见解歧异、学人莫知所从的后果。不如将它们"糅译",即有选择地合译成一本,以作定解。玄奘采纳了这条意见,于是独留窥基一人担任笔受,以护法的疏本为主,旁采众家,甄权取舍,剪裁组织,编译了这部《成唯识论》。

《成唯识论》虽然是一部"糅译"的著作,与严格意义上的撰述有一定的区别,但诚如窥基所说："(此论)虽复本出五天(五天竺),然彼无兹糅译。直尔十师之别作,鸠集尤难,况更撝此幽文,诚为未有。"(《成唯识论掌中枢要序》)可见这部"糅译"的作品,也凝聚了大量创作的成分。由"糅译"产生的《成唯识论》,已不再是印度某个论师的个人著作,而是经过加工合成的后期瑜伽行派十大论师的集体作品,同时,也渗透了玄奘本人的学术见解。因此,从一定意义上来说,《成唯识论》也代表了玄奘的思想。

《成唯识论》是世亲《唯识三十颂》的注疏,故它的层次结构是依循《唯识三十颂》的本文而来的。大致说来,卷一至卷七论"识相"(心识的相状),即"八识";卷八论"识性"(心识的体性),即"三性";卷九、卷十论"识位",即修习唯识学要经历的五个阶位(资粮位、加行位、通达位、修习位、究竟位)。大意如下。

《唯识三十颂》开宗明义地说:"由假说我法,有种种相传,彼依识所变。"《成唯识论》对此解释说:"此能变唯三:谓异熟、思量,及了别境识。"(卷一)认为,宇宙间的一切事物都是虚幻不实的,都是由心识(又称"内识")变现的。能变现万物的心识分为三类:一是异熟识,即通常说的第八识"阿赖耶识";二是思量识,即通常说的第七识"末那识";三是了别境识,即通常说的眼识、耳识、鼻识、舌识、身识、意识(合称"六识",相对于第七、八识,又称"前六识")。这八种心识各有自己的主体("心王")以及随顺主体而发生种种精神现象(又称"心理现象")的作用("心所")。"三能变识及彼心所,皆能变似见、相二分,立转变名。所变见分,说名分别,能取相故。所变相分,名所分别,见所取故。由此正理,彼实我法,离识所变,皆定非有。离能所取,无别物故。非有实物离二相故。是故一切有为无为,若假若实,皆不离识。"(卷七)三类"能变识"(即"八识")以及从属于它们的其他精神作用("心所"),都具有变现"见分"(认识的主体)和"相分"(认识的对象)的功能。

对于八识中的前六识来说,它们的"见分"分别是见、闻、嗅、味、触、思虑,"相分"分别是色、声、香、味、触、法(事物),即"六境";第七识"末那识"的"末那",是梵语的音译,如果意译,则名"意",与第六识的名称相同。只是由于第六识以外境为攀缘的对象,而且思虑活动时有中断,而第七识以第八识为攀缘的对象("相分"),而且思虑活动("见分")持续不断,为区别起见,第六识采用意译,而第七识采用音译。第七识是第六识的根据,而它又是完全依附于第八识的,以第八识的存在为自身存在的根据。所以,它是联系第八识与前六识的枢纽和桥梁。

八识系统中,最重要的是第八识"阿赖耶识",如果意译的话,又名"藏识"、"种子识"、"根本识"。以它藏有能产生世界上所有的物质现象和精神现象的种子而得名。从物质现象而言,"阿赖耶识因缘力故,自体生时,内变为种(种子)及有根身(人身器官),外变为器(外部自然界和社会)"(卷二)。从精神现象而言,"阿赖耶为依,故有末那转,依止心(阿赖耶识)及意(末那识),余转识(前六识)得生"(卷四)。所以,阿赖耶识是一切众生的根本心识,也是世界上一切事物和现象的本原。

那么,阿赖耶识为什么会具有如此不可思议的作用呢?《成唯识论》分析说,这是由它含有种子的性质以及外部条件的辅助引起的。

就阿赖耶识含有的种子的来源而言,可分为"本有"种子和"新熏"种子两种。"本有"种子是阿赖耶识先天就有的,"新熏"种子是由"七转识"(末那识和前六识)对阿赖耶识连续熏染产生的,是后天才有的。就种子的性质而言,又可分为"有漏"种子和"无漏"种子两类。"有漏"种子会引发种种烦恼,产生对世间事物的执著与追求;"无漏"种子能断灭一切烦恼,导向理想的精神境界——"涅槃"的彼岸。

种子只是一种潜在的因素和质体,它要变现(又称"现行")为精神的或物质的东西,还须借助于一定的条件。为此,《成唯识论》又提出了"四缘"说。"四缘"说虽然在印度大小乘论典,如《大毗婆沙论》、《中论》、《俱舍论》等经典中已经提出,但《成唯识论》根据自己的理解,作了新的阐发。所说的"四缘"是:"一因缘。谓有为法,亲办自果。此体有二:一种子,二现行。种子者,谓本识中善、染、无记诸界地等功能差别,能引次后自类功能,及起同时自类现果,此唯望彼是因缘性。现行者,谓七转识及彼相应所变相见性界地等,除佛果善,极劣无记,余熏本识生自类种,此唯望彼是因缘性。"(卷七)"二等无间缘。谓八现识及彼心所,前聚于后,自类无间,等而开导,令彼定生。"(同上)"三所缘缘。谓若有法是带己相,心或相应所虑所托。此体有二,一亲二疏。若与能缘体不相离,是见分等内所虑托,应和彼是亲所缘缘。若与能缘虽相离,为质能起内所虑托,应知彼是疏所缘缘。"(同上)"四增上缘。谓若有法有胜势用,能于余法,或顺或违。虽前三缘,亦是增上,而今第四除彼取余,为显诸缘差别相故。"(同上)

简而言之,"因缘",指的是直接产生自果的内在原因,它是一切现象界诸事物(包括精神的和物质的)生起的根据;"等无间缘"指的是前念让位于后念,是使心理活动得以连续而不间断的条件,此缘仅适用于精神活动;"所缘缘",指的是认识的产生依赖于对象的存在,它也是精神活动得以生起的条件;"增上缘",指的是除上述三缘以外,余下的帮助或妨碍一切现象生起的条件,此缘适用于精神现象,也适用于物质现象。不过,由于《成唯识论》视物质现象为心识的变显,因而实际上是把"四缘"全部纳入意识活动的范围,把它框住了。

"八识"依赖"四缘"而变现出各自攀缘的对象("相分"),又在对象的影响下形成有善有恶的种种意识活动,那么怎么引导这些意识活动朝着符合佛教要求的方向去发展呢?《成唯识论》又提出了"三性"说(此说源于《解深密经》卷二《一切法相品》)。

"三性",指的是:一、遍计所执性。"周遍计度,故名遍计。品类众多,说为彼彼,谓能遍计虚妄分别。即由彼彼虚妄分别,遍计种种所遍计物,谓所安执蕴处界等若法若我自性差别。此所安执自性差别,总名遍计所执自性。如是自性,都无所有。"(卷八)二、依他起性。"由斯理趣,众缘所生心、心所体,及相、见分、有漏、无漏,皆依他起,依他从缘而得起故。"(同上)三、圆成实性。"二空所显,圆满成就诸法实性,名圆成实。"(同上)

《成唯识论》认为,一般人("凡夫")周遍地观察和思量世上的万事万物("遍计"),并把它们区别分类,从而作出世上存在着真实的人("实我")和真实的物("实法"),事物之间存在着性质上的差别的判断("所执")。这种由主观上"虚妄分别"而得来的事物的性质,叫做"遍计所执性"。为了破除遍计所执性,《成唯识论》提出了"依他起性"。说一切事物和现象,无论是物质的还是精神的,都要依据一定的因缘(条件)才能兴起,如果没有众缘的聚合,便不可能有任何事物和现象。事物和现象的这种依众缘而起的性质,便是"依他起性"。它是一种虚假的存在("假有"),是一种随着条件的变化随时会消失的存在。在"依他起性"的基础上,既看到人是由色、受、想、行、识五种要素("五蕴")和合产生的,没有实在的主体(即"人无我"、"人空"),又看到人以外的一切事物也是依据各种因缘产生的,同样没有实在的主体(即"法无我"、"法空")。这种排除了一切事物和现象的实在性以后,方能得到的事物真实的、圆满无缺的、能够成就佛和菩萨各种功德的性质,叫做"圆成实性"。"圆成实"就是"真如",即唯识家所说的唯一真实的绝对的存在,"圆成实性"也就是"真如性",它既是事物的本体,也是一种真理性的认识,具有事体和理性两重性质。

《成唯识论》在建立了"三性"说之后,恐怕众生对它产生执著、绝对化,还提出了与之相对应的"三无性"说,即相无性、生无性、胜义无性。不过,它认为,"三性"是佛教的显说、了义,而"三无性"则是佛教的密意、不了义。就其所持的观点而言,乃是"三性"说。

由于作为根本意识的第八识阿赖耶识既含藏着"有漏"(又称"染")种子,又含藏着"无漏"(又称"净")种子,它是一切善恶迷悟的发源地,故要将"有漏"转变为"无漏","染"转变为"净",最后达到对"真如"的体认(即"圆成实性"),成就"大圆镜智",还需经历一个"转识成智"的过程。为此,《成唯识论》又提出了"唯识五位",即资粮位、加行位、通达位、修习位、究竟位。在顿悟成佛还是渐悟成佛的问题上,唯识宗是主张渐悟成佛的,它认为要完成"转识成智",需要经历极为长远的年代,修无量善行,才能办到。这与禅宗主张的一遇机缘,当下彻悟,立地成佛的"顿悟"说是不同的。

《成唯识论》是一部在海内外享有极高声誉的理论著作,有关它的研究著作,见存的就有一百五十多种(详见日本《大正新修大藏经勘同目录》)。主要有唐窥基《成唯识论述记》、《成唯识论掌中枢要》,惠沼《成唯识论了义灯》,智周《成唯识论演秘》等。其中以窥基《成唯识论述记》最为有名,玄奘在翻译时的一些口述及见解,通过《述记》而得到反映。它与《成唯识论》同为研究唯识宗必读的两本书。今人注本有韩廷杰《成唯识论校释》(中华书局,1998年)、林国良《成唯识论直解》(复旦大学出版社,2000年)。

(陈士强)

因明入正理论疏 〔唐〕窥 基

《因明入正理论疏》,简称《因明大疏》《大疏》,六卷(通行本为八卷)。唐窥基撰。窥基从乾封元年(666)后开始为《因明入正理论》作注疏,直到晚年尚未写定。只疏解到喻过"能立不成"处,余留部分由门人慧沼增补,成今第七、八两卷。通行本有《金藏》本、《大正藏》本、《卍续藏经》本。

窥基(632—682),俗姓尉迟,字洪道,著述常署名"基"或"大乘基"。京兆长安(今陕西西安)人,唐右金吾卫将军尉迟敬宗之子。少习儒经,善于文辞,十七岁时受度为玄奘弟子。二十五岁参加玄奘组织的译场,译经九年。以后专事著述弘化,撰经论疏记近百种,时称"百部疏主"。今存的有二十九种,其中比较重要的有《无垢称经疏》、《阿弥陀经通赞疏》、《法华经玄赞》、《金刚经赞述》、《杂集论述记》、《辨中边论述记》、《瑜伽论略纂》、《成唯识论述记》、《异部宗轮论述记》等。生平事迹见北宋赞宁《宋高僧传》卷四。

唐贞观二十一年(647),玄奘译出《因明入正理论》一卷,翌年又译出《因明正理门论》一卷。由于这是印度因明学(逻辑学)的两部代表作,玄奘一边翻译一边讲解,弟子竞相学习,为《因明入正理论》作疏的就有神泰、靖迈、明觉、文轨、玄应、文备、璧公等。窥基大善三支(指宗支、因支、喻支,即推理形式中的论题、理由、例证),纵横立破,阐幽发微,前与无比。他对同门的大量注疏作深入研究,抉择取舍,酌加己见,写成了本疏。

《大疏》分为四个部分。第一部分叙所因。"劫初足目,创标真似",揭示因明发端于外宗正理学说;"因明论者,源唯佛说",表明因明是佛家学说;"为破邪论,安立正道"是因明的宗旨。简述了佛家古因明代表世亲和新因明创始人陈那著述情况以及商羯罗主作本论的缘起,并略陈玄奘赴印求学穷研了因明幽微。

第二部分为释题目。列举了神泰、文备、文轨、靖迈四家之说,加上他自己的第五种见解,即指正理为陈那的著作特别是《因明正理门论》。

第三部分为彰妨难。解答关于因明名称的七种疑问,为何不称为宗明、喻明和果明,而称因明。

以上三部分组成短短的序文。

第四部分为释本文。本疏的主体部分,分两大段。第一大段解释《入论》总标纲领的初颂以及长行,第二段解释论末的结颂。

《因明大疏》代表了唐代因明研究的最高成就,其主要贡献如下。

一、详征古义,环列洋洒。提供了因明今古沿革概况和佛家大、小乘的分歧以及印度古代主要学派如声论、数论、胜论学说的背景材料,有助于理解立破范例。如《大疏》在讲到世间相违过时,有关于玄奘所立真唯识量为何不会有世间相违过的解释,就涉及到大、小乘和外道的不同观点,讲有法自相相违因时叙述了胜论祖师寻找、化导传人的故事,在讲解九句因时,一一标明立敌双方归属。

二、阐述名相和立破之则,内容富赡,为诸疏之冠。如区分宗体(命题)与宗依(组成命题的主、谓项),对陈那以宗体为论证对象的因明思想有所补充发展;对《门论》奥旨,抉择无遗。《入论》只讲到极成有法、极成能别(双方共许两个宗依),而未讲到因喻也须极成,《大疏》征引《门论》"此中宗法,唯取立论及敌论者决定同许。于同品中有非有等亦复如是",说明因喻必须极成,指出《入论》略而未陈,是为不足;对宗依有法,能别的体之名和义之名作了详细解释;对前人疏中增设的因同、异品广衍其说,对于阐述义理,增加了方便;《大疏》对有体、无体的三种含义、对因三相和二喻即因等重要规则都作了详尽的阐发。

三、对三种比量及简别的理论有整理发展之功。在《理门论》和《入论》对真似能立和真似能破的讨论,限于共比量的范围,而没有涉及自、他比量,根本就没有谈及简别的问题。玄奘在印求学期间,简别的方法在因明家手中还是一种生疏的理论。玄奘对三种比量及简别方法已经运用自如,在全印度无遮大会上立"唯识比量",以无一人敢征结而告终。玄奘的理论在唐疏中有了初步的总结概括,其中以《大疏》论述最详。三种比量及其简别的方法对于立论者发挥自由思想、打破顾虑以及理解清辨、护法等著作,却有很大帮助。

四、对三十三种过失都分为全分的、一分的,再配上自、他、共三种比量,这样每一种过失中有八种情况,明确刊定每一过失的特征以及可能运用的范围,这是《大疏》对因明理说的发展。

《大疏》精审,堪为楷模,作为一部未成之作,其中缺陷,在所难免。如名言分别,界限不清。后先阐述,不相符顺。义本连贯,散见不聚。理有多端,挂一漏余。积此诸故,益复难解,甚至使得因明体系失其谨严。在理论上的主要失误有:一、错误认为宗只能是所立而不是能立的一部分。其实,能立有二义。在一个论式内部,宗是所立,因、喻是能立。当能立与似能立和能破相对时,能立应包括宗、因、喻三支。二、错误地发挥了同品、异品的定义。把同品解释成了同喻依,把异品解释成了异喻依。《大疏》用"因正所成"来解释同品,实际上是用"同品定有性"来限定同品,带来了理论上的一系列的混乱,处处导致矛盾。三、对三种比量的理论阐述与实例分析有矛盾。"凡因明法,若自比量,宗因喻中皆须依自,他共亦尔。"这是说自、他、共三种比量的三支组成都很纯粹。自比量宗、因、喻三支都必须依自,不得有他、共。他比量宗、因、喻三支都必须依他,也不得混有自、共。这一概括不全面。在《大疏》中,有共有自组成的自比量和有共有他组成的他比量不胜枚举。由于不承认有共有自的三支比量为自比量,因而判定玄奘的"唯识比量"时,该量因支虽有自许简别语,仍判定为共比量,在理论上是说不通的。

本疏探源穷委,博征繁引,被尊称为《大疏》。在慈恩宗内被奉为圭臬,推崇备至,并影响到其余诸疏冷落晦彩、遗佚殆尽,间有存者,亦多残缺。基疏岿然独存,成为后人研习因明之阶梯和捷径。

本疏是未定之作,还有十种喻过、真似二量,真似能破等内容由门人慧沼(650—714)补足。续写部分另有单行本,题名为《因明入正理论续疏》。慧沼还撰有《入正理论义断》三卷、《纂要》一卷,对《大疏》有发挥、有批评。窥基再传弟子智周(668—723)又对基疏作《略记》一卷、《前记》三卷、《后记》一卷(不全),解释更为详细。本疏从中唐时传至日本。日籍流传至今的主要有善珠的《因明论疏明灯钞》六卷、明诠的《因明大疏导》并《里书》九卷、藏俊的《因明大疏钞》四十一卷、良遍的《因明大疏私钞》三卷。此外,凤潭的《因明论瑞源记》八卷保存了许多遗佚唐疏的要义,很有参考价值。清末《大疏》回归中土,因明研习出现新高潮。近世的研究著作有陈大齐《因明大疏蠡测》(中华书局,2006年)、《因明入正理论悟他门浅释》(中华书局,2007年)等。

(郑伟宏)

异部宗轮论述记 〔唐〕窥 基

《异部宗轮论述记》,一卷。唐窥基撰,成于唐龙朔二年(662)。通行本有《卍续藏经》本等。作者生平事迹见"因明入正理论疏"条。

《异部宗轮论》是印度世友造的一部大乘论书。世友依据说一切有部的立场,论述佛灭后一百余年至四百年间,印度佛教分派(成为十八部)的历史和各部派不同的教义(即部执)。先总叙佛灭后争论兴起之时代及分裂为大众、上座两根本部派的事由。接着分别叙述大众部于佛灭后二三百年间,又经四次分裂,本末合成九部。上座部于佛灭后三四百年内,再经八次分裂,本末合成十一部。这样共有十八部。然后分别叙述大众、上座两系各派的本宗同义(即各派从其本部分裂时所公认的主张)和末宗异义(即各派分立以后自己宗派所建立的主张)。《异部宗轮论》是汉译佛典中唯一关于佛灭后佛教部派分裂次第及各派异执的较为完整的记述,是研究部派教义的极其重要的资料。

唐代以前,《异部宗轮论》已有两种译本:一是三秦时代的失译本,题为《十八部论》一卷;二是陈真谛译本,题为《部异执论》一卷。但玄奘认为"彼所翻词,或爽于梵,文理有乖于本义"(《异部宗轮论述记·卷首》),于是决定重新翻译,弟子窥基参与其间。唐龙朔二年七月十四日,玄奘和窥基在玉华宫庆福殿译竣此论,题名为《异部宗轮论》。窥基根据玄奘的旨意,对此论作了注释,撰成《述记》一卷,并认为《述记》具有"叙诣事义,少尽委曲"之效果。

《异部宗轮论述记》的内容结构是:首先论述翻译《异部宗轮论》的因缘和解释"异部宗轮"四个字的意思。接着,将此论分为"起教因缘"和"圣教正说"两部分来注释。起教因缘,主要注解《异部宗轮论》卷首的五首偈颂。"圣教正说",则诠释本论的长行。长行又可以分为:(一)显已传闻,即"如是传闻"四字。(二)明本教主,指"佛薄伽梵"。(三)叙部兴之年代——"佛涅槃后百有余年"。(四)述因诤部分,从"是时佛法"至"十一经量部",注释佛灭后初分上座、大众二部,又分别从中分裂出十部、八部,总十八部。(五)广陈部执,则逐一解释从大众部、上座部中分裂出来的本宗同义和末宗异义。比如大众部、一说部、说出世部、鸡胤部四根本部所立的本宗相同之义,别部以后,自宗别立新义,即为末宗异义;又如多闻部刚从大众部中分出时,所立之义为本宗同义,别部以后另立新义,为末宗异义。上座部之分派也是如此。

《异部宗轮论》关于大众、上座两根本部派分裂情况的记述,与前两个译本《十八部论》、《部异执论》有不同之处。比如发生争论的五事的来历,《十八部论》说是由大僧别立的,《部异执论》却说是由外道(实际上是泛指与自己对立的宗派)所立。然而,这两个译本都没有确定五事是谁所创。但《异部宗轮论》采用婆沙师之说,将五事归之于大天,称之为"大天五事"。《异部宗轮论述记》在注解此事时,特别详细地述说了大天的故事,认为大天是一个犯了数重"无间业"罪的、混进佛教僧团的"乖净比丘",以表明作者的态度。又,关于大众部的形成,《十八部论》说是三比丘,《部异执论》说是四种破教大众,所指都是偏属大众部的一面;《异部宗轮论》则认为是四众共议"大天五事",跟从大天说的是为大众部,反对大天说的是为上座部。《异部宗轮述论》明显倾向于说一切有部的观点,以大众部为非。这是本书的重要特点。

有关本书的注释有日本荣天《异部宗轮论述记目论》、宪荣《异部宗轮述记发轫》等;今人有关《异部宗轮论》的注释则有高永宵《异部宗轮论导读》(中国书店,2007年)。

(夏金华)

成唯识论述记 〔唐〕窥 基

《成唯识论述记》,又名《唯识述记》、《成唯识论疏》、《述记》,二十卷(另作六十卷)。唐窥基撰,成于显庆四年(659)至永淳元年(682)之间。通行本有《大正藏》本(作二十卷)、金陵刻经处本(作六十卷)。

作者生平事迹见"因明入正理论疏"条。

《成唯识论述记》是《成唯识论》(玄奘糅译,十卷)的注释书,也是法相宗(又称"唯识宗")的主要著作之一。

全书分为五门。一、辨教时机。主要说明法相宗的三时判教和五种姓说。二、明论宗体。主要阐述以"识有境无"的唯识说为宗,以"摄相归性"、"摄境从心"、"摄假随实"、"性用别论"四重为体。三、藏乘所摄。主要讲述《成唯识论》的性质,在菩萨藏和声闻藏中属"菩萨藏",在经、律、论中属"论"("阿毗达磨"),在三乘(菩萨、声闻、缘觉)中属菩萨乘。四、说教乘主。主要阐明印度瑜伽行派创始人之一的世亲和十大论师的事迹。五、判释本文。即分宗前敬叙分、依教广成分、释洁施展分三个部分,对《成唯识论》全书进行诠释。

兹依《成唯识论述记》六十卷,提要如下。

《述记》卷一至卷九:释《成唯识论》(以下略称《论》)卷一。以心为定量,成立识体,说明人法(人身和宇宙间的一切现象)皆是识体的变现,并破斥其他流派对色心物质与精神不正确的认识。总言唯识旨趣。

《述记》卷十至卷十六:释《论》卷二。论述三种能变识——第八异熟能变识、第七思量能变识、第六了境能变识,种子(识体)的熏习、行相、所缘,以及业力变现外界境物和人身的差别。

《述记》卷十七至卷二二:释《论》卷三。详述心所(识体的作用)与藏识、转识,或阿赖耶识的关系。诸识所依的条件、因果、势用、功能等。

《述记》卷二三至卷二九:释《论》卷四。论述身心在禅定时的染净变化,以及对境识的观察问题。

《述记》卷二九至卷三四：释《论》卷五。说明八识的差别。

《述记》卷三四至卷三八：释《论》卷六。从识体及八识的分别解释心理活动。

《述记》卷三九至卷四四：释《论》卷七。说心与心所，非离非即，若依一心，多识俱转。并释三性、四缘、十因、二因等。

《述记》卷四五至卷五二：释《论》卷八。进一步说明唯识的体性。

《述记》卷五三至卷五七：释《论》卷九。说明悟入唯识的体性的位次。

《述记》卷五八至卷六十：释《论》卷十。解释十障、四种涅槃、四智、二身、二分等。

本书为研究《成唯识论》的入门书。《成唯识论》中没有举出印度十大论师的名字，论中所说的观点为何人之说颇难知晓，而本书则一一注明。其要旨在于论述宇宙间的一切现象皆为人的第八识——阿赖耶识的变现。阿赖耶识是唯一真实的存在。

（宽　净）

成唯识论掌中枢要 〔唐〕窥 基

《成唯识论掌中枢要》，略称《成唯识论枢要》、《唯识论枢要》、《唯识枢要》、《枢要》，四卷。唐窥基撰，撰时不详。通行本有《大正藏》本、《卍续藏经》本等。

作者生平事迹见"因明入正理论疏"条。

《成唯识论》（十卷）是玄奘糅译印度护法等的注疏、注释《唯识三十论》（颂）的一部著作，为法相宗所依据的重要论著之一。内容论述人类存在的根本依处即阿赖耶识，其中所藏之种子，由于缘起而形成现在，同时又造作未来，因此展开宇宙的一切，都以观万法唯心所现，体证诸法之真理。

本书则是《成唯识论》的注疏，也是唐代"唯识三大疏"之一。全书的内容大致可分为三个部分。

首先，叙述《成唯识论》的成立、传来和糅译因缘。由于一切有情无始以来，不知诸法实相，所以起惑造业，堕入轮回，佛陀应机显世，广说诸法非空非有，欲使众生远离迷执，各自精进修行，得菩提妙果。佛陀涅槃后，部派佛教兴起，多执有见，龙树、提婆分别造《中论》、《百论》等，破斥有见，弘阐大乘空义。然而，众生却又因此执著空见。于是，世亲出世，"勤修大行，证大菩提"，并著《唯识三十论》，申述大乘法相妙义。其后，护法、安慧等诸论师各为此论作注，且在文前加上序分、文末加上流通分。玄奘游学五印，觅得诸师论注而回，于高宗显度四年（659）以护法学说为主，合糅诸论师之作，而译成《成唯识论》一书。书中每一首偈子都先立万法乃唯识所变现之义，分能变之识为异熟（第八识）、思量（第七识）、了别境（前六识）三种。接着辨明唯识之理，最后揭示唯识三性及修行价值。

其次，解释论题和指明所被根机。作者认为，按梵文题目原义，本应译为《唯识成论》，但出于下面三个原因的考虑，而取名《成唯识论》：（一）按照汉语的阅读习惯顺序；（二）因为此论以三分成立唯识；（三）世亲在《唯识三十论》的题目下方，特别加注说，此论名《成唯识论》。论题中的

"成"字,指能成、成立之义。唯识,按窥基《成唯识论述记》一书所说,共有十义:(一) 经言唯识;(二) 本论名唯识;(三) 经和本论俱称唯识;(四) 宗称唯识;(五) 体名唯识;(六) 略名唯识;(七) 以教成教;(八) 以教成理;(九) 以理成教;(十) 以理成理。论,即论述、论证。在所被根机中,作者广征博引诸大乘经论,讨论五种姓与一乘法之关系。

第三,判释论文。此部分内容主要是在作者《成唯识论述记》中尚未发挥充分的地方,更加予以详尽地述释。尤其是对《唯识三十论》的科段(文)、五种姓(声闻乘、缘觉乘、菩萨乘、不定和无种姓)义、三类境(指由识所变现的性境或称实境、独影境或称幻觉、带质境或称错觉三类的总称)等重要问题,均广泛解释其论意。如对玄奘有关三类境的偈子"性境不随心,独影唯随见,带质通情本,性种等随应"(卷上)所作的诠释,即是一例。

另外,《成唯识论掌中枢要》一书中,处处可见"如疏"、"如唯识章说"之语,似乎此书撰于《成唯识论述记》及《大乘法苑义林章》之后。然而,《述记》一书中也有"如《枢要》说"或"如别章说"等语,所以又可推知此书与《述记》差不多应该是同时完成的。

本书的注疏,主要有唐代智周《成唯识论枢要记》二卷、憬兴《成唯识论枢要记》二卷等。

(夏金华)

大乘法苑义林章 〔唐〕窥 基

《大乘法苑义林章》，略称《法苑义林章》、《义林章》、《法苑》，别称《七卷章》，七卷（或作十四卷）。唐窥基撰。通行本有《大正藏》本等。

作者生平事迹见"因明入正理论疏"条。

自南北朝以来，随佛典翻译之进展，义学僧侣多纂集义章，作为研究佛法的入门指南。隋代慧远所撰的《大乘义章》，为这类著作的集大成者，并影响本书的撰作。窥基亲承玄奘，译出经论，兼为疏解。本书基于唯识学的立场，对佛教教义之组织及基本内容，如判教、唯识义理、修行理论等，均详加阐释，系古来唯识研究者之珍贵典籍。

内容分为二十九章。卷一：总料简、五心、唯识义林、诸乘义林等四章。卷二：诸藏、十二分、断障、二谛等四章。卷三：大种造色、五根、表无表等三章。卷四：归敬、四食、六十二见、八解脱、二执等五章。卷五：二十七贤圣、三科、极微、胜定果色、十因、五果、法处色等七章。卷六：三宝、破魔罗、三慧、三轮等四章。卷七：三身义林、佛土等二章。

其中以《总料简章》为本书最精要部分，基于唯识宗立场，以五段简择佛陀一代时教：（一）教益有殊门，举出小乘异部与诸大乘教各别之利益；（二）时利差别门，先叙中国历来各家之判教，次述唯识宗三时教之说；（三）诠宗各异门，初举古来各家立宗之不同，后诠法相之"非有非空之中道宗"之要义；（四）体性不同门，先示外道、小乘、大乘等之教体不同，复揭示唯识宗"四重出体"之说；（五）得名悬隔门，为六合释之概说，为解释梵语复合词的六种方法，即依主释、相违释、持业释、带数释、邻近释、有财释。

在窥基所撰的《成唯识论述记》和本书《总料简章》中，将唯识学认识真理的方法概述为"四重出体"：一、摄相归性体，将一切有为的事相，归结于唯一无为的真如实性，即指一切法为"真如"；二、摄境从识体，将一切所缘的境物，归结于能缘的心识，即指一切法为"心识"；三、摄假随实体，指一切名相文句之"假法"，皆归于色、心等"实法"；四、性用别论体，指从诸法性相、假实的差别作用中,论究诸法的体性。

在《唯识义章》中,根据《唯识三十颂》第二十五颂"此诸法胜义,亦即是真如,常如其性故,即唯识实性",具有创发性地提出五重唯识观,将对唯识性的体证分为由浅到深、由粗到细的五重次第。

一、遣虚存实观。依缘起的理法,以三自性为观境。遣虚,即洗炼主观情执——遍计所执性,以破有见。存实,即观取生活现象的事实——依他起性,并进而观察生活现象所含蕴的真理——圆成实性,以破空见。此以空有相对为认识特征,以明二无我的原理。

二、舍滥留纯观。在依他起性内,心、境是同时待缘而起,且相依并存的。但是,依他缘生的境名"内境",遍计所执的实我实法,名"外境",使人误以为与"识"判然两分,故舍滥留纯,强调成立唯识。此以心境为认识特征,以明唯识无境之原理。

三、摄末归本观。识的见、相二分,是识的能取、所取,即认识的作用和对象。为统一主客观世界,不使生命偏于破裂,必须进一步归结到识的本质、本身,即自证分或证自证分上来。此以体用相对为认识特征,以摄用归体,明了识体。

四、隐劣显胜观。劣指心所,胜指心王。进一步于意识自体上观取心王,运用理智洗炼情欲,明了一切染净,只是随心而现。此以王所相对为认识特征,以明心、心所法之关系。

五、遣相证性观。相,为依他起之识相;性,为圆成实之实性。了知依他起法,缘生如幻,本无自相可遣,始名遣相;如是则证得圆成实的真实。此以事理相对为认识特征,前四种在相方面下工夫,称相唯识,此观直证本性,称性唯识,包括第一义谛、佛性、法身、如来藏、真如、不二法门等。

七卷本为现今所流行者,相传另有八卷三十三章之异本,系在原有二十九章外,另加得非得、诸空、十二观、三根等四章。

本书注释今存有六十种之多,大多为日本僧人所作。中国僧人所作有唐代智周《义林章决择记》四卷、慧沼《大乘法苑义林章补阙》三卷、基辨《义林章师子吼章》、普寂《义林章纂注》、守千《表无表章撰玩记》等。

(王雷泉)

集沙门不应拜俗等事 〔唐〕彦 悰

《集沙门不应拜俗等事》，又名《沙门不敬俗录》、《集沙门不拜俗议》，六卷。唐彦悰纂录，成于龙朔二年(662)。通行本有《宋藏》本、《金藏》本、《元藏》本、《明南藏》本、《明北藏》本、《清藏》本、《丽藏》本、《大正藏》本、《频伽藏》本等。

彦悰，生卒年及里籍不详。唐贞观(627—649)末年，观光上京，求法于玄奘门下，玄奘圆寂后，他整理并笔述了慧立的《三藏法师(玄奘)传》十卷(其中后五卷是他新续)，今存；龙朔元年又以"宇内塔寺灵相极多，足感人心，开洽诚信"，而"帝里名寺胜塔独之述纪"，遂发愤纂结，成《大唐京寺录传》十卷，已佚。生平事迹见唐道宣《大唐内典录》卷五、北宋赞宁《宋高僧传》卷四等。

《集沙门不应拜俗等事》是一部专门叙录历代有关沙门应不应跪拜君亲的争论著作。有关此事的撰述缘由是这样的："龙朔二年壬戌，有诏令拜君亲，恐伤国化，令百司遍议，于是沙门道宣等共上书，启闻于朝廷。众议异端，所司进入，圣(指唐高宗)躬亲览，下敕罢之。彦悰恐后代无闻，所以纂斯事并前代故事，及先贤答对，名为《集沙门不拜俗议》。"(唐智升《开元释教录》卷八)

全书分为三篇六卷。总计编录东晋至唐初有关沙门拜俗的争论文献(奏、启、表、状、论、书、诏等)，以及属于叙事性质的"事"共一百二首。

一、故事篇(卷一、卷二)。辑录东晋至隋代有关沙门是否应致敬王者的奏诏书论以及叙事。分上下篇。

上篇(卷一)收载东晋尚书令何充等《执沙门不应敬王者奏》三首并序；车骑将军庾冰《为成帝出令沙门致敬诏》二首；太尉桓玄《与八座桓谦等论道人应致敬事书》一首并序；桓谦等《答桓玄明道人不应致敬事书》一首，桓玄《与中书令王谧论沙门应致敬事书》一首，王谧《答桓玄明沙门不应致敬事》一首；桓玄《难王谧不应致敬事》三首，王谧《答桓玄不应致敬难》三首，桓玄《与庐山法师慧远使述沙门不致敬王者意书》一首，并慧远答往返二首。共十八首。

下篇(卷二)，收辑东晋庐山慧远《沙门不敬王者论》一首并序；桓玄《许沙门不致礼诏》一首；

侍中卞嗣之等《执沙门应敬奏》四首,并桓玄答三首;夏赫连勃勃令沙门致拜事一首;宋孝武帝抑沙门致拜事一首;齐武帝论沙门抗礼事一首;隋炀帝敕沙门致拜事一首(并大兴善寺沙门明瞻答);洛滨翻经馆沙门彦琮《福田论》一首并序。共计十四首。

二、圣朝议不拜篇(卷三、卷四)。辑录唐高宗龙朔二年,敕令沙门致拜君亲诏,和僧人、大臣中主张沙门不应致拜君亲的议状表启。分为上下篇。

上篇(卷三),收载唐高宗《制沙门等致拜君亲敕》一首;大庄严寺僧威秀等《上沙门不合拜俗亲》一首;西明寺僧人道宣等《上雍州牧沛王论沙门不应拜俗启》一首,《上荣国夫人杨氏请论沙门不合拜俗亲启》一首,《通简群官明沙门不合致拜状》(又称《序佛教隆替事简诸宰辅等状》)一首并序;中台司礼太常伯王博叉、司元太常伯窦德玄、司戎太常伯郑钦泰、司刑太常伯刘祥道等议沙门不应拜俗状四首。共计九首。

下篇(卷四),收载中御府少监护军高药尚、内侍监给事王泉博士胡玄亮、奉常寺丞刘庆、详刑寺承王千石张道逊、司稼寺卿梁孝仁、外府寺卿韦思齐、左卫大将军张延师、右卫长史崔修业等议沙门不应拜俗状。总计二十三首。

三、圣朝议拜篇(卷五、卷六)。汇辑唐高宗下达敕令之后,大臣中主张沙门应致拜君亲的议状,以及后来唐高宗决定沙门不必致拜君王,沙门要求同样不必致拜父母的奏状诏表。分上下篇。

上篇(卷五),分"议兼拜"和"议令拜"两类。议兼拜类,收载左威卫长史崔安都录事沈玄明、右清道卫长史李洽、长安县令张松寿等议沙门兼拜状三首;"议令拜"类,收载中台司列少常伯杨思玄、司平太常伯阎立本、郎中李淳风、太常寺博士吕才、司宰寺丞豆卢暕、详刑寺少卿元大士、雍州司功刘仁睿等议沙门令拜状二十九首。

下篇(卷六),尽管是《圣朝议拜篇》,但性质与《圣朝议不拜篇》相同,全是有关沙门不拜俗的奏状诏表。由于这些议书是在这场争论中最后出现的,所以被安排在结尾。所收为:普光寺沙门玄范《质议拜状》一首、中台司礼太常伯王博叉等《议奏状》一首、唐高宗《停沙门拜君诏》一首、京邑老人程士颙等《上请出家子女不拜亲表》一首、直东台冯神德《上请依旧僧尼等不拜亲表》一首(并《上佛道先后事》)、西明寺僧道宣等《重上荣国夫人杨氏请论不合拜亲启》一首、大庄严寺僧威秀等《上请依内教不拜父母表》一首、玉华宫寺讲经僧静迈等《上僧尼拜亲有损表》一首、襄州禅居寺僧崇拔《上请僧尼父母同君上不受出家男女拜表》一首,共计九首。

《集沙门不应拜俗等事》以有系统的史料汇录形式记叙了佛教自传入中国以来,到彦悰撰写此书为止,其间所发生的六次朝廷令沙门致敬的事件,在六次沙门拜俗事中,前五次要求沙门面见帝王时行跪拜,后一次要求沙门不但在见帝王时行跪拜,并且在见父母时也行跪拜礼,这场争论极为激烈,时间长达三百余年之久。最后以沙门取胜(免去跪拜之礼)为告终。

（一）东晋成帝咸康六年(331)，中书监庾冰辅政，代晋成帝诏，斥责沙门不向王者致敬是"矫形骸，违常务，易礼典，弃名教"。为统一国家的礼制，维护法度和王权，沙门必须尽敬王者(即"跪拜")。尚书令何充与左右仆射等联名反复上奏，反对让沙门尽敬王者。

（二）东晋安帝元年(402)，太尉桓玄专政，曾重申庾冰之议，受到中书令王谧、庐山慧远等的反对，及至桓玄篡位成功，为了稳定政局，笼络人心，才取消了前议，下诏允许沙门不拜。

（三）刘宋孝武帝大明六年九月，下诏令沙门致拜王者，不拜者严加诛伐，制行四年，至前废帝景和元年乃止。

（四）东晋恭帝元熙(419)，夏赫连勃勃占据夏州，"谓己是人中之佛，堪受僧礼，乃画佛像披于背上，令沙门礼像，即为拜我"。

（五）隋炀帝大业三年(607)，令沙门拜帝及诸官长等，洛滨翻经馆沙门彦琮著《福田论》以抗之，故虽令跪拜而僧竟不行，至五年，隋炀帝召见佛道二众，质问为何条式久行，而僧人不拜，兴善寺沙门明瞻对答说："僧等据佛戒，不合礼俗。"后拜事遂寝。

（六）唐高宗龙朔二年四月十五日，诏沙门道士致拜君亲，敕旨云："君亲之议，在三之训为重；爱敬之道，凡百之行收先。然释老二门，虽然理绝常境，恭孝之躅，事叶儒津。遂于尊极之地，不行跪拜之礼，因循自久，迄乎兹辰。宋朝暂革此风，少选不遵旧贯。朕禀天经以扬孝，资地义而宣礼，奖以名教，被兹真俗，而濑乡之基，克成天构，连河之化，付以国王。裁制之由，谅归斯矣。"诏下，有赞成的，也有反对的。

在反对的意见中，以道宣的《序佛教隆赞事简诸宰辅等状》最为著名，其文云："沙门之宅生也，财色弗顾，荣绿弗縻，观时俗著浮云，达形命如阻焰，是故号为出家人也。故出家不存在家之礼，出俗无沾处俗之仪。其道显然百代不易之令典者也……《梵网经》下卷云：出家法，不礼拜国王、父母、六亲，亦不敬事鬼神。《涅槃经》第六卷云：出家人不礼敬在家人。《四分律》云：佛令诸比丘长幼相次礼拜，不应礼拜一切白衣(在家人)。"争论结果，以不拜取胜，六月八日，唐高宗下达《停沙门拜君诏》。

彦悰法师在书末的《沙门不应拜俗总论》中，对这场大争论作了总结。"夫沙门不拜俗者何？盖出处异流，内外殊分，居宗体极，息虑忘身。不汲汲以求生，不区区以顺化，情超寓内，迹寄寰中，斯所以抗礼宸居，背恩天属(父母)化物不能迁其化，生生无以累其生，长揖君亲，斯其大旨也。"

由于《集沙门不应拜俗等事》为研究佛教与儒家伦理纲常的冲突和斗争，提供了大量的珍贵的思想资料，故历来为学术界所重视。

有关本书的研究，主要有陈士强《大藏经总目提要·文史藏》(上海古籍出版社，2008年)。

（陈士强）

大唐大慈恩寺三藏法师传

〔唐〕慧 立、彦 悰

　　《大唐大慈恩寺三藏法师传》,又名《大慈恩寺三藏法师传》、《慈恩寺三藏法师传》、《三藏法师传》、《慈恩传》,十卷。书题"唐沙门慧立本、释彦悰笺"。唐代慧立初撰于麟德元年(664),彦悰续成于垂拱四年(688)。通行本有《丽藏》本、《宋藏》本、《金藏》本、《元藏》本、《明南藏》本、《明北藏》本、《清藏》本、《频伽藏》本、《大正藏》本、中华书局2000年版《大慈恩寺三藏法师传》(孙毓棠、谢方点校)等。

　　慧立,又作"惠立",俗姓赵,名子立。原籍天水(今属甘肃),远祖因官徙寓新平(今陕西彬县)。十五岁出家,住豳州昭仁寺。贞观十九年(645)夏六月,应诏入长安弘福寺,与栖玄、明璇、道宣、辩机、靖迈、行友、道卓、玄则等八人共任玄奘译场的"缀文大德"(见《慈恩传》卷六),参预译经积十九年之久。后任西明寺都维那、太原寺主等职。慧立于唐高宗朝多次应诏入内,就佛道先后优劣与道士对论。曾非驳尚乐奉御吕才的《因明注解立破义图》,维护神泰、靖迈、明觉诸师对《因明论》的疏述,被称为"释门之季路"。生平事迹见《宋高僧传》卷十七。彦悰生平事迹见"集沙门不应拜俗等事"条。

　　《大唐大慈恩寺三藏法师传》(以下略称《慈恩传》)是一部记载法相宗(又称"唯识宗"、"慈恩宗")创始人玄奘生平事迹的传记。书名中的"大慈恩寺"是他居寺的题额,"三藏法师"是对精通经、律、论三藏的学识而给予的尊称。玄奘是唐代第一名僧,因而在他去世后不久,有道宣撰《续高僧传》卷四《玄奘传》、靖迈撰《古今译经图记》卷四《玄奘传》、冥祥撰《大唐故三藏玄奘法师行状》记述他。时间稍远又有智升的《开元释教录》卷八《玄奘传》,更远还有刘轲的《大唐三藏大遍觉法师塔铭》。而《慈恩传》则是所有这些有关玄奘的传状中撰作较早而记载最详的一种,在历代名人谱状中,也堪称第一。

　　彦悰在《序》中没有说慧立初撰的《慈恩传》五卷究竟包括哪些内容。考今本《慈恩传》卷十之末载有慧立的"论赞"。这篇"论赞"原载于慧立初撰的五卷本之末,是作者对全书内容的总的评论。它的主题是:玄奘备历艰危,取得西行求法的成功,"虽法师不世之功,抑亦圣朝运昌感通之力也"。但全文对玄奘回国后的译经业绩不著一辞,由此可以推定,他的稿本仅记玄奘的身世、出家前后的经历以及西域之行,不涉其他。《宋高僧传》卷十七《慧立传》说:"立以玄奘法师求经印度,若无纪述,季代罕闻,遂撰慈恩三藏行传。"同书卷四《彦悰传》也说,慧立"著传五卷,专记三藏自贞观中一行盛化,及西域所历夷险等,号《慈恩传》,盖取寺题也"。即是例证。

因此,若依今本《慈恩传》大致区分的话,前五卷基本上是慧立撰写的,不过所记当以玄奘于贞观十九年春正月从西域回到长安为止(即今本第六卷起首"释彦悰笺述曰"之前的一段文字),但在文字上已经彦悰修改;后五卷基本上是彦悰新撰的。

《慈恩传》每卷之首有副题,标明一卷的收录范围。卷一"起载诞丁缑氏,终西届于高昌";卷二"起阿耆尼国,终羯若鞠阇国";卷三"起阿逾陀国,终伊烂拏国";卷四"起瞻波国,终迦摩缕波国王请";卷五"起尼乾占(指占卜)归国,终至常城之西漕";卷六"起十九年春正月入西京,终二十二年夏六月谢御制经序并答";卷七"起二十二年六月天皇制《述圣记》"(此据《大正藏》本,宋元明本作"起二十二年夏六月皇太子制《述圣记》"),终永徽五年春二月法师答书";卷八"起永徽六年夏五月译《理门论》,终显庆元年春三月百官谢示御制寺碑文";卷九"起显庆元年三月谢慈恩寺碑成,终三年正月随车驾还西京(宋元明本作"终二年十一月法师谢敕问病表")";卷十"起显庆三年正月随车驾自洛阳还西京,至(宋元明本作"终至")麟德元年二月玉华宫舍化"。十卷所述通贯玄奘的一生,大意是:

玄奘,俗姓陈,原籍陈留(今河南开封东南)。祖父陈康任北齐国子博士,食邑周南,遂徙居缑氏(今河南偃师缑氏镇)。父亲陈慧早通经术,潜心坟典,州郡举官,皆辞疾不就。玄奘于兄弟四人中年龄最幼。少时,随已出家的二哥长捷法师住东都(洛阳)净土寺。十三岁时,有敕于洛阳度僧,遂正式出家。出家后,听同寺的景法师讲《涅槃经》,又从严法师学《摄大乘论》,升座复述,能备尽师宗。隋末,天下饥乱,河、洛一带白骨交衢,烟火断绝,天下名僧为避乱而多往较为平静的蜀地。玄奘与二哥长捷同行,先抵长安,后往成都。在那里,他听宝暹讲《摄论》、道基讲《毗昙》、震法师(志震,或作"道振")讲《迦延》。二三年间,究通诸部。武德五年(622年),他二十岁,于成都受具足戒,坐夏学律。后为求学,离蜀东下,与商人结侣,泛舟三峡,来到荆州天皇寺。为当地僧俗讲《摄论》、《毗昙》各三遍。罢讲后,北游相州,谒慧休释疑;又到赵州,就道深而学《成实论》;末入长安大觉寺,从道岳学《俱舍论》,听法常、僧辩讲《摄大乘论》,擅声日下,誉满京邑。于是结侣陈表,请求西行,然而诏令不许。诸人皆退,唯玄奘矢志不移。

贞观三年(629)四月,玄奘随在京学习《涅槃经》、学成返乡的秦州僧孝达,离开了长安。经秦州、兰州,来到凉州停留月余,为僧俗讲《涅槃》、《摄论》及《般若经》。"时国政尚新,疆场未远,禁约百姓,不许出蕃。"河西慧威法师密遣弟子慧琳、道整,昼伏夜行,将玄奘送至瓜州。在瓜州,玄奘又幸得胡人引导,深夜从瓠卢河上游绕度玉门关。继而经过玉门关西北各距百里设立的五烽(候望台),孑身穿越上无飞鸟、下无走兽的八百里大沙漠——莫贺延碛,九死一生,方抵伊吾。高昌王麴文泰闻讯,遣使将玄奘迎入白力城,隆礼厚供,约为兄弟。玄奘因停一月,讲《仁王般若经》。临行,高昌王为玄奘度四沙弥以充侍伴,为他制作了法服、棉帽、裘毯、靴鞯等大量用品,又赠黄金一百两,银钱三万,绫绢等五百匹,以作往返二十年所用之资。并且特遣使臣携带国书和礼物,为玄奘开路。经阿耆尼、屈支(旧称"龟兹")、跋禄迦(旧称"姑墨")诸国,一直将他送到突厥统领叶护可汗所在的素叶城,请叶护可汗敕告所统大雪山以北数十国,递送玄奘过境。

这样,玄奘在叶护可汗所派摩咄达官的护送下,顺利地通过了笯赤建、赭时(又称"石国")、窣堵利瑟那、飒秣建(又称"康国")、屈霜你迦、喝捍(又称"东安国")、捕喝(又称"中安国")、伐地(又称"西安国")、货利习弥伽、羯霜那(又称"史国")等国,翻越峰壁狭峭的突厥关塞——铁门,又经睹货罗国(旧称"吐火罗国")、活国以及缚喝、揭职、梵衍那诸国,到达了迦毕试国,翻越黑岭,进入北印度。首站便是信奉大乘学说的滥波国。

自此以后,玄奘攀缘纟亘缕,践蹑飞梁,涉履山川,穿行密林,辗转于北印度、中印度三十余国,一边巡礼佛教圣迹,一边访师问学。自贞观三年秋八月发轫高昌,在路三年,最后到达当时全印度中庄严宏丽、规模最大的一所寺院——摩揭陀国的那烂陀寺,成为著名的大乘瑜伽派学者、寺主戒贤法师的弟子。那烂陀寺僧徒主客常有万人,皆学大乘兼小乘十八部,也研习吠陀、因明、声明、医方、术数等行典。玄奘是其中能解五十部经论的十位大德之一。

学经五年,玄奘离开了那烂陀寺,继续游访。他又经行了中印、南印、东印、西印、北印的三十余国,连同先前已到过的一起,足迹几遍五印度(时有七十余国)。其间,在伊烂拏国(中印度境内)停留一年,学《毗婆沙》和《顺正理论》。在钵伐多国(北印度境内)停留二年,学小乘正量部《根本阿毗达磨》、《摄正法论》及《教实论》(或作《成实论》)。暂回那烂陀寺后,又向离寺不远的杖林山,从胜军居士学《唯识决择论》、《意义理论》(或作《意义论》)、《成无畏论》、《不住涅槃》、《十二因缘》和《庄严经论》等,首尾二年。

回寺以后,玄奘应戒贤之遣,为众人讲《摄大乘论》和《唯识决择论》;著《会宗论》三千颂(已佚),和会以《中论》、《百论》立义的大乘中观派与以《瑜伽师地论》立义的大乘瑜伽派之间的争论;与顺世外道对论,破其四十条义(佚文见卷四);著《制恶见论》一千六百颂(已佚),驳南印度小乘正量部论师般若鞠多的《破大乘论》,维护大乘教法;在中印度戒日王专为他举行的曲女城无遮大会上(有十八国王和六千余僧俗参加),立大乘义,十八日无人问难,被大乘僧誉为"大乘天",小乘僧誉为"解脱天";参加在钵罗耶伽国(中印度境内)召集的五印度无遮大施。施会结束后,玄奘在戒日王等诸王的饯送下,启程回国。途经三十余国,到达于阗。他在于阗一边修表上闻,一边为诸僧递讲《瑜伽》、《对法》、《俱舍》、《摄大乘》四论,停留了七八个月。

贞观十九年(645)春正月,玄奘在都人士子、内外官僚以及各寺僧尼的夹道欢迎下,回到长安。至此,他历时十七年,所闻所履一百三十八国,行程数万里,完成了中西交通史上空前的伟大旅行。带回如来舍利一百五十粒,金像、檀像、银像七躯,以及"大乘经二百二十四部,大乘论一百九十二部,上座部经律论一十五部,大众部经律论一十五部,三弥底部经律论一十五部,弥沙塞部经律论二十二部,迦叶臂耶部经律论一十七部,法密部经律论四十二部,说一切有部经律论六十七部,因明论三十六部,声论一十三部,凡五百二十夹、六百五十七部"(卷六)。

玄奘回国以后,在唐太宗的支持下,全力从事佛经翻译。同年八月,由他主持并遴选各地名僧参加、由国家供给的翻经院于长安弘福寺组成。灵润、文备、慧贵、明琰、法祥、普贤、神昉、道深、玄忠、神泰、敬明、道因等十二人任"证义大德",慧立等九人任"缀文大德",玄应任"字学大德",玄暮(或作"玄模")任"证梵语梵文大德",其他还备有笔受、书手等,制度臻密。七月开始译经。最初译出的是《菩萨藏经》、《佛地经》、《六门陀罗尼经》、《显扬圣教论》、《大乘阿毗达磨杂集论》等五部五十八卷,继而翻译《瑜伽师地论》一百卷。应玄奘之请,唐太宗为新译经论制《大唐三藏圣教序》,皇太子李治又作《述圣记》。贞观二十二年(648)十二月,皇太子为亡母文德皇后营造的大慈恩寺落成,玄奘奉旨任上座,移住翻译。显庆元年(656)五月,玄奘旧疾复发,几将不济,病愈后,由高宗迎入凝阴殿西阁供养,仍译经不辍。以后又徙居积翠宫、西明寺、玉华宫。自显庆五年(660)正月起,翻译佛经中卷数最多的《大般若经》(六百卷),至龙朔三年(663)十月方才译毕。前后十九年,共译出经论"合七十四部("四"当作"五"),总一千三百三十八卷("八"当作"五")"(卷十)。另撰有《大唐西域记》十二卷。此后,自觉身力衰竭,死期将至,不复翻译,专行礼忏。麟德元年(664)二月卒,终年六十五岁(据《续高僧传》)。

《慈恩传》与《大唐西域记》同为研究中西交通史的珍贵典籍。两书在内容上有一定的联系。《慈恩传》在撰作时曾参阅过《西域记》,并采用它对西域各国名称的新译,以及部分资料。《慈恩传》卷四在记述僧伽罗国和摩腊婆国时两次出现"语在《西域记》"的说法,便是其中的一个证据。但《慈恩传》关于玄奘西域之行的叙录,并不是根据《西域记》改编而成的,而是直接借助于慧立从玄奘的讲叙中所获得的资料编纂起来的。因为《慈恩传》中虽然也有玄奘亲践或听闻的西域各国的山川地理、风物人情、宗教信仰、佛教名胜遗迹以及历史传说等的记载,对勘后可知是参考《西域记》而扼述的。但它的重点不是记国(《西域记》卷一、卷三、卷四、卷七、卷十凡有十二国未见于《慈恩传》),而是记人,即玄奘的行迹。诸如玄奘在哪一国,遇到什么人和什么事,瞻仰过何处圣迹,求学于哪位大师,以及其他活动,大半为《西域记》所不载。而且有关玄奘的行经次第和路线也叙述得更为清晰。有些记载也与《西域记》不同,如《慈恩传》卷四记玄奘从奔那伐弹国(南印度境内)到乌荼国(东印度境内)的行经国次第(即先到哪一国,后到哪一国),以及从摩酰湿伐多罗补罗国(中印度境内)到钵伐多国(北印度境内)的行经国次第,与《西域记》卷十和卷十一的叙录次第相异,便是例子。因此两书之间又可作参校补充。

有关本书的研究,主要有陈士强《大藏经总目提要·文史藏》(上海古籍出版社,2008年)等。

(陈士强)

集古今佛道论衡 〔唐〕道 宣

《集古今佛道论衡》,简称《佛道论衡》,四卷。唐道宣撰。据唐智升《开元释教录》卷八说,前三卷撰于唐龙朔元年(661),后一卷撰于麟德元年(664)。通行本有《宋藏》本、《金藏》本、《元藏》本、《明南藏》本、《明北藏》本、《清藏》本、《高丽藏》本、《大正藏》本、《频伽藏》本等。

道宣(596—667),俗姓钱,润州丹徒(今江苏镇江)人,一说长城(在今浙江长兴)人。十五岁依智頵律师受业,十六岁落发,入日严道场,隋炀帝大业(605—618)中从智首律师受具足戒,后听其讲《四分律》四十遍。唐武德九年(626)撰《四分律删繁补阙行事钞》三卷。贞观元年(627)撰《四分律拾毗尼义钞》三卷,六年到邺向法砺咨问律学,又撰《四分律删补随机羯磨疏》二卷、《四分律含注戒本》三卷。十六年入终南山丰德寺,翌年撰《比丘尼钞》三卷,后即长居此山,成为律宗三派之一南山宗的创始人,因常住终南山研究、弘传戒律,世称为"南山律师"。及玄奘三藏自西域归来,奉敕参加译场,负责润文工作。道宣一生学识渊博,著述颇丰,据其《大唐内典录》自述,所撰传录等合一百余卷,而《宋高僧传》卷十四则说有著作二百二十余卷,其中除上述律学著作外,尚有《广弘明集》三十卷、《续高僧传》三十卷、《大唐内典录》十卷、《集神州三宝感通录》三卷、《道宣律师感通录》一卷、《释迦氏谱》一卷等。生平事迹见《宋高僧传》卷十四。

《集古今佛道论衡》是一部专门记叙东汉至唐初佛教与道教之间发生的各次论争的著作。全书共记叙事情三十四件(包括附一件)。

卷甲:叙后汉、三国、东晋、北魏、刘宋、梁、北齐诸朝佛道论衡事十件。有东汉明帝夜梦金人,摄摩腾、竺法兰入洛阳,道士等请求角试事;三国吴主孙权立寺造塔,问三教优劣事;魏陈思王曹植《辩道论》事;东晋孙盛《老聃非大圣论》事;孙盛《老子疑问反讯》事;北魏太武帝重道毁佛感应事;宋文帝集群臣,论佛理治太平事;正光元年(520),北魏明帝召沙门道士对论,叙佛道先后事;天监三年(504),梁武帝下敕舍事道法事;北齐文宣帝下敕废道教事。

卷乙:叙北周、隋朝佛道论衡事六件。有天和四年(569),北周武帝将灭佛法,道安法师上《二教论》事；承光元年(577)，周武帝平齐，集论毁法，慧远法师抗诏事；建德六年(577)，周武帝巡邺，前僧任道林上表请开佛法事；大象元年(579)，周天元皇帝(即宜帝)纳王明广表，开佛法事；隋文帝下诏述绛州天火烧老君像事；隋两帝(文帝、炀帝)事宗佛理，禀受归戒事。

卷丙：叙唐高祖、太宗朝佛道论衡事十件。有武德四年(621)，高祖问僧形服有何利益，法琳法师奉对事；武德八年(625)，高祖幸国学，统集三教，问道是佛师事；武德九年(626)，道士李仲卿著《十异九迷论》毁佛，法琳著《辩正论》以抗事；贞观十一年(637)，太宗敕道先佛后，僧等上谏事；贞观十二年(638)，皇太子(即后来的唐高宗)集三教学者详论事；太子中舍辛谞著《齐物论》，慧净、法琳二法师抗释事；贞观十四年(640)，太宗问法琳《辩正论》信毁交报事；贞观十五年(641)，太宗幸弘福寺，手制愿文，并叙佛道先后事；贞观二十二年(648)，太宗敕道教《三皇经》不足开化，令焚除事；贞观二十一年(647)，太宗诏玄奘法师翻《老子》为梵文，与道士辩核事。

卷丁：叙唐高宗朝佛道论衡事七件，附一件。有显庆三年(658)，高宗召佛道二宗入内，详述名理事；显庆二年(657)，高宗以西明寺成，召僧道入内论义事；显庆五年(660)，高宗幸东都，召西京僧、道士等，于彼论义事；同年，高宗在东都，令洛邑僧静泰与道士李荣对论事；龙朔二年(662)和三年(663)，高宗在西京蓬莱宫，令僧灵辩与道士对论事；灵辩在司成宣范义颇宅，难《庄》、《易》义事；附龙朔元年(661)，西华观道士郭行真舍道归佛事。

《集古今佛道论衡》的主要特点是：不仅细致地论述了历代佛道斗争的背景、人物、议题和过程，而且突出地叙述了历代帝王在佛道论衡中的态度、观点及有关政令，从而为研究当时社会的政教关系，以及受该关系制约的佛道两教势力的消长、在国家政治生活中地位的升降，提供了有价值的史料。

有关《集古今佛道论衡》的续作，有唐代智升于开元十八年(730)撰的《续集古今佛道论衡》一卷。《续集》不分章节，也不立标题。前部分主要叙说佛的生卒年代，后部分主要辑录后汉明帝、东吴孙权、北魏明帝时的佛道论衡事，并及其他。由于书中编次较为凌乱，其中有相当多内容又是从唐代法琳《破邪论》卷上抄录而来的，故今本已非智升的原作。

有关本书的研究，主要有陈士强《大藏经总目提要·文史藏》(上海古籍出版社，2008年)等。

(陈士强)

广弘明集 〔唐〕道 宣

《广弘明集》,三十卷。唐道宣撰。成于麟德元年(644)。通行本有《丽藏》本、《宋藏》本、《金藏》本、《元藏》本、《明南藏》本、《明北藏》本、《清藏》本、《频伽藏》本、《大正藏》本等。

作者生平事迹见"集古今佛道论衡"条。

《广弘明集》是一部带有护教性质的佛教文集,也是梁僧祐《弘明集》的续作。但两书在体例上存在着一定的差异:一是《弘明集》是不分类的,而《广弘明集》则是分类的;二是《弘明集》所辑的基本上都是他人的作品,作者僧祐解说性文字只在全书的开头(序)、末尾(《弘明论》),以及卷十二之首出现过。而《广弘明集》中收载的作者道宣的文章很多,即使在他人作品的前后,也时有作者加的叙说性的文字。

全书分为十篇(篇首有作者写的小序),总计收载各种文体(论、文、疏、记、序、书、表、诏、行状、诔、铭、颂、赞、赋、诗等)的佛教作品和史志三百多篇,作者有一百三十多人。所采,大体上始自曹魏,终于唐高宗朝。

一、归正篇(卷一至卷四)。主要辑录史书上有关佛教的记载和尊崇佛教的文论。有《商太宰问孔子圣人》(出《列子》);《汉显宗开佛化法本内传》(即《汉法本内传》);《后汉书·郊祀志》;《元魏孝明帝召释道门人论佛先后》(出《魏书》);《魏书·释老志》;《高齐书·述佛志》;梁江淹《遂古篇》;北齐颜之推《家训·归心篇》;梁阮孝绪《七录序》;梁武帝《舍事李老道法诏》等。

二、辩惑篇(卷五至卷十四)。主要辑录历代,特别是北魏太武帝、北周武帝和唐高祖三朝,佛教与外界(帝王、道教、排佛者)之间的冲突、交诤的文论。有魏曹植《辩道论》;南齐沈约《均圣论》;道宣《列代王臣滞惑解》(《明北藏》本作《叙列代王臣滞惑解》);北周道安《二教论》;北周甄鸾《笑道论》;唐傅奕《上废省佛僧表》;唐法琳《上秦王论启》(又名《对傅奕废佛僧事并启》);唐明概《决对傅奕废佛僧事并表》;法琳《辩正论》中的《十喻篇》和《九箴篇》;唐李师政《内德论》等。

三、佛德篇(卷十五至卷十七)。主要辑录称颂佛菩萨的赞铭诏记等。有东晋支道林《释迦文佛像赞并序》；刘宋谢灵运《佛影铭并序》；道宣《佛像瑞集》(又名《列塔像神瑞迹并序》)；梁简文帝《唱导文》；隋高祖《立舍利塔诏》；隋王劭《舍利感应记》等。

四、法义篇(卷十八至卷二二)。主要辑录东晋至唐代讨论佛教义理的各类文述。有东晋戴安公(即戴逵)《释疑论》；刘宋谢灵运《辨宗论》；后秦姚兴《通三世论》；梁武帝《涅槃经疏序》；梁湘东王萧绎(梁元帝)《法宝联璧序》、《内典碑铭集林序》；唐玄则《禅林妙记集序》；梁昭明太子《解二谛义章》、《解法身义章》；梁沈约《六道相续作佛义》；陈朱世卿《性法自然论》及真观的驳难《因缘无性论》；唐太宗《三藏圣教序》；唐李俨《金刚般若经集注序》等。

五、僧行篇(卷二三至卷二五)。主要辑录褒彰僧人德行的诔文、行状、书札，和南北朝、唐初有关僧尼管理(尤其是沙汰僧徒)的诏表等。有后秦僧肇《鸠摩罗什法师诔》；刘宋慧琳《龙光寺竺道生法师诔》；谢灵运《庐山慧远法师诔》；梁裴子野《南齐安乐寺律师智称法师行状》；沈约《南齐禅林寺尼净秀行状》；刘宋武帝《沙汰僧徒诏》；北魏孝文帝《令诸州众僧安居讲说诏》；北齐文宣帝《议沙汰释李诏》；陈徐陵《谏仁山深法师罢道书》；北周昙积《谏周太祖沙汰僧表》；隋彦惊《福田论》；唐高祖《出沙汰佛道诏》；唐太宗《令道士在僧前诏》；唐高宗《制沙门等致拜君亲敕》；道宣《论沙门不应拜俗启》等。

六、慈济篇(卷二六)。主要辑录止杀生、断酒肉的文论。有梁沈约《究竟慈悲论》；梁周颙《与何胤书论止杀》(又名《与何胤论止杀书》)；梁武帝《断杀绝宗庙牺牲诏》(又名《叙梁武断杀绝宗庙牺牲事》)、《断酒肉文》等。

七、戒功篇(卷二七)。主要辑录有关持戒净业的文书。有晋慧远《与隐士刘遗民等书》；陈昙瑗《与梁朝士书》；隋炀帝《于天台山顗(智顗)禅师所受菩萨戒文》；道宣《统略净住子净行法门序》；南齐萧子良《净住子净行法门》等。

八、启福篇(卷二八)。主要辑录施物、舍身、斋会、度僧、造寺等有关兴福的文翰。有北代(北魏)、南晋(东晋)、前秦、前燕、后秦诸帝《与太山朗(僧朗)法师书》并答；南齐南郡王《舍身疏》；梁简文帝《四月八日度人出家愿文》、《八关斋制序》；后周明帝《修起寺诏》；隋高祖《于相州战场立寺诏》；隋炀帝《行道度人天下敕》；唐太宗《度僧于天下诏》、《断卖佛像敕》；北周武帝《二教钟铭》等。

九、悔罪篇(卷二八)。主要辑录忏文。有陈江总《群臣请陈武帝忏文》；梁武帝《摩诃般若忏文》；陈宣帝《胜天王般若忏文》；陈文帝《无碍会舍身忏文》等。

十、统归篇(卷二九、卷三十)。主要辑录晋宋以来，尤其是梁代赞颂佛教的诗赋及檄魔文。有梁武帝《净业赋》、《孝思赋》；北魏李颙《大乘赋》；北魏懿法师《伐魔诏》；晋慧远《念佛三昧诗集序》；梁武帝《述三教诗》；北齐虞思道《从驾经大慈照寺诗》；北周释亡名《五苦诗》等。

《广弘明集》收文的总数从目录上看，有三百多篇，但由于有很多文章，尤其是往返的书信、问答在目录上并没有一一登录,故实际所收要多得多,大体上是《弘明集》收文的一倍。它上采列朝帝王的诏旨敕令,下摭名士法师的各类文述,岁历数百,地贯南北。搜罗至富,刊存了大量不见他书的坠简遗文;记叙委悉,缕述了中国佛教史上发生的许多重要事件。它和《弘明集》一起,构成中国佛教的两大文苑史库。

有关本书的研究,有巩本栋《广弘明集释译》(台湾佛光文化事业公司,1998年)、李小荣《〈弘明集〉〈广弘明集〉述论稿》(巴蜀书社,2005年)、陈士强《大藏经总目提要·文史藏》(上海古籍出版社,2008年)、刘林魁《〈广弘明集〉研究》(中国社会科学出版社,2011年)等。

(陈士强)

四分律删繁补阙行事钞 〔唐〕道　宣

《四分律删繁补阙行事钞》，简称《四分律行事钞》、《行事钞》、《六卷钞》，三卷（一作六卷或十二卷）。唐道宣撰。成于贞观四年（630）。通行本有《大正藏》本等。

作者生平事迹见"集古今佛道论衡"条。

《四分律》（又称《昙无德律》）是汉语系佛教僧尼奉行的一部广律。主要说明僧尼五众别解脱戒的内容和受持的方法。其中规定比丘戒二百五十条，比丘尼戒三百四十八条，从行动（身）、言论（口）、思想（意）三方面对出家比丘、比丘尼的修行和衣食住行作了详细的规定，并制定对违犯者所采取的惩罚方式。是中国古代最有影响的佛教戒律之一，是唐代律宗所依据的基本典籍。

《四分律删繁补阙行事钞》则是《四分律》的注疏。关于本书的写作过程，应从道宣二十岁受具足戒后说起。道宣受具足戒后的第二年，即从智首学习律学。其间，他听讲《四分律》达四十遍之多。这为他撰写《四分律删繁补阙行事钞》一书打下了基础。他原住在长安的崇义寺，唐武德七年（624）进入终南山丰德寺，武德九年（626）写成本书初稿。贞观四年（630，一作贞观八年）重加修改定稿。他认为以往解释戒律的著作，撰写疏的仅说其废立，作钞的又只端出问题，因此都不能起到指导新学比丘日常行事的作用。所以，他"统教意之废兴、考诸说之虚实"，以"辞重疑，遣通累，括部执，诠行相"为宗旨（《四分律行事钞·自序》），会通诸部戒律，解决疑难，并把律文中同类的内容加以归纳，做到"始终交映，隐显互出"（同上）。同时删除了过去诸注家繁多的情见，补充了诸注家的缺失和《四分律》中没有解决的问题。这样便于新学比丘行事，因而命名为《删繁补阙行事钞》。

本书是律宗方面的名著，它仅用三卷文字容摄了六十卷《四分律》的事相行法，而且收罗了其余三藏教典和中国著述的有关文义。上卷十二篇叙摄僧统众之事，名为众行；中卷四篇叙自修持犯之事，名为自行；下卷十四篇通于僧众及个人，名为共行。合共三十篇（一作六篇），其篇名如下。

(一)《标宗显德篇》。(二)《集僧通局篇》。(三)《足数众相篇》。(四)《受欲是非篇》。(五)《通辨羯磨篇》。(六)《结界方法篇》。(七)《僧网大纲篇》。(八)《受戒缘集篇》。(九)《师资相摄篇》。(十)《说戒正仪篇》。(十一)《安居策修篇》。(十二)《自恣宗要篇》。(十三)《篇聚名报篇》。(十四)《随戒释相篇》。(十五)《持犯方轨篇》。(十六)《忏六聚法篇》。(十七)《二衣总别篇》。(十八)《四药受净篇》。(十九)《钵器制听篇》。(二十)《对施兴治篇》。(二一)《头陀行仪篇》。(二二)《僧像致敬篇》。(二三)《计请设则篇》。(二四)《导俗化方篇》。(二五)《主客相待篇》。(二六)《瞻病送终篇》。(二七)《诸杂要行篇》。(二八)《沙弥别行篇》。(二九)《尼众别行篇》。(三十)《诸部别行篇》。

本书内容全面而细密，并补充了不少阙漏，纠正了很多错误，发现并解决了许多前人未注意未解决的问题，因而本书问世后，备受称颂。唐代澄观称其"文简理诣，义圆事彰"。宋代元照说它是"摄僧护法之仪，横提纲要，日用时须之务，曲尽规猷"。本书初出，即盛行于长安及附近地区，而后自此而南，迅速传遍中国南北汉族佛教界，僧人皆奉此书为律学指南。道宣以前的诸家书钞因本书出世而逐渐被淘汰，现多已失传。

道宣写成本书后，即为弟子们讲授。弟子中有人在听讲时记录所闻，即成为本书的注释。后人对本书的注疏也很多，据《行事钞诸家记标目》所载就有六十二家之多。现存的有唐大觉《四分律钞批》、志鸿《四分律行事钞搜玄录》，后唐景霄《四分律行事钞简正记》，宋元照《四分律行事钞资持记》和《四分律行事钞科》、澄渊《四分律行事钞评集记》等。

(夏金华)

四分律含注戒本 〔唐〕道 宣

《四分律含注戒本》，又称《四分律比丘含注戒本》、《四分含注戒》，三卷。唐道宣撰。成于贞观八年(634)，后经作者重订。通行本有《大正藏》本、《卍续藏经》本等。

作者生平事迹见"集古今佛道论衡"条。

《四分律含注戒本》是《四分律》中戒本部分的注释。

卷上：解释戒经序、"四波罗夷法"、"十三僧伽婆尸沙法"、"二不定法"和"三十尼萨耆波逸提法"。

卷中：解释"九十波逸提法"。

卷下：解释"四波罗提提舍尼法"、"众学法"、"七灭诤法"和七佛所说戒经偈等。

本书是道宣为《四分律》戒本所作的详细解释，内容已经囊括了《四分律》中所有的二百五十条戒。虽然在《五分律》、《十诵律》、《僧祇律》、《解脱戒经》中，其戒律条数与此略有出入，但主要内容基本一致。道宣对戒律的解释异常慎重，一依佛解，无有少改，这种精神在此书中表露无遗。而且，为了突出本书的主旨，道宣在书中只解释戒本正宗分的内容，而将其中法护尊者所说的序分和流通分分别抄录在书前和书尾，此也是本书的一个重要特色。

《四分律含注戒本》是四分律宗的重要典籍之一。长期以来一直受到律宗学人的高度重视。它的注释本除了道宣本人另撰的《四分律比丘含注戒本疏》四卷外，尚有宋代允湛所撰的《四分律发挥记》(已残佚，仅存第三卷)、元照的《四分律行宗记》二十一卷等。后来，此《含注戒本》及疏均由鉴真传至日本。

（夏金华）

四分律删补随机羯磨疏 〔唐〕道　宣

《四分律删补随机羯磨疏》,简称《四分律羯磨疏》、《四分律业疏》、《业疏》,八卷。唐道宣撰。成于贞观二十二年(648)。通行本有《大正藏》本、《卍续藏经》本等。

作者生平事迹见"集古今佛道论衡"条。

《四分律删补随机羯磨》(上下二卷)是道宣所集《四分律》中羯磨法部分的别行本,成书于唐太宗贞观九年(635)。贞观二十二年(648),应旧友之请,道宣于终南山丰德寺又撰成《四分律删补随机羯磨疏》,以诠释《羯磨》,辨别分析持戒之要义。本疏的中心内容分为三部分。

序分：主要阐明能辨之教(羯磨)、所被之事(缘务)、弘法之人(僧伽)、设教之所(结界)。

正宗分：详细解释《四分律删补随机羯磨》中《诸界结解篇》、《诸界受法篇》、《衣药受净篇》、《诸说戒法篇》、《诸众安居篇》、《诸众自恣法篇》、《诸衣分法篇》、《忏六聚法篇》的内容。

流通分：解释《四分律删补随机羯磨》中《杂法住持篇》的内容。

《四分律删补随机羯磨疏》,与《四分律含注戒本疏》、《四分律删繁补缺行事钞》,并称为四分律宗(依据《四分律》而确立其宗旨的律宗宗派,一般所称之"律宗",即指此)三大部,可见其影响之大。本疏的注解主要有宋代允湛《四分律随机羯磨疏正源记》八卷、《四分律羯磨疏科》四卷、元照《四分律羯磨疏济缘记排科》二十二卷、清代读体《毗尼作持续释》十五卷、照远《四分律羯磨疏显缘抄》二十卷等。

(夏金华)

释迦方志 〔唐〕道 宣

《释迦方志》,二卷。唐道宣撰。成于永徽元年(650)。通行本有《丽藏》本、《宋藏》本、《金藏》本、《元藏》本、《明南藏》本、《明北藏》本、《清藏》本、《频伽藏》本、《大正藏》本、中华书局2000年版《释迦方志》(范祥雍校点)等。

作者生平事迹见"集古今佛道论衡"条。

《释迦方志》是一部记述释迦牟尼诞生地和教说流布地的佛教史迹的著作。内容包括西域(尤其是印度)的地理环境,中印交通的路线和经行国的情况,西行求法的人物,佛教入华的传说和经像灵异,佛教住世(传世)的时数,历代帝王的奉佛事迹和寺院、僧尼等基本资料及其他。全书共分为以下九篇。

一、封疆篇(卷上)。记释迦牟尼教化的世界——索诃世界(又译"娑婆世界",意为"忍土")的封域。

二、统摄篇(卷上)。记索诃世界铁轮山(又名"铁围山")之内的情形。

三、中边篇(卷上)。从名、里、时、水、人五个方面,论证释迦牟尼的诞生地——中印度的迦毗罗卫国位于"天地之中央",非为边地。

四、遗迹篇(卷上末至卷下初)。记唐代从陆上去印度的三条路线及沿途各国的情况。其中,"东道"(这是从印度出发到中国经行路途的称谓。若从中国出发去印度,不应称"东道",而应称"南道"),指的是从河州出发,经鄯州、承风戍、清海、白兰羌国、多弥国、苏毗国、敢国、吐蕃国,至北印度尼波罗国的路线;"中道",指的是从鄯州出发,出玉门关,经鄯善、于阗、斫句迦国(又称"沮渠")、佉沙国(又称"疏勒")等,而至印度伐剌拏国的路线;"北道",指的是从京师(长安)出发,出高昌,经阿耆尼国、屈支国、跋禄迦国、飒秣建国等,至北印度滥波国的路线。上述三条路线中,"东道"为《释迦方志》第一次予以著录;"中道"是根据玄奘回国时经行的路线写的;"北道"是根据玄奘去印度时经行的路线写的。

五、游履篇(卷下)。记西汉至唐,使者或沙门(以沙门为主)十六次出游西域的事迹。依次是:西汉的张骞;东汉的蔡愔、秦景等;东汉的成光子;西晋的竺法护;东晋的宝云;后秦的智猛及其同道;后燕的昙猛;后秦的法显及其同道;刘宋的智严;刘宋的法勇及其同道;刘宋的道泰;北魏的道药;刘宋的道普、法盛;北魏的宋云、惠生等;唐代的玄奘。其中,东汉成光子、北魏道药出游西域的记载,为其他史书所未载。

六、通局篇(卷下)。记佛教入华的各种传说以及佛舍利(遗骨)、经像的感应故事。

七、时住篇(卷下)。记释迦如来(即释迦牟尼)所在的劫期和佛法住世的年限。

八、教相篇(卷下)。记西晋至隋代历代帝王的奉佛事迹,和寺院、译师、译经、僧尼的数目。

本书的资料主要来源于唐玄奘《大唐西域记》、隋灵裕《灵迹记》、唐王玄策《行记》、法琳《辩正论》等。其中,《通局篇》、《教相篇》中的一些内容,后经扩充和整理,成了作者《集神州三宝感通录》、《广弘明集》中的一部分。

有关本书的研究,主要有陈士强《大藏经总目提要·文史藏》(上海古籍出版社,2008年)等。

(陈士强)

释迦氏谱 〔唐〕道　宣

《释迦氏谱》，本名《释迦谱略》(见道宣《大唐内典录》卷五和道世《法苑珠林》卷一百)，后人抄作《释迦氏略谱》和今名(见唐智升《开元释教录》卷十三)，一卷。唐道宣撰。成于唐麟德元年(664)。通行本有《丽藏》本、《宋藏》本、《金藏》本、《元藏》本、《明南藏》本、《明北藏》本、《清藏》本、《频伽藏》本、《大正藏》本等。

作者生平事迹见"集古今佛道论衡"条。

《释迦氏谱》是佛祖释迦牟尼的传记。全书分为五篇，也称五科，篇名都冠有"序"字，"序"通"叙"。

一、序所依贤劫。叙说释迦牟尼出世的时间(即"贤劫")。

二、序氏族根源。叙说释迦牟尼姓氏的来历和家族的谱系。

三、序所托方土。从征名、约量、辨时、从势、藉胜、考文六个方面，分别叙说释迦牟尼所处的天竺国(又名"大夏")的地理位置、方圆里数、时序气候、山岳水源、君王法王和梵文。

四、序法王化相。叙说释迦牟尼自降生到涅槃(即逝世)各个阶段的主要事迹。分为八节。

(一) 处兜率天迹。

(二) 降阎浮洲迹。下分：兴念相、入胎相、住胎相三门。

(三) 现生诞灵迹(又名《现生灵诞迹》)。下分：往林严饰相、正诞灵仪相、发号显德相、诸天奉侍相、现大瑞应相、入天祠相、立名建号相、召仙占睹相、保傅随侍相、母氏升遐相十门。

(四) 集艺历试迹。下分：立为储后相、观耕生厌相、示纳妃孕相、出游四门相四门。

(五) 出家寻教迹第五。下分：启出家相、天神接举相、剃发舍俗相、寻仙非夺相、王师寻迹相、同邪苦行相、浴身受食相七门。

(六) 悟道乘时迹(又名《乘时成佛迹》)。下分：降魔显德相、断惑成觉相二门。

(七) 说法开化迹(又名《转法悟物迹》)。下分：兴念愍物相、梵天来请相、怀土念机相、受供商者纳钵相、道逢非机相、遇雨龙供相、乘机授法相、声告化境相、出家表僧相、次第度人相、分头化人相、赴瓶沙本愿相、度舍利弗目连相、度金色大迦叶缘、佛还本生缘十五门。

(八) 机穷化掩迹(又名《迁神化掩迹》)。下分:魔王重请入灭相、嘱累终事相、标处现灭相、正灭度相、终后殡殓相、母来重起相、现双足相、天上人中分骨相八门。

五、序圣凡后胤。下分二十节:(一) 从兄调达生灭相;(二) 从弟那律跋提出家相;(三) 弟孙陀罗难陀出家缘;(四) 罗云出家缘;(五) 释迦姨母出家缘;(六) 释迦父王泥洹记;(七) 释迦母氏登天佛往相;(八) 释迦姨母大爱道泥洹缘;(九) 释迦族流灭相;(十) 遗迹远近缘(文阙);(十一) 释迦竹园精舍缘;(十二) 释迦祇洹精舍缘;(十三) 释迦发爪塔缘;(十四) 释迦天上四塔记;(十五) 优填造释迦栴檀像缘;(十六) 波斯匿王造金像记;(十七) (阿)育王弟出家造石室缘;(十八) 释迦留影在石室记;(十九) 阿育王造八万四千塔记;(二十) 释迦遗法终限相。

《释迦氏谱》是自梁僧祐的《释迦谱》之后出现的又一部佛陀传。粗看起来,两部佛传的章节目录大异,似乎内容上也必不相同,但如果细心寻绎的话,却不难发现后书的基本史料取材于前书,《释迦氏谱》实质上是《释迦谱》的改写本,只不过它不是根据《释迦谱》五卷本改写的(作者当时并未披阅过这种本子),而是根据十卷本改写的。作者当初之所以要将这部著作定名为《释迦谱略》的原因也正在这里。

《释迦氏谱》的前三篇,即《序所依贤劫》、《序氏族根源》和《序所托方土》,基本上是用道宣自己的语言表述的,观点与引文水乳交融,化为一体。即便有用《释迦谱》资料的地方,也是打破《释迦谱》原来篇目界线的糅述,风格不类于《释迦谱》。《释迦氏谱》的后二篇,即《序法王化相》和《序圣凡后胤》,基本上是《释迦谱》相关篇目的撮述,除新设一批小标题,以提示经文大意以外,仍采用抄集一段一段经文(也抄录僧祐的一些案语)的方式编就,无论是内容还是风格都与《释迦谱》同。

总的来说,《释迦氏谱》叙事简洁,层次分明,分科布局较为合理,撰作的成分增加而抄集的成分减少,便于初学者阅读。

有关本书的研究,主要有陈士强《大藏经总目提要·文史藏》(上海古籍出版社,2008 年)等。

(陈士强)

大唐内典录 〔唐〕道 宣

《大唐内典录》，简称《内典录》，十卷。唐道宣撰。成于麟德元年(664)。通行本有《丽藏》本、《宋藏》本、《金藏》本、《元藏》本、《明南藏》本、《明北藏》本、《清藏》本、《频伽藏》本、《大正藏》本等。

作者生平事迹见"集古今佛道论衡"条。

《大唐内典录》是一部佛经目录。全书分为十录，所录"都合一十八代，所出众经总有二千二百三十二部，七千二百卷"(卷一)。

一、历代众经传译所从录(卷一至卷五)。"谓代别出经及人述作，无非通法，并入经收，故随经出。"(同上)记载东汉至唐各代的译经和撰述。卷一，后汉。卷二，前魏、南吴、西晋。卷三，东晋、前秦、后秦、西秦、北凉。卷四，宋、前齐、梁、后魏、后齐。卷五，后周、陈、隋、唐。

二、历代翻本单重人代存亡录(卷六、卷七)。"谓前后异出，人代不同，又遭离乱，道俗波迸。今总计会，故有重单。缘叙莫知，致使失译。"(同上)下分《历代大乘藏经翻本单重传译有无录》(卷六)和《历代小乘藏经翻本单重传译有无录》(卷七)，分别记载大乘三藏(经律论)和小乘三藏单本(一本一译)及重翻(一本数译)的译人、译时、译地和用纸数。

三、历代众经总摄入藏录(又称《历代众经见入藏录》)(卷八)。"谓经部繁多，纲要备列，从帙入藏，以类相从。故分大小二乘，显单重两译。"(同上)胪列大乘经单重翻、小乘经单重翻、小乘律、大乘论、小乘论、贤圣集传为几帙，中间、左间、右间以上第几隔。唐静泰《大唐东京大敬爱寺一切经论目序》说："显庆年际，西明寺成，御造藏经，更令隐炼区格尽尔，无所间然。律师道宣又为后序。殷因夏礼，无革前修，于三例(指经律论)外附申杂藏，即《法苑》、《法集》、《高僧》、《僧史》之流是也。颇以毗赞有功，故载之云尔。"据此，则这一录很可能是西明寺经藏目录。

四、历代众经举要转读录(卷九)。"谓转读寻玩，务在要博。繁文重义，非曰彼时。故随部摄举，简取通道。自余重本，存而未暇。"(同上)载录在诸种重翻经中选出的善本目录。

五、历代众经有目阙本录(卷十)。"谓统检群录，校本则无。随方别出，未能通遍。故别显目访之。"(同上)载录阙本。

六、历代道俗述作注解录(卷十)。"谓注述圣言,用通未悟,前已虽显,未足申明。今别题录,使寻览易晓。"(同上)载录撰述。

七、历代众经支流陈化录(卷十)。"谓别生诸经,曲顺时俗,未通广本,但接初心,一四句颂,不可轻削故也。"(同上)载录别生经。

八、历代所出疑伪经论录(卷十)。"谓正法深远,凡愚未达,随俗下化,有勃(悖)真宗,若不标显,玉石斯滥。"(同上)载录疑伪经。

九、历代众经录目始终序(卷十)。"谓经录代出,须识其源。"(同上)载录经录。

十、历代众经应感兴敬录(卷十)。"谓经翻东夏,应感征祥,而有蒙祐增信,故使传持远惟。"(同上)载录诵持佛经的感应事迹。

上述十录中,由于卷十的《历代众经有目阙本录》和《历代众经支流陈化录》均只有序言,而无具体的经目,而《历代众经应感兴敬录》又属于感应故事,故真正属于经录的实际上只有七录。其中,《历代众经传译所从录》、《历代众经举要转读录》和《历代道俗述作注解录》三录尤具特色。

一、《历代众经传译所从录》(卷一至卷五)即通常所说的"代录"。此录最明显地反映了《大唐内典录》与费长房《历代三宝纪》内在的继承关系。首先是代录的格局相同。每一朝代的传译录的序言都是先叙王朝开创者的生世、建都,次叙该朝政治的和佛教的大事,末叙该朝共有几主几年,传译道俗共有几人,出经共有几部几卷等;序言之后,汇列该朝出经总目,某人出几部几卷,一个接一个地编列,最后一项是失译经的数目;正文先列经名卷数,下注出经年月、别称、第几译、见于何部经录。一个人的译典全部列完之后,作一个小结,说明这些部卷为谁人所出,引出译撰者小传。其次是内容相同。《大唐内典录》共载十八代译经,其中译人和部卷与《历代三宝纪》相同的有十二代。它们是后汉、魏、吴、西晋、东晋、前秦、后秦、西秦、梁、后齐(北齐)、后周(北周)、陈。《历代三宝纪》误录的,它也沿之。

在《历代三宝纪》收载的朝代中,属《大唐内典录》增补的有北凉道泰译的《入大乘论》二卷,这是道宣根据"唐旧录"增入的;刘宋竺道生撰的《善不受报论》、《佛无净土论》、《应有缘论》、《顿悟成佛论》、《佛性当有论》、《法身无色论》、《二谛论》各一卷,萧齐刘虬撰的《注法华经》十卷、《注无量义经》一卷;北魏达摩菩提译的《大涅槃论》一卷,这是道宣根据"唐前录"增入,但是否真的是达摩菩提所译,道宣自己也存疑;隋代阇那崛多的三十七部一百七十六卷译典中的六部十一卷,它们是:《大方等大云请雨经》一卷、《无所有菩萨经》四卷、《护国菩萨经》二卷、《佛华严入如来不思议境界经》二卷、《东方最胜灯王如来经》一卷、《大乘三聚忏悔经》一卷;隋道正撰的《凡圣六行法》六种不同卷本(最多的为二十卷,最少的为一卷);隋达摩笈多译的《起世经》等九部四十六卷;隋明则撰的《翻经法式论》十卷、《诸寺碎铭》三卷;隋行矩撰的《序内法》、《内训》各一卷。总计三十一种。其中有《历代三宝纪》成书前已出,而《历代三宝纪》未载的,也有《历代三宝纪》以后新出的,《大唐内典录》一并加以增补。

至于唐代传译录,则全是《大唐内典录》新录的。收波罗颇蜜多、玄琬、法琳、慧净、李师政、法云、道宣、玄奘、彦悰、玄应、玄恽、玄范等十二人译撰的一百多部一千五百多卷经典。

二、《历代众经举要转读录》(卷九)。此录在佛家经录中别具一格。佛经的翻译历来有一译和异译之分。一译,又称"单本"。指的是一部佛经只有一种梵文经本传入,汉译也只有一种;异译,又称"重翻"、"重译"。包括两种情况:第一,一部佛经有多种梵文经本传入,有的是这部经的不同写本,有的是这部经的某一品或某几品的写本;第二,梵文经本倒只有一种,但由于有的译者只译了经的一部分,也取了一个经名,因而从内容上来说并非是全本。这两种情况都会造成"同本异译"(又称"大本异译")和"别品异译"(又称"殊品异译")。这一类汉译佛经的数量又特别多,即使皓首穷经,也难以一一细览。为指导学人在"同本异译"中选取善本,从"别品异译"追溯到母本("大部"),对异译经进行选择性的阅读,为此,《大唐内典录》特地新辟了《历代众经举要转读录》。作者在录序中说:"顷代转读,多陷广文,识纯情浮,弥嫌观博。此并在人勤惰,岂以卷部致怀?何以知耶?故心薄淡望者,望卷大而眉颦;意专精者,见帙多而意勇。据斯以论,考性欲之康衢也。……今则去其泰(太)甚,随务行藏,举大部而摄小经,撮本根而舍枝叶,文虽约而义广,卷虽少而意多。能使转读之士,览轴日见其功;行福清信,开藏岁增其业。"(卷九)

虽然,道宣所列未必部部皆是善本,也有判断上的失误。内容上又与卷六、卷七的《历代翻本单重人代存亡录》发生叠合,但它毕竟为研习者提供了一条阅藏(即阅读藏经)的门径,其中的好处是不可掩没的。尤其是道宣在选择经本时,不是以译人为标准,而是以译本的优劣、主次为标准,对不同译本内容上的广略繁简、译文上的畅达艰涩进行了比较,这对后人不无启迪作用。如:

"《解深密经》(五卷七十三纸——原注)。唐贞观年玄奘于京师慈恩寺译。

右一经,四译。初宋时求那跋陀罗出,名《相续解脱经》。陈时真谛出,名《解节经》。文略不具,与后魏留支(菩提留支)所译《深密解脱经》同。故存后本为定。"(卷九)

"《维摩诘所说经》三卷六十一纸。后秦罗什于长安逍遥园渭阴译。

右一经,三译。吴时支谦所译,为《毗摩罗诘经》二卷。唐玄奘所译,为《说无垢称经》六卷。繁略折衷,难逵秦翻。终是周因殷礼,损益可知云。"(同上)

"《弥勒成佛经》(十七纸——原注)。西晋竺法护译。

右一经,三译。后秦罗什译,为《弥勒下生》,文乃流便,事义阙略。又人别译为《弥勒来时经》,三纸许,词理不具。故存前本。"(同上)

显然,如果没有一番甄别考校的功夫,是难以作这样的筛选和判断的。

三、《历代道俗述作注解录》(卷十)。它是汉地佛教撰述的专录,为其他经录所无。它除了抄录了刘宋陆澄《法论》十六帙的名目之外,还搜集了自东晋至唐代的许多佛教撰作。如唐京师延兴寺沙门玄琬的《论门》、《三德论》、《入道方便门》、《镜喻论》、《无碍缘起》、《十种读经义》、《无尽藏仪》、《发戒缘起》、《法界图像》、《忏悔罪法》;纪国寺沙门慧净的《注金刚般若经》、《释疑论》、《诸经讲序》、《内诗英华》;西明寺沙门法云的《辩量三教论》、《十王正业论》等。虽然与道宣另撰的《续高僧传》的载录相比,遗漏还不少,但作者对佛教撰作的重视由此可见一斑。

有关本书的研究,主要有陈士强《大藏经总目提要·文史藏》(上海古籍出版社,2008年)等。

(陈士强)

续高僧传 〔唐〕道 宣

《续高僧传》，又称《唐高僧传》，三十卷。唐道宣撰。初成于贞观十九年(645)，增补于麟德二年(665)。通行本有《丽藏》本、《宋藏》本、《金藏》本、《元藏》本、《明南藏》本、《明北藏》本、《清藏》本、《频伽藏》本、《大正藏》本等。《丽藏》、《大正藏》、《频伽藏》作"三十卷"，宋、元藏作"三十卷"，明、清藏作"四十卷"。作者在《大唐内典录》卷五自录此书，云"一部三十卷"，故知原书本是三十卷。

作者生平事迹见"集古今佛道论衡"条。

《续高僧传》是梁慧皎《高僧传》的续作，也是一部僧人总传。据作者在自序中说，"始岠梁之初运，终唐贞观十有九年，一百四十四载，包括岳渎，历访华夷，正传三百四十人(宋元明藏本作三百三十一人)，附见一百六十人。"然而，今传的各种版本的《续高僧传》所收人物的截止年限及人数，与自序所说有很大的出入。检《大唐内典录》卷五，道宣在著录《续高僧传》之后，又著录了《后集续高僧传》一部十卷(《新唐书》卷五十九《艺文志》也作了刊载)。而到唐智升作《开元释教录》时已不见《后集》，故他称"寻本未获"。今本《续高僧传》所收的卒于贞观十九年以后的僧人的传记，无论是结构内容，还是用词遣句，均与卒于贞观十九年以前的僧人的传记珠联璧合，可以肯定它们同样是道宣的手笔。故智升之所以不见有《后集续高僧传》行世，是因为它早已合入《续高僧传》，并仍作三十卷的缘故。唐道世作《法苑珠林》，引用《续高僧传》有数十处，其中也有卒于贞观十九年以后的僧人，如卷六十五引智聪，皆谓出于《唐高僧传》。《法苑珠林》作于总章元年(668)，离道宣的卒年乾封二年(667)仅隔一年。这说明《续高僧传》与《后集续高僧传》在道宣在世之时，已经合并。合并者极可能是道宣本人。

因此，今本《续高僧传》所收的僧人，上始梁初，下迄唐麟德二年(665)，其实际人数多于《续高僧传序》所说的数字。据卷目统计，《丽藏》本所收，正传四百一十四人，附见二百二人；《明藏》本所收，正传四百九十三人，附见二百十五人(《明藏》本较《丽藏》本增收的人物见《大正藏》本《续高僧传》卷二十、卷二十二、卷二十三、卷二十四、卷二十五后附)。

《续高僧传》大体上采用《高僧传》的分类法,也分为十科。每科的标题上都加上"篇"字,故又称十篇。

一、译经篇(卷一至卷四)。

二、义解篇(卷五至卷十五)。

三、习禅篇(卷十六至卷二十)。

四、明律篇(卷二一、卷二二)。

五、护法篇(卷二三、卷二四)。

六、感通篇(卷二五、卷二六)。

七、遗身篇(卷二七)。

八、读诵篇(卷二八)。

九、兴福篇(卷二九)。

十、杂科声德篇(卷三十)。

作者认为,"凡此十条,世罕兼美,今就其尤最者,随篇拟伦。"(《序》)也就是说,根据僧人最突出的德业,将他选编在某一科。并沿承《高僧传》的轨范,在每科之末设"论","搜擢源派,剖析宪章,组(亦作"粗")织词令,琢磨行业"(同上)。

《续高僧传》的科目与《高僧传》不同的地方在于:将《高僧传》中的《神异》改为《感通》,从排列次序的第三位,移至第六位;将《亡身》改为《遗身》,从排列次序的第六位,移至第七位;将《诵经》改为《读诵》;将《经师》、《唱导》合成《杂科声德》;新增《护法》一科。从篇次而言,这就突出了译经、义解、习禅、明律、护法五科的地位。从篇题而言,将《亡身》改为《遗身》,辞句显得委婉;《诵经》改为《读诵》,文题显得贴切。而改《神异》为《感通》,合《经师》、《唱导》为《杂科声德》,既扩大了一科的范围,又深化了一科的主题。《续高僧传》卷二六《感通篇论》说:"圣人之为利也,权巧众途,示威雄以摄生。为敦初信,现光明而授物。情在悟宗。……教敷下士,匪此难弘。先以威权动之,后以言声导之,转发信然,所以开萌渐也。"这就点出了对腾虚显奇、飞光吐瑞等神力变化以及种种感应事迹的渲染,与劝引世人奉佛之间的关系。

至于为何要将《经师》、《唱导》合为《杂科》,又称《声德》,作者解释说:"利物之广,在务为高。忍界所尊,惟声通解。且自声之为传,其流难焉。……经师为德,本实以声糅文,将使听者神开因声,以从回向,顷世皆其旨。"(卷三十《杂科声德篇论》)也就是说,经师、唱导都是以声糅文,开悟听者的,其声也是一种德行。

而《续高僧传》所新增的《护法》一科,则旨在"树已崩之正纲"(卷二四《护法篇论》)。这是因为在佛教的传布过程中,虽然它受到历代王朝中的绝大多数皇帝的膺奉护持,其势隆隆直上,但也一直存在着与儒、道两种不同的势力的矛盾和斗争,这种矛盾有时平缓,有时激化。在"普天之下,莫非王土"的封建社会中,皇帝的宗教信仰和思想倾向至关重要。北魏太武帝因敦信道教而焚破经像,坑杀沙门。北周武帝因推重儒术而荡除寺观,禁断佛道。此外,即使在信奉佛教的皇帝中间,也有程度的深浅之分。有的帝王虽然笃好佛法,但有时出于政治、经济方面的考虑,或者受社会舆论的影响,也会对佛教的活动作出某种限制或规定,如隋炀帝曾令沙门致敬王者,唐高祖曾下诏沙汰僧尼。从南北朝至唐代,帝王还往往召集名儒、沙门、道士辩论三教优劣,尤其是佛道的先后、浅深、同异。在诸如此类涉及佛教命运的时刻,能抗声对辩、维护佛法的人,便成为新增的《护法》科收录的对象。这在北魏有昙无最,北齐有昙显,北周有静蔼、道安、僧勔,隋有僧猛,唐有明瞻、慧乘、智实、法琳、慧藏等。此科的性质与道宣的另一部著作《集古今佛道论衡》是相同的。

《续高僧传》征采周富,叙载详赡,笔力纵放,词句绮丽,居诸部僧人总传之首。

作者在书末的后语中说,自梁以后,僧史荒芜,高行明德,湮没无纪,使人抚心痛惜。"故当微有操行,可用师模,即须缀笔,更广其类。"(卷三十)根据这个原则,他对《高僧传》加以补苴增广。其中,有《高僧传》出于"同世相侮"(见序)的缘故,具操行并在《高僧传》成书之前去世而未被选录的梁代僧人,如卷五的法申、僧韶、法护、智欣、法令,卷六的慧韶、僧密、昙准、道超、僧乔、慧开等是也;有《高僧传》由于南北阻隔的原因,未能获悉的北魏僧人,如卷七的道宠,卷十六的佛陀禅师是也;有《高僧传》由于知之不详,仅作附见,而道宣搜得资料,辑成正传的北魏僧人,如卷六的道登,原是《高僧传》卷八《僧渊传》的附见,仅有"道登善《涅槃》、《法华》,并为魏主元宏所重,驰名魏国"十九字,而在道宣书中则近三百字。

在弥补《高僧传》的缺漏之后,道宣还利用其时天下一统的有利条件,仰托周访,务尽搜扬,将自梁至唐初的南北僧人中的高行者罗括入书。尤其是《义解篇》,虽为十篇之一,但卷数达十一卷,占全书的三分之一还多,载录僧人最多,其中很多是佛教史上的重要人物。

如卷五的梁扬都庄严寺僧旻、光宅寺法云、钟山开善寺智藏,研习《成实》,数讲开解,腾誉当时,被称为梁代三大法师;卷六的东魏西河石壁谷玄中寺昙鸾,依奉《观经》,专修净业,为后世净土宗奠定了理论基础;卷七的陈扬都兴皇寺法朗,受学《中论》、《百论》、《十二门论》等,探赜幽微,征发词致,使"三论"之学盛传于江表、河北。东魏邺下道宠,原在洛阳时从菩提流支受学《十地经论》,在道北教牢宜等四人,而慧光从勒那摩提受同论,在道南教法上等十人,地论学派中的南道、北道二系,当、现两说自此而起;卷八的隋京师延兴寺昙延著《涅槃义疏》十五卷,并《宝性》、《胜鬘》、《仁王》等疏,为有名的涅槃学者。净影寺慧远,师事法上,著疏属词,其《大乘义章》十四卷,被誉为"佛法纲要尽于此焉";卷九的隋相州空演寺灵裕,拔思胸襟,理相兼通,著《佛法东行记》、《译经体式》、《齐代三宝记》、《僧制》及疏记论序等五十余种,驰名一代。大兴善道场僧粲,工难问,善博寻,著有《十种大乘论》等,为隋代佛教义学二十五众的第一摩诃衍匠;卷十的隋彭城崇圣道场靖嵩,精融《摄论》、《俱舍》二部,所撰章疏,大行于世;卷十一的唐京师延兴寺吉藏是三论宗的创始人,等等。

此外,《译经篇》中的菩提流支、真谛(以上卷一)、彦琮(卷二)、玄奘(卷四),《习禅篇》中的菩提达摩("摩"又作"磨")、僧可(一作"慧可")、僧稠、信行(以上卷十六)、慧思、智顗(以上卷十七)、灌顶(卷十九)、道绰(卷二十),《明律篇》中的慧光、洪遵(以上卷二一)、智首、法砺(以上卷二二),《感通篇》中的法顺及附见智俨(以上卷二五)等,或是译经大师,或是一科名匠,或是一宗祖师,对佛教的发展起过重要的作用。他们有代表性,有影响力,佛教义学的演进和繁荣与他们的活动是分不开的。其中有的僧人是作者著书时仍在世而被遴选入列的,如卷三的慧净,传称"今春秋六十有八,声闻转高,心疾时动"。虽说慧净有病,但当时还活着。又如卷十五的慧休,传称"至今十九年中,春秋九十有八,见住慈润(寺),爽健如前"。虽然所载的在世的高僧仅数人,但已打破了《高僧传》不录生存之人的旧例。

《续高僧传》不仅搜集的僧人面广,而且由于作者钩稽考索,叙载也十分详悉。每传的平均字数,为诸部僧人总传中最多的,不少传记有数千字,如彦琮、慧净、灵裕、僧稠、慧思、智顗等传,最长的是玄奘传,约二万字。这在不将句逗算字数的古代,是相当长的。作者吸取了《高僧传》写作的长处,在传记中既记僧人的生平履历,又记他的学识著述,从而形成了《续高僧传》内容上的一大优点。

如东晋释道安曾在《摩诃钵罗若波罗蜜经抄序》中,对自后汉开始的译经事业进行总结,详梵典之难易,诠译人之得失,提出了著名的"五失本"(五种不合胡本佛经轨式,然而于意无碍的变通译法)、"三不易"(三种不易传译的情况)的译经理论(载《出三藏记集》卷八),对后世的佛典传译产生了很大的影响。隋东都上林园翻经馆沙门彦琮,久参译事,妙体梵文,前后译经二十三部一百许卷,并将《舍利瑞应图经》、《国家祥瑞录》,从汉文译成梵文,使传天竺。他对道安的译经理论十分推崇,曾撰《辩正论》评论"五失本"、"三不易"之说,又根据自己的译经实践,对翻译的体式进行了深入的探讨。这部重要的有关翻译理论的专著已不传于世,但由于《续高僧传》在《彦琮传》中长段转录了该书的主要论点,才使它避免湮没。于中可知,彦琮在论中曾从十方面对道安的理论进行补充:"安(道安)之所述,大启玄门,其间曲细,犹或未尽。更凭正文,助光遗迹,粗开要例,则有十条字声。一句韵,二问答,三名义,四经论,五歌颂,六咒功,七品题,八专业,九异本,十名疏其相。"(卷二)他主张直译,译文朴质信达,以求符合原旨:"意者宁贵朴而近理,不用巧而背源。

傥见淳质,请勿嫌怪。"(同上)特别是论述译师应具德才的"八备"之说,实为翻译理论中的卓见高识:"诚心爱法,志愿益人,不惮久时,其备一也;将践觉场,先牢戒足,不染讥恶,其备二也;筌晓三藏,义贯两乘,不苦暗滞,其备三也;旁涉坟史,工缀典词,不过鲁拙,其备四也;襟抱平恕,器量虚融,不好专执,其备五也;沈(又作"耽")于道术,澹于名利,不欲高衔,其备六也;要识梵言,乃闲正译,不坠彼学,其备七也;薄阅《苍》、《雅》,粗谙篆隶,不昧此文,其备八也。八者备矣,方是得人。"(同上)

又如,北周长安崇华寺沙门慧善,幼年出家,善法胜的《阿毗昙心论》。他曾写过一部书,名《散花论》。此书亦已不存,光从书名看也难以揣度究竟讲的是什么。幸赖《续高僧传》卷八本传中有这样一段记载:"善(慧善)以《大智度论》每引小乘相证成义,故依文次第,散释精理,譬诸星月助朗太阳,犹如众花缤纷而散乱,故著斯文名《散花论》也。"读后方悟《散花论》原是一部顺依《大智度论》的次第,有选择地阐释其中的一些重要论点的著作。

再如,被后人推为禅宗东土始祖的菩提达摩,在世时并无多大声望,所以他的事迹流传到唐初也不多。《续高僧传》本传只是说,他是南天竺婆罗门种。初达宋(刘宋)境南越,末又北度至魏(北魏),随其所止,诲以禅教。"于时合国盛弘讲授,乍闻定法,多生讥谤。"弟子见于本传的仅有道育、慧可,见于他书的也不过僧副、昙林、尼总持三人而已。然而,达摩的禅法经几代的传授,渐流天下,六祖慧能以后,更演成一大宗派。随着禅宗势力的兴盛,有关达摩的言论和事迹被大量地编述出来,与他的原始面貌相距甚远。而据《续高僧传》的记载,达摩之学是"二入四行"的禅法。"二入"是指"理入"和"行入"。"藉教悟宗,深信含生同一真性,客尘障故,令舍伪归真。凝住壁观,无自无他,凡圣等一,坚住不移,不随他教,与道冥符,寂然无为,名理入也。"(卷十六)"理入"属于教理的思考,"行入"属了禅法的修持,包括"四行",即报怨行、随缘行、无所求行、称法行。传中并有解说。道宣撰书之时,禅宗尚未真正形成宗派,传法定宗之争也未露端倪,而且所录出自与达摩有接触的昙林(一作"琳")的《略辨大乘入道四行》,这就显得可信,而接近于事实。

与传记本文叙载之详赡相辉映的是,《续高僧传》各篇之论,撮示一科指归,溯沿佛学源流,评议人物史事,内容也相当丰富。如《明律篇论》中,作者认为律藏初通东夏时,萨婆多部的《十诵律》弘持最广。昙无德部的《四分律》虽然翻在姚秦,但创敷于北魏,自此之后,逐渐转盛,"今则混一唐统,普行《四分》之宗"(卷二二)。这中间是怎样发展过来的呢?作者写道:"自初开律,释师号法聪,元魏孝文北台扬绪,口以传授,时所荣之。沙门道覆,即绍聪(法聪)绪,缵疏六卷,但是长科,至于义举,未闻于世。……魏末齐初,慧光宅世,宗匠跋陀(佛陀扇多),师表弘理,再造文疏,广分衢术,学声学望,连布若云峰。行光德光,荣曜齐日月。每一披阅,坐列千僧,竞鼓清言,人分异辩,勒成卷帙,通号命家。……有云(道云)、晖(道晖)、愿(法愿)三宗律师,蹑踵传灯,各题声教。云(道云)则命初作疏九卷,被时流演,门人备高东夏。晖(道晖)次出疏,略云(道云)二轴(即七卷),要约诚美,蹊径少乖。得在略文,失于开授。……汾阳法愿,眄视两家(指道云、道晖),更开甍穴,制作抄疏,不减于前。弹纠核于律文,是非格于事相,存乎专附,颇滞幽通,化行并塞,故其然也。其余律匠,理(洪理)、洪(道洪)、隐(昙隐)、乐(道乐)、遵(洪遵)、深、诞等,或陶冶郑魏,或开疆燕赵,或导达周秦,或扬尘齐鲁,莫不同师云(道云)之术,齐驾当时。虽出钞记,略可言矣。而遵(洪遵)开业关中,盛宗帝里,经律双授,其功可高。……智首律师讲授,宗系诚广,探索弥深。"(卷二二)道宣即是智首的弟子,他继承智首的遗范,广事弘扬,创立了依奉《四分律》的南山律宗。故传中对律学渊源,自北至南,记叙特详。

类似这样有关佛学的某一领域渐进嬗变的历史轨迹,以及相关情况的论述,也见之于其他各篇之论,文多不载。这些综贯一科内容的"论",不仅笔锋驰骋,论列纵横,而且文辞锦绣,具有浓郁的文学色彩。

有关本书的研究,主要有陈士强《大藏经总目提要·文史藏》(上海古籍出版社,2008年)等。

(陈士强)

古今译经图纪 〔唐〕靖 迈

《古今译经图纪》,又名《大唐古今译经图纪》,简称《译经图纪》、《图纪》,或《靖迈录》,四卷。唐靖迈撰。约成于麟德元年(664)或次年。通行本有《丽藏》本、《宋藏》本、《金藏》本、《元藏》本、《明南藏》本、《明北藏》本、《频伽藏》本、《大正藏》本等。

靖迈,梓潼(今属四川)人。唐贞观(627—649)中,玄奘从印度取经归国,奉敕选谙练经论、为时尊尚者参与译经,靖迈就是被选中的十一人之一。居慈恩寺,与普光寺栖玄、广福寺明濬、会昌寺辩机,终南山丰德寺道宣,同执笔缀文,译《本事经》七卷。后与神昉笔受于玉华宫及慈恩寺翻经院。尚著有《能断金刚般若疏》二卷、《般若心经疏》一卷、《胜鬘经疏》一卷、《药师经疏》一卷、《菩萨藏经疏》十卷、《称赞净土经疏》一卷、《佛地论疏》六卷、《掌珍论疏》二卷(以上据日本平祚撰的《法相宗章疏》)、《十一面经疏》一卷、《因明入正理论疏》一卷(以上据日本藏俊撰的《注进法相宗章疏》)、《十轮经疏》八卷、《弥勒成佛经疏》一卷、《天请问经疏》一卷(以上据日本永超撰的《东域传灯目录》)。这些章疏除《般若心经疏》见存以外,其余的均亡佚。生平事迹见《宋高僧传》卷四。

《古今译经图纪》是根据唐长安大慈恩寺翻经院为历代佛经翻译家图像配写的题记编集的佛经目录。全书共记叙后汉至唐初的佛经翻译家一百十五人,其中除个别(如后汉的安玄、西晋的聂道真等)是居士以外,绝大多数是僧人。

卷一:(一)后汉。记迦叶摩腾等十一人,末附失译经一百二十三部一百四十八卷。(二)曹魏。记昙柯迦罗等四人。(三)孙吴。记支谦等五人,末附失译经一百一十部二百九十一卷。

卷二:(一)西晋。记竺昙摩罗察(即"竺法护")等九人,末附失译经八部十五卷。(二)东晋。记帛尸梨蜜多罗等十五人,末附失译经五十二部五十六卷。

卷三:(一)苻秦。记僧伽跋澄等六人。(二)姚秦。记鸠摩罗什等五人。(三)西秦。记法坚一人。(四)北魏。记昙觉、昙曜、吉迦夜三人。(五)北凉。记昙摩谶(一作"昙无谶")等八人,末附失译经五部一十七卷。(六)刘宋。记佛陀什等十八人。

卷四：(一)萧齐。记僧伽跋陀罗等八人。(二)南魏。记菩提流支等五人。(三)萧梁。记曼陀罗、僧伽婆罗、波罗末陀(即"真谛")三人。(四)东魏。记般若留支一人。(五)高齐(即北齐)。记那连提耶舍、万天懿二人。(六)陈。记月婆首那、须菩提二人。(七)北周。记攘那跋陀罗等四人。(八)隋。记法智、毗尼多流支、达摩笈多三人。(九)唐。记波罗颇迦罗、玄奘二人。

由于《古今译经图纪》起初是为一幅一幅的图像配写的人物小传，辑缀成书以后，便形成了既不同于一般僧传、又不同于一般经录的独特风格。一般僧传详于记录人物的活动行迹，而对所译的经典只是举其部分、说个总数而已。而《图纪》对人物的生平事迹着墨不多，叙说十分简略，而对他们的译典则不厌其多，一一具列。从这点上来说，它具有经录的特征。与一般经录相比，《古今译经图纪》的形式与经录中的"代录"比较接近，然而又有以下特异之处。

一、一般经录的代录有序言，而此书除在后汉译师小传的开头有伪书《汉法本内传》的一段抄文以外，其他各代译师小传前只列朝代、帝姓、都城，并以此为小标题。如"西晋司马氏都洛阳"、"秦苻氏都长安"、"南魏元氏都洛阳"等，没有序、叙论一类的前言。

二、一般经录的代录，有一个朝代传译僧俗和出经部卷的统计数，而此书无之。

三、一般经录的代录既收译典译人，也有汉地著述及撰者(多少不一)，而此书纯收译典译人。

四、一般经录的代录先列一个译师的译典，然后叙述他的传略，而此书正好相反，先叙译师传略，后出译典。

《古今译经图纪》取材于隋费长房的《历代三宝纪》，除全书最后三人，即隋代的达摩笈多、唐代的波罗颇迦罗和玄奘之外，其余的译人小传基本上都是根据《历代三宝纪》约写的(凡有关翻译风格的评语大多保留)。每个译人的出典名称和卷数，以及各朝失译经目，也都抄自《历代三宝纪》，只是省略了原有的小注。

由于靖迈当时并没有看到唐道宣的《大唐内典录》，故有关全书最后三人的记载，两书略有不同。

关于达摩笈多，《大唐内典录》卷五写道："仁寿之末，崛多(指达摩崛多)以缘他事流摈东越，笈多乘机专掌传译。大业三年，东都伊始，炀帝于洛水南汭天津桥左(宋元明本作"右")，置上林园翻经馆，遂移京师旧侣于新邑翻经，笈多相从羁縻而已。"文中没有介绍达摩笈多的身世，也没有对他的译文作出评价。

而《古今译经图纪》卷四则说："沙门达摩笈多，隋言法密，南贤豆国人。虽学年慕道落彩，冠字之暮戒具，寻师遍历大小乘国，闻见既广，艺术尤多。遂发大心，游方利物，凡所至国，唯以讲说为怀。暨开皇十年来届瓜州，文帝延入京寺，至止未久，大通隋言。敕于大兴善寺译《无所有菩萨经》四卷、《护国菩萨经》二卷、《佛华严入如来不思议境界经》二卷、《大集譬喻王经》二卷、《东方最胜灯王如来经》一卷、《移识经》二卷、《大乘三聚忏悔经》一卷、《大方等大云请雨经》一卷〔案：上述八部，《内典录》均列在阇那崛多的名下〕义理允正，称经微旨。……至炀帝定鼎东都，敬重隆笃，复于上林园内置翻经馆，译《法炬陀罗尼经》二十卷〔案：此经，《内典录》也列在阇那崛多的名下，以下尚有九部译典，两书同载，今略〕……从开皇十年至大业末岁，译经一十八部合八十一卷。并文义清素，华质显正。沙门彦琮、行矩等笔受。"

关于波罗颇迦罗，《大唐内典录》卷五作"波罗颇蜜多"，简单地介绍说："西天竺国沙门波罗颇蜜多，唐言光智，以贞观初年，赍梵叶本，至止京辇。"而《古今译经图纪》则稍详："沙门波罗颇迦罗，唐言作明知识，或云波颇，此云光智，中印度人，刹帝利种。识度通敏，器宇冲邃，博穷内外，研精大小。誓传法化，不惮艰危，远涉葱河，来届于此。以贞观元年，敕于大兴善寺译《宝星经》一部七卷、《般若灯论》一部十五卷、《大庄严论》一部十三卷。凡三部合三十五卷。"

关于玄奘，《大唐内典录》卷五记载玄奘的译经连同《大唐西域记》十二卷在内，只有"六十七部一千三百四十四卷"，而《古今译经图纪》卷四所载，"除《西域记》，总七十五部一千三百三十五卷"。这个数字不仅与唐静泰《大唐东京大敬爱寺一切经论目序》所说的相一致，也为后来的唐智升作的《开元释教录》所采用。

有关《古今译经图纪》的续作有唐智升的《续古今译经图纪》一卷(今存)。

有关本书的研究，主要有陈士强《大藏经总目提要·文史藏》(上海古籍出版社，2008年)等。

(陈上强)

俱舍论记 〔唐〕普 光

《俱舍论记》,又称《俱舍论光记》、《光记》,三十卷。唐普光撰。撰时不详。通行本有《大正藏》本、《卍续藏经》本等。

普光,籍贯、生卒年均不详。他资性明敏,师事玄奘于慈恩寺,精苦恪勤,闻少证多,玄奘默许之。人称"大乘光"。自贞观十九年(645),玄奘首创译场,至麟德元年(664),终于玉华宫,前后二十载,出经七十五部一千三百三十五卷,大都为普光笔受。永徽五年(654),玄奘译出《俱舍论》,首先密授普光。普光因此撰《俱舍论记》三十卷,详解之,是为《俱舍论》三大疏之一。后由弟子圆晖为之略作十卷,俱舍论师奉此为要典。由于普光之俱舍学实际上总集了玄奘所传,因而被后世公认为得玄奘之真传。普光另著有《俱舍论法宗原》、《百法明门论疏》等。生平事迹见《宋高僧传》卷四、《开元释教录》卷八等。

《俱舍论》(全称《阿毗达磨俱舍论》)是印度世亲造的一部小乘论书,也是《大毗婆沙论》的纲要书。书中反映了当时流行于迦湿弥罗(今克什米尔)的小乘说一切有部关于世界、人生和修行的主要学说,同时也吸收了经量部、大众部的一些观点。作者世亲将广博繁杂的《大毗婆沙论》压缩为《分别界品》、《分别根品》、《分别世品》、《分别业品》、《分别随眠品》、《分别贤圣品》、《分别智品》、《分别定品》八品,另又附录《破执我品》,共成九品,备受大小乘学者之重视。

《俱舍论记》是《俱舍论》的注释。其主要内容如下。

卷一至卷二:解释《俱舍论》初品《分别界品》;

卷三至卷七:解释第二品《分别根品》;

卷八至卷十二:解释第三品《分别世品》;

卷十三至卷十八:解释第四品《分别业品》;

卷十九至卷二一:解释第五品《分别随眠品》;

卷二二至卷二五:解释第六品《分别贤圣品》;

卷二六至卷二七：解释第七品《分别智品》；

卷二八至卷二九：解释第八品《分别定品》；

卷三十：解释第九品《破执我品》。

在《俱舍论》的研究上，《俱舍论记》具有不可忽视的地位。若与神泰《俱舍论疏》（原本三十卷，现仅存七卷）、法宝《俱舍论疏》相互对照，则更能明了《俱舍论》的含义。

（夏金华）

俱舍论疏 〔唐〕法 宝

《俱舍论疏》,略称《宝疏》,三十卷。唐代法宝撰。撰时不详。通行本有《大正藏》本、《卍续藏经》本等。

法宝,生卒年、籍贯俱不详。仅知其资性敏利,受业于玄奘。唐高宗永徽五年(654),玄奘译出《俱舍论》,法宝著疏三十卷详解之。他与同学普光共为奘门俊杰。后来,又与胜庄等人于东都福先寺、西京西明寺共入义净之译场,担任《金光明最胜王经》等二十部经的证义,颇有成绩。著作尚有《一乘佛性究竟论》、《大般涅槃经疏》、《释禅次第法门》、《会空有论》等。生平事迹见《宋高僧传》卷四、《开元释教录》卷九等。

法宝的《俱舍论疏》与唐代普光的《俱舍论记》同为《俱舍论》学者的必修之书,但其观点与普光《俱舍论记》大异其趣。本书对《俱舍论》分成五门疏释。

一、会初转法轮时。论述四件事情:(一)"定感道日",确定佛陀成道之日;(二)"定转法轮日",确定初转法轮的日子;(三)"述中间事别",叙述佛陀从成道至初转法轮期间的事迹;(四)"会说不同",对会说不同的现象作出合理解释。

二、学行次第。论证从初次生起信心,经种种修行到最终得成正果的详细过程。

三、起教因缘。论述一切教起缘(指一切诸佛为度脱一切众生使之成佛)、三乘教起缘(为求声闻者转四谛法轮;为求缘觉者说十二因缘;为求大乘者说六波罗蜜)、空有教起缘(为未种善根、未积福德智慧等者,说诸法有性、有生有灭等义,使之种善根及积集福德智慧;对已种善根、积集福德智慧者,说一切法皆无自性、无生灭、本来寂静、自性涅槃诸义)、三藏教起缘(为众生说经、律、论三藏,使之增上心学、戒学和慧学,入于正法,得正解脱)的因缘和世亲撰写《俱舍论》的因缘。

四、部执先后。叙述在佛涅槃后一百年里,佛教有龙象、边鄙、多闻、大德四众,但"法唯一宗";百余年后,因四众共议"大天五事"(余所诱、无知、犹豫、他令入和道因声起)而出现分歧,分裂为上座、大众二部；第二百年，大众部又流出一说部、说出世部、鸡胤部、多闻部、说假部、制多山部、西山住部和北山住部八部，兼其本宗，共为九部；二百余年里，上座部仍保持"一味和合"，至三百年初，始分为说一切有部（又名说因部），其本宗转为雪山部。后来又渐分裂为十一部。至于各部所执教义歧异纷繁（详见《俱舍论疏》卷一），此不赘述。

五、依文解释。此是全书的重点部分。但其注疏所采取的先后次第与普光《俱舍论记》并无二致，也是从《俱舍论》的第一品《分别界品》解释起，直至第九品《破我执品》毕。然而，由于作者法宝原本是研究《涅槃经》的，信守"一阐提"皆得成佛之义，因而常以大乘观点来看待《俱舍论》，且对法相五性各别之义，有所忌讳。同时不满于神泰、普光二人关于《俱舍论》的观点，尤其对普光的繁琐解释，大加排斥，创造了简洁独特的"一解为决"之风格，自成一派，值得重视。

《俱舍论疏》作为《俱舍论》注疏三大家之一，至今仍有其影响。

（夏金华）

因明正理门论述记 〔唐〕神 泰

《因明正理门论述记》，今存三卷。唐神泰撰。原书于唐武宗会昌废佛后散失不存。清末从日本传回残存的三卷，1923年由南京支那内学院刊印。

神泰，生卒年不详。任玄奘译场证义之职，里籍不详。初住蒲州普救寺。唐贞观十九年(645)六月起，应诏参与玄奘译场的译经工作，任证义之职。显庆二年(657)奉敕住持西明寺。其后又迁蒲州栖严寺、大慈恩寺。著有《俱舍论疏》（与普光、法宝之疏，合称"俱舍三大疏"）、《摄大乘论疏》、《掌珍论疏》、《观所缘缘论疏》、《道品章》、《大乘四善根章》、《十二缘起章》等，大多亡佚。初，玄奘于贞观二十一年(647)译出商羯罗主的《因明入正理论》（简称《入论》），于贞观二十三年(649)译出陈那新因明的代表作《因明正理门论》（简称《门论》）。神泰先后为二论作疏记，是因明唐疏中最早的著作。与神泰同时代的著名思想家吕才评论道："其有神泰法师、明觉法师等并以神机昭晰，志业兼该，精习群经，多所通悟，皆蒙别敕，追赴法筵，遂得函文，请益执卷，承旨三藏，既善宣法要妙，尽幽深泰。法师等是以各录所闻，为之义疏。"神泰在入译场之前本来就是神机昭晰、精习群经、多所通悟的大德，又得到玄奘薪传，他的两本疏记保留大量玄奘之口义当是情理中事。当然因明作为一门新鲜学问，众多弟子尽管同禀玄奘之口传，各自的理解和引申发挥也难免有分歧，甚至相龃龉。神泰的《因明入正理论疏》早已不存，《因明正理门论述记》（以下简称《述记》）残本是传世的《门论》唯一疏记，在汉传因明发展史上有其一席之地。生平事迹见《大慈恩寺三藏法师传》卷六和卷八、《开元释教录》卷八。

《述记》残本三卷包括引言和本论两部分。引言部分解释"因明"、"正理门论"和"因"的含义。本论部分解释《门论》的主要内容能立和似能立，解释到似能立中的似喻部分，只提到倒合、倒离两种似喻，以下解释内容便散佚了。

《述记》的内容特点如下。

一、记录了一些《门论》和《入论》中没有的因明理论，这很可能是奘师对因明理论的贡献，如关于因的含义。因分二种：一者生因，二者了因。"以解说了因为主，兼说生因。"就了因中复有三种。一者义因，谓遍(误为通)是宗法所作性义。二者言因，立论之者所作性言。三者智因，诸敌论及证义人解前义因及言因。"此之三因并能显照声无常，如灯照物故名明也。"

二、对因明理论的难点或要点作出解释，提供阅读之便。如对宗过中自语相违过的实例"一切言皆妄"这句话作出详细解释。"一切言皆妄"这句话为什么会自相矛盾，不熟悉逻辑便不易理解，《述记》详细地作了解释。又如今人有谓九句因不涉及第一相遍是宗法性，其实是误解。《述记》在解释九句因理论中"宗法与同品"一句时就阐明此"宗法"就是因法，"宗法者即遍宗法性因也"，就是满足第一相遍是宗法性之法。再如，今人谓《门论》关于同异品定义未规定要除宗有法，陷入自相矛盾。其实《门论》中有"此中宗法唯取立论及敌论者决定，于同品中有非有等亦复如是"的规定，《述记》对这句话详加诠释，揭示其丰富的含义。实际上回答了《门论》关于同、异品概念的使用是除宗有法的。对于"遮诠"的解释，今人也误解为否定命题或否定判断，《述记》亦作详细解释，使人明了了陈那富有特色的亦遮亦诠的概念理论。

三、在解释因明理论时提供了许多例证，而对《门论》中原有的例证又提供了背景材料、今古沿革等。

四、在讲解基本理论时，多处将《门论》和《入论》的新提法加以对照疏通，使人明了《入论》与《门论》在理论上的一致。如在讲解几句因之第一句"同品有、异品亦有"时，指出"同入理论(即《入论》)六不定中第一共也"。

《述记》有少数解释是值得讨论的。例如对"宗等多言说能立者，由宗因喻多言辩说他本了义"一句所作解释，就本能说明能立有二义，只讲"一因二喻"为多言，把宗排除在能立之外。其实，当能立与似能立、能被相对时，能立包括宗、因、喻三言。一因二喻只能算二言。文轨和窥基的疏解也和《述记》相同，这是唐疏的不足。

有关《因明正理门论》的研究，有郑伟宏《因明正理门论直解》(复旦大学出版社，1999年)等。

（郑伟宏）

因明入正理论疏 〔唐〕文 轨

《因明入正理论疏》，又名《因明入论庄严疏》、《因明入正理论庄严疏》、《庄严疏》、《文轨疏》，三卷。唐文轨撰。撰时不详。《因明入正理论》(简称《入论》)旧疏最初有神泰、靖迈、明觉三家，后来又有文备、文轨和璧公诸作，被窥基的《因明入正理论疏》称为古疏。其中以庄严寺僧文轨之疏最为流行。《入论》古疏除《庄严疏》外均于晚唐散失不存。《庄严疏》原为三卷。其中第三卷是依据陈那的《因明正理门论》十四过类的内容来疏解《入论》似能破部分，它的残本在宋初被改题为《因明论理门十四过类疏》，1933年在山西赵城县霍山广胜寺的《金藏》中发现。另外，日本也存有《庄严疏》第一卷的残本。南京支那内学院根据日本僧人善珠的《因明入正理论疏明灯钞》、明诠的《大疏里疏》、藏俊的《大疏钞》等书所引轨疏之说，订正残本第一卷文句，并辑出第二、三卷佚文，再依第三卷残本补其残缺，大致恢复了《庄严疏》的原貌，尔后将三卷改为四卷，题为《因明入论庄严疏》，于1934年4月刊行。

文轨，生卒年不详。玄奘回国译经，他师从玄奘。《庄严疏》自述："轨以不敏之文，慕道肤浅，幸同入室，时闻指掌，每记之汗简，书之大带。"可见，轨疏之中记录了玄奘的许多口义。比它晚出的窥基《大疏》中有许多解释是与它一致的。

《庄严疏》主要观点如下。

一、关于因明的功用。针对当时学者"立义非宗，难无定例，不崇因明之大典"，在论辩中"但以语后者优，不以理前者为正"的弊病，概括了新因明论式的功用："岂若因明总摄诸论，可以权衡立破，可以楷定正邪，可以褒贬是非，可以鉴照现比。"

二、关于对初颂的解释。陈那新因明的内容"义开八门，合为两悟"，用八门二悟来概括因明的全部内容。指出初颂前两句"能立与能破，及似唯悟他"，其中的"及似二字该上立破，故有四门"。意思是前两句应读作"能立与能破及似，唯悟他"。悟他门包括能立、能破、似能立、似能破。能立与能破作为正确的证明和反驳是可以开启敌方的智慧的，但是似能立和似能破是错误的证明和反驳,为什么也算作悟他门呢?"夫立破之兴在于言论,言论既起,邪正可分。分在于言,理非自悟。言申立破,明是为他,虽复正似不同,发言皆为济物,故此四义,合为悟他。"同样,初颂后二句"及似二字,该上现比,亦有四门",意思是说后二句也应读作"现量与比量及似,唯自悟"。正确的现量(感性知识)和比量(推理知识)是为了使自己开悟的,错误的现量和比量没有这种功用,为什么也归入自悟门呢?"虽复正似有殊,内鉴皆为晓己,故此四门,合为自悟。"似现量和似比量尽管起不到这种功用,但它们的目的是为了晓己,故仍列为自悟门。

三、关于六因。把因分为生因和了因两种。"一生因,如种生芽等。二了因,如灯焰照物等。"生因、了因各开为三,合为六因。生因有三:一言生因,二智生因,三义了因。了因有三:一智了因,二言了因,三义了因。言(言词)、义(意义)、智(知识)三方面又各有能引生和能了解的功用,其中以言生因和智了因为主。

四、关于新、古因明"因三相"原理之差别。"陈那以前诸师亦有立三相者,然释言,相者体也。三体不同,故言三相。"二者的第一相遍是宗法性相同,"后之二相俱以有法为体",如以同喻依瓶等为第二相同品定有性,以异喻依虚空等为体,作为第三相异品遍无性。

五、关于同品、异品的定义。同品、异品是因明中最重要的基本概念。在所存唐疏中《庄严疏》是最早明确规定同、异品必须除宗有法的,例如在"声无常"宗中,同品瓶等必须把宗有法声排除在外,这是论辩的需要。在陈那《门论》的九句因中,隐含了这一规定,但没有直截了当地加以陈述。《庄严疏》则明言:"除宗以外一切有法俱名义品,不得名同。若彼义品有所立法与宗所立法均等者,如此义品方得名同。"同样明确阐述:"除宗以外一切有法皆名为处,处即是品。若于是有法品处但无所立宗中能别,即名异品。"

六、用因同品概念来解释同法喻。对于《入论》"若于是处显因同品决定有性"一句,今人有两种不同理解,一是把因与同品二字断开,二是因同品三字连续。《庄严疏》最先采用了第二种读法,明确解释此处同品非宗同品而是因同品:"同品谓与此因相似,非谓宗同名同品也。"这样全句意为因同品决定有所立法。晚出的窥基《大疏》亦作此解释,这说明《大疏》即使非从《庄严疏》,亦必同禀玄奘。

七、关于三种比量理论的运用。玄奘在印度时运用三种比量理论最为纯熟,代表了印度当时的最高水平。《庄严疏》中运用自比量、他比量、共比量的理论来解释过失,当是记录玄奘的口义。

八、关于陈那遮诠的概念理论。表诠和遮诠是讲概念而不是表达否定命题或否定判断。"名言但诠青之共相,不诠自相,以青自相离名言故。若诠青共相,要遮黄等方显此青,谓非非青,故名之为青。若不遮非青,唤青应目黄等。故一切名欲取诸法,要遮余诠此,无有不遮而显法也。"

　　《庄严疏》在汉传因明发展史上其地位虽不如《大疏》重要,仍不失为一本较有影响的著作,它保留了奘师的大量口义,起到了承前启后的桥梁作用。

(郑伟宏)

华严经内章门等杂孔目章 〔唐〕智俨

《华严经内章门等杂孔目章》,又称《华严经杂孔目章》、《华严孔目章》、《孔目章》,四卷。唐智俨著。通行本有《大正藏》本等。

智俨(602—668),天水(今属甘肃)人。十二岁随杜顺到终南山至相寺出家。杜顺将他托给达法师培养。在至相寺,二位梵僧教他学梵语,十分精通。十四岁,从昙迁弟子法常听《摄大乘论》,辨法师曾试问智俨,感叹其学识出众。二十岁受具足戒,习《四分》、《八犍度》、《成实》、《十地》、《涅槃》等经律论。因感到佛教的经典和学说太多,难以通学,故在经藏前立誓要专学一门,信手拈取而得《华严经》,始得钻研,后从至相寺智正法师听受《华严经》。后又遍览藏经,寻求释义,得慧光的文疏,悟得别教一乘无尽缘起要旨。后得异僧指点,谓汝欲解一乘三法,宜深究"十地"中的"六相"之义。于是研核不已,大有启发。二十七岁时作《大方广佛华严经搜玄分齐通智方轨》(略称《华严搜玄记》)十卷,以释《华严》文旨。因曾居至相寺,时称"至相大师"。晚年住云华寺讲《华严》,宗风大振,又称"云华尊者",用华严教义重新组织止观,提倡教观并重,创立"五教"说。从他起,构成华严思想体系,其最主要的思想为"十玄缘起"。所撰经论的义疏一共有二十余部,章句简略,解释新奇,但很多已失传,现存有《华严孔目章》四卷、《华严五十要问答》二卷、《华严经搜玄分齐通智方轨》十卷、《华严一乘十玄门》一卷、《金刚般若经略疏》二卷等。弟子著名的有法藏、怀齐、义湘等。其中得其真传而发扬光大者为法藏,义湘为海东朝鲜华严宗始祖。生平事迹见《续高僧传》卷二五、《华严经传记》卷三、《法界五祖略记》等。

《华严孔目章》是对东晋佛陀跋陀罗所译的《华严经》(又称《晋译华严》、《六十华严》)进行论释的一部书。书中将佛教学说剖为小教、始教、终教、顿教、圆教等五教。认为华严经教理最高,属于圆教。这种观点被其弟子法藏继承,成为华严宗五教判教理论的基础。

本书将《晋译华严》分成一百四十四章,并对之进行了解释。其中较重要的有卷一的教分齐义、一乘三乘义、因果、唯识、入佛境界等章,卷二的发菩提心、真如、一乘法海等章,卷三的十地、转依、缘起等章,卷四的往生义、性起、回心、融合一本义等章。主要内容如下。

一、"五教"说。佛经的经义可以分为人、法、理、事、义、文、解、行、因、果十门,即十个类别,因其旨趣有深浅阔狭不同,因此,由此形成的各教派也有不同的差别,所以他说,"依教有五位,差别不同"(卷一),这五类差别,即是五教判教的基础。

(一)小教。指小乘教,为《阿含经》等所说。此教虽然懂得万物是因缘(原因、条件)和合而生,但是还不懂得万物都是性空的道理。也就是说,只说人空,不明法空,纵然少说法空,也不甚明显。

(二)空教。指大乘始教。认为万物都是因缘和合而生,没有绝对的、真实的、永恒的实体,是彻底空的。分空始教和相始教,前者为《般若经》等所说,主要显示一切诸法皆空之理。后者为《解深密经》等所说,主张真如凝然常恒不变。

(三)终教。指大乘终教。为《楞严经》、《密严经》、《如来藏经》等所说,认为万物既是彻底空的,同时又有虚幻形相的存在,真空与幻有两者互不矛盾。

(四)顿教。指大乘顿教。为《维摩经》等所说,主张空和有互相夺除,共同泯灭。离言离相,顿解顿成,一念不生即名为佛。

(五)圆教。指一乘圆教。为《华严经》所说,主张森然罗列的万物是宇宙真实本体的体现,由于本体是同一的,因此,现象和现象都是相即相入的,也就是"一切即一"、"一即一切"的关系。人们只要灭尽妄情,就能显露本体,呈现和把握万物间的重重无尽的关系。

二、"性起"说。根据《华严经》的"一即多"、"多即一"圆融思想,提出真理内在于现实事物之中,"无明"即是"真如","真如"即是"无明"。

华严一家所立判教的五教义,在智俨的撰述中还没有具体成熟。《华严孔目章》已经有"依教有五位差别不同"等语,然而关于五教的名目,也还没有固定,并且也没成明确的教相判释。直到他的后继法藏的著述中才有了完备组织。

有关本书的注疏有宋代师会《焚薪》二卷、《复古记》三卷、希迪《集成记》六卷、日本尊玄《钞》八卷、凝然《发悟记》十八卷、贤道《十地章略笺》一卷、经历《唯识章辨义》一卷、幻成《讲义》十卷、智雄《听记》一卷等。

(朱　锋)

法苑珠林 〔唐〕道 世

《法苑珠林》,一百卷。唐道世撰。成于总章元年(668)。通行本有《宋藏》本、《金藏》本、《元藏》本、《明南藏》本、《明北藏》本、《清藏》本、《丽藏》本、《大正藏》本、《频伽藏》本等。

道世(?—683),字玄恽。时人为避唐太宗同名(世字),故通常用字"玄恽"相称。他俗姓韩,原籍伊阙(治所在今河南伊川西南),祖代因官徙居长安。年十二岁出家于青龙寺,研核律部,钻寻书籍,誉驰三辅。唐显庆(656—661)年间,应诏参与玄奘译经,后又奉诏与道宣律师同住西明寺,弘扬律宗。见存的著作尚有《诸经要集》二十卷、《毗尼讨要》六卷;已佚的有《大小乘禅门观》十卷、《受戒仪式》四卷、《礼佛仪式》二卷、《大乘略止观》一卷、《辨伪显真论》一卷、《敬福论》三卷、《四分律尼钞》五卷、《金刚般若集注》三卷。生平事迹见唐道宣《大唐内典录》卷五、北宋赞宁《宋高僧传》卷四以及《法苑珠林》卷一百等。

《法苑珠林》是一部大型的佛教类书。它总括佛藏经典,旁撮世间坟籍,卷帙繁多而事理渊博。不仅分门别类地介绍了佛教的各项教理和一般知识,如佛教的时空观念、宇宙图式、善恶说教、圣凡分类、戒律禅观、神通咒语、史迹经典、法数名相(即名词术语)、寺塔器物、音乐图像、仪礼行止、卫生保健等等,而且根据大乘佛教"世间与出世间不二"、住世以证得"涅槃"的精神,广泛地讨论了人世间的各种社会现象和伦理是非。全书分为一百篇,始《劫量篇》终《传记篇》,各篇内又分若干部(有的还在"部"以下再分细类),凡是摘录的佛典和俗书的原文均标注出处。各篇大意如下。

一、劫量篇(卷一)。说"劫者,盖是纪时之名,犹年号耳"。一小劫名"一劫"(有 16 798 000 年),二十个小劫为一中劫(有 335 960 000 年),历成、住、坏、空四个中劫为一大劫(有 1 343 840 000 年),为一期世界始末的年数。此为佛教的历史周期说。

二、三界篇(卷二、卷三)。说世界由欲界、色界、无色界构成。此三界都是凡夫生死往来的境界。三界的中心是须弥山,四周环海,海中有"四大部洲",自须弥山腰依次向上为诸天。此为佛教的宇宙结构图式。

三、日月篇(卷四)。说日月星宿的运行,雷电云雨的发生。

四、六道篇(卷五至卷七)。说三界众生因生前善恶业力的不同而于死后分别转为天、人、阿修罗、畜生、饿鬼、地狱六类。

五、千佛篇(卷八至卷十二)。说释迦牟尼以前的诸佛,释迦成佛的始末,以及涅槃后弟子对"经、律、论"三藏的结集等。

六、敬佛篇(卷十三至卷十七)。说念诵阿弥陀佛名号能往生西方极乐净土,信敬弥勒佛能上生兜率天宫。

七、敬法篇(卷十七、卷十八)。说诵经解文、弘扬教法的功德。

八、敬僧篇(卷十九)。说礼敬僧人的功德。

九、致敬篇(卷二十)。说礼拜十方诸佛的功能和仪式。

十、福田篇(卷二一)。说施福于人的利益。

十一、归信篇(卷二一)。说归信佛法的重要。

十二、士女篇(卷二一)。说俗男俗女的种种放逸行为。

十三、入道篇(卷二二)。说出家学道的意义和落发仪式。

十四、惭愧篇(卷二三)。说惭愧乃是善性的表现,"惭者自不作恶,愧者不教他造"。

十五、奖导篇(卷二三)。说"居家如牢狱,妻子如枷锁,财物如重担,亲戚如怨家",勇猛修行,其福最大。

十六、说听篇(卷二三、卷二四)。说佛教讲经说法的仪式与意义。

十七、见解篇(卷二五)。说释迦牟尼众弟子的不同专长。

十八、宿命篇(卷二六)。说众生有追忆前世行为的本性。

十九、至诚篇(卷二七)。说精诚求道,必获果报。

二十、神异篇(卷二八)。说神异灵迹在佛教传播过程中的重要作用。

二十一、感通篇(卷二九)。记唐代玄奘法师、王玄第西行印度时,所见到的佛教圣迹。

二十二、住持篇(卷三十)。说佛教护持者应当具备的德行。

二十三、潜遁篇(卷三一)。说隐遁高行之事。

二十四、妖怪篇(卷三一)。说妖魅鬼怪之事。

二十五、变化篇(卷三二)。说神变诡化之事。

二十六、眠梦篇(卷三二)。说睡梦皆由心识变动。究其内容可分四种:四大不和梦、先见梦、天人梦、想梦;究其性质可分为:善心发动的善梦、恶心发动的不善梦、重视日常事物的无记梦(既非善也非恶的梦)三类。

二十七、兴福篇(卷三三)。说兴福的种类有营造寺塔、图写佛像、供养僧人、种植树木、造渡船、架桥梁、施药救病、挖井、造浴池和厕所等。

二十八、摄念篇(卷三四)。说制驭乱念的方法。

二十九、发愿篇(卷三四)。说修行者发誓立愿的内容。

三十、法服篇(卷三五)。说僧人为何要穿袈裟。

三十一、然(燃)灯篇(卷三五)。说在佛像前为何要燃灯。

三十二、悬幡篇(卷三六)。说寺塔里为何要悬幡。

三十三、华香篇(卷三六)。说为何要在佛像前供花烧香。

三十四、呗赞篇(卷三六)。介绍佛教音乐——"呗赞"。

三十五、敬塔篇(卷三七、卷三八)。说佛塔的由来,建塔的规制,绕塔三匝的敬意,故塔的修治与管理等。

三十六、伽蓝篇(卷三九)。说佛寺(即"伽蓝")的由来、士女入寺礼拜的仪式。

三十七、舍利篇(卷四十)。说释迦牟尼涅槃后,八国起塔供养佛舍利(遗体火化后结成的珠状物)的情况。

三十八、供养篇(卷四一)。说佛教的供养对象(佛菩萨、僧人、父母、师长等)以及要求。

三十九、受请篇(卷四一、卷四二)。说施主设食请僧的冥福利益,以及僧人受食的具体规则。

四十、轮王篇(卷四三)。说阿育王等转轮圣王(古印度对能以勇武统一天下、以仁慈教化臣民的国王的尊称)的德行。

四十一、君臣篇(卷四四)。说国王在护持佛法方面所起的举足轻重的作用,以及应有的德行。

四十二、纳谏篇(卷四五)。说君主须纳正谏之言,"直言者,德之本;纳受者,行之原"。

四十三、审察篇(卷四五)。说君子须审察是非,增长慧力。

四十四、思慎篇(卷四六)。说君子须慎防过,缄口息虑。

四十五、俭约篇(卷四六)。说君子须俭约知足。

四十六、惩过篇(卷四七)。说"意为业本,身口由发",要防止身犯恶行,口出恶言,须先净意念。

四十七、和顺篇(卷四七)。说性情和柔,贤愚同附;性情贪戾,众叛亲离。

四十八、诫勖篇(卷四八)。说佛教有关"诸恶莫作,诸善奉行"的各条教诫。

四十九、忠孝篇(卷四九)。说"入朝辅主,立志存忠;居家事亲,敬诚孝终"的意义。

五十、不孝篇(卷四九)。说对父母不养不孝、行逆行乖的人,必将堕入地狱,累劫受苦。

五十一、报恩篇(卷五十)。说知恩报恩的必要。

五十二、背恩篇(卷五十)。说背恩弃义的可耻。

五十三、善友篇(卷五一)。说结交德友,熏习成哲。

五十四、恶友篇(卷五一)。说结交恶友,自损损人。

五十五、择交篇(卷五一)。说"善知识者,不得暂离;恶知识者,不得暂近"。

五十六、眷属篇(卷五二)。说恩爱眷情的空幻。

五十七、校量篇(卷五二)。说"德有隐显,行有浅深","若不校量,罕知优劣"。

五十八、机辩篇(卷五三)。记马鸣、龙树、舍利弗、阿难等与外道机巧对辩的故事。

五十九、愚戆篇(卷五三)。记愚痴者打蚊、打蝇、救月、妒影、分衣、造楼、磨刀、卖香、赌饼、畏妇、捥米、效昫、怖树等寓言故事。

六十、诈伪篇(卷五四)。记狡诈者外亲内奸、欺诳诈骗的种种故事。

六十一、惰慢篇(卷五四)。说人之所以不得道,是由于心神昏惑。而心神昏惑,是由于三事侵扰:"一则势利荣名,二则妖妍靡曼,三则甘脂肥浓。"

六十二、破邪篇(卷五五)。前部分说佛经中有关挫外道、杜异见的故事;后部分下分:辨圣真伪、邪正相翻、妄传邪教、妖惑乱众、道教敬佛、舍邪归正六节,全面排击道教。此篇为护教专论。

六十三、富贵篇(卷五六)。说富贵乃是前世行善,特别是慷慨施舍所致的果报。

六十四、贫贱篇(卷五六)。说贫贱乃是前世作恶,特别是悭贪不肯施舍所致的果报。

六十五、债负篇(卷五七)。说因果报应犹如负债与还债,"或有现负现报,或有现负次报,或有现负后报"。

六十六、诤讼篇(卷五七)。说"慈言一发,则人天含笑;鄙语一彰,则幽显皆瞋"。以诤止诤,诤辩不止;以忍止诤,是法最尊。

六十七、谋谤篇(卷五八、卷五九)。记咒诅或诽谤凡圣,特别是毁谤佛陀(如孙陀利谤佛、奢弥跋谤佛、提婆达多用石掷佛、婆罗门女旃沙舞杆谤佛等)的因缘故事。

六十八、咒术篇(卷六十、卷六一)。说佛经中几十种神咒的咒语、念诵方法、注意事项,以及灭罪召福、移病灭疴、兴云布雨、役使鬼神、护生延命、碎石拔木等神奇功能。

六十九、祭祀篇(卷六二)。说以花果百味供奉佛僧和祭祀鬼神的福祚。

七十、占相篇(卷六二)。说地狱、畜生、饿鬼、阿修罗、人、天各有相状,占候观察,能知先业。

七十一、祈雨篇(卷六三)。介绍请天龙降雨或止雨的方法。

七十二、园果篇(卷六三)。说王舍城迦兰陀长者献与佛陀的竹园,阎浮提(又译"赡部洲")的树木果子,佛经中有关不许斫伐、应当种植、可以受用的树木的规定,以及世间种子的来由等。

七十三、渔猎篇(卷六四)。说渔猎杀生的殃咎。

七十四、慈悲篇(卷六四)。说佛菩萨以救济众生为先,怜悯万物为本。

七十五、放生篇(卷六五)。说"六道众生皆是我父母,而杀食者,即杀我父母,亦即杀我故身",放生戒杀才是仁慈之行。

七十六、救厄篇(卷六五)。说舍身救难的意义。

七十七、怨苦篇(卷六六、卷六七)。说众生所受的各种痛苦。

七十八、业因篇(卷六八)。说众生的善恶意念和行为。

七十九、受报篇(卷六九、卷七十)。说众生因身、口、意三业的活动而招致的善恶报应有"今身作极善恶业,即身受之"的现报,"今身造业,次后身受"的生报,"今身造业,次后未受,更第二、第三生已去受者"的后报等。

八十、罪福篇(卷七一)。说造罪行为(即"罪行",又名"黑业"、"不善业")和修福行为(即"福行",又名"白业"、"善业")的区别。

八十一、欲盖篇(卷七一)。说色、声、香、味、触"五欲",和贪欲、瞋恚、睡眠、悼悔、疑"五盖"的危害。

八十二、四生篇(卷七二)。说有情众生的降生有四种不同:人和象马牛羊等是"胎生",蛇鹅鸭雉鸟等是"卵生",虫蛾蚤虱等是"湿生",天和地狱等是"化生"。

八十三、十使篇(卷七二)。说身见(执取五蕴根身)、边见(执取常断二见)、邪见(谤无因果、坏诸善事)、见取见(执持成见、非果计果)、戒禁取见(执持不正戒、非因计因)、贪(贪爱五欲)、瞋(瞋恚无忍)、痴(愚痴无明)、慢(骄慢自大)、疑(狐疑猜忌)。前五者是五利使,后五者是五钝使,此十使又名"十惑",或"十根本烦恼",因烦恼能使众生流落于生死。

八十四、十恶篇(卷七三至卷七九)。说杀生、偷盗、邪淫、妄语、恶口、两舌、绮语、悭贪、瞋恚、愚痴是众生自取恶报、沉沦苦海的十种罪行("十恶")。

八十五、六度篇(卷八十至卷八五)。说大乘佛教主张修六度,即布施、持戒、忍辱、精进、禅定、智慧,此六种德行是众生从生死苦恼的此岸度到涅槃安乐的彼岸的途径。

八十六、忏悔篇(卷八六)。说忏悔洗罪的内容与仪式。

八十七、受戒篇(卷八七至卷八九)。论述佛弟子如何受持三皈戒(即皈依佛、法、僧三宝);五戒(即不杀生、不偷盗、不邪淫、不妄语、不饮酒);八戒(在五戒的基础上,增加不眠坐高广大床、不装饰打扮及观听歌舞作乐、不过中午而食三条而成);十善(与"十恶"相对,即不杀生、不偷盗、不邪淫、不妄语、不两舌、不恶口、不绮语、不贪欲、不瞋恚、不邪见);三聚净戒(即受持一切戒律的"摄律仪戒"、奉行一切善法的"摄善法戒"、利益一切众生的"摄众生戒")。

八十八、破戒篇(卷九十)。说佛弟子犯戒、破戒将自堕恶道。

八十九、受斋篇(卷九一)。说中午以后不再进食("受斋")的佛制。

九十、破斋篇(卷九一)。说中午以后进食为"破斋"。

九十一、赏罚篇(卷九一)。说赏善罚恶,勿得枉滥。

九十二、利害篇(卷九二)。说名利财色皆尽空幻。

九十三、酒肉篇(卷九三、卷九四)。说饮酒食肉的危害。

九十四、秽浊篇(卷九四)。说佛经中关于佛弟子不得食用酒肉葱韭蒜薤等荤辛之物,不得放恣打喷嚏,不得随地大小便等日常生活卫生的规定。

九十五、病苦篇(卷九五)。说疾病的起因,探望、照料和医治病人是佛弟子的义务。

九十六、舍身篇(卷九六)。说形体空幻无常,总归磨灭,舍身济物,福德无量。

九十七、送终篇(卷九七)。说人死之后的葬法、慰吊仪式和魂灵的转世再生。

九十八、法灭篇(卷九八)。说佛法将灭时社会和僧团的种种颓败情景。

九十九、杂要篇(卷九九)。说佛陀的"四依"(依法不依人、依义不依语、依智不依识、依了义经不依不了义经)的教法,声闻乘(听闻佛说苦集灭道"四谛"的觉悟者)的四种果位,维系有情众生身命的四种食粮(物质的和精神的),净口的方法和利益,鸣钟息苦的来历,僧人在公众场合的言谈举止,处置蛇鼠蜈蚣蛐蜓虫虱的方法等。

一百、传记篇(卷一百)。记后汉至唐各代的译经人数,译出的佛典部卷;西晋至唐的佛教撰述;《大般若经》十六会的梵本偈数和汉译以后的卷品;西晋至隋各代皇帝的崇佛事迹和寺庙、译经、僧尼数目;唐高祖、太宗的佛教因缘,以及佛陀的生卒年等。

《法苑珠林》引用的典籍约有四五百种,其中佛教的经律论和汉地佛教集传占三分之二,佛教以外诸子百家的各种著作占三分之一,如志怪小说、笔记、野史、杂传等。许多现已散逸不传的佛经(包括疑伪经)和其他世典赖此而得到保存。被世人誉为佛教百科全书。

有关本书的研究有周叔迦、苏晋仁《法苑珠林校注》(中华书局,2003年),陈士强《大藏经总目提要·文史藏》(上海古籍出版社,2008年)等。

(陈士强)

古清凉传 〔唐〕慧 祥

《古清凉传》，二卷。唐慧祥撰。约成于调露元年(679)以后。《宋史·艺文志》著录。通行本有《大正藏》本、清吴县蒋氏双唐碑馆本、宛委别藏明代天顺本等。

慧祥，《续高僧传》、《宋高僧传》无传，故生平事迹不详。从书前"唐朝兰谷法师慧祥撰"得知，他法号"兰谷"。从《古清凉传》文中得知，他曾于乾封二年(667)六月陪梵僧库迦密多罗登五台山之中台。多罗为师子国(今斯里兰卡)人，少出家，住摩伽陁国大菩提寺。年九十五，来唐朝清凉寺，礼拜文殊师利。唐高宗敕遣鸿胪寺掌客为翻译，由凉州沙门智才陪同"乘驿往送，所在供给"。多罗回京后"具向道宣律师述其所感"。慧祥还于多罗回去后，往定州恒阳县黄山造玉石舍利三枚，于总章二年(669)四月与定州隆圣寺僧智正及清信孝行者郗仁将舍利安放在五台山上。并云："余在彼二年，方还京邑。"又据书中说，慧祥曾到繁峙县景云寺边采药老人王相儿家吃过饭，"余曾至其家食"。他于咸亨二年(672)二月，陪同玉泉寺沙门弘量，上元三年(676)五月，陪西京清信士房德元、毛玄爽登五台山。由上可见慧祥与道宣(596—667)为同时代人，而稍晚。他可能是五台山寺住持，因而有资格陪同外国僧人上山，并主持安放舍利仪式。由于他熟悉五台山历史、掌故、习俗，故能撰成《古清凉传》。

《古清凉传》是一部记载五台山佛教的史传。五台山又名清凉山，相传为文殊菩萨道场，是中国佛教圣地之一。《古清凉传》以作者亲见亲闻介绍了五台山的命名、地理环境、名胜古迹、高僧信士登临、佛法显现故事等，也可看成是一部五台山的导游记。

全书分上、下两卷。书前有金世宗大定二十一年(1181)二月十七日永安崇寿禅院雪堂中隐沙门广英亭，介绍五台山文殊菩萨道场的圣洁环境，僧俗礼拜，终成正果，劝勉众生"齐登觉路，俱造玄门。同乘般若之舟，共升涅槃之岸"。

上卷，由三篇组成。第一篇《立名标化》，叙述五台山(清凉山)得名之由。作者根据《华严经·菩萨住处品》所载"东北方有菩萨住处，名清凉山。过去有菩萨常于中住，彼现有菩萨名文殊师利,有一万菩萨,常为说法"立论,博引郦道元《水经》,及《仙经》、《旌异记》、《括地志》、《般泥洹经》等记载,论证清凉山即五台山。并以"今山上有清凉寺,下有五台县清凉府"之历史事实为实证,支持其观点。并指出:五台山"其中五山高耸,顶上并不生林木,事同积土,故谓之台也",此地乃文殊菩萨道场。说明五台山得名原因及文殊圣地。

第二篇《封域里数》,叙述五台山地理位置、山川形势。先总叙,指出:"山在长安东北一千六百余里,代州之所管。山顶至州城,一百余里。左邻恒岳,右接天池,南属五台县,北至繁峙县,环基所至,五百余里。""崇岩叠峰,浚谷飞泉,触石吐云,即松成盖者,数以千计。"然后分叙中台:"高四十里,顶高地平,周回六里零二百步。""稍近西北,有太华泉。""其水清彻凝映,未尝减竭。"东台:"高三十八里,顶上地平,周回三里。"西台:"高三十五里,顶上地平,周回二里,有水。"南台:"高三十七里,顶上地平,周回二里,地平。"北台:"高三十八里,顶上地平三里。""顶上往往有磊落,石丛石间,冽水不流。"

第三篇《古今胜迹》,叙述五台山名胜古迹。首先叙述五台山寺院兴废沿革概况。从周穆王时谈起,"爰及北齐高氏,深弘象数,宇内塔寺,将四十千。此中伽蓝,数过二百。又割八州之税以供山众衣药之资焉"。可见当时五台山佛寺盛况。后"遭周武灭法,释典凌迟",五台山也遭受沉重打击。隋唐以来,五台山佛寺又逐渐兴盛起来。接着叙述五台山名胜古迹。如"中台上有旧石精舍一座,魏棣州刺史崔震所造","有大孚图寺,本元魏文帝所立"。寺南有花园,"可二、三顷许。沃壤繁茂,百品千名"。寺东北二百步有五台祠。寺北四里有王子烧身寺。有金刚窟,"三世诸佛供养之具多藏于此"。中台有石室三间,"内有释迦、文殊、普贤等像"。南台下有佛光寺等。在叙述名胜古迹时,都带出佛教传说故事。

下卷由二篇组成。第四篇《游礼感通》,记叙高僧参谒、登临五台山,遇到神灵感悟事迹。指出:"然近古以来,游此山者多矣。""且如昙静、昙迁、惠安、惠瓒,并释门鹓鹭,宝地芝兰,俱登台首,蔑闻志记。"如定州僧明勖,"承闻此山神秀,文殊所居,裹粮负笈,杖锡而至",遇异僧相试求佛的坚定心。如释普明,俗姓赵,济州人,"每闻清凉瑞象,乃不远而来,游于南台之北,凿龛修业",经不起佛的女色考验,不能成佛,只能为俗仙。如唐沙门释昙韵,高阳人,"年十九投恒岳之侧蒲吾山,精修念慧。后闻五台山文殊居所……遂超然杖锡,来诣清凉……住木瓜寺二十余年,单居务道"。

第五篇《支流杂述》,记叙士俗信佛之人登临五台山感佛事迹。如魏永安二年(629)恒州刺史呼延庆,来五台山打猎。遇一山猪,射之中箭,原是神佛所养。如记齐隐士王剧,居此山而好养生之术,终于得道的故事。如记繁峙县老人王相儿采药遇佛的故事等。

《古清凉传》记载五台山佛教史传,是我国记载佛教名山最早的著作之一,作者根据亲见亲闻和往昔文字记载,以严肃审慎的态度撰成此书,对于研究唐初以前五台山佛教史有较高的参考价值。

对于《古清凉传》的研究,宋僧延一曾为之扩充,撰成《广清凉传》。宋宰相张商英,又扩充为《续清凉传》。金大定间将以上三书合并印行流传。今人的研究著作有陈扬炯、冯巧英《古清凉传·广清凉传·续清凉传校注》(山西人民出版社,1989年)等。

(来可泓)

观无量寿佛经疏 〔唐〕善 导

《观无量寿佛经疏》，简称《观经疏》，又称《四帖疏》，四卷。唐善导撰。撰时不详。通行本有《大正藏》本、《卍续藏经》本等。

善导(613—681)，临淄(今山东淄博)人。幼年出家，学习《法华经》、《维摩经》。唐太宗贞观十五年(641)至河西玄中寺，礼道绰为师，听讲《观无量寿佛经》。后入长安光明寺，传"净土法门"，倡导专心念佛。相传他曾写《阿弥陀经》十万卷，"画净土变相三百壁"，度化弟子不可胜数，被人称为"弥陀化身"。著有《观无量寿佛经疏》、《法事赞》、《观念法门》、《往生礼赞》、《般舟三昧赞》等。生平事迹见《佛祖统纪》卷二六和卷二七等。

《观无量寿佛经》是中国净土宗所依的三部经之一。主要论述念诵观想阿弥陀佛，以期往坐西方极乐世界净土法门。内容是叙述古代印度王舍城内阿阇世太子，听信提婆达多的恶言，将其父频婆娑罗王幽闭于七重室内，想饿死他；后来又将其母韦提希禁于深宫，不许外出。此时韦提希忧愁憔悴，遥礼耆阇崛山向佛陀祈祷，佛和目犍连、阿难现身于王宫内，这时韦提希发愿往生阿弥陀佛极乐世界，佛即为她宣说三福、十六观的往生法门。韦提希听后，欢喜悟解，得无生法忍。

《观无量寿佛经疏》是《观无量寿佛经》的注疏。由玄义分、序分义、定善义和散善义"四帖"(四卷)组成。

一、玄义分。内容分为七门。(一)标序题。(二)释经名。(三)辨释一经的宗旨和教判。(四)谈说法人的差别。(五)料简定善、散善二门。(六)和合经论相违，解答释疑。(七)料简韦提希闻佛正说得益分齐。上述内容均在文章前面标立玄义，然后一一引用教义证明。

二、序分义。判《观无量寿佛经》全经文义为五门。(一)序分，从"如是我闻"至"五苦所逼云何见极乐世界"。(二)正宗分，从"日观"初句至"下品下生"。(三)得益分，从"说是语时"至"诸天发心"。(四)流通分，从"阿难白佛"至"韦提希等欢喜"。上述四分都是佛在王宫所说，是为一会。(五)阿难为耆阇大众复述一遍，又是一会。

具体地说,序分义又可以分为两部分。(一)证信序,即"如是我闻"一句。(二)发起序,即从"一时"至"云何见极乐世界"。发起序又可分为化前序、禁父缘、禁母缘、厌苦缘、欣净缘、散善显行缘和定善示观缘等内容。

三、定善义。说经中十六观中的前十三观:日想观、水想观、地想观、宝树观、宝池观、宝楼观、华座观、像观、真身观、观音观、势至(即大势至菩萨)观、普观和杂想观。

四、散善义。(一)三福为净土的正因。(二)九品为净土的正行。三福是指世俗善根、戒善和行善。所谓九品,是指十六观中的第十四上辈观、第十五中辈观、第十六下辈观,此三观又各分上、中、下三品。

上述的十三观为定善、三福九品为散善,定、散两门总属正宗分,是为全经的纲要。而得益分、流通分和阿难为大众复说等义,都附在正宗分的后面。

《观无量寿佛经疏》的主题思想是,所有一切善恶的凡夫俗子都可以凭借阿弥陀佛的"愿力"往生极乐净土。把持名念佛作为"正业",而将诵经、礼拜、赞叹、观想等作为"助业",凡是"一心专念"阿弥陀名号,无论时间长短,只要"念念不舍",死后即得往生净土。

《观无量寿佛经疏》从理论上奠定了中国净土宗的教理基础,使称名念佛以至读诵、礼拜、赞叹等大众化的方式,迅速得到传播,从而完成了净土宗的宗义,使之形成后来中国和日本佛教宗派中最流行的一个派别。

(夏金华)

四分律开宗记 〔唐〕怀 素

《四分律开宗记》,又称《四分律疏》,十卷(或二十卷)。唐怀素撰。撰时不详。通行本有《大正藏》本、《卍续藏经》本等。

怀素(634—707),俗姓范,京兆(今陕西西安)人。自幼聪慧,有气度。年十二,礼玄奘出家,研修经论。进戒后,从南山律宗道宣习《四分律行事钞》。后又修学相部宗法砺之《四分律疏》。久之,以其未能尽善,遂于永淳元年(682)撰成《四分律开宗记》二十卷,纠弹旧疏十六大义的缺失,而别创一家,世称"新章"(新疏),以别于法砺之《四分律疏》。后又撰《新疏拾遗钞》二十卷,并亲自宣讲"新章"五十余遍,一时学者归之。其门下有法慎、义嵩随学律文,法慎宣说"新章",门风甚盛。至唐代宗时,宰相元载笃敬怀素,推崇律教,尝书写"新章"四十部、《法华经疏》三十部等,并传行之,又命安国寺如净为怀素作传。一时"新章"大行关中。从此,怀素所创之新说,称为"东塔律宗",与法砺相部宗、道宣南山宗鼎足而三。他原先住在长安弘济寺,上元三年(676),奉诏住西太原寺,敷席弘阐,学众云集。著作尚有《俱舍论疏》、《遗教经疏》、《四分律比丘戒本疏》、《僧羯磨》、《尼羯磨》等。生平事迹见《宋高僧传》卷十四、《大唐贞元续开元释教录》卷中、《诸宗章疏录》卷一和卷二。

《四分律开宗记》是作者针对法砺《四分律疏》而作的。卷一为玄论,分为三科:(一)总简藏别;(二)别藏宗归;(三)释藏题目。卷二至卷二十入文解释,就法砺旧疏之"十六大义"大加评斥,别树戒行为宗,以戒体为无表色,又以说一切有部的《大毗婆沙论》、《俱舍论》为根据,而提倡"色法戒体论",与旧疏之"戒体非色非心"相对。《开宗记》认为定、慧为戒学所摄,破斥古师的以止持、受随、止恶、为善、教行、专精不犯、因果等为宗,由此而形成东塔宗一派。《开宗记》的重要性,由此可见。

(夏金华)

大唐西域求法高僧传 〔唐〕义 净

《大唐西域求法高僧传》，简称《西域求法高僧传》、《求法高僧传》，二卷。唐义净撰。约成于武则天天授二年(691)。通行本有《丽藏》本、《宋藏》本、《金藏》本、《元藏》本、《明南藏》本、《明北藏》本、《清藏》本、《频伽藏》本、《大正藏》本等。

义净(635—713)，俗姓张，字文明，齐州(今山东济南)山庄人。高祖为东齐郡守，祖、父俱隐居不仕。义净自幼出家，七岁于齐州城西土窟寺侍善遇法师及慧智禅师。二十一岁受具足戒，以慧智禅师为亲教师，出游东魏，学习《对法论》、《摄论》。继游长安，学习《俱舍论》、《唯识论》。"仰法显之雅操，慕玄奘之高风"，萌生西行求法之志。三十七岁，高宗咸亨二年(671)秋，与门人善行搭乘波斯商船，由广东出海前往印度求法，未隔二旬，抵达佛逝。由东印度转中印度，巡礼鹫峰、鸡足山、鹿野苑、祇林精舍、鹿园、菩提寺等佛教圣迹。四十一岁入那烂陀寺，拜宝师子为师，学习大、小乘佛教十年。在印度二十多年，游历三十余国。于五十一岁(685)离那烂陀寺东归。在南海室佛利逝国等地滞留将近十年，撰成《大唐西域求法高僧传》、《南海寄归内法传》，新译杂经论十卷，天授二年(691)委托僧大津送回长安，献给朝廷。证圣元年(695)六十一岁时，携带梵本经、律、论近四百部、合五十万颂，金刚座真容一铺，舍利三百粒，回到洛阳，武则天亲迎于上东门外，敕于佛授记寺安置，翻译佛经。从此，义净就在洛阳与长安两地翻译佛经，直至先天二年(713)七十九岁逝世。义净是继法显、玄奘之后中国历史上西行求法的佛教徒中杰出的一位，译著之功甚巨，《大唐龙兴翻经三藏义净法师之塔铭并序》称他翻译"经总一百七部，都四百二十八卷，并敕编入一切经目"。此数与现存义净所译的部数、卷数相差甚大，可能不少已经佚少。此外义净还撰有《南海寄归内法传》、《大唐西域求法高僧传》、《南海录》、《西方记》、《西方十德传》、《中方录》等著作。生平事迹见《开元释教录》卷九、《宋高僧传》卷一。

《大唐西域求法高僧传》是一部记载唐代自玄奘西行回国以后至义净撰成本书为止四十六年间赴印度求法僧人的传记。全书分为上、下两卷。卷首有作者自序，叙述撰写目的、内容、体例。

指出:"显法师则创辟荒途,奘法师乃中开王路。"从此以后,唐代僧人"或西越紫塞而孤征,或南渡沧漠以单逝",分陆海两路,西行求法。本书则按"以去时年代近远存亡而比先后",为之立传,并开列传主名单,表彰他们"轻生殉法"的崇高精神。卷末有作者自传,叙述自己咸亨元年由长安到广州,从海道到印度求法,历尽艰险、遍礼圣迹、住那烂陀寺学习、取经回到室利佛逝的经过。原书还附有那烂陀寺图样,今已失传。

全书共收六十五人,依西行先后年代编排,大多每人一传,有的二三人合传。每传篇幅长短不一,自数十字至千余字不等,大抵与作者在那烂陀寺同学、比较熟悉者,记叙就较为详尽;得之传闻者,记叙就比较简略。部分传后还附有四言、五言等伤悼、赞颂偈语。所记唐朝僧人之外还包括新罗、高昌、康国、交州等国家和地区的僧人。上卷,叙述玄照等四十一位求法僧人事迹,并有介绍支那等寺和那烂陀寺两篇文章。下卷,叙述道琳等五十位求法僧人事迹,并附《游鹫岭咏怀》诗和义净自述。卷末附载永昌元年(689)作者重返室利佛逝时随他去当助手翻译佛经的贞固、怀业、道宏、法朗四位僧人传记,再加上义净自述为一传,实际本书收录六十一位西行僧人的传记。从太州玄照法师开始,至沣州大津法师为止,其中事迹比较显著的有齐州道希,新罗慧业、玄太、慧轮,睹货罗佛陀达摩,并州道生、常愍,京师玄会,益州明远、义朗、会宁,交州运期、窥冲、爱州大乘灯,康国僧伽跋摩师,洛阳昙润、义辉、智弘,荆州道琳、昙光、无行、法振,润州玄逵,襄阳灵运,沣州僧哲、大津等人。综观全书内容,有以下几个值得注意的地方。

一、记载了我国唐代水陆两路去西方求法的通道。我国唐代国力强盛,与邻国人民之间交往频繁,有水、陆两道通往印度。义净在《大唐西域求法高僧传》中,以太州玄照作为走陆路的代表;义净自己作为走海道的代表。玄照学习梵语后,"杖锡西迈,挂想祇园;背金府而出流沙,践铁门而登雪岭"。"途经速利,过睹货罗,远跨胡疆,到土蕃国。蒙文成公主送往北天(北天竺)。"在阇阑陀国停留四年,学经律,习梵文。后之那烂陀寺,留住三年。就胜光法师学《中》、《百》等论。复就宝师子大德受《瑜伽十七地》。以后仍经土蕃回到洛阳。麟德(664—665)年中,再度奉敕西行。只好将从印度带来的佛经全部留在洛阳,"重涉流沙,还经碛石。崎岖栈道之侧,曳半影而斜通;摇泊绳桥之下,没全躯以旁渡。遭土蕃贼,脱首得全;遇凶奴寇,仅存余命"。历经艰险,再到北印度,然后向西印度罗茶国取长生不死之药。重返那烂陀寺,与义净相见,本想回国,终以土蕃与唐朝关系恶化,道路壅塞不通,"在中印度庵摩罗跋国遘疾而卒"。这是一条通过土蕃、尼泊尔到达印度的陆上通道,玄照两次印度之行,反映了唐初至唐中期与土蕃关系的变化。

义净于咸亨二年(671)初秋,从广州出发,乘波斯商船南行,"未隔两旬,果之佛逝(今印尼苏门答腊岛)"。学习印度的声韵学和语文学六个月,到末罗瑜国,转向羯荼,至裸人国。再望西北行,到东印度的耽摩立底国。一年后,与大乘灯师一起取正西路到达莫诃菩提和那烂陀寺。十年后又经原路回广州。这是一条从海道去印度的通道。从《大唐西域求法高僧传》所记五十七位取道去印度情况看,一般地说先期从陆路去印度的僧人较多,后期从海道去的僧人较多,而从海道去的又比从陆路去的要多,原因是唐朝与西域、吐蕃关系有所变化;而当时唐朝经济重心南移、造船技术和航海能力提高,海上交通发达。

二、保存了不少佛教史资料和其他方面资料。从本书的记载中,展示了有关西行僧人学习佛法的目的是"追求正教,亲礼圣迹"。学习内容为:(一) 瞻仰佛祖圣迹;(二) 寻师问学,增长学识;(三) 搜求梵本经典,以作汉译。如义净到了印度,亲见如来一代五十余年居止之处,共有八所:(一) 本生处;(二) 成道处;(三) 转法轮处;(四) 鹫峰山处;(五) 广严城处;(六) 从天下处;(七) 祇树园处;(八) 双树涅槃处。"次乃遍礼圣迹,过方丈而届拘尸;所在钦诚,入鹿园而跨鸡岭。"住那烂陀寺十年,取回"梵本三藏五十万余颂,唐译可成千卷"。书中还记载了当时印度佛学重镇那烂陀寺的规模和制度。那烂陀寺"赡部州中当今无以加也"。"然其寺形,畟方如城、四面直檐,长廊遍布,皆是砖室。""飞阁凌虚,雕刻奇形,妙尽宫室。""寺内但以最老上座为尊主,不论其德。诸有门钥,每宵封印,将付上座,更无别置,寺主维那。""此寺之制,理极严峻,每半月令典事佐史巡房读制。""此寺内僧众有三千五百人,属寺村庄二百一所。"此外还记载了大觉寺、迦毕施国寺、钵那寺、支那寺等。支那寺是"室利笈多大王为支那国僧所造",供从唐蜀、川、牂牁道而来的中国僧人居住。此外,书中尚记载有关印度及南海各国的历史、地理、风俗习惯等,为我们研究中世纪这一地区的情况提供重要资料。

三、记载西行求法僧人不畏艰险的事迹。如常愍禅师"常发大誓,愿生极乐"。西行求法路上,"所附商舶载物既重,解缆未远,忽起沧波,不经半日,遂便沉没"。船主让常愍上小船逃生,而常愍在紧急关头宁可身葬鱼腹,不愿他人蒙难,"亡己济人,斯大士行",让别人登小船逃生。自己则"合掌西方,称弥陀佛,念念之顷,舶沉身没,声尽而终",被惊涛骇浪所吞没,而朝佛之志不渝。如大乘灯禅师,"过南印度,覆届东天,往耽摩立底国,既入江口,遭贼破舶,唯身得存"。后来年过六旬,无力东还,"在俱尸城般涅槃寺而归寂灭"。如义净,在从莫诃菩提去那烂陀寺路上,身患疾病,孤身独行。"日晚晡时,山贼便至,援弓大唤,来见相陵。"衣服均被剥光,连腰带也被解了去。又怕被当作人牺,杀以祭天,"乃入泥坑,遍涂形体,以叶遮蔽"。总算渡过了难关,"扶杖徐行,日云暮矣,营处尚远,至夜二更,方及徒侣"。听到灯禅师在村外高叫,相见之下,如同隔世,接过灯禅师的一件衣服,在池中洗净身子,然后入村。求法道路尽管如此艰险,但僧人百折不挠,愿意"轻身殉法",表现了大无畏的精神和毅力。

《大唐西域求法高僧传》是一部记载唐代西行求法僧人事迹的传记,为我们研究中国佛教史,研究中世纪中印交通史,研究印度及东南亚民族史、民俗史提供了丰富而翔实的资料,弥足珍贵。

1894年法国人沙畹曾把本书译为法文。1911年英人比尔把它节译成英文。1942年日人足立喜六出版了本书的日文译注本。1961年日人高田修又出版了本书的新译本。有关本书的研究,有王邦维《大唐西域求法高僧传校注》(中华书局,1988年)等。

(来可泓)

南海寄归内法传 〔唐〕义 净

《南海寄归内法传》,简称《南海寄归传》、《寄归传》,四卷。唐义净撰。成于武则天天授二年(691)。通行本有《丽藏》本、《宋藏》本、《金藏》本、《元藏》本、《明南藏》本、《明北藏》本、《清藏》本、《频伽藏》本、《大正藏》本等。

作者生平事迹见"大唐西域求法高僧传"条。

《南海寄归内法传》是一部以作者在西行求法时的见闻为基础,着重记载公元六七世纪印度和南海诸国佛教寺院施行的、从源流上来说属于小乘说一切有部的律仪规式的著作。内容广泛涉及这一地区的历史、文化、气候、物产、衣食、起居、风俗、礼节、历法、技艺、卫生、语言、文字、经籍、学者,以及作者的师友与自己的经历等。全书分为四十章(又称"四十条"、"四十事")。

卷一,九章。

一、破夏非小。说应当根据受戒的先后确定僧人的长幼大小,即使是对那些不遵守"坐夏"制度的人,也不应因他"破夏"、"失夏"而贬低他原来的辈次。

二、对尊之仪。说除生病者以外,僧人在拜礼佛像和菩萨像,以及面见长老时,都须脱鞋赤脚,偏露右肩,以示敬意。

三、食坐小床。说西域僧人将食时,必须人人净洗手足,各各别踞小床(高七寸、方一尺),双足蹋地,前置盘盂,而后进食。

四、餐分净触。说西域道俗称没有吃过的食物为"净",已经吃过、哪怕是仅尝一口的食物为"触"。凡他人用过的碗器一概扔掉,不再盛食;残食也只可由原来吃过的人食用,不能给别人吃。

五、食罢去秽。说饭后要洗手,嚼齿木,疏牙刮舌,务令清洁。

六、水有二瓶。说平时要将喝的水与用的水分装在不同的容器里。

七、晨旦观虫。说每日清晨须观察已经打来的水,或者观察将要从中取水的井、池、河中有无小虫。若有,要用白布滤去,以免伤生。

八、朝嚼齿木。说印度有一种"长十二指,短不减八指,大如小指,一头缓(软)须熟嚼"的齿木,那里的人每天早上起来都要嚼它,以揩齿刮舌。

九、受斋轨则。说印度和南海诸国僧人赴请受斋时,宾主的仪礼规式、饮食供养,以及有关的典故传说。

卷二,九章。

一、衣食所须。详细记叙了印度、南海诸国僧人和百姓的衣着服式;耽摩立底国僧人出租田地,收取三分之一果实的情况,以及寺院不设纲维,遇事由众僧集体裁决的管理制度;摩揭陀国官府尊敬僧人,无有驱使之事的传统。检讨了东夏(中国)在这些方面的不同做法。

二、着衣法式。介绍僧衣的穿着方法。

三、尼衣丧制。介绍比丘尼法服的款式、穿法以及僧人处理丧事,可读经念佛,不可像俗人那样号咷痛哭,或寝庐服丧的规制。

四、结净地法。说西域称寺庙的橱房为"净橱",亦即"净地"。

五、五众安居。说出家五众(比丘、比丘尼、式叉摩那、沙弥、沙弥尼)每年的安居时间可选择"前安居",也可选"后安居"。"若前安居,谓五月黑月一日。后安居则六月黑月一日",相当于中国农历八月半、九月半。

六、随意成规。说在"夏安居"结束和年终的时候,一寺的僧众要举行以"说罪除愆"为内容的集会。由僧人当众陈述自己先前所犯的罪过,同时听取他人的检举揭发,进行忏悔。

七、匙箸合否。说西域用食,唯用右手,病人才允许用匙。箸(筷子)为东夏独有之物,在西域未见使用。

八、知时而礼。说凡是吃过东西或大小便以后没有漱口洗手的僧人,不应接受他人的合掌礼敬,也不应礼敬他人。

九、便利之事。叙大小便后洗身洗手的方法以及保持厕所清洁卫生的重要性。

卷三,十二章。

一、受戒规则。记西域出家受戒的程式与要求。

二、洗浴随时。说西域气候多暑,那里的人有每天洗澡,不洗不食的习惯。

三、坐具衬身。说坐具(长三五尺的布)是睡觉时用来保护毡席的。

四、卧息方法。说印度和南海诸国皆不用木枕,木枕是神州独用之物。在西国(西域)用的是填毛、麻緼、蒲黄柳絮、木绵荻苔、软叶乾苔、决明麻豆等物的软枕。

五、经行少病。说五印度僧俗多作散步。

六、礼不相扶。说大僧受小僧礼拜时,应保持原来的姿态,不应屈身相扶。

七、师资之道。说弟子奉侍师父的种种礼节。

八、客旧相遇。说客僧入寺见众或故人相见时的言语仪态。

九、失体病源。说医病须先察病源。

十、进药方法。说西国医道"其中要者,绝食为最"。"其在西天罗荼国,凡有病者绝食或经半日,或经一月,要待病可然后方食。中天竺极多七日,南海二三日矣。"

十一、除其弊药。说"自有方处鄙俗,久行病发即服大便小便,疾起便用猪粪猫粪,或坩盛瓮贮,号曰龙汤。虽加美名,秽恶斯极。"

十二、旋右观时。说五印度皆以右为尊便,"皆名东方为前方,南方为右方"。僧人过时不食,所说的"时"是指正午,确定正午的方法有立竿取影、观中处中、碗盛漏水等。

卷四,十章。

一、灌沐尊仪。说西域(主要指印度)诸寺每天举行的浴佛活动。

二、赞咏之礼。说神州之地,自古相传在礼敬佛像时只念佛名,而不大念以称扬佛德为内容的赞颂。但在西国,凡礼佛时都须念颂。

三、尊敬乖式。说僧人于廛肆之中礼敬俗人,为律仪所不许。

四、西方学法。详细介绍印度的学术状况,特别是"五明"(声明、工巧明、医方明、因明、内明)中的"声明"(语言文字学)。

五、长发有无。说五印度没有俗人留长发而可受具足戒之事。

六、亡财僧现。说僧人亡故后以后财物的处理方法。

七、受用僧物。说西国诸寺中的比丘,多为常住僧。"或是田园之余,或是树果之利,年年分与,以充衣直(值)。"

八、烧身不舍。说人身难得,不可轻率烧身。

九、傍人获罪。说劝诱他人烧身者定招大罪。

十、古德不为。记叙义净的亲教师善遇法师、轨范师慧智法师的种种德行以及义净泛海取经的经过。

本书为海内外学者一致器重的一部名著。书中介绍的许多历史知识大大开拓了世人的视野,填补了中外史书上的一些空白。

有关本书的研究有王邦维《南海寄归内法传校注》(中华书局,1995年)、陈士强《大藏经总目提要·文史藏》(上海古籍出版社,2008年)等。

(陈士强)

华严经金师子章 〔唐〕法 藏

《华严经金师子章》,全称《大方广佛华严经金师子章》,略称《华严金师子章》、《金师子章》,一卷。唐法藏撰。约成于武后圣历二年(699)。通行本有《大正藏》本、《卍正藏经》本、江苏如皋刻经处本等。

法藏(643—712),字贤首,俗姓康,祖籍西域康居国(今巴尔喀什湖和咸海之间),高祖、曾祖相继为丞相,自祖父起始迁居长安。唐显庆三年(658),法藏十六岁,曾燃一指于岐州法门寺舍利塔前,作法供养。次年,求法于太白山,阅方等诸经(指大乘经),后往长安云华寺,礼智俨为师。至咸亨元年(670),二十八岁时才正式出家,应诏为太原寺住持。上元元年(674),有旨命京城十大德(十位高僧)为他授满分戒,赐号"贤首"(《华严经》中一位菩萨的名字),景龙二年(708),被唐中宗礼为菩萨戒师,赐号"国一"。曾参与地婆诃罗、实叉难陀、义净、菩提流支的译经活动,先后讲《华严》新旧经(晋译六十卷本旧经,唐译八十卷本新经)三十余遍,被尊为华严宗三祖。著述百余卷,见存的尚有《华严经探玄记》、《华严文义纲目》、《华严一乘教义分齐章》、《华严经旨归》、《华严策林》、《华严经问答》、《华严经明法品内立三宝章》、《华严义海百门》、《修华严奥旨妄尽还源观》、《华严游心法界记》、《华严发菩提心章》、《华严经传记》、《般若波罗蜜多心经略疏》、《入楞伽心玄义》、《梵网经菩萨戒本疏》、《大乘起信论义记》、《大乘法界无差别论疏》等。生平事迹见唐阎朝隐《大唐大荐福寺故大德康藏法师之碑》、新罗崔致远《唐大荐福寺故寺主翻经大德法藏和尚传》、北宋赞宁《宋高僧传》卷五、清续法《法界宗五祖略记》等。

《华严金师子章》是一部以金狮子("狮"字在佛典中均作"师"字)为喻,通俗讲解华严宗义理的著作。有关此书的由来是这样的:武后圣历二年(699)十月,由于阗沙门实叉难陀主译、法藏等人笔受证义的新《华严经》八十卷译成,为庆贺此事,武则天诏令法藏在洛阳佛授记寺为众人开讲新经,尔后又在长生殿亲自召见法藏,听他讲经,然而,由于《华严经》奥涩难懂,当法藏讲到天帝网义十重玄门、海印三时门、六相和合义门、普眼境界门时,武后茫然不解。法藏乃以殿前(一说殿隅)的金狮子为例,用金比喻事物的体性、本质,用狮子比喻事物的形相、现象,通俗地加以解说,终于使武后豁然悟解。这次讲说的内容,经集录整理,便形成了《华严经金师子章》。

《金师子章》分为十门(即十节),所述的义理如下。

一、明缘起。说,世界上的一切事物都是由各种条件和合产生的("缘起")。金本来不具有狮子的性质,由于工匠制作之"缘"(条件),而被加工成狮子的形状。

二、辨色空。说,人们感觉到的各种物质现象都是"空"的,没有任何质的规定性("色空")。狮子的相状是虚幻的,只有构成相状的金是真实的,但事物本性的空寂并不妨碍事物在外表上显现出一定的假相。

三、约三性。说,对同一事物的性质有自浅至深的三种认识("三性")。将狮子的相状当作是一种真实的存在,是主观的错觉、情识的迷离,这种由妄情执著产生出来的存在,叫做"情有",也称"遍计所执性";如认识到狮子的相状是依赖众缘兴起的,把它当作是没有自性的幻相,叫做"幻有",也称"依他起性";既认识到金随着不同的条件,可以构成种种不同的虚幻的形相,又认识到在各种幻相中,金的一切特性仍保持不变,是绝对真实的,也就是说,只有承认作为宇宙万物本源的"真如"是唯一圆满的存在,才算是达到了佛教所说的至上的认识境界,这称为"圆成实性"。

四、显无相。说,一切事物的现象都是本体的外显,它们被包摄于本体之中,貌有而实无("无相"),不具备真实性。金体收尽了一切狮子的相状,在金体之外别无狮子可得。

五、说无生。说,事物的现象是有生灭的,而事物的本质是湛然常存、不生不灭("无生")的,狮子相状的产生,只是金体的变现,金体之外更无一物,狮子相状会生起和消灭,而金体既不会增加也不会减少,永远保持原有的质和量。

六、论五教。论华严宗的"五时"判教("五教")。说,只知道狮子相状是因缘和合产生,念念生灭,变化无常,不知道它们实无自体的,名"愚法声闻教",即小乘教;认识到一切缘生的事物皆无自性,本性空寂的,名"大乘始教";认为事物的本性是空的,但事物的现象是有的("假有"),真空与假有同时并存的,名"大乘终教";主张既泯灭"有",也泯灭"空",狮子的相状与构成相状的金两者俱夺,超情离念,言虑双绝的,名"大乘顿教";认识到宇宙的本体"真如"("一")显现为各种现象("一切"),各种现象摄纳于"真如"之中,"一即一切","一切即一",相即相入,自在无碍,名"一乘圆教"。

七、勒十玄。以金与狮子的关系,喻晓华严宗的"十玄门",即从十个方面对一切事物的性质进行辨析。此中所说的十玄门乃是"古十玄",指的是同时具足相应门、诸藏纯杂具德门、一多相容不同门、诸法相即自在门、秘密隐显俱成门、微细相容安立门、因陀罗网境界门、托事显法生解门、十世隔法异成门、唯心回转善成门。后来法藏在《华严经探玄记》将"诸藏纯杂具德门",改为

"广狭自在无碍门";将"秘密隐显俱成门",改为"隐密显了俱成门";将"唯心回转善成门",改为"主伴圆明具德门",构成了"新十玄"。

八、括六相。叙述华严宗的"六相"义。说,狮子的全体,称"总相";狮子的眼、耳、鼻、舌、身"五根",称"别相";"五根"同时缘起构成狮子,称"同相";"五根"各不相同,称"异相";"五根"和合而后有狮子的全体,称"成相";"五根"离散不合,各住自位,称"坏相"。

九、成菩提。说,只要将在体察狮子相状的虚幻性时所获得的认识,推广到一切事物上去,把它们也看作是空寂不实的,从而不取不舍,这便成就了佛教的最高智慧("菩提")。

十、入涅槃。说,不仅不能执著现象界(如狮子),而且也不能执著本体界(如金),只有将现象与本体、狮子与金一起泯灭,这样才能不生烦恼,"好丑现前,如安如海",这就步入了佛教最高的理想境界——"涅槃"了。

《华严经金师子章》作为华严宗教理的通俗读本,自问世以后受到了佛教界的普遍重视和较高评价。宋代华严宗僧人承迁说,此书"文约而义得,言少而意广"(《金师子章序》)。净源说,"斯文,禅林讲席莫不崇尚"(《金师子章云间类解序》),即不仅受到义理派的崇尚,也受到禅观派的欢迎。

有关本书的研究有北宋承迁《大方广佛华严经金师子章注》、净源《金师子章云间类解》;日本景雅《金师子章勘文》、高辨《金师子章光显钞》、潮音《金师子章放光记》、照遍《金师子章冠注》、天尊《金师子章讲义》等;今人方立天《华严金师子章校释》(中华书局,1983年)等。

(陈士强)

华严一乘教义分齐章 〔唐〕法　藏

《华严一乘教义分齐章》，又名《华严一乘教分记》、《一乘教分记》、《五教分记》、《五教章》，三卷（又作四卷）。唐法藏撰。通行本有《大正藏》本、金陵刻经处本等。

作者生平事迹见"华严经金师子章"条。

《华严一乘教义分齐章》是华严宗的判教论著。全书分十章。第一章叙述一乘之意义，即华严独特之一乘与融合三乘于一乘之意义。第二章叙述一乘与三乘之教义及其利益。第三章叙述古今立教，列举菩提流支至玄奘等古今十师之教相判释。第四章整理佛教各种见解，以作价值之判断，此即五教十宗之教判。第五章叙述五教之相互关系。第六、七章论佛教各种经典在时间上之顺序及其理由。第八章分十项说明一乘与三乘相异之点。第九章论华严教学之关系，并考察意识、佛法、修行等问题。第十章论华严教学内容上问题，并论及十玄门与六相之说。

其主要内容如下。

一、五教十宗之教判。将释迦创教以来的不同流派与教义分为五教十宗，以主张《华严经》为超越诸教之别教一乘，亦即最胜经。五教乃就所诠法义之深浅，将如来一代所说教相分为五类。（一）小乘教，亦作愚法二乘教，乃对小乘根机所说之四谛、十二因缘等《阿含经》之教。（二）大乘始教，是对小乘开始入大乘，然根机未熟者所说之教法，此教为大乘之初门，如《般若经》、《解深密经》、《唯识论》等。（三）大乘终教，说真如随缘而生染净诸法，其体本自清净，故谓二乘及一切有情悉当成佛。又此教多谈法性，少谈法相，所说法相悉会归法性，所说八识，通于如来藏，随缘成立，见生灭与不生灭二义。以其已尽大乘至极之说，故称大乘终教，如《楞伽经》、《起信论》等所说。（四）顿教，乃不立言句，只辨真性，不设断惑证理之阶位，为顿修顿悟之教，如《维摩经》说。（五）圆教，又作一乘圆教，此教说性海圆融，随缘起成无尽法界，彼此相即相入，一位即一切位，一切位即一位，十信满心即成正觉，故称为"圆教"。分为"同教一乘"（《法华经》为开会二乘，其说与三乘教相同，此即天台之圆教）与"别教一乘"（超越诸经而说圆融不思议法门之《华严经》，大异于三乘经)二种,真正的圆教在贤首看来是"别教一乘"。

十宗则依佛说之义理,区别为十种。(一) 法我俱有宗,指已入佛法的人天乘和声闻乘中的犊子部等所立宗义。(二) 法有我无宗,说一切有部等所立宗义,主张一切法遍三世而实有。(三) 法无去来宗,大众部等主张一切法现在有实体,而在过去、未来则无实体。(四) 现通假有宗,说假部、《成实论》等不独说过去、未来无体,对现在法亦主张有假有实。(五) 俗妄真实宗,说出世部等主张世俗之万法尽属虚妄,唯有说出世间真谛之佛法真理为实在。(六) 诸法但名宗,一说部等主张世间、出世间、有漏无漏之一切事物,但有名无实体(以上六宗属小乘)。(七) 一切皆空宗,此即《般若经》等大乘始教所说,主张一切万法皆为真空,而此真空非迷妄心所能想象之空,乃无分别之本来即空。(八) 真德不空宗,谓如终教诸经,说一切法唯是真如,烦恼所覆盖之真如为如来藏,主张如来藏有真实之德,故真体不空,且具无数清净之性质。(九) 相想俱绝宗,如顿教,主张真理乃客观之对象,与客观之心共泯,绝相对待之不可说、不可思议。(十) 圆明具德宗,如别教一乘,主张万法一一悉具足一切功德,所有现象互不相碍,具有重重无尽之关系。

二、三性同异说。三性即遍计所执性、依他起性和圆成实性。《摄大乘论本·所知相分》用它来解释某些难懂的经文,把中心放在依他起性上,说依他起性同时具备遍计所执性,这是其染污的一面;又具有圆成实性,这是其净的一面。染净在依他起性上都有,不过有显隐之差而已。贤首吸收这一说法,更进一步,提出了三性同一、三性一际无异的说法。他认为一切缘起现象都可拿染净统一来讲,染净也是真妄,真妄相互贯彻,真包括妄("真赅妄末"),妄中也可看到真的源头("妄彻真源")。真与妄,染与净,互相贯通,由真见妄,由妄见真,故是同一的。这是据依他起性来说的。如果从性(圆成实)相(遍计所执性)上看,二者也是融通无碍的("性相融通,无障无碍")。

三、因门六义说。因门六义出自《摄大乘论本·所知依分》中所说的种子六义,即刹那灭、果俱有、恒随转、性决定、待众缘、引自果。法藏采取了这六义说法,更用体之有无、用之胜逆、待之有无三类加以区别,谓一切因皆有六义:(一) 空有力不待缘;(二) 空有力待缘;(三) 空无力待缘;(四) 有有力不待缘;(五) 有有力待缘;(六) 有无力待缘。用这种方法解释缘起法之间的关系。法藏开"三性门"贯通真妄,又开"六义门"指出缘起法相即相入的关系,以此奠定了无尽缘起说的理论基础。

四、六相圆融说。《十地经论》在解释《华严经》时用"六相"(总、别、同、异、成、坏)作为一种法门来说明经文每种十句的关系和理解每种十句的内容。比如,第一句是总的,其余九句就被认为是从第一句分化出来的别相;第一句因是总的,所以也是同相,其余九句则是异相;第一句也是成相,其余九句是坏相。以此类推,经中其余十句都可以这样看。贤首由此得到启发,把这一格式推到道理上,并进而推论到这些法与法之间的关系上,都是由"六相"而形成的错综复杂的缘起关系(以舍与椽为喻)。

五、十玄缘起无碍说。《华严经·贤首品》在描述佛的最高境界时,说一粒微尘中有无量刹(世界),而这些世界又具有染净、广狭、有佛无佛等不同的情况,犹如"天帝网"一样。法藏根据经文对"天帝网"的描写,又参照经中到处所说的"十对":教义、理事、境智、位行、因果、依正、体用、人法、逆顺、感应,这十对关系又互相包含,互相反映,使形成的关系无穷无尽。法藏由此而提出了"十玄无尽"的说法。其中"十玄"包括:同时具足相应门、一多相容不同门、诸法相即自在门、因陀罗网境界门、微细相容安立门、秘密隐显俱成门、诸藏纯杂具德门、十世隔法异成门、唯心回转善成门、托事显法生解门。"十玄"说之基本内容,在于解释缘起,阐明成佛的境界。众生达到这种对诸法之间无限复杂关系的悟解,是成佛的标志。这种缘起说归结为佛地的开展,又叫"性起"缘起。

有关本书的研究,有宋代师会、善熹《华严五教章复古记》三卷(或六卷),师会《五教章焚薪》,道亭《华严五教章义苑》十卷,观复《五教章折薪记》五卷,希迪《华严五教章集成记》六卷(今仅存一卷)等。

(曾　奕)

大乘起信论义记 〔唐〕法 藏

《大乘起信论义记》，又名《起信论义记》、《大乘起信论疏》、《起信论疏》，三卷。唐法藏撰。约成于咸亨元年(670)至长安四年(704)之间。本疏原有三卷，论文部分单行，其后唐代宗密将疏与论文会合出版，然不引本疏之全文，且删削较多，宋以后一般注重宗密之疏，而本疏反不为世人所知。后有日僧凤潭，重新考订本疏与论文之会合本，凡五卷，盛行于世。近代杨文会犹感本书之遭受割裂，遂别求古本，雠校出版，是为七卷之会本，颇受学界之重视。通行本有《大正藏》本等。

作者生平事迹见"华严经金师子章"条。

本书是基于华严宗的立场而作的《大乘起信论》的注释。《大乘起信论》，旧题印度马鸣造、梁代真谛译，是一部以如来藏为中心理论，为发起大乘信根而开演修行法门的一部概论性著作。全书分作因缘分、立义分、解释分、修行信心分、劝修利益分等五分。内容包括：一心(众生心，亦即"真如"、"如来藏")、二门(心真如门、心生灭门)、三大(体大、相大、用大)、四信(信根本真如、信佛、信法、信僧)、五行(修持布施、持戒、忍辱、精进、止观)。关于《大乘起信论》的真伪，自隋代以来就存在着争议。但此论对中国佛教思想史的影响却是不容置疑的，天台宗、三论宗、华严宗、禅宗、净土宗人都吸收其思想，用以建立自己的理论体系。注疏甚多，今存的就有二百一二十种之多(包括中国、朝鲜、日本三国学者的撰作)，其中最为有名的是隋代慧远的《大乘起信论疏》四卷、新罗元晓的《起信论疏》二卷和法藏的《大乘起信论义记》五卷，合称"《起信论》三大疏"。而在"三大疏"中，又以法藏的这部《义记》最为重要。

本书分为十门：一、教起所因；二、诸藏所摄；三、显教分齐；四、教所被机；五、能诠教体；六、所诠宗趣；七、释论题目；八、造论时节；九、翻译年代；十、随文解释。

其中，在《显教分齐》门中，初述自日照三藏传至戒贤、智光的"三时"教判，后随教辨宗，将传入中国的佛经总判为四宗：(一) 随相法执宗，指小乘经律论；(二) 真空无相宗，指《般若经》、《中论》等；(三) 唯识法相宗，指《解深密经》、《瑜伽师地论》等；(四) 如来缘起宗，指《楞伽经》、《密严经》《实性论》《起信论》等。此处不用华严宗的"五教判",而新立四教判,将《起信论》配于第四宗,此与古来所论大异其趣。

此外,本书在基于华严宗立场注释《起信论》的同时,也汲取了玄奘所传的唯识学的一些思想成分,谓《起信论》中之"阿黎耶识",即是唯识家所说的"阿赖耶识"。对于《阿黎耶识》九相(业相、能见相、境界相等"三细",智相、相续相、执取相、计名字相、起业相、业系苦相等"六粗")的说明,将"三细"比拟于唯识学中的自体分、见分、相分;而智相以下之"六粗"则通于六意识之中。且明白举示《起信论》唯举第六识及第八识,而未论及第七识。以上皆为本书的特色,而为其他《起信论》的注疏所未及者。

有关本书的研究,有唐代宗密《起信论疏注》四卷,北宋子璇《起信论疏笔削记》二十卷,日本湛睿《教理钞》十九卷、凤潭《虎幻录》三卷、秀存《显正录》五卷等。今人的注本有高振农《大乘起信论校释》(中华书局,1992年)。

(宋道发)

华严经探玄记 〔唐〕法 藏

《华严经探玄记》，又称《华严探玄纪》、《探玄》、《探玄记》，二十卷。唐法藏著。通行本有《大正藏》本等。

作者生平事迹见"华严经金师子章"条。

本书依仿智俨《华严经搜玄记》而作，主要叙述旧译六十卷《华严经》之大要，并阐述华严宗之中心教义。

本书共分十门来解释《华严经》：一、明教起所由；二、约藏部所摄；三、显立教差别；四、简教所被机；五、辨能诠教体；六、明所诠宗趣；七、具释经题目；八、明部类传译；九、辨义理分齐；十、随文解释。卷一为总说，叙说前九门，卷二至卷二十为别释，叙说末一门，即随文解释经文大义。主要内容如下。

一、判教思想。法藏在叙古说、辨是非、述西域、会相违、明现传、定权实、悬开合、教前后等方面，比较综合前人的判教理论，站在华严宗的立场上，以"五教十宗"体系判释一代佛教。就义分教而言，教有五类：小乘教、大乘始教、终教、顿教、圆教；以理开宗而言，宗乃有十：法我俱有宗、法有我无宗、法无去来宗、现通假实宗、俗妄真实宗、诸法但名宗、一切皆空宗、真德不空宗、相想俱绝宗、圆明俱德宗。在这一体系中，法藏认为，华严宗属大乘圆教，是圆明俱德宗，代表着最高理论。它既不同于别教小乘，又不同于大乘共教，而是依普贤法界，性海圆融，缘起无碍，主伴俱足，为别教一乘，无尽自在显示法门（见卷一）。

二、教体本质的理论。本书由浅到深从十个方面对之加以考察：(一) 言诠教体门；(二) 通摄所诠门；(三) 遍该诸法门；(四) 缘起唯心门；(五) 会缘入实门；(六) 理事无碍门；(七) 事融相摄门；(八) 帝网重重门；(九) 海印炳现门；(十) 主伴圆备门。阐述了事事无碍之华严妙旨，即一在一切中，一切在一中，一即多而无碍，多即一而圆通，帝网重重，无穷无尽，且法不孤起，主伴随生，圆备俱足（见卷一）。

三、华严宗趣论。以因果、缘起、理实、法界为华严宗趣。大方广是理实法界,佛华严是因果缘起。因果缘起必无自性故即理实法界,理实法界是无定性,故即成因果,此二无二,以唯一自在法门为宗。由法界对因果的展开以树立五周因果,又会因果同于法界,以教义、理事、境智、行位、因果五对贯穿于一经。最后法界因果双融俱离行,性相混融无碍自在,是谓《华严经》之无尽宗趣(见卷一)。

四、十玄缘起思想。即以法界缘起无碍之相状,开十玄门。法藏辅正其师智俨之古十玄说及其自己在《五教章》中的十玄说法,依教义、理事、境智、行位、因果、依正、体用、人法、逆顺、应感等十对体事,开出新的十玄门:(一) 同时具足相应门;(二) 广狭自在无碍门;(三) 一多相容不同门;(四) 诸法相即自在门;(五) 隐密显了俱成门;(六) 微细相容安立门;(七) 因陀罗网法界门;(八) 托事显法生解门;(九) 十世隔法异成门;(十) 主伴圆明俱德门。教义理事等一切诸法皆各俱足此十玄门,无碍涉入,成一大缘起,显示十玄缘起无碍法门(见卷一)。

五、经文解析。法藏对《华严经》之三十四品,依七处八会先分为序分与正宗分,后者又分为四,成为《华严》结构之五分说:(一)《初品》是教起因缘分;(二)《舍那品》中一周问答是举果劝乐生信分;(三) 从第二会至第六会来一周问答是修因契果生解分;(四) 第七会中一周问答是记法进修成行分;(五) 第八会中一周问答是依人入证成德分。具体内容如下。

第一分世间《净眼品》即是序品。世间之义有三,即所依处的"器世间",能化主的"智正觉世间"与所化机的"众生世间"。净眼是针对器世间的洞彻。如来对众生所应的显现,即是世间净眼。其中显现的"处"与"时",是此品的中心思想(见卷二)。

第二分即《卢舍那品》。卢舍那即光明照的意思。本品"一约人,二约法"。约人者有化主的卢舍那,以内证法智为体,七日思惟解脱为相,加说为用;更有助化的普贤为助化之体,蒙加为相,起说为用。约法者有义理以性海为体,别德为相,应教为用;又对于教事而言,五海十智为体,世界及华藏世界为相,益机为用。体、用、相各各融摄不二,构成华严之特色与内容(见卷三)。

第三分是第二会至第六会,内容从第三品《如来名号品》至第三十二品《宝王如来性起品》为止,主要围绕差别因果与平等因果而展开论述。以差别因果为中心的是《十地品》,法藏以十义来把握此品的根本思想,即:约本、所证、智、断障、所修、修成、显位、乘法、寄位、显报,并依六相说(即总相、别相、同相、异相、成相、坏相,六相圆融相即无碍)而一以贯之(见卷九)。对于平等因果的解释,则以《性起品》为中心。所谓"性起",乃以出智、最胜、所依为内容,即以不改为性,显用为起。本品分十门而论述,即:分相、依持、融摄、性德、定义、染净、因果、通局、分齐、建立。性起的十门内容乃依如来之根本正而显现无尽的法界(见卷十六)。

第四分为《离世间品》,乃第二会普光法堂的重说。此分为托法进修分,即是依托行法修成正行。"行"是此品的主体内容(见卷十七)。

第五分为《入法界品》,即从果显现的行,成立证的妙谛。本品依法界之所入分别为五:有为、无为、亦有为亦无为、非有为非无为、无障碍,再依次而解释为唯识、真如、如来藏、绝相、无碍,且对之以能入而展开净信、正解、修行、证得、圆满五门,强调一之能入,通于五之所入,一之所入,通于五之能入,以互相对应的五之能入与五之所入为对象。信解行证,都是法界的能入,法界的所属也是可入的妙境。普摄圆融之无碍法界,得圆满能入之妙趣;能入与所入,则为法界圆成之显现(见卷十八)。

《华严经探玄记》作为法藏主要代表作之一,代表着华严宗之成熟理论,在华严思想史上具有重要的地位。

有关本书的研究,有日本尊玄《探玄记钞》、凝然《探玄记洞幽钞》、普寂《华严经探玄记发挥钞》、芳英《华严经探玄记南记录》、秀存《华严经探玄记讲义》、云溪《华严经探玄记会录》等。

(郭晓东)

华严经传记 〔唐〕法 藏

《华严经传记》,又名《华严传》,或名《纂灵记》(新罗崔致远《唐大荐福寺故寺主翻经大德法藏和尚传》所称),五卷。唐法藏集。据崔致远的《法藏传》中所记:"此记未毕而逝,门人慧苑、慧英等续之。"可推断此书大致撰于唐先天元年(712),为法藏生平撰述的最后一部书。通行本有《大正藏》本等。

作者生平事迹见"华严经金师子章"条。

本书是一部专门记述传习《华严经》的人物和事迹的著作,对《华严经》的来龙去脉,在汉地的传译注述,以及讽诵它所带来的灵验利益,作了翔实的记述。全书共分为十篇(亦称"十科"或"十门"),具体内容如下。

一、部类(卷一)。记《华严经》梵本的偈品。说西域相传,龙树在龙宫,见此《华严经》共有三本,"上本有十三千大千世界微尘数偈、四天下微尘数品,中本有四十九万八千八百偈一千二百品,下本有十万偈四十八品",但上中二本并非凡力所持,故隐而不传,只有下本见流天竺。后世所传的《华严经》均源于下本。

二、隐现(卷一)。记述《华严经》的隐现经过。说《华严经》是文殊师利所集,因佛涅槃后贤圣随隐,异道竞兴,所以在海龙王宫隐没六百余年,后由龙树带出传授,因兹流布。《华严经》的汉译本有新旧两译。东晋沙门支法领在遮拘槃国所得的《华严经》前分三万六千偈,为晋译六十卷所本,称为旧译。大周时于阗所进的四万余偈,为唐译八十卷所本,称为新译。

三、传译(卷一)。记述《华严经》的三位传译者的事迹。佛驮跋陀罗,应吴郡内史孟顗、右卫将军褚叔度之请,于晋义熙十年(418)在道场寺译出《华严经》六十卷。地婆诃罗,应法藏之请,译出第八会经文,以补旧译之的缺失。实叉难陀,应武则天之请,始证圣元年(659),终圣历二年(699),于佛授记寺译出《华严经》八十卷,即新译。

四、支流(卷一)。按经录的注录方式,叙列和介绍相当于《华严经》某一品或某一会的单行经,和托名《华严经》的伪妄经。这中间,《华严经》除第一、四、五会外,其余二、三、六、七、八、九会均有别译的单行经。如隋阇那崛多译的《大方广华严入如来不思议境界经》二卷及同本异译三种,唐提云般若译的《大方广佛华严经佛境界分》一卷及同本异译一种,实叉难陀译的《大方广普贤所说经》一卷及同本异译一种,在现本《华严经》内并无,然而在梵本中并皆具有,"固是此经别行品会"。元魏昙摩流支译的《信力入印法门经》五卷,古云是《华严》别品,但仔细考查其文句,又勘梵本,并无此品。南齐萧子良的《抄华严经》十五卷和佚名的《华严十恶经》一卷,则为伪妄经。

五、论释(卷一)。记述疏释《华严经》的梵汉论著及著者事迹。西域相传,龙树所造的《大不思议论》十万颂,释此经,但实无传本行世。有梵本被译为汉文的,有龙树造、姚秦佛陀耶舍与鸠摩罗什共译的《十住毗婆沙论》十六卷;天亲造、后魏菩提流支与勒那耶舍译共译的《十地论》十二卷。而金刚军的《十地释论》一万二千颂,坚慧的《十地略释》,并未传入汉地。汉地所作的论疏有北齐宦官刘谦之的《华严论》六百卷,后魏沙门灵辩的《华严论》一百卷(均佚)。

六、讲解(卷二、卷三)。记述从东晋至唐代弘扬《华严经》的名僧十七人。他们是东晋的法业,刘宋的求那跋陀罗,北魏的勒那摩提、智炬,北齐的慧光、僧范、昙衍,隋朝的灵裕、慧藏、灵幹,唐朝的慧觉、法敏、慧眺、道英、道昂、灵辨、智衍。末附有北魏北台意法师等二十四人。

七、讽诵(卷四)。记述专心读诵《华严经》的僧俗十一人的感应事迹。他们是僧普圆、普济、辨才、慧悟、昙义、苑律师、中天竺日照三藏,居士樊玄智,于阗国沙弥般若弥迦,京师王氏,比丘尼无量。

八、转读(卷四)。记述擅长用音律唱诵《华严经》的僧俗九人的感应事迹。他们是僧法念、普安、法安、解脱、明曜,师子国沙门释迦弥多罗,居士高义成,一大乘法师,僧弘宝。

九、书写(卷五)。记述书写《华严经》的僧俗六人的感应事迹。他们是元魏中山王熙,僧德圆、法诚、修德,唐朝散大夫孙思邈,居士康阿禄山。

十、杂述(卷五)。著录有关《华严经》的著述十五种,并介绍写作缘由、内容及相关事项。其中法藏撰的十一种中,今已不存的有八种,见存的只有三种,即《华严旨归》一卷、《华严纲目》一卷、《华严教分记》三卷。此外,还有天台山智顗禅师撰的《普礼法》一卷(今存)、南齐竟陵王萧子良撰的《华严斋记》一卷(已佚)等。

本书对于研究《华严经》的流传史和华严宗史,具有重要的意义,书中的一些记载(例如信奉《华严经》的民间团体"福社"的活动情况等),或在当时流行的著作中尚未见录,或与已有见录的相异,具有他书不能取代的独立的价值。

有关本书的研究主要有陈士强《大藏经总目提要·文史藏》(上海古籍出版社,2008年)等。

(陈士强)

坛经 〔唐〕慧 能

《坛经》,又名《六祖大师法宝坛经》、《六祖坛经》、《法宝坛经》,一卷。唐慧能(又作"惠能")说,弟子法海集记。初集于唐开元元年(713),以后屡有增益和改易,日本《六祖坛经诸本集成》汇集各种版本达十一种之多,其中比较重要的有四种。一、敦煌写本,题为《南宗顿教最上大乘摩诃般若蜜经六祖惠能大师于韶州大梵寺施法坛经》,一卷,分为五十七节,有敦煌本(见藏于英国伦敦博物馆)、敦博本(见藏于我国敦煌县博物馆)二种本子,同源于成于唐开元二十一年(733)至贞元十七年(801)之间的敦煌原本,一般以此为最古本。二、宋代惠昕本,题作《六祖坛经》,二卷,分十一门。三、元代德异本,题作《六祖大师法宝坛经》,不分卷,开为十品。四、元代宗宝本,题作《六祖大师法宝坛经》,也分作十品,但品名与德异本不同。各版内容相差很大,以宗宝本流传最广,此本以径山方册本为主,其《明北藏》本、《清藏》本均有增减,收入《大正藏》第四十八册,另有上海医学书局 1922 年版丁福保《六祖坛经笺注》本,本书解题据此。通行本还有中华书局 1983 年版郭朋《坛经校释》本(内收敦煌本)、上海古籍出版社 1993 年版杨曾文《敦煌新本〈六祖坛经〉》本(内收敦博本)等。

慧能(638—713),俗姓卢,祖籍范阳(今河北涿县),后因其父被贬官岭南,遂定居于新州(今广东新兴县东)。慧能三岁丧父,从小随母砍柴度日。龙朔元年(661),投蕲州黄梅县(今属湖北)东山寺弘忍门下,初以"行者"身份在碓房舂米,后由提出与首座神秀不同的"传法偈"而得弘忍赏识,并因闻《金刚经》中"应无所住而生其心"悟道,被付与禅宗东土初祖菩提达磨所传的袈裟,辞师南归。隐居十五年后,于仪凤元年(676)在南海(今广州)法性寺正式出家受戒,公开从事传教活动。以后回韶州,住曹溪宝林寺。慧能以顿悟成佛立说,经门下神会提倡,称为"南宗",以区别于神秀主张渐悟成佛的"北宗"。以后南宗独行天下,慧能成为禅宗第六代祖师,门下衍为沩仰、临济、曹洞、云门、法眼五家,成为中国禅宗的实际创始人。生平事迹见《坛经》、法海《坛经略序》、《宋高僧传》卷八、《景德传灯录》卷五,以及王维《六祖能禅师碑铭》、柳宗元《曹溪大鉴禅师碑》、刘禹锡《大鉴禅师第二碑》等。法海的生平事迹见《全唐文》卷九一五。

《坛经》是一部记载慧能生平事迹及其教说的禅宗根本经典。"坛"指戒坛,指慧能应韶州刺史韦璩之邀,在韶州大梵寺为僧俗一千多人设坛授戒说法;"坛经",即对这次依据《金刚般若波罗蜜经》而说法的记录,并添入慧能以后的言行编集而成。中国僧人撰述被称为"经"者,唯此一部,或谓随顺当时戒律类书籍的称法,如道宣所著《戒坛图经》、《祇洹寺图经》之类;或谓寓有深意,特别推崇慧能的教法,与佛陀相侔。书前有元代德异的《序》和宋代契嵩的《赞》,书末有法海等集的《六祖大师缘起外记》等。全书分为十品。

一、行由品。记叙慧能的身世及得法传宗的经过。慧能从弘忍处大悟一切万法不离自性的心要,乃作偈曰:"何期自性本自清净,何期自性本不生灭,何期自性本自具足,何期自性本无动摇,何期自性能生万法。"于隐居十五年后,以"不是风动,不是幡动,仁者心动"一语,惊动广州法性寺听讲《涅槃经》法会大众,遂公开所传衣钵,依印宗出家,开弘忍所传"东山法门"。印宗后来成为慧能的弟子。

二、般若品。提出众生当前心性,即是般若真空,若能于一切法不取不舍,般若即生,故修行必须"自识本心,自见本性"。由此对出世的佛法提出了全新的看法:"佛法在世间,不离世间觉;离世觅菩提,恰如求兔角。正见名出世,邪见名世间;邪正尽打却,菩提性宛然。"

三、疑问品。认为佛性本有,解脱全凭自力,"佛向性中作,莫向身外求。自性迷即是众生,自性觉即是佛",只要"明心见性",即是成佛。针对当时侧重他力的往生净土法门,提出"但心清净,即是自性西方",为后世"唯心净土,自性弥陀"说的根源。

四、定慧品。提出《坛经》的核心思想:"我此法门,从上以来,先立无念为宗,无相为体,无住为本。"无相是于相而离相,无念是于念而无念,无住是于一切之上念念不住。此中,特别注重无念,即认识境界而不为境界所转,面对世俗世界而不为世俗世界所制。"真如自性起念,六根虽有见闻觉知,不染万境,而真性常自在。"

五、坐禅品。在"人性本净"的前提下,对"禅定"一词作了重新界定:"外离相为禅,内不乱为定。"

六、忏悔品。改变传统佛教皈依佛、法、僧三宝的说法,提出自归依觉、正、净"自心三宝"。并论证于自身中有佛的法、报、化三身。自性根本清净,此即"清净法身佛";用自性所生的般若之光扫除感官欲望,即获得"圆满报身佛";只要一念向善,便生智慧,此即"自性化身佛"。

七、机缘品。记叙慧能与弟子无尽藏尼、法海、法达、智通、智常、志道、行思、怀让、玄觉、智隍等的说法机缘。

八、顿渐品。针对当时禅宗中南北、顿渐等问题,提出:"法本一宗,人有南北;法即一种,见有迟疾。何名顿渐？法无顿渐，人有利钝，故名顿渐。"

九、宣诏品。述神龙元年(705)，中宗闻其玄风，遣内侍薛简迎请入京，慧能称病不起，诏赐衲衣宝帛，敕韶州刺史修饰宝林寺。在与薛简谈话中，慧能批评京师禅德"欲得会道，必须坐禅习定"的说法，指出："道由心悟，岂在坐也。"

十、付嘱品。记叙慧能入寂前对弟子付嘱之语及身后之事。对神会等提出运用语言"不失本宗"的原则，即分析三十六对概念，出没即离两边。对文字语言，"若全著相，即长邪见；若全执空，即长无明"。

《坛经》是中国僧人的全部撰作中，唯一被尊为"经"的一部书。是禅宗理论的根本典据，对中国佛学乃至中国哲学史都产生了深远的影响。元代德异评价说："原其五家纲要，尽出《坛经》。夫《坛经》者，言简义丰，理明事备，具足诸佛无量法门。"(《坛经序》)

有关本书的研究，有胡适《坛经考》，日本宇井伯寿《第二禅宗史研究》、柳田圣山《初期禅宗史之研究》，印顺《中国禅宗史》等书的相关章节。

（王雷泉）

禅宗永嘉集 〔唐〕玄 觉

《禅宗永嘉集》,又称《永嘉禅集》、《永嘉禅宗集》、《玄觉永嘉集》、《永嘉集》,一卷。唐玄觉撰,庆州刺史魏靖辑。通行本有《大正藏》本等。

玄觉(665—713),俗姓戴,字明道,温州永嘉(今属浙江)人。八岁出家,先学天台止观,悟圆顿妙旨,后受天台宗八祖左溪玄朗的激励,与东阳玄策禅师游方询道。往曹溪谒慧能印证,于问答间得慧能印可,遂改入禅门,留住一宿告别,世有称其为"一宿觉"者。著作尚有玄觉在曹溪证道当晚所作《证道歌》一卷,阐述禅宗顿法;其传法弟子所集《永嘉禅师法语》一卷。唐僖宗赐谥为无相大师,清雍正皇帝又敕封为洞明妙智禅师。生平事迹详见北宋赞宁《宋高僧传》卷八、道原《景德传灯录》卷五等。

本书为台禅融合的早期作品,以天台止观双遮之旨解释禅宗之禅,提示禅观之用意及渐次修行之历程,中缀玄觉自己修悟的经验。全书分成十篇(明传灯以为魏靖所辑之《永嘉集》内容杂乱,迭有讹谬,与玄觉之本意相去甚远,故将原有之十项目更改次序与内容为:归敬三宝、发宏誓愿、亲近师友、衣食诫警、净修三业、三乘阶次、事理不二、简示偏圆、正修止观、观心十门),初三门为序分,次五门为正宗分,后二门为流通分。十篇大意如下。

一、慕道志仪。说立志修道者,须先生厌离三界之信仰,然后学习依止明师的仪则和初入法门修行的规矩。

二、戒憍奢意。说骄憍之念,妨害修行,应去除贵身贱法之行,树为法忘躯之志,"宁有法死,不无法生"。

三、净修三业。详述与行住坐卧四威仪中净修身口意三业,即十善业道,此为正修止观的基础。

四、奢摩他颂。"奢摩他",即止,此指天台止观法门中的体真止法。对根性较好者,可以在即心无心、即知离知的寂寂惺惺中,悟入真空妙性。对于初修心者,须依次第悟入的方便辨别五种心念:故起、串习、接续、别生、即静。前四种是病,后一种是药,以药治病,病去药亡,五念便一时停息,即名一念相应,此时真空灵知之性自然现前。并于一念相应之时,要有六种料简以勘验是否真实:识病、识药、识对治、识过生、识是非、识正助。以此六种料简,不使禅心落于偏邪,未悟谓悟,未证谓证。

五、毗婆舍那颂。"毗婆舍那",即观,此与天台宗的假观相类似。指从上门的真空性定上,进一层修于观慧,以照缘生,使在智境中了达无缚无著,从而证得境空、智空的二种智慧,成就般若无知而无所不知的真空妙用。

六、优毕叉颂。"优毕叉",即舍离偏执,"偏修于定,定久则沉;偏学于慧,慧多心动。故次第六,明优毕叉颂,等于定慧,令不沉动,使定慧均等,舍于二边"。此门述即照即寂,非照非寂的中道正观之法,以定慧均等,圆成无缘大慈为妙极,是永嘉禅法中的精髓所在。观心之法分为十门。

(一)法尔门。指三谛一境、三智一心,而智境冥合的实相境界。

(二)观体门。知一念即空、不空、非空非不空,为观心之体。

(三)相应门。观察心与空、身与空、依报与空、心与空不空、身与空不空、依报与空不空、心与空不空、非空非不空、身与空不空、非空非不空、依报与空不空、非空非不空等九种相应不相应。

(四)警上慢门。若与以上三个层次、九种境界不符合,则说明修道者全未相应于不同的实证境界。

(五)诫疏怠门。重申修心必须入观,非观无以明心。

(六)重出观体门。只知一念即空不空,非有非无;不知即念即空不空,非非有,非非无。

(七)明是非门。以心不是有,心不是无,心不非有,心不非无的四句,来辗转破斥滞于"是"与"非"的执心。

(八)简诠旨门。若合于宗、明于旨,则言观不存,不立文字,不著观行。

(九)触途成观门。指方便立言与随机起观,不妨碍中道理性与真实妙观。

(十)妙契玄源。理明旨会,则言语道断,心行处灭,入不思议的如来藏心之妙源。

七、三乘渐次。述悟道者,以无作妙用,兴无缘大慈,随机起应,顺物忘怀,方便施设声闻、缘觉、菩萨三乘教理行果,济度上中下三种根性。

八、事理不二。融通事理,使修学者不执理废事、迷名滞相。应知真谛不相背事理,事理的本体就是真谛;妙智不异于现前了知之心,即了知的本性元是妙智。

九、劝友人书。因左溪玄朗来信招玄觉居深山修道,遂复信指出:未悟道不宜居山,应先参明师,待悟入后方可居山深造,因为"若未悟道而先居山者,但见其山,必忘其道。而先识道者,但见其道,必忘其山。忘山则道性怡神,忘道则山形眩目"。所以修行者所重视的是道,并非居处的幽寂与否。"是以见道忘山者,人间亦寂也;见山忘道者,山中乃喧也。必能了阴无我,无我谁住人间?若知阴人如空,空聚何山谷?如其三毒未袪,六尘尚扰,身心自相矛盾,何关人山这喧寂耶!"

十、发愿文。发愿世世童真出家,弘扬佛法,愿以三宝之力方便救济一切众生的苦厄,度脱一切烦恼,普使成就佛道。

由于永嘉禅法顿渐并行的实修风格,其后影响台、禅二宗极为深远。明代中兴天台宗的月亭大师及再传弟子雁荡山的正智禅师,就深受永嘉的禅法影响,盛倡台禅一致的学说,从而扭转了台宗后世只重讲教不重实修的流弊;同时使禅者从文字、口头之禅的颓风中,走向了真参实学。

有关本书的研究,有宋行靖《永嘉集注》二卷、明僧传灯《永嘉禅宗集注》二卷、高丽僧己和《永嘉集说谊》二卷等。

(王雷泉)

成唯识论了义灯 〔唐〕慧 沼

《成唯识论了义灯》,略称《唯识论义证》、《唯识了义灯》、《了义灯》、《义灯》,十三卷(或七卷)。唐慧沼撰。撰时不详。通行本有《大正藏》本、《卍续藏经》本等。

慧沼(651—714),淄州淄川(今山东淄川)人。幼而警慧,年十五出家,如法修行,不违戒律。时人称之"沼阇梨"。初从玄奘受学,后转依窥基学习唯识,并能深入堂奥,得其真传。窥基示寂后,圆测著《唯识论疏》反驳窥基之说,慧沼于是撰成《成唯识论了义灯》一书,破斥其说,以显示法相之实义。他还曾先后参预义净、菩提流志之译场,担任证义,多所刊正。又著《能显中边慧日论》四卷、《因明入正理论义纂要》一卷,论述法相教义,使该宗达于极盛。此外,还著有《金光明最胜王经疏》、《法华玄赞义决》、《因明入正理论义断》等。生平事迹见《宋高僧传》卷四、《开元释教录》卷九等。

《成唯识论了义灯》是《成唯识论》的注释书,系"唯识三大疏"之一。旨在驳斥有关《成唯识论》注释中的种种异说,从而阐明原论之正义。作者是我国法相宗的第二祖,其书承袭窥基的观点,对圆测、圆义、普光、慧观的异论提出责难,一一评斥诸家的不同看法,其中有"西明云"、"《要集》云"、"有说"、"有云"、"有解"、"有释"、"有人云"和"未详决"等名目。在上述异说中,"有说"指窥基,"有释"指圆测,"有人云"指普光,"有解"指慧观,"有云"指玄范,"未详决"指义寂,而"西明云"、"《要集》云"所指不明。

本书采用先引一段《成唯识论》原文,再把种种异说相应列出,然后辨明自己的见解的做法。比如:"《论》:又生等相,若体俱有等者。本云,初破古师相用前后,又住异灭下,破新萨婆多三相用俱。西明科云:并通新旧,有解取前为正。《要集》云:取西明为正,以《婆沙》文义有两释,初云作用时异,即三相前后;又云《婆沙》云,灭时老灭,方有作用,故即同时。今谓不尔。前引《婆沙》三十九云:显一刹那,具有三相。若尔,应一法亦生老灭,作用时异,故不相违。谓法生时,生有作用;灭时老灭,方有作用。体虽同时,用有先后,此意即答三相作用,皆有前后,不别云灭与老同

时。"(卷三)

本书征引别家疏钞很多,而古时又无标点,引文的起句尚能辨别,而末句若非特别熟悉,很难确定。故自古以来,被公认为《成唯识论》注疏中最难理解的一部书。

(夏金华)

成唯识论演秘 〔唐〕智 周

《成唯识论演秘》，简称《唯识演秘》、《演秘》，七卷（或十四卷）。唐智周撰。撰时不详。通行本有《大正藏》本、《卍续藏经》本等。

智周（668—723），俗姓李，泗州（今江苏盱眙附近）人。十九岁受具足戒。年二十三，投慧沼门下，精研法相奥义，得法相宗真传。后住濮阳报城寺，弘扬该宗教义，常事著述，对因明学亦有许多补充，也称"濮阳大师"。唐武后长安三年（703），新罗僧人智风、智鸾、智雄入唐，从智周学习法相宗旨。唐玄宗开元五年（717），日本僧人玄昉入华，亦参与会下，亲受宗致。智周是继窥基、慧沼之后的法相宗第三祖。生平心系西方，相传他曾于西方净土院内造阿弥陀佛、观音、大势至等五十二位菩萨像，感得灵瑞。著作颇多，有《成唯识论演秘》、《梵网菩萨戒本疏》、《法华经玄赞摄释》、《大乘法苑义林章决择记》、《因明入正理论疏前记》、《后记》、《成唯识论了义灯记》、《瑜伽论疏》等多种。生平事迹见《新编诸宗教藏总录》卷二、《法相宗章疏》、《东域传灯目录》卷下、《三国佛法传通缘起》卷中等。

《成唯识论述记》是窥基注解《成唯识论》的一部著作。书中以佛教因明破斥小乘及外道的理论，说明万法是由人类存在之根本依处——阿赖耶识所变现的。它是我国唯识学的根本经典，历来受到重视。

本书则是《成唯识论》和《成唯识论述记》的注释，也是"唯识三大疏"之一。书中大量征引《大般若经》、《璎珞经》、《瑜伽师地论》、《显扬圣教论》、《摄大乘论》、《无性摄论》、《俱舍论》等大小乘经论以及清辨、安慧等诸大论师的学说，宣扬法相深义，发挥《成唯识论》和《述记》之幽旨，逐句解释，一丝不苟。与《成唯识论掌中枢要》、《成唯识论了义灯》相比，本书字句较为通俗易懂，对于初学唯识者甚有裨益。

（夏金华）

大日经疏 〔唐〕善无畏、一行

《大日经疏》，全称《大毗卢遮那成佛经疏》，略称《大疏》，二十卷。唐善无畏讲述，一行笔录并作阐释。通行本收于《大正藏》第三十九册。另有十四卷本，题名《大日经义释》、《毗卢遮那成佛神变经义释》，一行记，收于《卍续藏经》第三十六册。两本内容大同小异，当为同一经疏之不同记录本。据唐释温古《毗卢遮那成佛神变加持经序》及日本僧慈勇《义释跋》、圆珍《义释目录缘起》等记载，《大日经义释》当为《大日经疏》之再整理本，整理者为智俨、温古二僧，由入唐留学僧赍归日本的《大日经》疏释，有得清本、空海本、慈觉本、玄昉本、余赍本凡五种，其中空海本二十卷，即《大日经疏》，慈觉本十四卷，即《大日经义疏》，还有十一卷本、十卷本，"都卢对勘，大同小异，不免巧拙也"。诸本差别，只在文字之繁略。

善无畏(637—735)，梵文名戍婆揭罗僧诃，亦译净师子，中印摩揭陀国人，为释迦牟尼季父甘露饭王后裔，十三岁嗣乌荼国王位，后让位于其兄，出家学佛。从那烂陀寺达磨鞠多长老学密教，洞达七藏，遵师命东行弘法，与开元四年(716)抵长安，受到礼遇。次年奉诏译经，并立坛灌顶传法，弟子有一行、宝思、妙思、玄超、温古、李华等。先后译出《大日经》、《苏婆呼童子请问经》、《苏悉地羯罗经》等密典，尚撰有《无畏三藏禅要》一卷。其所传为以《大日经》为主经的"胎藏界法"。卒后赠鸿胪卿。与金刚智、不空并称开元三大士，为中国真言宗的开创者。

一行(673—727)，俗名张遂，巨鹿(今属河北)人。自幼博通经史，精于天文历象之学。二十一岁从荆州景禅师出家，从禅宗北宗门下嵩山普寂禅师学禅，从天台山国清寺一隐名大德学算术，从当阳悟真律师学戒律。开元五年(717)应唐玄宗之请协助善无畏翻译《大日经》，整理历法。从善无畏受灌顶，为金刚阿阇黎，传承胎藏界密法，又从金刚智得金刚界密法传承，撰有《摄调伏藏》、《释氏系录》、《大毗卢遮那佛眼修行仪轨》等。据唐人崔牧《大日经序》，《大日经》于洛阳大福先寺译毕之后，一行重请善无畏敷畅经义，随录撰为疏，其时间大约在开元十三年(725)。一行还是著名的天文学家，为《大衍历》、浑天仪等的制定发明者。

《大日经疏》是一行佛学方面的代表性著作,也是中国真言宗教义的奠基之作。此书随文解释《大日经》七卷中的前六卷三十一品。据善无畏之传,融合印度、中国佛教显教教义,系统阐明了密教教理,将密教经籍中多处隐秘不宣的地方一一解释明白,注明了许多秘密事相的作法和意义,阐释了善无畏所传曼荼罗之图位。可谓明快畅达,义旨无所不尽,多用浅略、深秘二重释,解释经中奥义。凡善无畏所作解释,则记"阿阇黎言",一行自己的看法,则记"私谓"、"今谓"以资区别。

　　《大日经》为唐密要典,"胎藏部法"主经,称大日如来(毗卢遮那佛)在金刚法界宫所说入真言门疾速成佛之道,内容丰富,词义精赅深奥。《经疏》随文释义,提纲挈领,总括全经大意为:"所谓众生自心即是一切智智,如实了知,名为一切智者。是故此教菩萨,真语为门,自心发菩提,即心具万行,见心正等觉,证心大涅槃,发起心方便,严净心佛国。从因至果,皆以无所住而住其心。"谓一切众生色心之实相,本来即佛,成佛之要,唯在"如实知自心",如自心实相,自心实相即是诸法实相,即是菩提正觉,即是缘起性空、诸法无我之真实,众生所以流转生死苦海,只因不知自心实相,被从粗至细的三重妄执遮障了自心本有的智慧光明。真言教法从身密、语密、意密三门自净身口意三业,仗如来果地三密之加持,直接开发自心,照破三重妄执,不须经历长劫修诸对治行,便可超越多劫,一生成佛。

　　此真言教法,以三句为宗:"菩提心为因,悲为根本,方便为究竟。"菩提心者,由内观心实相,见心从缘起故,本来无生,远离一切名言戏论,至于本不生际。"本不生际,即是自性清净心。"真言法中以梵文"阿"字表示。修行者以普度众生的大悲心为本,从师受灌顶,入真言门,以观心为因,三密为缘,修有相、无相二种瑜伽。有相瑜伽者,缘本尊身、字、印等系心入定,观想境界明现,得世间三昧,可作息灾增益等事业法。直观心性,觅心不住内外中间诸处,来无所从,去无所至,知心本寂无性,入无相三昧、出世间三昧,成就悉地,住菩提心。"以心源净故,六识亦皆纯净,所谓六自在王性清净也。"从初修习,到究竟成佛,历成五种悉地:一信、二入地、三五通、四二乘、五成佛(无上悉地)。

　　行者入真言门,须严持净戒,居家菩萨持不杀生命、不与取、不邪行、不妄语、不邪见五戒,及密教四根本重戒:不谤诸法、不舍离菩提心、不悭、不恼害众生。密教在家五戒不同小乘戒,容有开遮,由"异方便"则许违犯,要在以智慧转烦恼为菩提,转有为戒成无为戒(本性戒)。

　　《经疏》对大乘空、无相、实相等核心要义,皆以真言宗义作深秘之释,以明此宗教理与"常途说法"之区别。谓诸经说缘起无自性、无我、空,皆是渐次开实相门。以不可得故,为令众生离实有自性之妄执故言空,其实此空实有其自性,即净菩提心,此心具足诸佛恒沙功德,即是不空,亦是大空。所谓无相者,离所执相,而以方便,具足一切善功德神力不思议境界,即相无相,即无相而具一切相,"以离一切相而现示相,名真实相也"。如来穷证净菩提心,具足种种三业、无尽庄严,所谓"从一平等身,普现一切威仪,如是威仪,无非密印;从一平等语,普现一切音声,如是音声,无非真言;从一平等心,普现一切本尊,如是本尊,无非三昧。然此一一三昧差别之相,皆无边际,不可度量,故名无尽庄严"。此无尽庄严三业,加持真言行者,能令精勤修习者三业皆同本尊,证得本尊之无尽庄严。

《经疏》对二种三昧的修习法要,及入坛护摩、曼荼罗、事业法等真言事相,皆有详悉阐释。谓行者须如法如仪,依师而学,依次第观修,从有相门入,作三密相应之持诵,由有相之缘渐次深入,自然即相无相,即缘无缘。观想须渐令明现,持诵有出入息念诵、出声念诵、心意念诵等法,皆须一一声字皆令谛了,不得间断散乱。若将身手印合一,离分别缘念之心,不遣不立,不增不减,作一切平等相观,即是出世间念诵。了知真言之体即同法界,等于大空,自然得无相三昧。菩提心虽空,而以方便有种种事相,所谓本尊形相标帜、坛城、咒印等,皆出实相,具有深意,须如法如仪而作。真言护摩,不同外道祠火,谓以慧火烧烦恼薪令尽无余,是真言护摩之义,具体作法有内外二种。息灾、增益、怀爱、降伏等事业法,皆须从大悲心中以智慧照了而起悲、喜、忿怒之方便。

《大日经疏》由于受秘密仪轨的限制,其影响只在真言一宗内部,中国注释此书者,有辽释觉苑奉辽道宗敕而撰的《大日经义释演密钞》十卷,今收于《卍续藏经》第三十七册。宋代以来,随着真言宗在中国的失传,《大日经疏》在中国佛教界亦渐失其影响。但在日本,却极受东密、台密的重视,日僧为此书作的注释发挥有宥范《大日经疏妙印钞》八十卷及《大日经疏妙印钞口传》十卷、济暹《大日经住心品疏私字》十六卷、杲宝《大日经疏演奥钞》六十卷、赖瑜《大日经疏指心钞》十六卷、宥快《大日疏经钞》八十五卷、昙寂《大日经住心品疏私记》二十卷等。近代随着真言宗的复兴,《大日经疏》又受到中国佛教界、学术界的重视。

(陈　兵)

开元释教录 〔唐〕智 升

《开元释教录》，简称《开元录》，二十卷。唐智升撰，成于开元十八年(730)。通行本有《丽藏》本、《宋藏》本、《金藏》本、《元藏》本、《明南藏》本、《明北藏》本、《清藏》本、《频伽藏》本、《大正藏》本等。

智升，俗姓与里籍均不详。著作尚有《集诸经礼忏仪》二卷、《续集古今佛道论衡》一卷、《续大唐内典录》一卷、《续古今译经图纪》一卷等。

《开元释教录》是历代佛经目录中编得最好的一部著作。它记载了自后汉明帝永平十年(67)，至唐玄宗开元十八年(730)，凡十九代六百六十四年间的佛教译述。"传译缁素总一百七十六人，所出大小二乘三藏圣教，及贤圣集传并及失译，总二千二百七十八部，都合七千四十六卷。其见行、阙本，并该前数。"(智升《序》)全书的结构如下。

一、总括群经录(卷一至卷十)。以朝代为序，记叙自汉至唐各代翻译和撰作的佛典。卷一，后汉(附失译)、曹魏。卷二，孙吴(附魏吴失译)、西晋(附失译)。卷三，东晋(附失译)、苻秦(即前秦)。卷四，姚秦(即后秦)、乞伏秦(即西秦，附三秦失译)、前凉、北凉(附失译)。卷五，刘宋(附失译)。卷六，萧齐、梁(附失译)、元魏(即北魏)、高齐(即北齐)。卷七，周(即北周)、陈、隋。卷八、卷九，唐。卷十，叙列古今诸家目录，收历代佛教经录四十一家。

二、别分乘藏录(卷十一至卷十八)。包括七录。

(一) 有译有本录(卷十一至卷十三)。收载经录上有著录或经本上署题译人("有译")，并有传本行世("有本")的佛典。下分菩萨(指大乘)三藏录(卷十一、卷十二)、声闻(指小乘)三藏录(卷十三)、圣贤传记录(卷十三)三项。

菩萨三藏录下分：(1) 菩萨契经藏。包括大乘经重单合译(相当于一般经录上说的"重译"、"重翻"、"同本异译")和大乘经单译。其中大乘经重单合译又分：《般若经》新旧译、《宝积经》新旧译、《大集经》新旧译、《华严经》新旧译、《涅槃经》新旧译、五大部外诸重译经六目。(2) 菩萨调伏

(律)藏。(3) 菩萨对法(论)藏。下分大乘释经论、大乘集义论二目。

声闻三藏录下分：(1) 声闻契经藏。包括小乘经重单合译和小乘经单译。其中，小乘经重单合译又分根本《四阿含经》、《长阿含经》中别译经、《中阿含》中别译经、《增一阿含经》中别译经、《杂阿含》中别译经、《四阿含》外诸重译经六目。(2) 声闻调伏藏。下分正调伏藏、调伏藏眷属二目。(3) 声闻对法藏。下分有部根本身足论、有部及余支派论二目。

圣贤传记录下分：(1) 梵本翻译集传。(2) 此方撰述集传。

(二) 有译无本录(卷十四、卷十五)。收载经录上有著录("有译")，但无传本行世("无本")的佛典。下分大乘经、大乘律、大乘论、小乘经、小乘律、小乘论、贤圣集传阙本七项。其中，大乘经阙本包括重译阙本和单译阙本。重译阙本又分般若部、宝积部、大集部、华严部、涅槃部、诸重译经阙本六目；大乘论阙本包括释经论阙本和集义论阙本；小乘经阙本包括重译阙本和单译阙本。重译阙本又分根本四阿含、长阿含部、中阿含部、增一阿含部、杂阿含部、诸重译经阙本六目。

(三) 支派别行录(卷十六)。收载从大部中抄出别行的"别生经"。下分大乘别生经、大乘律别生、大乘论别生、小乘别生经、小乘律别生、贤圣集传别生六项。其中，大乘别生经又分般若部、宝积部、大集部、华严部、诸大乘经别生五目；小乘别生经又分长阿含部、中阿含部、增一阿含部、杂阿含部、诸小乘经别生五目。

(四) 删略繁重录(卷十七)。收载"同本异名，或广中略出"，不应作为汉译佛经正本的经典。下分新括出别生经、新括出名异文同经、新括出重上录经、新括出合入大部经四项，凡一百四十七部四百八卷。

(五) 补阙拾遗录(卷十七)。收录"旧录阙题，新翻未载"的佛典。其中有《大周录》入藏录中遗载的"旧译"一百六十四部二百五卷；《大周录》以后的"新译"九十六部五百二十八卷；小乘律戒羯磨(唐怀素《四分比丘戒本》等)六部一十卷；此方所撰集传(梁僧祐《释迦谱》等)四十部三百六十八卷。

(六) 疑惑再详录(卷十八)。收载有疑问的佛典。有《大周录》、《房录》、《内典录》误定为正经的疑经，和以往经录未曾著录、智升考析后新编入的疑经。

(七) 伪妄乱真录(卷十八)。收载托名伪造的佛典。下分《开元释教录》新编伪经；苻秦《释道安录》中伪经；梁《释僧祐录》中伪经；萧齐释道备伪撰经；萧齐僧法尼诵出经；元魏孙敬德梦授经；梁沙门妙光伪造经；隋开皇《众经录》中伪经；隋仁寿《众经录》中伪经；《大唐内典录》中伪经；《大周刊定录》中伪经；隋沙门信行《三阶集录》；诸抄经增减圣说十三项。

三、入藏录(卷十九、卷二十)。收载经甄别以后，确认真实无伪，可以作为诵持、抄写、收藏的正本的佛典。下分大乘入藏录(卷十九)和小乘入藏录(卷二十)二项。前者又分大乘经、大乘律、大乘论三目；后者又分小乘经、小乘律、小乘论三目，末附贤圣集传。"总一千七十六部，合五千四十八卷，成四百八十帙。"(卷十九)此录收载的经名、卷数与先前的《有译有本录》相同。《丽藏》本略去了译撰者及有关的说明，增列了每经的纸数；而宋、元、明藏本则在经名、卷数、纸数之外，保留了译撰者的姓名。根据作者在卷十收载的全书总目中《大乘入藏录》和《小乘入藏录》下加的小注："此直述经名及标纸数，余如广录。"恐怕原本应当是省略译撰者的。另外，《丽藏》本在《小乘入藏录》叙列完毕以后，附出以往经录误编入藏的一百一十八部二百四十七卷经，始《密迹金刚力士经》，终《高王观世音经》，作为不入藏经，此件为后来的《贞元录》所移录，可证为智升原撰；又附出唐不空新译的经论及念诵仪轨法等一百三卷八帙，作为补遗，此件据录末的附语，当系兴元元年(784)八月一日正觉寺抄入。上述二件，《大正藏》本有，而宋、元、明藏本均无。

《开元释教录》在佛教目录学上的成就，受到了自古以来国内外佛教学者的高度评价。高丽义天在《新编诸宗教藏总录序》中说："自聂道真、道安，至于明佺、宣律师，各著目录，谓之晋录、魏录等。然于同本异出、旧目新名，多惑异途，真伪相乱，或一经为两本，或支品为别翻，四十余家纷然久矣。开元中，始有大法师厥号智升，刊落讹谬，删简重复，总成一书，曰《开元释教录》，凡二十卷，最为精要。议者以为经法之谱，无出升(智升)之右矣。住持遗教莫大焉。"

它的主要特点是考证详悉，类例明审。具体表现如下。

一、在《总括群经录》中，对每个译人的译籍均有一番仔细的考订。凡厘定为可靠的，算在翻译正数之内。先列"见存"，次列"阙本"，每经之下附注异名、异卷、译次、源委、译时、最初见载于哪一部经录等，编列在译人小传之前；凡厘定为以往经录误刊的，如别生抄经、一部经典数名重载、非其人所出、可疑或确伪一类，皆不作翻译正数，剔出，别列于译人小传之后。两件区别，泾渭分明。

如卷一后汉录收载的安清(安世高)译本中，保留了《大乘方等要慧经》等九十五部一百一十五卷，以作翻译的正数，删除了《八光经》等八十五部八十五卷；卷二孙吴录收载的支谦译本中，保留了《大明度无极经》等八十八部一百一十八卷，删除了《大慈无减经》等三十八部三十八卷；卷二西晋录收载的法炬译本中，保留了《优填王经》等四十部五十卷，删除了《魔女闻佛说法得男身经》等八十九经；卷三东晋录收载的竺昙无兰译本中，保留了《采莲违王经》等六十一部六十三卷，删除了《诸天问如来警戒不可思议经》等四十八经；卷四姚秦录收载的鸠摩罗什译本中，保留了《摩诃般若波罗蜜经》(《大品般若经》)等七十四部三百八十四卷，删除了《禅法要》等三十五部一百三十六卷，等等。

二、在《叙列古今诸家目录》和《删略繁重录》中，对以往各家经录的疏误，一一加以指陈评骘、清理匡正。如《删略繁重录》中说，《一切施王所行檀波罗蜜经》一卷，"出《六度集经·施度无极》

中,诸录皆云,姚秦三藏鸠摩罗什译者,谬也"。《药师琉璃光经》一卷,"是《大灌顶经》第十二卷,或有经本在第十一。《长房》等录皆云,宋代鹿野寺沙门慧简译者,谬也"。《独富长者经》一卷,"出《杂阿含经》第四十六卷,《长房录》云,后汉安世高译者,谬也"。《菩萨地持经》十卷,"亦名《菩萨地持论》。今此录中编之为律,存其经名,除其论录。《周录》(指《大周录》)中云,《菩萨地持经》阙本者,误也。又《周录》中,此一本经既有多名,前后差互,凡六处重上,错之甚也(大乘经中一处上,大乘律中二处上,大乘论中一处上,阙本录中二处上——原注)"。

三、在《疑惑再详录》和《伪妄乱真录》中,对所集的疑伪经,加以甄别品析,提出了其书之所以为伪的论据。如《清净法行经》,"记说孔、老、颜回事"。《五百梵志经》,"云人身从五谷生"。十六卷本的《佛名经》,"乃取留支所译十二卷者错综而成。于中取诸经名目,取后辟支佛及菩萨名,诸经阿罗汉名,以为三宝次第,总有三十二件"。《要行舍身经》,"经初题云,三藏法师玄奘译,按法师所译无有此经"。《瑜伽法镜经》,"即旧伪中《像法决疑经》前文增加二品,共成一经"。《父母恩重经》,"引丁兰、董黯、郭巨等,故知人造"。《嫉妒新妇经》,"缘妻嫉妒,伪造此经以诳之,于中说嫉妒之人受报极重"。

四、在《有译有本录》中,对流传的经本裒集校理,科条明伦,立意出新。首先,它对《房录》、《内典录》更为简要明白地概括了大乘经典("菩萨藏")与小乘经典("声闻藏")的基本特征:"菩萨藏者,大乘所诠之教也。能说教主,则法身常在,无灭无生;所诠之理,则方广真如,忘名离相。总乃三藏差异,别则一十二科。始乎发心,终于十地。三明八解之说,六度四摄之文,若是科条,名为此藏。"(卷十一)"声闻藏者,小乘所诠之教也。能说教主,则示生示灭,应物随缘;所诠之教,则九部四含,毗昙戒律。善男善女,禀之而脱屣尘劳;缘觉声闻,奉之而升乎彼岸。盖真乘之小驾,乃菩提之化城,诱进初心,莫斯为胜。始乎仙苑,迄彼金河,所诠半字之文,是谓声闻之藏。"(卷十三)

其次,它对三藏下的科目,进行了独到而又恰当的分类。

(一) 第一次明确地以部类为次第,编载大乘经和小乘经。将大乘经区分为般若、宝积、大集、华严、涅槃五大部和五大部外诸经。将小乘经区分为长阿含、中阿含、增一阿含、杂阿含四大部和四大部外诸经(又称"四阿含外诸经"),这种分类也运用于《有译无本》、《支派别行》、《入藏》等录。虽然在《开元释教录》之前,经录家在将别生经归入大部时,已接触到这种分类,但不完整不系统,也没有采用这样的标题。经过《开元释教录》这番整理,纷繁复杂的大小乘经,各有统归,井然有序了。

(二) 辨释了大乘律("菩萨调伏藏")与小乘律("声闻调伏藏")的主要区别,并采取以本摄末的原则,编定小乘律的次第。智升说:"夫戒者,防患之总名也。菩萨净戒,唯禁于心。声闻律仪,则防身语,故有托缘兴过,聚徒诃结。菩萨人人都无此事。佛直为说,令使遵行,既无犯制之由,故阙诃结之事。"(卷十二)基于这种理解,本书将群录中编入小乘律的刘宋求那跋摩译的《优婆塞五戒威仪经》,移编到大乘律之中。因为此经"初是菩萨戒本,后是受菩萨戒文及舍忏等法"(卷十二)。

又认为,"调伏藏者,经云,胜故,秘故,佛独制故。如契经中,诸弟子说法,或诸天说。律则不尔,一切佛说"(卷十三)。也就是说,作为"经",它可以出于佛陀之口,也可以出于佛弟子或诸天之口,但作为"律",则应当全是出于佛陀之口,由佛独制的。因而,智升又将小乘律藏分为"正调伏藏"(正律)和"调伏藏眷属"(律论)两类。前者虽传授不一,但为佛独制,后者"并是分部(指产生部派)已后,诸贤等依宗赞述,非佛金口所宣,又非千圣结集"。这样就把《摩诃僧祇律》、《十诵律》、《五分律》、《四分律》等律典大部和其他戒本、羯磨,编为《正调伏藏》,而将自古以来一直当作正律的《毗尼摩得勒伽》、《善见律毗婆沙》等编为《调伏藏眷属》。

(三)就体性分判大乘论为两类:"一者解释契经,二者诠法体相。"(卷十二)前者名"释经论",有《大智度论》、《十地经论》、《金刚般若论》等;后者名"集义论",有《瑜伽师地论》、《中论》、《百论》、《十二门论》、《菩提资粮论》等。又以本末为序,将小乘论(主要是说一切有部,略称"有部"的论著)编成如下次第:初,有部论藏的根本《身论》,即《阿毗昙八犍度论》(异译名《阿毗达磨发智论》);次,"各辩一支",即各述一个方面的《六足论》中的五论,即《法蕴足论》、《集异门足论》、《识身足论》、《品类足论》、《界身足论》(另有《施设足论》尚未译出);再次,《阿毗达磨大毗婆沙论》和其他支派论,如《成实论》、《解脱道论》、《部执异论》等。

(四)《贤圣集传》列五项为选取标准:"一赞扬佛德,二明法真理,三述僧行轨,四摧邪护法,五外宗异轨。"(卷十三)属第一项的有《佛所行赞》、《释迦谱》等;属第二项的有《修行道地经》、《经律异相》等;属于第三项的有《马鸣菩萨传》、《龙树菩萨传》、《法显传》等;属于第四项的有《弘明集》、《辩正论》等;属于第五项的有印度数论派的《金七十论》和胜论派的《胜宗十句义论》。

《开元释教录》的上述分类法则,成为后世经录和《大藏经》相沿的规式。

五、在《总括群经录》中,根据《出须赖经后记》和《首楞严经后记》,勘得优婆塞支施仑译的四部六卷,新增了前凉录。又补收了《内典录》遗漏未载的一些译人,如西晋录中的若罗严,北凉录中的法盛,刘宋录中的僧伽跋摩,北魏录中的慧觉、毗目智仙。另外,在《补阙拾遗录》中,还搜集了以往经录未载的"旧译",如后汉安世高译的《自誓三昧经》、北魏菩提留支译的《法华经论》、唐玄奘译的《唯识三十论》;"新译",如唐菩提流志译的《六字神咒经》、义净译的《数珠功德经》、智严译的《大乘修行菩萨行门诸门要集》等;撰述,如未详作者的《陀罗尼杂集》、智升的《集诸经礼忏仪》、义净的《受用三水要法》等。这样,《开元释教录》既综合校订了以往经录的内容,又补阙拾遗,从而成为唐开元以前各家经录的集大成者。

《开元释教录》入藏录的单行本为《开元释教录略出》四卷。但《开元释教录》入藏录是不编帙号的,而《略出》则编有千字文帙号,并在每一部经典的名称卷数下注以译撰者姓名。《略出》是后世抄写或雕刻佛经的司南,北宋以后的《大藏经》大多是以它为目录,按图索骥,进行雕造的;《开元释教录》的续作为唐代圆照撰的《大唐贞元续开元释教录》三卷,所收为《开元释教录》以后,迄唐贞元十年(794)为止的六十五年间,所翻译的经论(以密教经典为多)以及新撰的佛教疏记、碑表录集等,今存。

有关本书的研究,主要有陈士强《大藏经总目提要·文史藏》(上海古籍出版社,2008年)等。

(陈士强)

金刚錍论 〔唐〕湛 然

《金刚錍论》,又称《金刚錍》、《金錍论》,一卷。唐湛然著。通行本有《大正藏》本等。

湛然(711—782),俗姓戚,常州荆溪(江苏宜兴)人,又称妙乐大师、记主法师。家世业儒,而独好佛法。十七岁从金华方岩(又作芳岩)受天台止观,二十岁入左溪玄朗门下,尽得其学,三十七岁时才正式出家受戒。当时,禅宗盛行,华严宗势力亦超于天台宗之上。玄朗去世后,湛然以孟子辟杨墨而光大孔学的气概,决心破斥华严、唯识、禅宗等他宗对天台圆教的混滥,在东南地区弘扬天台止观学说,为唐代天台宗中兴的代表人物,尊为"九祖荆溪尊者"。北宋开宝年中,吴越王钱氏追谥为"圆通尊者"。生平著述宏富,主要著作有《法华经玄义释签》十卷、《法华经文句疏记》十卷、《止观辅行传弘诀》十卷、《摩诃止观搜要记》十卷、《止观义例》二卷、《止观大意》一卷、《法华三昧补助仪》一卷、《始终心要》一卷、《十不二门》一卷等。生平事迹见北宋赞宁《宋高僧传》卷六、南宋士衡《天台九祖传》等。

金刚錍系治疗盲人眼膜之器具,引申为开启众生迷惑之心眼。《金刚錍论》全文不足一万字,文前自述学佛以来,未尝不以佛性义经怀,苦思"凡圣一如色香泯净,阿鼻依正全处极圣之自心,毗卢身土不逾下凡之一念"之天台宗要义,忽于梦醒中得出"无情有性"的结论。乃"假梦寄客,立以宾主",以自设问答的方式,阐述这一思想。

"无情有性"说的佛学基础是智𫖮十界互具、一念三千的"性具善恶"说,其中"一色一香,无非中道",已内具色心不二的思想。湛然又吸收《大乘起信论》真如不变随缘的思想,提出:"万法是真如,由不变故。真如是万法,由随缘故。"真如、法性、佛性、理性、法界、实际、实相等,皆为同一程度的概念,都具有绝对普遍的含义,而贯彻于一切有情与无情界。"故真如随缘即佛性随缘,佛之一字即法佛也。故法佛与真如体一名异。"

复以佛性、众生、无情、佛土等因果、常无常、共别、大小、权实、色非色等关系,设四十六问,一一问难,以使人洞见"法界生佛依正,一念具足一尘不亏"。然后借客觉悟之言,说明"众生但理,诸佛得事。众生唯有迷中之事理,诸佛具有悟中之事理"。众生因迷情所起,才有有情、非情之分,如依佛所悟之法性,即有情、非情,本来是不二的理体。本来性因迷而变,如能明性即可改迷。故其根本原理在性,是以真如与万法,不变与随缘,两者同是实相,唯相转变而成万法,故心、佛、众生三无差别。强调事理、色心,本具三千的法理,不能分为"能所"、"上下"的差别,使一念三千的"性具"说,扩展为草木等无情物也能成佛。

本论受华严宗"真如不变随缘,随缘不变真如"的影响,以《法华经》的一切有情、无情皆成佛之说与《大乘起信论》之唯识思想为根本,论及佛性之真义,谓不仅一切有情具有佛性,即连草木亦有佛性。并以《涅槃经》"佛性如空"之立场,对"瓦石非佛性"之说加以反驳。又依据天台之教理,谓法、报、应二身皆具足佛性。此种"非情有性说"虽不见于智顗之著述,但智顗有"一色一香无非中道"及"色心不二"的思想,湛然将此加以发展而别创之思想,其后成为宋代天台宗教义之特色。

有关本书的注释有唐代明旷《金刚錍私记》一卷,宋代仁岳《金刚錍科》一卷、智圆《金刚錍科》一卷和《金刚錍显性录》四卷、可观《金刚錍论义》一卷、善月《金刚錍论义解》三卷(今存中卷)、时举《金刚錍论释文》三卷等。日本对此论注疏达二十五家(据《大正新修大藏经勘同目录》),主要有最澄《金刚錍注》、义空《金刚錍折重钞》、智现《金刚錍流源记》、主海《金刚錍发研》、惠庆《金刚錍悬谈》、僧默《金刚錍讲翼》等。

(王雷泉)

北山录 〔唐〕神 清

《北山录》，又称《北山参玄语录》《参玄语录》《北山语录》，十卷。唐神清撰。成于元和元年(806)，北宋初年慧宝注。通行本有《大正藏》本等。

神清，字灵庾，俗姓章氏，绵州昌明（今四川江油南）人。兄弟三人均出家为僧。年十三，受学于绵州开元寺辩智法师。年十八，依慧依寺如律师受具戒。平昔好为著述，喜作编联，撰有《法华玄笺》十卷、《释氏年志》三十卷、《新律疏要诀》（又名《清钞》）十卷、《二众初学仪》一卷、《有宗七十五法疏》（又名《法源记》）一卷以及《识心论》《澄观论》《俱舍义钞》数卷等，但均已散逸不存。受业弟子一千余人，时称"北山俱舍宗"。生平事迹见《宋高僧传》卷六。

慧宝，字光用，俗姓王，西蜀草玄亭沙门。先世习儒，卯岁出家，弱冠受戒，游刃学海，以传演为业。于讲习之外，博览群籍。著有《三国简要志》十卷、《锦凤囊》十卷、《玉溪新稿》四十卷、《五味子》等。事迹见《北山录》后序。

《北山录》是一部以弘教、释疑、讥异（指禅宗）为宗旨编撰的护教著作。《宋高僧传》本传说，神清的著述，"都计百余轴，并行于世。就中《语录》（即《北山参玄语录》）博该三教，最为南北鸿儒、名僧、高士所披玩焉。寺居鄩城之北，长平山阴，故云'北山'。统三教玄旨，实而为泉，故云'参玄'也。观清之述作，少分明二权一实之径旨，大分明小乘律论文深奥焉"。

全书分为十六篇，各篇的主要内容如下。

一、天地始（卷一），由"艾儒"（代表儒家）和"北山野夫"（神清，代表佛教），分别论述对天地开辟、物象始兴，即宇宙发生过程的看法。儒家认为，宇宙之初，冯冯翼翼，顽顽洞洞，混沌无象，后由盘古开天辟地。佛家认为，世界成住坏空各二十劫，周而复始，"前劫既坏，天地已空，空而复成，此劫方始"。此界最低下的一层是风轮，风轮之上为水轮，水轮之上为金轮，由风击水，水转凝为坚，分别形成梵天、宝石、山海、土地、宫室等。

二、圣人生（卷一），叙说释迦牟尼的降生、出家、成道与示寂。

三、法籍兴(卷二),谓释迦牟尼垂世立教,"以经律论为三藏也,以五戒、十善、四谛、十二因缘、六度为五乘也,统之以十二分(指十二部经),开之为四宗(指经律论咒)"。叙说了原始三藏的编纂由来、小乘论和大乘论的制作,以及佛教经典传入中国的经过。

四、真俗符(卷二),谓真俗二谛,"真也者,性空也。俗也者,假有也。假有之有,谓之似有;性空之空,谓之真空。故悟士立真于俗相违,合真俗于不二"。提倡把认为事物本性是"空"的看法,和认为事物假象是"有"的看法统一起来。

五、合霸王(卷三),叙说古印度摩竭提国(即摩竭陀国)的频沙王(即频婆娑罗王)、阿阇世王、阿育王,健驮罗国的迦腻色迦王,以及中国汉代至隋代诸帝与佛教的关系。

六、至化(卷三),论佛教以悲智之心,行至极之化。以"真道"修身,用"权道"教化。

七、宗师议(卷四),论经律论禅各有师承宗祖之道。

八、释宾问(卷五),设"向方士"与石林馆"主人"的宾主问答,对世人提出的悉达太子(即释迦牟尼)半夜逾城出家,是"违父命贻母(姨母)戚",难道可以称为"孝"吗?释迦牟尼作为频婆娑罗王的老师,释迦族人,在阿阇世王篡位害频婆娑罗王时,在波斯匿王之子琉璃王尽杀释迦族时,不来援救,难道可以称为"仁"吗?北魏灵太后罄亿兆之产,造千尺浮图(九层佛塔),为何佛教不加保佑,致使尔朱荣起兵将她沉于河中等怀疑,一一作了辩解。

九、丧服问(卷六),设"二三子"(门生)与"余"(作者)之问答,阐释沙门丧亲和丧师时,虽不穿俗人用的丧服,但也要居丧的道理。

十、讥异说(卷六),设"异说"(代表禅宗)与"讥者"(代表义学)之问答,对禅宗进行掊击。认为禅宗所说的西天二十八祖是不可靠的,禅宗所撰的《历代法宝记》所说的二十九祖也是错的,否认禅宗"以心传心"的说法。说:"《付法传》止有二十四人,其师子后舍那婆斯等四人,并余家之曲说也。又第二十九名达摩多罗,非菩提达磨也。其传法贤圣,间以声闻,如迦叶等,虽则回心,尚为小智,宣能传佛心印乎?"又抨击禅宗六祖慧能,说:"观第六祖得信衣,若履虎畏噬,怀璧惧残,周悼(当作"章")道路,胁息草泽,今虑传者谬也。夫得道者丧我,丧我者兼丧于万物也。何衣之所在,而保于己耶?"

十一、综名理(卷七),提出僧人要领略佛法要旨,不要拘泥于文句上的歧异。

十二、报应验(卷七),列举事例,论证毁佛则有恶报,奉佛则有善报。

十三、论业理(卷八),论"业"有"定"(确定)与"不定"(不确定)两种。如果往世之业是"定业",那么由此引发的今世的命运就确定不移;如果往世之业是"不定业",那么可以凭借今世的善恶行为,改变本应产生的果报。今世之业亦如此。

十四、住持行(卷八),谓"正法"(佛法)有二:教与证。教资持说,证在修行。"经律论为主持

(持奉佛法)之教法,僧财食为住持之功烈。"

十五、异学(卷九),谓龙猛(即龙树)、提婆、马鸣等前期大乘学者,无著、无亲(即世亲)、僧宝(即众贤)、清辩等中期大乘学者,陈那、护法、法称、戒贤、师子月、安慧、慧护、德光等近期大乘学者,靡不具修内外之典,僧人应同时兼习"异学"(佛教之外的学说),以诱掖外教,助成佛教。

十六、外信(卷十),谓世人有对佛教"信"的,也有"不信"的,有过于信的,也有过于不信的。"过乎信者,魏文成、献文、孝文、齐高洋,或开演金偈,或捐掷宝位,或纵民入道,或竭国起寺。"也有过于不信的,如拓跋焘(北魏太武帝)、宇文邕(北周武帝)、崔浩、傅奕。凡"君主议及沙汰者,此实絜扬清之美,非不信之士也"。佛教是"助政化之禁律,益仁智之善性",对佛法应当敬重,不应疑谤。

《北山录》是研究神清思想的唯一资料。它在内容上影响最大的是对禅宗的抨击,北宋禅宗名僧契嵩在《镡津文集》和《传法正宗记》中对神清之说,表示了强烈的不满,并予以反驳。《北山录》体裁上的特点在于:一、通篇是以议论而不是以记事的方式写成的,理论强于史料;二、文句典雅雕琢,具有很浓的文学色彩。由于有些地方过分追求词藻的华丽、语句的押韵,致使含义隐晦不显,若非慧宝作注,它的内容的含量可能要减去二三成。

有关本书的研究,主要有陈士强《大藏经总目提要·文史藏》(上海古籍出版社,2008年)等。

(陈士强)

华严经疏钞 〔唐〕澄 观

《华严经疏钞》，八十卷。唐澄观撰。为解释唐译八十卷《华严经》，作者先于兴元元年(784)到贞元三年(787)撰成《大方广佛华严经疏》(又称《新华严经疏》、《清凉疏》、《华严大疏》，略称《大疏》)六十卷，现收入《大正藏》第三十五册。后又撰《大方广佛华严经随疏演义钞》(略称《演义钞》)九十卷，解释疏文。《疏》、《钞》原来别行，到宋代晋水净源(1011—1088)，录疏以配经，编为一百二十卷，称为《华严经疏注》(现缺第二十一卷至七十卷、第九十一卷至一百卷)，现收入《卍续藏经》第八十八册。明嘉靖年间(1522—1566)，妙明法师，厘经入疏，厘疏入钞，成《华严疏钞会本》，版存武林(杭州)昭庆寺，世称昭庆本。现行《卍续藏经》本，即以此为底本。但真可的弟子道开批评昭庆本为"起止配合，率多牵强"(《藏逸经书标目》)。到天启年间(1621—1627)，嘉兴叶祺胤，以《南藏》别行本校订昭庆本重刻《玄谈》八卷，《疏钞》八十卷，收入嘉兴《续藏经》。清《龙藏》本及金陵刻经处的刊本，都系以此本为底本。但以原来删节不全，会合不当，所以《龙藏》本及金陵刻经处本都跟着有讹略。1939年，《华严疏钞》编印会广泛搜集藏本及其他流通本，参互校勘，简择异同，经过六年而成，可称为《疏钞》较善的刊本。

澄观(738—839)，俗姓夏侯，字大休，号清凉国师，越州会稽(今浙江绍兴)人。十一岁时依宝林寺霈禅师出家，至德二年(757)受具足戒于会稽开元寺。相继学相部律、南山律，旋诣金陵玄璧法师处学鸠摩罗什所传译之三论。大历(766—779)中，在瓦官寺学《大乘起信论》及《涅槃经》，又于淮南法藏受海东《起信论疏义》，复从天竺法诜等习《华严经》。大历十年(775)至苏州，从天台宗六祖湛然习天台止观法门，深契道旨。又谒牛头山惟忠、径山道钦等学南宗禅法；复见慧云，学北宗禅法。兼通经传子史及术数方技。贞元十二年(796)应诏入长安般若译场，参译《四十华严》；又奉诏于终南山草堂寺制新经之疏十卷。一生历九朝，先后为七帝讲经，任国师统。著述颇丰，号为"华严疏主"，除上述二疏，尚有《华严经纲要》、《华严经略策》、《华严法界玄镜》、《五蕴观》、《三圣圆融观六》等三十多种。生平事迹见北宋赞宁《宋高僧传》卷五及清续法《四祖清凉国师传》等。

唐译《华严》于证圣元年(695)译出后,法藏即撰《新译华严经略疏》,至第十九卷而圆寂。上首弟子慧苑继承遗业,撰《续华严略疏刊定记》,然所说往往异于师说:一、依《究竟一乘宝性论》立四种教(迷真异执教,当凡夫;真一分半教,当二乘;真一分满教,当初心菩萨;真具满教,当识如来藏),异于法藏的小乘教、大乘始教、大乘终教、一乘顿教、一乘圆教之五教教判;二、立德相(同时具足相应德、相即德、相在德、隐显德、主伴德、同体成即德、具足无尽德、纯杂德、微细德、如因陀罗网德)、业用(同时具足相应用、相即用、相在用、相入用、相作用、纯杂用、隐显用、主伴用、微细用、如因陀罗网用)两重十玄,异于法藏的一重十玄说。因慧苑在华严宗内部造成理论混乱,澄观为破斥异说、复兴贤首大义,遂作此《大疏》和《演义》。

《大疏》立十门解释经文,其中,前九门为"玄谈",主要论述唐译本的大纲,末一门为全经各品的解说。十门如下。

一、教起因缘(卷一),述佛讲说《华严经》的近因远缘,有法应尔、酬宿因、顺机感、为教本、显果德、彰地位、说胜行、示真法、开因性、利今后等因十义,以及依时、处、主、三昧、现相、说者、听者、德本、请者、加者等缘十义。

二、藏教所摄(卷一至卷二),在经典归属及教相判释上,《华严经》属菩萨藏所摄,在小、始、终、顿、圆五教中属圆教所摄。

三、义理分齐(卷二),在圆教中,《华严》乃是别教一乘,由所依体事、摄归真实、理事无碍、周遍含容四门所显,四门各有十门以显无尽。此中周遍含容(即事事无碍),依法藏《华严教义章》及《探玄记》的十玄门,而立新十玄门:同时具足相应门、广狭自在无碍门、一多相容不同门、诸法相即自在门、秘密隐显俱成门、微细相容安立门、因陀罗网境界门、托事显法生解门、十世隔法异成门、主伴圆明具德门。

四、教所被机(卷三),谓在正为、兼为、引为、权为、远为五类根机中,其中第一类正为,即一乘圆机,正是《华严》教所摄的对象。

五、教体浅深(卷三),说无尽教海的体性,大略有音声言语、名句文身、通取四法(声、名、句、文)、通摄所诠、诸法显义、摄境唯心、会缘入实、理事无碍、事事无碍、海印炳现等从浅到深的十门。该罗收摄,无一不是教体,但唯有后二门才是《华严》所宗。

六、宗趣通别(卷三),认为隋代大衍寺昙隐所立因缘、假名、不真、真实四宗,收义不尽,故将附佛法外道及各种大小乘派别所宗的教义通论为我法俱有、法有我无、法无去来、现通假实、俗妄真实、诸法但名、三性空有、真空绝相、空有无碍、圆融具德等十宗;又在法藏"因果缘起、理实法界以为宗趣"的基础上,别明《华严》一经的宗趣,以因果、缘起、理实、法界等融摄于不思议为旨归。

七、部类品会(卷三),辨别《华严经》的版本、品目、别行本及注释,开有四门:(一) 彰本部,举《华严》有略本(指晋、唐二译)、下本、中本、上本、普眼、异说、主伴、眷属、圆满十类;(二) 显品会,指晋译本说佛七处八会,唐译本则说七处九会;(三) 明支类,先显《兜沙经》、《菩萨本业经》等从大本《华严》流出的别行经,次说《修慈经》、《金刚鬘经》、《如来不思议境界经》等,都是《华严》的流类;(四) 辨释,略举龙树的《大不思议论》、世亲的《十地经论》、北齐刘谦之的六百卷《华严论》及北魏灵辨的一百卷《华严论》等四种。

八、传译感通(卷三),先明晋、唐两经翻译及补阙的年代,次明传道感应的事迹。

九、总释经题(卷三),先以通显得名、对辨开合、具彰义类、别释得名、展演无穷、卷报相尽、展卷无碍、以义圆收、摄归一心、泯同平等十门,解释经的题目;次分四段,解释《世主妙严品》的名称。

十、别解文义(卷四至卷八十),先举本部三分科等十例,在全经的三分科分上,以第一《世主妙严品》为序分,第二《如来现相品》以下为正宗分,第三十九《入法界品》"尔时文殊师利从善住阁出"以下为流通分。

对于全经的结构,依佛说经之处,分为七处九会:初会在菩提场,为《世主妙严品》以下六品,说毗卢遮那如来依正因果法门。第二会在普光明殿,为《如来名号品》以下六品,说十信法门。第三会在忉利天宫,为《升须弥山顶品》以下六品,说十住法门。第四会在夜摩天宫,为《升夜摩天宫品》以下四品,说十行法门。第五会在兜率天宫,为《升兜率天宫品》以下三品,说十回向法门。第六会在他化自在天宫,即《十地品》一品,说十地法门。第七会重会普光明殿,为《十定品》以下十一品,说等觉法门,前六品明因圆,后五品明果满。第八会三会普光明殿,即《离世间品》一品,说普贤行法,六位顿修。第九会在室罗伐城逝多园林,说入法界法门,即《入法界品》一品。更就能诠之文,归纳九会为四分:一、举果劝乐生信分,初会《世主妙严品》以下六品;二、修因契果生信分,第二会《如来名号品》到第七会《如来出现品》三十一品;三、托法进修成行分,第八会《离世间品》一品;四、依人证入成德分,第九会《入法界品》一品。

根据所诠之义,又说《华严》一部有五周因果:一、所信因果,初会六品中,前五品显示毗卢遮那的果德,后一品阐明他的本因。二、差别因果,或生解因果,从第二到第七会中《随好光明功德品》共二十九品,前二十六品辨因,后三品明果。三、平等因果,或出现因果,第七会中的《普贤行品》辨因,《如来出现品》明果。四、成行因果,或出世因果,第八会中初明五位因,后明八相果。五、证人因果,第九会中初明佛果大用,后显菩萨起用修因。

澄观的《大疏》,与法藏的《华严经探玄记》,在《华严经》注疏中并称双璧。疏成之后,澄观在大华严寺、崇福寺多次开讲,随后又为弟子僧睿等百余人撰《大疏》的注释,即这部《演义钞》。全书分四段解释疏文:第一总序名意,解释《疏序》的文意;第二归敬请加,演绎《大疏·归敬颂》的文意;第三开章释,说《大疏》开十门以释经文;第四谦赞回向,说《大疏》最后的《回向偈》。上述四门中,第三门《开章释义》为全书的主干和重点。

澄观在《华严归敬偈》的疏钞中,说作疏的目的是:"用以心传心之旨,开示诸佛所证之门;会南北两宗之禅门,撮台衡(南岳)三观之玄趣;使教合七言之旨,心同诸佛之心。"故虽以恢复法藏真意为己任,但因早年普遍参三论、天台及禅宗南北两系的学者,其学颇有会通诸家的风格。赞同禅宗关于众生的心性本来清净的主张,并对天台宗的"性具善恶"说与本宗所持"真如"缘起说之间的差异作了调和。

在《疏钞》中,澄观常将《华严》和禅融会而谈。如解释《菩萨问明品》的"非识所能识,亦非心境界,其性本清净,开示诸群生"一偈,先说了别就不是真知,不是识所能识,以除遣南宗以了见心性为真知的病。次说瞥起也不是真知,不是心的境界,以除遣北宗以起心看心为真知的病。后说心体离念不是有念可无,说性本清净,是双会北宗的离念和南宗的无念。在《大疏》中,认为法藏所立的五时判教,源于天台宗藏、通、别、圆的"化法四教",但"顿教"作为一种证悟的方法,在天台宗里属于渐、顿、秘密、不定的"化仪四教"。将此顿教,归入"以义分教"之类而与小、始、终、圆相并列,并不十分恰当,存在着区分标准不一致的问题。另外,法藏在五时判教中,顿教只举《维摩》所显离言不二等,尚未提及禅宗。澄观在《演义钞》中,则明确指出:"达摩以心传心,正是斯教。若不指一言,以直说即心是佛,心要何由可传?故寄无言之言,真诠言绝之理,教亦明矣。故南北禅宗不出顿教也。"澄观将"教外别传"的禅宗引入华严宗的判教体系,经其弟子宗密进一步发展为教禅合一的思想。

华严宗主性起说,智俨和法藏皆主张世间出世间一切诸法,皆可归结为有力能持、无待他缘的真如法性,此法性为"自性清净圆明体",为纯善而不杂于恶,故佛境唯是净心,性起亦唯限于净法。天台宗的性具说则主张善恶染净皆具于一心,与华严宗说有根本差别。澄观认为,若性起仅限于净法范围,实际上即限制了法性的普遍性,则真妄交彻、理事无碍的华严要旨就无法贯彻到底。在《大疏》中,援用天台宗的"性具善恶"之说,认为一心法性不仅为"真源",且亦为"妄源",故就缘起而言,即凡心而见圣心,悟心成佛,为成净缘起;迷圣心而见凡心,迷作众生,为成染缘起。然缘起虽有染净,心体却无殊异。"是以如来不断性恶,亦犹阐提不断性善。"澄观虽吸收天台宗"如来不断性恶"的思想,然在佛性论上,仍坚持住华严宗的特点,主张佛性仅属于有情众生,无情无性。并且,佛界与九界隔离,须断九界修恶,唯真心能成佛。并未像天台宗将佛性推广至无限的境地,以至认为草木亦有佛性。这一观点受到同时的天台宗九祖湛然的猛烈批判。认为澄观所持仍是不究竟的佛性论,成佛是对绝对真理的把握,而真理必须彻底。天台宗一念三千说的理论基础是"一色一香无非中道",故从色心不二的思想,必然得出"无情有性"的结论。

有关本书的注疏有辽代鲜演《华严经玄谈决择》六卷(今缺卷一)、元代普瑞《华严悬谈会玄记》四十卷等。

(王雷泉)

原人论 〔唐〕宗 密

《原人论》，又名《华严原人论》，一卷。唐宗密撰。约成于唐太和二年(828)至开成五年(840)之间。通行本有《明南藏》本、《明北藏》本、《频伽藏》本、《大正藏》本等。

宗密(780—841)，俗姓何，果州西充县(今属四川)人。家世业儒。髫龀时，精通儒学。泊弱冠，听习经论。唐宪宗元和二年(807)，将赴贡举，偶值遂州大云寺道圆禅师法席，问法契心，披剃出家，时年二十七。当年受具足戒。尔后奉命往谒荆南惟忠禅师(《宋高僧传》卷六误作"荆南张")、洛阳国照禅师。元和五年(810)，抵襄汉，从恢觉寺灵峰处得澄观《华严大疏》二十卷、《大钞》四十卷，宗密阅之欣然，即刻开讲，讲毕，诣上都(长安)礼觐澄观，随侍请益。元和十一年(816)，住终南山智炬寺遍阅藏经，三年后迁兴福寺、保寿寺。长庆元年(821)，退居鄠县草堂寺，因寺在圭峰，世称"圭峰大师"，并被尊为华严宗第五祖(前四祖是杜顺、智俨、法藏、澄观)。生平事迹见北宋赞宁《宋高僧传》卷六、清续法《法界宗五祖略记》。

《原人论》是一部以《华严经》(华严宗的根本经典)思想为依据、推究人的本源的著作。全书由作者《序》和正文四篇组成。《序》主要叙述了作者撰作此论的缘由。作者认为，万灵蠢蠢，皆有其本，万物芸芸，各归其根。没有无根本而有枝末的，况且人是三才(天、地、人)之中最有灵性的东西，怎么可能没有本源呢？尔今既禀得人身，却又不知道所从何来，怎么能知道天下古今人事呢？"然今习儒者，只知近则乃祖乃父，传体相续，受得此身，远则混沌一气，剖为阴阳之二，二生天地人三，三生万物，万物与人，皆气为本。习佛法者，但云近则前生造业，随业受报，得此人身，远则业又从惑，展转乃至阿赖耶识，为身根本。皆谓已穷，而实未也。然孔、老、释迦皆是至圣，随时应物，设教殊途，内外相资，共利群庶。策勤万行，明因果始终；推究万法，彰生起本末，虽皆圣意，而有实有权。二教惟权，佛兼权实。策万行，惩恶劝善，同归于治，则三教皆可遵行；推万法，穷理尽性，至于本源，则佛教方为决了。"作者认为，虽然同为佛教，但教理有浅有深，有方便之说("不了义教"、"权教")，也有究竟之说("了义教"、"实教")，于是破斥儒道以及佛教内部的权教，阐述了自己对人的本源的看法。正文四篇便是根据这一构想展开的。

一、斥迷执。此篇是破斥儒道二教关于人的学说的。"儒道二教,说人畜等类,皆是虚无大道生成养育,谓道法自然,生于元气。元气生天地,天地生万物。故智愚贵贱,贫富苦乐,皆禀于天,由于时命,故死后却归天地,复其虚无。"对此,宗密诘难说:"万物皆是自然生化,非因缘者,则一切无因缘处悉应生化。谓石应生草,草或生人,人生畜等。""且天地之气本无知也,人禀无知之气,安得欻起而有知乎?草木亦皆禀气,何不知乎?"他认为,说贫富贵贱,贤愚善恶,吉凶祸福,都是由"天命"决定的,也是不对的。为什么世上贫多富少,贱多贵少,乃至祸多福少,如果说这都出于天的赋予,则"天何不平乎"?况且世上还有无行而贵,守行而贱,无德而富,有德而贫,逆吉义凶,仁夭暴寿,乃至有道者丧,无道者兴的。"既皆由天,天乃兴不道而丧有道。何有福善益谦之赏,祸谣害盈之罚焉?"

二、斥偏浅。此篇是破斥佛教内部的"不了义教"的。作者认为,佛教自浅至深,大体上有五等:一是人天教,二是小乘教,三是大乘法相教,四是大乘破相教,五是一乘显性教。前四教都是不了义教,末一教才是了义教。此篇破斥的对象就是前四教的。

(一) 人天教。"佛为初心人,且说三世业报,善恶因果,谓造上品十恶,死堕地狱,中品饿鬼,下品畜生。……修上品十善,及施戒等,生六欲天;修四禅八定,生色界无色界天。"对此,宗密提出了一连串问题加以诘难,如说:"既由造业受五道身,未审谁人造业?谁人受报?"如果说都是"我此身心能造业",那么,"此身已死,谁受苦乐之报?若言死后更有身者,岂有今日身心造罪修福,令他后世身心受苦受乐?"这在某种程度上,也可以看作是对粗浅的因果报应、生死轮回学说的批判。

(二) 小乘教。此教说:"此身本不是我。不是我者,谓此身本因色心和合为相。今推寻分析,色有地、水、火、风之四大,心有受(能领纳好恶之事——原注)、想(能取像者——原注)、行(能造作者,念念迁流——原注)、识(能了别者——原注)之四蕴,若皆有我,即成八我。……翻覆推我,皆不可得,便悟此身但是众缘,似和合相,元无我人,为谁贪瞋,为谁杀盗施戒(知苦谛也——原注)?遂不滞心于三界有漏善恶(断集也——原注),但修无我观智(道谛——原注),以断贪等,止息诸业,证得我空真如(灭谛——原注)。乃至得阿罗汉果,灰身灭智,方断诸苦。"宗密认为,如果说业力因缘存在的话,那么人的身体("色")和意识("心")应当是不间断的,这样的话,方能从前世流转到今世,从今世流转到来世。"今五识阙缘不起(根境等为缘——原注),意识有时不行(闷绝、睡眠、灭尽定、无想定、无想天——原注)、无色界天无此四大,如何持得此身世世不绝?"

(三) 大乘法相教。"说一切有情,无始以来,法尔有八种识,于中第八阿赖耶识,是其根本。顿变根身器界种子,转生七识,皆能变现,自分所缘,都无实法。"此教便是印度大乘佛教中的瑜伽行派以及中国佛教中的唯识宗所持的学说。宗密认为,此教把人的身子、意识以及外部世界都看作是"阿赖耶识"所变,阿赖耶识是唯一真实的存在,其他的一切都是虚幻之物,是说不通的。"所变之境既妄,能变之识岂真?"

(四)大乘破相教。"破前大小乘法相之执,密显后真性空寂之理。"此教便是印度大乘佛教中的中观派以及中国佛教中的三论宗等所持的学说。宗密认为,此教把人的身子、心识以及万事万物都看作是虚幻的、空的,也是不对的。"若心境皆无,知无者谁?又若都无实法,依何现诸虚妄?且现见世间虚妄之物,未有不依实法而能起者,如无湿性不变之水,何有虚妄假相之波?若无净明不变之境,何有种种虚假之影?"

三、直显真源。此篇是从正面论述五教中的最后一教"一乘显性教"的。此教"说一切有情,皆有本觉真心,无始以来,常住清净,昭昭不昧,了了常知,亦名佛性,亦名如来藏"。宗密认为,以往人们把自己看作是人,或者是六道众生中其他众生的投胎转世,都是被虚妄的假象所迷惑而造成的错觉。"今约至教(指一乘显性教)原之,方觉本来是佛。故须行依佛行,心契佛心,返本还源,断除凡习,损之又损,以至无为。自然应用恒沙,名之曰佛,当知迷悟同一真心。大哉妙门!原人至此。"他点出了《原人论》的主旨是把一切有情众生,包括人在内,都看作是佛。人人都有同一的"真心",它是人的本源,一切迷悟的根本,只是从"无始际"以来被种种妄念翳遮了,只要依照佛教的开示去修行,返本还源,断除凡习,最后便能现显佛身。

四、会通本末。此篇是对前面破斥过的儒教二教和佛教中的四教(人天教、小乘教、大乘法相教、大乘破相教),以及作者依据《华严经》确立的一乘显性教加以会通。作者认为,所有这些学说如果用"真心"加以统摄的话,又都是对的。"所禀之气,展转推本,即混一之元气也;所起之心,展转穷源,即真一之灵心也。究实言之,心外无别法,元气亦从心之所变,属前转识所现之境,是阿赖耶相分所摄,从初一念业相,分为心境之二。心既从细至粗,展转妄计,乃至造业,境亦从微至著,展转变起,乃至天地。业既成熟,即从父母禀受二气,与业识和合,成就人身。据此,则心识所变之境乃成二分,一分即与心识和合成人,一分不与心识和合,即是天地山河国邑。三才者,唯人灵者,由于心神合也。佛说内四大与外四大不同,正是此也。"

《原人论》作为唐代佛教哲学中的一部有名的作品,在海内外曾产生过广泛的影响。据日本《大正新修大藏经勘同目录》所列,中国和日本为之作注作疏,讲解发挥的多达二十六家。其中有宋代净源《原人论发微录》三卷、元代圆觉《原人论解》三卷,日本冏鉴《原人论续解》三卷、宜道《原人论发微录训蒙记》三卷、圆通《原人论羽翼略解》一卷、了荣《原人论新论》一卷、慧铠《原人论大纲》一卷、洞达《原人论详解》一卷,等等。

(陈士强)

禅源诸诠集都序 〔唐〕宗　密

《禅源诸诠集都序》,四卷。唐宗密撰。约成于唐太和二年(838)至开成五年(840)之间。通行本有《明北藏》本、《清藏》本、《频伽藏》本、《大正藏》本、中州古籍出版社 2008 年版《禅源诸诠集都序》(邱高兴校释)等。

作者生平事迹见"原人论"条。

《禅源诸诠集都序》是宗密为《禅源诸诠集》(又名《禅那理行诸诠集》)所作的总序("都序")。它的撰述缘由是这样的:唐代禅宗兴起,佛教遂分为禅与教两大系统。"教",指的是用经典文字载录的方式传下来的释迦牟尼的言教,凡是以研习佛典的文句和义理为主的宗派,如三论宗、天台宗、贤首宗(又称"华严宗")、慈恩宗(又称"法相宗"、"唯识宗")、律宗等都属于"教"的系统。"禅",特指通过以心传心的印证方式传下来的"佛心",它不假言语文字,以单刀直入、直彻心源为究竟,禅宗便属于这一系统。由于当时,"讲者(指教派)偏彰渐义(即主张渐悟成佛),禅者(指禅宗)偏播顿宗(即主张顿悟成佛),禅讲相逢,胡越之隔"(卷一)。"修心者(禅宗)以经论为别宗,讲说者(教派)以禅门为别法。闻谈因果修证,便推属经论之家,不知修证正是禅门之本事;闻说即心即佛,便推属胸襟之禅,不知心佛正是经论之本意。"(同上)不但禅宗与教派互相非毁,而且禅宗内部各派也互相排斥。宗密对这种状况十分担忧,因此,"先录达磨一宗,次编诸家杂述,后写印一宗圣教"(卷四)。编集了《禅源诸诠集》一百卷,书中共收集了著名禅师有关禅理的论述(有法语、文章、偈颂等)近一百家,并为之序。后来,这一百卷的集子逸散了,只有为集子作的这篇长序流传至今。

《禅源诸诠集都序》以和会禅、教为宗旨,对禅、教两派以及两派内部的不同派别在学说上的异同作了详细的分析和论述。各卷的主要内容如下。

卷一:对《禅源诸诠集》的名义、禅的性质和分类进行了论述,并从十个方面阐述了禅宗与经论的关系。

作者首先对《禅源诸诠集》以及它的别名《禅那理行诸诠集》进行了解释。说："《禅源诸诠集》者，写录诸家所述诠表禅门根源道理文字句偈，集为一藏，以贻后代，故都题此名也。'禅'是天竺之语，具云'禅那'，中华翻为'思惟修'，亦名'静虑'，皆定慧之通称也。'源'者，是一切众生本觉真性，亦名'佛性'，亦名'心地'。悟之名慧，修之名定，定慧通称为'禅那'。此性是禅之本源，故云'禅源'，亦名'禅那'。'理行'者，此之本源是禅理，忘情契之是禅行，故云'理行'。然今所集诸家述作，多谈禅理，少谈禅行，故且以'禅源'题之。"

作者认为，一切众生的本性，也可称为"法性"、"如来藏识"、"佛性"、"心地"，它是诸佛万德的本源、菩萨万行的根本、众生迷悟的根源。佛教的一切修行不超过"六波罗蜜"（又译"六度"，指布施、持戒、忍辱、精进、禅定、智慧）的范围，而"禅定"是六度中的一度，排行第五。因此，不能把众生的修行归结到"禅定"一项上去。"然禅定一行，最为神妙，能发起性上无漏智慧。一切妙用，万德万行，乃至神通光明，皆从定发。故三乘学人，欲求圣道，必须修禅，离此无门，离此无路。至于念佛求生净土，亦须修十六观禅，及念佛三昧、般舟三昧。"

在论述了禅的重要性之后，作者进一步指出，众生的真实本性是"不垢不净、凡圣无差"的，但禅定则是有浅有深，有着等级的差别的。大体上可以分为五种："谓带异计欣上厌下而修者，是外道禅；正信因果，亦以欣厌而修者，是凡夫禅；悟我空偏真之理而修者，是小乘禅；悟我法二空所显真理而修者，是大乘禅（上四类，皆有四色四空之异也——原注）；若顿悟自心，本来清净，元无烦恼，无漏智性本自具足，此心即佛，毕竟无异，依此而修者，是最上乘禅，亦名如来清净禅，亦名一行三昧，亦名真如三昧。"以菩提达摩（又作"磨"）为东土初祖的禅宗，所传的就是第五种禅法——"最上乘禅"（又名"如来清净禅"）。

佛教经论所讲的义理归纳起来是"法、义、因、果、信、解、修、证"八个字，而禅宗提倡的是发明本心，顿悟成佛，"今习禅诠，何关经论"？为此，作者从十个方面进行了辨析："一、师有本末，凭本印末故；二、禅有诸宗，互相违阻故；三、经如绳墨，楷定邪正故；四、经有权实，须依了义故；五、量有三种，勘契须同故；六、疑有多般，须具通决故；七、法义不同，善须辨识故；八、心通性相，名同义别故；九、悟修顿渐，言似违反故；十、师授方便，须识药病故。"

作者认为，佛教各个宗派的始祖都是释迦牟尼，"经是佛语，禅是佛意，诸佛心口必不相违"，因此，经与禅从根本上来说，是一致的，并不存在矛盾。在印度，也没有"讲者（指习经者）毁禅，禅者毁讲"的情况。菩提达摩来华以后，看到此方学人拘泥于经典的名数事相（概念义理），为了让他们知道佛法的真谛在于"心"，而不在于经典文字，就像用手指指月亮，其目的是为了让人看到月亮，而不是看手指，于是强调"以心传心，不立文字"。达摩的本意是为了破除世人的偏执，并非是说离开经典文字就能得到解脱。达摩本人多次称赞《金刚》、《楞伽》二经，并说"此二经是我心要",也说明了这一点。因此,禅宗必须与经论相配合,教派必须与禅法相联系,做到"以教观心,以心解教"。

再从禅宗内部的情况来看,禅宗内部的不同派别,将近百家(这是作者从学术上分辨而言的,若就传承的系统而言,并没有这么多),主要有十家:"谓江西(道一)、荷泽(神会)、北秀(神秀)、南侁(智侁)、牛头(法融)、石头(希迁)、保唐(无住)、宣什及稠那(惠稠、求那)、天台(智顗)等。"这十家之中,"有以空为本,有以知为源;有云寂默方真,有云行坐皆是;有云见今朝暮,分别为作,一切皆妄;有云分别为作,一切皆真;有万行悉存,有兼佛亦泯;有放任其志,有拘束其心;有以经律为所依,有以经律为障道。"为此之故,须用佛语来加以和会,使他们"各忘其情,同归智海"。这好比绳墨:"绳墨非巧,工巧者必以绳墨为凭;经论非禅,传禅者必以经论为准。"

卷二:将禅宗分为三宗,教派分为三教,对它们的学说特点,分别进行介绍,并作对配。

作者认为,禅宗的派别可以归纳为三宗。

一、息妄修心宗。"说众生虽本有佛性,而无始无明覆之不见,故轮回生死。诸佛已断妄想,故见性了了,出离生死,神通自在。"此宗主张,依照祖师的言教,背境观心,息灭妄念。"念尽即觉悟,无所不知。如镜昏尘,须勤勤拂拭,尘尽明现,即无所不照。又须明解趣入禅境方便,远离愦闹,住闲静处,调身调息,跏趺宴默,舌拄上腭,心注一境。"属于这一宗的有智侁、神秀、无住、宣什等禅师及其门下。

二、泯绝无寄宗。"说凡圣等法,皆如梦幻,都无所有,本来空寂,非今始无。即此达无之智,亦不可得。平等法界,无佛无众生,法界亦是假名。"此宗认为,没有佛法可修,也没有佛可作,所有的造作都是迷妄。只有了达本来就没有什么事情存在,心无所寄托,才能免生颠倒之念,获得解脱。属于这一宗的有希迁、法融、道钦诸家。

三、直显心性宗。"说一切诸法,若有若空,皆唯真性。真性无相无为,体非一切,谓非凡非圣,非因非果,非善非恶等。"此宗认为,一切事物的相状都是由人的真性(又称"心性")变现的,真性本身是中性的,既非有也非空,既非凡也非圣,但是由真性这一本体发生的作用,则能现色现相,成凡成圣。在如何看待心性的问题上,此宗又存二说。一说认为,佛性体现在众生的一切言语造作中,无论是贪瞋慈忍,还是造善恶受苦乐,都是佛性。众生本来就是佛,除此以外别无佛。因此不必发心修道,因为"道即是心,不可将心还于心;恶亦是心,不可将心还断于心。不断不修,任运自在,才名解脱";另一说认为,佛教的圣贤都说"诸法如梦",这中间当包括人的意念和外部的境物。因此,无论是"妄念",还是"尘境"都是空的。能够知道这一点,便是众生的真性。"觉诸相空,心自无念,念起即觉,觉之既无,修行妙门,唯在此也。"

再说教派,也可以分为三种。

一、密意依性说相教。此教下分三类。

（一）人天因果教。"说善恶业报，令知因果不差，惧三途苦，求人天乐，修施戒禅定等一切善行，得生人道天道，乃至色界、无色界，此名人天教。"这是对众生说善有善报、恶有恶报，劝众生修持一切善行，以求得来世免堕为畜生、饿鬼、地狱（"三途"），而能转生人间和天间的教法。

（二）说断惑灭苦乐教。"说三界不安，皆如火宅之苦，令断业惑之集，修道证灭。"这是较人天因果教更深一个层次的教法。此教认为，无论是人还是天（天神），仍然没有超出三界（欲界、色界、无色界）的范围，而三界虽然有优劣等次的差别（"六道众生"中的人、阿修罗、饿鬼、畜生、地狱都处于欲界，只有天才按不同的等次分别处于欲界、色界、无色界之中），但都是烘烤众生的"火宅"。对众生来说，每个个体都是由"五蕴"（色、受、想、行、识）凑合而成的，这中间没有一个独立的稳定的自体（称"人空"或"人无我"），"身则生老病死，死而还生"；对三界来说，"界则成住坏空，空而复成"。这就造成"劫劫生生，轮回不绝"。此教的宗旨，便是劝诱众生断灭一切烦恼惑业，证得"人空"的真谛，乃至在死后超出三界，进入不生不灭的永恒宁静的涅槃境界。

（三）将识破境教。"说上生灭等法，不关真如，但各是众生无始已来，法尔有八种识，于中第八识，是其根本，顿变根身器界种子，转生七识，各能变现自分所缘。"此教认为，一切众生从无始以来都无一例外地具有八种心识，其中第八识"藏识"（又称"阿赖耶识"）是最根本的识体，它蕴藏能够变现人的身体器官（"根身"）和外部环境及事物（"器界"）的种子，能够转生其他七识（眼识、耳识、鼻识、舌识、身识、意识、末那识），而七识又能变现出各自接触的对象。

上述三类教法中，"人天因果教"和"说断惑灭苦乐教"为小乘经《阿含经》和小乘论《大毗婆沙论》、《俱舍论》等中所说，而"将识破境教"则为《解深密经》等大乘经、《瑜伽师地论》和《唯识论》等大乘论所说。特别是"将识破境教"，它与禅门"息妄修心宗"而相扶会。"（息妄修心宗）以知外境皆空，故不修外境事相，唯息妄修心也。息妄者，自我法之妄；修心者，修唯识之心，故同唯识之教。"

二、密意破相显性教。"说前教中所变之境既皆虚妄，能变之识岂独真实？心境互依，空而似有故也。且心不孤起，托境方生；境不自生，由心故现。心空即境谢，境灭即心空。未有无境之心，曾无无心之境。如梦见物，似能见所见之殊，其实同一虚妄，都无所有。诸识诸境，亦复如是，以皆托众缘，无自性故，未曾有一法。"此教与前面所说的"将识破境教"相反。"将识破境教"认为外境是由心识变现的，故外境是虚妄的，而心识（尤其是第八识）则是真实的，因此它主张破境而不破识。而"密意破相显性教"则认为，心境是互相依赖，互为因缘的，心识依托外境而生，外境依靠心识而显，既然外境是虚妄的，那么心识也不可能是真实的。因此主张外境和心识，客体与主体都是托缘而生的无自性的东西，都是虚妄的、空的。大乘佛教中的《般若经》以及《中论》、《百论》《十二门论》《广百论》等论持这种说法。"此教与禅门泯绝无寄宗全同"。

三、显示真心即性教。"说一切众生,皆有空寂真心,无始本来性自清净。明明不昧,了了常知。尽未来际常住不灭,名为佛性,亦名如来藏,亦名心地。从无始际,妄想翳之,不自证得,耽著生死。大觉(指释迦牟尼)愍之,出现于世,为说生死等法一切皆空,开示此心全同诸佛。"此教认为,一切众生从无始以来,就有自性清净之心,这颗清净心,即使到了将来也永远不会死灭,它就是"佛性"、"如来藏",即成佛的本因。但是众生由于受了妄想执著的障翳,自己无法自我证知,需要佛作开示方能恍然大悟。大乘中的《华严》、《密严》、《圆觉》、《佛顶》、《胜鬘》、《如来藏》、《法华》、《涅槃》等经,和《宝性》、《佛性》、《起信》、《十地》、《法界》、《涅槃》等论,虽然在顿悟成佛还是渐悟成佛问题上有不同的说法,但都主张通过开示而显现众生本来就有的清净心,因而都属于这一教。此教"全同禅门第三直显心性之宗"。

卷三:详细地辨析了空宗与性宗(即"有宗")的差异,以及对顿渐法门的看法。

作者认为,卷二讲的三教,"摄尽佛一代所说之经,及诸菩萨所造之论"。如果仔细推敲的话,则三教说的道理全殊,第一教与第二教是"空有相对",第一教与第三教是"性相相对",第二教与第三教是"破相与显性相对",因此说它们是一回事是不对的。由于三教都是围绕空有问题展开的,大乘佛教中的两大派别"空宗"(即中观派)和"有宗"(即瑜伽行派)也是基于对空有的不同理解建立的(空宗主张心境皆空,有宗主张境空心有)。于是,作者特地从十个方面,揭示了空宗与性宗(即"有宗")的区别。

(一) 法义真俗异。"空宗缘未显真灵之性,故但以一切差别之相为法,法是俗谛。照此诸法,无为、无相、无生、无灭、无增、无减等为义,义是真谛。""性宗则以一真之性为法,空有等种种差别为义。"

(二) 心性二名异。"空宗一向目诸法本源为性,性宗多曰诸法本源为心。"

(三) 性字二体异。"空宗以诸法无性为性,性宗以灵明常住不空之体为性。故性字虽同,而体异也。"

(四) 真智真知异。"空宗以分别为知,无分别为智,智深知浅;性宗以能证圣理之妙慧为智,以该于理智、通于凡圣之灵性为知,知通智局。"

(五) 有我无我异。"空宗以有我为妄,无我为真;性宗以无我为妄,有我为真。"

(六) 遮诠表诠异。"遮谓遣其所非(即作否定性表述),表谓显其所是(即作肯定性表述)。又,遮者拣却诸余,表者直示当体。""空宗之言,但是遮诠(指全是否定),性宗之言,有遮有表(指有否定,也有肯定)。"

(七) 认名认体异。"谓佛法、世法,一一皆有名体。""空宗、相宗,为对初学及浅机,恐随言生执,故但标名而遮其非,唯广以义用而引其意;性宗对久学及上根,令忘言认体,故一言直示。"

(八)二谛三谛异。"空宗所说世、出世间一切诸法,不出二谛,学者皆知,不必引释;性宗则摄一切性相及自体,总为三谛:以缘起色等诸法为俗谛,缘无自性诸法即空为真谛,一真心体、非空非色、能空能色为中道第一义谛。"

(九)三性空有异。"三性,谓遍计所执性、依他起性、圆成实性。""空宗云,诸经每说有者,即约遍计、依他。每说空者,即是圆成实性,三法皆无性也。性宗即三法皆具有空心之义,谓遍计,情有理无。依他,相有性无。圆成,情无理有、相无性有。"

(十)佛德空有异。"空宗说佛以空为德,无有少法,是名菩提。色见声求,皆行邪道。""性宗则一切诸佛,自体皆有常乐我净,十身十智真实功德,相好通光一一无尽,性自本有,不待机缘。"

作者认为,虽然空宗与性宗有上述十个方面的差别,但又有相通之处,即都是佛陀的言教,"三教三宗,是一味法"。故他提出:"须先约三种佛教,证三宗禅心,然后禅教双忘,心佛俱寂。俱寂,即念念皆佛,无一念而非佛心;双忘,即句句皆禅,无一句而非禅教。"如此就不会拘于门户之见,达到通融。从这个观点出发,无论是教法中的顿教渐教,还是禅法中的顿门渐门,都是针对众生的不同根机而说的,"法无顿渐,顿渐在机者"。因此无论顿悟成佛还是渐悟成佛,虽然在说法上有一定的差别,但从最终都能成佛这一点来说,又是相通的。

卷四:论述从不觉到觉、从迷到悟的修证方法。

作者认为,无论是六道凡夫,还是三乘(声闻、缘觉、菩萨)贤圣,都具有"灵明清净一法界心"。"随迷悟之缘,造业受报,遂名众生;修道证真,遂名诸佛。"此一心,具有真如、生灭二门(两个方面)。"谓由真不变,故妄体空,为真如门;由真随缘,故妄成事,为生灭门。以生灭即真如,故诸经说无佛无众生,本来涅槃,常寂灭相。又以真如即生灭,故经云法身流转五道,名曰众生。既知迷悟凡圣在生灭门,今于此门具彰凡圣二相,即真妄和合,非一非异,名为阿赖耶识。"

《禅源诸诠集都序》倡导的这些禅教会通的思想,对唐以后佛教各宗派之间的相互贯通和促进,产生了重大的影响。

(陈士强)

两部大法相承师资付法记 〔唐〕海 云

《两部大法相承师资付法记》，又名《两部付法次第记》，二卷。唐海云集。成于唐大和八年(834)十月。通行本有《大正藏》本等。

海云，生卒及里籍姓氏不详。唐代长安净住寺僧人，为密宗的传人，事迹略见《两部大法相承师资付法记》。

《两部大法相承师资付法记》为记叙密宗金刚界和胎藏界两部教法师资传授的历史，以及所依经典的著作。密宗，又称"密教"、"真言宗"、"金刚乘"，是公元7世纪左右印度大乘佛教的某些教义与婆罗门教的咒术仪轨相结合而产生的新的佛教流派，因主张手结印契的"身密"、口诵真言(咒语)的"口密"和意作观想的"意密"，以获得神通和成佛而得名。密宗以"大日如来"（又译"毗卢遮那佛"）为自己的教主(称为"本尊")。一般认为，大日如来与创立佛教的释迦牟尼是同一个佛，只是释迦牟尼是佛的"应身"，而大日如来是佛的"法身"。也有的认为，大日如来和释迦牟尼是两个不同的佛，他们各有自己的"三身"（应身、报身、法身）。前者是密教的教主，后者是显教(以经典载录教说的方式传下来的佛教)的教主。

密宗认为，宇宙万有的本体是地、水、火、风、空、识"六大"(六种元素)。其中，地、水、火、风、空属于"胎藏界"，即表示一切众生皆平等地含藏着成佛的理性的法门，简称"理门"，又称"因门"；识属于"金刚界"(或称"金刚顶界")，即表示一切众生在智慧上呈现各种差异的法门，简称"智门"，又称"界门"。两部密法各有自己的教典、教说、灌顶和供养仪式、曼陀罗(指坛场或绘有佛菩萨及器杖的图案)、传授系统，同时又互为表里，相辅相成。作者海云既受教于金刚界阿阇梨(即"导师")，复从学于胎藏界阿阇梨，同时禀受密教的两部大法，故根据自己所了解的情况，撰写了这部密宗史著作。

卷上：《略叙〈金刚界大教王经〉师资相承付法次第记》。

《金刚界大教王经》，全称《金刚顶一切如来真实摄大乘现证大教王经》，又称《金刚顶瑜伽真实大教王经》、《摄大乘现证经》、《金刚顶经》、《大教王经》，由不空于唐天宝十二年(753)译出，作三卷。它是金刚界教法的根本经典。据不空的老师金刚智说，此经由毗卢遮那如来(即"大日如来")付嘱普贤金刚萨埵(密号"真如金刚")，普贤付妙吉祥菩萨，妙吉祥经十二代传给龙猛菩萨(即通常说的"龙树")，龙树又经数百年传给龙智阿阇梨，龙智经百余年亲自付嘱金刚智。此为金刚界教法在印度的传授经过。

金刚智来华后，将金刚界教法传给不空，此为一传；不空传含光、惠朗、昙贞、觉超、惠果五人，此为二传；惠朗传天竺，觉超传契如、惠德，惠果传惠应、惠则、义操、空海(日本僧)等十四人，此为三传；天竺传德美、惠谨、居士赵玫，义操传法润、海云(本书作者)等十四人，此为四传。这是金刚界教法在中国的传授情况。

海云解释说："其有得传金刚界法者，顿见菩提，入曼荼罗，得授阿阇梨灌顶，如授法轮王位，此大教王名金刚界者，金刚者，坚固义也，以表一切如来法身坚固不坏，无生无灭，无始无终，坚固常存不坏也。界者，性也，明一切如来金刚性遍一切有想(有情)身中，本来具足圆满普贤、毗卢遮那大用自性(在)身海性功德。故修瑜伽者，又以大乐普贤金刚欲箭三摩地，破彼无明住地二障种现及二乘种，摧碎无余，于一念顷证大日毗卢遮那位。此经又名金刚顶者，如人之身，顶最为胜。此教于一切大乘法中最为尊上，故名金刚顶。"(卷上)也就是说，一切有情众生都具有佛的本性和功德，只要修习瑜伽，得阿阇梨的授受，就能顿见菩提(意为"智慧")，在极为短暂的"一念"之中，成就大日如来的佛位。

金刚界教法依据的本经《金刚顶经》，梵本有十万偈(每一偈有三十二字)和四千偈两种。十万偈本有十八会(名目次第见不空译的《金刚顶经瑜伽十八会指归》)，分为四品(金刚界、降三世、遍调伏、一切义成就)，以四智印(大印、三摩耶印、法智印、羯磨智印)，统摄一切法要。其经说五部：一、佛部，以毗卢遮那佛为部主；二、金刚部，以阿閦佛为部主；三、宝部，以宝生佛为部主；四、莲华部，以阿弥陀佛为部主；五、羯磨部，以不空成就佛为部主。又说四摄菩萨(金刚钩、金刚索、金刚锁、金刚铃)、四种法身(自性、受用、变化、等流)、四种地位(胜解行地、普贤行愿地、大普贤地、普遍照辉地)、四种念诵(声、语、三摩地、胜义)、四种求愿法(息灾、增益、降伏、敬爱)等。四千偈本为十万偈本，当时尚未译出。

不空译的《大教王经》是略本中的略本，其内容相当于四千偈本中的开头部分，即后由北宋施护等译出的《佛说一切如来真实摄大乘现证三昧大教王经》(三十卷)二十六分中的第一分《金刚界大曼拏(荼)罗广大仪轨分》。

卷下：《略叙〈大毗卢遮那成佛神变加持经〉大教相承付法次第记》。

《大毗卢遮那成佛神变加持经》，又称《毗卢遮那成道经》、《大毗卢遮那经》、《大日经》。由善无畏和一行于唐开元十二年(724)译出(本书误作"开元七年"),成七卷,为胎藏界教法的根本经典。此经梵本有十万偈、四千偈、二千五百偈三种,善无畏和一行译的是四千偈本。其中前六卷为正经,始《入真言门住心品》,终《嘱累品》,凡三十一品,末一卷为供实际修持时用的供养仪式和持诵法则,始《供养次第中真言行学处品》,终《真言事业品》,凡二十五品。

海云写道:"此大毗卢遮那大教王,又名大悲胎藏毗卢遮那者,从如来大悲根本,发生大菩提心,从大菩提心,成菩提行,次证大菩提及涅槃,皆以方便具足,成五智(指法界体性智、大圆镜智、平等性智、妙观察智、所作智)之身。"(卷下)也就是说,胎藏界教法的要旨是以"发菩提心"为因,"大悲"为根本方便,通过真言咒语,建立"大悲胎曼荼罗",以达到成就佛身的结果。

据善无畏所说,胎藏界教法由毗卢遮那佛,付嘱金刚手菩萨,金刚手菩萨经数百年,传给中印度那烂陀寺的达磨掬多阿阇梨,达磨掬多亲自传给善无畏。善无畏来华后,曾将胎藏界法传给金刚智,而金刚智也将金刚界法传给善无畏,两人"互为阿阇梨,递相传授"(卷下)。善无畏不只翻译胎藏部的经典,也翻译金刚顶部和"统摄一切持念法教门"的苏悉地部的经典。同时,作为金刚智弟子的不空,也翻译胎藏部的经典,两部大法呈现交叉传授的态势。善无畏将胎藏界密法传给一行(一行也曾从金刚智禀受金刚界密法)、玄超,此为一传;玄超传惠果,此为二传;惠果传惟尚、惠日(新罗僧)、空海(日本僧)、义操,法润等一百十二人,此为三传;义操传义真、海云(本书作者)等五人,法润传道升、法全二人,此为四传。因此,在印度,密教的金刚界部和胎藏界部是按照各自的系统,分别传授的,而在中国,这两部密法汇合成一家,惠果及其弟子、再传弟子基本上都是同受两部大法的,这显示了中国密宗的特色。

《两部大法相承师资付法记》作为密宗源流世系的历史记述,保存了许多独一无二的史料。例如它著录了一行的六部著作:《大毗卢遮那义释》七卷(每卷各分上下)、《大毗卢遮那(经)略释》二卷、《大毗卢遮那形像图样坛仪》一卷、《标识坛仪法》一卷、《契印法》一卷、《金刚顶义诀》三卷。这中间除《大毗卢遮那义释》七卷也见存于《宋高僧传》卷五《一行传》以外,其余的均为该传所阙载。

《两部大法相承师资付法记》在日本流传很广,有康安元年写本、正德二年栂尾写本、镰仓初期写本、东寺金刚藏本、金刚藏别本、青莲院本、大谷大学本等。

有关本书的研究,主要有陈士强《大藏经总目提要·文史藏》(上海古籍出版社,2008年)等。

(陈士强)

传心法要 〔唐〕希 运

　　《传心法要》，全称《筠州黄檗山断际禅师传心法要》，一卷（或作二卷）。唐代希运禅师自会昌二年（842）起为在俗弟子裴休所述，由裴休记录而集成于唐大中十一年（857）。本书有广略二本：广本附有《黄檗断际禅师宛陵录》一卷，略本收于《景德传灯录》，题名为《黄檗希运禅师传心法要》，删《宛陵录》，且于卷末省略三分之一，并附裴休《传心偈》一篇。通行本有《大正藏》本、金陵刻经处刻本等。

　　希运（？—885），福建福清人，幼年在本州黄檗山出家，长成后，倜傥不羁。后因人启发，而参百丈怀海，得以开发心眼，遂在洪州高安县（今属江西）鹫峰山建寺弘法，并改其名为黄檗山，往来学众云集，时人称为黄檗希运，寂后谥断际禅师。法嗣有临济义玄、睦州陈道明、千顷楚南等十二人，以义玄为最。著作尚有《语录》、《宛陵录》各一卷问世（收于《古尊宿语录》卷二、卷三）。生平事迹见于《宋高僧传》卷二十等。

　　本书卷首有裴休序，叙其旦夕向希运问道，"退而纪之，十得一二"。正文内容可分两大部分：一、对裴休开示语；二、答裴休问。

　　希运继慧能南禅，传马祖道一"即心即佛"之法要，倡导"即心是佛"、"无心是道"之宏旨，在当时有相当影响。文中首先说道："诸佛与一切众生，唯是一心，更无别法。"此心无始以来就没有生灭、青黄、有无、长短、大小、内外等形相，是离相无待的绝对，因而它无所不包，无所不容。心即是佛，佛即是法；心外别无他法，亦无他佛大千世界，无量功德，只在"一心"。此心上至诸佛菩萨，下至蠢动含灵，个个皆有，一体无异。它不会因成佛而增，亦不因众生而减，众生与佛并无差别。若于心外著相取境，则佛转众生；一旦明了"一心"，不再心外求法，当下了悟，众生便是佛。心、佛、众生三者如一，众生心便是佛，佛即是众生之本心，故"即心是佛"。

　　希运认为，成佛最重要的是心悟。"若不向心中悟，虽至成佛，亦谓之声闻佛"。所以他对念佛往生颇不以为然，认为从教法上悟，即便历劫修行，终不得证本佛，唯有"直下顿了，自心本来是佛,无一法可得,无一行可修,才是真如佛"。真如佛是本源清净心,向上更添不得一物,故希运主张"不立义解、不立宗主、不开户牖","别付一心,离言说法",把成佛完全付诸自心自性。进一步,希运指出学禅要诀在于"莫于心上著一物",此心是明净犹如虚空,没有一点相貌的。若于心上著物,心上逐境,就是认贼为子,乖道背理;反之,若能当下直指,心境一如,即心即佛,则是真出世人。因此,他认为佛法"非关六度万行",学道之人,亦无修证可言,直下无心便是。这种无修无证,直下顿了的思想把南禅顿悟说推到极致。

不过,一般人常常不懂得这个道理,而于"心上生心,向外求佛,著相修行,皆是恶法,非菩萨道"。故而,"供养十方诸佛,不如供养一个无心道人"。"无心者,无一切心也。"无心之心是离一切相的,无能所,无方所,无相貌,无得失,于念而不念,于相而离相。所以学道人"唯学无求无著,无求即心不生,无著即心不灭,不生不灭即是佛"。希运把"无心"者比作"如如之体,内如木石不动不摇,外如虚空不塞不碍","终日吃饭没吃一粒米,终日行路没踏一寸土"。"无心"便住,但能"无心",便是究竟。学道人若不直下"无心",累劫修行,只是枉受劳苦,不若当下"无心",息念忘虑,佛自现前。

希运提出"无心"是为了教人"莫于心上著一物",目的是要破除一切执著,使当即直下的悟道成为现实,而不是以虚空为道本。他的"无心"是与"即心"紧密相连的。从佛学背景上看,希运禅法是般若空宗和如来藏自性清净心的统一,其中起作用的是如来藏思想,它使禅法不致落入虚空处。另一方面,空观思想,又使禅法达到一种更高远境界,而获得解脱。两者的结合是希运禅法的特色,对洪州禅亦是一重大贡献。只说"一心",便作有见;反之,只说"无心"又作无见。作有、无见,都是境上起解,非关佛法,佛法是遇境即有,无境即无,是活泼泼、自然直下任运的禅。希运说"佛真法身犹若虚空,但空本未空,唯一真法界耳"、"一切本空,心即不灭,不灭即妙有",他从真、空两方面说明众生与佛本来不异,"即心是佛"、"无心是道"。前者指出解脱根源,而后者具深一层的意义,即指出了解脱的途径和意义,两者的结合,便是希运全部心性学说的核心。希运是洪州禅后期重要代表,更是临济宗的先驱者,直接影响临济宗的形成。希运有时以打、棒、喝等为接机的方便,也成为临济宗风的渊源,希运以后的临济禅进一步在意境方面展开,在更大程度上脱离传统禅的思想和形式的束缚。黄檗禅以后传入日本,临济、曹洞并称为日本禅宗二大派。

《传心法要》作为一部禅宗要籍,语言流畅、直接简明,说示法要,打破心境、明暗、有无、真妄等相对观念,主张绝对观念,反映了希运直指单传心要的思想。它是研究希运和临济宗思想的重要资料。

(刘华丽)

祖堂集 〔五代〕静、筠

《祖堂集》，二十卷。五代时南唐静禅师、筠禅师合编。成于保大十年(952)。初刊后不久，留在国内的印本由于战乱等原因，先后亡佚。以至后人一般不知道有它。但它的初刻本因传入高丽，遂得到了保存。高丽高宗朝重雕《大藏经》时，曾于乙巳岁(1245)将它列为附录，予以刊刻。1972年，台湾以日本京都花园大学图书馆收藏的、全日本仅有的一部高丽重刻本《祖堂集》为底本，影印出版，使之复传中国。通行本有《大藏经补编》本，岳麓书社1996年版吴福祥等校点本，中州古籍出版社2001年版张华校点本，中华书局2008年出版的孙昌武、衣川贤次、西口芳南校点本，商务印书馆2009年出版的张美兰校注本等。

《祖堂集》是现存最古的灯录体著作。禅宗因"法"（佛法）能开愚，犹"灯"能照暗，故常以"灯"比喻"法"（《六祖坛经·忏悔品》上就有"一灯能除千年暗，一智能灭万年愚"的说法），将禅宗师徒之间的授受（"传法"）称之为"传灯"。记载禅宗历代祖师的传承世系以及他们的机缘语句（参禅或接引学人时的对话与开示）的著作，也就被称为"传灯录"，简称"灯录"，或"灯史"。

然而，由于《祖堂集》在中国本土失传太早，姑且算它在北宋初年尚见存，也必定只限于个别人收藏，而于整个佛教界无闻。又由于以"传灯录"为书名的，以北宋道原的《景德传灯录》（简称《传灯录》）为最早，故一般都认为《传灯录》是禅宗灯录体著作的始祖。这从对后世的直接影响而言，是完全对的，因为后来的《天圣广灯录》、《建中靖国续灯录》、《联灯会要》、《嘉泰普灯录》、《五灯会元》等等，莫不是在《传灯录》的影响下出现的，它们的书名也莫不是与之有联系。但从这种文体的最初撰作而言，《祖堂集》又早于《传灯录》五十二年，位于第一。它的重新发现，对禅宗灯录史的研究关系甚大。

《祖堂集》按七佛、三十三祖（禅宗西天二十八祖和东土六祖的连计，因西天第二十八祖和东土初祖是同一个人，故成此数）、初祖下傍出（即东土初祖菩提达摩的旁传弟子，相对嫡传而言，但此项仅见于《上名次第》即原书目录，并无本文）、四祖（道信）下傍出、五祖（弘忍）下傍出、六祖（慧能)下出(先总叙慧能的弟子,次分述"思和尚下出"和"让和尚下出",即慧能门下形成的青原行思和南岳怀让两大法系,由于作者是青原系僧人,故先青原系后南岳系)的次序编录。作者以七佛的每一佛和三十三祖的每一祖,各为禅宗传法世次中的一代,故至第三十三祖慧能已成四十代。慧能的嫡传弟子青原行思和南岳怀让,以及其他傍传弟子为四十一代。青原行思下传七代,连同前数,构成青原系的禅宗四十八代传法世次;南岳怀让下传六代,连同前数,构成南岳系的禅宗四十七代传法世次。故《祖堂集》所记的禅宗法系分别为四十八代和四十七代(因青原系和南岳系是并列的两大法系,故不能合并)。由于原书《上名次第》中所列的人名,有的并无本文,如牛头宗的智严、慧方、法持、智威、慧忠等,故笔者统计,有事迹见载的实为二百四十五人,非是本书卷首《海东新开印版记》所说的"二百五十三员"。

《祖堂集》卷一和卷三,为七佛和三十三祖。所记的七佛是:第一毗婆尸佛、第二尸弃佛、第三毗舍浮佛、第四拘留孙佛、第五拘那含牟尼佛、第六迦叶佛、第七释迦牟尼佛;三十三祖是:第一祖大迦叶、第二祖阿难、第三祖商那和修、第四祖优婆毱多、第五祖提多迦、第六祖弥遮迦、第七祖婆须密、第八祖佛陀难提、第九祖伏驮密多、第十祖胁尊者、第十一祖富那夜奢、第十二祖马鸣、第十三祖毗罗、第十四祖龙树、第十五祖迦那提婆、第十六祖罗睺罗(以上《祖堂集》卷一)、第十七祖僧伽难提、第十八祖伽耶舍多、第十九祖鸠摩罗多、第二十祖阇夜多、第二十一祖婆修盘头、第二十二祖摩拏罗、第二十三祖鹤勒、第二十四祖师子、第二十五祖婆舍斯多、第二十六祖不如密多、第二十七祖般若多罗、第二十八祖菩提达摩、第二十九祖惠可、第三十祖僧璨(当作"璨")、第三十一祖道信、第三十二祖弘忍、第三十三祖慧能(以上卷二)。

上述三十三祖的事迹,是参考唐代智炬的《宝林传》写成的,因此作者在大迦叶、摩拏罗、鹤勒、师子、不如密多、般若多罗诸章的夹注中时常说:"具如《宝林传》也。"

卷三,为四祖下傍出、五祖下傍出和六祖下出。所记的四祖下傍出是:牛头和尚(牛头宗初祖法融)、鹤林和尚(牛头宗五祖智威的弟子玄素,本书误作"马素")、径山和尚(玄素的弟子道钦)、鸟窠和尚(道钦的弟子道林),凡四人;五祖下傍出是:懒瓒和尚(北宗神秀的弟子普寂的门人,法名不详)、老安国师(慧安)、腾腾和尚(慧安的弟子仁俭)、破灶堕和尚(慧安的弟子),凡四人;六祖下出是:靖居和尚(行思)、荷泽和尚(神会)、慧忠国师、崛多三藏、智荣和尚(玄策)、司空山本净和尚、一宿觉和尚(玄觉)、怀让和尚,凡八人。

卷四至卷十三,除耽源和尚(六祖慧能的傍传弟子慧忠的门人真应,见卷四)和草堂和尚(慧能的傍传弟子神会下第三代遂州道圆的弟子宗密,见卷六)二人以外,其余的全是青原行思法系的传人。青原系中地位仅次于行思的是他的弟子石头希迁,因为这一系的法脉主要是通过希迁的众弟子往下传的,所以,《祖堂集》只是在称呼希迁本人时,用"思和尚下出"(见《上名次第》),而希迁以下的各代世次,皆称为"石头下"(见各卷标题下的小注),以突出希迁的地位。所记的青原行思下七代传法世次如下。

第一代(作者从七佛算起,故称之为禅宗四十二代,以下各代类推):石头和尚(希迁)。凡一人。

第二代:天皇和尚(道悟)、尸梨和尚(又作"尸利")、丹霞和尚(天然)、招提和尚(惠朗)、药山和尚(惟俨,以上卷四)、大颠和尚、长髭和尚(旷禅师)。凡七人,均为希迁的弟子。

第三代:龙潭和尚(道悟的弟子崇信)、翠微和尚(天然的弟子无学)、云岩和尚(昙晟)、华亭和尚(德诚)、椑树和尚(慧省)、道吾和尚(圆智,上四人均为惟俨的弟子)、三平和尚(大颠的弟子义忠)、石室和尚(旷禅师的弟子善道)。凡八人。

第四代:德山和尚(崇信的弟子宣鉴,以上卷五)、投子和尚(无学的弟子大同)、神山和尚(昙晟的弟子僧密)、洞山和尚(昙晟的弟子良价)、渐源和尚(仲兴)、石霜和尚(庆诸,上二人为圆智的弟子,以上卷六)、夹山和尚(德诚的弟子善会)。凡七人。

第五代:岩头和尚(全豁)、雪峰和尚(义存,上二人为宣鉴的弟子,以上卷七)、云居和尚(道膺)、钦山和尚(文邃)、曹山和尚(本寂)、华严和尚(休静)、本仁和尚、青林和尚(师虔)、疏山和尚(匡仁)、龙牙和尚(居遁)、幽栖和尚(道幽,上九人均为良价的弟子)、上蓝和尚(令超,以上卷八)、洛浦和尚(元安)、盘龙和尚(可文)、逍遥和尚(怀忠)、洞安和尚(又作"同安")、黄山和尚(月轮)、韶山和尚(寰普,上七人均为善会的弟子)、大光和尚(居让)、云盖和尚(源禅)、九峰和尚(道虔)、南岳玄泰和尚(上四人均为庆诸的弟子)等。凡二十八人。

第六代:玄泉彦和尚、乌岩和尚(师彦)、罗山和尚(道闲,上三人为全豁的弟子,以上卷九)、玄沙和尚(师备)、镜清和尚(道怤)、鼓山和尚(玄晏,又作"神晏")、安国和尚(行韬)、长庆和尚(慧稜,以上卷十)、保福和尚(从展)、云门和尚(文偃)、惟劲禅师(上八人均为义存的弟子)、佛日和尚(道膺的弟子)、金峰和尚(从志,以上卷十一)、荷玉和尚(匡慧,又作"光慧",上二人为本寂的弟子)、紫陵和尚(休静的弟子匡一)、禾山和尚(道虔的弟子无殷)、龙光和尚(道闲的弟子隐微)、中塔和尚(师备的弟子慧救,以上卷十二)等。凡四十七人。

第七代:招庆和尚(道匡)、报慈和尚(光云,上二人为慧稜的弟子)、龙潭和尚(如新)、山谷和尚(行崇,上三人为从展的弟子,以上卷十三)等。凡六人。

卷十四至卷二十,为南岳怀让法系的传人。南岳系中地位仅次于怀让的是他的弟子马祖道一,因为这一系的法脉主要是通过道一的众弟子往下传的,所以,《祖堂集》只是在称呼道一本人时,才用"让和尚下出",而道一以下的各代世次,皆称为"马祖下出"(见《上名次第》),或"江西下"(见各卷标题下的小注)。所记的南岳怀让下六代传法世次是:

第一代：江西马祖(道一)。凡一人。

第二代：大珠和尚(慧海)、百丈政和尚(惟政)、杉山和尚(智坚)、石巩和尚(慧藏)、南源和尚(道明)、百丈和尚(怀海)、鲁祖和尚(宝云)、高城和尚(法藏)、西堂和尚(智藏)、鹅湖和尚(大义)、伏牛和尚(自在)、磐山和尚(宝积)、麻谷和尚(宝彻)、盐官和尚(齐安)、五泄和尚(灵默)、大梅和尚(法常)、东寺和尚(如会)、归宗和尚(智常)、汾州和尚(无业)、庞居士(庞蕴,以上卷十五)、南泉和尚(普愿)等。凡三十二人,均为道一的弟子。

第三代,沩山和尚(灵祐)、黄檗和尚(希运,以上卷十六)、福州西院和尚(大安,上三人均为怀海的弟子)、处微和尚(智藏的弟子)、东国慧日山和尚(怀晖的弟子玄昱)、闽南和尚(齐安的弟子道常)、普化和尚(宝积的弟子)、芙蓉和尚(智藏的弟子灵训)、岑和尚(景岑,以上卷十七)、赵州和尚(从谂,本书误作"全谂")、陆亘大夫(上三人均为普愿的弟子)等。凡二十七人。

第四代：仰山和尚(慧寂,以上卷十八)、香严和尚(智闲)、径山和尚(鸿谭,又作"洪谭")、灵云和尚(志勤,上四人均为灵祐的弟子)、临济和尚(义玄)、观和尚(灵观,上二人均为希运的弟子)、灵树和尚(大安的弟子如敏)等。凡十四人。

第五代：资福和尚(慧寂的弟子贞邃,以上卷十九)、五冠山瑞云寺和尚(慧寂的弟子顺之,又作"顺支")、宝寿和尚(沼禅师)、灌溪和尚(志闲)、兴化和尚(存奖,以上三人为义玄的弟子)。凡五人。

第六代：原编有四人,即后鲁祖和尚(志闲的弟子山教)、隐山和尚、兴平和尚、米岭和尚(上三人未注法嗣)。因隐山和尚、兴平和尚章中有"洞山行脚"、"洞山礼拜"语,以此推断,此两人当是洞山良价的弟子,当属于青原系第五代；米岭和尚,据《传灯录》卷十二当是径山洪谭的弟子,属南岳系第四代。故这四人中间真正属于南岳系第六代的只有后鲁祖和尚一人。

《祖堂集》所编定的禅宗谱系,总的来说不如后来的《传灯录》来得细密完整。这是因为《祖堂集》产生于乱世,由于条件的限制,许多僧人资料作者未能直接看到,作者在卷三鹤林和尚、鸟窠和尚、智荣和尚,卷四天皇和尚,卷五长髭和尚、棵树和尚,卷六草堂和尚、神山和尚、渐源和尚以及其他数十章中均有"未睹行状,不决化缘"、"未睹实录,不决终始"的说明就是例证。

但是,就两书同载的那些人物的行迹言语而论,则往往可以互相参补勘正。《传灯录》固然有许多胜于《祖堂集》的地方,如《传灯录》卷五的青原行思章胜于《祖堂集》卷三的靖居和尚章,《传灯录》卷十八的玄沙师备章胜于《祖堂集》卷十的玄沙和尚章,《传灯录》卷十九的玄门文偃章胜于《祖堂集》卷十一的云门和尚章,《傅灯录》卷七的西堂智藏章胜于《祖堂集》卷十五的西堂和尚章。但《祖堂集》也有不少独有的记载,可补《传灯录》之阙。除前面已提到的懒瓒和尚、东国慧日山和尚在《传灯录》中未录事迹以外,还有以下数例值得注意。

一、《祖堂集》卷三腾腾和尚(仁俭)章,载有仁俭的《乐道歌》歌云:"问道道无可修,问法法无可问。迷人不了性空,智者本无违顺。八万四千法门,至理不离方寸。不要广学多闻,不在辩才聪俊。识取自家城廓,莫漫游他州郡。言语不离性空,和光不同尘坌。烦恼即是菩提,净化生于泥粪。若有人求问答,谁能共他讲论?亦不知月之大小,亦不知岁之余闰。晨时以粥充饥,仲时更餐一顿。今日任运腾腾,明日腾腾任远。心中了了总知,只没伴痴缚钝。"此歌在《传灯录》卷三十题为《了元歌》,其中"不要广学多闻,不在辩才聪俊"一句,在"识取自家城廓,莫漫游他州郡"之后,而且用字也略有差异,可资对勘。

二、《祖堂集》卷四丹霞和尚(天然)章,载有天然的《孤寂吟》、《颂》、《骊龙珠吟》、《弄珠吟》等诗颂。其《颂》云:"丹霞有一宝,藏之岁月久。从来人不识,余自独防守。山河无隔寻,光明处处透。体寂常湛然,莹彻无尘垢。世间采取人,颠狂逐路走。余则为渠说,抚掌笑破口。忽过解空人,放旷在林薮。相逢不擎出,举意便知有。"天然少亲儒墨,业洞九经。初与庞居士同侣入京(长安),参加科举考试,在汉南道寄宿时,因行脚僧(以上均据《祖堂集》)以"选官不如选佛"相劝,改谒马祖道一学禅。这些诗颂是他早先习儒,具有一定的文学涵养的印证,而《传灯录》卷十四丹霞天然章只辑机语,不载诗颂,卷三十仅载他的《玩珠吟》二首。

三、《祖堂集》卷十一惟劲禅师章,载有惟劲的《赞镜灯颂》、《象骨偈》全文,而《传灯录》卷二十虽然指出,惟劲因睹南岳慈东藏(又号"三生藏")中收藏的华严宗三祖法藏为讲解《华严经》"法界重重帝网之门,佛佛罗光之像"的镜灯一座,"乃著五字颂五章",但没有辑存"五字颂"(当指《赞镜灯颂》)的原文。

四、《祖堂集》卷十三龙潭和尚(如新)章,载有如新的生世,说:"(如新)福州福唐县人也。姓林,依灵握(此字疑有误)院出家,才具尸罗(指戒),志慕祖筵而登保福(指从展)之门,密契传心之旨。"而《传灯录》卷二十二海会如新章则只有机语而阙生世。

五、《祖堂集》卷十五伏牛和尚(自在)章,载有自在的《三个不归颂》。此颂用通俗明白的语言表达了自在的思想:"割爱辞亲异俗迷,如云似鹤更高飞。五湖四海随缘去,到处为家一不归。苦节劳形守法成,幸逢知识决玄彻。慧灯初照昏衢明,唯报自亲二不归。峭壁幽岩往覆希,片云孤月每相依。径行宴坐闲无事,乐道逍遥三不归。"而《传灯录》卷七伏牛自在章虽有自在的几句对话,但无此颂。

六、《祖堂集》卷十九香严和尚(智闲)章,载有智闲的一批赞颂,如《诫宗教接物颂》、《常在颂》、《修行颂》、《清思颂》、《谈玄颂》、《与学人玄机颂》、《浑沦语颂》、《明古颂》、《与崔大夫畅玄颂》、《宝明颂》、《出家颂》、《寄法堂颂》、《玄旨颂》、《赠同住归寂颂》、《劝学颂》、《志守得破颂》、《见闻颂》、《分明颂》等。而《传灯录》卷十一香严智闲章只是说:"师凡示学徒,语多简直,有偈颂二百余篇,随缘对机,不拘声律,诸方盛行。"没有辑录这些撰作的内容,卷三十只刊载了智闲的《励觉吟》、《归寂吟》二首。

七、《祖堂集》卷二十瑞云和尚(顺之,又作"顺支")章,载有顺之《成佛篇》。文章论述了"证理成佛"、"行满成佛"、"示显成佛",以及"顿证实际"、"回渐证实际"、"渐证实际"的思想,是顺之的重要思想资料,而《传灯录》卷十二新罗顺支章则一字未载。

上述事例是《祖堂集》学术价值的一个很好的证明。虽则如此,《祖堂集》也存在着一些缺点。如好多人物只有"某某和尚"的别号,若不与《传灯录》对勘,无从知道他们的法名;记载人物的身世、游历较《传灯录》薄弱;由于雕刻方面的原因,笔画误增、误减、生造的错字别字甚多,有一些已达到无法辨认的地步。因此,虽然书中关于青原行思的籍贯(说"安城人"),德山宣鉴、洞山良价、石霜庆诸的年寿,岩头全豁的卒年等的记载与《传灯录》相异,但究竟是哪一说可信,尚须作进一步的考证。

有关本书的研究,主要有谭伟《祖堂集文献语言研究》(巴蜀书社,2005年)、王闰吉《〈祖堂集〉语言问题研究》(中国社会科学出版社,2012年)、李艳琴等《祖堂集五灯会元校读》(巴蜀书社,2011年)、陈士强《大藏经总目提要·文史藏》(上海古籍出版社,2008年)等。

(陈士强)

释氏六帖 〔五代〕义 楚

《释氏六帖》,又名《释氏纂要六帖》、《义楚六帖》,二十四卷。五代时后周义楚集。成于显德元年(954)。通行本有1990年浙江古籍出版社影印本等。

义楚,俗姓裴,相州安阳(今河南安阳)人。七岁出家,从诸父(伯父)修进法师和季父(叔父)省伦法师研习经论,尤精《俱舍论》,先后传讲唐代大云寺僧圆晖撰的《俱舍论颂疏》(三十卷)达十多遍。后周世宗曾赐号"明教大师"。生平事迹见《宋高僧传》卷七。

《义楚六帖》是一部依仿唐代白居易《白氏六帖》的体例而编集的、以采录佛教掌故为主的佛教类书。全书分为五十部,始《法王利见部》,终《师子兽类部》。每部之下又分若干门,总计四百四十门。每一门收有多寡不等的词目,少的只有一二条,多的达几十条,甚至上百条。所叙录的内容极为广泛,不仅有大量的佛教掌故和术语,而且有各种各样的人文掌故和自然知识。诸如佛法僧的含义、大小乘的修持、王侯卿相对佛教的态度、僧尼不拜王者的长期争论、师徒之间的教诫、行住坐卧的礼仪、高僧的德业、圣贤的著述、寺舍塔殿的建置、衣物用具的名目、儒家的伦理道德、道教的天尊道法、君臣之道、人事交往、天文地理、物产珍宝、饮食娱乐、医药术数、军旅交通、商贾工巧,以及飞禽走兽、草木虫鱼等等;尽皆收纳。各部情况如下。

一、法王利见部(卷一)。下分六门,收录释迦牟尼("法王")的名姓行业、相好(指三十二相八十随好)光明、降生时代、所居国土、入灭舍利、像化灵异方面的词目。

二、信奉谤毁部(卷二)。下分四门,收录历代王侯卿相以至道门(道教)崇奉佛教,或谤毁佛教方面的词目(主要据唐代法琳的《辩正论》编集)。

三、大法真诠部(卷三)。下分十门,收录法宝(佛藏)名数、说法时处、诸法名相(佛教的名词术语)、求法受持、发愿回向、法灭(佛法衰灭)因缘、善与恶等方面的词目。

四、损益有情部(卷四)。下分八门,收录生、老、病、死、苦难、地狱等方面的词目。

五、六到彼岸部(同上)。下分六门,收录布施、持戒、忍辱、精进、禅定、智慧(合称"六度")方面的词目。

六、大士僧伽部(卷五)。下分十门,收录僧宝、菩萨、受记、出家、还家(指还俗)、破戒、沙弥、行者等方面的词目。

七、师徒教诫部(卷六)。下分二十门,收录师主、弟子、论师、法师、纲维、知事、教诫、知足、安乐、羞耻等方面的词目。

八、威仪礼乐部(同上)。下分十二门,收录礼仪、行步、住立、坐起、眠卧、避嫌、忏谢、供养、斋会、温浴、福业、破斋等方面的词目。

九、语论枢机部(同上)。下分十二门,收录语言、论义、嘲戏、辩才、笑哂、离间、呵责、欺诳、谤毁、妄语、止诤等方面的词目。

十、九流文艺部(卷七)。下分十七门,收录佛教著述、儒道九流、文字、书檄、诗颂、纸笔、医药、术数、占卜、占梦、相法、工巧、塑画、商贾等方面的词目。

十一、高行诸尼部(卷八)。下分三门,收录比丘尼(出家女子)方面的词目(主要根据梁宝唱的《比丘尼传》编集)。

十二、僧尼不拜部(同上)。下分八门,收录东晋至唐代有关僧尼不拜王者的争论、会昌毁佛、佛道先后等方面的词目(主要根据唐彦惊的《集沙门不应拜俗等事》编集)。

十三、大道灵仙部(同上)。下分五门,收录道教方面的词目。

十四、流通大教部(卷九)。下分四门,收录译经、求法等方面的词目(此部至《化导人天部》,凡十部,主要根据梁慧皎的《高僧传》和唐道宣《续高僧传》十科的内容编集)。

十五、法施传灯部(卷十)。收录义解僧方面的词目。

十六、神通化物部(卷十一)。收录神异僧方面的词目。

十七、静虑调心部(同上)。收录习禅僧方面的词目。

十八、持犯开遮部(卷十二)。收录明律僧方面的词目。

十九、捐身为法部(同上)。收录亡身和护法僧方面的词目。

二十、持诵贯花部(同上)。收录诵经僧方面的词目。

二十一、荷负兴崇部(同上)。收录兴福僧方面的词目。

二十二、抑扬半满部(同上)。收录经师方面的词目。

二十三、化导人天部(同上)。收录唱导和杂科僧方面的词目。

二十四、威灵神众部(卷十三)。下分四门,收录梵王、帝释、魔王、天王方面的词目。

二十五、世主人王部(同上)。下分五门,收录有道君王和无德之主方面的词目。

二十六、储君臣佐部(同上)。下分二门,收录太子和大臣方面的词目。

二十七、神仙高士部(卷十四)。下分十门,收录仙人、外道、导师、婆罗门、长者、居士、信士、隐士等方面的词目。

二十八、人事亲朋部(同上)。下分十八门,收录父母、兄弟、舅伯、孝子、逆子、朋友、宾客、奴仆、伴侣、孤独、贫穷等方面的词目。

二十九、军旅雄勇部(卷十五)。下分十五门,收录军旅、斗战、劫贼、渔人、猎师、断事等方面的词目。

三十、大权示化部(同上)。下分四门,收录圣女、天女等方面的词目。

三十一、后妃公主部(卷十六)。下分三门,收录后妃、公主、宫人等方面的词目。

三十二、妇女贤乱部(同上)。下分六门,收录嫁娶、妻室、婢妓、淫滥等方面的词目。

三十三、幽冥鬼神部(同上)。下分十门,收录鬼神、灵变等方面的词目。

三十四、自在光明部(卷十七)。下分十九门,收录天、日、月、星、云、雨、雷、电、雪、旱、年、劫、时、节、会、寒热、昼夜等方面的词目。

三十五、厚载灵源部(卷十八)。下分十六门,收录地、山、海、江、河、水、泉、池、井、土、水、灯等方面的词目。

三十六、草木果蔬部(同上)。下分十四门,收录园、林、树、花、果、草、瓜菜等方面的词目。

三十七、酒食助味部(卷十九)。下分二十五门,收录酒、食、粥、饼、盐、乳、酪、蜜、肉、油、稻、种植等方面的词目。

三十八、宝玉珍奇部(同上)。下分十二门,收录宝、金、银、琉璃、珠、玉、钱、财等方面的词目。

三十九、雅乐清歌部(卷二十)。下分十门,收录乐、琴、琵琶、鼓、钟、铃、磬、歌、舞、棋等方面的词目。

四十、五境为缘部(同上)。下分五门,收录色、声、香、味、触方面的词目。

四十一、六根严相部(同上)。下分六门,收录眼、耳、鼻、舌、身、意方面的词目。

四十二、随根诸事部(同上)。下分十七门,收录头、臂、手、足、发、毛、皮、骨、血脉、泪汗、息气等方面的词目。

四十三、国城州市部(卷二一)。下分四门,收录国、城、州、市方面的词目。

四十四、寺舍塔殿部(同上)。下分十三门,收录寺、殿、塔、堂、宅、门、柱、厨、阶、台、坛、壁、厕方面的词目。

四十五、贮积秤量部(卷二二)。下分五门,收录藏、柜、斗、秤、盆瓮方面的词目。

四十六、助道资身部(同上)。下分二十九门,收录衣服、袈裟、数珠、剃刀、净瓶、钵盂、锡杖、鞋履、幡、拂、床、座、针、线、布等方面的词目。

四十七、武备安邦部(卷二三)。下分十九门,收录印、甲、枪戟、刀剑、弓、箭、索、梯、车、船、桥、担等方面的词目。

四十八、龙王水族部(同上)。下分十门,收录龙、龟、鱼、蛤、獭、蛇、虫蚁等方面的词目。

四十九、金翅族羽部(同上)。下分十九门,收录飞鸟、凤凰、孔雀、鹤、鹦鹉、鹰、雁、鹅、鸡、蝙蝠、蜂、蝇、蚊等方面的词目。

五十、师子兽类部(卷二四)。下分十八门,收录师子(即"狮子",佛经中皆作"师子")、象、虎、鹿、驼、马、驴、牛、羊、猪、狗、猕猴、兔、狐、猫、鼠等方面的词目。

《释氏六帖》的词目一般以四字为题,如"沙门姓氏"、"法门舍利"、"禅有五门"、"声闻四果"、"慧远抗帝"、"耆域神奇"、"昙瑗律统"、"宝琼义邑"、"书目之源"、"律历数始"等。也有不到四字或多于四字的,如"三世"、"五位"、"宝林传"、"日本国"、"陈高宗孝宣皇帝"、"魏高祖孝文皇帝"等。然后广引佛教经律论及杂藏(各类撰集)予以诠释。此外,也征引了一些世俗典籍和道教之书。大多数的释文是以引经据典的方式展开的,也有一些释文略去出典,根据作者的记忆和理解加以表述。如"正行十种"的释文是:"《庄严论》云:一书写,二供养,三流转,四听受,五转读,六教他,七习诵,八解脱,九思择,十修习。此十于法能生无量功德。"(卷三《大法真诠部·说法时处》)

由于《释氏六帖》广征博引,集佛教故实与义理为一书,因此,书中保存了不少今已失传的隋唐佛教撰集的坠简佚文。其中有隋代灵裕《寺诰》(又名《塔寺记》)、唐代彦悰《西京寺记》、太原居士郭迻《新定一切经类音》等。

有关本书的研究,主要有陈士强《大藏经总目提要·文史藏》(上海古籍出版社,2008年)等。

(陈士强)

宗镜录 〔五代〕延 寿

《宗镜录》,又称《宗鉴录》《心镜录》,一百卷。五代延寿撰。成于宋太祖建隆二年(961)。本书集成后,由吴越王秘藏之,并未流通,至宋神宗元丰(1078—1085)年间始有魏端献王的木刻本流行。以后历经法涌、永乐、法真等人"校读",有改订版流布,明末刻印《嘉兴藏》时,智旭重新删定改订本。通行本有《大正藏》本等。

延寿(904—975),俗姓王,余杭人。早年归心佛门,及冠,日一食,诵《法华经》。年二十八为华亭(江苏松江)镇将,因亏累公款,被判死刑,后为吴越王所赦,依龙册寺翠岩令参出家,继而往天台山习定,参谒德韶,抉择所见。后于国清寺结坛修法华忏,颇有感悟,乃朝放诸生类,夕施食鬼神,兼精修净业。广顺二年(952),住明州(浙江宁波)雪窦山,学侣臻凑。宋太祖建隆元年(960),钱俶请至杭州开灵隐新寺为第一世,翌年移住永明寺,十五年间度弟子一千七百人。开宝七年(970),入天台山度戒约万余人。同年,奉敕于钱塘江建造六和塔,用以镇潮。延寿为禅宗法眼宗三祖,以倡禅净双修之道,后世尊为净土宗六祖。著作尚有《万善同归集》六卷、《唯心诀》一卷、《定慧相资歌》一卷、《神栖安养赋》一卷、《警世》一卷等六十余部。生平事迹见《宋高僧传》卷二八、《景德传灯录》卷二六、《净慈寺志》卷八等。

《宗镜录》之书名,据延寿所撰自序:"举一心为宗,照万法如镜,编联古制之深义,撮略宝藏之圆诠,同此显扬,称之曰录。"全书八十万字,"大约三章:先立正宗,以为归趣;次申问答,用去疑情;后引真诠,成其圆信"。据《禅林僧宝传》卷九记载,为解决禅教之间和教内各家间的矛盾,召集精通法义的华严、唯识、天台三家学者辩论,而由延寿以"心宗旨要",加以折中而编定之。本书卷首有钱俶所作序,认为"儒"能"正君臣,亲父子,厚人伦",为"吾之师也";而道,"君得之则建善不拔,人得之则延龀无穷",乃"儒之师也";至于佛,"时习不忘,日修以得,一登果地,永达真常",则"道之宗也";而此三教,"并自心修"。全书立论重在顿悟、圆修,以"禅尊达摩,教尊贤首"为其中心思想,为宋以来倡导祖佛同诠、禅教一致的代表作。

《标宗章第一》,占卷一之大半。所谓"标宗",即"祖标禅理,传默契之正宗;佛演教门,立诠下之大旨"。引禅宗经常提举的"佛语心为宗,无门为法门",以明祖祖相传之"一心"。又多引《华严经》及华严宗理论以明"宗体":"杜顺和尚依《华严经》,立自性清净圆明体,此即是如来藏中法性之体。从本已来,性自满足,处染不垢,修治不净,故云自性清净。性体遍照无幽不瞩,故曰圆明。又随流加染而不垢,返流除染而不净。亦可在圣体而不增,处凡身而不减。虽有隐显之殊,而无差别之异。烦恼覆之则隐,智慧了之则显。非生因之所生,唯了因之所了,斯即一切众生自心之体。"

《问答章第二》,自卷一后半至卷九三,分为三百四十多段,每一段又包括若干问题,主要讨论心与言教、宗门与教门、性宗与相宗之间的异同问题。大体而言,四十六卷以前,多明法性,四十六卷以后,多明法相。《宗镜录》虽罗列天台、华严、唯识等宗的教义,乃是借教明宗,藉以证明心宗的深妙。在此"心"中融入相宗的八识、天台宗的性恶、空宗的毕竟空等学说。如卷三四,设问:"佛旨开顿渐之教,禅门分南北之宗,今此敷扬,依何宗教?"延寿答曰:"此论见性明心,不广分宗判教,单提直入,顿悟圆修。亦不离筌蹄而求解脱,终不执文字而迷本宗。若依教,是《华严》,即示一心广大之文;若依宗,即达摩,直显众生心性之旨。"根据宗密在《禅源诸诠集》中三教与三宗相配的思想,提出"和会祖教,一际融通",故须先约三种佛教(密意依性说相教、密意破相显性教、显示真心即性教),证三宗(息妄修心宗、泯绝无寄宗、直显心性宗)禅心,然后禅教双亡,佛心俱寂。俱寂则念念皆佛,无一念而非佛心;双亡即句句皆禅,无一句而非禅教。

《引证章第三》,自卷九四至卷一百,引证三百余种经、语录和论集。"为信力未深,纤疑不断者,更引大乘经一百二十本,诸祖语一百二十本,贤圣集六十本。"不少已散佚的文献藉此得以保存,如卷九七所录南岳怀让和青原行思的两段法语,都未见于《景德传灯录》和《古尊宿语录》等书。此外,在问答章中所引的《中论玄枢》、《唯识义镜》等书,现在皆已失传,从本书中还能想见原书的概貌。

《宗镜录》系对治当时禅师轻视义学落于空疏的流弊而编。"今时学者,全寡见闻,恃我解而不近明师,执己见而罔披宝藏,故兹遍录,以示后贤,莫踵前非,免有所悔。"(卷六一)故北宋元祐年间(1086—1094)的宝觉禅师叹道"吾恨见此书晚。平生所未见之文,功力所不及之义,备聚其中"(《人天宝鉴》),并撮录玄要,辑成《冥枢会要》三卷,刻板流通。后又有祖心增辑为《宗镜广枢》十卷(《净慈寺志》)。至清代,雍正帝"录其纲骨,刊十存二",编为《宗镜大纲》,以政治力量传布之。今人研究有南怀瑾《宗镜录讲记》、潘桂明《宗镜录选译》等。

(王雷泉)

道 教

金镇流珠引 〔唐〕李淳风

《金镇流珠引》,二十九卷。旧题中华总真大仙宰王方平、张道陵、赵升、王长、司命李仲甫、茅盈、许玉斧等系代撰述,中华仙人李淳风注。通行本有明代《正统道藏》本等。

本书为符箓派法术论著。旧题作系代撰述的,王方平、李仲甫都是魏以前传说中的仙人,张道陵为正一派的创始人,赵升、王长是他弟子;茅盈东汉时在苏南修道,所在之山后称为茅山,为上清派宗坛所在,许玉斧是生活于东晋的上清派的传人。此书有如此多"仙人"经手未必事实,但可看到它在正一派和上清派中都有传承。李淳风,隋末唐初人,唐贞观年间曾任职司天监,对天文、历法多有建树,同时又是著名的占验家。《新唐书·方伎传》说他,"于占候吉凶,若节契然,当世术家意有鬼神相之,非学习可致,终不能测也"。所谓鬼神相之,指他能召役鬼神,考问休咎。此注不见于李淳风传记及唐宋志书,应是在道教内秘传。

书前有李淳风序,称该书原称《太上三五太玄金箓》,最初由元始天尊传出,数传至后圣太上老君李聃,改名为《太玄三五金锁流珠经箓》,以自撰略为十五卷正经,及《掌诀图书》。又解释"金锁"云:"始其意,金锁本说锁魂炼魄求生去死之法;本说坚身如金,留神系锁。诵金锁,人足履金纲。故名此两字以授后贤,晓达其名,应时得道。"至于流珠,"是北斗九星也,以修行步纲,故曰流转随珠。本名《金箓行法》,四字为首,后圣君改'行法'名流珠,即今飞步七星,配衣九斗,伐恶收逆是也"。神仙传经本为假托,是道经出世常用手段。但据此可知本书为从古传经典中删略而成,内容主要为踏罡步斗,配衣九斗(象有北斗七星加辅弼二星围绕自己),伐除邪恶鬼神,收捕不服天条的邪魅。全书以阐述踏罡步斗原理方法为主,兼及应用其法于役使六丁六甲,考召、召役三部将军等法,为现存的此类道法科范中最古老的一种。

卷一,《三五步纲引》。称:"夫步纲者是强身健神壮魄之法也。先从地纪,坚劳其身,壮健其神。神炁自然镇藏、然后通天地,感使神灵也。用之速于水火。"步纲,原作步罡,罡指北斗柄上最后一星。古人认为天罡所指,万邪摧伏。指在地上画布一北斗七星图,循图步之,认为可以飞行九天,禁制鬼神,后来北斗罡又扩大为东、南、西、北、中五斗,统称为步星纲。此书将步罡的内涵作了扩展,但仍重北斗。说:"北斗者,是中斗也。中斗九星,下变为九灵,步作九迹,谓之星纲。禹见鸟步星纲,转石木,取蛇食,禹学之三年,术成能覆九斗,配星于足,以足指扬即转,不知手为之后。登剡山岭之巅,有神人谓之曰:足履手指,何以足履亦使足指?主不见灵鸟足履觜指?禹拜之而受。后得道,驱使神鬼蛟龙虎豹,开决山川,引理江河,分别九州,后登帝位,方取道解易形变而升太极。"书中并载步法、掐诀和相应咒语。

卷二,记载三步九迹禹步、二十八宿禹步等法。禹步,为古代巫师行法时的步法。其出之由凡有两种说法,一说禹治水得偏枯病,走路腿瘸,巫师效之,称为禹步,见扬雄《法言》;一说禹治水时,至南海之滨,见到鸟行步指石,能禁大石翻动,禹效鸟步也能翻动石头,因其法自禹传出,故称禹步,见《抱朴子·内篇》及《洞神八帝元变经》。禹步后与步纲混合,其步法有三步九迹、十二迹等多种。依功能分有飞天纲、蹑地纪等名目。书中称步之可求长生、剋灾害,概述其事为:"后圣君告天师:初为飞天纲、蹑地纪禹步,翻为九迹,亦中斗数也,顺倒反三遍也。若急速欲之得力,但三步履旧纲左右各一遍,男童左女童右,是代顺倒反三遍也。如若收凶恶行兵之法,欲恐有灾于身,步二十八宿之禹步,而出之百步纲讫,三十五日之内验于水火。"同时又载步纲所用十二祝(咒)及相应掐诀和步伐配合的方法。

卷三,《初受三五法》。即对初入门学习三五步纲法的道士解释其法原理。指称三五之名"三者是三元,五者是五行"。上、中、下三元仙箓,各有三大将军"以为三统部领。三元将军防卫于内,治身救人,置三官主掌于外,驱鬼使神,制约人物,皆是三元五星之所重也"。

卷四,《五等礼师引诀》。记上章表安坛等事中的礼师法。礼师指礼请祖师,其用有五等,一奏章表礼师,二步纲礼师,三考召治病礼师,四行禁炁天地间万物礼师,五行兵入军、入山、入水、行往他国礼师。各师皆有不同名讳及礼拜方式,并记相应道符。

卷五,《太玄元炁所生三元引》。称:"炁生大道,大道生太一,太一生三炁之色也。玄黄、元白、始青,此三炁之色。三炁烟煴,交通往复,黄生赤,青生黑,此五色之炁也。炁生色,炁色相生,三五无极,炁色结形,号之曰神。神形有名,标其位,明有尊卑,更相辅助,治邪佑正。"凡人出生日辰的干支决定人五行命相,生、成、王、休、废、刑、祸各有不同,所应福星、祸星不同。书中记步罡召请福星,禁制祸星之法。

卷六,存使周、葛、唐三将军法。系以步纲掐诀,辅助存想,召役三位神将之法。

卷七,《说中部上篇转单身用图》。李淳风注:"步纲之迹,事得转身。古人言之转身,即今之步纲也。"称老君曰:"夫求长生之道,皆须步纲捻诀,并及救人,制鬼伏神龙虎豹之法,瘟毒疫疠之处,五兵之中皆能独身迥出,亦能禁制,亦能令众兵出害。此法微妙,不可得闻见,闻见者得通神,神人卫护。"书中泛说踏罡步斗禁炁之法,以及神兵神将环罗的图诀。

卷八、卷九,记踏罡步斗役使上元三部将军、功曹等的方法。

卷十,泛记存思中斗七星、存使四斗、配衣(斗)行法,使柱天力士击敌凶恶图等,系围绕祭拜、役使五斗为中心的一组法术。

卷十一,记佩诸天(神)隐讳、诸地隐讳及拔宅上升天宫之法。隐讳指神的名讳,认为将诸天地神的名讳符字置于一袋佩在身上,则经过之处,神灵俱见拜送扶迎,不敢为患,且受驱使;仙官保举升为上仙。拔宅上升天宫为道教最羡慕最理想的盛事。书中称太上老君传下"拔宅"法,修之使"全家男女得道,鸡犬一时俱升云天"。大要以步罡蹑纪,配以咒语、存思,以期"感摄天地大神,与卿拔宅上升天庭"。

卷十二至卷十五,《五行六纪所生引》。依据每人星命归属五行,各步五行罡,掐五行诀,加以符、药以及醮祭之法,以禳退凶灾,收本命星君以"作福力"。分别五命制法,故相当繁复。其法又以步、诀为主,"且诸要真上道,秘重在于捻诀、配衣转斗指天。能飞云走雨,拔折树木者龙也。志人得此妙道诀之者,但行蹑飞禹步,三年配衣,捻飞龙诀,转天关指之,应手坠落而死。虽能指落,不可妄行"。妄行还失仙位。

卷十六至卷十九,《六甲阴功》。六甲,指六甲神。称:"六甲号曰灵飞,官一千三百六十玉童,二千四百四十玉女。其老君秘符六甲有大将军十一人,从官千二百人,玉童玉女符吏等九百七十人,兵兽使等足可一十二万人,为上等。太上老君置为天地六甲,军有六营,营有四处,一在人身。灵飞为中等,五行六甲为下等,此名三等六甲也。其三等六甲,学道之人,皆须修奉。"书载六甲法的阴功十条,实即指行此法所有的功效,以及致每一"阴功"的行持方法。

卷二十,《六甲七星步蹑为国战贼救度灾厄符法》。指存思役使七星及踏纲步斗以及佩符,以入兵,称能飞腾千里役天兵战胜敌方,及替人治病、捉妖等法,法以佩符为主。

卷二一,《二十八宿旁通历仰视命星明暗扶裹度厄法》。记每人生辰的二十八宿属宿。称:"所在之处,每至本命日,夜晴明,即夜非人行时,潜看明净者吉,暗动者有灾,不见者大厄至。即以蹑地纪、飞天纲各三遍,散为禹步,转天关,指有衰厄人鬼之乡,即以自消灭。常一月三度为之,即星明朗,身则无忧厄,灾害自消灭。"

卷二二,《醮七星二十八宿法》。载醮祭北斗、二十八宿的方法,《杂使天关助国安家护身出灾度厄救人济物众法》、《赤章助国伐贼法》、《发符檄制止三官中凶恶为祟害人物等法》,系欲使鬼神救灾退贼、治病、驱邪的杂法。

卷二三至卷二六,载行符治病、断邪、捉禁、伏龙虎、断瘟、考召等法。

卷二七,所载多为缩地装天一类变化法术。缩地法,李淳风注云:"地轴箓是黄庭将军符,有三卷二十四将,将甚能缩地脉。缩千里为五里,或为百步之间,万里为十里,或为五步之间。昔壶公先生能为之,费长房过之,因宿壶中一夜长来以经三年,遂受此箓,能缩地脉日行万里之外,不可能及其人也。今人只知有缩地脉,不知地脉亦属北斗所管。欲缩欲开,皆自由也。长房曰:吾能开寸步地为千里江山,千里江山摄为寸步地。神通自在之故也。"故其法即以步纲,掐诀行之。入洞天法,指以步罡念咒使洞天福地之门打开之法。《乘龙驾鹤乘风上天入地入水入石法》,指以罡诀禁制龙凤的办法,龙凤以桐木为像,缚于足下,云以掐诀制之复加"讫蹋纪三遍,禹步九迹,配衣,转天关,指东方,天上青凤来,控御驾而乘上天,周游八方,来往不倦于仙府也"。《画地为江河或为众山法》,指以步诀变现江河或高山逃避追兵盗贼之术。《变壶器盛天地六甲七星府天营出没隐圠法》,云:"夫志人修六甲二等功成,及蹋纪飞步三等功成,更佩受三元五德法箓具足,自然通神变化,不测可以。能变一升之器,可容天地,如初造化自然之功也。"所谓壶,指一种葫芦,中纳以符、药,复对之禹步念咒,称:"老君曰:夫为法者,先起于心。人若以心可忠,能盛者天地,作此法即成,心若不平,偏邪曲妒,学得法术,徒欲损人,又欲幻惑人,不为正直之道,事有邪假。身在天地之间,尚被鬼神所杀,不得寿终于天地,何况欲将小器化成大罗天地,此非即至心真志神圣造化功力,不能得见此法,况其欲行之得力也。"

此类法术,道门中视为至秘,虽哄传于世,其"作法"则极少流传,此为研究它们的重要文献。

卷二八、卷二九,所载主要为考召法。考召,指考鬼召神,即召致鬼神考校其功过予以处置的法术。凡有久病不愈、精神错乱、灾祸不断等,即请法师行考召法,查验作祟鬼神精怪并加驱治。道门中视考召为大法,正一、灵宝、上清、神霄、清微等皆行之。此处所载为早期的考召法,以踏罡步斗、存思、念咒及发符檄为主。其中考召法师说巡游图法,指存想带领神兵巡视各地捉祟,以掐诀步纲辅助存想,称:"夫志心求道,须每十日一思存,游巡世界国土之中,领将军吏兵行数十里之外,如大将军行军布阵相似,亦存摄御前引冲灭凶顽妖精,思复军,复军回合,卫我正真之炁,志人之身,求救未晓之人身家灾害,助国安邦,济救危厄,两兵相伐,彼此俱散。志人长巡,即救得难,以著阴功,功满升仙也。"《召法师存思说召延寿六星君名图法》,延寿六星君指南斗。古人认为北斗注死,南斗注生。故在人病危时请南斗星君救治,其法为禹步存想南斗司命到坛,存想老君:"问司命责宅神及地界社庙土地神官名山洞府水司,何神管此间,何神判此地,位处司命,致令鬼贼害人?今仰火急检其病人年命寿数,文案上,并便令此病限若干日差,仰速报待凭救治。"并发符檄召神将驱鬼。《考召法师存思木官起屋救病法》、《考召法师存思说身巡游病家图法》、《考召法师存思说青龙白虎朱雀玄式镇疫图法》,都是存想召致各类神将驱赶鬼祟精怪的法术,如一法为:"治病法师先思存巡游病人家,入病门内,直入户房内,见病人床上卧,师即呼召,存一阵野马散吏兵把捧驱之踏杀作祟鬼贼,惊叫奔走而散。又存野猪大象师子来,一一而并入房,吃食作妖精野鬼奔走。又存虺蚖蚣等毒物,捉捕作祟鬼贼精邪之物,趁捉亡散,而书决某鬼。"

此书所载诸多法术,有的已亡佚不传,传者也多数视做秘术,外人难得而窥之。同时,每术不仅载其法,亦叙其理,故为研究道术史及道法理论的重要文献。

(刘仲宇)

道教义枢 〔唐〕孟安排

《道教义枢》，十卷。唐孟安排集。撰时不详。通行本有明代《正统道藏》本等。

孟安排，生卒年不详。孟安排《道教义枢·序》自称青溪道士，《序》中已提及《隋书·经籍志》原句，《隋书》成书于唐高宗显庆元年(656)，陈子昂《荆州大崇福观记》称"道士孟安排者，玄禀真骨"。陈子昂记作于唐武后圣历二年(699)。因此，孟安排系初唐时道士。

据《自序》，孟安排因感慨"好儒术者，但习典坟；崇真如者，惟观释典；至于道经幽秘，罕有研寻，既不知其指归，亦昧其篇目"，故依准《玄门大义》，"芟夷繁冗，广引众经，以事类之名曰《道教义枢》。显至道之教方，标大义之枢要"。《道教义枢》十卷，列举道教教义中的重要概念或教理名目三十七条，《自序》详列有各卷条目内容，但据实存相对照，其中第五卷"三乘义"和第六卷全部（包括"六通义、四达义、六度义、四等义"）已佚，实存九卷三十二条。全书每条以"义曰"开始，以骈文形式阐述该条所述教义概念或名目的内容。接以"释曰"，广引道教诸经及南北朝时期高道的论述，充分解释该条目包含的丰富内容。例如卷一"道德义"云："义曰：道德者，虚极之玄宗，妙化之深致。神功潜运，则理在生成；至德幽通，则义该亭毒。有无斯绝，物我都忘，此其致也。""释曰"以下引有《消魔经》、"河上公曰"、《自然经》、《太平经》、《灵宝经》等解释。

现存《道教义枢》九卷，所述教义条目如下。

卷一，道德、法身、三宝、位业。

卷二，三洞、七部、十二部。

卷三，两半、道意、十善、因果。

卷四，五阴、六情、三业、十恶。

卷五，三一、二观。

卷七，三界、五道、混元。

卷八，理教、境智、自然、道性。

卷九,福田、净土、三世、五浊。

卷十,动寂、感应、有无、假实。

在现存教义概念或教理名目三十二条之中,有些是道教专有之概念,如"道德"、"三洞"、"七部"、"十二部"、"自然"、"道性"等,有些概念则取自佛教,如"三业"、"十恶"、"三界"、"五道"、"福田"、"净土"等。然其对这些概念的阐述,则采取融佛于道、融儒于道的态度,显示出从南北朝到唐初,道教教义融会佛儒的历史足迹,保存了大量的演化材料。

有关本书的研究,有王宗昱《〈道教义枢〉研究》(上海文化出版社,2001年)等。

(陈耀庭)

三洞珠囊 〔唐〕王悬河

《三洞珠囊》,十卷。唐王悬河修,撰时不详。通行本有明代《正统道藏》本等。

王悬河,生卒年不详。《道藏》本《三洞珠囊》署题"大唐陆海羽客王悬河",另有《上清道类事相》四卷,其署题也相同。《三洞珠囊》书中引有唐代的《本际经》、《海空经》和唐高宗时人尹文操所撰《老君圣纪》,称《庄子》为《南华论》而不称为《南华真经》,不避唐讳。成都有王悬河建于唐高宗弘道元年十二月二十三日(684年1月15日)的《道藏经序碑》二通。由此可知,王悬河为唐武周时期的道士。

《三洞珠囊》是道教类书。书名中的"三洞"指道书的三大类,即洞真、洞玄、洞神,"珠囊"即珠缀之袋。书名喻拾取三洞之精华。本书始见于《太平御览》所引道书目,不题撰人、卷数。《通志·艺文略》、《宋史·艺文志》均著录三十卷。明《道藏》今存《三洞珠囊》仅十卷,当非旧本。但是由于其分类辑录道书多达二百余种,其中有不少已经亡佚,如《道学传》、《老子化胡经》等,因此有珍贵的价值。

卷一,《救导品》。摘录《道学传》、《列仙传》和《神仙传》中的人物传记,记述道士仙人赈济、布施、劝善化导、治病救人等事迹;摘录《真诰》中针灸、按摩、咒术和存思治风痹法等方法。

卷二,《贫俭品》录《道学传》范豺等人物安贫尚俭的传记;《韬光品》录《道学传》严君平等人物韬光养晦的传记;《敕追召道士品》录《道学传》陆修静等人物知遇受崇的传记;《投山水龙简品》录《洞神经》有关投简于山水以求除罪。

卷三,《服食品》,摘录《内音玉字》等四十余种道书中各种服食方法、辟谷、服食气精符丹之说以及《真诰》、《道学传》中仙人道士断谷服食的事迹。

卷四,《绝粒品》摘录《吐纳经》等却粒断谷之说以及《道学传》所载褚伯玉餐霞绝粒事;《神丹仙药名品》摘录《太上八景四蕊紫浆五珠绛生神丹玉经》解释各种神丹仙药之名以及《道学传》所载葛洪、双袭祖寻丹砂杂药事;《丹灶香炉品》摘录《洞神经》述丹灶香炉之说以及《道学传》所载宗超、双袭祖、陶弘景等执炉烧香事。

卷五，《坐忘精思品》摘录《庄子大宗师》坐忘之说以及《道学传》所载张天师、刘凝之等精思道成事；《长斋品》集录《太玄经》、《太真科》等长斋之说以及《道学传》所述范豺、宗超长斋得道之事。

卷六，《斋会品》摘录《太玄经第八老子传授经戒注诀》斋会法限之说；《舍失戒品》摘录《太真科》舍戒、失戒等说；《清戒品》摘录《老子传授经戒仪注诀》等受箓诵戒之说；《立功禁忌品》摘录《太玄都中宫女青律》等修道禁忌；《受持八戒斋品》摘录陆修静受持八戒斋文，称"斋者受持八戒，思真行道，通而无穷，显验必速"。

卷七，《二十四治品》录《玄都律》文，分述太上老君所立二十四治和张天师所加四治，合二十八治上应二十八宿；《二十四气品》录《玄都开辟律》等三元三气之说；《三部八景二十四品》出《上清九真中经》，已佚；《二十四地狱品》录《太真科》所述二十四地狱名号；《二十四职品》录《玄都职治律》所述二十四职主之名号和职能；《地发二十四应品》录《众篇经》所述元始开图，地发二十四瑞应以上庆神真；《二十四真图品》录《五称符上经》求道法当得东井图之说；《二十五性色品》录《左玄论》述眼耳鼻舌身等五五二十五性色合成凡夫小命之说；《二十七中法门名数品》录《宋文明通门》等二十七法门名数，有仙真圣二十七品，二十七大夫，二十七天和人身中二十七生气君；《二十八中法门名数品》录《三皇三十二天斋仪》等二十八宿名号，修斋以释天罗天网；《三十二中法门名数品》录《内音玉字》、《义渊》等所述三十二天名号、三十二天帝名号和《赵文和传》三十二地狱名。

卷八，《相好品》摘录《上真始生变化元录》、《上清九真中经》等八十余种道书中有关神仙面容、发形和服饰相貌之述；《诸天年号日月品》摘录《三九素语玉精真诀》等经诸天年号和诸神出身乡里；《分化国土品》摘录《洞天经》等所述诸神分形化人之说。

卷九，《劫数品》摘录《上清三天正法经》等所述自然运度劫数之说；《老子为帝师品》摘录《化胡经》等老子得道化应，累世为帝师之说；《老子化西胡品》摘录《老子化胡经》等老子化胡三十六国，作六十四万言经之说。《时节品》摘录《明真经》等有关登晨、尸解、朝礼等时节之说。

卷十，《叩齿咽液品》，摘录《金书玉字上经》等十余种经籍中有关叩齿咽液的方法、时间、次数和功能等论述。

明《正统道藏》的"太平部"收有《三洞珠囊》十卷。另外，同部还收有"大唐陆海羽客王悬河修"的《上清道类事相》四卷，其中包括有《仙观品》、《楼阁品》、《仙房品》、《宝台品》、《琼室品》、《宅宇灵庙品》，其写作体例全同于《三洞珠囊》，可能是由三十卷本《三洞珠囊》析出。

另据《历世真仙体道通鉴》卷三十"王延"称，王延曾"撰《三洞珠囊》七卷。诏颁于通道观"。当指北周武帝时，王延所纂《珠囊》经目，即北周道教经书总目。其书已佚。

（陈耀庭）

宗玄先生玄纲论 〔唐〕吴 筠

《宗玄先生玄纲论》,简称《玄纲论》,一卷。唐吴筠撰。成于天宝十三年(754)或之前。通行本有明代《正统道藏》本,清代《四库全书》本、《知不足斋丛书》本等。

作者吴筠(？—778),字贞节,华阳(今陕西华阳)人。年十五,笃志于道,与同道者隐于南阳倚帝山。天宝初,征召至京,请度为道士,就冯尊师齐整受正一之法。后东游会稽,与诗人李白隐于剡中(今浙江嵊县),十三年诏居翰林,献《玄纲》三篇。未几,安禄山叛乱,乃泛然东下,栖匡庐、登会稽,浮浙河,息天柱。有时放言以畅天理,有时歌咏于紫芝。大历十三年(778)卒于宣城(今安徽宣城)。弟子私谥曰"宗玄先生"。卒后二十五年,太原王颜为御史丞,录其遗文为《宗玄先生文集》三十篇,礼部侍郎权德舆为之作序。生平事迹见《旧唐书·隐逸传》。

《宗玄先生玄纲论》是一部综合叙述道教理论要旨的著作,故名"玄纲"。分上、中、下三篇,凡三十三章。是唐代道教的重要文献。

书前有吴筠《进玄纲论表》说明撰著缘由:"总括枢要,谓之玄纲。冀循流派而可归其源,阐幽微而不泄其旨。"书后附权德舆《吴师尊传》,简介吴筠生平。但据《四库总目·别集类二》考证,认为《吴师尊传》所述诸事,与史实不符,"殆出于依托"。

《上篇明道德》,下分《道德》、《元气》、《真精》、《天禀》、《性情》、《超动静》、《同有无》、《化时俗》、《明本末》九章。本篇总括阐述道教教义中对道德的理解。首先辨明"道"与"德"的概念。"道者,何也？虚无之系,造化之根,神明之本、天地之源。""德者,何也？天地所禀,阴阳所资,经以五行,纬以四时。"其次阐明"道"与"德"的关系。"通而生之之谓道,畜而成之之谓德。""天地人物、灵仙鬼神非道无以生,非德无以成。"而它们又统属于自然。"自然者,道德之常,天地之纲也。"其三,分别阐述"道"与"德"的作用。就道来说,"夫道至无而生天地"。"夫道包亿万之数而不为大,贯秋毫之末而不为小。"道"可使有为无,可使虚为实"。总之它是自然造物的本体。就"德"来说,德者"牧之以君,训之以师,幽明动植,咸畅其宜"。它是社会人事活动的最高准则。所以"道德者,天地之祖"。第四,阐明道家对道德和礼智的见解,提出"明道德而薄礼智"的观点。认为"道德为礼之本,礼智为道之末。执本者易而固,持末者难而危。故人主以道为心,以德为体,以仁义为车服,以礼智为冠冕,则垂拱而天下化矣。若尚礼智而忘道德者,所为有容饰而无心灵,虽乾乾夕惕而天下敝矣","非南面之术"。

《中篇辨法教》,下分《神道设教》、《学则有序》、《阳胜则仙》、《虚明合元》、《以阳炼阴》、《形动心静》、《神清意平》、《行清心贞》、《真人为俦》、《仁明贞静》、《主功改过》、《制恶兴善》、《虚白其志》、《委心任运》、《虚凝静息》十五章。本篇阐述道教教义的来源以及在阴阳变化法则指引下,修炼致静、致虚以成仙道的各种方法。首先阐明道教法术的传授,原于神道设教。由"无上虚皇命元始天王编之于金简,锓之于玉章,初秘上元,末流下土,降鉴有道"。其次指出学习道术要循序渐进。"道虽无方,学则有序。"其求道次序是"始于正一,次于洞神,栖于灵宝,息于洞真,皆以至静为宗,精思为用、斋戒为务,慈惠为先",做到心志专一,这是"涉初仙之阶"。然后进一步"吐纳以炼藏,导引以和体,怡神以宝章,润骨以琼醴",进行修炼,坚持不懈,可以成仙。其三,围绕阴阳变化、致静、致虚,阐述修炼方法。如在懂得阳胜则仙基础上,做到以阳炼阴,"阳胜阴伏,则长生之渐也"。如在懂得动静变化的基础上,做到心静凝神,"恬淡澄静,精微虚明",则邪气不能入。在懂得无为则理,有为则乱的基础上,做到无为。"无为至易,非至明者不可致也。"如在懂得功欲阴,过欲阳的基础上,做到立功改过,"功不全,过不灭,仙籍何由书,长生非可冀"。总之,道教修道方法很多,其终极目的都要达到静寂虚无。

《下篇析凝滞》,下分《会天理》、《畏神道》、《率性凝神》、《道反于俗》、《专精至道》、《长生可贵》、《道无弃物》、《明取舍》、《以有契无》九章。本篇用设问方法,回答修炼中各种疑虑和问题。如有人问:"古之欲仙者至多,而得道者至少,何也?"答曰:"常人学道者千而知道者一,知道者千而志道者一,志道者千而专精者一,专精者千而勤久者一,是以学者众而成者寡也。"如有人问"神主于静,使心有所欲,何也?"答曰:"神者,无形之至灵者也,神禀于道,静而合乎性,人禀于神,动而合乎情,故率性则神凝,为情则神扰,凝久则神止,扰极则神远。"如有人问:"道本无象,仙贵有形,以有契无,理难久长?"答曰:"夫道,至虚极也,而含神运气,自无而生有,故空洞杳冥者,大道无形之形也,天地日月者,大道有形之形也,以无系有,以有合无,故乾坤永存而仙圣不灭。"

《宗玄先生玄纲论》是唐代道教重要文献,流传较广,《新唐书·艺文志》、《直斋书录解题》、《文献通考·经籍考》、《宋史·艺文志四》均有著录。《四库全书总目》曾对是书进行考辨。近人任继愈等编的《道藏提要》有介绍。

(周梦江)

元阳子五假论 〔唐〕元阳子

《元阳子五假论》，简称《五假论》，一卷。唐元阳子撰。撰时不详。通行本有明代《正统道藏》本等。

元阳子，旧题"长白山真人元阳子"，可见是一位修真道士。《图书集成》引《济南府志》称他为晋人。"元阳子得《金碧潜通》一书于伏生墓中，细为注解，修真于华阳宫，衍为还丹诀，十九年仙去。"是书在北宋晁公武《郡斋读书志》和元马端临《文献通考·经籍考·神仙类》中有著录。宋董思靖《道德真经集解序》认为，元阳子是唐代人。据《邯郸书目》，认为此书是唐代羊参微所撰。元阳子是否即是羊参微，尚无法判定。元阳子著作颇多，除《五假论》外，尚有《金碧上经古文龙虎传》、《金石还丹诀》、《元阳子金液集》、《还丹金液歌注》、《黄帝阴符经颂》各一卷等。

《元阳子五假论》是阐述道教隐遁之法的一部著作。假通借，五假即五借，借用金、木、水、火、土五种物质，遇到危险时，默念咒语，便能隐身而去，摆脱危难。全书由前言、金假第一、木假第二、水假第三、火假第四、土假第五及结语等七个部分组成。

前言，概述掌握隐遁法的意义、方法以及撰写目的，"修身养命学道求仙之人"，"或有邪魔、魍魉、百魅、鬼怪、精灵见入"，"但依吾祝咒，焚香斋戒，静心默念，每假祝咒，各持四十九日，但有灾厄险难临身，速于默念一遍。以手捉一物而投避"。此书"只合口口相传"，但作者恐怕"在世志学之人，必有悟忘，遂乃录写，流传于世"。

金、木、水、火、土五借部分，是全书的重点，按顺序分别叙述五种借遁之法的方位、神祇、作用、咒语、注意事项。现以金假为例，加以说明。金借的方位是西方庚辛。神祇是白虎之神。作用为虽被"刀剑分身"，却能"接骨续筋"。咒语为："西方庚辛，太微玄真，内应六腑，化为肺神，见于无上，游于丹田，固护我命，用之神仙。急急如律令敕。"注意事项是：其祝咒于庚辛日酉时，焚香起念，以舌抵住上腭，默念持四十九日，念时不得开口出声。"如有灾厄，不以时日，行、住、坐想念一遍，以手持刀，任乃分身，并无赤血，虽有白膏而凝结不流，过后却返，自然接续归还。"总之，遇到危险,即默念咒语,便可隐入火、木,钻入水、金,遁入地下、墙中,而人不见,躲避祸难。

《元阳子五假论》借金、木、水、火、土五种物质,依咒语而隐身,显然是不可能的。但在一定程度上也反映了在封建社会里,长期战乱、灾难频仍,劳动人民渴望摆脱灾难、获得生存的愿望。

有关《元阳子五假论》的研究,近人陈国符在《道藏源流考》中,曾对此书的作者加以考辨。任继愈等编的《道藏提要》有介绍。

(周梦江)

金碧五相类参同契

《金碧五相类参同契》，三卷。原题阴长生注。文前有序，题阴长生撰。唐宋史志未见著录，陈国符《道藏经中外丹黄白术经诀出世朝代考》中认为系唐代人著作，阴长生注，乃为伪托。通行本有明代《正统道藏》本等。

《金碧五相类参同契》是道教阐述修炼内丹的论著。全书三卷，各卷分六章。上卷为《叙说》、《识药根苗》、《用功》、《铅汞》、《日魂月魄》，其中缺第六章。中卷为《金津玉液》、《神水曾青》、《日精月华》、《大小数》、《卦体》、《弦望》等六章。下卷为《七宝》、《九转》、《除三虫》、《九域》、《婴儿姹女》、《彩真玉霞》等六章。

书前有序，首先分析"参同契"三字字义，认为"参者离也，同者通也，契者合也"。此乃天地造化，阴阳玄妙之机，修炼应自悟参同之理，不可泄漏天机。其次叙述传经的仪式。最后告诫仙经只传正人君子，不传浮薄小人，否则殃及九族，沉灭七祖，与结尾相呼应。

全书以韵文写成，以七言为主，间亦杂以五言。每一、二句或三数句作注，阐发原文意旨。假乾坤坎离、日月阴阳、四象五行、金石卦爻的变化，阐述修炼内丹的理论和方法，大致有以下几方面的内容。

一、以炁为根本，万物皆炁所生。

炁，同气，多见于道家之书。作者以气为本，认为万物皆气所生。如"两般俱是一，分配为二仪"。阴阳由气而生，然后而生万物。他举铅汞为例说："铅为津，汞为精，因气而成。"如"七宝本从一炁生"。七宝为七返之气名。他举七宝之气为例说："七宝在丹田之中，真炁所生。"如"阴爻阳爻共和会，造化机关自合神。"认为阴坤，阳乾，坤者地，乾者天，天气降，地气腾，乃以阴阳相成相合，如"本因造化体，阴阳变通荣"。进一步指出：气者为阳，精者为阴，阴阳相感为正气，正气者，人之根柢也。正气散而神不聚，正气聚而神自清，方可得长生。神炁为命，是金木之宗，为之造化，方能变通造其身。所以欲求仙，养炁是根本，天得一为清，地得一者宁，药得一者成，人得一者灵。丹田有真气，不久是真人。

二、炼丹不加外求,在于养气、保精、存神。

作者认为,求道炼丹,"莫问他人但问己"。他引《仙经》论证说:"药药元无药,鼎鼎元无鼎,为复四象成,为复五行作。"药及鼎不离于身,莫向外求,若向外求,便远远地离开了神仙。因为丹在体内正气参同而成,不必用鼎燃火冶炼。那么如何修炼内丹呢?作者认为在于养气、保精、存神。他说:"空中有实相,无中道自成。""道自成者谓之炁,炁化为津,津化为血,血补于精。精者神也,神存体健,若要存神但养炁,道自得成。"他认为,津由心生,精从肾产,津精运行,名曰河车,合归中宫,炼成大药。"但存神息炼金丹。"存神者是炁,息者是血。炁为木,血为水,息有五数,为土、为金、为木、为火。水是血、血是髓、髓是精,精者便是神也。所以人能养炁、存津、存精,津精相合,便能延年益寿、长生不老。

三、阐述修炼内丹的方法。

修炼的内丹,有多种多样。一名神丹,二名龟宝,三名赫赤金丹,四名三昧真火。但必须合阴阳五行、四象八卦、日精月华加以修炼。在修炼之前,首先须辨明丹药,"学道先需辨其药,见苗方认根橐籥"。他认为在人的丹田之下有一袋,内盛日月之根,日夜轮转,四时周匝,炼于三田,此是三魂之要,大药金丹之源。在辨明丹药之后,可以采用各种修炼方法。其中有(一)"闭息养生法"。闭息养气,闭息乃通于全身,气血相逐,入于骨肉,自变成髓,髓满之时,延年益寿,长生不死。(二)"玉液和合法"。玉液是华池之水,又名琼浆、天酒。用它与津精相投和合,乃为丹砂。闭息存缩,抽吸得土,相合息气为火,方乃烧之丹砂,结成药体,自有神光,容颜悦盛,返老还童。(三)"文武火、四时功法",闭息纳炁。九一之数相制,上采木火之津,下是金水之精,居入于中宫,用土而合成大药。(四)"炼三田法"。采日精月华,日用四时,使精与气运转于三宫之内,炼三尸而自亡灭,由阴阳正气结成丹药。(五)"自悟参同五行之理修炼法"。作者引歌加以说明:"所言金木水火土,留身保命是龙虎。学人不认五行经,强认他人为父母。木主气兮金作虎,肉象土兮血为水。不死之道在离宫,会得五行真有主。还丹须是水银珠,玉质那堪为伴侣。但悟此言达神仙,必与高尊为朋侣。"(六)"消除谷气法"。但闭息存神养炁,息闭千数,五谷死,炁自除。人乃不饥不渴,息住神,存真气,白日飞升。作者认为修炼圆满,丹田中有真阴真阳二炁合成紫金丹,是日月之魂魄精华相凝,散为流珠,有鸾凤仙鹤迎奉升天为真仙。

《金碧五相类参同契》叙述了道教修炼内丹的理论与方法,多属不经之论,但其以气为本,以神存炁,以气成形,养气、保精、存神之说,还是有一定道理的。

《金碧五相类参同契》,近人陈国符在《道藏经中外丹黄白术经诀出世朝代考》中,曾加以研究,认为成书于唐代。任继愈等编的《道藏提要》有介绍。

(来可泓)

枕中记 〔唐〕孙思邈

《枕中记》，即《摄养枕中方》，一卷。唐孙思邈撰。《道藏》中原不题撰人。《通志·艺文略》道家类著录《枕中记》一卷，《云笈七籤》卷三十三收有孙思邈《摄养枕中方》，内容与此书大同小异。书中《服雄黄法》云："余龆年志道，壮乃知方"，"余至贞观中年游峨嵋山，市得武都雄黄四十余斤，颗立(粒)奇大，光色炤烂，近古所无"。与孙思邈的经历相符，由此可以考定此书为孙思邈所作。通行本有明代《正统道藏》本等。

作者生平事迹见"备急千金要方"条。

《枕中记》是阐述道教修身养生、学道求仙之法的论著。

书前有引言，引言以下分《自慎》、《禁忌》、《导引》、《行气》、《守一》、《饵药》六章。《道藏》本《行气》之后、《饵药》之前有错简，误植入符度仁《修真秘箓》中的《食宜篇》。《修真秘箓》分《食宜篇》和《月宜篇》。因此，此本《枕中记》缺《行气》章的服饵部分和《守一》章的绝大部分。这部分的内容可参见《摄生枕中方》。

《枕中记》的内容，按篇章结构分述于下。

引言，论述忧畏之道。作者认为："忧畏者，生死之门，礼教之主，存亡之由，祸福之本，凶吉之元。"把是否有忧患意识，提高到生死存亡的高度。他教育人们畏道、畏天、畏物、畏人、畏身，常存忧惧之心，谨慎处世，始能"水行蛟龙不能害，陆行虎兕不能伤，五兵不能及，疾病不能侵，谗贼不能谤，委螫不能加"。

第一章，自慎。养生贵自慎，首论饮食之道，作者认为："百病横生，年命横夭，多由饮食，饮食之患，过于声色。"饮食不当，当时未即致病，积久病发，不可药救。因此必须节制饮食，慎之于微。第二，论十二少，十二多。十二少为"少思、少念、少欲、少事、少语、少笑、少愁、少乐、少喜、少怒、少好、少恶"。这是"养生之都契"。与之相反，为"十二多"，这是"丧生之本"。第三，叙述封君达论养生。"体欲常劳，食欲常少，劳不过极，少勿致虚。去肥浓，节咸酸，减思虑，损喜怒，除驰逐，慎房室"，可以长生。第四，叙述彭祖论养生。"勿久行、久坐、久听、久视,不强食、不强饮,亦不可忧畏、愁哀。"主张"劳动不息"。

第二章,禁忌。本章分禁忌和避忌两节。首先叙述应戒慎甲寅日和庚申日。第二叙述服药时禁忌的食物,如蒜、石榴、猪肝、犬肉等。第三叙述求仙忌十败,即:"一勿好淫,二勿为阴贼凶恶,三勿酒醉,四勿秽慢不净,五勿食父母本命肉,六勿食己本命肉,七勿食一切肉,八勿食荤腻五辛,九勿杀一切昆虫众生,十勿北向大小便等。"第四叙述仙道十戒,即学道之士戒传衣及履屐巾褐、戒吊丧临死、戒抱婴儿、戒杂处、戒泄密、戒与人争等。

第三章,导引法。首先叙述按摩法。如"常以两手摩拭面上,令人面有光泽,斑皱不生,行之五年,色如少女"。"卧起先以手巾若厚帛拭项中四面及耳后周匝,热温温然也,顺发摩项良久,摩两手以治面目久久,令人目明。"第二叙述咽液存思,"常以生气时咽液三七遍,闭目内视。……常行之,令人眼目清明"。

第四章,行气法。作者认为:"凡欲求仙,大法有三:一曰保精,二曰行气,三曰服饵也。"首先叙述保精。"保精之术……以勤劳不绝为务。"第二叙述行气。行气之法"在密室闭户安床,软席枕,高二寸半,正身偃卧,瞑目,闭气息于胸膈,以鸿毛著鼻口上而毛不动,经三百息,耳无所闻,目无所见,心无所思,当以渐除之耳。""凡吐气,常以入多出少,常以鼻入口吐。"第三叙述服饵。欲求仙者,先须饵炁绝粒,保精有神。如服《神仙绝谷符》等。

第五章,守一。叙述守三丹田真一,以却老保形。

第六章,饵药法。作者认为"服食先草、次木、次石"。服食之方数千,不能尽言,本章中介绍了《断谷常饵法》、《长生服饵大法》、《服油法》、《服巨胜法》、《饵云母法》、《炼法》、《服云母方》、《服雄黄法》、《真人授魏夫人谷仙丸》、《合仙药祭法》等。

《枕中记》谈修身养性、学道求仙,多有不经之处。但其倡导谨慎处世行事,慎衣食、戒奢华、静心性、戒浮躁等,还是有参考价值的。

有关《枕中记》的研究,《四库全书总目》仅考订其非葛洪所著。近人任继愈等编的《道藏提要》则考定其书为孙思邈所著,并指出其中有错简,在"行气法"与"饵药法"之间,误植入符度仁《修真秘箓·食宜篇》内容,可供参考。

(来可泓)

玄珠录 〔唐〕王玄览

《玄珠录》，二卷。唐王玄览口述，弟子王太霄辑录。成于神功元年(697)以后。通行本有明代《正统道藏》本、巴蜀书社1989年版朱森溥《玄珠录校释》本。

王玄览(626—697)，名晖，玄览为其号，又称"洪元先生"，唐广汉绵州(今属四川)人。年十五，倾心方术玄理。其后，出入道佛之学。及年三十余，分录东汉严遵《道德真经指归》于《道德经》有关经文之下，又作注两卷。兼习神仙、方法、丹药、房中诸术。稍后，携二三乡友往茅山修道，半路觉同行人非仙才乃折回。此后，唯道是务，穷究源奥，为乡人相蚕种、择宅田、医治疾病。也传教九宫六甲、阴阳术数。年四十九，应益州长史李孝逸之召，前往成都，度为道士。神功元年，应武则天召前往京城，卒于洛州。玄览学贯道佛，援佛入道，著有《遁甲四合图》、《真人菩萨观门》、《混成奥藏图》、《九真任证颂道德诸行门》、《老经口诀》等书。生平事迹见王太霄《玄珠录序》。

王玄览居成都，四方人士前来谈经问道。益州谢法师，彭州杜尊师、汉州李炼师及诸弟子，每每咨问妙义，询及经教。王太霄汇集诸人私记，别为二卷，因所论"明净圆融，好道玄人，可贵为心宝，故题为《玄珠录》"。

《玄珠录》是杂有佛教内容的语录体道教著作。书分上下二卷，收有语录一百二十余则，阐述道物、道体、道性、生死、有无、体用、心境、真妄、动寂等学说。

王玄览认为"道无所不在"，是世界本原，道性玄寂，"与空合德，故能生、能灭、不生、不灭"，又说，道"常四是：是有、是无、是有无、疑非有无"。综合玄寂之性与四是，"则其道未曾四，以其性一；故其道未尝一，以周四物。故亦一亦四、非一非四"。如此之道，又可分为常道与可道。"常道是真道，生天地而长久；可道为假道，生万物而无常。"然而二者又有一致："皆是相因生，其生无所生；亦是相因灭，其灭无所灭。"除在相互依持中相生相灭，还都有可、常之性："不但可道可，亦是常道可；不但常道常，亦是可道常。"他又以此证实道之为物，是真又不真，是常又不常。

万物由可道而生。道物间的关系,既是"道能遍物,即物是道。物既生灭,道亦生灭。为物是可道皆是物,为道是常物皆非常"。又为"万物禀道生,万物有变异,其道无变异,此则动不乖寂。以物禀道故,物异道亦异。此则是道之应物"。道随物变所生之异,乃是"己以与人己愈有",并不引起其本质的任何变化。又论天地与万物关系:"天地不自生,待万物合乃成,故天地者万物之总名。"具体之物有有无,乃不长久。天地作为"总物不曾无,故能长久,是故天地先万物而后其身"。

万物所由之可道,是无常之假道,其所生之万物随之无常而假。"十方诸法,并是虚妄。其不言之法,亦对此妄。"(卷上)法是物的别称。其所以为虚妄,因无自性,其相性随道之离合变化而来:"诸法自性,随离合变化相为性。观相性中,无主、无我、无受生死者。虽无主我,而常为相性。"无自性与常为相性,使"妄等之法,并悉是真"。这样,万物既真又妄、既妄又真、亦真亦妄、亦妄亦真。

十方诸法之一为众生。道物关系在道与众生方面,是"亦同亦异,亦常亦不常"。"道与众生相因生,所以同;众生有生灭,其道无生灭,所以异。"进而分别论说常道、可道与众生的关系。前者为"众生虽生道不生,众生虽灭道不灭",后者是"众生生时道始生,众生灭时道亦灭"。

然而,众生又与物有所不同,"道性与众生性,二性俱不见。以其不见,故能与至玄同"。这使道物关系转化为心物关系即心法关系,心生万法:"心生诸法生,心灭诸法灭,若证无心定,无生亦无灭。""人心之正性,能应一切法,能生一切知,能运一切用,而本性无增减。"以心为人,乃云"法本由人起,法本由人灭。起灭自由人,法本无起灭"。以心为识,则曰"十方所有物,并是一识知。是故十方知,并在一识内"。众多外物组成一定之境,于是有心境关系:"将心对境,心境互起。境不摇心,是心妄起;心不自起,因境而起;无心之境,境不自起;无境之心,亦不自起。"因此,"心之与境,共成一知,明此一知,非心非境,而不离心境。……故心之与境,常以心为主"。总之,世界万物源于心。心即道之别名,是万物源于道的另一种说法,所以"心道为能,境身为所"。

道既不异于心,常道与可道均可由众生修而得之。"众生无常性,所以因修而得道;其道无常性,所以感应众生修。众生不自名,因道始得名;其道不自名,乃因众生而得名。若因之始得名,明知道中有众生,众生中有道。所以众生非是道,能修而得道;所以道非是众生,能应众生修。是故即道是众生,即众生是道,起即一时起,忘即一时忘。"众生修道,须其心恬淡守一,绝无知见:"恬淡是虚心,思道是本真,归心志不移变,守一心不动静";"一切众生欲求道,当灭知见,知见灭尽,乃得道矣。"(卷上)得道有二种:得可道者,肉体犹存为形仙;得常道者,则舍形入真与道为一。

《玄珠录》的要旨,体现唐代三教合一趋势,它有助于理解唐宋以来道教与中国传统思想的变迁。

有关本书的研究,有卿希泰《中国道教思想史纲》的有关部分等。

(贺圣迪)

坐忘论 〔唐〕司马承祯

《坐忘论》,一卷。唐司马承祯撰。撰时不详。通行本有明代《正统道藏》本、清代《重刊道藏辑要》本、近代《道藏精华录》本、清代《二十二子》本等。

司马承祯(647—735),字子微,法号道隐。河内温(今河南温县)人,唐代茅山派道士。出身于世族大家,不愿为官,二十一岁时,弃举子业,出家为道士。师从潘师正,受符箓、辟谷、导引、服饵之术。武则天、唐睿宗、唐玄宗均对其敬礼有加,屡次召入宫中,问以阴阳术数之事。唐玄宗为其建坛室于王屋山。令其以三体写《老子》,因刊正文句,定著五千三百八十言为真本以奏上之。司马承祯工辞章,善书法,与陈子昂、卢藏用、宋之问、王适、毕构、李白、孟浩然、王维、贺知章结交,号称"仙宗十友"。卒赠银青光禄大夫,谥号"真一先生"。著作有《坐忘论》、《修真秘旨》、《服气精义论》、《天隐子》、《上清含象剑鉴图》等。生平事迹见《旧唐书》卷一九二、《云笈七籤》卷一一三。

《坐忘论》是阐述道教如何运用坐忘之法,以达到修道成仙的论著。全书按用坐忘之法修道的七个阶段分为《敬信》、《断缘》、《收心》、《简事》、《真观》、《泰定》、《得道》七篇。最后附以《坐忘枢翼》一篇,总括其要。书前有《真静居士序》,叙述印行此书缘起,指出坐忘之旨,在于"无物无我,一念不生"。

一、《敬信篇》,叙述信从坐忘之说,下决心修道。认为"信者道之根,敬者德之蒂"。"人闻坐忘之言,信是修道之要,敬仰尊重,决定无疑。"

二、《绝断篇》,叙述修道要断绝尘缘俗事,始能进入恬简日就境界。认为修道要"断有为俗事之缘","旧缘渐断,新缘莫结",始能"心弥近道"。

三、《收心篇》,叙述心体以道为本,本合道体。必须收心养性,净除被外界所染污垢,恢复本来虚静,始能得道成仙。认为,"学道之初,要须安坐,收心离境,往无所有,不著一物,自入虚无,心乃合道"。

四、《简事篇》,叙述修道之人,必须断简事物。认为"若处事安闲,在物无累",始能渐入仙境。

五、《真观篇》,叙述通过静观,以体验道心。认为,"真观者,智士之先鉴,能人之善察"。"自始至末,行无遗累",始能达到真观的境地。

六、《泰定篇》,叙述使心保持定静,产生智慧。认为"虚静之极,则道居而慧生","以智养恬,智与恬交相养"而心定。

七、《得道篇》,叙述得道之人,形、神合一,成为神人。认为"身与道同,则无时而不存;心与道同,则无法而不通",成为神仙。

八、《坐忘枢要》,总叙坐忘要旨在于收心去欲。"欲修道成真,先去邪辟之行,外事都绝,无以干心,然后端坐,内观正觉,觉一念起,即须除灭",心正欲去,便成大道。其中也叙述了三戒、五时、七候的做法。

《坐忘论》以老子"虚其心,实其腹","常无欲以观其妙",庄子"堕肢体,黜聪明,离形去智,同于大道"为本旨,吸收儒、佛的正心和止观学说,阐发其"主静去欲"的道教修仙成道理论。这种典型的心性论,对北宋理学家周敦颐的"主静说",程颢、程颐以及朱熹的"存天理、灭人欲"的思想都有一定影响。

《坐忘论》在《新唐书·艺文志三》、《郡斋读书志》卷十六、《直斋书录解题》卷九、《宋史·艺文志四》、《文献通考·经籍考》卷五二均有著录。马端临曾指出:"所谓坐忘,即释氏之言宴坐也。""言坐忘安心之法,其论与释氏相出入。"

有关本书的研究,有任继愈等编《道藏提要》、张松辉《新译坐忘论》(台北三民书局,2005年)等。

(周梦江)

服气精义论 〔唐〕司马承祯

《服气精义论》,一卷。唐司马承祯撰。撰时不详。通行本有明代《正统道藏》本等。

作者生平事迹见"坐忘论"条。

《服气精义论》是一部阐述导引、吐纳、服气以求长生之法的论著。全文包括《五牙论》、《服气论》两个篇目。文前有引言。

在引言中,作者阐述了著述本文的目的和服气可以长生的理论。认为"夫气者,道之几微也",由气而衍生万物,而万物之中人为万物之灵,与乾坤居三才之位。合阴阳,当五行之秀。故能通玄降圣,练质登仙。而登仙之法,途径很多,而以服气之法为最好。他引用黄帝的话论证说:"食谷者智而夭,食气者神而寿。"又引用真人的话论证说:"夫可久于道者,养生也;常可与久游者,纳气也,气全则生存。"充分论证了服气的意义。然后指出:"吸引晨霞,餐嗽风霜,养精光于五脏,导营卫于百关,既祛病以安形,复延和而享寿。"达到"闭视听以胎息,返衰朽于童颜"的目的。

作者为什么要写《服气精义论》呢,他认为服气之论散见于诸部,但未能畅达其宗旨,故纂类篇目,详精源流,以效龙龟长生之目的。

《服气精义论》的正文,分为两篇。

一、《五牙论》。五牙是指五行、五方的生气。作者首先论述服五牙的意义。认为"形之所全者,本于脏府也;神之所安者,质于精气也","体衰气耗,乃致凋败","故须纳云牙而溉液,吸霞景以孕灵,荣卫保其贞和,容貌驻其朽谢"。久习成妙可以与五老而齐升。

其次叙述服五牙、五方之法及其咒语。要求每天清晨念密咒。根据东、南、中、西、北五方之牙,饮以不同之气。如"东方青牙,服食青牙,饮以朝华,祝讫,舌料上齿表,舐唇漱口,满而咽之三"。在服气时,要注意先行五牙以通五脏,东方青色,入通于肝,开窍于目,在形为脉;南方赤色,入通于心,开窍于舌,在形为血;中央黄色,入通于脾,开窍于口,在形为肉;西方白色,入通于肺,开窍于鼻,在形为皮;北方黑色,入通于肾,开窍于阴,在形为骨。特别是肺为五脏之华盖第一。

吸五牙之气者,皆宜思入其五脏,使其液宣通,各依所主,既可周流形体,也可以攻疗疾病。

二、《服气论》。作者首先论述服气的必要性。认为"气者,胎之元也;形之本也"。胎既诞,则本元渐丧,故须纳气以凝精保气,本元充实,精满神合,可以延命。故专气致柔,为养生之要。

其次,叙述服气之法。要想服气断谷,应先服《太清行气符》三枚。每七日服一枚,二十一日服完。然后疗身疹疾,使脏腑宣通。也可服一、二剂泻汤,以通肠胃,去其积滞。清斋百日,可以服气。选择一间朝东房间,东向正坐,叩齿导引,徐吐气息令其调和,然后想东方初曜之气共日光合丹紫流晖,引此景到面前,乃以鼻微吸引而咽之,咽三次,乃入肺中,小闭唇,徐徐吐气,又引气咽之,以觉肺开大满为度。乃闭气,让肺中之气随两肩入臂,至手握中,入存下入于胃,至两肾中随脾至两脚,心中觉皮肉间习习如虫行为度。任微喘息少许,待喘息调和,依法引咽导之,觉手足温和调畅为度。此后不复将气存在于肺,直引气入小肠、大肠中,鸣转通流脐下为度。达到气息畅通,津液宣泄。

再次,叙述服气后的断食过程。经过一至十旬服气导行,达到"正气皆至,其效极昌,修之不止,年命延长"。三年之后,瘢痕灭除,颜色有光。六年髓填,肠化为筋,预知存亡。经历九年,役鬼使神,玉女侍旁,脑实胁胼,不可复伤,号曰真人,达到神仙的境界。

复次,介绍服气之法。服气之法有多种,文中介绍的有《服六戊气法》、《服三五七九气法》、《养五脏五行气法》。服气方法不同,但达到同一养生延命目的。

《服气精义论》是服气导引之法的阐述,对于气功养生的研究,具有一定的借鉴意义。

《服气精义论》,北宋张君房在编撰《云笈七籖》时曾加以收录,分为《五牙论》、《服气论》、《导引论》、《符水论》、《服药论》、《慎忌论》、《五脏论》、《服气疗病论》、《病候论》九篇。任继愈等编的《道藏提要》曾对此书加以研究,指出《道藏》将此书割裂,目前的《服气精义论》仅为《云笈七籖》中的《五牙论》和《服气论》组成,其中多《五灵心丹章》和《大道赞》两节,其余七篇则改名为《修真精义杂论》,归入《道藏》洞真部。

(来可泓)

天隐子 〔唐〕司马承祯

《天隐子》,一卷。原题唐司马承祯述。撰时不详。但本书是否为司马承祯所著,学术界尚无一致定论。通行本有《正统道藏》本、《二十二子》本、《崇德书院七子》本、《知不足斋》本等。

作者生平事迹见"坐忘论"条。

《天隐子》是叙述道教修炼成仙的原则、步骤和方法的著作,全书分八篇。书前有《天隐子序》,为司马承祯所作。叙述养气为长生之道以及介绍《天隐子》一书的主旨。

一、《神仙》。此为本书总纲,阐述人与神仙的区别以及由人化仙的关键。认为神仙也是人,只是他能"修我虚气","勿为世俗所论析,遂我自然,勿为邪见所凝滞",异于俗人而已。因此人要成为神仙,必须"修我虚气"。

二、《易简》。阐述成仙的易简无为原则。认为"至道不繁,至人无为","易易简简者,神仙之德也"。凡是要学做神仙的人,必须先了解易简原则,如果涉及奇谲怪诡,反而使人执迷而无所归宿。

三、《渐门》。此为下五篇挈要。叙述成仙必须渐悟,采用"渐而进之,安而行之"的修炼步骤。认为修炼要按斋戒、安处、存想、坐忘、神解五渐之门渐进,"了一则渐次至二,了二则渐次至三,了三则渐次至四,了四则渐次至五,神仙成矣"。一步一步经过五个环节,达到神仙境界。以下各篇依次对五渐之门内容、方法开展论述。

四、《斋戒》。叙述斋戒定义及其内容。认为斋戒是"澡身虚心","斋乃洁净之务,戒乃节慎之称"。其内容为"节食、调中、磨擦、畅外"。要求饥饿时进餐,但勿使过饱;不吃不成熟、五味、腐败闭气之物;常用手摩擦皮肤;勿久坐、久立、久劳,这是五渐之首,修道的第一步。

五、《安处》。叙述安处定义及其内容。认为安处是"深居静室"。其内容为"南向而坐,东首而寝,阴阳适中、明暗相半"。这是五渐之次,修道的第二步。

六、《存想》。叙述存想定义及其内容。认为存想是"收心复性","存我之神,想我之身"。其内容为闭目即见自己之目,收心即见自己之心,心与目都不离我身,不伤我神,排除一切外来干扰,归命存性,这是五渐之三,修道的第三步。

七、《坐忘》。叙述坐忘定义及其内容。认为坐忘是"遗形忘我"。其内容为"因存想而得也,因存想而忘也","心不动,形都泯","彼我两忘,了无所照"。这是五渐之四,修道的第四步。

八、《神解》。叙述神解定义及其内容。认为神解是"万法通神",其内容为通过斋戒的信解,安处的闲解,存思的慧解,坐忘的定解,渐次达到神解,神解就是成仙别称。"不行而至,不疾而速,阴阳变通,天地久长",成为神仙。

《天隐子》是阐述道教养气之法、五渐之门的论著。短小精悍,行文朴素流畅,意义显豁,与《坐忘论》相表里,提出的养生之道对于卫生保健、气功医疗有一定参考价值。

《天隐子》一书历代均有人研究。宋苏轼认为《天隐子》作者是司马承祯。宋土古、陆游承袭其说。宋晁公武在《郡斋读书志》、陈振孙在《直斋书录解题》、明宋濂在《诸子辨》中疑天隐子为司马承祯托名。而宋吴曾在《能改斋漫录》中引洪兴祖云"司马子微得天隐子之学",认定天隐子与司马承祯是二人,并为师生关系。《四库全书总目》和周中孚《郑堂读书记》认为司马承祯"自有《坐忘论》,已自著名,又何必托名为此书也"。近人余嘉锡不执一端,主张详考。关于《天隐子》的篇目,陆游在《跋天隐子》一文中说:"最后《易简》、《渐门》二说,非天隐子本语,他日录本当去之。"但据何提出,未曾说明。按司马承祯《天隐子序》云"天隐子吾不知其何许人,著书八篇"。若去掉两篇,与《序》意不合,这个问题也有待于详考。

(来可泓)

洞灵真经 〔唐〕王士元

《洞灵真经》,原名《庚桑子》或《亢仓子》,一卷。唐王士元编撰。约成于天宝四年(745)之前。通行本有《正统道藏》本、《宛委丛书》本、《四库全书》本、《先秦诸子合编》本、《丛书集成初编》本等。

王士元(源),宣城(今安徽宣城)人,生平未详。他曾为《孟浩然集》作序,自称:"士源幼好名山,行年十八,首事陵山,践止恒岳,咨求通玄丈人。又过苏门,问道隐者元知运,采药经王屋(山),习隐诀终南(山),修《亢仓子》九篇。天宝四载初夏,诏书征谒京邑,与冢臣入座,讨论山林之士。"据天宝九年(750)韦滔为《孟浩然集》重序称:"宣城王士元者,藻思清远,深鉴文理。常好山水,不在人间,著《亢仓子》数篇,传之于代。"可以概见王士元生平和志趣。

《洞灵真经》是一部以道、儒思想为主导,论述修身、治国之道的一部著作。全书分为九篇。

书前有序。叙述亢桑子的简历和《洞灵真经》命名由来。"有庚桑楚者,陈人也,遍得老子之道,居畏垒之山……后游吴,隐毗陵盂峰,道成仙去。著书九篇,号《庚桑子》,一名《亢仓子》,唐封洞灵真人。书为《洞灵真经》。"各篇内容如下。

一、《全道篇》。以道家清静无为思想为主导,阐述修身、全道,可以看成是本文的纲领。怎样修身、全道呢?必须做到"体合于心,心合于气,气合于神,神合于无"。达到无的境界,就成为全道之人。这种人"不虑而通,不谋而当,精照无外,志凝宇宙,德若天坠,然上为天子而不骄,下为匹夫而不昏"。

二、《用道篇》。叙述不同阶层的人有不同之道,要求人们各行其志。他认为,"鸡辰而作,负日任劳,汗流洒坠,夜分仅息,农夫之道也;俯拾仰取,锐心锥撮,力思搏精,希求利润,贾竖之道也;咽气谷神,宰思损虑,超遥轻举,日精炼仙,高士之道也;刳情崇想,毕志所事,伦揆忘寝,谋效位司,人臣之道也;清心省念,察验近习,务求才良,以安万姓,人主之道也"。从而使人们各安其位,各行其志。

三、《政道篇》。叙述为政之道。认为为政必须首先取信于民。"信全则天下安,信失则天下危。"其次必须掌握刑赏二柄,公平实施。"若知主之赏罚爵禄之所加,宜则亲疏、远近、贤不肖皆尽其才力,而以为用矣。""刑赏一,则吏奉法,吏奉法,则政下宣,政下宣,则民得其所而交相信矣。"第三为政必须求士、择才。"凡为天下之务,莫大求士。"国家"得士则靖,失士则乱"。

四、《君道篇》。阐述为君之道。首先强调国君要清静寡欲。"尧舜有为人主之勤,无人主之欲,天下各得济其欲。""人主清心省事,人臣恭俭守职,太平立致矣。"其次,强调国君要代表天下人利益而不能爱憎由己。"用天下人爱者,则天下安;用主独爱者,则天下危。人主安可以自放其爱憎哉!"再次,主张君主要明于知人,注意个人行为的导向性。"若人主贵耳闻之功,则天下之人运货逐利而市誉矣;贵目见之功,则天下之人恢形异艺而争进矣。……使天下之人市誉争进,饰辞见达者,政败矣。"

五、《臣道篇》。阐述为臣之道。强调官吏要尽心为国,直言敢谏。做到"心莫若公,貌莫若和,言莫若正。公不欲露,和不若杂,正不欲犯"。

六、《贤道篇》。叙述求贤之道。认为"贤良所以屡求而不至,难进而易退者,非为爱身而不死王事,适恐尽忠而主莫之信耳"。因此,强调求贤的先决条件是君主有道而英明。"贤正可待不可求,材慎在求不慎无,无若天子静,大臣明,刑不避贵,泽不隔下,则贤人自至而求用矣。""天下有道,则贤人不求而自至;天下无道,则非贤不求而自至。"

七、《顺道篇》。叙述孝亲之道,认为道用之于人,"字之曰孝"。孝者"善事父母之名也"。善事父母,"敬顺为本,意以承之,顺承颜色,无所不至"。然后,从事父母之孝,落实到对君主的忠。"夫知为人子,然后可以为人父;知为人臣,然后可以为人君。"从孝出发知父子君臣长幼之道。

八、《农道篇》。叙述农业生产的重要性。认为农业是国家之本,主张重农抑末。"人舍本而逐末,则不一令,不一令,则不可以守,不可以战。"如何发展农业生产呢?首先要使农民有恒产,"其产复,则重流散,重流散,则死其处无二虑"。其次君主要提倡农业,"茂耕织者,为本教也"。第三要不违农时,让农民按时耕作,从事农业生产。"敬时爱日,埒实课功。"

九、《兵道篇》。叙述用兵之道。首先指出军队是国家的坚强支柱,兵不可废。"夫兵之不可废,譬水火焉。……征战不可偃于天下。"其次提倡义兵,以诛暴虐。"兵诚义,以诛暴君而振(拯)苦,人人之悦也。""义兵至则邻国之人归之若流水,诛国之人望之如父母。"其三,用兵要"重令","其令强者其敌弱,其令信者其敌诎"。

《洞灵真经》论述了全身、治国、君臣、求贤、农战等问题,贯穿着儒家、道家修身、治国、平天下的伦理思想和道德准则,对当时的封建政治家有一定的参考价值,对后世有一定的影响。

对于《洞灵真经》,前人多有研究,著录卷数,颇不一致。《新唐书·艺文志》、《郡斋读书志》、

《文献通考·经籍志》著录为二卷;《直斋书录解题》著录为三卷,今本为一卷。《四库全书总目》认为是明人将此书并为一卷。《洞灵真经》中多古文奇字,故有王源《亢仓子注》三卷和《亢仓子音义》一卷,加以注释。另有何璨《亢仓子注》九卷。

(周梦江)

黄帝阴符经疏 〔唐〕李　筌

《黄帝阴符经疏》，又名《阴符经疏》、《骊山老母传阳符玄义》，三卷。唐李筌撰。成于安史之乱(755—763)之后。通行本有《正统道藏》本、《道藏举要》本、《宛委别藏》本、《墨海金壶》本、《珠尘别录》本、《湖北先正遗书》本、《道藏精华录》本等。

李筌，号达观子。早年在少室山(在今河南登封北)求道，间或出游，历诸名山，博采方术。尝至嵩山虎口岩，得《黄帝阴符经》，为之作注。天宝二年(743)，向玄宗献所著《阃外春秋》。后历官江陵节度判官、副使、御史中丞、仙州刺史、邓州刺史。主张任贤使能，明法审令，革新政治。受李林甫排挤，复入山修道，不知所终。他以阴阳五行说明世界，强调人能够掌握其规律，免于贼害，反对灾异、择日、卜筮之说，认为人性虽受地理环境影响，但"勇怯在乎法，成败在乎智"(《太白阴经·人无勇怯》)；"乘天之时，因地之利，用人之力，乃可富强。"(《太白阴经·国有富强》)其发挥主观能动的思想，对后世影响很大。尚著有《太白阴经》十卷、《中台志》十卷、《孙子注》二卷、《青囊括》一卷、《六壬大玉帐歌》十卷。生平事迹见杜光庭《神仙感遇传》卷一。

李筌出游嵩山，于虎口岩得《黄帝阴符经》。书为北魏寇谦之所录，藏于太平真君二年(441)。原本糜烂，筌抄读数千篇，未晓其理。后入秦，于骊山下遇一老母。得其所授，乃知"《阴符》凡三百言，一百言演道，一百言演法，一百言演术"。"上有神仙抱一之道，中有富国安民之法，下有强兵战胜之术。"(《黄帝阴符经疏序》)于是依骊山母之说，作注撰疏，而有此书。

本书是否为李筌所作，学者见解不一。刘师培《读道藏记》认为此书之注为李筌所作，而疏出于他人之手。黄海德、李刚编著的《简明道教辞典》则说："但用内证法考之，注与疏在义理上一致，故当出自李筌一人之手。"任继愈主编的《道藏提要》说："考唐宋书目如《新唐志》、《崇文总目》、《通志》、《晁志》、《秘目》、《中兴书目》等皆注李筌注《阴符经》，而各家均无李筌《阴符经疏》，惟《宋志》始有李筌《阴符经疏》一卷。又唐张果《阴符经注》引李筌注文近二十条，除卷首'阴者暗也，……'一条，其余各条均不见于是书，而是于七家集注本，则此书之标题李筌疏甚为可疑。考宋袁淑真有《黄帝阴符经集解》(亦称《阴符经疏》)三卷。以此书与袁本相校,文字基本相同,体例亦合于袁氏序文之言,惟将袁本每注前之'淑真曰'三字删去而已。是此书非李筌之作,实宋人采李筌《序》与袁疏合并而成。"

《阴符经疏》是论述道教固身成仙及治世安民的道教经典。它发挥《阴符经》的哲理,阐述宇宙起源,天地生成,万物与人之间的相取相生、相资相养关系,以使人为善去恶,主动汲取天地之机,获得神仙之道,兼论富国安民,强兵作战的政治军事内容。

全书有注有疏,分为三卷。卷上《神仙抱一演道章》,"使人明阴阳之道,察兴废之理,动用其机宜,然后修身炼行以成圣人"。卷中《富国安人演法章》,"使人取舍合其机宜,明察神明之道,安化养命固躬之机也"。卷下《强兵战胜演术章》,"使人深思静虑,思害不生,晓达存亡,公私隐密,开物成务,观天相时"。书前有序,每章后附提要与赞,下章后另附七十字,有张良、诸葛亮注。

本书首先解题:"阴、暗也;符,合也。天机暗合于行事之机,故曰阴符。"

作者肯定儒释与诸子百家之说,但认为各家之书都比不上这部简至三百来字的《阴符经》:"此则至道也。何必广谈修与欤! 合道之体,不出此门。能和天地阴阳成败之元者,皆在《阴符》首章而尽理矣。世人见文词少而言近,自不闲其要妙亦何在? 三教经书,广博所陈也。故骊山母云: 观其精理,《黄庭》八景不足以为学;察其至要,经传子史不足以为文;任其智穷,孙吴韩白不足以为奇。此其义也。"在道教著作中,它也是出类拔萃的,远胜于《黄庭》诸经。

《阴符经》语宇宙极其简略,李筌于疏中稍加发挥。他依据传统,以气为宇宙之源。说在气的分化过程中,"阳之精炁,轻清上浮为天;阴之精炁,重浊下沉为地"。"故知天地,则阴阳之二炁,炁中有子,名曰五行。""万物从而生焉。万物则五行之子也。"又论述日月在万物生成中的作用:"日月者,阴阳之精炁也。……六合之内,赖此日月照烛,阴阳运行而生成万物,有动植,历力微妙至于圣。"由气所演化的"天地万物,自然有之。此皆至道之所含育,不求恩报于万物。万物承天之覆育,自怀思于天"。至于万物之间,理当"大之与小,咸有定分,不相违越,则小不羡大,大不轻小"。还将整个宇宙,构建成一个以五为纪的系统,说五行"在天为五星,在地为五岳,在位为五方,在物为五色,在声为五音,在食为五味,在人为五脏,在道为五德"。在此系统中,他强调两点: 一、天地相连而不相离,"自地以上则皆天",天地的相即相连处在地面水面,它是人与动植生存之所;二、五行不仅仅是天地的产物,也是"天地阴阳之用"。它具有"更相制伏,递为生杀"的作用。

人是宇宙的一部分,作为五行之子,只能顺应而不违背阴阳五行之道。"人但能明此五行制伏之道。审阴阳兴废之源,则而行之",是合于天机。如此而行的关键是观察认识自然:"人用心观执五炁而行,都逆顺而不差,合天机而不失,则宇宙在手掌中,万物生乎身上。"李筌着重论述"合天机而不失"。他认为天机有生有杀,发生在"阴阳改变,时代迁谢,去故就新"之时。人作为

"五行之子,须顺五炁之生杀,任阴阳之陶运,何得擅自兴其生杀乎!""天将诛之,人共诛之,俱合其杀机,是名天人而发,万变定基。""若能动用合其天机,应运同其天道。此则人安其心,物安其体,五行安其位,岳渎安其灵,上施道德,下行仁义,灾害不生,祸乱不作,天人静默,名曰定基。"

李筌进而诠释经中的三盗思想,说明宇宙形成后的天地、万物与人之间相互关系的思想。其一,"天地,万物之盗。"他说:"天地万物胎卵湿化百谷草木,悉承七炁而生长,从无形至于有形,潜生覆育,以成其体,如行窃盗,不觉不知,天地亦潜与其炁应用无穷,万物私纳其覆育,各获其安。"这是一种自然而然的关系。其二,"万物,人之盗。"他认为天地所生之万物,以人为最灵。因其"位处中宫,心怀智度,能反照自性,穷达本始,明阴阳五行之炁而用之"。"于七炁之中所有生成之物,悉能潜取以资养其身。"认识到人因具有意识,不同于天地万物的自然形态,它在理解自己和世界的基础上,通过种种活动,使整个自然界成为自己的对象,服从其生存发展之需要。其三,"人,万物之盗。"其意为"万物反能盗人,以生祸患"。这是一种相当深刻的思想。较欧洲的思想家早一千一百年,从人与自然的相互关系中,总结出自然因人对之改造而发生变化之后,所给予人的"报复",对人的"惩罚"。

由盗与机结合而形成的"盗机"概念,在他看来为:"缘己之先无,知彼之先有。照设计谋而动其机数,不知不觉盗窃将来,以润其己。"且因君子与小人而有所不同。"君子知至道之中,包含万善所求必致,如响应声,但设其善计暗默修行,动其习修之机,与道契合,乃致守一存思,精心念习,窃其深妙,以滋其性。或盗神水华池玉英金妙,以致神仙。"而小人"但务营求金帛,不惮劬劳。或修才学武艺,不辞疲瘁,饰情巧智,以求世上浮荣之机;或荣华宠辱;或军旅倾权,或贪婪损己。或耽财好色,虽暂得浮荣,终不免于患咎"。君子与小人的这种区分,实际上是以成仙为人生惟一目标的结果。

为善去恶被视作人藉助盗机实现神仙追求的手段:"愚拙之人,自率于心,造次兴动,不自藏隐,立招祸患。贤人养道育德,巧拙之性,俱隐伏于身心。然后内观正性,外视邪淫,善则行之,不善则舍之,修身炼行而成圣人。外人焉能知我巧拙之性乎!皆谓我天然贤圣,不知我修行而知之。"这里的圣人即是神仙。

作者抉微阐幽,还论说经中的富国安民之术。首先,强调从事生产劳动,向自然索取生活资料:"谷者,人之天也。天所以兴王务农,不务农是弃人也。"其次,要求处于不同等级的人,安于自己的地位:"上至王侯,下至黎庶,各有定分,不相倾夺,上下和睦,岁稔时雍,名曰太平。"再次,当社会出现矛盾时,明君贤臣要加以调御:"明君贤臣调御于世,乘此既宜尽安之时,当须法令平正,用贤使能,仁及昆虫,化被草木,举头皆合于天道之机宜,则阴阳顺时,寰宇清泰,使万民之类,皆获其安宁。此则动其机而万化安,故云中有富国安人之法也。"

继之,论说强兵战胜之术。他强调"兵者凶器,战者危事。处战争之地,危亡之际,必须三反精思,深谋远略。若寡于谋虑,轻为进退,竟致败亡"。要求将校用兵,"三反昼夜,成功立事,以致荣华"。又说:"明君但施其正令,以示国章,兆人睹其威命,如迅雷烈风,莫不蠢然而动,咸生恐惧之心,各自警戒,各自慎行也。以此治军,则将勇兵强,上威下惧,必能诛暴定乱,故言下有强兵战胜之术也。"强兵战胜之术,作者还从"将帅之体,贵其廉静"、"军帅之体,能用以隐密机数"、"军帅之体,善用五行休用之炁"、"军帅之体,能知幸生即死,必死而反生"、"将帅之体,不负皇恩,不骄荣宠"、军帅之体"能修政令,设谋虑,思抚士卒"等方面论述了强兵战胜,敌何敢当之理。

《阴符经疏》首次系统而又重点地阐发《阴符经》的哲理,将它运用于富国安人、强兵战胜等政治军事方面,具有积极的意义。自此以后,《阴符经》及其疏注成为道教神仙哲学兼论政治军事的著作。《阴符经疏》一身而三任的地位,不仅扩大了《阴符经》的影响,还使其自身与《阴符经》对多种科学与政治、军事发生影响,成为儒道两家学者共同瞩目的经典。

有关本书的研究,有卿希泰《中国道教思想史纲》、任继愈等编的《道藏提要》的有关部分。

(贺圣迪)

钟吕传道集 〔唐〕施肩吾

《钟吕传道集》,又名《钟吕二仙传道集》、《钟吕二仙修真传道集》、《修真十书钟吕传道集》、《真仙传道集》,三卷,或作一卷。唐施肩吾撰。成于长庆(821—824)年间后。通行本有《正统道藏》本、《道书全集》本、《重刊道藏辑要》本、《道藏精华录》本、1989年上海古籍出版社《气功·养生丛书》本等。

施肩吾,字希圣,号东斋,道号栖真子、华阳真人。唐睦州分水(今浙江桐庐西北)人。元和十五年(820)进士。自知命薄,中试后即东归隐居。长庆年间,学仙洪州西山(今江西新建县南昌山),先后师事许逊、吕洞宾,得延年驻颜之术,年迫迟暮,无龙钟之态。他从阴阳五行学说论神仙之术,"明颠倒之法,知抽添之理","得反覆之义,见超脱之功"(《西山群仙会真记序》)。在论述道、法、人、时、物的同时,兼及道器、形气、形神、性命等范畴。著有《钟吕传道集》、《西山群仙会真记》、《太白经》、《黄帝阴符经集》、《施肩吾诗集》。生平事迹见《历世真仙体道通鉴》卷四五、《文献通考》卷二二五。

自魏晋以来,道教的服气导引与服食丹药的仙术,未臻长生成仙之效。后者有中毒夭折的危险,使人们逐渐认识其荒诞不经。前者虽有治病、强身、益寿之利,却不能使人长生不死。入唐之后,道教学者中有人改以依据玄深哲理的内炼说,宣扬羽化成仙,逐渐成为显学。钟离权、吕岩师徒有志于此,予以探讨。其论述广传道门。吕岩弟子施肩吾整理遗说,集为《钟吕传道集》一书。

《钟吕传道集》为道教内丹致仙著作。论述宇宙演化,天地长久,人法天地之机,通过内丹修炼成仙,斥责诸小法旁门败坏大道,又认为自战国以来,"凶气凝空,流尸满野,物不能受天地之秀气,而世之药材"(《丹药》),已无通过外丹成仙的可能。全书分为十七篇,书后有跋。

一、《论真仙》。认为人之修持,合于大道,可成神仙。仙有五等、法有三成。养命之士不得长生升仙者,乃"法不合道,以多闻强识,自生小法旁门,不免于疾病死亡,堕于轮回,失身异类"。

二、《论大道》。指出大道无形无名,无间无应,其大无外,其小无内。道生万物,而以人为最灵最贵,能合于道。不达天地之机者不识时,下功不识时者不知法,养命不知法者远于道。闻大道而无信心,有信心而无苦志,使大道难知难行,而热衷于旁门小道,遂成风俗,败坏大道。

三、《论天地》。强调"天地之机乃天地运用大道"。天得乾道用阳,地得坤道用阴。阳升阴降,相交相索,生三阳三阴而有六气。"六气交合而分五行,五行交合而生万物。"周而复始,运行不已,交合不失于道,以得长久坚固。人运行大道,体内之气一升一降,取法天地;一盛一衰,似于日月。

四、《论日月》。日月为太阴太阳之精,默记天地交合之度,助行生成万物之功。出没往来,有昼夜寒暑,不失乾坤之数,无差天地之期。人之修炼,取法天地可长生不死。再取日月,可成神仙。

五、《论四时》。时有四等。身中之时,一等;年中之时,二等;月中之时,三等;日中之时,四等。四时与阴阳、修道关系至为密切。

六、《论五行》。天地所分之五行及其阴阳变化,在辅弼天地中行道相交而以时生物无数。人之五行体现为五脏。生克关系使肾气传心液而行,相交成金丹,人进而为神仙。

七、《论水火》。论人体水火之作用。火在炼内丹中的作用,及其运行相交,炼形成气而轻举如飞,炼气成神而脱胎如蜕。肾水生气为真火,心火生液曰真水,二物交媾而为丹。

八、《论龙虎》。"心火生液为真水,中隐真龙而为阳。肾水生气为真火,中有真虎而为阴。"龙本肝象,虎乃肺神,二者交媾而变黄芽,数足胎完以成大药。

九、《论丹药》。人之疾病可分三类:患为时病,老为年病,死为生病。"时病以草木之药疗之自愈。身病、年病,所以治之,药有二等:一曰内丹,次曰外丹。"内丹以人体心肾之真气真水,配合大药。外丹起于广成子以内丹为法,用八石五金配合大药,服之亦可浩劫不死,但无内丹返于蓬莱之效。炼外丹见功者少,因自战国以来药物难求、丹书亡佚,以外求之之法亦为错误。

十、《论铅汞》。铅与朱砂变化而得银汞。锻炼二者,相合自成至宝。以外丹之法喻内丹,人体中真气隐于内肾,所谓铅者此也。肾主气,气中真一之水,名曰真虎,所谓铅中银者此也。肾气传肝气,肝气传心气。心气太极而生液,液中有正阳之气。所谓朱砂者,心液也;所谓汞者,心液之中正阳之气也。奉道之人,使肾气与心气相交,经变化而成大药,则身入蓬岛。

十一、《论抽添》。铅汞在内丹炼成中的作用不同,炼时要抽铅添丹。添汞抽铅自下田入上田。"铅既后抽,汞自中降,以中田还下田。始以龙虎交媾而变黄芽,是五行颠倒。继以抽铅添汞而养胎仙,是三田返复,五行不颠倒,龙虎不交媾,胎仙不气足。抽铅添汞,一百日药力全,二百日圣胎坚,三百日胎仙完而真气生。真气既生,炼气成神,功满忘形而胎仙自化,乃曰神化。"

十二、《论河车》。河车指"肾藏真气,真气所生之正气"。在内丹形成中,起搬运体内气液的作用。"五行非此车搬运,难得生成。一气非此车搬运,岂能交会,应节顺时而下功。"有小河车、大河车、紫河车之分。

十三、《论还丹》。还丹之丹为丹田,有上中下三丹田。其功能是使真水真气返合。"肾中生气,气中有真一之水,使人复还于下丹,则精养灵根,气自生矣。集灵为神,合神入道,以还上丹,而后超丹。"还丹因时之不同,而下手处各异,而有小还丹、大还丹、七返还丹、九转还丹、金液还丹、玉液还丹,以下丹还上丹、以上丹还中丹、以中丹还下丹、以阳还阴丹、以阴还阳丹等名号。

十四、《论炼形》。人之形神互为表里。"神者,形之主;形者,神之舍。"奉道须炼形神。形神有住世与化气二种。住世得长生不死,劫劫长存。化气得超凡入圣,身外有身。后者为炼形上法。炼形之要在元气不走失,呼吸之间夺天地正气,而形质长存。

十五、《论朝元》。炼气成神的标志是五气朝元。所谓五气朝元乃是:"一阳始生,而五脏之气,朝于中元;一阴始生,而五脏之液,朝于下元;阴中之阳、阳中之阳、阴阳中之阳,三阳上朝,内院心神返于天宫。"

十六、《论内观》。内观乃坐忘存想之一种。奉道之士"耳不闻而目不见,心不狂而意不乱,存想事物而内观坐忘,不可无也"。然而,"但望存想成功,意内成丹",必"如镜花水月,终难成事"。而且因意生像,因像生境,因而狂荡,入于邪中,或失身外道,终不能成仙。

十七、《论魔难》。奉道者的成就与成仙相差甚远,"又况不识大道,难晓天机,所习小法,多好异端,岁月蹉跎,不见其功,复入轮回",不能出十魔九难之中。

十八、《论证验》。奉道者苦志行持,遇明师而得法,行大法以依时,必成神仙。自一日之后,以致脱质升仙,其变化可证验次序,无差毫末。倘不如此,乃不从明师,所受非法;或虽受明师正法,而不知时候之故。

钟离权继承《老子》"道生一,一生二,二生三,三生万物"之说,而以"一为体,二为用,三为造化;体用不出于阴阳,造化皆因于交媾"(《大道》)。他以大道为世界本原,认为其"无形无名,无问无应,其大无外,其小无内"(同上),这是它与具体之物的根本区别。它历经太初(又称太始)——太质——太素等阶段,而有"阴承阳生,气随胎化"(《真仙》)之变,此后方是"道生二气,二气生三才,三才生五行,五行生万物"(《大道》)。道生二气,自形数而言,"大道既判而有形,因形而有数。天得乾道,以一为体,轻清而在上,所用者阳也。地得坤道,以二为体,重浊而在下,所用者阴也"(《天地》)。

无形大道所生出的有形天地,其形状如何呢?《日月》篇说:"混沌初分,玄黄定位。天地之状,其形如卵。六合于中,其圆如球。"以天地之貌如禽蛋之见,源于张衡《浑天仪说》,其学为葛洪所继承发扬,而流传于道教之中。浑天说的球形大地观,在流传中曾被曲解为地平大地观。这引起忠于浑天说学者的不满,钟离权便是其中之一。为此他在"其形如卵"下说:"六合于中,其圆如球。"强调球形大地居于卵中之天的正中。

天地形成之后,"阳升阴降,互相交合,乾坤作用,不失于道"(《天地》)。天积气在上,以阳为用;地积形在下,以阴为用。其后天行道,"三阳交合于三阴而万物生,三阴交合于三阳而万物成"。继之,"乾坤相索而生六气,六气交合而分五行,五行交合而生成万物"。万物不如天地久长坚固,乃是因为天地"阳中藏阴,其阴不消,复到于地;阴中藏阳,其阳不灭,复到于天。周而复始,运行不已,交合不失于道,所以长久坚固者如此"。

天上地下,阳升阴降的具体情况,可用数来量度计算:"天地分位上下,相去八万四千里。冬至之后,地中阳升,凡一气十五日,上进七千里。计一百八十日,阳升到天。太极生阴。夏至之后,天中阴降,凡一气十五日,下进七千里。计一百八十日,阴降到地。太极复生阳。周而复始,运行不已。而不失于道。"(《四时》)

阴阳二气除分别形化为天地,又以其精华凝聚为日月。"日月者,太阴太阳之精。"(《日月》)日月与天地相并共存,不但因为它们同出一源,而且因为大道运行日月与天地发生如下联系:日月"默记天地交合之度,助行生长成万物之功,东西出没以分昼夜,南北往来以定寒暑。昼夜不息,寒暑相推,而魄中生魂,魂中生魄。进退有时,不失乾坤之数,往来有度,无失天地之期"(《日月》)。所论次的数与期,有一月之内,月相及其方位变化,一年之内,日月运行的南北往来与寒暑交替的相应,天地日月之交会形成时日月年的时间观念。四时生成万物,有赖于五行。"木行春令,于阴中起阳,使万物生;火行夏令,于阳中起阳,使万物长;金行秋令,于阳中起阴,使万物成;水行冬令,于阴中进阴,使万物死,土则于四时中,助长促进木火金水的作用。五行相交,而见于时,生在物者,不可胜数。"(《五行》)

道生化万物的过程,在天地与五行间,插入三才。"上中下列为三才,天地人共得一道。"(《大道》)这是因为天地所生之万物,以人为最灵最贵。"惟人也,穷万物之理,尽一己之性。穷理尽性以至于命,全命保生以合于道。"(《大道》)人能合于道,其胎儿时期有类似于大道原始阶段的变化,与天地共得一道。人生之后,在气的阴阳升降之中而具备五行。"肾为水,心为火,肝为木,肺为金,脾为土。"(《五行》)除论述五脏之间的相生相克,还叙其受、驱、得见,及其表见于人体内外与器官组织的关系。这使人"当与天地齐其坚固,同得长久"(《大道》)。

人虽具有似天地一般的坚固长久之可能,但却未必能使这种可能成为现实,相反往往是"堕于轮回","入于异类"(《真仙》)。为免堕轮回,只有修道成仙。好道之人"若遇明师而得法,行大法以依时"(《证验》),必成真仙。倘不遇明师得法,以旁门小法修持,不免于疾病死亡。

明师之法有内外丹。外丹术虽运行大道、效法天机。但其起源乃广成子本内丹之术而为之,且因战国以来天地之气为人世纷争所污染,已乏炼丹之药,难于施行。求仙之道,唯有内丹。

内丹术有大中小三成。小成安乐延年而得人仙,中成长生住世而为地仙,大成脱质升天而化神仙、天仙。三者循环渐进,一贯相连。其术以人身作鼎炉,心肾为药材,效天地阴阳升降之理,法五行生克之则,"取日月往复之数,修合效夫妇交接之宜,圣丹就而真气生,气中有气,如龙养珠,大药成而阳神出,身外有身,如蝉脱蜕"(《丹药》)。他们认为"人之心肾上下相远八寸四分,阴阳升降,与天地无二等。气中生液,液中生气,气液相生,与日月可同途"(《四时》)。发生在人体内的这一交合,一日"如日月之一月,天地之一年"(《四时》)。在此过程中,"肾为气之根,心为液之源。灵根坚固,恍恍惚惚,气中自生真水;心源清洁,杳杳冥冥,液中自有真火"(《五行》)。以肾之真一之水,合于心之正阳之气,即"肾气投心气,气极生液。液中正阳之气,配合真一之水,名曰龙虎交媾,曰得黍米之大,名曰金丹大药,保送黄庭之中"(《铅汞》)。炼丹同时须炼形,因为"形与神为表里。神者形之主,形者神之舍"。通过修炼,"便形化气而超凡,驱以入圣品"(《炼形》)。

《钟吕传道集》阐述道教内丹术的基本理论,是唐宋间著名的内丹著述。它是钟吕金丹派教义宗源,对其后内丹术发展颇有影响,时至今日,犹是气功养生的基本著作。

有关本书的研究,有任继愈等编《道藏提要》的有关部分。

(贺圣迪)

太上老君说常清静妙经 〔唐〕佚 名

《太上老君说常清静妙经》，又名《太上老君说常清静经》、《太上老君说常清静真经》，简称《常清静经》、《清静经》，一卷。任继愈、钟肇鹏主编的《道藏提要》认为，《通志·艺文略》所著录之《太上混元上德皇帝说常清静经》，殆即本书。作者佚名，成于唐代(618—907)。通行本有《正统道藏》本(有白本及各家注本共九种)、《道藏初编》本、《重刊道藏辑要》本等。

《太上老君说常清静妙经》是道教基本经典，阐述清静二字为道之要。

全经三百九十一字，分二章。上章论好清静则得道，下章论务贪求而沉苦海。经后有葛仙翁、左玄真人、正一真人三篇赞语，《续修四库提要》认为出于后人依托。

经文以大道为宇宙本源。其性质为无形、无名。道只是强加之名。大道生育天地，运行日月，长养万物，生成并维持宇宙。道有清浊动静，"清者浊之源，动者静之基"。其次叙人。认为人的本性，好清好静，但心未澄而扰，欲未遣而牵，故人"常能遣其欲而心自静，澄其心而神自清，自然六欲不生，三毒消灭"。澄心遣欲赖于内观于心、心无其心；外观于形，形无其形；远观于物，物无其物。倘能如此，则达到空、无、寂的境界，无欲而真静，以此应物"常真得性"、"常清静矣"，由此"渐入真道"，而后能得道传道。又强调世人好争执德而有妄心。如此执著万物，即生贪求而有烦恼，"忧苦身心，便遭浊辱，流浪生死，常沉苦海，永失真道"。

《太上老君说常清静经》为历代道士所崇奉的道教基本经典，全真派更以其为日常持诵功课，为领受初真戒时所必诵。

有关本书的研究，注释方面有唐前蜀间杜光庭《太上老君说常清静经注》，宋白玉蟾《太上老君说常清静经注》、全候善渊《太上老君说常清静经注》、刘通微(默然子)《太上老君说常清静经颂注》，元李道纯《太上老君说常清静经注》、王玠《太上老君说常清静妙经纂图解注》，明水精子《太上老君说常清静妙经解增注》等注本；论述方面有《续修四库提要》与《道藏提要》的有关部分。

(贺圣迪)

太平经钞 〔唐〕闾丘方远

《太平经钞》,十卷。唐闾丘方远抄纂。撰时不详。本书为闾丘方远节钞《太平经》而成,《道藏》本置于《太平经》之首,其实与《太平经》为两种书。通行本有《正统道藏》本、王明《太平经合校》本。

闾丘方远(?—902),字大方,道号玄同先生,舒州宿松(今安徽宿松县)人。年十六,精通《诗》、《书》,学《易》于庐山陈元晤。二十九岁,问大丹于香林左元泽。后师事仙都山隐真岩刘处靖,学修真出世之术。三十四岁受法箓于天台山玉霄宫叶藏质。闾丘方远好学深思,诠《太平经》为三十卷,备尽枢要,声名播于江淮间。唐景福二年(893)钱塘彭城王钱镠深慕闾丘方远道德,曾礼谒他于余杭天柱山大涤洞,筑宇室以安之。唐昭宗累征之,不赴召。昭宗乃降诏褒异,赐号妙有大师玄同先生,唐天复二年二月十四日坐化。编有《太上洞玄灵宝大纲钞》、《太平经钞》十卷。生平事迹见《云笈七籤》卷一一三。

《太平经钞》是早期道教阐述天道自然、阴阳变化法则,寻求建太平之世于人间的一部著作。全书分十卷,按甲、乙、丙、丁、戊、己、庚、辛、壬、癸分列,采用问答体叙事,内容庞杂,即使在一卷之中,也内容糅杂而难以概括其中心。只能就大致说,第一卷叙述太平圣君世系、道术梗概,以及青童君受《灵书紫文》经过。第二卷叙述阴阳顺道法、守一明之法等道教修炼法则。第三卷叙述帝王之治道。第四卷叙述阴阳变化,相生相养之道。第五卷叙述干支相配长安国家之道。第六卷叙述日月星辰运行之象天为法。第七卷叙述虚无自然以成道之术。第八卷叙述服气养生之术以及行太平道可以国安民富之理。第九卷叙述守一以致太平之道。第十卷叙述大顺之道。综合十卷内容,大致阐述了以下问题。

一、阐述天道自然。《太平经钞》持天道自然观。认为"道者,天也,阳也"(卷四),"天者,至道之真也"(卷四)。而"天畏道,道畏自然",因为"自然使天地之道守,行道不懈,阴阳相传、相付、相生也"。"天道不因自然,则不可成也,故万物皆因自然乃成。"(卷九)"自然之法,乃与道连,守之则吉,失之有患","天地之性,独贵自然,各顺其事,无敢逆焉。道兴无为,虚无自然,高士乐之,下士忽焉"(卷七)。把自然看成是道之师。这种天道自然观,是具有朴素唯物论思想的。

二、阐述天地阴阳变化法则。《太平经钞》是持阴阳变化,产生万物论的。认为:"元气,阳也,主生;自然而生,阴也,主养。""天下万事,皆一阴一阳,乃能相生,乃能相养。一阳不施生,一阴并虚空,不可养也","是乃阴阳之统天地之枢机也"(卷四)。而且阴阳能相互转化。"阴极则生阳,阳极则生阴。阴阳相转,比若寒暑自然之理,故能相生,世世不绝。"(卷三)"阳极为善,阴极为恶","阳极生仙,阴极杀物"(卷八)。反映在人事关系上,"人生,象天,属天;人卒,象地,属地。天父也,地母也,事父不得过父,生阳也;卒阴也,事阴不得过阳。阳,君道也,阴,臣道也,事臣不得过于事君"。"一阴一阳为其用也,得其治者昌,失其治者乱"(卷三)。他认为天地万物都循阴阳变化而生生不息,治乱相因。

三、阐述天人一体,天人相应。《太平经钞》持天人感应论。它从天、地、人三者关系出发,认为"天地中和,三炁内共,相与为一家,共养万物。天者,主生,称父;地者,主养,称母;人者为治,称子。子者受命于父,思养于母"。"凡人,为地无知而不疾痛,上感天而人不得知之。故父灾变复起,母复怒,不养万物,父母俱怒,其子安得无灾乎。"(卷三)并说:"天子者,天之心也,皇后者,地之心也。夫心者,主持正也。"主持正道的天子,上合天心,下合地心,就能进入至治盛世。为此他要求天、地、人合成一家,"如三者常当腹心,不失分铢,使同一忧,合成一家,立致太平,延年不疑矣"(卷二)。

四、阐述修炼之法。《太平经钞》中提出了道教修炼之法。如"合阴阳顺道法"、"守一明之法"、"调神灵法"、"和三气兴帝王法"、"安乐王者法"、"悬象还神法"等。其中以守一明法为本。"夫一者,乃道之根也,气之始也,命之所系,属众心之主也。""中央为命根之府也",守一者"使述其外,急须治其内"。守一者"天神助之","守一明之法,长寿之根也,万神可祖,出光明之门"(卷二)。守一,强调求之于内,做到神形合一。"人之守一,名为无极之道,人有一身与精神常合并也。形者,乃主死,精神者,乃主生。常合即吉,去则凶。无精神则死,有精神则生,常合即为一,可以长存也。"(卷九)

五、阐述《太平经》乃致太平之文。《太平经钞》指出:"太平道,其文约,其国富,天之命,身之宝。近出胸心,周流天下,此文行之,国可安,民可富。"(卷八)认为这部道书,出自天神之手,传之于世,"凡事患治,无复不平",是部救世之书。"今,天之出书,神之出策符,神圣之文,圣人造文、造经,上贤之事,皆符合自然、元气、阴阳之道,行之可以太平。"(卷八)他谆谆教导大家:"上天各异,自有自然、元气、阴阳,与吾文相似,各从其俗,记吾书辞而行之,即太平矣。""天教吾具出此文,以解除天地、阴阳、帝王、人民、万物之病也。"(卷八)

《太平经钞》是摘抄《太平经》要旨而成的辑要本，"文约旨博"，"各尽枢要"。《太平经》是道教的重要典籍，但在东汉黄巾起义以后，太平道教徒惨遭统治阶级的残酷镇压，《太平经》也被毁而残缺不全。在这样的情况下，《太平经钞》的存在，就具有特殊的意义。既可概见《太平经》之要旨，也可补充《太平经》佚失部份内容，不失为研究《太平经》和汉代道教思想的重要资料。

有关《太平经钞》的研究，五代南唐沈汾在《续仙传》中曾指出：闾丘方远"诠《太平经》为三十篇，备尽枢要"。南宋邓牧在《洞霄图志》中也指出："闾丘方远钞《太平清领书》为二十卷。"宋贾善翔在《犹龙传》中将是书分为《太平经钞》与《太平经诠》两部分。近人王明作《太平经合校》，指出《经钞·甲部》与全经他部不类，疑为后人伪补。这些论述都可作为研究《太平经钞》参考。

（周梦江）

太平经圣君秘旨

《太平经圣君秘旨》，简称《太平秘旨》，一卷。原题传上相青童君作，实为唐闾丘方远辑。撰时不详。通行本有明代《正统道藏》本等。

作者原题青童君，青童君系神仙名，为皇天金阙后圣太平帝君上相。据《太平经复文序》载："皇天金阙后圣太平帝君作《太平复文》，先传上相青童君。"可能由此推衍《太平经圣君秘旨》为青童君所作。据《宋史·艺文志四》载"闾丘方远《太平经秘旨》一卷"，近人王明根据《续仙传》考证说："唐代道士闾丘方远行守一之法，疑《太平经圣君秘旨》为闾丘方远所辑"（《太平经合校·前言》）。

《太平经圣君秘旨》为《太平经》要言专题辑录。将"守一明法"奉为道家修炼秘旨。全书以"守一"为纲，开展论述，阐明了以下问题。

一、探讨了"一"的来源和意义。作者提出"三气共一"的论点，探讨了"一"的来源。三者是指："一为精，一为神，一为气。"而这三者是本天、地、人三者而来，"神者，受之于天；精者，受之于地；人者，受之于中和（人）"，而天（神）、地（精）、人（气）三者"相与共为一"。说明天地人是由一派生的。这与老子所说的"一生二、二生三、三生万物"的观点相一致。说明"一"是万事万物的本源、最高主宰。就道家来说，一就是道，就是太极、就是本体。"元气之首，万物枢机。""一之为本，万事皆行，子知一，万事毕矣。"所以"守一勿失"是道家修道的最高法则，抓住了这个法则，就是抓住了牛鼻子，称之为"秘旨"是非常确切的。

二、阐明守一与明法关系。这里的法，乃道家所指修炼的各种方法。明法，即是通晓各种修炼之法，即方法论。守一与明法，是体与用的关系，明法必须在守一指导下进行。"守一明之，法未精之时，瞑目冥冥，目中无有光。""守一复久，自生光明，昭然见四方，随时而远行。"才能发挥功能。"守一明法，长寿之根，万神可御，出光明之门。""守一精明之时，若火始生时，谨守勿失，始赤、久久正白、久久复青，洞达绝远，还以理一，内无不明百疾除，守之不懈，度世超腾矣。"

三、阐明守一明法的运行要旨。作者认为行守一明法，必须内求。其运行要掌握九个要旨：一是元气无为，念身无一。二是虚无自然，守形身中。三是数度。积精思，还自视，数从发下，至足、五指。四是思念五藏之神出入。五是大道神。人神出，乃与五行四时相类，可降百邪。六是次喜。以刺击地道神，使好巧而入半邪。七是社谋。天地、四时、社稷、山川祭祀神。八是洋神。其神洋洋，其道无可系属。九是家先。纯阴非真。掌握了这一些，就可以运行自如，修成真仙。

四、阐述了守一的作用。守一的作用，作者除分散叙述外，作了总的概括。"守一者，可以度世，可以消灾，可以事君，可以不死，可以理家，可以事神明，可以不穷困，可以理病，可以长生，可以久视。"作用之大，可以说无所不包，下而修身治家，上而事君治国。防病消灾，脱贫致富，成仙成道，无一不是赖守一而完成。

《太平经圣君秘旨》集中阐述道教守一之法的方方面面，对于了解道教的教旨有一定意义。近人王明在《太平经合校》中曾对此书进行研究。日本福井康顺也在《道教之基础的研究》中，对其进行探讨。任继愈等编的《道藏提要》有介绍。

（周梦江）

四气摄生图 〔唐〕佚　名

《四气摄生图》，又名《四季摄生图》，一卷。不题撰人。约成于唐末。通行本有明代《正统道藏》本等。

《四气摄生图》是一部剖析脏腑病理，以及根据不同季节采用服药、导引之法，保养身体的医学论著。图文并茂，对于研究中医学理论有一定意义。

《四气摄生图》的正文，包括肝脏春王、心脏夏王、肺脏秋王、肾脏冬王、脾脏王四季、胆脏六个部分。并附六气法、三尸名、神农忌慎法、自按摩法等篇目。文前有序，署名竞三；文后有后序，不题撰人。

《四气摄生图》首先说肝脏。作者称肝为神，属东方木青帝神，四季属春，名龙烟，字含明，形似青龙，像似悬瓠。引《黄庭经》分析肝的地位、性质、功能。"肝气郁勃清且长，罗列六肺生三光，心精意专内不倾，上合三焦下玉浆。其声角，其性仁，其味酸，其臭膻。"肝脏有疾，其外在表现是：肝盛，目赤；肝亏，筋急；肝热，皮枯；肝风，肌骨有斑点；肝盛，面色发青；肝不足，好食酸味；肝伤，毛发枯萎；肝气逆，则头痛、耳鸣，昏昏多睡，小腹微痛，视物不明，飞蝇上下。肝有疾，认为服用外麻散子验方，便可见效。

第二说心脏。作者称心神为赤帝，属南方火，四季属夏，名丹元，字守灵，形似朱雀，像似倒悬芙蓉。作者引《黄庭经》分析心的性质、功能云："心部之宫莲舍花，下有童子丹元象，主适寒热荣卫和，丹锦绯裳披玉罗。其声征，其臭燋。"认为心合小肠，主其血脉，主于舌。心脏有病，其外在表现是："舌不知味，心亏也；血壅者，心惊也；多忘者，神离心也；爱重语者，心乱也；面色青黑者，心冰也；好食苦者，心不足也。"心脏有疾，认为服用五参丸方，可以收效。

第三说肺脏。作者称肺神为白帝，属西方金，四季属秋，名皓华，字虚成，形似白兽，像似悬磬。作者引《黄庭经》分析肺的性质、功能云："肺部之宫似华盖，下有童子坐玉阙，七元之子主调气，外应中岳鼻齐位。其声商，其味辛，其臭腥。"作者认为肺合大肠，外形于鼻。肺脏有疾，其外在表现是:"肺有风,则鼻塞;面色枯黄者,肺干也;鼻痒者,肺有虫也;多怖者,魄离肝也;身上生黑白点者,肺微也;多声气者,肺强也;不耐寒者,肺败也;好食辛者,肺不足也。"肺脏有疾,宜服排风散子为有效。

第四说肾脏。作者称肾神为黑帝,属北方水,四季属冬,名玄冥,字育婴,形似鹿,两头像圆石。引《黄庭经》分析其性质、功能云:"肾部之宫玄阙圆,中有童子名上玄,主诸六府九液源,外应两耳百液津。其声羽,其味咸,其臭腐。"认为肾合于骨,上主于齿,又主于耳。肾脏有疾,其外在表现是:"齿痛者,肾伤也;耳聋者,肾虚也;腰不伸者,肾冰也;面色黄者,肾衰也;骨疼者,肾亏也;齿多龃者,肾寒也。齿䶢者,肾风也;耳痛,肾壅也;多欠者,肾邪也。"宜服八味丸方,颇见功效。

第五说脾脏。作者称脾脏神为黄帝,属中央土,王四季,即四季均由它统摄。名常在,字魂庭,形似凤凰,状如覆盆。引《黄庭经》分析脾脏性质、功能云:"脾长一尺掩太仓,中部老君治明堂。其声宫,其性信,其味甘,其臭香。"认为脾与胃合为府,脾脏有疾,其外在表现是:"食不消者,脾不转也;多食者,脾虚也;不顾食者,脾中有不化食也;食不下者,脾塞也;面无颜色者,脾虚之也;好食甘物者,脾不足也。"脾脏有疾,宜服诃梨勒丸方,颇为有效。

第六说胆。作者称胆神名龙耀,字威明,其色青,其形似龟蛇,像似悬瓠。胆不在五脏,而归于六腑。但胆也受水气,故别立胆脏篇。作者引《黄庭经》分析胆脏性质、功能云:"主诸气力摄虎兵,外应眼瞳鼻柱间,脑发相扶与俱鲜。"胆主于金,金主于杀,故多勇杀之气。胆合于膀胱,上主光发。胆有病,其外在表现是:"发枯者,胆损也;胆实则伤热;胆虚则伤寒;爪甲干者,胆亏也;无惧者,胆洪实也;无故泪出者,胆虚也;好食苦物者,赡不足也。"胆有病,平明叩齿九通,以鼻引清气嘻三十遍,可以去病。

在《四气摄生图》中,还附录有(一) 六气法,认为"上热呵心火,眼昏嘘自治,肺寒呬即效,耳病著心吹,脾胃常呼吸,三焦滞处嘻"。用呵嘘呬吹呼嘻六种导引呼吸方法,可以除去五脏疾病。(二) 三尸名,三尸是道家所说身中之神,上尸名彭居,在人头中;中尸名彭质,在人腹中;下尸名彭矫,在人足中。作者认为心定而性命可全,主张虚净朗然,则尸亦潜形。(三) 神农忌慎法,叙述吃食物应有所禁忌。如大豆与猪肉同吃,会生壅气疾;生葱与蜜同吃,会害人;青豆与鲊及鲤鱼同吃,便生瘦疾等。(四) 自按摩法,即用手按摩,其方法是"以手左拓,右拓,上拓,下拓,前拓,后拓,瞑目,叩齿,摩手热,摩眼,拔耳,捩腰,震动双作、单作、反手为之。然复掣足,仰展,覆展,都数约至七八十而止",日引一通至三通,令人力健,耳目聪明,百疾皆去。

在《四气摄生图》前有序,阐述作书目的,"因幼慕道门,栖心澹薄,究黄庭之妙旨,穷五千之玄言,今则采掇方书,搜罗秘诀,四季避忌,一年修行,录之座偶,日可观览"。认为"夫理国者,以养人为本;修身者,以治病为先"。人禀元气成形,"我命在我,不在于天,昧用者天,善用者延"。"形气相须,全在修养。""摄养有方则寿,恣情纵欲则夭。"指出养生之道:"体欲常劳,食欲常少,劳勿过极,少勿太虚。"养性之道:"勿久行、久坐、久听、久视,不强食,不强饮……"要想去病,导引为先,使筋脉不壅,关节不烦。它所主张的养生之道,是有道理的。

后序称"人禀阴阳之气,以成四大之形",老子修身,活到一千二百岁。但能顺时摄养,渐减骄奢,五味、五声,勿耽勿嗜,知其恬淡,自得长生之妙。

《四气摄生图》是道家养生之道的经验概括。它结合金木水火土五行、宫商角徵羽五声、甜酸苦辣咸五味、红黄蓝白黑五色、仁义礼智信五德,分析肝、心、肺、肾、脾五脏功能及其病变,提出摄养之法和药方十则。主张淡泊寡欲,适当锻炼,对于增强体质、避免疾病,是有一定参考价值的。

有关《四气摄生图》的研究,任继愈等编的《道藏提要》有介绍,并考定此书出于唐末。

(来可泓)

道体论

《道体论》,一卷。原题通玄先生撰。撰时不详。通行本有明代《正统道藏》本等。

作者通玄先生。按通玄先生有二:一为唐代张果,一为五代后晋张荐明。查新、旧《唐书》中的《张果传》无此著作;查《新五代史·郑遨传》所附《张荐明传》云:"张荐明者,燕人也。少以儒学游河朔,通老子、庄周之说。高祖(石敬瑭)召见,问道家可以治国乎?""延入内殿讲《道德经》",闻鼓声,曾说:"夫一,万事之本也,能守一者可以治天下。""赐号通玄先生"。所记与本书论老子《道德经》观点、内容相似。是书是否即为张荐明所作,因无确据,不能贸然判定。

《道体论》是从本体论出发,以道物关系为中心,用设问体形式,阐述老子所说之道的内涵、实质的论著。全书分《论老子道经上》、《问道论》、《道体义》三篇。书前有序指出"道者,绝妙环中,圆通物化",然"道体虚凝,常为规训,其名不去,号之为经"。阐述作《道体论》的目的意义。

一、《论老子道经上》,主要阐述老子所说之道的概念。提出"道者,圆通化始;德者,遂成物终。生成既彰,二名斯显。息用归宗,即二常一","二一圆通,圆通辩别,故名道德"的总说。然后围绕圆通始化、有名无名、道生德畜、混体与道为一为二,名实何先等问题开展论述。认为:"教体圆通,故名曰道,至理不变,称之曰经,四品之先,名之曰上,故曰老子道经上。"对本篇的概念作了解释,得出:"道以玄通为宗,德以自德为义。圆通则无理而不通,自德则无性而不德。圆通无名,无名而强名,自德无德,就功绩以显称。"于是道乃"大盈若冲,其用不穷,其大无外,其小无内,周流变化,无所不为"的结论。把天下万物都包容在混寂无体的"道"之中。

二、《问道篇》,主要阐述道的内涵。提出"道者非有非无,无终无始,圆体周于万物,微妙绝于形名"总说,然后围绕无名万物始,有名万物母,强不关体,无形无名,体寂可强等问题开展论述。得出"不无无名,亦不得体;不无有名,亦不得体;不有有无,亦不得体;不无无有,亦不得体"的结论。认为道即万物之始,由始而生生万物。玄通物我,就通辨义,就是道的内涵。

三、《道体论》,主要阐述道的本体问题。提出"道体广周,义无不在,无不在故,则妙绝形名;

体周万物,万物之理,极于同异,同异之理,极于无同异"的总说,然后围绕体周、妙绝、同异、道物、是非、无有、一二、玄之又玄、通塞、生与不生、达观等问题开展论述。得出"物以道为体,道还以物为体"、"体无不在,知何物而不包"的结论。说明道的本性为一,而扩展为万物。

《道体论》贯穿着朴素唯物辩证思想,是道教论著中思辨性、逻辑性较强的作品,它吸收佛家中观派双非双是的辩证逻辑,而加以融会,可以说是道教重玄说与佛教中道说的融合,对后世朴素唯物辩证法的发展有一定影响,也促进了道教思想家从内在心性出发,去寻求成仙之道的行动。

《道体论》在《宋史·艺文志四》中有著录。任继愈等编的《道藏提要》有介绍。

(周梦江)

洞天福地岳渎名山记 〔五代〕杜光庭

《洞天福地岳渎名山记》，又名《名山洞天福地记》、《洞大福地记》，一卷。五代杜光庭撰。成于昭宗天复元年(901)。通行本有《正统道藏》本、《重刊道藏辑要》本、《道藏举要》本、《道藏精华录》本、《百川学海》本、《说郛》本、《五朝小说》本、《唐人说荟》本等。

杜光庭(850—933)，字宾圣，一作宾至，自号东瀛子，或作登瀛子。唐五代间处州缙云(今浙江缙云)人，一说括苍(今浙江丽水)人，或云长安(今陕西西安)人。懿宗咸通(860—873)年间，应明经科不第，感怀悲伤，惊得丧，叹浮沉，入天台山学道，声名渐著。僖宗召见，赐以紫袍，命为麟德殿文章应制，出入禁中，中和元年(881)，随帝入蜀，后留成都。前蜀时，王建任以金紫光禄大夫，太子师，赐号广成先生。后迁户部侍郎。王衍立，从其授道箓于苑中。封为传真天师、崇真馆大学士。晚年居青城山、白云山，卒后葬于清都观。著述宏富，仅《道藏》所收有《道德真经广圣义》、《太上老君说常清静经注》、《道门科范大全集》、《广成集》等二十八种，未收入的尚有《青城山记》、《道门枢要》等十余种。生平事迹见《历世真仙体道通鉴》卷四十、《十国春秋》卷四七。

杜光庭认为："乾坤既辟，清浊肇分，融为江河，结为山岳，或上配辰宿，或下藏洞天，皆大圣上真宰其事。"(《自序》)道教经典有海内外五岳、三十六洞天、三岛、十洲、三十六靖庐、七十二福地、二十四化、四镇诸说，他总为一卷，"用传好事之士"(《自序》)。

本书是叙述道教仙境分布的地理著作。它反映作者的神仙思想与地理观点。全书篇目如下：一、岳渎众山，记想象中的三境之山，海外五岳、十洲、三岛；二、中国五岳，记泰山、衡山、嵩山、华山、恒山，及其佐命佐理之山；三、十大洞天，记王屋、委羽、西城、西玄、青城、赤城、罗浮、句曲、林屋、括苍等洞；四、五镇海渎，记东南西北中五镇、东南西北四渎、江淮济汉四渎；五、三十六靖庐，记绵竹、紫盖等庐；六、三十六洞天，记霍林、蓬玄等洞天；七、七十二福地，记地肺山、石磕源等福地；八、灵化二十四，记阳平、鹿堂等化。

杜光庭认为道教的"灵宫阆府玉宇金台，或结气所成、凝云虚构；或瑶池翠沼，流注于四隅；或珠树琼林,扶疏于其上,神凤飞虬之所产,天骥泽马之所栖,或曰驭所经,或星躔所属,含藏风雨,蕴畜云雷,为天地之关枢,为阴阳之机轴,乍标华于海上;或迥疏于天中,或弱水之所萦,或洪涛之所隔,或日景所不照,人迹所不及"之处(《自序》),乃是大圣所游、神仙所居、五帝所理。

神仙所居的仙境神苑,虽"非世人之所到"处,但与人世关系密切。最高仙境之三境山,其宫阙"下应人身十三宫府";十大洞天与五岳的高真上仙,其言行"以福天下"。

地面山岳,上配星宿,与五行相关。如"阳平化,五行金节寒露,上应角宿,甲子甲寅甲戌人";"鹿堂化,五行木,节霜降,上应亢宿,戊午乙卯戊中人属"。

又记神仙业绩,如距新都四里之翟仙业,是"张衡白日上升处";绵竹西北二十里处,永寿二年"老君天师誓万神于此",又是"天真皇人所居处"。然而,作者认为各处宫城"所得道姓名、洞府主张、仙曹品秩,事条繁广,不可备书"(《自序》)。所记虽少且极简略,但也为后世保存了神话传说。

本书还反映了作者的天地观念。如认为整个天地以北辰星为心,而昆仑在九海之中,其周围有北海、东海、西海、南海等九个海。海中分布着十洲、三岛、海外五岳,此外还有扶桑、连石等山。北海中的方壶山去岸三十万里,扶桑山等处地方万里,方丈山高四十九万七千丈,沃焦山附近海面百川注而不盈。凡此种种,既有邹衍大九州说的遗说,又有历代道教学者的想象。

《洞天福地记》整理道教的神仙洞天之说,使之系统规理化,对后世有所影响。

有关本书的研究,有任继愈等编《道藏提要》的有关部分、王纯五《洞天福地岳渎名山记全译》(贵州人民出版社,1999年)。中华书局2013年出版的《杜光庭记传十种辑校》中有《洞天福地岳渎名山记》的点校本。

(贺圣迪)

道德真经广圣义 〔五代〕杜光庭

《道德真经广圣义》，五十卷。五代杜光庭撰。通行本有明代《正统道藏》本等。

作者生平事迹见"洞天福地岳渎名山记"条。

《道德真经广圣义》是《道德经》（即《老子》）的注疏。《通志》、《文献通考》、《宋史·艺文志》等著录《道德真经广圣义》三十卷。明《道藏》本则析为五十卷。卷首有杜光庭撰于天复元年（901）的自序。序中列举了"累代尊行，哲后明君，鸿儒硕学诠疏笺注六十余家"，从"节解上下（老君与尹喜解）"至"玄宗皇帝所注《道德》上下二卷（讲疏六卷）"，杜光庭自称对于六十余家比较考察，采摭各家意向和宗旨，着重发挥唐玄宗御注"内则修身之本，囊括无遗；外即理国之方，洪纤毕举"。

卷一《叙经大意解疏序引》，分为两部分，"先解制疏，后解正文"。唐玄宗有《道德真经注》和《道德真经疏》等两种。其疏是对其注的诠释。《道德真经注》前有唐玄宗的自序。杜光庭《道德真经广圣义》卷一的前半部分就是对唐玄宗自序的诠解。后半部分引"昔葛玄仙公谓吴王孙权"语，称"道德经者，乃天地之至妙，有天道焉，有人道焉，有神道焉。大无不包，细无不入"。杜光庭分解其"宗意，有三十八别"，举其要者，如："无为理国"，"修道于天下"，"以道理国"，"诸侯政无苛暴"，"诸侯以道佐天子不尚武功"，"人理身无为无欲"，"人理身积德为本"，"人出家养神则不死"，"人体道修身必获其报"，等等。

卷二《释老君事迹氏族降生年代》，释唐玄宗疏之"释题"第一句"老子者，太上玄元皇帝之内号也"，就老君三十种位号按次详解由起。杜光庭所言三十位号，举其要者，如："起无始者"、"体自然者"、"见真身者"、"应法号者"、"历劫运者"、"造天地者"、"随机应感者"、"演上清者"、"传灵宝者"、"出洞神者"、"教陶铸者"、"制法度者"、"作形器者"、"述长生者"、"传道德者"、"兴帝业者"，等等。《释老君圣唐册号》释唐代册封老君尊号"玄元皇帝"之义。

卷三和卷四《释御疏序》，诠释唐玄宗《道德真经疏》的《释题》。

卷五《释疏题明道德义》，杜光庭指出："《道德真经》包含众义，指归意趣，随有君宗。河上公、严君平皆明理国之道;松灵山人、魏代孙登、梁朝陶隐居、南齐顾欢,皆明理身之道;苻坚时罗什、后赵图澄、梁武帝、梁道士窦略皆明事理因果之道;梁朝道士孟智周、臧玄静,陈朝道士诸糅,隋朝道士刘进喜,唐朝道士成玄英、蔡子晃、黄玄赜、李荣、车玄弼、张惠超、黎元兴皆明重玄之道;何晏、钟会、杜元凯、王辅嗣、张嗣、羊祐(祜)、卢氏(卢裕)、刘仁会皆明虚极无为、理家理国之道。此明注解之人意不同也。又诸家禀学立宗不同:严君平以虚玄为宗,顾欢以无为为宗,孟智周、臧玄静以道德为宗,梁武帝以非有非无为宗,孙登以重玄为宗。"

卷六至卷五十,按《道德真经》八十一章次序。首列经文,次列唐玄宗之"注"和"疏",再列杜光庭采集之众说及其自说。各以"经"、"注"、"疏"和"义"相区别。杜光庭自说之"义"当以"重玄之道"为宗。"重玄"之说,创自魏代孙登,杜光庭认为"宗旨之中,孙氏为妙矣"。《道德真经广圣义》卷六释"玄之又玄"称:"夫摄迹忘名,已得其妙。于妙恐滞,故复忘之。是本迹俱忘,又忘此忘,吻合乎道。有欲既遣,无欲亦忘,不滞有无,不执中道,是契都忘之者尔。"这一解释被人称为是"重玄之道"的高度概括。在众家之说中,杜光庭当首推唐玄宗之说,其书名称为"广圣义"者,即可理解为广《道德真经》之义,亦可理解为广唐玄宗之义。

有关本书的研究,有金兑勇《杜光庭〈道德真经广圣义〉的道教哲学研究》(巴蜀书社,2005年)等。

(陈耀庭)

历代崇道记 〔五代〕杜光庭

《历代崇道记》,又称《历代帝王崇道记》,一卷。五代杜光庭撰。从卷末署有"中和四年(884)十二月十五日,上都太清宫文章应制弘教大师赐紫道士臣杜光庭上进谨记"来看,当作于杜光庭入蜀之前。《历代崇道记》在《通志》、《宋史·艺文志》中均有著录,书名录作《历代帝王崇道记》。通行本有明代《正统道藏》本等。

作者生平事迹见"洞天福地岳渎名山记"条。

《历代崇道记》是道教历史典籍。记述自周穆王至唐代的历代帝王崇奉道教的事迹,其中录有各朝建造宫观和度化道士的数量。据称:

秦始皇时,有道观一百余所,道士一千七百余人;

汉文帝时,有道观七十二所,道士一千余人;

汉武帝时,有道观三百余所,道士五千余人;

光武帝时,有道观一百二十所,道士一千八百人;

魏明帝时,有道观十三所,道士一百九人;道观三十九所,道士八百人;

晋武帝时,有道观二百所,道士四百七十二人;

道武帝时,有道观五十所,道士六百余人;

太武帝时,有道观二百七十五所,道士一千三百人;

隋文帝时,有道观三十六所,道士二千人;

隋炀帝时,有道观二十四所,道士一千一百人;

唐初至唐末,有道观一千九百余所,道士一万五千余人。

以上有关两汉以前的崇道事实,当属不实之词,但是东汉以后的材料,可供研究参考。

《历代崇道记》对于唐代各朝帝王的崇道事实,记载颇为详备,称唐高祖"于隋末大业十三年(617)感霍山神称,奉太上老君命,告唐公汝当来必得天下"。还载有武德年间太上老君屡有显应以及唐代历朝帝王尊老子号,召见高道,兴建道观,敕道士隶宗正寺,注《道德经》,置道举,制道曲道舞,"香火之盛,近古未有",宣扬"大道垂休,圣祖昭祐,洪图延永,唐祚无疆者也"。

中华书局2013年出版的《杜光庭记传十种辑校》中收有《历代崇道记》的点校本。

(陈耀庭)

图书在版编目(CIP)数据

中国学术名著提要.隋唐五代编/中国学术名著提要编委会编.—上海：复旦大学出版社,2019.2
ISBN 978-7-309-06789-7

Ⅰ.①中... Ⅱ.①中... Ⅲ.①著作-内容提要-中国-隋唐时代 ②著作-内容提要-中国-五代(907~960) Ⅳ.①Z835

中国版本图书馆 CIP 数据核字(2009)第 124147 号

中国学术名著提要（合订本）
第二卷 隋唐五代编
中国学术名著提要编委会 编

出 品 人 严　峰
责任编辑 陈士强 宋文涛

复旦大学出版社有限公司出版发行
上海市国权路579号 邮编：200433
网址：fupnet@fudanpress.com　　http://www.fudanpress.com
门市零售：86-21-65642857　　团体订购：86-21-65118853
外埠邮购：86-21-65109143　　出版部电话：86-21-65642845
浙江新华数码印务有限公司

开本 850×1168　1/16　印张 36.25　字数 678 千
2019 年 2 月第 1 版第 1 次印刷

ISBN 978-7-309-06789-7/Z·60
定价：185.00 元

如有印装质量问题,请向复旦大学出版社有限公司出版部调换。
版权所有　　侵权必究